民商法论丛
Civil and Commercial Law Series

不动产登记程序的制度建构

BUDONGCHAN DENGJICHENGXU DE ZHIDU JIANGOU

李昊 常鹏翱 叶金强 高润恒 著

北京大学出版社
PEKING UNIVERSITY PRESS

图书在版编目(CIP)数据

不动产登记程序的制度建构/李昊等著. —北京:北京大学出版社,2005.9
(民商法论丛)
ISBN 7-301-09435-3

Ⅰ.不… Ⅱ.李… Ⅲ.不动产-注册-法律-研究-中国 Ⅳ.D923

中国版本图书馆 CIP 数据核字(2005)第 084884 号

书　　　名:	不动产登记程序的制度建构
著作责任者:	李　昊　常鹏翱　叶金强　高润恒　著
责 任 编 辑:	周　菲
标 准 书 号:	ISBN 7-301-09435-3/D·1253
出 版 发 行:	北京大学出版社
地　　　址:	北京市海淀区成府路 205 号　100871
网　　　址:	http://cbs.pku.edu.cn
电　　　话:	邮购部 62752015　发行部 62750672　编辑部 62752027
电 子 信 箱:	pl@pup.pku.edu.cn
排　版　者:	北京高新特打字服务社　82350640
印　刷　者:	三河新世纪印务有限公司
经　销　者:	新华书店
	650 毫米×980 毫米　16 开本　44.5 印张　752 千字
	2005 年 9 月第 1 版　2005 年 9 月第 1 次印刷
定　　　价:	46.00 元

未经许可,不得以任何方式复制或抄袭本书之部分或全部内容。
版权所有,翻版必究

CONTENTS 目 录

第一编　不动产登记的基本理论

第一章　不动产登记的界定和适用　3
　　第一节　不动产登记的基本含义　3
　　第二节　不动产登记的种类　6
　　第三节　不动产登记的适用　13
　　第四节　不动产登记机关　21

第二章　不动产登记的模式　25
　　第一节　德国的权利登记制　25
　　第二节　英国的托伦斯登记制
　　　　　　（Torrens System）　34
　　第三节　美国的不动产公共记录制度
　　　　　　和登记制度　41
　　第四节　中国不动产登记的现状　79

第三章　不动产登记的效力　86
　　第一节　登记推定力　86
　　第二节　登记的公信力　90

第四章　登记权利的顺位　201
　　第一节　顺位的意义　201
　　第二节　顺位的原则　204

CONTENTS 目 录

第三节　法定顺位和意定顺位　　208
第四节　顺位的变动　　213

第二编　不动产登记程序

第五章　不动产登记的一般程序　　221
　第一节　不动产登记程序的价值及其设计　　221
　第二节　不动产登记程序的一般步骤　　228
　第三节　登记的启动程序　　230
　第四节　受理申请（收件）　　257
　第五节　审查　　259
　第六节　公告　　281
　第七节　核准登记，登簿并颁发
　　　　　房屋权属证书　　282
　第八节　立卷归档　　285

第六章　不动产总登记和初始登记　　287
　第一节　不动产总登记和初始登记概述　　287
　第二节　不动产总登记的程序　　294
　第三节　不动产初始登记的程序　　305

第七章　不动产变更登记　　325
　第一节　不动产变更登记的界定　　325

CONTENTS 目 录

第二节	不动产变更登记的情形	330
第三节	不动产变更登记的程序	332

第八章　不动产涂销登记和消灭登记　356
　第一节　涂销登记　356
　第二节　消灭登记　370
　第三节　我国未来不动产涂销登记
　　　　　和消灭登记的设计　374

第九章　回复登记　378

**第十章　不动产更正登记、异议登记与
　　　　登记机关的赔偿责任**　382
　第一节　更正登记　382
　第二节　异议登记　392
　第三节　不动产登记机关的赔偿责任　413

**第十一章　不动产预告登记和
　　　　　商品房预售登记**　427
　第一节　预告登记　427
　第二节　商品房预售中的担保及登记　445

第十二章　不动产限制登记和信托登记　457
　第一节　查封、假扣押、假处分和破产登记　457
　第二节　信托登记　466

CONTENTS 目　录

第十三章　土地登记簿与登记电子化　　472
　　第一节　土地登记簿及其公开　　472
　　第二节　登记电子化　　485

第十四章　登记费用　　513

第十五章　中国不动产登记法草案建议稿　　529

附录一　德国土地登记簿法（中德文对照）　　558
附录二　英国土地登记法（2002年）（英文）　　627
附录三　上海市房地产登记条例　　675
附录四　北京市城市房地产转让管理办法　　686

主要参考文献　　695
后记　　703

第一编　不动产登记的基本理论

第一章 不动产登记的界定和适用

第一节 不动产登记的基本含义

不动产登记是专门机关依据法定程序将不动产或者不动产权利记载或者不记载于特定簿册上,进而产生特定法律结果的现象,其中,专门机关被称为"不动产登记机关",特定簿册被称为"不动产登记簿"。从既有的法律规则经验来看,完整的不动产登记制度有三个构成要素:其一,基础要素,即不动产登记机关和不动产登记簿,不动产登记机关主导着登记的进程,不动产登记簿则反映着登记的结果。没有这两个基础要素,不动产登记即无实际存在的可能和意义。其二,程序要素,即规范不动产登记机关或者其他相关人员从事与登记有关行为的程序,此种程序即为"不动产登记程序",不动产登记机关是程序的"主导者",其他参加程序的相关人员则为"参与者"。其三,结果要素,即不动产登记程序运行后产生的法律事实及其法律效力,如不动产登记程序终结后的产物是记载了新的权利还是维持原有的权利,这些权利的真实性和可靠性能否通过登记记载予以判断等。这三个要素紧密关联,基础要素为后两个要素的运作和实现奠定了基础,没有不动产登记机关即无不动产登记程序,没有不动产登记簿即无登记结果;在不动产登记机关的主导下,作为制度和规则体系的不动产登记程序设置以及运行状况如何,将决定记载于不动产登记簿中的不动产及其权利能否与位于实际状况中的对应物以及权利相互吻合,将决定实体法预设的登记效力能否达到实效。

观察的角度不同,登记也就具有不同的含义,本书主要从法律依据的角度来看登记的含义。

从公法角度来看,登记机关是法定的以从事不动产登记事务为专门职业的国家机构,它可能是司法机关,如德国登记机关为属于地方法院的土地登记局,登记官员为司法官;也可能是行政机关,如日本不动产登记机关为法务局、地方法务局或其支局、派出所,我国登记机关是房地产行政管理部门等。无论如何,登记机关在从事登记行为时,都不同于民法意义上的主体,它要以国家的名义支持不动产交易的进展、维持不动产交易的秩序,并为国家征收税赋、保护耕地、限制用地等国家治理活动提供信息保障。为了实现这些功能，登记机关必须有所作为（如进行审查），此种行为具有浓厚的行使国家公共权力的国家治理色彩，这完全不同于平等主体之间的交易行为；而且，对于参与者实施的扰乱不动产交易一般秩序的行为（如提供虚假申请材料、证据等）的，登记机关可依法惩罚参与者或者追究参与者其他责任。在此意义上，登记是国家依法委托特定职能机构就不动产领域进行国家治理的活动。

从私法的角度来看，当法律规定不动产物权变动以登记为生效或者对抗要件时，参与者的以发生物权变动为目的的意思不能引发物权变动或者发生排他性，还需要登记的介入，这样，登记的目的在于落实物权法规定的不动产物权变动规则，其功能在于保障民事主体之间的不动产交易。在私法范畴中，是否申请登记、申请何项登记完全取决于参与者的意志，登记机关的职权行为（审查和决定）必须在参与者的意志范围中作出，而不能超越或者不顾参与者的意志；登记的效力以及其他效应则是由私法直接规定的，登记机关以及法院不能擅自改变这些规定。显然，登记充分展示了参与者的利益和意志，它们划定了登记的职权范围，是对登记机关行为的制约。在此意义上，登记是登记机关依法保护当事人不动产交易利益并因此产生特定法律效力的活动。

从程序法的角度来看，登记是登记机关按照特定顺序和手续来作出登记与否以及何种登记之决定的过程，是通往决定物权变动、维护合法利益和实现国家治理诸效果的必经程序，它直接影响参与者的利益并体现着参与者的人格尊严等主体价值，故参与者在程序中享有自由决定的空间。不过，这种自由空间弥漫着外界强力影响的气息，程序也要被主导者在法律界定的限度内所直接控制和操作，故登记按照何种程序进展已经超出了参与者意志控制的范围。为了协调主导者和参与者的关系，为了规范不动产登记的流程，专门调整不动产登记的法律随即应运而生，堪称体系化不动产登记制度鼻祖的德国《土地登记簿法》[①]即为典型例子，该法律的核心内容在于

[①] 德国《土地登记簿法》于1897年3月24日生效，是德国民法的补充法。参见〔德〕罗伯特·霍恩等：《德国民商法导论》，楚建译，中国大百科全书出版社1996年版，第55—56页。值得注意的是，德国《土地登记簿法》的名称虽为"Grundbuchordnung"，但其内容超出了土地登记的范围，包括建筑物登记以及其他不动产登记，故该法的名称与实际内容出现了背离现象，其实质为不动产登记法。参见孙宪忠：《德国当代物权法》，法律出版社1997年版，第54页。我国台湾《土地登记规则》也存在"名与实"的分离，该法除了调整土地登记事项之外，还调整建筑改良物（建物）登记。

第一章 不动产登记的界定和适用

规范不动产登记程序,界定不动产登记的运动规律和过程,故德国民法学理形象地将其称为登记程序法(formelles Grundbuchrecht)[①]或不动产程序法(formelles Grundstücksrecht)。[②] 日本《不动产登记法》、台湾地区《土地登记规则》也以不动产登记程序规则为主,故同德国《土地登记簿法》一样均属于程序规则。[③] 登记程序是登记机关和参与者确立联系的枢纽,在一般情况下,程序因为参与者向登记机关递交申请或者请求而启动,登记机关依法审查后作出登记与否的决定,参与者如果对这些决定不服,还可以寻求更进一步的法律救济,以达到更正既有登记的目的,这些相互连接的行为过程构成了登记程序的主要内容。在登记程序进展中,参与者和登记机关实施的行为相互衔接,构成了环环相扣、生死与共的同一体,其中一个行为环节的存续价值被否定,整个程序大厦将因此而坍塌,故而,当参与者行为与登记机关行为之间的连接点已经确定,后一行为因此而具有法律意义时,前一行为不能被撤销或者被认定无效,也即不能在事后对该行为进行价值判断,这种行为属性完全不同于法律行为,而是体现了类似于诉讼行为的程序行为属性。

从实体法的角度来看,登记是登记机关针对不动产而进行的记载或者不予记载并发生特定法律效力的事实状况。登记程序的运行必定也必须产生特定结果,它可能是在不动产登记簿中予以记载的积极结果,也可能是不予记载的消极结果,无论何者,只要是登记程序合法运行的结果,都具有相应的法律意义。按照积极结果的形态,可以将不动产登记分为三类:其一,不动产标示登记,即以土地、建筑物等不动产的物理现状为对象的登记,它反映出土地面积、用途等不动产自然物理状况信息,不涉及不动产负担的权利;其二,不动产权利登记,包括不动产物权登记和涉及不动产的债权登记,前者如土地所有权登记,后者如房屋租赁权登记;其三,不动产文书登记,即以特定公共权力机关作出的具有法律效力的文书为对象的登记,如法院对房屋依法实施财产保全、强制执行等文书。我国目前不动产登记的结果要素涵括了以上三类内容。在法国法系中,登记不是不动产物权变动的必备

[①] Wolf, *Sachenrecht*, 15. Aufl., Verlag C. H. Beck, 1999, S.189.

[②] Gerhardt, *Immobiliarsachenrecht: Grundeigentum und Grundpfandrechte*, 2. Aufl., Verlag C. H. Beck, 1989, S.12.

[③] 不过,有学者将它们当作民法的特别法。参见〔日〕北川善太郎:《日本民法体系》,李毅多等译,科学出版社 1995 年版,第 64 页;王泽鉴:《民法物权》第 1 册(通则·所有权),2001 年台湾修订自版,第 11 页。

要件,它主要是对第三人产生对抗力,即不经公示的物权在当事人之间有效,但对于第三人无效力,与此相反,德国法系的登记具有以下几个法律效力:其一,移转效力(Übertragungswirkung),即对于基于法律行为的不动产物权变动,不登记者物权变动无效,此效力也可以称为设权效力(Konstitutivwirkung);其二,推定效力(Vermuntungswirkung),即记载在登记簿上的权利人,被推定为真实权利人;其三,善意保护效力(Gutglaubenswirkung),即信赖登记簿记载者能够通过交易行为取得该登记权利,当然也就能取得登记权利所代表的真实权利,此效力也可以称为公信力(Öffentlicher Glaube)。①

第二节 不动产登记的种类

依不同的标准不动产登记可分为不同的种类,但大体上可作两大类的划分,一为学理上的划分,一为实践或曰立法上的划分。

一、学理上的分类

(一) 实体权利登记和程序权利登记

依据不动产登记的权利的不同,可将不动产登记分为实体权利登记和程序权利登记。

实体权利登记是指对于不动产登记当事人所享有的实体权利进行的登记。不过不同的国家、地区,依法应予登记的权利不同。我国深圳市的《房地产登记条例》的第2条第3款即规定:"本条例所称房地产权利,是指权利人对土地的使用权和土地上建筑物、附着物的所有权,以及由上述权利产生的他项权。"

程序权利登记即指对不动产顺位的登记。如依我国的《担保法》,不动产上可设立多个抵押权,对这些抵押权的先后顺序的登记即为程序权利登记。而德国的不动产登记制度也发展出复杂的顺位保留、顺位变更、顺位抛弃制度。我国大陆由梁慧星教授负责的物权法草案专家建议稿的第22条也规定了顺位制度:"在一个标的物上设定两个以上不动产物权,依其纳入不动产登记簿的时间先后享有顺位。顺位依登记的时间确定。优先顺位的

---

① Baur-Stürner, *Sachenrecht*, 17. Aufl., Verlag C. H. Beck, 1999, S. 31—33; Holzer-Kramer, *Grundbuchrecht*, Verlag C. H. Beck, 1994, S. 23—24.

权利优先实现。非依法律行为的物权变动。"①对此我们将在后面予以详尽的分析。

（二）设定登记和处分登记②

这种分类建立在德国式的物权形式主义制度的基础之上。

设定登记,又被称为设权登记、绝对的登记、生效登记,是指具有创设物权效力的登记。未经设定登记,不动产物权变动在法律上绝对不生效力,它适用于依法律行为发生的物权变动。我国台湾地区的民法典的第758条规定:"不动产物权,依法律行为而取得设定、丧失、及变更者,非经登记,不生效力。"即指设定登记。我国民法典草案的第9条第2款规定的登记也属于设定登记的范畴。③

处分登记,又被称为宣示登记、相对的登记,是指将已成立的物权昭示于人的登记。未经处分登记,权利人不得处分其不动产物权,因此这种登记的效力是相对的,其目的在于贯彻不动产物权变动的公示原则,以维护交易安全。处分登记适用于非依法律行为的不动产物权变动。我国台湾地区民法典的第759条规定:"因继承、强制执行、公用征收或法院之判决,于登记前已取得不动产物权者,非经登记,不得处分其物权。"该种登记即为处分登记。此外该法第513条规定的因承揽而生的抵押权、第923条第2项规定的因典期届满而取得典物所有权等情况也属于处分登记的适用情形。我国大陆地区由梁慧星教授负责的物权法草案专家建议稿的第35条也规定了非依法律行为的物权变动:

"因法律的规定、法院的判决、政府的指令发生的物权变动,自法律生效时、法院判决确定时或者政府的指令下达时生效。

因继承发生的物权变动,自继承开始时生效。依遗赠发生的物权变动,准用此规定。因事实行为发生的物权变动,自事实行为成就时生效。

依前三款发生的物权变动,如为不动产物权而未进行不动产登记的,如为动产物权而未交付占有的,权利取得人不得处分其物。"

---

① 该草案可见梁慧星主编:《中国物权法草案建议稿》,社会科学文献出版社2000年版。
② 参见王轶:《物权变动论》,中国人民大学出版社2001年版,第160—161页;刘武元:《房地产交易法律问题研究》,法律出版社2002年版,第47页;杨松龄:《实用土地法精义》,台湾五南图书出版公司2000年版,第129页。
③ 该款规定:"除法律另有规定外,国家、集体、私人的不动产物权的设立、变更、转让和消灭,应当登记;不经登记,不发生物权效力。"

该条第 3 款规定的登记即为处分登记。在我国的实践中,对新建房屋的登记、继承登记等即属处分登记的范畴。

(三) 权利登记和表彰登记[①]

权利登记是指对不动产所有权及他项权利的发生、移转、变更、消灭、保存、处分限制等进行的登记,它公示着不动产物权的现状和变动,同时也是不动产物权变动的成立(生效)要件或对抗要件,具有形成力或对抗力。

表彰登记是对土地、建筑物以及其他地上附着物的物理现状进行的登记。它登记的内容是土地的面积、用途或建筑物的种类、用途、构造、面积等事项。如我国深圳市的《房地产登记条例》即于第 8 条规定:"房地产登记应对权利人、权利性质、权属来源、取得时间、变化情况和房地产的面积、结构、用途、价值、等级、坐落、坐标、形状等进行记载。"珠海市的《房地产登记条例》也规定:"房地产登记应当对权利人、权属来源、权属性质、取得时间、土地使用期限、变化情况和房地产的坐落、面积、四至、等级、用途、价值、层数、结构等进行记载。"(第 6 条)上海市的《房地产登记条例》的第 12 条第 2 款作了同样的规定:"房地产登记册应当对房地产的坐落,房地产权利人姓名或者名称,房屋和土地的面积,土地使用权取得的方式、期限和用途,房地产他项权利,房地产权利的限制等进行记载。"

权利登记和表彰登记不可分割,表彰登记是权利登记的基础。如在进行土地总登记时需要进行地籍调查、进行建筑物所有权第一次登记时需要先进行建筑物第一次测量,其目的即调查清楚土地和建筑物的物理状况进行登记,并进而确定其上的权利的范围。

鉴于权利登记和表彰登记的区分,不动产登记和不动产权利登记或房地产权属登记也应得到相应的区分,它们属于两个不同的范畴,虽然后者是前者的核心范畴,但前者还包括表彰登记,其范围大于权利登记或权属登记。

(四) 主登记和附记登记

依登记之主从可将不动产登记分为主登记和附记登记。这是我国台湾《土地登记规则》第 10 条的分类。

所谓主登记,是指因土地权利之得丧变更,而为新登记或于原登记之后增加新登记,为独立存在并生效之登记。诸如土地权利的取得、设定、移转、

---

① 参见王轶:《物权变动论》,中国人民大学出版社 2001 年版,第 160 页;刘武元:《房地产交易法律问题研究》,法律出版社 2002 年版,第 48 页。

涂销等的登记。而附记登记则是指不涉及土地权利之得丧变更而就原有主登记之内容变更所为之新登记。诸如权利内容变更登记、土地种类名称变更登记、更名登记、住址变更登记、书状补换给登记、更正登记、预告登记和其他限制登记等。① 主登记是在原登记事项后又加一登记事项,并应基于顺序另记于一宗登记用纸中,"主登记之次序,应依登记之先后"(我国台湾《土地登记规则》第 10 条前段);而附记登记则是变更主登记事项之一部而附随之登记,乃主登记之延长,登记时不另加登记用纸,仅记载于原用纸内主登记有关各栏之左侧空白处,以新登记维持原登记②,但他项权利之移转,因涉及其权利之优先次序,应以附记登记为之。③ "附记登记应依主登记之次序。但附记登记,各依其先后。"(我国台湾《土地登记规则》第 10 条后段)即同一主登记的附记登记应依其先后确定顺序。

(五) 本登记和预备登记

本登记是对不动产物权的取得、设定、移转、分割、合并、增减及消灭等法律事实的登记,具有确定的、终局的效力,又被称为终局登记。本登记包括总登记、变动登记、更正登记、回复登记和涂销登记等登记类型。④

预备登记是不动产登记法上与本登记(又称终局登记)相对称的一项重要制度,它是在本登记之前进行的一项登记,目的在于限制登记名义人对所登记的权利的处分并对第三人予以警示,与实体法上因为权利变动而产生的对抗力无直接关系。⑤ 预备登记可大体上分为预告登记(Vormerkung)(日本法上称为假登记)和异议登记(Widerspruch)(日本法上称为预告登记)两种。

(六) 总登记(第一次土地登记)和经常登记

依登记时间,可将不动产登记分为总登记(第一次土地登记)和经常登记。我国台湾地区《土地法》第 38 条规定:土地总登记为于一定期限内就市县土地之全部所为的土地登记,包括对地上的建筑改良物的登记。总登记是对不动产的静态登记。而土地总登记后土地权利(包括建物权利)发生得丧变更时也需要进行登记,该项登记为经常办理的地籍管理事务,被称为经

---

① 参见陈铭福:《土地法导论》,台湾五南图书出版公司 2000 年版,第 124 页。
② 参见焦祖涵:《土地法释义》,台湾三民书局 1993 年版,第 315 页;李鸿毅:《土地法论》,台湾自版 1999 年版,第 230—231 页。
③ 参见李鸿毅:《土地法论》,台湾 1999 年自版,第 230 页。
④ 参见刘武元:《房地产交易法律问题研究》,法律出版社 2002 年版,第 48 页;王轶:《物权变动论》,中国人民大学出版社 2001 年版,第 161 页。
⑤ 参见邓曾甲:《日本民法概论》,法律出版社 1995 年版,第 161 页。

常登记,也即我国台湾地区的《土地法》所称的变更登记。

（七）正式登记和暂时登记

依登记效力的暂久,可将不动产登记分为正式登记和暂时登记。正式登记是指登记原因取定及登记手续齐全之土地登记,一经登记即发生绝对效力,不能推翻。而暂时登记则是指登记原因尚未正式确定,未具备申请登记程序之必要条件的登记,如预告登记和异议登记。[1]

（八）自愿登记和强制登记

依登记的主动被动,可将不动产登记分为自愿登记和强制登记。不动产权利之得丧变更,不以登记为必要条件,对于不动产权利的登记与否,权利人可以自由选择的登记为自愿登记。强制登记则是指在施行登记的范围内,不动产权利的得丧变更,悉以登记为必要条件,非经登记不生效力的登记。强制登记可进一步分为直接强制等级和间接强制登记,前者是指不动产权利的得丧变更,不经权利人申请登记之手续,而由政府以某种方式径为之登记,后者则是指不动产权利的得丧变更,法律上规定以登记为要件,但登记之手续,则须由权利关系人申请之登记。[2] 在权利登记制下,多采用间接强制登记的方式。

（九）取得登记、设定登记、移转登记、变更登记和消灭登记

依所登记的法律关系,可将不动产登记分为取得登记、设定登记、移转登记、变更登记和消灭登记,它们分别登记的是不动产权利的取得、设定、移转、变更和消灭的法律关系。

（十）本登记和涂销登记

依登记的积极和消极,可将不动产登记分为本登记和涂销登记。本登记即不动产权利因自然或法律关系有所变更时,在积极方面所为之新权利标示登记。涂销登记是指已登记之不动产权利因权利之抛弃、混同、存续期间届满、债务清偿、撤销权之行使或法院之判决等,致权利消灭时所为的登记。[3]

（十一）所有权登记和他项权利登记

依登记的不动产的种类,大体上可将不动产登记分为所有权登记和他项权利登记。而不动产可进一步分为土地和建筑物,因此所有权登记和他

---

[1] 参见焦祖涵:《土地法释论》,台湾三民书局1993年版,第316页。
[2] 同上书,第317—318页。
[3] 同上书,第317页。

项权利登记也就可以进一步分为土地所有权登记、建筑物所有权登记、土地他项权利登记和建筑物他项权利登记。我国上海市的《房地产登记条例》即将房地产登记依所有权和他项权利进行了分类。

（十二）依限登记和补行登记

依登记申请的期限，可将不动产登记分为依限登记和补行登记。依限登记是指在法定期限内进行申请的不动产登记。补行登记则是指因某种原因未能在法定期限内申请不动产登记者，等法定期限届满后，由权利关系人自动补行提出申请或由政府查明责令其补办之登记。①

（十三）缴费登记与免费登记

依登记之纳费与否，不动产登记也可分为缴费登记与免费登记。缴费登记是指申请不动产登记时需交纳一定登记费用的不动产登记，相应地，免费登记就是免纳登记费用的不动产登记。

（十四）其他分类

对不动产登记的种类，我国学者还作了以下的分类：②

1. 依登记所要达到的具体目的的不同，可将登记分为一般登记、预告登记和异议登记。

2. 依登记过程的不同，可将登记分为原始登记、变更登记、更正登记、涂销登记和回复登记。

二、实践上的分类

所谓实践上的分类是指现行法对不动产登记的分类。现行法在规定不动产登记类型时要考虑登记的目的，考虑各种登记类型之间的衔接，以便形成一条结合紧密的连续的锁链，共同全面、清晰、准确地反映不动产权属的静态状态和动态变化。

我国大陆现行的关于房地产登记的法律层级很多，房地产也分属不同的部门管辖，因此在登记种类的规定上也极为紊乱，缺乏统一的规制。

1996年国土资源部颁布的《土地登记规则》的第2条将土地登记分为初始土地登记和变更土地登记。初始土地登记又称总登记，而变更土地登记包括土地使用权、所有权和土地他项权利设定登记，土地使用权、所有权

---

① 参见焦祖涵：《土地法释论》，台湾三民书局1993年版，第319页。
② 参见许明月、胡光志等：《财产权登记法律制度研究》，中国社会科学出版社2002年版，第16页下。

和土地他项权利变更登记,名称、地址和土地用途变更登记,注销土地登记等。

2002年由建设部修订发布的《城镇房屋权属登记管理办法》的第9条则将房屋权属登记分为:总登记、初始登记、转移登记、变更登记、他项权利登记和注销登记。

实现房地产统一登记的深圳市、珠海市和上海市的《房地产登记条例》也规定了不同的登记类型。深圳市的《房地产登记条例》将房地产登记分为了初始登记、移转登记、变更及其他登记和撤销核准登记;珠海市的《房地产登记条例》将房地产登记分为了初始登记、产权移转变更登记、其他变更登记、商品房预售登记和注销登记;上海市的《房地产登记条例》则将房地产登记分为了土地使用权和所有权登记、房地产他项权利和预告登记三大类,土地使用权和所有权登记可分为初始登记、移转登记、变更登记和注销登记,房地产他项权利则包括设定登记、移转登记、变更登记和注销登记。

从这些规定来看,它们在登记的基本类型上各不相同,在各登记类型的名称上也不统一,各登记类型之间也存在着重叠和冲突的现象,基本上是各自为政,从而造成实践中的混乱,引起了不必要的交易费用,也影响了全国统一的登记制度的形成,阻碍了全国市场的统一和交易的顺利进行。

而我国台湾地区的土地登记经过多年的实践,已经形成比较系统的制度,依其《土地法》的规定,土地登记可分为土地总登记和土地权利变更登记两类,而依其《土地登记规则》的规定,土地总登记和土地权利变更登记可进一步分为以下的种类:总登记(包括土地总登记和建物所有权第一次登记)、所有权变更登记、他项权利登记、其他登记(包括更名登记、住址变更登记、标示变更登记、书状换给或补给登记、更正登记、限制登记、涂销登记、与信托相关之登记)等。各登记类型之间也形成了比较协调的锁链,能够纳入土地(包括房屋)权利从产生到变更、消灭各个过程,有效地促进了市场经济的发展。这是我国大陆房地产登记应当借鉴的。

鉴于此,我国大陆有学者认为房地产权属登记的类型是由房地产权属登记的目的所决定的,也是由全面、清晰、准确地反映房地产权属的静态和动态这一实际需要决定的,并进而将我国房地产权属登记的类型分为房地产权属总登记、房地产产权变动登记、房地产权属更正登记和房地产权属预告登记。房地产产权变动登记则包括房地产权属变更登记、房地产他项权利登记(仅限于其设立的情形)、更名登记、房地产使用用途改变登记和房地产权证补给登记和房地产权属注销登记。①

在本书中,我们依据现行法的规定,并结合各国的立法例,考虑到各登记类型的内涵及其相互之间衔接的要求,将房地产登记分为了总登记、初始登记、变更登记、涂销登记、消灭登记、更正登记、异议登记、预告登记、预售登记、其他限制登记(查封和财产保全登记、信托登记)等类型。

第三节 不动产登记的适用

登记的适用主要是指不动产登记所适用的范围,包括不动产登记所适用的主体、权利客体、应登记的权利和应登记的法律关系。

一、应登记的权利主体

依照我国的《民法通则》,可以享有不动产权利的民事主体有自然人和法人。依照《民法通则》第 8 条第 2 款的规定,外国人、无国籍人也可依该法享有房地产权利。这里的外国人应解释包括外国法人在内。

除了自然人、法人之外,在《担保法》、《合同法》、《民事诉讼法》、《著作权法》等法律中还出现了"其他组织"一词,《最高人民法院关于适用〈中华人民共和国民事诉讼法〉若干问题的意见》第 40 条及《最高人民法院关于适用〈中华人民共和国担保法〉若干问题的解释》第 15 条对"其他组织"的范围作了清楚的界定,即指合法成立、有一定组织机构和财产,但又不具备法人资格的组织,具体包括如下类型的组织:

(一)依法登记领取营业执照的独资企业、合伙企业;

(二)依法登记领取营业执照的联营企业;

(三)依法登记领取营业执照的中外合作经营企业;

(四)经民政部门核准登记的社会团体;

(五)经核准登记领取营业执照的乡镇、街道、村办企业;(以上是两个司法解释共有的规定)

(六)法人依法设立并领取营业执照的分支机构;②

(七)中国人民银行、各专业银行设在各地的分支机构;

---

① 参见崔建远、孙佑海、王宛生:《中国房地产法研究》,中国法制出版社 1995 年版,第 242 页。
② 《最高人民法院关于适用〈中华人民共和国担保法〉若干问题的解释》第 17 条也承认了企业法人的分支机构可以在法人书面授权的范围内提供保证,即部分承认了分支机构的民事主体资格。

(八) 中国人民保险公司设在各地的分支机构等。

这些机构在学理上也被称为"非法人团体"或"第三类团体"。

因此在我国内地应进行登记的不动产权利人包括自然人、法人和其他组织。这在各个不动产登记法律法规中也有体现。如《房屋权属登记管理办法》中所称的房屋权利人,是指依法享有房屋所有权和该房屋占用范围内的土地使用权、房地产他项权利的法人、其他组织和自然人,而房屋权利申请人,是指已获得了房屋并提出房屋登记申请,但尚未取得房屋所有权证书的法人、其他组织和自然人(第3条第2款、第3款)。依上海市《房地产登记条例》的第3条第2款,该条例所称房地产权利人,也是指依法享有土地使用权、房屋所有权、房地产他项权利等房地产权利的自然人、法人和其他组织。

而依我国《土地登记规则》第2条,土地登记是国家依法对国有土地使用权、集体土地所有权、集体土地使用权和土地他项权利的登记。因此国有土地使用者、集体土地所有者、集体土地使用者和土地他项权利者,必须依照本规则规定,申请土地登记(第3条第1款)。依深圳市《房地产登记条例》的第2条第2款,该条例所称权利人也是指依该条例规定登记的房地产权利的享有人。这些法规规章都没有明确房地产权利人的范围具体包括那些类型。

值得注意的是,在2005年7月公布的《物权法(草案)》中,第2条第3款对物权的定义里只出现了权利人的表述,而未明确其具体类型。

二、应登记的标的物

(一) 不动产——土地和房屋

不动产登记的适用对象自然是不动产,但我国现有的法律法规多采用房地产登记这一概念。如果未作特别说明,本书中的不动产主要指房地产。对房地产的含义有着广狭不同的界定。狭义上的房地产仅限于房屋(建筑物)及其所占用范围内的土地。所谓土地,不应限于城市的土地,而应包括农村土地在内,不仅包括建设用地、耕地,也应包括林地、草原、水面、荒山、荒地、滩涂等在内[①],但我国大陆采多头登记制度,林地、草原的所有权或者使用权及水面、滩涂的养殖使用权分别依照《森林法》、《草原法》和《渔业

---

① 参见梁慧星主编:《中国物权法研究》(上),法律出版社1998年版,第44—45页;孙宪忠:《中国物权法总论》,法律出版社2003年版,第132—133页。

第一章　不动产登记的界定和适用

法》的有关规定办理(《土地管理法》第9条第3款),它们的登记机关也与建设用地的登记机关不同,应此尚未纳入房地产登记的范围。所谓的房屋,依据《城市房地产管理法》第2条第2款的规定,是指"土地上的房屋等建筑物及构筑物"。所谓建筑物,是指定着于土地之上或之下,具有顶盖、梁柱、墙壁,可供个人或数人居住或其他使用的构造物,而所谓的构筑物,是指"一般不直接在内进行生产和生活活动的建筑物,如水塔、烟囱等。"①而广义的房地产可以包括房屋及所有的土地,如深圳市《房地产登记条例》第2条规定:"该条例所称房地产,是指土地及土地上的建筑物、附着物。"但这一广义的界定仍然要小于不动产的范围。对不动产的含义,《担保法》第92条第1款规定:"本法所称不动产是指土地以及房屋、林木等地上定着物。"即不动产还包括了林木等地上定着物。最高法院《关于贯彻执行〈中华人民共和国民法通则〉若干问题的意见(试行)》第186条也规定:"土地、附着于土地的建筑物及其他定着物、建筑物的固定附属设备为不动产。"2002年12月提交全国人大常委会审议的《中华人民共和国民法(草案)》第二编物权法中也于第2条第2款规定:"不动产指土地、建筑物等土地附着物。"其他定着物或土地附着物可以包括林木在内。不过这些规定都将土地和房屋、林木等区分开来,而未像《德国民法典》那样将房屋、林木视为土地的组成部分,即采用了房地分离的立法模式。

还有一些法律未直接规定不动产或房地产的含义,而是通过对房地产登记或土地登记进行界定来限定房地产的范围。如珠海市《房地产登记条例》的第2条规定:"该条例适用于本市行政区域内的房地产登记。本条例所称房地产登记,是指土地使用权和房屋所有权以及由上述权利产生的他项权利的登记。本条例所称房屋,是指土地上的房屋等建筑物及构筑物。"那么房地产自然包括土地和房屋在内。而我国台湾地区的《土地法》第37条第1项也规定,"土地登记,谓土地及建筑改良物之所有权与他项权利之登记。"这里的土地和不动产的概念基本相同,也包括土地和建筑改良物。

在对土地登记时,应以一宗土地为单位进行登记。所称一宗土地,是指以权属界线组成的封闭地块。拥有或者使用两宗以上土地的土地所有或者土地使用者,应当分宗申请登记(《土地登记规则》第5条第1、2款、深圳市《房地产登记条例》第6条第1、3款)。同时,《土地登记规则》第5条第3款规定:"两个以上土地使用者共同使用一宗土地的,应当分别申请登记。"

---

① 转引自陈华彬:《物权法原理》,国家行政学院出版社1998年版,第60页。

这款未明确共同使用的方式是共同共有还是按份共有。深圳市《房地产登记条例》第 6 条第 2 款也规定:"一宗土地存在两个或两个以上权利人的,各权利人分别对该宗土地上的建筑物、附着物所有权和拥有的土地使用权份额申请登记。"由于有份额的规定,这款实际上规定的是按份共有土地申请登记的情形。和共同共有不同,按份共有的情况下,当事人之间并无共同关系的存在,而是对共有的不动产有着明确的应有份额,对该份额的处分也无需由共有人全体同意,若此时仅由共有人之一单方申请登记,而共有人各自的份额又不明确时,则可能损害其他共有人的利益,此时进行共同申请明确各共有人的份额当可避免纠纷。因此,前面两款的规定不甚妥当。

(二) 土地登记和建筑物登记的关系

土地和建筑改良物虽均为不动产,但属性不一,标示各异,故分别办理登记。[①] 而就土地登记和建筑物登记二者间的关系,各相关法律法规也作出了相应的规定:依深圳市《房地产登记条例》第 7 条的规定,"土地上已有建筑物、附着物的,土地及建筑物、附着物应同时登记。土地使用权未经核准登记的,建筑物、附着物所有权或他项权不予登记"。这表明了土地使用权登记处于更为基础的位置。因为若土地使用权未进行登记的话,建筑物的登记便无所依附,未取得土地使用权而建造房屋也就成为了违法建筑物。我国台湾地区《土地登记规则》第 11 条也规定:"土地上已有建物者,应于土地所有权完成总登记后,始得为建物所有权登记。"这和深圳市条例规定的基本精神是一致的,也表明了土地登记的基础地位,但针对的是总登记的情形。

而依珠海市《房地产登记条例》第 5 条,"土地上已有房屋的,该房屋与土地同时登记。"这条规定删去了深圳市条例相应规定的第 2 款,未体现出土地登记的基础地位。就未来民法典的设计,王利明教授负责起草的民法典物权编专家建议稿也于第 32 条规定了"土地和建筑物登记的相互独立"的规则:"土地和地上建筑物房屋、附属物应当一并登记,但权利人也可以对土地和房屋的权利分别登记。"与珠海市的条例一样,该专家建议稿也采用了同时登记的原则,并且未规定土地登记的基础地位。

此外,依《城市房屋权属登记管理办法》第 6 条的规定,"房屋权属登记应当遵循房屋的所有权和该房屋占用范围内的土地使用权权利主体一致的原则。"即房屋登记和土地使用权登记的权利主体应一致。而前述各条例并

---

① 参见陈铭福:《土地法导论》,台湾五南图书出版公司 2000 年版,第 119 页。

未体现出这一要求,即土地使用权人和房屋所有权人可以是不一致的,此时,房屋所有权可以建立在次土地使用权或基于土地使用权的出租关系基础之上。

三、具有登记能力的登记权利和应登记的事项

在进行登记前,首先需要确定的是哪些权利可以进行登记,这在德国法上被称为"登记能力"。依德国法的规定,具有登记能力的权利和权利地位有土地物权和视同土地的权利、在土地物权上所成立的物权、处分限制和取得禁止、异议和预告登记;不具有登记能力的权利和法律关系有未被承认的物权、债权性权利与债权性约定、个人情况、绝对的处分限制、法律行为方式的处分限制、公法性法律关系和负担以及《德国民法典》第1179a条规定的抵押权的注销请求权。①

如我国台湾地区的《土地登记规则》于第5条第1项规定,下列土地权利之取得、设定、移转、变更或消灭,应办理登记:(一)所有权;(二)地上权;(三)永佃权;(四)地役权;(五)典权;(六)抵押权;(七)耕作权。应注意的是,该条第2项另有缓和性规定:"土地权利名称与前面所列名称不符,而其性质与其中一种相同或同类者,经'中央'地政机关审定为前项各款中之某种权利,得以该权利办理登记,并添注其原有名称。"

但我国内地现在还没有统一的物权法,仅《民法通则》、《担保法》、《土地管理法》、《城市房地产管理法》和其他相关法律对物权作出了一些规定。

依《民法通则》,财产所有权及与财产所有权相关的财产权包括国家财产所有权、集体财产所有权、个人财产所有权、抵押权等。

依《房屋权属登记管理办法》的第2条,该办法仅适用于城市规划区国有土地范围内的房屋权属登记。在该办法中所称的房屋权利包括依法享有的房屋所有权和该房屋占用范围内的土地使用权、房地产他项权利(第3条第2款)。而房地产他项权利包括房屋抵押权、典权等(第19条第1款)。而依《城市房屋租赁管理办法》的规定,房屋租赁实行登记备案制度(第13条),即承租权也属于房地产登记的范畴,虽然承租权尚属具有对抗力的债权的范畴。

依《土地登记规则》第2条,土地登记是国家依法对国有土地使用权、集

---

① 参见〔德〕鲍尔、施蒂尔纳:《物权法》(上册),张双根译,法律出版社2004年版,第290—295页。

体土地所有权、集体土地使用权和土地他项权利的登记。该规则所称土地他项权利,是指土地使用权和土地所有权以外的土地权利,包括抵押权、承租权以及法律、行政法规规定需要登记的其他土地权利(第2条第2项)。

深圳市《房地产登记条例》第2条第3款则规定:"本条例所称房地产权利,是指权利人对土地的使用权和土地上建筑物、附着物的所有权,以及由上述权利产生的他项权。"他项权在该条例中仅体现为抵押权。

珠海市《房地产登记条例》第2条第2款也规定:"本条例所称房地产登记适用于土地使用权和房屋所有权以及由上述权利产生的他项权利。"他项权利的范围如何,该条例并未作出规定。

依上海市《房地产登记条例》第3条第1款,该条例所称房地产权利包括土地使用权、房屋所有权和房地产他项权利。房地产他项权利包括抵押权、典权和其他依照法律、行政法规设定的房地产他项权利(第43条)。

在2002年通过的《农村土地承包法》中,又将农村土地承包经营权确定为了物权,应进行登记造册并颁发权利证书(第23条)。

因此在现行登记法律法规中,应当进行登记的不动产权利包括国有土地使用权、集体土地所有权、集体土地使用权、农村土地承包经营、土地抵押权、土地典权、房屋所有权、房屋抵押权、房屋典权等。但对土地及房屋租赁权应否予以登记,各法律法规之间出现了差异,《城市房屋租赁管理办法》、《土地登记规则》和上海市的《房地产登记条例》都纳入了登记的范围,而深圳市、珠海市的《房地产登记条例》则未予以明确。

我国物权法的起草正在进行之中,现有的草案和草案建议稿对不动产物权的设计不尽相同。在梁慧星教授负责的《中国物权法草案建议稿》中,规定了下列不动产物权:国有土地所有权、集体土地所有权、建筑物区分所有权、基地使用权(含法定基地使用权,但无需登记)、农地利用权、邻地利用权、典权、抵押权、让与担保。这些不动产物权都须进行登记。

王利明教授负责的"物权法草案建议稿"中则规定了下列不动产物权:国家所有权、集体所有权、公民个人所有权、社团和宗教组织的所有权、建筑物区分所有权、优先购买权、土地使用权、农村土地承包经营权、宅基地使用权、地役权、典权、空间利用权、特许物权、抵押权和优先权。其中的优先权无需登记(第527条)。此外,该草案建议稿还规定:出租土地使用权,双方应当办理租赁登记。未登记的,不得对抗善意第三人(第259条)。

在全国人大法工委提出的《物权法》(征求意见稿)中,不动产物权包括下列几种:国家所有权、集体所有权、私人所有权、建筑物区分所有权、土地承包经营权(采登记对抗主义,第126条)、建设用地使用权、宅基地使用权、邻地利用权、典权、居住权、抵押权和让与担保权。其中依照法律规定,土地、矿藏等自然资源属于国家所有的,可以不经登记,自法律施行之日起享有物权(第9条)。而于2002年12月提交全国人大常委会审议的《中华人民共和国民法(草案)》第二编物权法中继承了《物权法(征求意见稿)》的规定。

在2004年8月和10月全国人大法工委所提出的《物权法(草案)》中,就不动产物权都规定了土地承包经营权、建设用地使用权、宅基地使用权、地役权(8月的草案使用了邻地利用权的称谓)、居住权、抵押权,后者并规定了典权和让与担保。从2005年7月全国人大法工委公布的《物权法(草案)》来看,它在不动产物权的设计上基本保留了前两次审议稿所规定的类型,规定了土地承包经营权、建设用地使用权、宅基地使用权、地役权、居住权、抵押权。

整体来看,这些草案对不动产物权基本类型的规定大体上还是一致的,只是所采用的名称不同,这些类型包括国有土地所有权、集体土地所有权、建筑物区分所有权、基地使用权(建设用地使用权、土地使用权、宅基地使用权)、农地利用权(农村土地承包经营权、土地承包经营权)、邻地利用权(地役权)、典权、抵押权等,而在部分物权类型上,这些草案的规定有所差异,如梁慧星教授负责物权法草案专家建议稿和人大法工委的《物权法(征求意见稿)》以及2004年10月的草案规定了让与担保,王利明教授负责物权法草案专家建议稿规定了空间利用权、特许物权、优先权和土地使用权的承租权。

那么房屋租赁权是否应在今后的不动产登记法中明确应予登记呢?虽然我国内地《合同法》于第229条规定了"买卖不破租赁"的原则,确立了承租人较之受让人的优越地位,但这也会在一定程度上使受让人遭受交易风险,因为租赁权如果没有被登记,仅凭承租人对房屋的占有并不足以使受让人完全了解房屋的实际占有利用状况,而出让人也会隐瞒真实的情况,甚至会出现出让人和承租人勾结起来通过虚假租赁诈害受让人的情形,这就会使受让人陷于不利的地位,因此"买卖不破租赁"不宜绝对化,而应通过适当的方式使租赁权得到公示,平衡承租人和受让人之间的利益平衡。这在各国立法中也不鲜见。① 因此适宜将房屋租赁权纳入登记的范围。

由于各项权利登记所针对的权利类型不同,应分别办理登记。② 鉴于所有权为基本物权,他项权利是基于所有权产生的,所有权如未确定,则其他一切权利无所附随。因此,土地或建筑物权利的登记,应先办理所有权登记,如所有权未经登记,其他权利即无法确定。③ 鉴于此,台湾的《土地登记规则》于第12条进一步规定:"未经登记所有权之土地,除本规则另有规定外,不得为他项权利登记或限制登记。"对此内地的登记法律应当予以借鉴,只是内地的国有土地所有权无需登记,而由国有土地使用权代替了其地位。

四、应登记的法律关系

不动产登记所适用于的法律关系包括两种,一种是依法律行为发生的不动产物权变动,一种是非依法律行为发生的不动产物权变动。

在梁慧星教授负责的《中国物权法草案建议稿》中,明确区分了这两种物权变动。依法律行为发生的不动产物权变动是指依法律行为发生的不动产物权的产生(设立)、变更、移转和消灭。依法律行为设立、移转、变更和废止不动产物权的,不经登记者无效(第4条第1款)。即采用了"登记生效主义"。由于该专家建议稿采用了物权变动与其原因行为的区分原则(第7条),这里的生效应指物权变动的生效,而不是作为基础关系的债权行为的生效。

而非依法律行为发行的不动产物权变动是指因法律的规定、法院的判决、政府的指令、继承及事实行为发生的物权变动。因法律的规定、法院的判决、政府的指令、发生的物权变动自法律生效时、法院判决确定时或者政府的指令下达时生效。因继承发生的物权变动,自继承开始时生效。依遗赠发生的物权变动,准用关于因继承发生的物权变动的规定。因事实行为发生的物权变动,自事实行为成就时生效。非依法律行为发生的物权变动,如为不动产物权而未进行不动产登记的,权利取得人不得处分其物。(第35条)即采用了"登记处分主义"。

对这两种类型的不动产物权变动,《物权法(征求意见稿)》和《中华人民共和国民法(草案)》第二编物权法(简称《民法典(草案)》)也作了类似

---

① 对此可以参见许明月、胡光志等:《财产权登记法律制度研究》,中国社会科学出版社2002年版,第206—208页;苏永钦:《走入新世纪的私法自治》,中国政法大学出版社2002年,第337页。
② 参见陈铭福:《土地法导论》,台湾五南图书出版公司2000年版,第119页。
③ 参见李鸿毅:《土地法论》,台湾1999年自版,第225页。

规定:

"物权的设立、变更、转让和消灭,除法律另有规定外,不动产应当登记。除法律另有规定外,国家、集体、私人的不动产物权的设立、变更、转让和消灭,应当登记;不经登记,不发生物权效力。"(《征求意见稿》第7条、第9条,《民法典(草案)》第6条、第9条) 这是对依法律行为发生的不动产物权变动进行登记的规定。由于草案未像前述专家建议稿一样采用物权变动与其原因行为的区分原则,因此未像该专家建议稿一样规定登记生效主义,而是规定"不经登记,不发生物权效力",即登记并不影响债权行为的效力,未登记时仍可产生债法上的效力,只是无法对抗第三人而已。

"因人民法院的判决、人民政府的征收等行为导致物权的设立、变更、转让和消灭的,自判决生效或者人民政府的征收等行为作出之时发生效力。"(《物权法(征求意见稿)》第30条、《民法典(草案)》第30条)

"因继承或者遗赠导致物权设立的,自继承或者遗赠开始时发生效力。"(《物权法(征求意见稿)》第31条、《民法典(草案)》第31条)

"因建造住房等事实行为导致物权设立和消灭的,自事实行为成就时发生效力。"(《物权法(征求意见稿)》第32条、《民法典(草案)》第32条)

这三条是非依法律行为发生的不动产物权变动的规定,但未经登记的效力是否是限制权利人的处分权,该草案未予明确规定。

在2005年7月公布的《物权法(草案)》中,基本保留了上述规定的内容,只是于第33条中仅规定了继承,删去了遗赠的情形,第35条则明确了非依法律行为发生的不动产物权变动未经登记,不得处分物权。

第四节 不动产登记机关

一、不动产登记机关的设置

纵观世界各国,不动产登记机关有两种选择方式,一为附属于法院系统的登记机关,比如德国的不动产登记机关就是附属于地方法院系统的土地登记局,瑞士基本上也仿照此模式;一为司法行政机关,如日本的法务局。

目前国内有一种观点认为"不动产登记机关应是司法机构,而不应是行政机构[1]",但是也有学者认为登记属于一种行政行为,它所体现的是国家

---

[1] 梁慧星主编:《中国物权法草案建议稿:条文、说明、理由与参考立法例》,社会科学文献出版社2000年版,第142页。

对不动产物权的干预,干预的目的在于明晰各种不动产物权,依法保护不动产物权人的合法利益,因此登记机关应为行政机关。这种观点也得到很多国家和地区实践的支持,比如英国的土地登记局,我国台湾地区的地政事务所等。

笔者认为,从我国现阶段的实际情况来看,由统一的行政机关负责不动产登记事宜较为可行,理由如下:

首先,根据《中华人民共和国土地管理法》(以下简称《土地管理法》)及其实施细则和《中华人民共和国城市房地产管理法》(以下简称《城市房地产管理法》)等基本法律,主管房地产登记的机关为各级人民政府土地行政主管部门和房产主管部门,而非司法机关。即使在实现了房地产统一登记的深圳、上海和珠海等地,也仍然是由属于行政机关的房地产登记局或处来进行登记。在我国现行房地产登记的行政管理体制下,这些登记机关已经形成了较具规模的房地产登记资料和房地产登记人员,成为了将来制定统一的不动产登记法的"路径依赖"。如果重新设立隶属于法院系统的不动产登记局,则会破坏现有的利益格局,付出较大的代价,而且还会面临重新熟悉这些登记资料的成本,延迟登记秩序的形成。

其次,从现代行政权和司法权之间的关系来看,现代的行政权已经不再是纯粹的执行管理权,也包含了越来越多的准立法权和准司法权。因而由行政机关进行房地产登记,兼有行政管理和司法性,可以更好地实现多重目标。

再次,在进行不动产登记的过程中,也需要国家进行其他的一些管理活动,比如统计房地产登记的信息,并将这些信息作为国家政策调整的依据。由于这些活动不仅具有行政性,还需要较高的专业技术,不适合由司法机关来进行。

最后,现行的《法院组织法》并未赋予法院进行不动产登记的职能,相关的诉讼法也未规定类似的程序,如果由法院来进行登记的话,首先需要修改这些基本的法律。而且目前我国各地法院承担着繁重的审判任务,如果同时还让它投入大量的人力和物力来从事登记工作,负担未免过重。

二、不动产登记机关的统一性

不动产是指土地及其定着物,多数国家的不动产登记也是以土地登记为基础建立的,而我国则与此不同。根据孙宪忠教授的解释,我国从1956年起土地权利退出了财产法的范畴,只是在1988年之后才重新进入财产法的范畴,而此时房产权、林地权等已经进入了财产法的范畴,而且先于土地登记建立了自己的登记制度。这些登记在历史上也曾发挥了一定的积极作用,因此得到了许多人的支持。我国现行立法为照顾这一现实,采取了不动产登记分散在多个部门的做法。① 目前我国没有统一的不动产登记法,实践中有一些涉及不动产登记的具体部门即不动产管理部门,按照不同的管理体制对土地、房屋、森林、水面、滩涂、道路等各项不动产分别予以登记,即存在着登记多头负责的局面。

不动产登记由多个部门分别负责给当事人进行登记造成了不便,也不利于交易的当事人查阅登记,无法为其提供全面的交易信息,而且这种分散的登记制度也造成了实践中房地分别抵押和房地重复抵押的不正常现象,既损害了当事人的正当权益,又影响了正常的不动产交易秩序。因此,国内学者一致认为我国今后的不动产登记法或者物权法应结束目前不动产登记机关的多头执政局面,设立统一的不动产登记机关。这已为我国的物权法立法所肯定。2005 年 7 月公布的《物权法(草案)》第 10 条第 2 款明确规定:"国家对不动产实行统一登记制度。"

具体到土地登记和房屋登记,我国目前土地和房屋的登记分别由房产管理部门和土地行政管理部门分别依据《土地登记规则》和《城市房屋权属登记管理办法》来进行。与其他诸如森林、水面、滩涂等不动产的登记不同的是,根据《城市房地产管理法》第 62 条,经省、自治区、直辖市人民政府确定,县级以上地方人民政府由一个部门统一负责房产管理和土地管理工作的,可以制作、颁发统一的房地产权证书,将房屋的所有权和该房屋占用范围内的土地使用权的确认和变更,分别载入房地产权证书。这就为在现行法体制下实现不动产登记机关的部分统一提供了必要的前提。

从目前各地的实践来看,深圳市、珠海市和上海市已经实现了土地登记机关和房屋登记机关的合一,北京市也已经于 2000 年成立了北京市国土资源和房屋管理局(简称市国土房管局)统一负责北京市的土地、地质矿产、房屋和住房制度改革,其中就包括土地、房屋和矿产资源的权属管理和房屋、土地登记法政管理,依法确定房地产权属。② 需要注意的是,即使在实现

---

① 孙宪忠:《论物权法》,法律出版社 2001 年版,第 463 页。
② 不过,北京市国土资源和房屋管理局于 2004 年的改革中又分拆入建委和国土资源局,前者负责房屋的登记管理,后者则实行垂直领导。其他地方也正在实施这项机构改革,这样便给不动产登记机关的统一带来了新的挑战。深圳、珠海、上海等地的统一登记机关能否持续下去,今后如何发展,尚值瞩目。

土地登记和房屋登记合一的珠海和上海,其具体做法也不尽一致。根据《珠海市房地产登记条例》,登记机关在房地产登记统一管理的前提下,可以实行分级登记。所谓"分级登记"也称"次级登记",是指依权利人的不同级别,将中央所属企事业单位以及省级政府所属企事业单位的不动产在省级不动产管理部门登记,其他企事业单位的不动产则在市县一级不动产管理部门登记。这种做法增加了当事人查阅登记的负担,容易导致不动产登记的分散,人为地造成了登记的不统一。上海市则摒弃了上述分级登记的做法,规定由上海市房屋土地资源管理局(简称市房地资源局)所属的上海市房地产登记处(简称市登记处)负责房地产登记的日常工作,区、县房地产登记处则受市登记处委托,具体办理房地产登记事务。我国未来的不动产登记也宜采取上海市的做法,由各省、直辖市、自治区的不动产行政主管部门统一负责该地的不动产登记,各市、县的不动产行政管理部门协助省、直辖市、自治区的房地产行政主管部门具体办理不动产登记工作。

统一登记机关是统一登记程序、统一登记信息,实现交易安全、快捷以及维护权利人合法权益的基础。因此,废止我国目前多部门登记、分级登记、分块登记的管辖制度,按照精简、高效、统一、公开的原则建立统一的不动产登记机关已经刻不容缓。

第二章 不动产登记的模式

第一节 德国的权利登记制

德国是"权利登记制"——以不动产负担的物权性权利为对象的登记——的鼻祖,后世的瑞士、台湾地区等沿袭了这种制度,此种制度又被称为"日耳曼制度"、"连续登记制度"。

一、德国登记制度的基本特征

从总体上看,此种制度具有以下特点:①

第一,登记是在按地区划分权限的公共部门中进行的,德国的不动产登记机关是土地登记局(Amtsgericht als Grundbuchamt),它在性质上属于各个司法管辖区的初级地方法院,登记官则为司法官(Rechtspfleger)。

第二,采用"特定性原则",登记簿记载了不动产所有权特征的标示,从而将现实中存在不动产准确地反映在登记簿之中,使得登记簿成为不动产的法律表现。在德国,各个州的土地测量局负责土地测量并绘制成图,这样,土地被划分为编有号码的独立地块,这些地块都被记录在地籍登记簿(cadaster)之中,当这些地块因公路建设分割或者合并等原因发生变化时,地籍登记簿要及时地进行相应的登录,在现场则以官方测量机关设置的大量界石标示出来。每一块土地的疆界在地图上都要清楚地标示出来。在地籍登记簿基础上,土地登记簿得以建立,它表明了每一块被标上号码的土地的法律状况,并记载了土地上的权利负担状况。②

第三,采用"物权法定原则",登记簿记载的物权类型和内容必须符合法律规定,或者说,登记簿记载的权利必须具有"登记能力"(Eintragungsfähigkeit)。德国有登记能力的权利主要有:不动产上负担的一切物权(如土地所有权)、不动产物权负担的物权(抵押权上的用益权)、处分限制(《德国民法典》第

---

① 参见 Vicente João Monteiro:《澳门物业登记概论》,张逢春译,澳门司法事务局1998年版,第14页。
② 参见〔德〕罗伯特·霍恩等:《德国民商法导论》,楚建译,中国大百科全书出版社1996年版,第198页。

135、136条)、异议抗辩和预告登记;无登记能力的权利主要有:《德国民法典》不承认为物权的不动产上的权利(如用益质权)、债权(如租赁权)、有关不动产的没有公共信用作用的个人关系(如监护权)、不动产上的公法限制、因相邻关系产生的对邻人不动产的权利等。①

第四,登记是应利害关系人的要求进行的(申请原则)。不动产物权变动的当事人受制于意思表示的约束力,为了诚信履行合同义务和实现合同目的,他们具有启动物权程序的动力和压力,由这类民事主体引起的登记启动机制被称为登记申请。申请机制适用于纯粹的私人交易领域,如民事主体依据自我意志进行的物权变动、在登记错误时通过更正登记等措施进行的补救等②,是民事主体对自己事务进行自我决定和处理的表现,是民事主体实现程序参与价值的表现,与国家公权力无关。登记申请是最常见的登记启动机制。当然,申请原则也存在例外,比如,德国《土地登记簿法》第53条第1项规定:土地登记机关因为违反法律规定而为登记,导致土地登记发生错误的,应依职权为异议抗辩。登记内容被证明为法律禁止的,登记机关可依职权涂销该登记。

第五,采用"优先原则"(《德国民法典》第879—881条),即先登记的权利优先于后登记的权利,此即为"顺位"。优先的次序具有财产价值,可以成为法律行为的标的物。

第六,采用"登记连续性原则",即每一项权利的拥有人在处分权利时都要在登记簿上登记,这样就在权利人之间形成了权利链条,从而保证交易的纯净性。

第七,全面遵守"合法性原则",要求登记官对权利处分行为进行预先审查。不过,正如后文所讲,此项原则在德国登记实务中受到限制。

第八,受古老的"移交"思想影响,除了引致当事人之间债的关系的行为之外,还需要达成改变登记权利人所有人的真正共认。

第九,采用"物权公示原则"(《德国民法典》第873、875、877、925条),即在依法律行为进行的不动产物权变动场合,进行登记对当事人之间预先商定的物权变动是比不可少的,不登记物权不得变动。

第十,已作的登记构成相关权利的推定,这是一项可反驳的推定,即可

---

① 参见孙宪忠:《德国当代物权法》,法律出版社1997年版,第137—139页。
② Alpmann, *Sachenrecht Band 2 - Grundstückrecht*, 9. Aufl., Verlag Alpmann und Schmidt Juristische Lehrgänge, Verlagsges. MbH & Co., 1994, S.124.

被相反的证据推翻(《德国民法典》第891条)。但对第三者的善意取得而言,推定可转化为不可反驳。由于登记被视为真实、正确(或者完整)的,所以相信登记并以此为基础进行交易的人不应受到损害(《德国民法典》第891条)。

以上是德国登记制度的整体特点,下文将更具体地考察德国登记制度的基础理论。

二、德国登记制度中的替代机制

在《德国民法典》采用物权行为理论的大前提下,要在法律意义上完成不动产物权变动,要经历四个逻辑发展层次和阶段:其一,负担行为,即债权行为(das schuldrechtliche Grundgeschäft),它给当事人设定了给付义务,是给付的法律基础;其二,物权行为,即物权法领域中的处分行为,是不动产物权变动所必需的实体法上的意思表示(die materiellrechtlichen Erklärungen),它表现为当事人双方的合意(die Einigung)[①]、权利人的单方表示(die einseitige Erklärung)[②]或者他人的同意表示(die Zustimmungserklärung)[③];其三,形式上的登记同意(die förmliche Eintragungsbewilligung);其四,在登记簿中的登记(die Eintragung im Grundbuch)[④]。

在上述四个层次中,前三个是登记得以实施的基础,不过,由于物权行为抽象原则的作用,作为基础行为的负担行为是否真实有效,一般不能影响物权行为的效力,这样,负担行为虽然是不动产物权变动的起因,但对于不动产物权变动的成就与否却不能发挥实质性作用,故其原则上不在登记机关审查的范围之内,当然对登记的完成也就不起作用。有研究成果显示,德国法中的物权行为抽象原则为顺畅且不涉及实体法问题的不动产登记程序提供了保证。[⑤] 之所以如此,是因为《德国民法典》制定的出发点之一,是普鲁士的登记实践显示,如果登记官需要审查债权行为的有效性的话,会造成登记的拖延与障碍,而交易的不确定性频生,补救的办法就是登记官只审查

[①] 参见《德国民法典》第873条、第877条、第880条、第1116条、第1180条。
[②] 参见《德国民法典》第875条、第928条、第1109条、第1132条、第1168条、第1188条、第1196条。
[③] 参见《德国民法典》第876条、第880条、第1180条、第1183条。
[④] Weirich, aaO, S.117.
[⑤] Siehe Stadler, *Gestaltungsfreiheit und Verkehrsschutz durch Abstraktion*, J. C. B. Mohr (Paul Siebeck), 1996, S.532.

物权行为的有效性。① 根据德国《土地登记簿法》第19条的规定,登记同意是登记中所不可缺少的因素,这样的话,在上述四个层次中,登记机关既要审查物权行为这种受物权实体法规制的行为,还要审查登记同意这种受登记程序法制约的行为。

然而,在德国登记实务中,物权行为作为实体法上的法律行为,原则上被排除在登记审查范围之外,这显然背离了《德国民法典》的初旨,为什么如此?

答案在于:德国法严格贯彻不动产物权实体规则和登记程序规则的区分,由此形成了独具特色的不动产物权登记体系,其中的登记审查方式主要采用形式审查。在申请提出之后,登记机关要审查物权变动的要件是否具备,即处分人的处分权和当事人双方的物权合意,但是,对于登记官而言,完成这些审查任务是一种苛求,至少非常浪费时间,难度也很大。于是,土地登记法就设定了替代机制,通过相应的替代物来表明上述的物权变动要件的实际存在。这些替代机制主要表现为:其一,同意原则(Bewillgungsgrundsatz),即当事人的登记同意替代物权合意②,其理由在于当事人一般只有在有了真实物权合意之后,才会作出登记同意,同意登记的权利人在实体法上当然也同意权利变动。其二,预登记原则(Voreintragungsgrundsatz),即权利人在登记簿中的登记状态替代处分人的所有权等实体权利,其理由在于《德国民法典》第891条规定的推定力,使得登记权利人在任何规则下都被推定为实体权利人。③

通过这两个替代机制,德国的登记审查基本上就可以不涉及物权实体法领域,不用考察当事人之间是否具有真实有效的物权变动意思表示、处分人是否具有真实的处分权,而这两项条件正是处分行为得以发生法律效力所必备实体条件。这样,登记机关主要的审核事项是产生登记的程序性行为和登记簿中的既有记载,无需考虑它们与实体法律行为和实体权利的对应性,在此意义上,德国登记审查方式被称为形式审查。

在上述两种替代机制中,预登记原则更具有合理性,因为经由严格登记程序的塑造和保障,权利登记具有了正确性推定效力,这当然地适用于登记程序之中,登记机关自然不必花费时间再去探究登记权利是否就是真实权

---

① 此为德国波恩大学 Rolf Knuetel 教授的论述,转引自金勇军:《一分为二,还是合二为一》,载《中外法学》2001 年第 4 期。
② Siehe Baur-Stürner, aaO, S. 161.
③ Baur-Stürner, aaO, S. 161.

第二章　不动产登记的模式

利。但登记同意就不一样了，它完全出于当事人的表示，此种表示是否真实、是否与实体法中的物权行为一致，均无稽可查，如果登记机关仅仅凭借无任何保障的登记同意就作出登记，势必削弱登记的真实性并因此给不动产物权变动交易带来很大的风险。为了削减这种风险，德国法又采用了两种应对机制：其一，强制性要求登记同意的形式，根据《土地登记簿法》第29条第1项第1句的要求，登记同意以及其他表示行为需要采用公开文书（der öffentlichen Beurkundung）或者公开公证文书（der öffentlichen beglaubigte Beurkundung）的形式，后种形式关系到当事人签名的真实性，前者则还关系到当事人作出的表示行为的真实性。[①] 其二，设定特殊情形，即《土地登记簿法》第20条规定，对于土地所有权转让等特定物权变动交易，登记机关除了审查登记同意之外，还要审查物权合意，这就突破了形式审查的界限，迈向了审查实体法事项的实质审查。

由于《土地登记簿法》规定了对于登记同意进行形式审查的例外，使得德国登记审查实际上呈现出形式审查和实质审查相结合的局面。形式审查和实质审查的分解点，在于登记机关在审查交易行为时，除了审查登记同意之外，是否还审查物权行为，否定者即为形式审查，肯定者则为实质审查。这种区别体现在德国法中，就是依据不同的不动产物权交易类型，分别采用形式合意原则和实体合意原则。

三、德国登记制度中的合意原则

（一）形式合意原则（das formelle Konsensprinzip）

1. 登记同意的基本界定

德国《土地登记簿法》第19条规定了同意原则，即登记的完成须有登记义务人的登记同意。登记同意是登记义务人对登记申请所表示的同意，根据学者总结，登记同意具有以下特性：其一，它指向的对象是登记机关，是由登记机关受领的单方意思表示。其二，它可能是无效或者可撤销的，但是，如果实体法上意思表示没有瑕疵，在登记完成之后，登记同意的撤销不能改变权利状况。而且，登记同意可以被解释。其三，它是抽象的意思表示，不依赖与其关联的权利基础。比如，E以用益权无效为由，请求在登记簿中记载的用益权人N更正登记。N同意更正，使得用益权消灭。在此，即使用益权是有效的，此登记同意没有权利基础，它也具有登记程序法上的有效性。

---

① Baur-Stürner, aaO, S.170.

其四,即使出于无权代理,登记同意被代理人提出也是被许可的。如果登记义务人是限制行为能力人、无行为能力人,登记同意必须由其法定代理人作出。其五,只要实体法上的意思表示不同时介入登记同意,登记同意即对实体权利状况没有影响,而且,登记同意也没有处分的意味,但是要将其当作处分看待。因此,它通过登记状态的变动导致权利地位的变化,故其适用《德国民法典》第185条有关无权处分的规定。①

由于登记同意不仅打开了通向登记之门,而且对登记内容也非常重要,故登记同意必须具有明确、肯定的内容,不得产生歧义,其内容大致与登记申请相互对应,包括:其一,导致特定登记的表示,其原则上不得附条件、附期限;其二,同意人的身份;其三,登记的内容;其四,登记的受益人;其五,承载登记权利的土地或者权利。②

登记同意的法律性质如何,在德国存在争论,主要有以下三种观点:

第一,是纯粹的法律行为。这种观点为先前的少数说,由于其并不符合德国物权实体法与程序法的二元分离状况,不能合理解释登记同意与物权合意等实体法上意思表示的关系,显然不妥。

第二,是纯粹的程序行为。据此观点,登记同意不能适用实体法中的法律行为制度,只能依据登记程序法对此进行规制,这就使得登记同意与物权合意等实体法意思表示相互分离,其典型的表现为:登记一旦不能作出,登记同意等程序行为就无法律效力,而物权合意则不受影响,仍然具有实体法上的效力。③ 而且,对于程序行为,法律并不注重其包含的意思因素,它们主要是作为程序机制中的环节发挥作用的,即"程序法上的同意在事实上是程序法必经过程,却可能没有反映当事人的内心真意"④,这种法律构制显然不同于法律行为。这样,登记同意与登记申请等一起建构了登记程序行为,它们不仅在法律适用上不同于法律行为,在法律解释上也采用了不同的规则,即对登记这种程序行为后果的解释,必须依赖对这种程序的目的和这种登记程序法的特定性的理解,从而不受当事人真意解释规则的拘束。⑤ 从这个角度来讲,只有肯定登记同意的程序行为性质,才能为物权实体法和登记

---

① Baur-Stürner, aaO, S. 166f.;Schwab-Prütting, aaO, S. 118ff.
② Haegele-Schöner-Stöber, *Grundbuchrecht*, 10. Aufl., Verlag. C. H. Beck, 1993, S. 43.
③ Holzer-Kramer, *Grundbuchrecht*, Verlag C. H. Beck, 1994, S. 64.
④ 参见〔德〕弗里德里希·克瓦克:《德国物权法的结构及其原则》,孙宪忠译,载《论物权法》,法律出版社2001年版,第670页。
⑤ 同上。

程序法的二元分离提供有力支持。

第三,具有双重法律属性,即登记同意不仅是程序行为,还是实体处分行为。这种观点是先前的主导说,但其模糊了法律行为和程序行为的界限,具有第一种观点的缺陷,而且与上述的登记同意只是被拟制为处分的通说见解相反。

2. 物权合意与登记同意的关系

德国严格区分物权实体法和登记程序法,这种法律认识基础给物权合意和登记同意带来了很大的差异,这从它们各自具有的法律特性就可以看出。

就物权合意而言,其特性在于:其一,受民法调整;其二,是物权变动的实体要件;其三,对应于实体权利变动;其四,受领人为对方当事人;其五,合意时间可以在登记之后;其六,除了不动产所有权出让之外,合意为非要式行为;其七,缺少合意的登记即为错误。登记同意的特性则为:其一,受土地登记法调整;其二,是土地登记的形式要件;其三,意味着登记义务人同意登记机关就登记申请进行登记;其四,受领人为登记机关;其五,登记同意的时间必须在登记之前;其六,登记同意在形式上受到约束;其七,即使缺少登记同意或者登记同意的内容与物权合意不同,只要物权合意与登记能够相互吻合,登记仍然为正确。[1]

两相对比,可以看出,物权合意和登记同意具有本质上的区别,两者似乎不能相互替代。但是,这些差异纯粹是理论分析和抽象,而在不动产物权变动交易实践中,登记义务人之所以表示登记同意,愿意承受登记簿中的不利益,往往就在于其已经与对方当事人达成了物权合意,即登记同意能够替代物权合意,这是通常交易规律的表现。换言之,物权合意同时就包括了登记同意,物权合意可以转化为登记同意。德国法确实也采用了登记同意替代物权合意的做法,其理由就在于立法者通过生活经验推断,同意其权利在登记簿中被转让、设置负担、变更或者涂销者,必定与合同对方当事人就实体权利基础变动达成了合意。[2] 其结果就使得物权合意仅仅在实体法范畴中发挥作用,在登记程序法中则没有它们的位置,即在登记程序运行之中,当事人无需向登记机关出示物权合意的证明,只要有相应的替代物——登记同意即可,这就导致物权合意或者物权行为不能成为登记审查的对象。

---

[1] Weirich, aaO, S.120.
[2] Weirich, aaO, S.117f.

3. 形式合意原则的内涵

依据上述，德国登记机关主要依据程序法审查登记同意，而无需依据实体法审查债权行为和物权行为的效力，此即为"形式合意原则"的内涵。故而，登记同意成为德国不动产物权登记的基础。① 根据这个基础，登记审查对象主要限于登记证据（die Eintragungsunterlagen）、登记簿簿页（das Grundbuchblatt）和土地卷宗（die Grundakten）②，登记机关仅仅审查这些书面材料即可，而无须也不能依职权调查当事人之间的实体权利义务关系，由于完成这些工作不像诉讼程序那样需要开庭质证、辩论和调查，故这些工作被形象化表达为"窗口审查"，这种审查非常迅捷和快速，从而使得整个登记程序呈现出简易、高效的特色。

根据形式合意原则，登记机关不能审查导致不动产物权变动的实体法律行为的效力，其审查范围主要包括以下几项内容：其一，自己是否具有管辖权；其二，登记申请（包括申请人是否具有申请权、申请人的权利能力和行为能力、代理人和代理权限证明、申请的内容、土地的标示、申请的形式），或者登记嘱托（包括嘱托机关依法享有的嘱托权限、嘱托的内容、土地的标示、嘱托的形式）；其三，登记同意，包括同意人的同意权利、同意人的权利能力和行为能力、代理人和代理权限证明、同意的内容、土地的标示、土地的金额、同意的形式；其四，权利的登记能力；其五，第三人的同意；其六，登记义务人的在登记簿中的登记状况；其七，法律要求的其他形式要件。③ 可见，权利登记能力等实体法要件也在审查的范围之内，这表明形式合意原则不能绝对排斥实体法在审查中的作用，只不过实体法律要件在登记审查中的作用非常有限、范围非常狭小。

由于形式合意原则的宗旨在于建构迅捷、高效、便宜的登记程序，故其要求登记审查采用形式审查和窗口审查，而且审查范围较为狭隘，登记机关在审查时须以此为遵循的首要规则。但是，登记是国家权力运作的表征，目的在于确定权利的归属和状态，故登记行为必须规范，登记结果应当正确，这就要求登记机关在实施登记行为时，必须遵循国家法律规定，达到登记程序正当、登记结果正确的后果，此即为合法原则（Legalitätsprinzip）或者事实

---

① Weirich, aaO, S.117.
② Holzer-Kramer, aaO, S.65. 所谓土地卷宗，是指因在土地登记簿上进行登记而产生的文书、记录以及其他档案。土地卷宗本身并不列入土地登记簿，而是以土地登记簿的簿页为单位单独汇总。参见杜景林等编：《德汉法律经济贸易辞典》，法律出版社1997年版，第433页。
③ Haegele-Schöner-Stöber, aaO, S.91. und S.101.

审查原则（Grundsatz der Sachprüfung）。为了达到合法原则的上述目的，从逻辑上推论，登记机关应当享有广泛的审查权力和审查范围，显然，这与形式合意原则是相互冲突的。为了解决这个冲突，一个折中的策略就是审查权限和范围要"尽可能少，有必要则多（so wenig wie möglich, so viel wie nötig）"。① 比如，登记官知悉物权行为无效，就必须驳回申请②，这时的审查范围就涉及了物权行为；又比如，在不动产买卖合同因为欠缺必要的形式而无效时，登记机关就可以根据"取得禁止"制度，驳回登记申请③，这时的审查范围就超越了形式合意原则，而达到不动产物权变动交易的第一逻辑层次——负担行为。然而，在登记审查中，合法原则只能处于形式合意原则之后，它无论如何不能超越形式合意原则，更不能取而代之，因为"简易、迅捷的程序所具有的法律地位要优先于通常的正确登记"。④

（二）实体合意原则（das materielle Konsensprinzip）

德国《土地登记簿法》第 20 条规定了"物权合意原则（Einigungsgrundsatz）"，即在土地所有权出让，以及设定、变更或者移转地上权的情形，当事人双方的合意成为登记的必要条件。该条规定作为形式合意原则的例外，被称为实体合意原则。据此，在土地所有权出让的场合，登记审查的范围包括当事人所为的物权合意、土地标示、物权合意的形式⑤、物权合意是否附条件或者附期限⑥、负担行为⑦；在地上权设定的场合，登记审查范围包括物权合意、地上权条例规定的地上权内容、当事人约定的地上权内容。⑧ 之所以会出现实体合意原则，不仅在于土地所有权出让本身具有的要式性，还在于：在取得土地所有权或者地上权时，权利取得人必须考虑与之相关的公法义务，比如土地取得税、赠与税、手续费负担等。此外，为了促成登记簿内容和真实权利状况相互吻合，也须由当事人双方协力完成程序行为。⑨

---

① Holzer-Kramer, aaO, S. 66.
② Schwab-Prütting, aaO, S. 118.
③ 参见〔德〕Wacke：《德国不动产物权变动中的合意与登记》，孙宪忠译，载《论物权法》，法律出版社 2001 年版，第 703—704 页。
④ Weirich, aaO, S. 134.
⑤ 根据《德国民法典》第 925 条第 1 项的规定，土地所有权出让双方当事人应同时向登记机关、公证人或者法院表示有关出让的物权合意（Auflassung）。
⑥ 根据《德国民法典》第 925 条第 2 项的规定，附条件或者附期限的土地所有权出让无效。
⑦ 根据《德国民法典》第 313 条和第 925a 条的规定，土地所有权转让的负担行为必须采用公证的形式。
⑧ Holzer-Kramer, aaO, S. 79f.
⑨ Holzer-Kramer, aaO, S. 77.

第二节 英国的托伦斯登记制（Torrens System）*

一、托伦斯登记制度的发展和特征

托伦斯登记制又称澳洲登记制，或权利交付主义，乃为托伦斯爵士（Sir Robert Torrens）在澳洲所创，托伦斯爵士原为海关税务员，后来担任南澳洲登记长。当时英国的船舶登记办法非常简单，那就是设立正式的船舶登记册，登记册的每页列明船舶名称、所有人名称和船舶上设定的留置权和其他权利负担。有感于这种登记办法的安全性和简便性，托伦斯爵士随即把船舶登记的原则移植到土地转让的登记中，创设了一种新型的土地登记制度。

按照这种制度，先由产权人向法院申请注册，并对其产权状况作详细的说明，然后由法院举行产权诉讼的听证，任何与土地权益有关的人都可以出席并发言。核实无误后，法院根据听证的结果指示登记官登记产权，并填发产权登记证书。产权登记证书载明法律承认的产权人名称，并列出法律承认的产权例外项目，比如抵押权、地役权、长期租赁权、终生产权等。产权证书一式两份，一份由登记官收存，并将内容登记在登记簿上，另外一份副本由产权人收执。登记以后如果发生产权转移，除了订立转让合同之外还需要将产权证书同时转移，然后将合同连同产权证书一起交给登记官办理转移登记。登记官审查之后，或注销产权证书另外发给新证书，或者在原来的证书上记载产权的转移。产权证书发出后，登记名义人在所登记的权利范围内被视为确定不可推翻的权利主体。

托伦斯登记制度于1858年被南澳洲政府采纳，1861年昆士兰、塔斯曼尼亚和维多利亚各邦相继采行。1862年新南威尔士、1874年西澳洲及其他英国属地都采行了托伦斯登记制度。目前澳大利亚所有的州、新西兰、英格兰、苏格兰、爱尔兰、加拿大大部分的省、新加坡、马来西亚以及美国的科罗拉多、夏威夷等12个州（也有人说是10个州）都采用这一制度。一般来说，托伦斯登记制度具有以下的一些特点：

1. 为权利登记制度（System of Registration of Title）的一种，即登记的目的在于确定产权和表征产权。

2. 为任意登记，并不强迫一切土地必须向政府申请登记，由当事人自

---

* 本节主要参考了 Kate Green and Joe Cursley, Land Law, 4th ed., Law Press, 2003, pp.152—171.

行决定是否登记。土地一经申请第一次登记后,以后再有土地转移或变动,则必须登记。

3. 为实质审查主义,登记官需对登记原因及证明文件予以详细的审查,必须公告者须经公告程序,登记始能确定。

4. 有公信力,登记一经完成,即有不可推翻的效力,此项权利的效力由国家予以保证,任何人都可以信赖此登记。

5. 产权的变动,非经过登记于登记簿不生效力。

6. 交付土地产权证书,为登记名义人应该享有权利的确定凭证。

7. 如果土地权利上设定权利负担,也应为登记。已经登记的土地上如果有抵押权,或者设定他项权利时,应办理他项权利设定的变更登记。

8. 登记机关的赔偿责任:登记的土地产权有不可推翻的效力,如果登记有错误或者有遗漏,导致真正权利人的损害,登记机关负赔偿责任。登记机关特设立赔偿基金以备赔偿。

二、英国土地登记制度概述

(一) 英国土地制度

在英国,英王是英格兰和威尔士全部土地的惟一完全所有人,其他人所拥有的只是对土地的地产权(estate in land)。地产权一词源于封建时期对土地的保有,当时有多种地产权的具体形式。1925 年《财产法》(Law of Property Act 1925)仅仅保留了两种基本的地产权,即完全保有(freehold)和租赁保有(leasehold)。除了地产权以外,按照英国的土地法土地之上还可能有其他一些与土地有关的权利和义务。这些权利和义务或者使土地受益,或者给土地设定一定的负担,被统称为土地权益(interests),他们通常归属于产权人或者其他第三方,比如地役权就是此类权益的一种。

在英国,引进土地登记制度以前实行的是契据登记。在受让某块土地时,买受人为确保出卖人有权出卖土地就必须查阅产权契据,并对土地进行实地的勘测。由于英国至今也没有对全部的土地都实行登记制度,全国至少有 20% 左右的完全保有土地没有进行登记,因此这一状况也延续至今。

(二) 土地登记的概况

英国对土地登记制度的引进开始于 1862 年和 1875 年的《土地登记法》(Land Registration Act),这两部法律推行的都是自愿登记。1897 年另订新的土地登记法标志着托伦斯登记制度的确立,该法规定由国库提供损害赔偿基金,并指定伦敦郡为强制登记地区,所有的土地交易必须登记。此后的

1925年《土地登记法》逐步在全国其他地区推行强制登记。到1990年12月1日，英格兰和威尔士全境实行强制登记，如果欲转让完全保有的地产权，授予期限在21年以上的租赁权以及转让此类租赁权，都必须进行登记。如果未在规定的期限内完成登记，上述行为均无法产生创设或者转移法定地产权或抵押权（legal estate or mortgage）的法律后果，此时的转让人仍保留该法定权利，受让人仅仅享受信托上的权利。该土地一旦进行了登记，则今后对法定权益的转让非经登记不能生效。1925年《土地登记法》一直是英国土地登记的基本法律依据，历经1936年、1986年、1988年和1997年的数次修订逐步完善，最新一次的修订则是在2002年，并通过了新的《土地登记法》（Land Registration Act 2002）。

英国的托伦斯登记制度奉行三条最基本的原则：（1）镜像原则（Mirror Principle）。登记簿应如实地反映土地上的真实权利结构，因此从理论上来说，任何潜在的买受人只需要查阅一下登记簿就可以清楚地知道谁是土地的产权人，谁还对这块土地享有其他的权益。（2）帷幕原则（Curtain Principle），也就是延伸原则（Overreaching Principle）。根据这项原则，即使土地上负担有其他受益性权益（beneficial interests），买受人的权利也不受其影响，由此保护买受人的利益。该原则主要适用于信托土地上的权益，以及由抵押权人或者私人代表或者根据法庭命令所进行的转让。（3）保证原则（Guarantee Principle）。国家为登记簿上所记载的产权提供担保，如果权利人因此受损，由国家提供赔偿。

已如上述，虽然英国的土地绝大部分已经进行了登记，但是仍然有少部分土地未登记。在英国的托伦斯登记制度下，登记的土地和未登记的土地存在着明显的区别：（1）产权的表征不同。登记土地的产权是通过土地登记簿加以表征的，而未登记土地的产权则是通过实际占有或者产权契据来表征的。（2）土地上的权益类型不同。登记土地上的权益除了可以分为法定权益和衡平权益之外，还可以再有产权权益（title interest）、凌驾性权益（overriding interest）和少数权益（minor interest）的划分。未登记土地上的权益仅有法定权益和衡平权益之分。（3）对第三方权益进行调查的方式不同。买受人为了确保所受让的土地上没有未披露的权益负担，一般都会对转让土地上是否存在第三方的权益进行调查核实。在登记土地上，调查的途径可以有对土地登记簿的查询以及对是否有其他凌驾性权益的查询，在未登记土地上则主要通过契据（deeds）、土地质权登记簿（land charge register）和通告（notice）的方式。

三、土地登记簿

作为反映土地产权的一面镜子,英国的土地登记簿分别保存在 13 个基层的土地登记局,上面总共记载着 1700 万个产权,大约相当于全国产权总数的 80%。一个完整的土地登记簿由三个部分组成,即财产部(the property register)、财产权利部(the proprietorship register)和质权部(the charges register)。

(一)财产部(The Property Register)

登记簿的财产部主要记载该产权的正面信息,记录该土地的产权(完全保有地产权或者租赁保有地产权)以及土地所附着的其他权益(比如地役权的权益)。一块土地上可以有若干个登记的产权(registered titles),例如一个完全保有地产权和一个以上的长期租赁权,每一个产权在登记簿上都有独立的编号和单独的记载。此外登记簿上还记载土地的具体位置以及由红线标识的四至。与专为记载部分未登记土地上的权益而设立的土地质权登记簿(land charge register)所采用的人的编成主义不同,这里的土地登记簿采用的是物的编成主义。

(二)财产权利部(The Proprietorship Register)

登记簿的财产权利部主要记载有关产权属性的一些信息,登记土地的产权主要可以包括完全保有产权和租赁保有产权。其中完全保有产权又可以细分为三类,租赁保有产权又可以细分为四类。财产权利部记载着权利人的姓名和地址,该权利人也因此被称为"登记权利人"。财产权利部也记载着土地上的某些限制、负担或者潜在瑕疵,以达到便于第三人查阅从而保护第三人权益的效果。

(三)质权部(The Charges Register)

登记簿的质权部主要记载该产权的负面信息,比如土地上的权利负担。一般来说,登记在未登记土地质权登记簿上的一些权益,通常就出现在登记土地登记簿的质权部。

四、登记土地上的诸权益

一般来说,如果土地的买受人和土地权益人发生了利益冲突,应遵照以下的基本规则加以解决,即在已登记的土地上登记簿所记载的权益和任何凌驾性权益均应优先于买受人的权益。

英国传统上对土地权益的分类,诸如完全保有地产权、租赁保有地产权、地役权等仍然可以适用于登记的土地。除此以外，1925年《土地登记法》对上述权益从其功能上进行了重新的划分，将其主要分为三类，即产权权益、凌驾性权益和少数权益。其中产权权益是指可以进行实质登记的权益；凌驾性权益是指该法第70条第1款所列举的可以用来约束任何人的权益；少数权益则是指其他的权益，并只是在载入登记簿时方可以产生约束力。

（一）产权权益

根据英国《土地登记法》，诸如法定完全保有产权以及期限在7年以上的租赁产权可以在土地登记簿上有单独的编号和权利证书，这些权益因此也被称为"可登记产权"（registrable title）。1925年《土地登记法》第1条所列举的法定权益均可以进行此类实质登记。在同一块土地上，如果对一项新产权进行登记，那么已经进行过登记的产权均会列在该新登记产权的财产部。需要注意的是，抵押权一般登记在质权部。

登记土地上的产权主要有完全保有产权和租赁保有产权两大类。完全保有产权又可以具体分为绝对的完全保有产权（absolute freehold）、占有性完全保有产权（possessory freehold）以及适格的完全保有产权（qualified freehold）三类。租赁保有产权又可以具体分为绝对的租赁保有产权（absolute leasehold）、占有性租赁保有产权（possessory leasehold）、适格的租赁保有产权（qualified freehold）以及良好的租赁保有产权（good leasehold）四类。

其中绝对的完全保有产权或租赁保有产权是最优的，享有绝对产权的登记人对土地所享有的利益也相应地优于其他产权人，该绝对产权仅受凌驾性权益和登记的少数权益的限制。

占有性产权较为罕见，当某人基于占有而非产权契据主张拥有某项产权时，登记官可以授予其占有性产权。但是登记官的这种授权仅是对初始登记后的产权交易所作的保证，与土地初始登记权利人的权利无涉。

适格性产权更为罕见，仅在对产权进行某些特殊保留的场合才会出现。良好的租赁保有产权则几乎等同于绝对的租赁保有产权，惟一的区别是由于此时的完全保有产权尚未登记，因而登记官不能担保该完全保有产权人已经授予了此项良好的租赁权。

（二）凌驾性权益

虽然有些凌驾性权益系基于衡平权益而得，但是在事实效果上它们与未登记土地上的法定权益一样，都同样有对世性。不论买受人是否知晓或者应当知晓《土地登记法》第 70 条第 1 款所列的凌驾性权益,只要在买受人登记其权益时该凌驾性权益业已存在,买受人的权益都应该受到该凌驾性权益的限制。这些凌驾性权益主要有地役权、反向占有人的权益、占有权、法定土地质权和法定租赁权等。由于凌驾性权益即使不出现在土地登记簿上也能产生约束力,因此它的类型越广,则土地登记簿就越不能完全反映土地上真实的产权情况。

(三)少数权益

按照登记产权的制度设计,所有既不能进行实质登记,又非凌驾性权益者均为少数权益。因此少数权益是一类权益的总称,主要包括限制性契约(restrictive covenant)、衡平租赁权(equitable leases)以及信托上的受益权(beneficial interests under trusts)。在实践中有些权益可能既是凌驾性权益又是少数权益,比如如果衡平租赁权利人在将地产契约记载于登记簿的同时也实际占有了该土地,那么他就既享有少数权益也享有凌驾性权益。如果某少数权益并不具备凌驾性权益的属性,那么除非其已经被载入登记簿,否则不得对抗有偿受让法定地产权的买受人。但是如果买受人受让的仅仅是衡平权益或者其系无偿受赠土地,此时他仍然要受少数权益的限制,即使该少数权益并未载入土地登记簿。当数个少数权益之间发生冲突时,它们的顺序应按照各自发生的先后来排定,而不是依据登记的先后。

按照英国的传统,通过登记来保护少数权益的方式主要有四种:一是记载在质权登记部上有关少数权益的通告(notice);二是记载在财产权利部上有关少数权益的警示(caution);三是记载在财产权利部上有关少数权益的禁止令(inhibition),这主要用在破产领域;四是记载在财产权利部上有关少数权益的限制(restriction)。

对于登记土地上的上述诸多权益类型及其相互关系,以下图表可以较为清晰地反映出来。

五、登记簿的更正及赔偿

一般来说,登记的权利人就拥有了该法定地产权。但是如果土地登记簿上的记载并未反映权利的真实情况,该登记权利人的权利就应该被予以限制和剥夺。而且从现实的角度来讲,不论登记官在审查时有多么认真,也不论买受人在查阅土地登记簿时有多么审慎,最终都有可能出现登记簿记载与客观事实的不符,因而就必须对土地登记簿进行更正。

不动产登记程序的制度建构

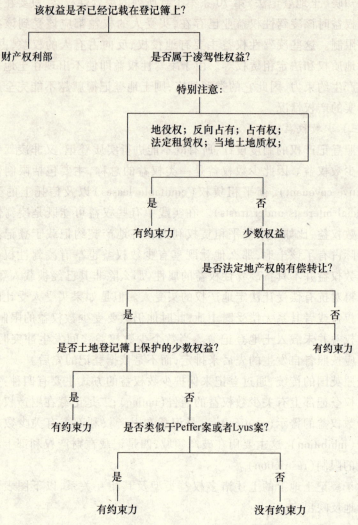

注：本图表仅适用于土地登记以后的诸权益，对于初始登记可能会有其他规则。

根据英国《土地登记法》，在下列情形下土地登记簿应予更正：法庭宣判某人对土地享有某项权益，法庭针对登记机关的记载、遗漏、过错或者延迟作出了某项判决，所有相关当事人同意进行更正，存在欺诈的情形，两个或者两个以上的人被错误地登记为财产权利人，抵押权人被错误登记为财产权利人，或者土地登记簿上的重大遗漏或错误导致了不公等。

如果因为更正或者未予更正而使当事人遭受了损失，则由国家提供赔偿。但是如果损失是由受害人自己的欺诈或者缺乏适当的注意所导致的，国家就不予赔偿。如果受害人对该损失也有过失，国家赔偿的数额度也相应减少。

第三节 美国的不动产公共记录制度和登记制度

第一目 美国作为不动产权利证明的公共记录制度*

一、对不动产权利的定义

许多词典都表述说"财产权利"(title)是指对财产的权利或所有权。①* 在不动产的背景下,这个词也用来指称一个土地所有人合法占有一块土地的途径或一个人的土地所有权的法律证明。我们还会谈到通过购买或继承而获得的所有权、记录所有权(record title)、相反占有权(title by adverse possession,通过时效取得的不动产权利)及信托制度下的法定所有权(legal titles)和衡平法上的所有权(equitable titles)等。因此,这个词或者与所有权本身有关或者与取得所有权或证明所有权的法令(acts)、文据(instruments)或记录(records)相关。正是在后一种意义上我们才谈及"对不动产权利的检查"或者对一个特定的不动产权利能否转让或者是否"良好"提出意见。

二、不动产权利检查的含义

夏威夷州、马萨诸塞州、明尼苏达州的部分地区和俄亥俄州以及美国其他几个州的一些县都采用了上个世纪发展出的一种不动产权利保全(title

---

* 本节主要是根据 Joyce Palomar 教授的《美国作为不动产权利证明的公共记录制度》一文(李昊译)改编而成,同时参考了 Roger Bernhardt and Ann M. Burkhart, *Real Property*, 4th ed., West Group, 2000. 前一译文可见蔡耀忠主编:《中国房地产法研究》(第二卷),法律出版社2003年版。

① 参见 Kankakee County Board of Review v. Property Tax Appeals Board, 735 N. E. 2d 1011(Ill. App. 3 Dist. 2000)(该判例认为"不动产权利"(title)只是意味着和土地之间存在着一种法律关系,而"所有权"(ownership)则指对土地的控制和比仅仅拥有"不动产权利"享有更大的利益)。另:原文的注释非常长,但多为美国判例和成文法的引用,为了节省篇幅,译文略去了大部分注释,仅在必要地方加以保留。——译者注

* "title"在国内词典或书籍中多被译为"所有权",但其含义比大陆法系的"所有权"概念要广得多,至少它有两种含义,一种可以称为"财产权资格",一种则相当于英美法中的"财产权"这一概念。另外,"title"还有权利证书的含义。本文主要论述的是美国的记录制度,它决定的是权利的优先性,故而本节权且译作"财产权利",具体到不动产法,就译作"不动产权利"。但文中的相反占有权、法定所有权和衡平法上的所有权等仍采用了词典上的译法,即仍将"title"译为所有权。——译者注

assurance)方法*,它可以被称为土地权利的登记(registration of land titles)。其他大多数承认私有财产权利的国家也使用不动产权利登记制度。在登记不动产权利时,获得土地上利益的一方把转让文据拿给登记官,然后登记官对它进行检查。登记官会在登记簿上记入新的所有权人的名字,在一些地方,登记官还会发给受让人一份不动产权利证明。在不动产权利登记制度下,一个人要决定不动产权利的状态只需查看一下登记簿所列出的现有所有人及在不动产权利上设定的未偿清的负担(outstanding encumbrances)即可。在不动产权利登记制度下,本节其余部分所描述的不动产权利检查的操作通常是不必要的而且也不构成一种准则。

在美国大部分地区所采用的不动产权利保全制度可以被称为不动产权利证明的记录(recordation of title evidence)。获得土地上利益的人应在指定的政府机构记录其契据(Deeds,不动产转让证书)、抵押契据和其他转让不动产上利益的文据。这些转让文据本身并不是对土地的"权利",但是沿着这些将一块土地的权利从一个人手中转让到另一个人手中的文据所形成的"锁链",不动产权利检查人就可以决定谁对土地拥有权利。也即是说,这种记录制度所解决的是不动产权利的优先问题。① 这种不动产权利保全制度是美国所独有的。

不动产权利检查就是对有案可查的不动产权利证明的检查,目的是证明现有的不动产所有权人的权利和法律要求买方应注意的可对抗该权利的任何负担。在每次不动产权利转让时有效的关于转让不动产权利和在不动产权利上设定负担的法律和实践以及有关什么在检查时可构成一个不动产权利的合格证据的法律和标准将决定对一个不动产权利进行检查的性质和范围。这样,在每次不动产权利检查时都必须考虑在这一时期现有的法律和实践。

和不动产记录制度相应的普通法规则则是"在先者先得权"(first in time, first in right)。这一规则建立在逻辑的基础上,即所有者将其利益转让给第一个受让人时,就该利益他就没有什么可转让给第二个受让人的了。该规则也适用于衡平法上的权利人(equity claimants),但在先的衡平权利人

---

* 其他不动产权利保全制度还有担保契据制度(warranty deeds)、不动产权利保险制度(title insurance)、不动产权利契据摘要(abstracts of titles)和律师对不动产权利的法律状态的意见(attorney's title opinion)及托伦斯土地登记制度("Torrens" land registration system)等。——译者注

① 这种优先性问题可表现为三种情形:多重抵押、二重让与和部分让与和全部让与重合的情形。参见 Roger Bernhardt and Ann M. Burkhart, *Real Property*, 4th ed., West Group, 2000, p.325.

的权利会劣后于善意取得人所获得的在后的法定权利(legal claim)。但这种规则违反了公示原则,在实践中无法操作,反而会引起混乱。因此这种规则在美国多数州为不动产权利记录制度所取代。

三、美国的不动产权利证明制度——记录制度的起源和使用

在美国,不动产权利证明几乎全部来自各个州的成文法所要求保存的公共记录(public records)。早期的殖民地法律已经规定了登记制度,法国和西班牙的殖民地模仿的是欧洲大陆的不动产权利制度,而英属殖民地则模仿的是《登记法》(The Statute of Enrollments)。然而,《登记法》本身并未成为我们普通法的一部分。在英属殖民地,记录(不动产)转让文件的实践很快取代了登记簿。在纽约州,对(不动产)转让文件的记录在荷兰政府统治时已经盛行,在英国统治时又得以继续。在马萨诸塞州,记录(不动产)转让文件的实践可以归因于普利茅斯殖民地的大部分成员都来自于荷兰这样一个事实。美国最早的不动产契据记录就是该殖民地在1627年的一本记录本中记入的一份原始契据。赋予记录有决定相互冲突的不动产转让之优先性的效力的实践,看起来源自马萨诸塞湾殖民地的法律。在1639年,弗吉尼亚州通过一部法令,它规定仅在受让人未取得占有的情况下记录才是必要的。康狄涅格州也于1639年规定了"每个人拥有的土地"和"以后被转让的所有土地"都应被记录,"所有土地交易或抵押只有在进行记录后才被认为有价值"。

到美国独立战争开始时,英属殖民地都通过了有关记录(不动产)转让文件的法律。这些法令都模仿了英国的登记注册法,但规定的是将整个不动产转让的文据记录或抄写入公共记录中而不是仅仅登记一个目录或做一个注册。正是因为这个原因,有人声称不动产权利证明记录制度是一种美国的制度。不过,无论是在殖民地、早期的州还是后来被纳入联邦的州,这些制度并没有沿着同样的路线发展。然而,令人惊奇的是,虽然这个时期缺乏交流和比较各自观点的机会,但不同州的有关记录的成文法之间的差异并不比现在的更大。

在独立战争结束时,根据与英国达成的和平条约以及特定的一些州对权利的放弃,联邦政府代表所有的州获得了对其西部边界和密西西比河——最北达到五大湖——之间的土地的所有权。1787年议会在该地区俄亥俄河以北的部分建立了西北准州。由于官员们来自于拥有记录法的州,因此记录法成为他们为这一新区域构建的法律的一部分也就很自然了。

在1790年,这一地区的其他部分又组成了西南准州。随着这两个准州和其他后来通过边界的扩展形成的地区分裂为新的州,每个州都继承了它所由形成的地区的法律作为开始其政治存在的基础。这就解释了不同的州之早期成文法之间的相似性以及许多新成立的州的记录法和那些早期形成的州的记录法使用同样措辞的事实。

随着美国对法国、西班牙和墨西哥殖民地的接管,作为一个例外的路易斯安那州也抛弃了当时还实施的登记制度,而模仿早期十三州的记录法通过了它的记录法。这是作为这些地区从建立在民法基础上的法理向建立在美国普通法基础上的法理转变的一部分而发生的。对这一转变的简短讨论可能是有用的。在1826年,密苏里州的地方立法废除了它从路易斯安那地区继受的西班牙法而代之以邻近的依利诺斯准州所理解的英国普通法。那时的依利诺斯准州还是西北准州的遗留物之一。于1879年被吞并的佛罗里达州也主动采取了同样的步骤,尽管在其圣奥古斯丁、坦帕、彭萨科拉和一些岛屿等地区还存在着主要是说西班牙语的人群。这个法令采用了英国的普通法和该国直到1606年(即到弗吉尼亚第一个宪章通过那年)的成文法,并于1822年9月2日由地方立法机构通过,1823年和1829年又被重新进行了制定。得克萨斯州在还是一个独立共和国时就完成了从西班牙法到英国法的转变。这个转变是经由1840年1月20日由共和国通过并于1840年3月16日生效的一部法令彻底完成的。在加利福尼亚州,若非1840年的淘金热,本地的西班牙人口本可以在更长的时期内维持其旧有的法律。立宪大会批准了习惯带来的改变,从1850年起,加利福尼亚州就成为了一个普通法州。通过制定"普通法条例"(common law statutes),新墨西哥和亚利桑那地区在被纳为联邦州以前已基本上完成了转变。同样的转变也发生在美国从俄国购买的阿拉斯加地区。

美国于1803年从法国手中购得路易斯安那准州,那时该准州的大部分地区尚未被占有,但最终,该准州被划分为许多小的区域和州,和密苏里州一样,这些区域和州也由来自普通法和记录法区域的人进行了开发。然而在购得时,该准州的南部已为法国人居住。他们在1763年到1803年由西班牙统治,然后在法国占有几周以后,又归属于美国统治。路易斯安那购买中的这一部分地区首先被设立为奥利安准州,1812年又成为路易斯安那州。在这一地区形成前,就或多或少地存在不动产权利记录制度,并通过当地西班牙统治者的记录来显示西班牙政府所进行的让渡和转让。然而第一部明确的有关这个主题的法律被包括在1808年的民法典中。它建立了一个保存、登记和记录的混合制度，就不动产转让而言，它建立在早期法国的成文法和习惯的基础之上，就抵押而言，它建立在《拿破仑法典》的基础之上。除了在细部作了一些改变外，它仍是现行有效的记录或登记法。

现在记录法在所有的州都有效，在哥伦比亚特区也是一样，对这些法的宗旨有不同的表述：最初的目的是通过赋予第一个记录其不动产转让的买方以权利的优先权来获得对所有不动产转让的即时记录，衡平法上的目的是保护后来的买方免受未知的土地转让文据和协议的损害，推定的目的则是保存每个不动产权利的可被接触的历史记录以便任何需要信息的人都可以信赖地确定谁是权利享有人及在该权利上设定的负担。换句话说，这些法令建立了确定不动产转让优先性的成文法规则，将通知原则扩展至被记录的文件并且提供了一个和公共记录有同等地位和证据价值的准公共记录制度。因此，现代美国记录制度包括了和土地权利相关的严格意义上的公共记录——如对公共让渡（public grants）所作的立法的和行政的记录以及对官方让渡和通过裁决、遗赠和继承进行的转让所作出的司法记录——和由各州记录法建立的准公共记录。

作为一项实践性的事务，特定的土地权利记录的价值依赖于它们在被提交作为权利证明时法院所赋予他们的价值。因此，这节的其余部分将考查成文法和法院对这些不动产权利记录所赋予的地位。其他各节也将考查各州的记录法、法院对这些法律的解释和这些解释对特定文件的应用以及和这些文件记录相关的事实。

由于公共记录的公开性及提供其他证明的难度，公共记录被容许提出作为它所陈述的事实的主要证据。此外，由于被作为一项特定事实的证据的公共记录可能被存放于和需要这个证据的地方不同的县或州，法院会像对待原始的记录一样给予一份经过合理鉴定的公共记录的复件以同样的对待。出于便利的考虑，各州的成文法也通常规定了对一份经鉴证的文件复件的记录。但在缺乏成文法规定时，通常认为只有原始文件才能被记录而复件则不可。

尽管与联邦政府的司法、立法和行政事务相关的公共记录和由记录法规定的并由政府官员进行的纯私人文件的记录之间存在区别，但后者也通常被认为是主要证据，其经鉴证的复件亦同。许多州都有明确的表述同样内容的成文法。

许多州的成文法规定：在证实原始文件丢失或被毁坏或它不在提供一方的占有或控制之内时，应承认记录有和原始文件同样的效力。

在没有成文法规制时,对不动产转让文件的记录的证据价值在不同的州有不同的体现。Wigmore on Evidence 一书作了三种分类:

(a) 一些州认为记录制度免除了保有原始文件的需要,因此,它们将记录作为主要证据而不要求出示或说明原始文件。

(b) 其他的一些州裁定现在的所有权人被假定占有一份已被记录的契据,因此,他应当在被允许提出相应的记录之前解释说明契据不在的原因。

(c) 还有一些州认为契据已被记录的事实并不是一般规则之例外的理由,该一般规则为在希望证明原始文件内容的一方当事人被允许从已被记录的复件中这样做之前必须说明该原始文件。

然而,无论是被作为主要证据还是次要证据,由记录法规定的记录都补充了严格意义上的公共记录,因此,使完全从记录中得到有关不动产权利的表面证据成为可能。因而在法庭上通过提供一份文件的记录件来证明不动产权利的实践已经几乎完全取代了提供原始不动产权利文件的实践。

不过,在缺乏成文法规定时,对一份文件的记录并不是其有效的绝对必要的条件。因此,一般而言,未被记录的文件和那些记录无效的文件在转让人和受让人、他们的继承人和遗产执行人(representatives)以及其他不受记录法保护的人之间仍是有效的。在财产被执行和确认时,尽管未被记录,这些文件仍构成权利的表面证据。然而,对权利产生影响的文件的记录已经彻底成为我们不动产交易制度的一部分,这样受让人就希望获得一项可由记录推断出的权利。这些情况表明,通常只有在一桩诉讼即将终结而诉讼又要求受让人接受建立在未经记录的证据基础之上的权利时,他才会这样做。记录权利不仅在受让人将获得权利时提供更多的保障,而且记录的永续性也使受让人确信在将来受让人希望出让财产或被要求为其财产提供辩护时,这些记录仍是可以运用的。

四、不动产权利记录和检查的程序

要记录一份文件,需要经过归档(filing)、记录和建立索引三个步骤。三种类型的记录法的区别即在于要使不动产权利转让得到保护需要完成哪一个步骤。

1. 归档

在一份经过适时签署、公证和交付的文件在不动产所在县的记录局(recording's office)或其他指定的存档处被归档时,记录程序就开始了。但文件要想被接收并予以记录,必须能够影响不动产权利,如该文件是契据、租赁契约或抵押契约等。源于影响不动产权利的诉讼程序的官方文件,如遗嘱认证(probate)、平静不动产权利裁判(quiet title decrees)、判决或税务留置及未决诉讼(lis pendens)等,也是有记录能力的。登记局只检查文件的类型以便决定是否接受文件予以记录。它的角色就是文件存储处,而不能决定文件是否有效或出让人是否拥有相关的不动产。

2. 记录

记录局会对文件制作一份复件。该复件将被置入现行的记录册中。这些记录册是由文件的复件组成的,并按照严格的数字顺序被保存和标号。一本记录册填满后,就会换用另一本记录册,并被连续编号。

3. 建立索引

如果仅按年代的顺序来保存文件,就难以及时检索某一特定的地块。因此,记录局建立了一系列的索引,将每个被记录的文件的信息记载上去。通过这些索引,不动产权利检查人就可以方便地找到相关地记录文件所处的记录册的卷数和页码了。

大多数州都保存有两套索引:出让人—受让人索引(grantor-grantee index)和受让人—出让人索引(gratee-grantor index)。出让人—受让人索引按字母顺序依出让人的姓名列出了所有被记录的文件。这种索引先列出出让人的姓名,然后列出受让人的姓名,再次可能是文件和财产的描述以及文件复件所处的记录册的卷数和页码。受让人—出让人索引也包括同样的信息,只是按照受让人姓名的字母顺序来排列。相比之下,地块索引(a tract index, or parcel index)则是按照对财产描述的登记来组织,而不是按照当事人的姓名来排列。

索引通常是按照年代来编排的,因此,一份索引可能包括 1920 年至 1950 年的记录文件,而另一份索引则包括 1950 年至 1970 年的记录文件,再一份索引则包括 1970 年至 1990 年的文件,1990 年以后则是每年一份索引,当年的则是按月、周、日建立索引。

4. 返还文件

在被记录和建立索引后,文件就会被还给当事人。记录局只保存文件的备份。

5. 不动产文件的检索

(1) 在受让人索引中确定现在的权利人

对不动产权利的检索通常是从现在的出让人(假定是甲)开始的,该出让人如果是真正的权利人,他就应通过一份契据来获得该权利,而该契据也会出现在受让人索引中甲的名字下。

(2) 在受让人索引中确定在先的权利人

出让人索引中找到出让人甲的记录后,即可以确定向甲转让不动产权利的在先出让人乙了,因为乙会出现在受让人索引中的出让人一栏中,然后再继续在受让人索引中找乙的名字,这样一直往上追溯,直到追寻到最终的无可争辩的权源,一般是政府。此时,不动产检查人就可以确定形成了一条不动产权利锁链了。但实践中通常只检索到一定的年限,如 60 年。

(3) 在出让人索引中寻找不动产上存在的负担和其他利益

在检查人确定了不动产锁链中所有的权利人的姓名时,就需要确定在这些权利人拥有权利的期间内是否在不动产上产生了负担或其他利益。这是通过在出让人索引中进行检索来实现的,因为在出让人索引中各权利人所进行的转让行为都可以在该权利人的名字下找到。

(4) 下追这些负担的历史

检查人还需确定这些负担或利益是否仍然存续,为此,他必须根据出让人或受让人索引检索这些负担或利益产生后所发生的变动。如果这些负担或利益被解除,就会以权利人为受让人,以利益持有人为出让人对解除文件(release document)作出一个索引。如果这种文件不存在,就表明这些利益仍然存在。

五、对记录法的比较

各个州的记录法表现出了整体上的一致性,尽管它们在用语上有所不同。而司法裁决比法令本身有更强的一致性,它们表明法令中的差异与其说是真实的不如说是表面上的。通行的原则是,法令本身的性质是补救性的,因此,有权得到自由的解释。只有少数法院对法令作出了严格解释,因为这些法令贬损了普通法的效力。一般地,记录法规定,除非被记录或在指定的时间里被记录,一定的文件将无效或对一定的当事人无效。对无行为能力的人(persons under a disability)而言,它们也不包含任何例外,无论是明示的还是默示的。这些法令的实质性的区别只限于受影响当事人和允许申请记录的时间等方面。

就第一个不同点,各个法令之间在今天更多的是表现出一致性而不是差异性。现代的法令实际上包括了所有转让法定的或衡平法上的(不动产)所有权或在其上设定负担的文件以及所有变更、转让或放弃不动产权利上的抵押权的文件。一份文件能否被记录完全依赖于各州的成文法。一些州的成文法列出了所有可以被记录的利益的类型以及所有必须被记录以便赋予其对后来的权利主张之优先性的利益类型。其他州的成文法将决定某个特定的文件是否可予记录的权利放开给县记录官和法院,如果未为记录法包括的一份文件被记录,后来的买方不受该记录所产生的推定通知的约束。未来的购买人或负担权利人也不被期望会去查看公共记录来调查不属于那里的东西。

各州的记录法都保护所有的"第三人"。有些记录法只保护购买人和抵押权人。有些则保护一般债权人或为其未被偿付的债权记录了针对出让人的法院裁决的债权人。在一些州,不记录引发的危险会立即产生,而在另一些州,受让人在一段有限的未记录的时间里可受到保护。下面将会分析到这些不同点。

从利益冲突的购买人和抵押权人的角度看,各州的记录法可分为三种:(1) 一种给予优先获得记录的买方以权利的优先性,教科书中一般将其称为"竞赛型"法律(race statutes);(2) 一种则使未被记录的权利转让对后来的善意购买人无效或只有从属效力,这一般被称为"通知型"法律(notice statutes);(3) 第三种则仅在后来的善意购买人首先记录其权利转让时才对其予以保护,它通常被称为"竞赛—通知型"法律(race-notice statutes)。

(一)"竞赛性"法律——由记录的优先性所决定的权利的优先性

如前所述,尽管英国的《登记法》(the English Statute of Enrollments)从来未被认为是美国普通法的一部分,但它确实可能是我们关于这个问题的立法——由马萨诸塞湾殖民地通过的1640年10月7日的法令——的样板。这两个法律中的任何一个法律都未将已知在先转让或得到其通知的后来的购买人从其保护范围中排除出去。早期的英国裁判认为登记日期是决定优先性的惟一标准。然而,衡平法院认为若一人已得到在先转让的通知又去登记其契据,则构成对在先购买人的欺诈,此时,后来的购买人作为在先购买人的推定受托人(a constructive trustee)而获得法定所有权(the legal title)。一些早期的英国判例则对这种对登记法的字面表达提出例外并因而在决定权利的优先性时允许以口头证据的不确定性替代登记日期的确定性的观点提出了严厉的质疑。因此,有人尝试将这一规则限制于事实上知道(actual knowledge)的情况,因为这种情况使得后来的购买成为明显的欺诈行为。但是,无论这种例外在多大程度上损害了登记制度最初所意图的最终确定性,英国法院仍不会允许旨在防止欺诈的成文法本身被用作进行欺诈的工具。这样,通知原则成为和《登记法》有关的英国法的确定的一部分。

在这个问题首次出现在美国时,它所出现于的马萨诸塞法院也从其成文法的保护范围内排除了已获通知的购买人,此后,法令得到修正以符合这个司法上的例外。美国的大多数成文法现在都将受保护的后来的购买人限制在"未获通知"(without notice)、"无辜的"(innocent)、"善良的"(bona fide)或"诚信地"(in good faith)进行购买的人的范围内。本段将在考查几个不包括这种限制并以记录日期作为冲突请求权的最终决定标准的"竞赛型"记录法后讨论这些"通知型"法律。

就几部看起来是模仿早期马萨诸塞州法令的成文法而言,对已知或已获通知的后来的购买人既不存在成文法上的也不存在司法上的例外。在北卡罗来纳州,对契据和抵押而言,情况都是这样。通知无论多么充足和正式都不能取代记录。田纳西州以前也有这种类型的记录法。在路易斯安那州的记录法下,所有的第三人都受到保护,通知被明确地认为是非实质性的。在阿肯色州、俄亥俄州和宾夕法尼亚州,对抵押则适用这一规则,但在宾夕法尼亚州,购买价金抵押权(purchase-money mortgages)如果在抵押契据交付后十日内记录的,以抵押契据被交付给抵押权人时起这些抵押权就受到保护,可以对抗后来产生的权利主张。俄亥俄州也有一个适用于油气租赁的"竞赛型"法律,但请求人已取得占有的情况除外。

然而,一般认为这种记录法的优先规则并不适用于其转让文书中表明其利益从属于在先的抵押权或利益的受让人。"竞赛型"法律也并不会"奖赏"使用欺诈手段防止在先文书被记录的人。

(二)"通知型"法律——建立在通知基础上的法律

如前所述,马萨诸塞州对其记录法首先作出了司法修正然后又进行成文法的修正,这样决定相冲突权利的优先性的标准就从记录优先转变为缺乏通知。马萨诸塞州的法律现在规定:"一份转让文书若未被记录就不能有效地对抗任何人,但出让人或出租人、其继承人或受遗赠人以及受有实际通知的人除外……"许多州都有使用同样或类似表述的法令。一些记录法沿用了《登记法》的语言,仅排除了出让人及其继承人。但是法院在解释时认为对在先的未被记录的文件已获通知的当事人也被排除在外。在其他州,就不动产买卖而言,通过成文法规定未被记录的文书对已支付对价并且未获通知的后来的购买人或对由同样的条款所指定的购买人无效也获得了同样的结果。

通过明确的成文法规定或通过司法解释,"通知型"记录法在下列各州都有效:阿拉巴马州、亚利桑那州、阿肯色州(抵押权除外)、科罗拉多州、康

第二章　不动产登记的模式

狄涅格州、特拉华州、佛罗里达州、依利诺斯州、印第安纳州、爱荷华州、堪萨斯州、肯塔基州、缅因州、马萨诸塞州、密歇根州、新罕布什尔州、新墨西哥州、俄亥俄州(抵押权、天然气租赁和石油租赁除外)、俄克拉荷马州、罗得岛州、田纳西州、得克萨斯州、佛蒙特州、弗吉尼亚州和西弗吉尼亚州。

　　在前一项考虑的"竞赛型"记录法下,购买人只有在早于后一个相冲突的不动产转让契据被记录前记录其转让契据才能保持其权利。在这里考查的"通知型"立法下,在先的购买人只能通过在后来的相冲突的购买发生前记录其转让契据以对其权利发出"推定通知"才能使自己对抗后来的对其权利未获实际通知的买方。在后来的相冲突的购买结束后,记录一个在先的转让契据并不影响后来的购买人的权利,即使在先的转让契据比后来的转让契据先记录。"通知型"法律和下面将要考查的"竞赛—通知型"法律之间的差别在于,"通知型"法律保护的是对在先的权利未获通知的后来的购买人而不问他是否进行了记录,甚至他从未对自己的转让契据进行记录亦同。

　　谁是"购买人"以及"通知"如何受到影响的问题将在下一节考查"竞争—通知型"记录法时予以详细分析。

　　(三)"竞赛—通知型"法律——建立在通知和记录优先性基础上的法律

　　一些记录法从其措辞上看似乎来源于作为第一部立法的马萨诸塞州的法律,或直接源自英国的《登记法》,在解释这些记录法时要求,后来的购买人要获得保护,不能仅仅是未获通知(前一节所考查的法律提出的要求),而且必须在任何更早的转让契据被记录之前记录其转让契据(前面第五节考查的法律提出同样的要求)。这种解释认为任何一个转让契据只有在被记录后才生效或者后一个购买只有在其转让契据被记录后才得以完成并发生效力。

　　大量的记录法都明确将其保护范围限制为已经对其转让契据进行了在先的适当记录的未获通知的后来的购买人或者采用了同样的限制。这些法律模仿的是英国 1707 年为米德尔塞克斯郡通过的登记法令。在试用过一些其他形式的记录法律后,马里兰州、新泽西州、纽约州和宾夕法尼亚州等州都制定了几乎同样的法律。于 1775 年 3 月 18 日通过的宾夕法尼亚州的法律几乎使用了和米德尔塞克斯法同样严密的语言,除了它所关系的是"记录",而不是"登记"外。它规定所有的契据和转让文书都应在被转让的土地或继承的土地(hereditaments)所在县的记录官的办公室予以记录,"每个这样的契约和转让文书……在不能如前述那样被证明和记录时,将被裁定为欺诈的和无效的,不能对抗任何后来的已支付相当对价的购买人或抵押权人,除非这个契约或转让文书能如上面所说的那样在后来的购买人或抵押权人能据以提出主张的契约或转让文件被证实和记录前被予以记录"。宾夕法尼亚州的法律接下来又被西北准州的州长和法官采用,并于1795年8月7日在那里生效。1820年3月27日密歇根准州又重新制定了这一法律。该地区开始仅包括以前的西北准州的一部分,而由于人口过于疏散它无法形成州,但在1834年,出于管理的考虑,在路易斯安那购地中处于相同状况的地区被纳入密歇根准州。该被援用的法律成为占美国领土一大部分的地区的最初的记录法,后来又成为由该部分形成的各州的最初的记录法。除了在措辞上有略微的变动外,该法律在大约三分之一的这些州中仍然有效。

这种类型的法律最突出的特征就是,在前面一项中考查的"通知型"法律中的已支付对价并且未获通知的后来的购买人只有在获得"竞争型"法律所要求的在先记录时才能获得保护。和"通知型"法律相比,"竞赛—通知型"法律在所使用的语言上的差异就是,前者只谈及一个记录——第一个受让人必须通过记录发出推定通知来保存其权利以对抗后来的受让人的权利,而"竞赛—通知型"法律则谈及两个记录——第一个受让人必须通过记录发出推定通知,如果他没有这样做,他的权利就不能对抗已在第一个受让人记录前记录了其文件的后来的受让人。

表面上,"竞赛—通知型"法律对第一个购买人进行记录的时间的要求并不像"通知型"法律那样早。"通知型"法律要求第一个购买人应在第二个买卖发生前进行记录,而"竞赛—通知型"法律仅要求第一个购买人在第二个文据被记录前予以记录。然而,在几种情况下,获得在先记录的在先购买人如未能在后来的买卖完成前记录其转让文件,将被禁反言而不能主张其权利,特别是在其行为导致后来的购买人因为信赖没有在先的转让发生而为行为的情况下。

法院也已经过推理认为,除非并且直到第一个转让文书以这样一种方式被记录以致后来的购买人可以通过标准的所有权锁链(chain of title)检查发现它,否则并不能认为它已被记录在案,即使是出于赢得到法院的竞赛的目的。例如,对一块土地上的利益主张权利的人中的一个或两个可以通过中间转让(mesne transfer)主张权利。在这种情况下,如果两个主张权利的购买者中的第一个所依据的"环节"在从共同的出让人开始的所有权锁链中未被记录在案,那么他自己已被记录的文件就不在所有权锁链的范围之内。在所有权锁链之外的权利记录(即通过标准的对所有权锁链的检查无法发现的记录)并不构成对后来的购买人的通知,也不被认为是为了赢得有关记录的竞赛而在所有权的锁链中作了"记录"。要在所有权的锁链中作出记录,甚至是在将记录的优先性作为保护的前提条件的法律下,购买方不仅应当记录交付给他的最后一份(转让)文件,而且应当记录将他的文件和共同的出让人相连接的中间转让。

对于被排除出保护范围的后来的受让人是否被限制为那些在获得其权利之前就获知未被记录的文件的人这个问题,并不是所有的"竞赛—通知型"法律都作出了澄清。在1996年,科罗拉多州修正了其"竞赛—通知型"法律,并明确地作出了这样的规定。

后手受让人未能取得成文法给予的利益并不是意味着他的利益就次于在先的受让人的利益,记录法只是未能提供一种决定相互竞争利益之优先性的机制而已,并不能因此而归咎于它。在没有成文法规制时,对不动产权利的优先性应当参考普通法作出决定。

六、基本制度构造

(一) 购买人

1. 记录法下的"购买人"的界定

在记录法中使用的或由法院在解释不使用这个词的法律时所使用的"购买人"这个词本身并不包括一般债权人或扣押债权人、胜诉债权人(general, attaching or judgement creditors)。在扣押债权人和胜诉债权人受到保护时,通常的情形是成文法采用的措辞会将他们包括进来而不是使用"购买人"一词。"购买人"一词也不包括主张技工留置权(mechanic's lien)的权利人,只是主张已对记录所有权人提起诉讼的当事人及通过裁判、继承、遗赠或赠与而受让权利的当事人。它还不包括为了债权人的利益而受让权利的人和尚未支付对价完成买卖的当事人。一般还认为在记录法中使用的"善意购买人"一词并不包括向未记录其转让文书的人进行购买的人。

"购买人"一词包括任何从记录可显示其享有不动产权利的人处进行购买或从该人的遗嘱执行人、遗产管理人、继承人或遗赠人处进行购买的受让人。它也包括抵押权人、抵押权、租赁权或附条件利益(contingent interest)的受让人、强制出售或裁决拍卖(execution or judicial sales)时的购买人及为避免出售而代为偿债的代位权人。然而,大多数法院都不会认为担保已存在的债权而取得土地上的抵押权或其他担保利益的债权人是支付了新代价的购买人,除非债权人以某种方式损害性地改变了其地位以作为对抵押权的报偿。

2. 受保护的购买人的种类

如前文中所说的,早期的法律并未将已知道在先的权利转让或已获得通知的后来的购买人排除出其保护范围。它们惟一的目的就是确保文件记录的快捷性。因此,记录日期就成为优先性的惟一检验标准。这个原则只在两个州还得以全部保留,在少数的其他几个州有限制地受到保留。在所有其他的州以及哥伦比亚特区的记录法下,或者通过法律的明确规定,或者通过司法解释,后来的购买人要受到保护必须已支付相当的对价并且对在先的未被记录的文件设立的权利、抵押权或利益未获通知。换句话说,后来的权利主张人必须是一个善意的、诚信的购买人。

"诚信的已支付相当代价的购买人"这个用语或其他在记录法中使用的相当的措辞都是从衡平法院借用过来的。因此,应当以衡平法院所理解的意思来解释这个用语。相当的措辞还有"无辜的"或"善意的"购买人。人们经常这样认为,一个善意购买的实质要素包括:(1) 支付了相当的对价;(2) 诚信并且不存在不公平利用第三人的目的;(3) 缺乏对他人未终止的权利的通知,无论是事实上的还是推定的。无论上述所有构成善意购买的要素是否已为记录法所规定,法院都认为成文法的保护只给予诚信的已支付相当对价的购买人。在收到通知之前并未实际支付相当代价而只是主观上诚信并不足以构成"善意购买"。

已支付的对价不能仅仅是爱和感情、已存在的债务或只是名义性的数额(a merely nominal amount)。然而,它并不需要是财产的全部市场价值,因为许多善意购买都是以亏本价进行的。如果整个对价是给予卖方以购买价金抵押权,受让人并不被认为是已支付了对价的购买人。交付一张不可转让的票据本身也不构成对价,它也不比一个支付的承诺更有意义。一般认为,在买方以一张可转让票据支付价款并且因此可以免于强制履行时,情况也是一样的。另一方面,在买方收到通知前票据已通过正当途径流通到持有人手中时,对对价的要求就得到了满足,此时,记录法应当保护买方。对和任何形式的买方合同相关的对价是否在事实上已被支付这个问题的决定,将取决于买方是否已改变了其地位以致无法恢复其状况。

在收到对在先的交易或权利的通知时,如果对价仅被作出了部分支付,可能存在的情况是相应当事人在衡平法上的权利(equities)可能是平等的。

例如,一份土地分期付款合同下的购买人在支付土地购买合同下的部分分期付款后知悉了在先的购买人,但尚未付清全部价款。多数决定规则(the majority rule)看起来是,这种情况已超出记录法的调整范围,第二个购买人从转让中所获得的利益只能是就其在收到事实通知前已支付的价款享有衡平法上的抵押权。

如果在完成交易前知道或获得了对另一个人的权利的通知,即使支付了全部对价也不足以使其成为"诚信"、"无辜"或"善意"的购买人。在许多司法辖区,"完成交易"意味着不可撤回对价,无论对价采用的是现金形式、财产形式还是对债务予以强制执行的方式。有几个判例走得更远,它们认为"完成交易"还意味着结束交易并收到契据或其他转让文件。此外,在几个采用"竞赛—通知型"法律的州,一桩买卖只有在转让文件被记录后才被认为是在它们记录法的意义上完成了。在财产所在的特定州的管辖下完成购买后收到的通知并不改变一个人作为无辜的购买人的地位。甚至在"竞赛—通知型"记录法下,在支付和转让完成后的任何时间收到的通知都是无效的,即使它是在(转让文书被)记录前收到的。一旦购买人信赖记录而作出支付,他就有权受到记录法对善意购买人的保护,并应当被允许与在先的购买人竞争记录的优先性来获得成文法的保护。

3. 举证责任

证明受让人是某个特定记录法措辞范围内的购买人的必要性通常可被描述如下:

> "以(自己是)善意购买人作为抗辩是一种肯定形式的抗辩,除非起诉时的事实已作出这样的表明,否则,它必须被予以主张。作为该抗辩的一个实质要素,缺乏通知必须通过积极的否认或证明来充分主张。下面这个问题在本辖区内已得到很好的解决:如果被告作为法定所有权的购买人希望能利用有利于善意购买人的规则的保护,他不仅必须通过明确的适当的请求主动提出这个问题,而且必须承担证明所有下列要素同时发生并存在的责任:(1)支付了相当的对价;(2)诚信,没有不公平利用第三人的目的;(3)缺乏对他人未终止的权利的通知,无论是事实上的还是推定的。如果缺乏这些要素中的任何一个,被告的举证就失败了。"

在纯粹的"竞赛型"法律下,对谁应当举证证明后来的购买人是无辜的这个问题不会发生困难,因为相互冲突的转让的记录日期决定了哪个契据在权利转让上占有优势,哪个抵押权取得了优先地位。只有在"通知型"和"竞赛—通知型"法律下,第二个购买人是否已证明他是成文法所描述的那类受保护的购买人或较早的尚未被购买人记录的文件的持有人是否有责任作出相反的证明的问题才会出现。一些法院让较早的购买人承担举证责任来推翻后来的购买人的对价已被支付的假定或表明后来的受让人在收到通知后才进行投资。其他法院则要求较晚的购买人应通过表明他已支付了相当对价并且未受有通知来证明他处于他所依赖的法律的措辞范围内。裁决的不同通常源自相关的记录法的差异。在法律规定未被记录的文件对任何后来的诚信并且支付相当对价的购买人无效时,该文件有效是通例,无效则是例外,因此证明自己属于例外情况的责任,就落在了第二个购买人的身上。而让第一个购买人承担举证责任的裁决大多数是在或多或少遵循了马萨诸塞州法措辞的法律的管辖区域内作出的,这种措辞的大意是:一份转让文件如果未被记录,对除出让人、其继承人或受遗赠人及已在事实上获得通知的人以外的人而言是无效的。这些成文法使未被记录的文件无效成为通例而使有效成为例外。支持这两个规则中的前一个的人认为第一个购买人不应被要求证明相反的情况,对事实的证明专属于第二个购买人所了解的范围。

(二)通知

1. 记录法下通知的含义

如前所述,记录法的一个目的就是保护后来的购买人可以对抗在先的秘密的权利转让和负担设定行为。然而对在先的转让已有了解或已受有通知的人不会因该转让未在公共记录中出现而受到损害。因此,大多数州的记录法并不保护对在先转让已知或已受有通知的购买人。唯有的例外是几个完全建立在记录优先性基础上的记录法。

防止购买人主张"通知型"或"竞赛—通知型"记录法所给予的保护的通知可以是实际通知(actual notice)、推定通知(constructive notice)或"调查通知"(inquiry notice)。实际通知可以采实际知道的形式或将明确的信息直接传递给购买人或其代理人的形式。推定通知由购买人的所有权锁链中的在先记录提供,无论购买人是否实际看到这个记录。这个原则包括未在被检查的所有权锁链记录里但应当能够通过已被记录的文件中的事实陈述部分(references or recitals)找到的文件。后来的购买人如果意识到一个合理的购买人会进一步调查的其他事实时也可能会被认为对一个权利主张受有推定通知。通过合理调查已知事实就会发现的权利主张的所给予的推定通知也被称为"调查通知"。

2. 推定通知(调查通知)

(1)由在先记录提供的推定通知和调查通知

一份文件一旦被适当地记录,就能够给予推定通知,但下列文件可能无法给予推定通知:a. 无法确定的文件,这包括被错误索引的文件和野生文件(wild document,即权利链中缺失一环的文件);b. 难以确定的文件①,包括后来记录的文件(later recorded document)、在先记录的文件(early recorded document,此时产生契据禁反言—estoppel by deed)和影响多个地块的契据;c. 可确定但未给予通知的文件,包括瑕疵文件(defective documents)和无法记录的文件(nonrecordable documents)。

能给予调查通知的在先记录包括以下几种:a. 在记录文件中提到未被记录的文件;b. 已记录但未被阅读的文件中提及的其他文件。不确定的提及其他文件的情形无法给予调查通知,因为这种文件对当事人、日期、利益的类型或相关不动产的描述作出了过于宽泛的提及,无法赋予购买人以调查的义务。

(2)从占有得出的推定通知或调查通知

推定通知从相对的权利主张人的占有中也可以得出。这种占有必须与记录所有权人的权利非常不协调而使一个购买人有理由进行调查。这样,这个问题就变成了若对房屋的占有或使用可以给予对权利主张人的权利的通知,那么,什么样的占有或使用能够证明该结论的正当性这样一个问题。

一个被接受的原则就是一个相对的权利主张人的代理人或承租人的占有足以给出对相反权利主张的通知。同理,一个买卖合同的受让人的占有也有争议地对出让人的权利主张给予了通知。另一方面,就出让人在契据被记录后(对房屋)仍保持占有的这样一个事实是否对出让人就房屋可能仍享有的但未在契据或其他公共记录中保留的权利给予了通知的问题,各司法辖区的意见出现了分歧。

和记录所有权或赋予占有人占有资格的已知权利相一致的占有通常并未提供对其他未被记录的权利的通知。换句话说,要使占有提供对未被记录的利益的通知,在占有和记录之间必须存在足够的不一致,以致使和记录所有权的持有人进行交易的人会在心里提出疑问。这样,和记录所有权人

---

① 对此存在争议,具体可参见 Roger Bernhardt and Ann M. Burkhart, *Real Property*, 4th ed., West Group, 2000, pp.339—341.

共同占有的人的未被记录的权利就不受保护。例如,土地终身占有人(life tenant)和最终受益人(remainderman)的共同占有或合租人的占有就不会对两人之间的未被记录的契据所引起的利益变动给予通知。在一个未被记录的契据的受让人和出让人——记录所有权人——共同占有房屋时也是同样的情况,受让人的占有并未对从记录所有权人处进行购买的人给予通知。由于同样地缺乏引起通知的不一致,从"一个家庭的家长"那里进行购买的人不应被指控为已注意到了和该家长共同占有财产的其他家庭成员的未被记录的权利。

然而,在占有人的租赁权有案可查时,法院就他的占有是否对他依据一份未被记录的契据而提出的不动产权利主张给予了通知这个问题产生了不一致的意见。一个宾夕法尼亚州的法院所表述的观点似乎更为合理:"承租人的占有是对任何形式的不动产权利的通知;而对某项不动产权利的登记只对该权利给予了通知,它除了限制占有所给予的通知的宽泛性以外,对任何其他目的都是无用的。"不过,为了减少风险,在受让人取得出租人的利益时许多人所采用的方法就是通知所有占有转让证书的承租人,并要求他们答复是否主张已为受让人所知的租赁权以外的其他利益。

一般而言,如果一个普通的调查将可以揭示占有这一事实的话,即使购买人对占有这一事实并未实际知悉,调查通知的原则仍可适用。然而,一些州的成文法规定只对未获"实际通知"或"不知"的购买人予以保护或将已获"实际通知"的购买人排除出其保护范围,此时,一些法院就认为公开的占有构成这些法律所用措辞中的"通知",而其他法院则发现这些措辞要求买方在被指控获有通知前已经实际知晓了占有这一事实。

如上所述,因为"通知型"和"竞赛—通知型"记录法将其所保护的购买人限制为未获通知的人,如果购买人通过合理的调查本可以知悉占有人的权利的话,他所取得的不动产权利将次于占有人的权利。如果调查本不能提供任何信息,买方未进行调查就是不重要的。进一步说,经过调查,占有人没有披露其权利的,买方将不再被指控为受有通知并且可以取得不受占有人权利影响的不动产权利。

(3) 其他类型的调查通知

记录所无法解释的占有仅仅是调查通知的一种方式。如果存在其他情况使一个人应根据常识和谨慎的要求进行调查的话,购买人将被假定已经进行了这种调查并会被指控为已经了解了从该调查中可以得出的任何事实。使这个规则起作用的事实依每个交易的不同而有变化,但是一般可以

第二章 不动产登记的模式

认为将指控购买人受有推定通知的事实应使一个合理的或通常谨慎的人在心里会自然产生一种怀疑,并使得一项调查成为必要。针对未被记录的权利或利益的模糊的或笼统的传言、建立在道听途说基础上的推测或猜测是不足够的。

一项合理的调查应当是勤勉的。在进行一项必要的调查时缺乏勤勉会导致购买人知悉一项合理的调查本可以发现的事实的最终推论。如果购买人已进行了当时情况所要求的各种合理的调查而未能揭示出任何不利于购买人的权利主张时,购买人就可以取得不动产权利而不受基于这些情况所产生的通知的影响。

3. 无害的通知

即使购买人或其前手受有未被记录利益的通知,该未被记录利益的持有者也并不能够自动就优先于该购买人。这可体现为两种情况:

一种情况是,甲将其不动产转让给了乙,但乙未作记录。甲后来又将该不动产转让给了丙,丙作了记录但是他知道在前的转让,后来丙又将该不动产转让给了丁,丁未受有通知,并且支付了对价、进行了记录。尽管丙不受记录法的保护,但这并不影响丁可以优先于乙获得该不动产。因为此时丙获得一项表见权利(an apparent title),在将该权利转让给善意的丁时,就剥夺了乙的权利。

另一种情况与此相似,只是丙这时未受有通知,并且支付了对价、进行了记录,然后又将不动产转让给了丁,而丁却对乙的受让获有通知,并且未支付对价,也未进行记录,但他仍然优先于乙,因为此时丙作为善意买受人已经剥夺了乙的权利,享有了法定权利(a legal title),此时,丁就是从一个真正的而非表见的权利人手中取得权利,无需符合记录法的要求了。

4. 记录和通知的相互关系

除了几个州的"竞赛型"法律将记录的优先性作为决定权利优先性的惟一检验标准外,缺乏通知是受到记录保护的前提条件。在采用"竞赛—通知型"法律的州,在先记录是得到基于缺乏通知而产生的保护的前提条件。在这里记录与通知的相互关系的意义和程度是明显的。事实通知被称为是记录的对等物。除了前面提到的几个州外,通过占有或使购买人"进行调查"所给予的通知与记录法下对在先文件的记录所给予的推定通知具有相同的性质。不过,尽管在冲突权利的诉讼中交易律师(transactional attorneys)和审判律师(trial attorneys)所需要关心的是实际通知、占有给予的通知和受让人被要求进行调查时所基于的事实给予的通知,但不动产权利律师(title attorneys)和检查人(examiners)通常只需监督他们自己的客户对这些事实的调查。不动产权利律师和检查人自己所关注的只是由公共记录所给予的通知和由此而合理暗示的调查。

(三)从受有通知的购买人处受让不动产的未获通知的次购买人的权利和从未获通知的购买人处受让不动产的已获通知的次购买人的权利

不动产权利锁链中在先的所有权人是否受有对其他人的权利主张的通知对不动产权利检查人而言并不重要。当然,如果在记录中出现的证据表明在先的所有权人事实上是通过欺诈或不合法的手段取得权利以致他的权利可能被质疑为是无效或可撤销的话,那又完全是另一码事了。

但是,如果在先的所有权人仅仅是因为知悉另一个人的权利主张而取得权利的话,在所有的司法辖区,从该所有权人处取得不动产权利的未获通知的购买人都将受到保护。这个原则并不是记录法所特有的,而是形成已久的关于通知效力的衡平法原则的一个应用。然而,尽管从一个已受有通知的出让人处进行购买的善意买受人所获得的权利可以摆脱其出让人所知悉的权利主张的限制,但如果善意买受人将权利又重新转让给其出让人的话,该权利又将像该出让人以前拥有该权利时一样受到所知悉的权利主张的抗辩。

此外,根据所谓的"屏障规则"(shelter rule),已知悉未被记录的权利或权利主张的购买人,在其出让人是个无辜的购买人时,也将受到保护。从受记录法保护的善意购买人处取得权利的受让人享有和他的出让人同样的权利。如果记录法旨在赋予善意购买人以交易利益并允许他转让财产的话,这个规则就是必要的。不过,衡平法不允许这个规则适用于从善意购买人处重新购得土地的在先的非善意购买人的所有权人。

(四)对债权人的保护

通过明确的用语或司法解释向后来的购买人提供保护的记录法并不保护一般的债权人或胜诉债权人(judgment creditor)。大多数法院或者认为这些当事人不被包括在"购买人"这一词语的含义内或者认为除非成文法作出另外规定,裁判抵押权(the lien of judgment)只附着于债务人的实际利益(actual interest),而不是他的表面利益(apparent interest)。

许多州的记录法都明确将记录所有权人的债权人或抵押债权人包括在其保护范围内。其他法律或者通过采用一种宽泛的措辞——如"第三人"或"所有的当事人"——来定义其所保护的当事人或者通过使一份文件通常无效直至被记录才有效或仅对一定的当事人有效而将债权人包括进来。然而,即使在这些法律下,一些法院也拒绝保护债权人来对抗推定信托(a constructive trust),其推理依据是记录法只适用于当事人在先的自愿行为而不适用于法律运作所产生的利益。

各州的法律与约定抵押权(mortgage liens)和裁判抵押权(judgment liens)的关系在其他方面也各不相同。在一些情形下,这两种抵押权是不同成文法的调整对象,而在另一些情形下,它们则由同一成文法的不同条款来处理。例如,在明尼苏达州,抵押人受到保护可以对抗未被揭露的推定信托,而胜诉债权人(a judgment creditor)则不行。此外,在取消合同之诉讼(a proceeding to cancel)中,一个合同受让人的抵押权人作为受让人必须被通知到,但是受让人不必通知胜诉债权人就可以取消合同利益。一个继承人或受遗赠人在其权利尚非有案可查时也可以通过契据或抵押契据转让其不动产权利,他的购买人将受到保护可以对抗未被记录的转让,但该继承人或受遗赠人的债权人则不受保护。在每个州的成文法和判例法下都应考虑和检查这样的差异。

在各个州,成文法都明确规定债权人要受到保护必须未受有对在先的未记录的权利的通知,尽管有少数法律规定通知并不重要。如果成文法就这个问题未作出规定但却一般地规定了购买人要受到保护必须未获通知时,大量的判例都暗示这个要件也适用于债权人。不过还有一些裁决持相反意见。在缺乏通知是对债权人予以保护的必要条件时,在抵押权已经系属后才收到通知就不重要了。一些法院还暗示对债权人予以保护的检验标准是在特定情形下债权人是否是依赖记录而提供信用的。

若债权人在强制出售(债务人的财产)时进行了购买,他就成为购买人而不再是债权人了。多数决定的规则经过推理认为他是一个已支付对价的购买人,因为他支付的对价包括了诉讼的法律费用并且超过了他既存的债权数额。不过,在一些州,若被出售的利益仅仅是裁判抵押权所基于的利益,而这种利益又限于实际利益,而不是败诉债务人的记录利益(record interest),此时,仅仅是一个支付了对价的购买人并不足以使他优先于败诉债务人进行的未被记录的转让。但是有些州的记录法也保护享有裁判抵押权的债权人,此时的规则是在针对其债权的裁决拍卖或强制出售中进行购买的债权人也受到保护,但从依据他的抵押权而实行扣押的那天起,他就是作为债权人而不是购买人受到保护的。

(五)记录法的运作

今天的契据记录和旧时的占有移转(livery of seisin)以及树枝、土地或钥匙的交付有同样的功能,即它是一种公开的通知。它向所有的人宣告不动产权利已由出让人转移给了受让人。各州的记录法都是通知原则被扩展适用于土地权利记录的表现,这样,州记录法指定用来记录和土地权利相关的文件的公共记录就对其所展示的权利给予了推定通知,并使所有的人受到约束。

  本段将首先考虑基于通知的大多数记录法的运作。一旦法院认为实际知悉或受到有关一个未被记录的转让文件的通知相当于文件被记录,记录被认为相当于对公众的通知就不过是下一步的事情了。正如上面所讨论的,这个规则已被法典化编入了许多州的成文法中。因此,一旦作为所有权锁链中必要一环的文件或诉讼记录(proceeding)中明确提出了影响不动产权利的事情,购买人就会被指控受有了通知。此外,如果所有权锁链中的文件揭示出会促使一个合理的购买人进行进一步调查的事实时,购买人就会被指控对一个合理的调查会揭示出的事实受有通知。这样,一旦一个较早的转让有记录可查,后来的购买人就不能满足成文法或司法所提出的"无辜"或"未受有通知"的要求了。由记录得出的推定通知的法律后果和事实通知的法律后果是一样的。只要一份文件被适当地记录在所有权锁链中,后来的购买人已查阅了记录但并未发现该文件的事实并不能阻止它给予通知。无论后来的购买人是否进行了查阅,他们都会被指控受有了记录所给予的通知;如果他们未检查记录,他们会被认为对文件的内容已受有推定通知;如果他们进行了检查则对文件内容受有实际通知。

  因过失没有通过记录其受让而发出通知的买受人就给其出让人向对在先的转让未受有通知的他人进行再转让留下了机会。从这个视角看,对记录法的运作有三种不同的理论依据被提出来。一些法院解释说,如果两个购买人中的一个人必须承受因第三人的不法行为或过失而引起的损失的话,在引起欺诈中过错较大的一方犯有推定欺诈并应承担损失。其他法院则推论道,记录法是禁反言原则(the doctrine of estoppel)的立法扩展,它旨在防止未进行记录从而对其权利主张未进行公开通知的人成功地主张其权利而损害在后的购买人的利益。评论者的理由(commentator's rationale)是损失应当由能以最小的成本避免损失的人承担,由在先的购买人承担损失将鼓励认真及时的记录行为并防止对同一财产存在后来的购买人,而由后来的购买人承担损失,通常只会打击对土地的投资,因为他们缺乏获得出让人权利证明的其他途径,而这必然无法揭示出未被记录或未被适当记录的权利主张。

另一方面,"竞赛型"记录法(见前面第五节)的惟一目的是通过给记录以确定性而不是基于通知、禁反言或衡平法来获得不动产权利的确定性。一旦一份转让文书被记录,以后从同一出让人处进行购买的人就不能获得不动产权利或抵押权的原因并不在于记录对在先文件的存在给予了推定通知,相反,其理由在于记录法已完全改变了普通法,这样,在确定源自同一出让人的两个相冲突转让文件的优先顺序时所依据的就是它们申请记录的时间而不是依据它们的交付,而后者的顺序则是种秘密并且不确定的顺序。因为并不是对在先转让文件的记录给予的通知妨碍了在后的购买人,对在先转让文件的实际知悉也不产生这种效力。

"竞赛—通知型"记录法结合了其他两种类型立法的目的。它们主要根据相冲突的转让文件申请记录的顺序来决定其优先性。然而,决定优先性的竞赛被限制在第一个购买人和支付了对价并且对在先转让文件未受有通知的后来的购买人之间进行。因此,在这种类型的立法下,后来的购买人会因为下面两种情况的存在而不能获得保护:① 已受通知或尚未支付对价;② 未能在先进行记录。就第一个购买人而言,他要保持其普通法的优先性的惟一条件是优先获得记录,这和"竞赛型"法律是一样的。尽管"竞赛—通知型"法律尝试结合"竞赛型"法律下的公共记录有终局确定性的优势和"通知型"法律下的公平性要求,然而这种结合有时会产生不和谐的结果,对它的批评是"若在先的受让人因疏忽未予记录其契据而使后来的购买人支付了相当的对价时,二者间发生的记录竞赛并没有提供一个合适的标准来决定谁的权利应予优先"。

在这三类记录法下,尽管在转让文件交付时受让人的权利在法律上已有归属而不论文件是否已被记录,但只要文件未被记录,购买人就使其出让人仍得保留记录所有权和出卖权。

"依据所涉及的文件主张权利的人由于未遵守成文法的指引就赋予了签署文件的一方当事人以一种成文法上的权利,即该方当事人可再移转通过文件的签署已转让的利益。这种权利的有效行使有利于成文法所指定的人,他们通常是后来的购买人和(不动产权利)负担享有人(incumbrancers)。……未进行登记只是使某个人处于可剥夺那种利益的地位。"

(六) 回环抵押(circuity of lien)

回环抵押问题困扰法院已达三个多世纪。回环抵押是一个两难的选择,它发生的情况是,第一个权利主张人(claimant)优先于第二个权利主张人,第二个权利主张人又优先于第三个权利主张人,而第三个权利主张人又优先于第一个权利主张人。就如何在权利主张人间分配可用的资金这个问题已有人提出了几种方法。在一方当事人对回环抵押负有责任时,狄克逊公式(the Dixon formula)可能是最好的方法。在没有人存在过错时,选择本森规则(the Benson rule)更为合适。如果是因为居后的一个不动产抵押人因代位一个在先的权利主张人,而该权利主张人又居一个中间的权利主张人之先而产生回环抵押时,还有另一个公式可以运用。

　　回环抵押发生的情况有三种。一种情况是,一方当事人因过失或疏忽未采取某种本可防止回环抵押的行动——如通过记录来通知后来的买方——而致产生回环抵押。这种情况的常见例子里包括三个抵押权人:E-1,作为第一个抵押权人他未进行记录;E-2,作为第二个抵押权人他立即进行了记录,但是对 E-1 的抵押权受有实际通知;E-3,作为第三个抵押权人他并不知 E-1 的抵押权也未受有通知,但被指控对 E-2 的抵押权受有记录通知并立即进行了记录。在第二种情况下,当事人都没有过失或疏忽而是由于法律的某些规则的运作引起回环抵押。例如,E-1 可能享有一项不能记录的衡平法上的卖主抵押权(an unrecordable equitable vendor's lien),它优先于 E-2 的产生在后的裁判抵押权,而该裁判抵押权又优先于 E-3 享有的后来产生的记录抵押权,但根据善意取得原则(the doctrine of bona fide purchase),该抵押权又优先于 E-1 的抵押权。

　　在第三种情况下,后来的不动产抵押权人因代位取代了在先的抵押权人,而该在先的抵押权人又优先于居中的抵押权人。在这种情况下,由于放弃权利或存在其他协议或者根据法律规则,E-3 有权代理行使 E-1 的权利而 E-1 的权利又优先于 E-2 的权利。

　　在被提供的不同解决办法中进行选择时,对特定情况所属的类型必须予以考虑,因为它们在许多重要方面存在不同。第三种类型并未提出真正的困难,它可以通过下面所说的第三种方法合理地解决掉。对另两种类型,尽管通常并不予以区分,但对它们所提出的问题尚未有人提出未受到批评的解决方法。

　　现在讨论解决办法。第一种办法是先支付 E-1,然后是 E-2,最后是 E-3。其推理非常简单。"后于第二个抵押权出现的债权人直至该抵押权得到满足时才能获得满足,而第二个抵押权只有在第一个抵押权被满足后才能得到满足"。E-2 不会抱怨,但 E-3 却受到不公平对待,E-1 则由于该方法忽视了 E-3 对 E-1 的优先权而受有不当利益。

　　第二种方法是先支付 E-2,然后是 E-3,最后是 E-1。其推理是,E-2 明显优先于 E-3,而因为 E-1 的过失,E-3 又优先于 E-1,E-2 也因此在其全部债权金额范围内优先于 E-1。这使得 E-2 因为该方法忽视了 E-1 对他的优先性而获得一笔未受有担保的意外收获(unwarranted windfall)。E-1 的过失可使他劣后于 E-3,但这一点和作为第三人的 E-3 的行为都不应影响以前就存在的 E-1 和 E-2 之间的关系。

法院已采用的第三种方法是,先从可用于分配的资金中分离出相当于 E-1 的债权的数额,余额就是 E-2 有权获得的,因为他劣后于 E-1 的全部债权,但他又优先于 E-3 对该余额享有权利,因此该余额应支付给他。分离出的数额应先支付给 E-3 再支付给 E-1。如果这些清偿尚未能用完这笔资金,余额应先支付给 E-3,然后支付给 E-1。这种方法使 E-2 得以保持其劣后于 E-1 又优先于 E-3 的地位,但在 E-1 优先于 E-2 的程度上又使 E-3 优先于 E-1。E-1 仅在他对 E-2 的优先数额为 E-3 所用尽的程度上劣后于 E-2。在批评意见中,有人指出,这种方法所潜在的观念是,因为 E-1 未记录或存在其他疏忽,本应归属于他的份额就转移给了 E-3。如果和第三种类型中的情况一样,E-1 和 E-3 间达成协议同意 E-3 取代 E-1 的位置的话,这样一种结果是正确的,但是,在不存在这样的协议时,这种方法就不可适用。记录法并没有规定未被记录的第一个抵押权的利益属于 E-3,而是规定它对后者无效。任何 E-1 的抵押权对 E-3 无效但不影响他对 E-2 的地位的其他规则都只应导致将 E-3 的地位提升到第二抵押权人的地位。它不应和存在明确约定的情况一样使 E-3 取代 E-1 优先于 E-2。尽管 E-2 未受到损害,但在大多数情况下,E-1 因为劣后于 E-2 和 E-3 的权利而受到不公平的对待。E-3 则获得未经担保的利益,这使他的境况要好于若 E-1 的权利不存在时他本应处的境况。

狄克逊法官在 Hoag v. Sayre(33 N. J. Eq. 552(1881))一案中所持的异议建议将当事人所期待的事物给予当事人。在一方当事人对回环抵押负有责任时,这可能是最好的结果。如果你将当事人期待的事物给予当事人,则就可分配的资金而言,E-3 希望排在 E-2 的抵押权之后居第二位,而 E-2 也希望居于其已知的 E-1 的未被记录的抵押权之后排第二位。E-1 的期待则是,因为未被记录,他的抵押权可能劣后于后来的善意购买人所获得的抵押权。这样,在狄克逊规则下,将先从整个资金里扣除 E-2 所享有的抵押权所担保的债权数额,并将余额用于支付 E-3。接下来,再从整个资金里扣除 E-1 的抵押权所担保的债权数额,余额就是 E-2 因劣后于 E-1 所取得的数额。最后,所剩的数额用于清偿 E-1 的抵押权。有人还建议在 E-1 知道 E-2 时

E-1 对 E-2 的这种劣后地位应得到维持,其推理是:"(1)因为第二个抵押权冒着第一个抵押之债未被清偿的风险,因此 E-2 是一个担保人;(2)和债权人对人身受到约束的保证人(a surety personally bound)所负有的义务一样,E-1 对作为'不动产'担保人(a 'real' surety)的 E-2 负有记录第一个抵押权的义务以便保存它的优先性并因而保护 E-2 所取得的衡平法上的代位权。"

对狄克逊规则的异议是,在可用于满足三个抵押权的资金数额和三个抵押权所担保的债权数额一样时,尽管回环抵押应归咎于 E-1 的过错,E-1 的债权仍可获得全部清偿。尽管承认这种批评的有效性,仍有人暗示狄克逊公式应被保留为一般的规则,但是应规定前述情况下资金应平等分配来作为补充。

第五种方法是首先从资金中扣除 E-2 的债权的数额,将余额支付给 E-3;其次,从被扣除的数额中先清偿 E-1 的全部债权再清偿 E-2 的债权。然而,这对 E-2 是不公平的,因为在大多数情况下,他不仅将劣后于 E-1,而且会劣后于 E-3。这种方法提供的保护可防止 E-1 的间接攻击(indirect attack),但付出的代价是牺牲 E-2 的利益而不是有过错的 E-1 的利益,E-2 对整笔资金的优先权本应先于 E-3 得到保留,除非 E-1 对 E-2 的优先权被支付给 E-3 的数额减少了,但这样做的话,我们就得到了狄克逊的"期望"解决方法(Dixon's expectations solution)。

第六种建议是本森公式,它将每个抵押权人都当作劣后的抵押权人(a junior lienholder),然后在留出优先于每个抵押之债的债权数额后,将资金的余额支付给该抵押之债的债权人。这种解决方法在下列情况下将会遇到困难:(a)资金数额太小以致每个债权人作为劣后抵押权人都无权获得清偿;(b)资金非常充足以清偿全部债权人作为劣后抵押权人有权获得的债权数额;(c)资金不够充足以致不足以清偿全部债权人作为抵押权人有权获得的债权数额。在(a)和(b)的情形下,全部资金或多余的资金将平等分配或基于它是一笔意外之财而以其他某种任意的方式予以分配。在(c)的情形下,未被劣后抵押权人的债权额超出的资金可以达到的次最大额(the largest amount)可以被确定,相当于该数额的资金部分应如同它是整笔资金一样被分配。余额将在其债权未被第一项操作全部满足的作为劣后抵押权人的债权人之间进行平等分配。

第六种方法未区分过失或疏忽引起回环抵押的情形和非因任何人的过失而引起回环抵押的情形。它的基本主张是每个债权人都处于劣后抵押权人的地位。在批评意见中,有人认为,说每个债权人都处于优先抵押权人

(senior lienholder)的地位也是同样正确的,但这两种方法中的任一种在逻辑上都是不可能的。而且,这个公式过于复杂以致在运用时可能会提出处理上的难题并会使大多数当事人、许多律师和一些法官感到困惑。此外,在大多数情况下,部分资金不得不以一种完全任意的方式予以分配,而且,出于简便的考虑,在所有情况下都以同样的方式处理全部资金对法院很有诱惑力。不过,在非因过失引起回环抵押的情况下,主张每个债权人有权从全部资金中获得清偿的债权数额并非是其全部的债权数额而是其抵押债权的真实价值(即在优先于他的债权的数额被留出后所余的资金数额)看起来对每个债权人都是公平的。因此,在无过错的情形下尽可能根据这些劣后抵押权人的债权数额分配可用的资金看起来将会是最好的解决方法,只是它过于复杂。

另一个缺点是狄克逊和本森的分配方法共有的,即,在这两种方法下,如果资金数额大,可能一个债权人获得的数额反而会少于资金数额小时他可能获得的数额。因此就会诱使另两个债权人一致行动将财产的价格哄抬到将使第三个债权人的份额缩小并使他们的份额增加的数额。第三个债权人也会通过同意将受到缩减威胁的债权金额的一部分分给另两个债权中的一个作为其不联合抬高价格的报酬来保护自己。通过赋予第三个债权人以强制评估财产价值的权利或使他有权获得若非另两个债权人合谋资金数额将会较小时他本可以获得的最大份额也可使他受到保护。但这些方法都并不令人满意。第一种方法表明了另外的可能性,即三个债权人中的任一个都可能联合另外一个采取共谋行为以获得会受到缩减的那部分数额的一半。第二种方法因为举证的困难而显得并不实际。而要获得第三种救济,债权人所面临的任务是证明财产在不受合谋影响的强制出售的情况下他所可能获得的数额。因此,尽管这些方法在任何法院的最初裁判(a first judgment)中会得到支持,但它们不会在所有未来的案件中得到公平的运用。

鉴于前面对狄克逊和本森规则的批评,有人又提出了一种方法。在回环抵押非因过失引起时,因为所有的当事人都处于同样的境况,解决办法的目标应是根据尽可能地给每个债权人以他作为劣后抵押权人应获得的数额的方法来分配资金。同时,这种方法不应使资金多时债权人所获得的数额反而少于资金少时他所获得的数额。再者,作为劣后于最小的债权的抵押权人,基于他们作为劣后的抵押权人的债权是最早产生的,应得到一些优先。不过资金越多,这一个因素就越不重要,因为随着资金不断地增加接近于足以清偿全部债权的数额时,每个债权人获得清偿的数额将接近于他的债权数额。最后,所运用的公式应用尽全部资金而不留下富余或缺欠以致需用其他规则来进行分配。满足所有这些条件的公式可表述如下:

"确定在资金数额的大小是这种情况使得劣后债权人的债权总额等于实际的资金额时劣后抵押权人的债权额。将这些数额支付给各个债权人。

这相当于先支付后于最小的抵押权出现的当事人,并且支付给他的数额是他在别的人预期得到任何支付前所期望得到的(这可能意味着在支付时会同样对待两个人,因为如果两个债权数额相等时,就会同时出现两个劣后的抵押债权)。然后,他和接下来产生的劣后抵押权人得到同等支付的增加额(increment),直到每个人所得的数额等于他在第三个当事人期望得到任何支付前希望得到的数额。再后,所有的三个人得到同等支付的增加额。如果在资金用尽前,一方当事人已得到全部清偿,由余下的当事人分配增加额。"

若回环抵押是由 E-1 的过失引起时,为克服 E-1 的份额随着资金额的增加而减少的难题,有人对这种方法予以了修正,此时,无论资金是多少,E-1 都会得到一个最小的份额。这种方法也考虑到了三个债权中的两个同时发生的情况,包括没有任何当事人有过失的情况和一方当事人有过失的情况。

最后一种方法在理论上有价值,但比本森法更难于理解和操作。它还采用了一些任意的分配方法来达到它认为合理的结果。而且,尽管一方当事人的份额随着资金数额的增加而减少的可能并不是人们所希望的,但若减少的份额是因过失引起回环抵押的人份额时,它就并非完全不合理。更坏的结果是有过失的一方得到全部资金。而且,在狄克和本森的方法下合谋将财产的价格抬高到一个人为的高价的危险并不那么可能成为一个实际问题,至少这个危险看起来不足以表明运用一个更复杂的方法来处理回环抵押问题的合理性。

(七)不动产权利记录的证据价值

有效的记录是它所合理展示的所有情况的证据,但不是法律未规定的而为其所陈述的事实的证据。除了通常的例外以外,这些记录推定当事人的意识能力(mental capacity)是正常的。或者是因为公证确认证书(certificate of acknowledgement)或者是因为原始文件已经被记录,这些记录被认为是真实情况的证据。被记录的文件也构成它们已被签署(execution)、交付(delivery)和接受(acceptance)的证据。如果契据上载有日期,一般规则推定交付是在那天进行的,或者是在签署和公证证明同时发生的那天进行,或是在文件上记载的日期进行,即使它是在以后的某天被公证确认的。然而,许多司法辖区所采用的规则是,如果存在不同日期的话,一般推定文件是在进行公证确认之日被交付的,因为通常的做法是在交付前先对文件进行公证确认。

(八) 契据中的事实说明部分的证据价值

成文法要求或认可的或者在其他方面已合理地成为转让文件一部分的事实说明部分(recitals)也被包括在被记录的文件所形成的表面证据中。在一些司法辖区,契据是由根据授权(appointment authority)享有代理权的人制作的,该契据的说明部分和指定行为的履行构成享有代理权的表面证据。然而在其他的州,这样的事实说明部分必须通过对授权书(power of attorney)、信托契据(deed of trust)、法院命令或同样有力的授权证据的检验来加以补充。此外,强制出售(execution sale)时执行官制作的契据(sheriff's deed)中对判决的说明部分不能构成对判决的证明。不过,判决和判决记录(judgement entries)中就行使管辖权所必需的事实——它们是法院对事实进行调查的结果——所作出的说明部分构成所说明的事实的表面证据。

根据成文法的要求在公证确认证书(certificate of acknowledgement)中对出让人婚姻状况作出的声明也构成表面证据。但是在转让文书自身中作出的事实说明部分,在成文法未给予它们的更大的效力时,只能作为承认(admissions)或禁反言(estopples)来约束当事人、他们的继承人及受让人。它们不能作为证据对抗根据不同的来源主张权利的人。就契据的当事人是记录所有权人的继承人这一事实作出的说明部分,在缺乏成文法的规定时,既不构成出让人已死亡这一事实的有力证据,也不构成当事人享有继承权这一事实的有力证据。另一方面,又有人认为事实说明部分可以表明出让人和前一个受让人是同一人这一事实。

在所有承认明显没有直接证据证明其已被签署的"旧文据"(old documents)的州,被记录的转让文书不仅被承认为不动产权利证书(muniments of title),而且被承认为它们所说明的事实的表面证据。有关证据的成文法规则给予任何形式的转让文书中的说明部分以同样的效力。时效法(statutes of limitation)甚至通过排斥所有与被说明的事实不符的权利而使说明部分具有最终的确定力。

(九) 解释性的宣誓陈述书的证据价值

宣誓陈述书(affidavits)可以被记录用来说明所有权锁链中被记录的环节所存在的瑕疵。然而,它们不能为所有权锁链提供一个环节,因而不能证明相反占有权或代替转让文件或遗嘱检验。不过草拟转让文件的律师通常使用宣誓陈述书来解释记录的瑕疵并提供相关的信息,在大多数州,除非成文法作出另外的规定,宣誓陈述书并不能像证据一样有力,它只是利害关系人作出的声明或承认。不过,在一些司法辖区,宣誓陈述书的证明效力也已经得到承认,即使那里没有相关的立法。

近几年来有这样一种明显的倾向,即通过制定成文法使与一定事情相关的宣誓陈述书成为所有为其所说明的事实的表面证据或最终证据(conclusive evidence)。要具有这种效力,宣誓陈述书必须不能受到对同样的口头证据(parol testimony)所可能提出的任何抗辩(如不具有法律上的资格、道听途说等)。

这些成文法使土地所有权人至少可以从表面上清除许多不动产权利记录中的瑕疵,否则这些瑕疵只能通过司法裁判来纠正。例如,一个模糊的描述所指示的土地可以通过宣誓陈述书被确认和确定,这样转让就可以有效。同样,对因为缺漏受让人的名字而无效的转让契据的记录也可以被改正便能够形成所有权锁链中的有效一环。宣誓陈述书也可证明死亡、无遗嘱死亡(intestacy)、继承权及死者债务已被清偿等事实。

因为在大多数州,宣誓陈述书只是其内容的表面证据,它们只是增加了卖方不必提供绝对证明并由买方承担风险的项目。那些尝试使宣誓陈述书成为最终证据的州的成文法必须谨慎地给予其他权利主张人以足够的通知和被听取的机会或者它们要冒着受到挑战的风险,因为它们没有通过正当的程序就剥夺了土地所有权人的财产。

(十) 记录的存续性

一旦一份文件被适当地登记,它就会持续地给予推定通知,即使在县域划分时将土地置于并非存放该记录的另一县。法院通常认为即使记录被毁坏,其作为通知的效力仍可持续。不过,在全部记录或任何相当部分的记录被毁坏时,缺乏证明不动产权利的记录使得提供一份有效的证明成为不可能并一直持续到完成建立不动产权利或恢复记录的程序或通过一项成文法给予原始文件的重新登记或原始记录的摘要以证据价值时为止。

除了因为记录被毁坏而难以展示被记录的不动产权利的县外,在许多县里甚至在整个州里还存在着早期的记录,但它们的存在形成使得它们不可能对19世纪或者更晚的时期以前的不动产权利形成一条带有一定程度确定性的链锁记录。在最初的13个州和外国转让的不动产权利未为确认性的公有地让渡证书(a confirmatory patent)包括的地区,这种情况非常真实。在其他地区,因其早期的社区缺乏设施和人力来保存完备的不动产权利记录,这种困难也同样存在。记录不完备的最普通的一种原因是土地描述书所提及的界标(monuments)、界线(lines)和界点(points)的位置现在已无法确定。大多数情况下,记录所有权至少可借由记录所有权人的占有保持有效,而可对抗所有可能提出其他权利主张的人的相反占有的判决(a decree of adverse possession)也可由法院提出并在公共的土地记录中进行记录。对于未被占有的土地,其财产权利必须通过其他非记录事实(non-record facts)得到证实,但更重要的是,为了产生一项记录所有权,应由司法判决确立一项不动产权利。这些不完备成为大多数州制定《可转让的记录所有权法》(Marketable Record Title Acts)的强大动力。

七、对不动产权利记录制度的限制

不动产记录法保护的只是那些由成文法赋予记录能力的书面文件所产生的利益,非源于书面文件的利益,以及没有记录能力的影响利益的书面文件都不适用不动产记录法。前者包括时效取得(adverse possession and prescriptive easement)、因必要产生的地役权(easement by necessity,如通行权)及默示地役权(easements by implication)。后者包括短期租约、强制出售合同(executory sales contracts),对这些文件无需记录。

第二目 美国的不动产权利保全制度*

如果不动产的出让人无法移转一个"可转让的权利"(marketable title),受让人就不必签署合同。然而,在美国,不动产出让人并没有证明他们自己权利的义务,除非合同中作了这样的约定。相反,动产买卖中发展出的风险自负原则(caveat emptor)却扩展适用于了不动产买卖。这样,检查不动产权利以免受到权利上存在的瑕疵的损害的义务就落在了受让人的身上。一旦受让人对他自己进行的检查感到满意,签署了合同并接受了契据,就应自己承担因不动产权利上存在其他权利而带来的风险了。

在美国,保护受让人免遭不动产权利上存在的瑕疵的方法(也可称为不动产权利保全制度)主要有四种:不动产权利保险(title insurance)制度、获得律师对受让人权利之法律状态的意见(an attorney's opinion of the legal status of the grantor's title)、获得官方签发的正式权利证书(the issuance by a

---

* 本节的介绍主要参考了Pro. Palomar 的"Methods of Land Title Assurance"一文,该文为 *Patton & Palomar on Title* 一书的第二章。

governmental body of official certificates of title)和担保契据(a warranty deed)。担保契据是其中最古老的一种方法,在出让人违反契据对权利的担保时,它赋予受让人以追索权。获得官方签发的正式权利证书是其中最不常用的一种方式。获得律师对受让人权利之法律状态的意见这种方法在 2000 年时,只在东南部的几个州、西南的几个产油的州及部分中部的州和新英格兰的部分地区占有优势。一开始是由律师来进行权利的检查,但这很耗费时间,因此,现在多由不动产权利保险公司(title insurance company)或摘要公司(abstract company)进行检查,然后由律师根据他们对权利摘要的检查结果或根据不动产权利保险公司的报告写出意见并提供给其客户。律师的意见中要对应获得的信息、应满足的在先留置权(prior liens)或在交易结束前应记录的文件等作出陈述以便受让人能够获得一个可转让的权利。律师也负有向客户解释每个被揭露的权利瑕疵所带来的风险之性质和程度的义务。根据这些信息,客户可以决定是否承担风险,是完成交易还是放弃交易或者是在出让人清除权利上的瑕疵后再给予贷款。

除了前述地区外,到 2000 年为止,不动产权利保险在大多数州的不动产保全方法中占据了主导地位。它是惟一一种起源于美国的保险形式。尽管它和其他类型的保险有着相似之处,但由于它起源于不动产交易和金融领域,因此带有了不同的特色。这些特色和不动产权利保险公司扮演不动产权利上存在的风险的发现者和清除者的角色是相关的。在不动产权利保险中,保险人扮演了和摘要人或律师类似的角色,它会进行不动产权利搜索,如果发现了瑕疵,就会将其列为保险单的除外责任。而保险单所保证的即是保险公司未发现已揭示出的瑕疵外的权利瑕疵,如果在保险单签发后又发现了新的已存在的瑕疵,保险公司就会补偿被保险人受到的损失。

对不动产权利保险的运作可从以下几个方面分析:①

1. 预先的不动产权利报告和权利保险。在交易结束前,购买人通常会从保险人处收到一份预先的不动产权利报告(a preliminary title report),它显示了出让人的权利的现有状况。如果权利令人满意,交易就结束了,购买人就会收到一份保险单,它会保证购买人收到的是预先报告所描述的权利。如果在保险单签发后又发现了新的已存在的瑕疵,保险公司就会补偿被保险人受到的损失。如果出让人的权利有瑕疵,购买人或者可以接受有瑕疵

---

① Roger Bernhardt and Ann M. Burkhart, *Real Property*, 4th ed., West Group, 2000, pp. 363—369.

的权利或者可以要求在交易结束前消除该瑕疵。他也可以同意在权利上设定新的负担。

2. 不动产权利上的风险。不动产权利上的风险可分为可保风险和除外风险。许多保险单不仅保证记录搜索的确切性,而且保证不存在一定的"未予记录"的风险,如未交付、伪造和无能力。如果发生这些风险,保险人就应补偿被保险人因此遭受的损失。除外风险是不动产权利保险单不予承保的风险,它包括受让人知悉瑕疵或未支付对价、在记录外进行调查可以发现的瑕疵(还包括政府对权利的限制等)和后来的瑕疵。

3. 责任解除。(1)不动产权利保险公司的选择权。不动产权利保险单通常赋予不动产权利保险公司以选择权,他可以向被保险人支付因为权利瑕疵引起的损失,也可以清偿或购买相反的请求,或者对该请求进行挑战。保险单通常也会规定,保险公司可以代位取得购买人因为权利瑕疵而获得的对第三人的权利。(2)保险期间。保险期间最多相当于被保险的购买人拥有财产的期间。在被保险人出售财产后,如果他在契据中给予了不动产权利约款(title covenants)①或从次购买人那里接收了购买价金抵押的话,许多保险单也会予以承保。但保险单不会承保次购买人。次购买人必须购买自己的保险。

现在不动产权利保险的适用范围已经超出了美国而扩展至加拿大、英国及其他西欧国家。

表 摘要/律师意见和不动产权利保险的比较

摘要/律师意见	不动产权利保险
1. 保护方式是通知客户记录上存在的瑕疵,以便客户可以清除它们或拒绝交易。	1. 保护方式是:(a)通知被保险人记录上的瑕疵,但在一些司法上或成文法上未予以强制要求的州里,保险人可以不必总是揭示已为保险范围排除的记录瑕疵,而且保险人没有义务向被保险人解释被列出的除外责任;(b)承保未为保险范围所排除的无法发现的瑕疵所造成的损失。

---

① 不动产权利约款属于担保契据这种保全方法的内容,担保契据包括六种约款:占有约款(covenant of seisin)、转让权约款(covenant of right to convey)、免于负担约款(covenant against encumbrances)、安静享有约款(covenant to quiet enjoyment)、担保约款(covenant of warranty)和未来保全约款(covenant of future assurances),此外还有其他特定约款,它们包括了前述六种约款的一部分。参见 Roger Bernhardt and Ann M. Burkhart, *Real Property*, 4th ed., West Group, 2000, pp.311—315.

(续表)

摘要/律师意见	不动产权利保险
2. 进行搜索的记录可能是县的受让人和出让人索引（少数州是地块索引）、州的地区法院、遗嘱检验法院（probate court）和不动产税收留置权记录（tax lien recoed），尽管摘要公司可能已拥有自己的不动产权利数据库（title plant）和地块索引。	2. 权利保险公司一般都有自己的数据库和地块索引，以及已输入计算机的州地区法院、遗嘱检验法院和税收记录。
3. 仅通知可以通过标准的记录搜索可以发现的不动产权利瑕疵。	3. 承保所有未预期到的记录瑕疵和未被排除的隐藏的不动产权利瑕疵。
4. 客户仅在付费对摘要者或律师提起诉讼后才能回复损失。	4. 仅在引起损失的记录或未被记录的瑕疵未为保险单排除（excepted or excluded）时，被保险人可以根据不动产权利保险单获得补偿。
5. 仅在摘要人或律师在搜索或评估记录文件时有过失的情况下，客户才能回复损失。	5. 补偿是基于合同产生的，因而无需显示有过失。在一些州可能还存在基于搜索过失而引起的侵权诉因，但在另一些州则不补偿因搜索记录时存在过失而引起的损失。
6. 补偿受到摘要人或律师的存在和清偿资力的限制，尽管摘要人的保证书（bond）和/或错误与遗漏保险单（errors and omissions policy）及律师的责任保险（malpractice insurance）能提供更多的资助（a deep pocket）。	6. 补偿得到不动产保险公司的偿付能力和资本积累以及不动产权利保险人的再保险和相互保险的支持。
7. 在一些州，只有客户才能起诉摘要人或律师具有过失；在一些州，任何可被合理预见信赖摘要的人都可以起诉。	7. 只有被保险人、基于法律运作的一定的所有权人的继承人或抵押权人的继承人才能根据保险单获得补偿。
8. 过失损害是指客户在起诉时所遭受的财产损失的价值。	8. 只有购买了特殊的保险单或背书时，保险单中确定的保险利益的价值额才会根据通胀情况得到增加。
9. 客户必须承担防御对不动产攻击的费用直到他能起诉摘要人或律师并获得胜诉判决。	9. 不动产权利保险人应当在保险范围内承担因对被保险的不动产权利进行攻击引起的费用。根据不同的诉讼辖区，不动产保险人可以对就不动产权利瑕疵负有责任的被保险人的受让人或其他当事人提起确认诉讼（affirmative action）并承担费用。

第三目　美国的托伦斯登记制*

在美国,现在还有 10 个州保留了托伦斯登记制①,但只有 4 个州实质上使用了该制度,即夏威夷州(在全州范围内)、马萨诸塞州(在全州范围内)、明尼苏达州(在部分县内使用)和俄亥俄州(在部分县内使用),在其他州该制度只是零星地被使用。

一、初始的登记

如果要在托伦斯制度下登记一块已被记录的土地,必须首先进行一种对物的诉讼程序(a judicial in rem proceeding)。一旦登记申请完成,它就会被置于法院的备审案件目录中(a court docket),此时就会任命一个不动产权利检查人。检查人将要搜寻和检查不动产权利以便确定不动产权利上是否可能存在负担或其他权利人。除此之外,登记程序还可能要求查勘不动产、对其他权利主张举行听证、公布通知和聘用律师和专家。不过,一旦登记完成,它就会产生对世的效力。

二、检查权利证书——确定所有权(ownership)

一旦作出登记的裁定,登记官就会授予申请人一份权利证书,该证书是根据裁定的条款设计的。裁定和证书中包括下列内容:所有人的姓名、年龄;婚姻状况,如果结了婚,还要给出配偶的姓名;所有人是否缺乏行为能力,如果是的话,是何种状况;对土地的确切描述(如果边界是根据裁判作出的话,还要包括法院作出的界标(judicial landmarks));所有的特殊地产权(estates)②、抵押权、地役权、留置权以及其他的负担或和权利相关的事实

---

* 本节的介绍主要参考了 Professor Debra Pogrund Stark 的 "Examination of Registered Titles" 一文,载 *Patton & Palomar on Title*, Ch. 14, 3rd. ed.

① 这 10 个州是科罗拉多州、佐治亚州、夏威夷州、马萨诸塞州、明尼苏达州、纽约州、北卡罗来纳州、俄亥俄州、弗吉尼亚州和华盛顿州。具体条文可参见:Colorado, Colo. Rev. Stat. §§ 38-36-101 to-199 (1998);Georgia, Ga. Code Ann. §§ 60-101 to-9905 (1998);Hawaii, Hawaii Rev. Stat. §§ 501-1 to-221 (1993 & Supp. 1997);Massachusetts, ALM GL c 185 §§ 1-118 (Law. Co-op. 1996 & Supp. 1999);Minnesota, Minn. Stat. Ann. §§ 508.01-.88, 508A.01-.85 (West 1990 & Supp 1999);New York, N.Y. Real Prop. Law §§ 370-435 (McKinney 1989 & Supp. 1999);North Carolina, N.C. Gen. Stat §§ 43-1 to -64 (1984);Ohio, Ohio Rev. Code Ann §§ 5309.01 -.98, 5310.01-.21, 5310. 31-. 54 (Anderson 1989 & Supp. 1998);Virgina, VA. Code Ann. § 55-112 (Michie 1995);Washington, Wash. Rev. Code Ann. §§ 65-12.005 to. 800 (West 1994 & Supp. 1999)。

② 这里的 estates 采用了《元照英美法辞典》中的译法。

等。证书构成由登记官保管的登记簿的一页。同时会发给所有人一份复本,以便实现双重目标:一是作为权利的备忘录(memorandum of title)使用,一是在向登记官提交任何自愿转让文件或负担设定文件时作为身份证(an identification card)使用。证书的目的和银行存折、股权证明等的是相同的。

在通过契据进行自愿转让时,以及在通过契据、裁定、继承、遗赠或法院的命令进行非自愿的转让时,登记官就会废止旧的证书以及它的复本,而登记一份新的证书,并向新的所有人交付一份新的证书复本。在登记前,登记土地的契据,只是在合同当事人之间创设了一项针对不动产权利的权利(a right to title),不影响从登记所有权人处受让不动产权利的第三方善意买受人。

针对所有权的报告只能通过(直接或间接地)检查在登记机关存档的原始证书来作出。检查人的报告的可信性必然依赖于权利证书的最终确定性。虽然各州的立法有着些微的不同,但证书总是能够创设一种归于登记所有权人的难以废止的权利(an indefeasible title),该权利可以对抗任何第三人,而且豁免于任何未被权利证书所显示的请求或负担。对权利证书的检查就是确定法定权利所必需的全部措施。

三、检查权利证书——确定负担(encumbrance)

在不动产上设定负担时,只需在权利证书上记录入每个设定负担的契据上所规定的必要条款即可,如受让人的姓名、描述、任何用益权利(any limitation)、条件(conditions)、限制(restrictions)或保留(reservations)等。登记程序包括在提交登记的文件(instrument)上背书通常的收件号及提及证书的文书(document)或和文件相关的证书以及在证书上(在自愿交易的情形下还在所有权人的证书复本上登记)同时登记文件大意的备忘录(a memorial of the purport of the instrument)、收件时间和文书数。任何向登记官提交的文件都由登记官保留并按照数字顺序予以保管,以供任何有利害关系的人检查。在每次进行所有权转让时,登记官都无需在新证书上转记被解除的文件以及影响解除的文件的备忘录。除了土地在同一所有权人处保留了很长一段时间并且经常被设置负担的情况外,检查备忘录来确定负担就可能是一件很快捷的事情了。

可以被揭示的负担包括可以对抗未被登记权利的每种类型的负担——抵押、技工留置权、裁判、信托、地役权、限制、租赁、待决诉讼的通知等。检查人可以信赖备忘录(memorial)中提供的对负担文书的摘要,或者会检查原始文书以便确定未被要求在备忘录中显示的细节。解释规则、优先权及当事人的权利和关于未登记权利的类似文件的记录是相似的。让检查人满意的一个方面是,在未登记土地上存在的一些利益或留置权如果无法从对记录的检查中查明或不能最终确定的,就完全不能在已登记的土地上存在以对抗检查人的客户,除非它们在权利证书上作了登记。

四、排除出证书的负担

登记法通常会规定,任何根据登记裁定或作为善意并支付相当对价的居后购买而获得权利证书的人都可以保有豁免于所有负担或相反主张的不动产权利,但两种负担除外:(1) 置于登记机关的针对特定土地的最后一份证书上注明的负担;(2) 一定的未经登记的权利或负担,这些权利或负担不可能或不适宜在登记制或记录制下的记录上显示。而第二类的负担总是会被明显地列在权利证书上,它们包括:

1. 留置权、请求权、源于或存在于美国的法律或宪法下的权利(州不可能要求这些权利显示在记录中);

2. 对任何税款或特定的评估的留置权,在颁发权利证书之日,土地还未因该留置权而被出售的;

3. 未超出指定年限的一定期限的租赁,此时还存在着因该租赁而取得的对租赁物的占有的;

4. 存在于土地上的高速公路上的权利;

5. 上诉权或为登记法所允许的出庭并抗辩申请的权利。

五、尽管有证书仍然存在的负担

在现行的原则和成文法下,可能还存在着一些负担,即使此时存在权利证书或登记裁定,它们仍然能够存在。其中最重要的一项就是上述第二类负担的第一种情形:留置权、请求权、源于或存在于美国的法律或宪法下的权利(州不可能要求这些权利显示在记录中)。即使州法中对此存在例外,但只要联邦法承认,这些负担就会继续存在。

对在最初的登记程序开始时,未通过传讯或出庭而处于法院的管辖之下的享有占有的当事人的权利而言,尽管裁定和证书没有提及它们,它们(这些权利)也仍然会继续保持。很明显的,这种处于占有的当事人并未为裁定所禁止。

除了这些项目外,还存在着未经记录的但购买者受有通知或知悉的权利。而且,尽管未以成文法所规定的证书的形式作出声明,在一些州,购买人会获得一项和未经登记的权利一样从属于未记录的技工抵押权的登记权利。

六、对不动产权利状况的证书

在大多数登记法下,只需一小笔费用即可从登记官处获得一份针对不动产权利状况的证书。这个证书会提供包含在权利证书中的与描述和所有权相关的事实。这种证书对抵押权人很有用,对未来的非当地居民的购买人或抵押权人而言也是如此,因为后者无法检查在土地所在县的登记机关保存的原始证书。

七、保证基金(assurance fund)

所有的托伦斯登记法都规定了保证基金,这也符合自己责任的原则。无论是在记录制下,还是在登记制下,登记机关都有可能出错而妨碍了不应被妨碍的权利,但在记录制下,大多数的情况下都未规定补救措施。而登记制则创设了基金制度来补救那些因为登记了未保留其权利的裁定或证书而失去了相关土地上的权利的不幸的人们。但仅在很少的例外情况下(仅在伪造或类似情况下),土地的登记所有权人才有机会从基金中获得补偿。因为登记排除了所有权人失去其权利的风险,所以基金并非是必需的,而其目的也并未为了对土地权利予以保险。现有基金的积累已经远远超出可能的请求的总额。

八、美国托伦斯登记制的未来

现在的趋势是,很多州都倾向于废除而不是采用托伦斯登记制。在上世纪初,托伦斯登记制达到了高峰,有20个州采用了某种类型的登记制度。但自那时起,已经有10个州废除了登记制。而其中的原因可以以伊利诺伊州的库克县(Cook County)的经验来说明。在1989年,该县曾经成立了一个委员会来研究如何改进记录制和登记制服务的问题,但委员会的报告建议废除登记制,其理由是登记制存在两种主要的问题。一个是库克县的登记制在实际运作中存在的问题,委员会认为登记机关缺乏使登记制充分运作所需要的资金和专门技术。有两个明显的事实支持了这一论断。一个是,要花费6周到2个月的时间来和登记机关建立联系以便登记权利的转让,另一个是,在转让发生后要收到新的权利证书则需要2年的时间。这些内部存在的问题包括登记机关未实现计算机化、大量的交易、登记机关缺乏操作手册、对大众来说就转让登记的程序缺乏统一的指引、未预计到的对大量正式书面陈述(affidavits)的要求及公众认为托伦斯登记机关没有提供中介服务(escrow services)等。尽管这些问题可以通过提供更多的资助得到解决,但这无法实现。更重要的是,还存在外部问题,即二级抵押市场(政府全国抵押协会"Ginnie Mae"(Government National Mortgage Association)和联邦全国抵押协会"Fannie Mae"(Federal National Mortgage Association)及其他抵押证券的购买者)的参与者要求不动产权利保险,并拒绝接受托伦斯抵押权人的不动产权利证书的复本。一则对 Fannie Mae 而言,库克县在颁发权利证书的复本时存在两年的拖延期,二则即使不存在拖延,Fannie Mae 也仍然要求权利保险,因为它可以对托伦斯制下的权利证书复本未覆盖的事项提供保险,而且在第三人对被保险人的权利提出请求时保险人会支付防御诉讼的费用。此外,权利保险也能够很好地适应不断变化的市场的需要。

此外,托伦斯登记制不成功的原因还有:不动产权利保险业有很大的势力,它反对采用托伦斯登记制,而且登记制是政府腐败的温床。此外,登记制下还存在高额的启动费用,保证基金也存在不足,而法官基于登记的最终确定力会妨碍公平的观念也不愿承认这一点。

不过,登记制的失利最重要的原因是,和在其他国家不一样,它在美国不是一种强制性的制度,而是存在着相竞争的制度——记录制。尽管伊利诺伊州曾试图通过成文法使托伦斯制成为一项强制性制度,但发现这是不合宪的。另一个司法上引起的难题是,要想登记财产,必须经过一个司法程序而不是一个相对较廉价的为英格兰和威尔士所采用的行政程序。

库克县的委员会也承认,尽管在英国、澳大利亚等国,托伦斯登记制是一种有效的、快捷的权利转移方式,但就美国而言,除非法律发生剧烈的变化,让更多的州来采用托伦斯制是不可能的,相反,可能会有更多的州废除该制度。要发生剧烈的变化,一种可能性是,记录制需要彻底检修以便适应计算机技术的发展(如对不动产转让进行电子记录),此时可能采用一种类似于登记的制度。

第四节　中国不动产登记的现状

根据实地调研和信息查阅情况,中国不动产登记现状的最突出特性有两点:

其一,作为登记之正当性依据的"显规则"和"潜规则"并存。登记关联到诸多民事主体的切身利益,其正当性要有法律规则的保障。我国目前虽然在全国范围内没有能统一适用的登记法,但在既有的行政格局下,大多数的"块块(省、市)"以及相关的"条条(部、委)"均明文规定了登记规则,这在实践中给登记的正当性提供了基本依据,这些规则属于通过法定程序而形成"显规则"。不过,与其同时,很多"主管"登记的部门根据当地或者其时的实际情况,出于各种各样的考虑,又制定了适用于自己辖区范围内登记事务的内部规定,这些规定一般由该部门报请本级政府批准而以"红头文件"的形式出现,它们在实践中也发挥着极大的作用,这些规则与上述"显规则"相比属于"潜规则"。不可否认的客观事实为:上述这两种规则为登记的规范展开提供了运行轨道,但这种不统一的局面却颇令人担忧,毕竟在建立统一市场基本经济诉求下,这种"每换一次马车就要适用不同规则"的托尔斯泰式困惑不是什么好现象。

其二,登记行为的"大众化"和"职业性"并存。与法国、德国、瑞士、日本等的登记行为充满浓厚"职业主义"色彩的特性相比,我国登记行为应当列入下里巴人的"大众"范围之内。在我国,操作登记行为的人员基本上没有法定资格的限制,他可以没有学历要求,也可以不受任何"入口"的限制;同时,进入登记程序的也鲜有律师的身影。这完全是一种大众化的氛围,这能便利交易的进展,也利于节省交易成本,但也容易导致登记错误等潜在的交易风险。然而,即使在专门的法律职业者——法官看来,登记行为的职业特色也非常显著,因为登记问题而举行的专家论证会为数不少,而且,有些登记机关还和法官共同就某一登记问题达成共识,以便于司法机构妥当处理相关案件,此时,登记行为又显现出一定的"职业性"。这种混合是比较独特的,即大众化的登记操作要给职业化的司法提供审判的基准,这无论如何也不太符合事物发展的逻辑,更不容易令人信服。

从立法论的视角观察,我国的不动产登记立法面临的实践问题大致有以下几个方面。

一、登记法的定位

(一)私法抑或公法?

这个问题涉及登记法的基本属性,即其定位为私法还是定位为公法。

从民法的角度来看,登记法是民法的辅助法,其目的在于落实物权法规定的不动产物权变动规则,这一点是没有什么疑义的。如果将登记法作为物权法的延伸,则可以将其定位为私法,其功能在于保障民事主体之间的不动产交易。这样,就必须彰显意思自治、私权神圣这样的私法理念,尽可能赋予当事人充分的决定权和选择权,尽可能限制国家对当事人私事的干涉。比如,当事人达成不动产物权变动的合意后,是否申请登记以及在什么时间登记,属于当事人自我决定的私事,法律不必强行规定导致不动产物权变动的法律行为与申请登记之间的时间间隔期限,更不能规定,当事人在此期间内不申请就要受到行政处罚。

不过,从另一方面来看,登记机关的性质是行政机关,为了确保不动产交易的正当性,它必须有所作为(如进行审查),此种行为中蕴涵了维持一般交易秩序和达到国家治理的目的,这完全不同于平等主体之间的交易行为,可以说,登记机关与不动产交易当事人所处的法律地位确实不平等,故而,在实践中,登记行为一般被视为行政行为(如针对登记机关的诉讼为行政诉讼,我国的《行政许可法》将登记视为行政许可行为)。这个视角中的登记法又披上了公法外衣,既然是公法,就有了特定的国家治理的使命,为了完成这个使命,当事人的自由要大大受到限制,这样,上述的事例就会得出相反的结论。

显见,将登记法界定为私法或者公法,将导致其功能目标和制度设置存在根本上的差别,这就要求立法者必须作出判断。实际上,由于登记法与当事人的私人利益、国家涉及不动产的公共利益紧密相关,不可能将之单纯地定性为私法或者公法,而是要糅合这两种属性,只不过,糅合的比例——以私法属性为主、以公法属性为主,还是两者对半——则要由立法者进行选择。

尽管登记法不可避免地存在国家治理的目的,但登记往往是登记机关对当事人意思表示的认可,登记机关的意志一般不必过多地涉足于当事人的意志领域,是否申请登记、申请何项登记取决于当事人的意志,登记机关的职权行为(审查和决定)必须在当事人的意志范围中作出,而不能超越或者不顾当事人的意志,故登记法应以私法属性为基调。当然,对于当事人实施的扰乱不动产交易一般秩序的行为(如提供虚假申请材料、证据等)的,登记机关可依法采用行政措施追究当事人的行政责任,这又体现了登记法的公法色彩,但与其私法属性相比,登记法的公法属性显然是次位的、有限的。

(二) 实体法抑或程序法?

这个问题涉及登记法的基本内容,即其规定事项是实体的还是程序的。从既有的法律经验来看,物权法规定的是有关不动产物权变动的实体规则,其中涉及登记的规则主要为登记的效力、顺序(顺位)和类型,不涉及申请、审查等登记的程序。比如,《德国民法典》第873—877条规定了登记对于不动产物权变动的决定效力,第879—881条规定了顺位制度、第883—888条规定了预告登记、第891条规定了登记推定力、第892—893条规定了登记公信力(其中涉及异议登记)、第894—898条规定了更正登记、第899条规定了异议登记。与《德国民法典》的上述规定不同,《日本民法典》物权编没有规定顺位、预告登记、更正登记等内容,仅仅规定了登记的效力——对抗力(第177条)。

登记法则调整代表国家公共权力的登记机关和作为私人利益代表的当事人之间的关系,其中规定的是登记申请、审查等程序性机制。比如,德国《土地登记簿法》根据民法的实体规定,主要规定了登记程序,其结构大致如下:第一章"总则"(主要规定登记机关、登记簿、管辖等)、第二章"在登记簿中的记载"(主要规定申请、证明等)、第三章"抵押、土地债务和定期金债务"(主要规定抵押证书等)、第四章"申述"(主要规定当事人不服登记机关决定时的救济)、第五章"特殊情况下土地登记局的程序"(主要规定强制更改土地登记簿、涂销无标的的登记、明确顺位关系等)、第六章"建立土地登记簿页"(主要规定建立程序、公示催告等)、第七章"机器编制的土地登记簿"(主要规定现代化技术条件下的登记簿)、第八章"过渡规定和结束规定"(主要调整新旧制度之间的关系等)。日本《不动产登记法》的程序法属性更为明显,其结构为:第一章"总则"(主要规定了登记事项、假登记、预告登记、顺位等)、第二章"登记所及登记官"(主要规定登记机关、管辖等)、第三章"登记簿册及图式"(主要规定登记簿的种类、编成、样式、图式等)、第四章"登记程序"(主要规定登记程序的一般规则、不动产标示的登记程序、所有权以及其他权利的登记程序、涂销登记的程序、依计算机信息处理系统进行登记的规则)、第五章"审查请求"(主要规定审查请求的事由以及相关程序)、第六章"罚则"(主要规定当事人不符合法律规定时的处罚)。

当然这一区分也并不绝对,有时可能物权法(登记实体法)中会出现一些程序性的规定,而登记法(登记程序法)也会有一些实体性的规定。①

在民法物权编规定登记实体规则,而登记法规定登记程序规则的布局下,物权法的规定为登记法的制定和展开提供了方向和范围,登记法不能背离实体法的规则,否则,就会造成法律制度之间的不协调。比如,德国物权

---

① 参见〔德〕鲍尔、施蒂尔纳:《物权法》(上册),张双根译,法律出版社2004年版,第275页。

法肯定登记公信力,但此种规则能否具有实效,还要看登记程序在一般情况下能否准确地反映真实不动产物权,在一系列制度的配合下,德国登记法通过合意原则、合法原则等程序规则实现了这个实体法目标。又比如,日本物权法赋予登记以对抗力,该效力明显低于公信力,这样,登记程序就不像德国法那样严格,而事实也的确如此。总之,就物权法和登记法的关系而言,物权实体法的规定是登记法的实体目标,登记法则是落实物权法规则的辅助法,在此意义上,登记法属于附属于物权实体法的程序法。

对登记法的上述定位,建立在物权法已经现实存在的基础之上,这显然与我国的现实情况不同。我国目前尚没有形式意义上的物权法,《民法通则》、《担保法》、《土地管理法》等法律中的物权法规则非常凌乱,登记效力、顺位等实体规则也极不明确,它们不能给登记法的制定提供指导性目标。在这种情况下,登记法是否要规定登记的实体法律效力,就是一个二难问题:如果规定,一旦其被我国以后的物权法所否定,则据此而设定的登记程序规则就要发生重大变更,这势必给不动产交易带来高度的不确定性障碍;如果不规定,登记程序应采用怎么样的规制标准,就不得而知,这种立法就是无的放矢。

由于我国民法典的颁布还有待时日,等其出台后再来确定登记程序,不符合不动产交易的需求,登记法必须面对实践需求而有所突破,也就是说,登记法完全能规定登记与不动产物权变动关系、登记效力、权利顺位等实体性规定,使之与登记程序能在同一部登记法中协调并存。这样做的好处在于:其一,能尽早解决实践需求,也能为法院解决相关纠纷提供标准或者参考依据;其二,能通过实践检验这些实体规则的合理性,为以后的物权立法提供实际经验。

二、程序角色的设置

(一) 登记机关和登记官

1. 登记机关如何设置?

我国不动产登记机关不统一的弊端,无论在理论上还是实践中,都已达成大致的共识,改革的思路就是统一登记机关,问题在于,如何统一? 从目前的思路来看,大致有:其一,统一在新机构(如基层法院),这种思路基点在于进行制度创新;其二,统一在房地产登记机关,这种思路的基点在于维持目前的登记状况。从成本—收益的角度考虑,思路二可能更有实际意义,最主要的原因在于:房地产登记机关已经储备了丰富的登记经验,其中的从业人员已经有了相应的职业素质,在此基础上进行制度改造所花费的成本最低。

2. 登记官是否有资格限制?

我国目前的登记人员没有职业资格限制,其职业准入比较随意,尽管从实践效果来看,这种状况并未给登记正确性以及不动产交易带来太大的障碍,但考虑到不动产交易的价值和重要性,也考虑到登记程序法制的建设,登记官是否应当像法官、检察官和律师一样有职业资格限制?毕竟,登记程序是诉讼程序的缓冲区,完备而充分职业化的登记程序能扼杀相关冲突,从而缓解相关诉讼给法院的压力——以登记机关为被告的案件要在法院行政审判庭审理,而行政庭法官往往缺乏必要的民法(特别是不动产物权变动以及登记)的知识,以至于他们不能按照自己的法律知识储备来妥当地审理案件。而且,登记本身是具有高度法律技术操作的活动,需要充足的法律知识提供智识保障。

(二) 公证机关的作用

从德国、瑞士、法国、我国台湾地区的经验来看,公证机关在登记程序中发挥着重要的作用,有关登记材料和文件的真实性一般都是由公证机关来把握的,这减少了登记机关的工作压力,能提高登记的真实性和效率。这种有益的经验值得我们思考,而我国司法部公证行政管理部门也有意采用这种经验,目前正在进行积极的准备工作。如果公证机关介入登记,则要考虑的问题至少有:公证介入的事项范围是什么、公证收费和登记费用的关系、公证机关负担何种责任。

(三) 登记代理人的确立

登记是具有高度法律技术操作的职业活动,一般的交易当事人往往不能按照要求一次性地完成登记所需的文件,为了弥补这个缺陷,日本设置司法书士、韩国设置法务士、我国台湾设置土地登记代书人,以帮助当事人办理登记事宜。我国现在已经设立土地登记代理人制度[①],并于 2004 年举行了相关的资格考试。在未来的立法和实践中,需要将这一登记代理人制度扩及到土地外的其他不动产。

[①] 国家人事部和国土资源部于 2003 年 8 月 19 日发布了《关于土地登记代理人职业资格认定工作有关问题的通知》、《土地登记代理人职业资格制度暂行规定》和《土地登记代理人职业资格考试实施办法》,设立了土地登记代理人这一职业资格制度。

三、登记程序的构建

(一) 登记对象的限定

登记程序得以构建的前提之一,就是要界定登记对象,即哪些权利、利益能够纳入登记簿的记载范围。土地使用权、房屋所有权、抵押权等公认的物权,无疑属于登记的对象,除此之外,有疑问的对象有:典权、公房使用人的居住权、农村土地承包经营权、空间权、不动产租赁权、信托投资的财产、商品房预售合同、不动产让与担保、海(水)域使用权、行政以及司法文件等。

(二) 登记程序种类的设置

以登记对象为标准,可将登记程序分为标示登记、权利登记(又分为物权登记和债权登记)、文书登记;以制度功能为标准,可将登记程序分为正常权利变动登记(如抵押权设定登记、所有权移转登记等)、更正登记、异议登记和预告登记(《上海市房地产登记条例》修订草案还设定了临时登记)。这些程序在是否要在法律中全部加以规定,它们应当如何组合,也是值得研究的问题。

(三) 登记审查程序的设置

登记审查程序在登记程序中占据中心地位,该程序决定着登记效力,特别是如果法律规定了登记公信力,该制度要想取得实效,就必须由登记审查为此提供保障。而且,不同的审查程序要求当事人提供的材料不同,登记机关在错误登记时承担的责任也应当不同。可以说,登记审查程序的实践价值最大。然而,它也是在实践中最有疑问、最难解决的问题。参与修订《上海市房地产登记条例》的有关人员就认为,登记机构的审查职责不清是现行登记体制的一个重大缺陷。

(四) 登记查阅程序的设置

在实践中,法院、登记机关以及当事人非常注重不动产权利证书的作用,其中记载的信息往往被赋予公信特质,但问题也往往因此而引发,即一旦权利证书与登记记载的不一致,如何处理其二者之间的反差,这不仅要依靠登记簿的建设和完善,更重要的是要规定登记查阅程序,登记机关必须为查阅人提供便利,必须保障查阅信息的真实性,从而发挥登记程序的最大效用,保障不动产交易的顺利进展。问题在于:登记查阅是否有条件限制、有什么条件限制、登记查阅如何与当事人的商业秘密保护相互协调。

第三章 不动产登记的效力

第一节 登记推定力

登记推定力是登记的主要法律效力之一,其典型法条规定是《德国民法典》第891条,即:"在不动产登记簿中为某人登记一项权利时,应推定,此人享有此项权利。在不动产登记簿中涂销一项被登记的权利时,应推定,此项权利不存在。"该条规定最初缘起于1872年的普鲁士《所有权取得法》第7条:"登记簿记载的所有权人,基于登记可享有对一切所有权人行使诉权的权利。"后世承认登记推定力的民法均直接源于《德国民法典》第891条,在含义上并无什么区别,比如,《瑞士民法典》第937条第1项规定:已在不动产登记簿上登记的不动产,对其占有权利的推定及占有诉权,仅属于登记人;又比如,我国台湾地区《民法典》物权编修改草案增加的第759条之一规定:不动产物权经依法登记者,推定登记权利人适法有此权利。以下主要对德国登记推定力规则进行介绍。

一、登记推定力的特征

从总体上分析,德国民法中的登记推定力具有以下特征:

第一,登记推定力规范属于证明责任规范。《德国民法典》第891条的制度旨趣,是对登记簿正确性的推定(Vermutung für die Richtigkeit des Grundbuchs),即基于严格的登记程序构造能够减少登记错误发生的现实,确证登记权利与真实权利的一致性,减轻登记名义人的证明负担,确保不动产物权变动交易基于正确的登记内容而作出。[1] 据此,登记推定力制度的设置,并不能导致登记名义人终局性地确定地享有真实权利,只是减轻了登记名义人的证明负担,他无需积极证明自己权利的真实性,而是将举证责任移转给提出相反主张之人,由其举证反驳登记推定力。

从证明法理上讲,可以反驳的推定是对证明责任的分配,属于证明责任

---

[1] *Münchener Kommentar zum Bürgerlichen Gesetzbuch*, Band 6 Sachenrecht, 3. Aufl., Verlag C. H. Beck, 1997, S. 287f.

规范;而不可反驳的推定没有证明或者证明责任的后果,事实上是直接导致实体法律后果的规范。① 《德国民法典》第 891 条的规定产生举证责任倒置的效力,由对登记权利真实性持相反主张的人首先负担举证责任,然后由登记名义人举证推翻这种相反见解,故德国民法学理一般认为登记推定力规范属于移转举证责任的证明责任规范(Beweislastnorm)②,是不涉及实体权利的程序性规范。③

第二,登记推定力产生权利推定的效果。德国法学家汉斯·普维庭指出:"法律推定,即指某些法律规范中,立法者以一定的事实(推定基础)直接推导出另外一个特定的法律要件(推定结果)。这种被法律所推定的法律要件可以是一个事实(法律对事实的推定),也可以是一种权利状态(法律对权利的推定)。"④ 很明显,登记推定力属于法律对权利的推定,而非事实推定。这种界定是有意义的,因为权利推定与事实推定存在诸多区别,比如,权利推定不得由当事人通过法律行为提出,而在事实推定的情况下是允许这样做的等。⑤

登记推定力产生登记名义人享有真实权利的效果,既可以增进登记名义人的利益,如登记簿中的房屋所有权人据此向租户收取房租;也可以减损登记名义人的利益,如登记簿上的土地使用权人负担相应的税费。这样,任何人均可以援用登记推定力而有所主张,这与德国民法中占有推定力只为占有人利益而设的规定有别。

第三,登记推定力具有广泛适用性。由于登记推定力规范是证据责任规则,其当然地适用于民事诉讼、行政诉讼等解决纠纷的各种程序之中,其适用形态就是在当事人双方之间进行举证责任倒置,法官也无需对登记名义人的权利享有状态的真实性进行调查。登记推定力同样也适用于登记程序之中,即对于登记官而言,登记簿中的权利就是真实权利,无需为此再进行调查,这是德国登记程序法中的预登记原则的含义。物权程序运行的最终目的,是固定不动产物权变动的结果,即新权利的生成或者既有权利的消

---

① 参见〔德〕汉斯·普维庭:《现代证明责任问题》,吴越译,法律出版社 2000 年版,第 74—75 页。
② Baur-stürner, aaO, S. 255.; Schwab-prütting, *Sachenrecht*, 27. Aufl., Verlag C. H. Beck, 1997, S. 92; Weirich, *Grundstücksrecht: Systematik und Vertragsgestaltung*, Verlag C. H. Beck, 1985, S. 161.
③ Wieling, *Sachenrecht*, 3. Aufl., Springer Verlag, 1997, S. 269.
④ 汉斯·普维庭:《现代证明责任问题》,吴越译,法律出版社 2000 年版,第 74 页。
⑤ 参见〔德〕莱奥·罗森贝克:《证明责任论》,中国法制出版社 2002 年版,第 238 页。

灭,这标志着权利的存续和归属状态,登记推定力和预登记原则的结合,将这种状态整合于整个物权程序构造之中,从而创设出清晰可见的交易链条。

二、登记推定力的类型

登记程序的运行产生不动产物权的存在和消灭两种结果,针对这两种结果,登记分别产生两种推定力,即推定登记物权客观存在和涂销登记权利的不存在。通过登记推定不动产物权存在的效力,是积极推定力(die positive Vermutung für eingetragene Rechte);通过涂销登记推定不动产物权不存在的效力,是消极推定力(die negative Vermutung für gelöschte Rechte)。

(一) 积极推定

基于不动产物权在登记簿中有效记载的事实,登记产生以下两种紧密关联的积极推定效力:

第一,登记簿中记载的不动产物权具有登记的内容和范围。其具体含义为:其一,依据登记簿上的记载,登记权利有相应的真实存在状态。其二,它同时意味着,并非出现在登记簿中的所有记载均产生推定力,只有具有登记能力的物权才是推定力的标的。这样,债权请求权、处分限制、预告登记、异议抗辩登记就被排除在外;同样,记载土地大小、类型等不动产状态的事实登记,也不能产生推定力,不过,由于土地面积的界限标志不是纯粹的事实标志,它具有权利属性,已经超出了事实登记范围,从而能够产生推定力。[①]

第二,登记簿中记载的登记名义人是真实权利人。依据此种推定效力,登记名义人自登记之时起就是不动产物权人,但它不能保证该名义人从事的不动产物权变动行为必定受法律保护,因为登记名义人的行为能力和处分权不属于推定的范围。[②] 比如,A 企业是房产的登记名义人,但已经受到破产宣告,则其对该房产即无处分权,他对该房产的处分行为就是无效行为。

(二) 消极推定

原有权利在登记簿上被涂销,即可推定该涂销的权利不存在,被涂销的登记名义人不再是权利人。同积极推定一样,消极推定也建立在登记簿的记载基础之上,依据物权公示原则,没有在登记簿上记载的权利原本就不存

---

① *Münchener Kommentar zum Bürgerlichen Gesetzbuch*, Band 6 Sachenrecht, S.290f.
② Müller, *Sachenrecht*, 4. Aufl., Verlag Carl Heymanns, 1997, S.338.

在,故其不属于消极推定的范围。

三、登记推定力的反驳

在一般情况下,登记权利与真实权利是相互吻合的,但这种一般情形不能排除登记权利与实际权利不一致的例外,例如,由于登记机关的过错,将房屋所有权人 A 错登记为 B,B 是登记名义人,A 是实际物权人。在这种登记外观和真实权利分离的情况下,真实权利也有受法律保护的必要,这主要因为:

第一,登记作为物权的外观形式,是生活和交易中的常识和常规现象,反映了法律对社会生活进行类型化和一般性调整的要求。但是,正如上述事例所表明的,登记所反映的权利信息,有可能不能完全绝对真实地表现不动产物权的实质归属;而且,社会生活和交易是丰富多样的,物权表现形式也是多种的,法律仅仅调整通过登记表现出来的不动产物权,并不能实现准确确定物权归属以及内容的任务。比如,在上述登记机关错误登记的事例中,仅仅保护 B 的利益,而不保护 A 的权利,显然违背了人们的公正观念。因此,不能把登记推定力绝对化,否则,就会损害真正权利人的利益,从而无交易公正可言。

第二,物权是权利人依法支配标的物所享有的利益,权利人有权处分标的物,这种权利人和权利客体之间的关联性表现为标的物所蕴涵的利益归属,只要这种关联性符合社会公共利益和交易秩序,即使其没有通过法定公示方式表现出来,法律也不能排斥或者拒绝保护这种权利。只要权利人对标的物的支配构成有效的物权法律关系,这些支配关系均应受到法律的保护。因此,虽然权利人对物的支配没有通过登记表现出来,但只要有证据表明权利人有合法的依据可以决定物的最终归属,就应当保护该权利人。比如,当事人具有真实的进行物权变动的意思表示,但表现该意思的形式不是典型的登记,而是其他的形式,只要该形式为法律所允许,就应法律保护。这方面的典型例子是:房屋买卖的双方当事人具有真实的移转房屋所有权的意思表示,由于客观原因没有办理所有权变动登记,但出卖人将自己的房屋权属证书交付给了买受人,则买受人取得了事实上的房屋所有权,他有权据此要求补办登记手续。

既然登记记载有可能偏离真实权利状况,而真实权利也要受到法律保护,则登记推定力也就具有可被反驳的可能性。德国学说认为,推定所指向的当事人,是对登记有法律利益之人,其有权对推定进行反驳,要达到反驳的目的,就必须提供登记错误的完全证据,使得法官依据心证积极地肯定:推定不真实,其对立面真实,即被推定存在的权利不存在,被推定属于对方的权利不属于对方,被推定不存在的权利存在。①

第二节 登记的公信力

第一目 物权表征方式与公示、公信原则

一、问题的提出

公示、公信原则为物权法的基本原则,传统理论认为其基础在于物权的绝对性,而公信原则系公示原则的延伸与补充。本文在反思的基础上,拟从权利的表征方式入手,探讨物权之表征需要,及其与公示、公信原则的关系。并试图回答以下问题:为什么动产物权变动不实行公示原则?何以可以在不实行公示原则的情况下,实行公信原则?物权绝对性是否是公示公信原则的惟一基础?当相对性权利之交易十分频繁时,是否也需要类似于公示公信原则的制度来保护此类交易安全?动产、不动产物权表征方式的不同特征,会对物权制度带来什么样的影响?

二、权利及其表征方式

权利是私法中无可争辩的核心概念,是对法律生活多样性的最后抽象。对于权利的定义,萨维尼(von Savigny)等人强调其意思力或意思支配的属性,认为权利人可以依据权利自由地发展其意思。耶林(von Jhering)则强调这种权力授予的目的,认为授予权力是为了满足特定的利益。② 后学者结合此两项观点,肯定权利乃享受特定利益的法律之力③,将权利界定为私人得享有特定利益之法律上之力。④

权利的实现需要义务人的尊重,权利本身也可以作为交易的客体,但权利却不可触摸,不在一定的空间上具有有形的存在,仅是处于一种抽象的无

---

① 参见莱奥·罗森贝克:《证明责任论》,第 240 页以下;*Münchener Kommentar zum Bürgerlichen Gesetzbuch*, Band 6 Sachenrecht, S. 293—294。
② 〔德〕迪特尔·梅迪库斯:《德国民法总论》,邵建东译,法律出版社 2000 年版,第 62—63 页。
③ 王泽鉴:《民法总则》(增订版),中国政法大学出版社 2001 年版,第 84 页。
④ 梁慧星:《民法总论》(第 2 版),法律出版社 2001 年版,第 76 页。

第三章　不动产登记的效力

形状态。因此，权利需要一定的表征方式将其显现出来，以使人们对权利的主体、内容等有一个确定、便捷的把握方式。唯有如此，他人才能知道自己需要尊重什么样的权利，不当损害他人权利的人才可能知道应向谁负责，欲取得既存权利或以既存权利为客体取得其他权利的人，也才可能准确确定交易的相对人，避免自己的交易落空。

权利可以根据不同的标准区分为不同的类型，权利的表征方式与权利的类型特征有关。以效力所及的范围为标准，权利可以分为绝对权和相对权，绝对权是指对于一般人请求不作为的权利，又称对世权。相对权是指对于特定人请求其为一定行为的权利，又称对人权。① 绝对权与相对权的区分十分重要，它强烈影响着规则的设计。学者认为，《德国民法典》的第二编与第三编的分立，正是以绝对权与相对权的差异为基础的。②

相对权因其效力的相对性，特定的义务人对权利应有明确的认识，所以相对权对表征方式的需求较弱。但相对权中可以作为交易客体的权利，处于相对关系之外的权利受让人，也需要有识别权利状况的确定途径。对此，债权中债权证书可以发挥权利证明的功能，此外债权转让及债权质押均以通知债务人为权利变动要件③，通知债务人也可以使得权利得到进一步的确认，这样，债权识别的问题基本可以解决。股权应属相对权，但股权可以作为交易的客体。股权的表征方式根据公司性质不同而有所不同，股份有限公司中的上市公司，其股权在专门的证券登记机构有记载，所以登记机构的记载应是股权的表征方式。对于非上市公司以及有限责任公司，应以股东名册之记载作为股权的表征方式。④

---

① 王泽鉴：《民法总则》（增订版），中国政法大学出版社2001年版，第85页。
② 〔德〕迪特尔·梅迪库斯：《德国民法总论》，邵建东译，法律出版社2000年版，第60页。《德国民法典》第二编为债的关系法，第三编为物权法。不过，债法中的侵权行为法，主要保护的是绝对权。
③ 《合同法》第80条规定：债权转让未经通知债务人的，该转让对债务人不发生效力。这里，作为对人权的债权如果对债务人的效力都没有发生，不可能认为债权已发生变动。因而，通知债务人，应是债权变动的要件。债权质押发生要件，我国法律未作规定，比较法上，《德国民法典》第1280条规定：通知债务人为质权发生要件。
④ 《担保法》第78条规定：以依法可以转让的股票出质的，质押合同自向证券登记机构办理出质登记之日起生效。以有限责任公司的股份出质的，质押合同自股份出质记载于股东名册之日起生效。由于非上市公司并不在证券登记机构登记股权，所以最高人民法院《关于适用〈中华人民共和国担保法〉若干问题的解释》第103条规定：以上市公司的股份出质的，质押合同自股份出质向证券登记机构办理出质登记之日起生效。以非上市公司的股份出质的，质押合同自股份出质记载于股东名册之日起生效。不过，上市公司也设有股东名册，记载股权状况，它与证券登记机构的登记的关系，似仍有探讨余地。

物权、知识产权、人格权等属于绝对权,由于绝对权的义务人为不特定的一般人,所以绝对权的主体、客体及内容更有必要为一般社会公众所了解。对于人格权,基于人格平等的理念,每一个人格体均享有人格权,而且人格权与人身具有不可分离性,加上人格权的类型及内容又为法伦理所弹性地确定了,所以,一般社会公众对人格权的主体、内容等的把握,并无困难,无需再另设权利表征方式。知识产权中,著作权通过作者署名权的行使,标示了权利主体,权利的内容则由著作权法作了详细的规定。专利权系由专利局设置专利登记簿,通过登记来表征权利。专利局定期出版的专利公报和发给专利权人的专利证书,也可以使专利权主体、客体、内容等为社会公众所知。专利权人还可以在专利产品或专利产品的包装上标明专利号和专利标记,使社会公众更直接地感知专利权的存在。① 商标权则是由商标局设置商标注册登记簿,通过登记簿来表征商标权的。此外,商标局发布的公告及商标注册证的发放,以及商标权人在商品上标明"注册商标"字样或标明注册标记,均有助于标示商标权的存在。② 可见,对于专利权和商标权,是以管理部门设置的登记作为权利表征方式的,权利的变动也以变更登记为要件。专利权的转让须经专利局登记和公告后方可生效,商标权的转让也须经商标局核准、公告。③ 以专利权和商标权中的财产权设定质权的,应当签订书面质押合同,并向其管理部门办理出质登记,质押合同自登记之日起生效,质权也只有经登记才能有效设立。④

对于亲属权⑤,通说是将其归入绝对权的范畴的⑥,但它具有不同于典型的绝对权的特征。实际上,亲属权从结构上而言,更类似于相对权,只是其涉及人身利益,为加强人身利益的保护而强化了其效力。亲属权中,亲权无需特别的表征方式,人们从对方未成年的事实上,便可以推断出亲权的存在;配偶权则可经婚姻登记而加以公示;其他亲属之间的权利,则没有特定

---

① 参见《专利法》第 39 条、第 40 条、第 15 条的规定。
② 参见《商标法》第 30 条、第 9 条的规定。
③ 参见《专利法》第 10 条、《商标法》第 39 条的规定。
④ 参见《担保法》第 79 条的规定。值得一提的是,著作权的取得和移转均不需要登记,但著作权质押却需要登记,这样必将引发权利的冲突,如何化解,值得思考。
⑤ 身份权与亲属权应是重合的,因为身份权中的身份应指基于婚姻或血缘关系而取得的法律地位。不过,《民法通则》第 102 条错误地规定了荣誉权,许多学者也将荣誉权归入身份权之中。这颇为不妥,荣誉利益并不具备独立地成为私权客体的条件,应取消有关荣誉权的规定。
⑥ 参见〔德〕卡尔·拉伦茨:《德国民法通论》(下),王晓晔、邵建东、程建英、谢怀栻译,法律出版社 2003 年版,第 300 页;王泽鉴:《民法总则》(增订版),中国政法大学出版社 2001 年版,第 85 页。

的表征方式。亲属权的实现需要义务人的积极行为的配合,特定义务人承担的并非仅是消极的不作为义务,其主要的损害也是来自于特定的义务人。一般人对亲属权的侵害,主要发生在亲权和配偶权方面。在亲权方面,常表现为使未成年人脱离监护①,在配偶权方面,常表现为与他人配偶发生不正当性关系②。此外,致人死亡时承担的死亡赔偿金,在性质上应属于对死者亲属之亲属权的侵权责任。一般人对亲属权的侵害,与第三人侵害债权制度类似,均是妨害了权利人本可以获得的"履行"利益,但即使承认第三人侵害债权制度,也不会否认债权的相对权性质。这可能是因为债权与亲属权涉及的利益不同,人身利益比财产利益更有价值的缘故。不过,一定债权可以通过预告登记,而取得对抗第三人的效力,从而被绝对化。③

由上述可见,权利需要通过一定表征方式加以彰显,彰显权利的需要越强烈,则权利表征方式越是需要明确、肯定,表征方式的表征功能也越是需要法律加以保障。彰显权利的需要取决于以下两个因素:权利的对世性、权利作为交易客体的可能性与必要性。在这两个因素之中,后者更为重要。因为与表征方式相联系的一系列制度,主要是为交易的顺利完成提供帮助的。而对世性,涉及的是权利是否可以作为侵权法保护对象的问题④,权利是否是侵权法的保护对象,对权利表征方式的需要的影响并不明显。第三人侵权时,并不存在因不清楚侵犯的是谁的权利,而产生一定程度的保护需

---

① 最高人民法院《关于确定民事侵权精神赔偿损害若干问题的解释》第 2 条,规定了此类侵权的精神损害赔偿责任。
② 王泽鉴先生在其《干扰婚姻关系之侵权责任》一文中,对此类侵权责任作了详细的论述(参见王泽鉴:《民法学说与判例研究》第一册,中国政法大学出版社 1998 年版,第 344—353 页)。此类侵权行为的构成应以行为人明知与其发生性关系之人已婚为条件,刑法中的重婚罪,也须无配偶者明知他人有配偶而与之结婚,方可构成。可见,婚姻登记虽然存在,但并没有由此推定他人当然知道配偶权的存在。婚姻登记的功能与物权登记显然有别。
③ 债权与物权不同,不具有对世性,对此,一般的解释是,债权不具有社会公开性,第三人难于知悉债权的存在。但其实,物权本身也不具有社会公开性,尤其是他物权(无主物的存在,使得并不能当然由物的存在推断出所有权的存在)。物权的社会公开性的取得,是通过物权公示制度。就此而言,债权完全也可以通过登记等加以公开化,预告登记便是一个典型的例证。也许,债权与物权的真正区别在于,债权内含的利益通过特定人的履行行为即可实现,而物权内含的利益需要得到一般人的广泛尊重,因为物权的客体属经济学上的私人产品,在使用上天然地具有排他性。天然的排他性,决定了物权的绝对性。与此不同的是,知识产权的客体为经济学上的公共产品,使用上无排他性,但法律赋予知识产权以对世效力,可见,知识产权的绝对性具有"人为"的色彩。
④ 虽然债权等相对权也可能成为侵权法的保护对象,但侵权法无疑主要是以绝对权为保护客体的。拉伦茨先生认为,绝对权与相对权区别的意义主要在于对权利的保护,《德国民法典》第 823 条第 1 款针对的是绝对权,而其中"其他权利"是指其他所有的绝对权利,而且原则上只是指这些权利。参见〔德〕卡尔·拉伦茨:《德国民法通论》(下),王晓晔、邵建东、程建英、谢怀栻译,法律出版社 2003 年版,第 301 页。

要。法律保护的权利,不管是谁的权利,第三人均应尊重。而涉及交易时,则显有不同。交易者需要知道其可以信赖的权利表征方式,需要知道作为交易标的的权利的具体构成①,交易者也必须明确知道其应当和谁谈判,方才可能完成交易。

债权、股权等虽为相对权,但其可以作为交易客体,所以也需要确定的权利表征方式,以利于交易安全。② 而且,随着其作为交易客体的必要性的加强,此种需要也会提高。当社会生活中,债权的交易与物权的交易一样的频繁时,债权对表征方式的需求也会如同物权一样强烈。③ 就证券化的债权而言,流通性是其生命,所以证券本身对权利表征的功能已经被绝对化了。④ 不过,从另一个角度看,证券化也可以视为解决需要频繁地作为交易客体之债权的表征问题的一种方式,对于需要频繁地作为交易客体的债权,以证券来表征债权,并赋予证券绝对的权利表征功能,便可以基本解决此类债权的交易安全的问题。⑤ 人格权、亲属权虽具有对世性,但因人身利益具有不可转让性,故其对确定的表征方式的需要较弱。知识产权具有对世性,也可以作为交易客体,所以相应的登记表征权利的制度较为健全。⑥ 而物权,效力上具有对世性,交易上又十分频繁,物的交易的交易安全非常重要,所以物

---

① 例如,不动产的购买者,需要知道其准备购买的不动产之上是否有他物权负担,即其购买的是否是有他物权限制的所有权。

② 《德国民法典》第405条规定:"债务人已出具关于债务之证书时,债权因揭示此项证书而为让与者,债务人不得对新债权人主张债之关系订立或承认,系出于伪造,或与原债权人曾有禁止让与之合意。但新债权人于债权让与时明知其情事或应知者,不在此限。"学者指出,这属于债权善意取得的规定(参见王泽鉴:《民法物权:用益物权·占有》,中国政法大学出版社2001年版,第241页)。可见,第三人对债务证书的善意信赖,德国法以加以保护。这样,债务证书的权利表征功能已得以维护。

③ 不同类型的交易,其重要性不同,故各类交易之安全的价值也不同。在制度安排上,会对不同类型的交易的交易安全,给予不同程度的保护。同一类型的交易,其重要性会随着社会的发展而发生变化,如果一类交易的重要性提升了,则对该类交易的交易安全保护的力度也应加强。而交易安全的保护,主要体现在对权利表征方式表征功能的保障上。以债权为标的的交易,其社会重要性正处于持续的提升之中。

④ 票据行为具有文义性特征,票据债权人不能向债务人主张票据上文字记载以外的事项,票据债务人也不得以票据上文字记载以外的事项对抗债权人(参见谢怀栻:《票据法概论》,法律出版社1990年版,第45页)。可见,票据票面之记载对票据权利的表征,已被赋予了绝对的效力。

⑤ 我妻荣先生对债权表征方式及表征方式之公信力认可之法律发展史,作了极为精细的梳理,其间法律理论对社会需要之频频让步清晰可见。这一法律发展史同时也揭示了理论发展的真正动力,在于社会生活需要之道理。参见〔日〕我妻荣:《债权在近代法中的优越地位》,王书江、张雷译,谢怀栻校,中国大百科全书出版社1999年版,第20—50页。

⑥ 知识产权中的著作权较为特殊,其与人格的联系更为密切,同时为了人格自由发展的考虑,也不可能通过登记制度来加以限制。全面的著作权登记制度,可能会损及"著作权自动保护原则"所保护的价值。

权对表征方式的需求甚为强烈。人类社会最初的交易即应是物的交易,虽然现代社会中,交易形态及客体已有极大的拓展,但物的交易无论是在绝对数量上,还是从人们基本生活维持的角度,均处于基础性地位。这样,为了物的交易的顺畅展开,为了交易安全的维护,物权最是需要确定的权利表征方式。

三、物权的表征方式①

(一)动产物权

物可以分为动产和不动产,梅因称此为符合物体中实质区别的惟一自然分类,但罗马法经缓慢发展,直到最后阶段才加以采用。② 不动产是指土地及其上下的定着物,动产是指不动产之外的其他物。动产与不动产的区分非常重要,动产物权与不动产物权在物权取得、物权移转、他物权规则等方面,均有较大的差异。物权的表征方式,也因物为动产还是不动产,而有所不同。③

动产以占有为物权表征方式,占有是对物的事实上的管领与控制,从占有动产的事实中,即可以推断出动产物权的享有。对此,《德国民法典》规定:为有利于动产占有人,推定占有人为物的所有人;《法国民法典》规定:涉及动产物品时,占有即等于所有权证书;《日本民法典》也规定:占有者行使其占有物上的权利,可推定为适法的权利。④ 可见,这些法律均明确肯定了占有的权利表征功能。

早在罗马法中,占有便被视为所有权的外部形象,是所有权的事实状态。⑤ 选择占有作为动产物权的表征方式,是法律对生活经验、实践逻辑的吸收。从占有的事实中,很自然地便可推断出占有人对占有物享有某种权

---

① 用于标示物权的方式,是称作"表征方式"还是"公示方式",会有不同的意见。"表征"与"公示"均有将内在信息向外界传递的意思,称"公示方式"也未尝不可。但是,"公示方式"的表述,容易和物权变动的"公示"这一动态过程相混淆,进而模糊了物权本身的公示与物权变动的公示的区别。而且会导致在公信与公示的关系上的错误认识,误将公信当作公示逻辑推衍的结果。据此,笔者选择了使用"表征方式"这一用语。

② 〔英〕梅因:《古代法》,沈景一译,商务印书馆1996年版,第153页。

③ 由于有部分动产已设立了登记簿,所以也许登记物权、非登记物权的区分更有价值。登记物权包括不动产物权及设有登记簿的动产物权,非登记物权为未设有登记簿的动产物权。这样,登记物权、非登记物权在各自内部可以实行规则的统一。

④ 参见《德国民法典》第1006条、《法国民法典》第2279条、《日本民法典》第188条之规定。

⑤ 〔意〕彼德罗·彭梵得:《罗马法教科书》,黄风译,中国政法大学出版社1992年版,第270页。

利,在以所有为中心的前近代,此种权利应当是所有权。所以,将占有人推断为所有人,符合自然理性。虽然,动产之上可以设定他物权,但占有本身不具有反映复杂法律关系的能力,所以德国、法国的民法典也只是将占有作为动产所有权的表征方式。① 动产质权之设立,应当移转占有,但质权人对质物的占有并不能表征质权。在质权人无权处分质物,第三人善意取得相应物权时,第三人信赖的仍然是占有的所有权表征功能。②

船舶、航空器、车辆等动产,均在一定机构设有登记簿,登记取代了占有成为物权的表征方式。此类动产价值较大,登记成本的支出合理。③ 而且,具有反映复杂法律关系能力的登记制度的引入,使得动产的他物权也有了表征的途径。例如,抵押权可以通过登记簿加以表征。④ 并且此类动产上并存数项抵押权也为可能,各抵押权可根据设定先后确定各自的顺位。⑤

(二) 不动产物权

不动产以登记作为物权表征方式。⑥ 不动产登记制度的建立,经历了漫长的历史。罗马法只是到了公元472年之后,才试图建立登记制度。⑦ 日耳曼法中,土地所有权之让与行为,最初依象征土地之土块或草茎之交付行之,其后以文书代替象征物之交付,而此类文书的发达,最终演变为登记制度。⑧

---

① 但是,对于《法国民法典》第2279条也有不同于上文的翻译,尹田先生将其译为:"对于动产,占有具有与权利证书相等的法律效力。"(参见尹田:《法国物权法》,法律出版社1998年版,第199页。)不知道哪个译文更准确。

② 质权人主张自己为所有人,第三人基于对其占有事实的信赖,善意取得方才可能构成。如果质权人主张自己并非所有人,处分权系来自于所有权人身份之外的原因,第三人仅因占有事实而加以信赖,则不可以构成善意取得。此外,占有不表征动产质权的结论,似乎与前文所述的权利表征理论有冲突,但其实,质权的存在,对交易安全并无不利影响,因为动产表征所有权的功能,已覆盖了质权本身被表征的需要,善意第三人因此可以得到保护。不过,质权设定中的交付,也起到了公示物权变动的作用,占有的移转表明有物权变动发生,虽然具体发生了何种变动,占有本身无法表现。

③ 对于为什么有些价值更大的动产,却没有设立登记制度的疑问,可能的解释是:车辆等动产的登记制度的建立,与管理上的需要有密切关联。登记制度满足了管理上的需要,这样,建立登记制度的收益增加,引入登记制度更具合理性。也许,强烈的管理需要,已使得登记制度必须建立,而私法制度只是顺势利用了已存在的登记。

④ 根据《担保法》第41条、第42条的规定,以运输工具设定抵押权,需在运输工具登记部门办理登记。这样,登记簿上有关抵押权的记载,便发挥了表征抵押权的作用。

⑤ 参见《担保法》第41条、第42条、第54条之规定。

⑥ 在以登记作为不动产物权表征方式的背景下,占有仍发挥着什么样的作用,以及应发挥什么样的作用,颇值探讨。占有作为一种事实上的控制,天然地具有传递一定信息的功能,故在制度构造中,占有不应因登记的存在,而被彻底地遗忘。

⑦ 〔英〕巴里·尼古拉斯:《罗马法概论》,黄风译,法律出版社2000年版,第161页。

⑧ 参见史尚宽:《物权法论》,中国政法大学出版社2000年版,第22页。

第三章 不动产登记的效力

让不动产物权的存在或变动伴随某种表象,是古代法制就存在的原则。但之所以近代法急切地要求此种原则,则是由于担保物权,特别是抵押权之发达。所有权及用益物权变动,常伴有占有的移转,而抵押权的设立,无外界有形的表象,而且变动频繁。登记制度最初便是为表征抵押权而设计,后来才一般性地及于不动产所有权及其他不动产物权。普鲁士1722年的《抵押破产法》和1783年的《一般抵押法》,构成了德国法系登记制度的先驱。法国1795年《抵押法》确立的登记制度,则于1799年扩充到所有权,于1855年又扩充到一切不动产物权。[①] 法国学者指出,历史表明,抵押权导致了不动产物权的设立和变动的公示制度。[②]

不动产用益物权的行使以占有为必要,而占有也使得用益物权的存在有了外部表现,虽然其表现得并不精确。但是,抵押权控制的是不动产的交换价值,没有像用益物权那样的占有需要,而如果让抵押权人通过占有不动产来寻求权利的保障,会影响不动产使用价值的发挥,造成极大的资源浪费。所以,抵押权制度建立之后,法律的重要任务便是:抵押权人占有之外的控制方式的寻求。此种努力的最终结果,是登记制度的建立。

这里,抵押权制度发展的历史,可以给我们很多启示。"在罗马法中,质权与抵押似乎是一个统一的制度,因为抵押只不过体现为对质权的完善。"[③]为克服质押存在的缺陷,罗马引入希腊法制,形成了抵押权制度。[④]而所谓的质押的缺陷,主要是指质押的占有要件,影响了物之利用。罗马农民在以农具和家畜出质之后,继续使用农具和家畜的需要,催生了抵押权制度。抵押权与质权的区别,在罗马法上是视债权人是否占有提供担保的物件,占有的为质押,不占有的为抵押,而不在于担保物是动产还是不动产。由于罗马当时无登记制度,故以贵重而易于隐藏的物品提供担保的,质押比抵押更为可靠。[⑤] 实际上,担保制度为了满足物之利用的需要,已放弃了抵押权公示的要求。这凸现了现实的物之使用的强烈需要对法律规则的撞击,而此种格局的形成,也与当时交易安全价值并非如同现代一样重要有关。这之后的抵押权制度的完善,主要一个方面便是登记制度的建立健全。

---

① 参见〔日〕我妻荣:《日本物权法》,有泉亨修订,五南图书出版公司1999年版,第38页。
② 参见尹田:《法国不动产公示制度》,载梁慧星主编:《民商法论丛》第16卷,法律出版社2000年版,第551页。
③ 参见〔意〕彼德罗·彭梵得:《罗马法教科书》,黄风译,中国政法大学出版社1992年版,第344页。
④ 参见周枏:《罗马法原论》(上),商务印书馆1994年版,第394页。
⑤ 同上书,第395页。

物之利用的需要,使得抵押权人不得不放弃以占有作为控制标的物的手段,在这样的挤压之下,登记制度缓慢登场。当然,推动并伴随着登记制度发展的另一个重要因素,是交易安全价值在社会生活中的持续性提升。

现代各国,以登记作为不动产物权的表征方式,已成通例。登记发展为不动产所有权、担保物权、用益物权统一的表征方式,这为不动产上复杂的权利体系的有序展开,提供了技术性支持。也正因登记制度的存在,不动产价值的充分利用方才可能。登记制度已成为不动产权利体系建构的核心与枢纽。[1]

(三) 同一物之物权表征方式单一性要求

值得注意的是,动产、不动产虽然其物权表征方式不同,但各自的物权表征方式是统一的,登记用于表征不动产及部分动产之上的所有类型的物权,占有则是作为普通动产所有权的表征方式。而普通动产抵押的引入,改变了这一格局。《担保法》确立的动产抵押制度,并没有对可作为抵押标的的动产未作任何限制,同时以登记作为动产抵押权的表征方式。[2]

这样,普通动产所有权以占有作为权利表征方式,而普通动产抵押权则以登记作为权利表征方式,形成了同一物之上的物权表征方式的二元结构。

表征方式统一,表征功能才能正常发挥。如果一物的权利表征方式不统一,人们便会手足无措,不知应信赖哪一个表征方式。在普通动产物权表征方式的二元结构下,当动产所有权人以其动产设定抵押权并为登记之后,又将该动产转让给第三人,并且抵押权人不知道动产转让的事实、第三人也不知道动产已设定抵押权的事实,便会发生抵押权人与第三人之间的利益冲突。此时,争议的焦点是,第三人取得的所有权上是否应存有抵押权负担。这里,如果认为第三人可以取得无抵押权负担的所有权,则抵押行为还有何价值、登记有何价值? 而如果认为第三人取得的所有权上存有抵押权负担[3],则动产交易的安全失去了保障。试想,动产的买受人如何可以避免其购得的所有权上无抵押权负担呢? 查阅登记簿似乎是惟一途径。但是,作为交易标的物的动产是否设有登记簿、在何机关设有登记簿并不明确。

---

[1] 登记制度的发展历史,再次显现了社会制度生成的演进特征,人的有限理性唯有与实践相结合,才可能转化为发展的动力。而当下法律的进步,需要人们细心体悟当今社会文化背景下的正当需求,进而思考法律满足这些需求的恰当途径。

[2] 参见《担保法》第 34 条、第 43 条之规定。

[3] 依《担保法》第 43 条、第 49 条的规定,此时应是否定第三人的所有权取得效果,而根据《最高人民法院关于适用担保法若干问题的解释》第 67 条的规定,则是认可所有权变动效果的发生,同时将抵押权附在所有权之上。两相比较,司法解释的规则无疑相对合理。

即使明确知道有且知在何处有登记簿，前往查阅本身的成本及查阅在时间上导致的交易的滞后，也已构成了沉重的负担，这严重影响了交易的便捷。而且，我们也不可能要求每一笔动产交易，当事人均应查阅登记簿，这样做的社会成本是巨大的。而第三人不查阅登记簿，他就得冒取得的所有权上有抵押权负担的风险，这直接影响交易的安全。可见，让第三人取得存有抵押权负担的所有权，严重影响交易的安全与便捷。

实际上，上述权利冲突，是占有与登记的冲突，是动产物权表征方式的二元结构模式的必然产物。同一动产其物权表征方式有两个，在物权发生变动时，不同物权变动的公示方式也不同，这便存在引发两种表征方式冲突的潜在危险。而当这种冲突一旦发生，它在性质上便具有不可化解之特征。因为，任一表征方式战胜另一表征方式，均可能几近摧毁以另一表征方式为基础的物权体系。

所以，动产抵押应有限度地引入，只规定设有登记簿的动产可以设定抵押权，而普通动产除通过特殊抵押制度纳入抵押权标的之外，不可以作为抵押权之标的物。这样，同一物的物权的表征方式，便可以实现单一化，物权秩序方才可能建立。

四、物权变动的公示原则

（一）公示原则、方法及基础

物权变动公示原则，是指物权的变动必须以外界可识别的方式加以表现，方能发生一定效力的原则。公示控制的效力，因法律所采行的物权变动模式不同而有所不同，在意思主义立法中，公示与否不影响物权的变动，只是影响已变动之物权的对抗力的发生。[1] 在形式主义立法中，公示与否直接影响物权变动效力的发生。至于可识别的方式，则因物权的表征方式的不同而有所不同。以占有为物权表征方式之物的物权变动，移转标的物占有为公示的方法；以登记为物权表征方式之物的物权变动，在登记簿上作变动记载为公示的方法。

物权变动的公示与物权本身的公示应加以区分，学者指出：不动产物权

---

[1] 意思主义立法之下，是否仍在实行公示原则，是一个值得探讨的问题。依意思主义，物权变动效力的发生，并不以公示为必要，只是已变动之物权之对抗力的发生，以公示为条件。其所谓公示的对抗力，实际上是物权表征方式之效力的体现，对抗的实质是：物权人为占有人或登记名义人的，可以阻止第三人从非物权人处取得物权。而物权人非为占有人或登记名义人时，第三人从非物权人之占有人或登记名义人处取得物权，成为可能。

以登记和登记之变更作为权利享有与变更的公示方法,动产物权以占有作为权利享有的公示方法,以占有之移转即交付作为其变更的公示方法。① 物权本身的公示,是物权状态的公示,系透过物权表征方式而实现。他人通过占有的事实,可以获得动产所有权的信息;通过登记簿的阅览,可以获得不动产物权的信息。物权变动的公示,则是对物权变动事实的公示,目的在于让外界知道物权变动的事实发生。物权变动的公示,是一个动态的过程:在动产,是占有移转的过程,在不动产,是对登记簿内容作变动记载的过程。可见,物权的表征方式是占有和登记,而物权变动的公示方法是交付和登记。② 这里,作为物权变动公示方法的"登记",是作动词使用的,指的是在登记簿上作变动记载,"交付"也是作动词使用的。而作为物权表征方式的"占有"和"登记",均是作为名词使用的。物权变动的公示,是通过物权的表征方式来实现的,人们通过表征方式前后表征的物权的不同,来获得物权已发生变动的信息。③

物权变动为什么要公示?对此,学者指出,物权具有绝对排他的效力,其得丧变更须有足可由外部可辨认的表征,始可透明其法律关系,减少交易成本,保护交易安全。④ 笔者以为,交易成本的节省及交易安全的维护,是物权制度在物权交易中的首要目标,而这一目标,主要是通过物权表征方式的确定、表征方式公信力的承认、物权变动的公示要求等措施而实现的。物权变动的公示只是这其中的一环。对物权变动进行公示的必要性,来自于确定物权表征方式的必要性,而确定物权表征方式的理由在于物权的绝对性及物权交易的重要性,而且其中交易方面的因素更为重要。在确定物权的表征方式之后,当物权发生变动时,如果此种变动不在物权表征方式上加以体现,那么物权表征方式便不再能标示真实的物权状况。所以,物权发生变动时,必须在物权表征方式上有所体现,才能使表征方式标示的物权状况符

---

① 参见梁慧星、陈华彬编著:《物权法》,法律出版社1997年版,第71页。
② 有学者认为:动产物权有两种公示方法即交付和占有,而作为公示方法的交付又包括现实交付与观念交付两种形态,动产物权的公示方法远比不动产丰富,呈现多元化的特色(参见肖厚国:《物权变动研究》,法律出版社2002年版,第330页、第301页)。此种观点显然混淆了物权本身的公示与物权变动的公示。
③ 例如,甲将其电脑转让给乙,并移转了占有,这样,电脑的占有人由甲变为乙的事实,可以使第三人得知电脑所有权已发生变动的事实。
④ 王泽鉴:《民法物权》(第1册)(通则·所有权),中国政法大学出版社2001年版,第92页。

合实际的物权状况。① 物权变动在物权表征方式上加以表现,实际上便是物权的公示。变动的公示,只是想使表征方式标表的物权与权利的实际状态相一致,而不在于透明物权变动的过程。动产占有移转的结果以及不动产变更登记记载的结果,均是使得变动后的物权状况,与占有及登记标示的物权状况保持一致。这里,法律要求物权变动经公示才发生一定的效力,似乎是要控制物权的变动效力,但其实控制物权变动只是手段,真正目的是为了保持权利与表征方式的一致性,维护交易安全。而公示原则对交易安全的维护,是与物权表征方式的确定相配合的,物权变动之公示,使得物权表征方式标示的物权与确立实际状况一致,这样,第三人可以安全地根据表征方式判断物权,进而快捷地完成交易。②

(二) 动产物权变动的公示

动产物权变动的公示方法,为占有的移转——交付。但交付在法律上是一种透明无色的行为,它根据行为实施时的具体情况得到法律上的颜色。③ 现实生活中,交付可以因出让、设质、委托保管、托运、修理等原因而作出。动产物权变动中的动产交付,则是为了变动物权而作出。交付须具备三个要件:原占有人让与占有、取得人取得占有、当事人有移转占有的意思。④

交付可分为现实交付和观念交付。现实交付是指对物事实上的管领力的移转,经现实交付,受让方取得物的直接占有,实际地控制了标的物。观念交付可分为简易交付、占有改定和指示交付。简易交付指在合同订立前受让人已实际占有标的物的,自合同生效时即视为交付。占有改定指双方当事人约定,由受让人取得标的物的间接占有,以代替标的物的实际交付。指示交付是指在标的物由第三人占有时,所有权人将其对第三人的返还标的物请求权移转给受让人,以代替标的物的实际交付。区分现实交付与观

---

① 物权表征方式标示的物权状况,与物权的实际状况任何时候均完全一致,是不可能的。而且,正是因为存在此种不一致,表征方式公信力才有发挥作用的机会。确定的物权表征方式及其公信力是必要的,而能够容忍多大的此种不一致,则取决于真正权利人对利用此种不一致损害其利益行为的控制能力,以及因为此种不一致而导致真正权利人损失时,法律可以提供的救济的充分程度。

② 形式主义立法之下,因物权表征方式公信力的承认,物权变动之公示主要是利于物权取得人,对第三人而言,他只需要关注物权表征方式便会处于安全境地。意思主义立法之下,未公示时物权对抗力的排除,也会使得公示更多地影响物权取得人的利益。

③ 〔英〕巴里·尼古拉斯:《罗马法概论》,黄风译,法律出版社 2000 年版,第 123 页。

④ 参见〔德〕鲍尔、施蒂尔纳:《物权法》,1999 年版,第 571—574 页。转引自田士永:《物权行为理论研究》,中国政法大学出版社 2002 年版,第 182 页。

念交付,主要在于肯定观念交付与现实交付一样,也视为出卖人交付标的物义务的正当履行,从而在圆满结束买卖合同关系的同时,可以满足当事人买卖合同之外的特殊需要。但观念交付在物权变动之公示上的意义,却无法与现实交付相提并论。

从公示的本意上看,交付应为现实交付,如此才能通过表征方式的变动公示物权的变动。而观念交付中的占有改定和指示交付,实际上并没有公示物权的变动。简易交付与占有改定、指示交付一样,也没有现实的占有移转,但因为权利取得人原来便实际占有着标的物,所以物权的变动使得权利真实状况与表征方式由不一致转变为相一致。指示交付没有制造更多的权利真实状况与表征方式的不一致,而是维持了原先的不一致。但占有改定是反公示原则的,占有改定制造了更多的权利真实状况与表征方式的不一致。

在有占有改定这样的观念交付存在的情况下,动产物权变动是否以公示为原则,要看当事人是否有选择占有改定的权利。对此,可以考察一下各国立法之规定。《德国民法典》规定:转让动产所有权需由所有权人将物交付于受让人,但物由所有权人占有的,可以通过所有权人与受让人之间约定的法律关系使受让人因此取得间接占有而代替交付。① 《瑞士民法典》规定:动产所有权的移转,应将占有移转与取得人。第三人或让与人本人因特殊的权利关系应继续占有让与物时,占有的移转得不经交付让与物而完成。② 我国《民法通则》第72条规定:按照合同或者其他合法方式取得财产的,财产所有权从财产交付时起转移,法律另有规定或者当事人另有约定的除外。《合同法》第133条也规定:标的物的所有权自标的物交付时起转移,但法律另有规定或者当事人另有约定的除外。从上述立法的规定中可以看出,德国、瑞士虽然提出了动产物权变动的交付要求,但让与人均可以因一定的法律关系继续占有标的物,而视为交付已完成。可见,以占有改定的方式完成交付,是当事人的自由。而我国的立法则更为明确,直接规定当事人的约定,可以使所有权不经交付而发生变动。这样,动产所有权变动,实际

---

① 参见《德国民法典》第929条、第930条之规定。
② 参见《瑞士民法典》第714条、第924条之规定。

上并不奉行公示原则,可以不经公示而发生效力。① 对此,我妻荣先生指出,近代法在有关动产所有权的问题上已经完全抛弃了公示的原则。德国民法上的占有改定和返还请求权的转让所形成的动产物权变动的认可,实际上已经丧失了形式主义的公示价值。②

　　动产质权的设定不同与此,立法将质物占有之移转,作为质权发生的要件,并且未设例外规定。③ 但是,简易交付、指示交付应也可以发生质权。《德国民法典》对此有明确规定④,我国最高人民法院《关于适用担保法若干问题的解释》第88条也规定:"出质人以间接占有的财产出质的,质押合同自书面通知送达占有人时视为移交。占有人收到出质通知后,仍接受出质人的指示处分出质财产的,该行为无效。"不过,当事人并不能以占有改定的方式来代替交付,设定质权。⑤ 这样,质权的设定似乎是严格执行公示原则的⑥,但是,占有移转并不能公示质权的发生,外界无法从占有的移转中,获得质权发生的信息。所以,质权设定中的公示,只能说是公示有某种物权变动发生,但未能明确发生的是质权,而且外界更容易将之视为所有权变动的公示。

　　为什么动产所有权变动可以不公示,而动产质权的变动,需要"公示"?对此,我妻荣先生认为,动产质权,占有的移转构成其本质的原因基于两种理想:公示权利存在而贯彻排他性,将客体的处分权能收到事实上的质权人

---

① 形式主义之下,未经公示而取得的动产所有权,其效力是否完全,尚需探讨。未实际取得占有的所有权人,其所有权并没有发生对抗第三人的效力。这样,是否同样可以提出"未发生对世效力的物权还是不是物权"的责难呢? 这里,也许反倒是意思主义之未公示无对抗效力的表述,直接揭示出了此时物权关系之实况。
② 〔日〕我妻荣:《债权在近代法中的优越地位》,王书江、张雷译,谢怀栻校,中国大百科全书出版社1999年版,第100页。
③ 《担保法》第64条规定:质押合同自质物移交于质权人占有时生效。据此,质权只有在质物交付后方才可能发生。
④ 《德国民法典》第1205条规定:(1)设定质权时,所有权人需将物移交于债权人,并由双方当事人就债权人应享有的质权达成协议。债权人已占有其物的,只需有关质权成立的协议即可。(2)所有权人可以将间接占有的物移转于质权人,并将质权的设定通知占有人来代替将所有权人间接占有的物移交。
⑤ 参见〔德〕曼弗雷德·沃尔夫:《物权法》,吴越、李大雪译,法律出版社2002年版,第393页。
⑥ 有趣的是,采意思主义物权变动模式的日本民法,也坚持动产质权以占有的取得为必要。《日本民法典》第345条规定:"质权人不得使出质人代自己占有质物。"而质权人占有的维持,是质权对抗力维持的条件。对此,《日本民法典》第352条规定:"动产质权人,非继续占有质物,不得以其质权对抗第三人。"

之手而贯彻担保的确实。① 笔者以为,动产所有权变动可以不公示,这与动产的物权表征方式为占有有关。占有是物之利用的前提条件,现实中复杂的物之利用需要,决定了不可以要求物权变动一律以占有的现实移转为必要,否则就会严重妨碍物之利用。而质权设定的例外,主要是为了避免质权的虚空化。② 质权人利益的保障,以质权人取得对质物的一定的控制力为必要,现实交付、简易交付时,质权人均实际占有了质物,其担保利益的实行也有了稳固的基础。指示交付时,质权人返还请求权的取得,也使得质权人通过第三人获得对质物的控制。而占有改定中,质权人并没有实际控制质物,其利益没有保障。③ 为了避免质权虚空化,法律才确立了质权的此等设定规则。④ 虽然,占有的权利外形为所有权,占有质物的手段已超出了保障质权的需要,但因没有更精确的手段,也只能如此。当然,由于占有质物,制造了所有权的外形,这为质权人不法利用占有表征,损害出质人利益提供了便利。

动产所有权变动无需公示之规则,会不会损害动产交易安全呢?占有公信力的确认,可以打消此种顾虑。占有公信力,可以为动产交易之安全,提供可靠的保障。与公示相比较,公信力是一种更直接、更有力的保障交易安全的制度。在公信原则已确立之法制下,公示原则之作用会减少。⑤ 强大的占有公信力,说明了为什么在交易安全要求如此强烈的动产交易中,可以不实行公示原则。但是,物权变动不公示,会损害一般债权人之信赖,例如动产买卖中,以占有改定的方式完成交付后,出卖人的债权人会信赖出卖人的占有,误以为标的物是出卖人的财产,但当债权人欲通过该标的物实现债权时,会因买受人以所有人身份提出的异议而受阻。对一般债权人的此种

---

① 〔日〕我妻荣:《债权在近代法中的优越地位》,王书江、张雷译,谢怀栻校,中国大百科全书出版社 1999 年版,第 72 页。

② 虽然质权虚空与否,在于法律的规定,但是,如果规定没有取得占有,质权也可以存在,并附于标的物之上,则会危及动产交易之安全。因此,没有取得占有的"质权"只能虚空化。而规定取得占有,质权方才发生,是一种折中方案。质权、留置权的存续均以占有的维持为必要,其内在的机理也在于此。

③ 经指示交付而成立的质权,实际上并不比经占有改定而设立的质权更为有力,二者同样存在着因标的物实际占有人利用占有的所有权表征功能,使质权落空的可能。但法律否定了占有改定的质权设定效力,承认指示交付的效力,这多少有些矛盾。但究其原因,可能的考虑在于:占有改定的承认将意味着设定质权以交付为要件之原则的彻底放弃,而以指示交付设定质权,可以满足所有人以间接占有的动产设定质权的需要。

④ 法律为什么不以登记作为表征方式,来谋求兼顾,主要是成本的考虑。与发挥动产使用价值之利益相比,设立登记制度的成本过于高昂。

⑤ 〔日〕我妻荣:《日本物权法》,有泉亨修订,五南图书出版公司 1999 年版,第 43 页。

信赖,应否保护及如何保护,尚未引起足够的关注。

（三）不动产物权变动的公示

不动产物权变动,经由在不动产登记簿上作变动记载,而实现公示的目的。物权登记簿因可以使用文字、图表等符号,故能够反映复杂的法律关系。登记簿可以反映不动产所有权的历次变动过程、各抵押权的发生与消灭时间、现有抵押权之间的顺位,以及不动产用益物权的发生与消灭等各方面的信息。由于登记制度的建立,涉及不动产使用价值、交换价值等各方面的权利关系,均可以有序展开,物之价值的充分利用因此成为可能。

现实生活中的物权,往往处于变动之中,若不实行物权变动公示原则,登记簿之记载必将与物权的变动过程脱节,无法反映现时的物权信息,登记簿表征物权的功能必将受阻。这样,立体化的物权关系也无从建立,物尽其用的价值目标也就不能实现。所以,在不动产物权变动上,往往实行严格的变动公示原则。德国法上,土地权利移转必须将权利变更在土地登记簿中登记。① 《瑞士民法典》规定:取得土地所有权,须在不动产登记簿登记;建筑物区分所有权的设定,应在不动产登记簿上登记;土地须经在不动产登记簿登记,始设定用益物权;不动产担保,经在不动产登记簿上登记后始得成立。② 可见,德、瑞两国不动产物权变动,均以公示为必要。我国《民法通则》第 72 条、《合同法》第 133 条规定:所有权自交付时移转,但"法律另有规定"的除外,"另有规定"之法律,指的便是有关不动产物权变动的法律规定。《土地管理法》第 12 条规定:依法改变土地权属和用途的,应当办理土地变更登记手续。《城市房地产管理法》规定:土地使用权、房屋所有权、房地产抵押权的取得、变更,均应当登记。③ 这样,我国不动产物权变动,也严格实行公示原则。

动产所有权变动可以不经公示,而不动产物权变动必须加以公示,究其原因应在于二者公示方法的不同。不动产物权公示方法为登记,而登记与物的实际占有相互独立,所以公示不影响不动产的占有、使用,不会像动产那样因物之占有的需要而无法公示。动产物权变动不严格执行公示原则,非为公示不重要,而为不得已。不动产因登记簿的存在,而可以在坚持公示

---

① 参见〔德〕曼弗雷德·沃尔夫:《物权法》,吴越、李大雪译,法律出版社 2002 年版,第 217 页。
② 参见《瑞士民法典》第 656 条、第 712 条之 D、第 746 条、第 799 条之规定。
③ 参见《土地管理法》第 12 条之规定,以及《城市房地产管理法》第 59 条、第 60 条、第 61 条之规定。

原则的同时,不影响因各种原因产生的占有之需要的满足,这也体现出了登记制度的优越性。

物权变动公示本身也有保护交易安全的作用,不动产绝对的公示要求,减少了表征方式标示的权利与权利的真实状况不一致的机会,也就缩小了公信原则适用的空间。这样,适用公信原则的负面作用也减小了。

五、公信原则

(一) 公信原则适用的前提

物权表征方式的确定,使得获取物权信息更为方便。但物权表征方式不一定总是标示正确的物权信息。如果表征方式标示的不是正确的物权信息,那么信赖物权表征方式之人的利益如何保护,这便涉及公信原则的问题。公信原则适用的前提是:物权表征方式标示的权利与权利的实际状况不相一致。

但这里首先需要明确的问题是:何谓权利的实际状况,或者说何谓正确的物权信息?这在动产较为简单,正确的物权信息,应是指动产之所有利益实际归属于谁。动产所有人占有动产时,占有标示的物权信息为正确的物权信息。当动产处于非所有人占有的情况时,表征方式标示的就是不正确物权信息。[①]

而就不动产而言,由于不动产登记簿的存在,不动产利益的立体分享成为可能,所以不动产权利状况本身便相对复杂。正确的不动产物权信息,应是指反映真实的物之利益归属状况的信息。例如,继承人之一将被继承人遗留的房屋登记于其一人名下时,此时物权表征方式标示的是,物权仅归属于继承人中的一人,而从利益归属上讲,房屋应属于数继承人共同享有,这才是真实的物权信息,所以表征方式标示的物权状况错误。在抵押权误被涂销的情况下,抵押权人对物之利益的享有为正确物权信息的一部分,却没有为物权表征方式所标示。在物权人无处分限制而登记簿上记载有处分限制时,物权人享有未受处分限制之物权,为正确的物权信息。

但是,物之利益归属的判断,受到形式上的物权归属规则的影响。例如,房屋买卖中,买方虽然已付清房款并占有房屋,但未为房屋变更登记,此

[①] 由于占有无法表征动产质权、留置权,所以质权人、留置权人占有动产时,占有标示的也不是正确的物权信息。此时也有公信力发挥作用的余地。但占有标示的物权信息是否正确,与占有人的占有是否合法没有必然联系。

时并不认为房屋的利益归属于买方,登记标示的物权状况仍属于正确,而不是视为正确。又如,在土地使用权设定关系中,土地使用方虽订立了合同,交付了土地使用费,并实际使用土地,但未办理土地使用权登记时,也不认为土地使用方为土地使用利益的享有者。[①] 此类情况下,第三人取得物权,不需要运用善意取得规则。因为,物权变动未公示,物权变动效力未发生,所以登记表征之物权仍属正确,第三人之物权,系从真正物权人手中取得。[②]

(二)公信原则的具体体现

当物权表征方式标示的物权,与物权的实际状况不一致时,善意信赖物权表征方式而有所作为的第三人,不会因为此种不一致而遭受不利益,这便是公信原则。[③] 公信原则运用的实际效果是:第三人的物权取得,不因标的物之物权的实际状况而受任何不利影响。[④] 公信原则是对物权表征方式公信力的表达,而公信力则需要透过善意取得制度来实现。[⑤]

动产交易中,公信原则主要体现在:信赖无权处分人对动产的占有,而受让动产所有权的善意第三人,可以取得无负担的动产所有权;信赖无权处分人对动产的占有,而接受动产为质物的善意第三人,可以取得动产质权。而不动产交易中公信原则的体现,较为复杂。具体可包括:

1. 信赖登记簿记载之善意第三人,可以自非所有人的登记名义人处,受让取得不动产所有权。

2. 用益物权、担保物权虽然存在,但因故未能在登记簿上反映的,善意第三人可以基于对登记簿的信赖,而取得无负担的所有权。

3. 物权的处分限制虽存在,但因故未能在登记簿上反映的,此处分的

---

① 这实际上是强制性的物权变动公示之要求的结果,物权变动公示了,变动效力才发生,这使得权利变动与表征方式的变动同步,表征方式标示的权利当然正确。不过,认为变动登记之前的物之利益归属于原物权享有者,则带有法律强定的痕迹。这反映了法律对欲通过法律行为取得物权之人的物权法保护,以物权变动之公示为条件。

② 但是,由于动产所有权变动效力未经公示也可以发生,在动产买卖当事人约定以占有改定的方式完成交付并移转所有权时,出卖人将标的物转卖他人时,对第三人的保护应是根据善意取得制度。这里可见公示原则本身对交易安全的保护功能。

③ 有趣的是,学者指出,从沿革上看,赋予债权存在以公信力的制度,出现得更早。〔日〕我妻荣:《债权在近代法中的优越地位》,王书江、张雷译,谢怀栻校,中国大百科全书出版社1999年版,第57页。

④ 权利的实际状况可能会给第三人有利影响,例如,房屋已消灭的抵押权未涂销,第三人购买了该房屋时,虽然表征方式标示了抵押权的存在,但实际上抵押权已消灭的事实,决定了第三人获得的是无此抵押权负担的所有权。

⑤ 因不动产登记的公信力而取得物权的,也可称为不动产物权的善意取得。参见王泽鉴:《物权法上的自由与限制》,载梁慧星主编:《民商法论丛》(第19卷),金桥文化出版有限公司2001年版,第247页。

限制,不影响信赖登记簿的善意第三人取得相应的物权。

4. 在债权不成立、无效或依清偿已消灭,而抵押权的登记尚未办理注销时,登记仍有形式的效力,在抵押权登记注销前所有人不得设立同一顺序的抵押权。但善意第三人也不能取得无债权的抵押权。①

5. 登记因错误、遗漏误被涂销时,如果第三人取得抵押物所有权,则该物上不再有抵押权负担,如果第三人新设定对该抵押物的抵押权,则第三人所设定的抵押权虽时间上居后,但顺位上更居先。也即善意取得的所有权使不当涂销的抵押权消灭,新设立的抵押权使不当注销的抵押权后于该抵押权的次序。

6. 抵押物所担保债权数额错误少记时,也发生与上述情况相似的效果。例如,担保债权为50万,后被误改为5万,则第三人取得抵押物所有权时,抵押物上仅存有担保额为5万元的抵押权负担。同样,第三人以抵押物为客体又设定新抵押权时,则第三人所取得抵押权的前顺位,仅存有担保额为5万元的抵押权。

7. 当登记上记载的抵押权人非真正的抵押权人时,则向登记簿上记载的抵押权人为债务清偿,可使抵押权消灭。

8. 但是,不动产登记的公信力只为善意第三人的利益,而不为其负担发生效力。不存在的用益物权、担保物权、处分限制等,即使记载于登记簿上,对善意第三人的权利取得,也不生不利影响。

(三) 公信原则与公示原则的关系

许多学者认为,公信原则是公示原则的自然延伸,例如,有学者认为:公信,是公示所产生的物权变动效力的可信赖性。公信原则是公示原则的补充。② 另有学者认为:公信原则是指一旦当事人在物权变动时依法定方式进行了公示,法律就赋予该物权变动以完全的效力。③ 其实,这里公信原则并不是赋予物权变动以完全效力,而是赋予了物权表征方式以绝对效力,赋予物权变动以完全效力的是物权变动的公示。公信原则与物权变动公示原则并没有逻辑上的必然联系。虽然从法发展史的角度观察,是先出现物权变

---

① 史尚宽:《物权法论》,中国政法大学出版社2000年版,第274页。
② 参见张俊浩主编:《民法学原理》(修订第三版),中国政法大学出版社2000年版,第407页。
③ 参见马俊驹、余延满:《民法原论》(上),法律出版社1998年版,第352页。

动公示制度,后出现公信原则①,但并不是因为物权变动公示了,才要求公信的。动产物权中,公示的要求极其弱,但公信原则却十分严格地实行着。实际上,动产所有权变动是不需要公示的,但占有却具有公信力。这说明公信并非公示之延伸,而系物权表征方式表征功能之维系。可见,一定意义上可以说,公示原则与公信原则可以分离。不过,公示与公信系立于相同的基础,均是确定物权表征方式的逻辑推衍。公信力非物权变动公示的效力,而是物权表征方式的效力,公示的效力在意思主义,使已发生变动的物权产生对抗力,在形式主义,使物权发生变动。公示、公信是并列互补关系,均源于物权需要有确定的表征方式的要求。当然,正如学者所言,若非在确实实行公示原则之基础上采用公信原则,静的安全就会因公信原则而受到极大之威胁。② 这是因为,不实行公示原则时,物权表征方式表征的物权与权利的实际状况不一致的情况,会更为普遍,公信原则适用的空间更大,而公信原则的适用正是以静的安全的牺牲为代价的。

公信原则的正当性,立基于确定物权表征方式的必要性,在确定物权表征方式之初,就隐含了公信原则的实行,公信原则是确定物权表征方式之内在逻辑的自然展开。法律既然确定了物权的表征方式,那么必然要保障该表征方式引导当事人确定权利实象的权利表征功能。如果物权表征方式所标示的物权状况,第三人也不能信赖,那么表征方式之表征权利功能必将丧失殆尽。可见,公信原则意在保障物权表征方式的可信赖性,维护表征方式的权利表征功能,从而使得物权关系寻得了一个稳固的基点,以简化交易环节、维护交易安全。公信原则是让人"信",但信的是物权表征方式传递的信息,而不是物权变动的过程。物权变动经公示之后,物权表征方式可以反映新的物权状况,此时第三人信赖的仍然是物权信息通过物权表征方式的静态展示。

六、结论

物之交易的重要性引发的交易安全维护的需要,才是物权表征方式、公示公信原则的主要基础。唯有物权有确定的表征方式,物之交易的相对人才可以便捷地确定交易对象,安全地完成交易。而在确定了物权表征方式

---

① 〔日〕我妻荣:《日本物权法》,有泉亨修订,五南图书出版公司1999年版,第43页。之所以公信原则迟于公示原则而出现,笔者以为:公信原则与公示原则相比,更为技术性,更加偏离常规思维,所以只能在法律技术更为成熟的阶段,才会产生。这也是法律发展的一项规律。

② 〔日〕我妻荣:《日本物权法》,有泉亨修订,五南图书出版公司1999年版,第43页。

之后，法律就应当保障物权表征方式的表征功能的发挥，使第三人可以信赖物权表征方式，并根据表征方式而放心地有所作为。这便是公信原则所提出的要求。

同样，物权常处于变动之中，在确定物权表征方式之后，如果物权变动不在表征方式上加以体现，必将使表征方式背离物权的实际状况，无法发挥表征物权的功能。故物权之变动，应当在物权表征方式上有所体现，方能发生一定的效力。这便是物权变动之公示原则。可见，公示、公信均是立基于物权表征方式之上，并分别在两个方向上展开。公示与公信是并列互补关系，而不是所谓的公信系公示之延伸。动产物权上可以不实行公示原则，而实行公信原则，足以说明这一问题。

公示、公信原则是物权法的核心，物权变动之公示原则，在具体制度上体现为物权变动模式之选择，意思主义、形式主义立法，均体现物权变动公示原则，虽然各自在赋予公示的效力上有所不同。公信原则在具体制度上，则体现为物权的善意取得制度。公示与公信均有节省交易成本、维护交易安全的功能。公信原则是通过对物权表征方式之善意信赖的保护，来实现这一功能。而公示原则则是通过使更多的物权表征方式可以表征正确的物权，来实现这一功能的。① 二者比较而言，公信原则之节省交易成本、保障交易安全之功能更为强大、可靠。

第二目　公信力承认之基础

一、引言

每一项法律制度背后，必有其存在的基础，但对法律规则背后的支撑的探求，不应局限于法学理论本身。法学理论作为系统化的论说体系，也是基于一定的经济、社会等因素而构建。因此，对于特定规则，与法学体系内的正当化努力相比，也许对其伦理、经济及社会之根由的探讨，更具基础性，也更有意义。公信力制度在法律体系内的正当化基础应在于权利外观理论，而从社会学及经济分析的角度观察，则其分别与信任理论及信息成本理论

---

① 例如，甲与乙订立了房屋买卖合同，将其所有的房屋一栋卖给乙，但未办理登记。甲又将该房屋卖给丙，并办理了登记。此时，乙、丙便发生了冲突，根据公示原则，甲仍然是房屋的所有权人，故丙可以取得房屋所有权。这里，公示原则发挥了保护交易安全的功能，因为公示原则使得物权表征方式标示的权利人，就是真正权利人，维持了权利与其表征的一致，第三人进行交易时，信赖物权表征方式即可成功地完成交易。如果不实行公示原则，则会出现权利与其表征方式的不一致，此时，交易安全的维护转由公信原则来完成。

息息相关。下文拟分别从社会学及经济分析的视角,对承认公信力的基础进行分析。

二、公信力承认之基础:社会学的视角

(一)信任及其社会功能

1. 信任的多重面相

近几十年来,学者们对信任的理论兴趣越来越浓,有关信任的研究,已成为社会科学研究的热门课题。这与信任的社会价值随社会由前现代向现代的转换而不断提升,有密切关系。但是,何谓信任?对此却众说纷纭。罗特(J. Rotter)认为:信任是个体对另一个人的言词、承诺及口头或书面的陈述之可靠性的一般性期望。萨波尔(C. Sabel)认为:信任是交往双方对于两人都不会利用对方的易受攻击性的相互信心。① 甘姆贝塔认为:信任是一个行动者评估另一个或一群行动者将会进行某一特定行为的主观概率水平。信任谁意味着他将去做一个有益于我们,至少不是损害我们的行为的概率,高到足以使我们考虑和他发生某种形式的合作。②《牛津英语辞典》则将"信任"定义为:"对某人或某物之品质或属性,或对某一陈述之真实性,持有信心或依赖的态度。"③

学者指出,西方社会科学中对信任的研究存在四种不同的取向:一是将信任理解为对情境的反应,是由情境刺激决定的个体心理和行为;二是将信任理解为个人人格特质的表现,是一种经过社会学习而形成的相对稳定的人格特点;三是将信任理解为人际关系的产物,是由人际关系中的理性计算和情感关联决定的人际态度;四是将信任理解为社会制度和文化规范的产物,是建立在法理或伦理基础上的一种社会现象。④ 从这四种不同的研究取向中,不难看出信任问题的复杂性。

对于信任还可以从不同角度作出不同的区分,巴伯尔(Barber)将信任区分为对他人能力的信任,和对他人友好、善良意图的期待。⑤ 刘易基

---

① 参见郑也夫:《信任论》,中国广播电视出版社2001年版,第17页。
② 参见迪戈·甘姆贝塔(Diego Gambetta):《我们能信任信任吗?》,杨玉明译,载郑也夫编:《信任:合作关系的建立与破坏》,中国城市出版社2003年版,第270页。
③〔英〕安东尼·吉登斯:《现代性的后果》,田禾译,黄平校,译林出版社2000年版,第26页。
④ 彭泗清:《关系与信任:中国人人际信任的一项本土研究》,载郑也夫、彭泗清等:《中国社会中的信任》,中国城市出版社2003年版,第87页。
⑤ 参见王雪飞、山岸俊男:《信任的中、日、美比较研究》,载郑也夫、彭泗清等:《中国社会中的信任》,中国城市出版社2003年版,第153页。

（R. J. Lewicki）和邦克（Bunker）则将信任区分为谋算型信任、了解型信任、认同型信任。谋算型信任（Calculus-based trust）的确立，通常是基于对信任存在所带来的收益及信任被破坏所带来威胁的比较判断。不同于其他学者将该类型信任称为威慑型信任，刘易基和邦克强调此类信任不仅是基于对破坏信任所遭致的惩罚的恐惧，而且源自维持信任所带来的收益，所以该类信任是基于市场导向的经济谋算。了解型信任以他人行为的可预测性为基础，充分了解他人便可以充分预测他人的行为，了解型信任有赖于信息的交流。认同型信任是基于对他人愿望及意图的认同，信任的产生是因为一方可以了解且能预知他人的需要、选择和偏爱，并分享其中一些需求和选择。不断增加的认同感，使一方如他人一样思考、感受、回应。①

吉登斯（Anthony Giddens）将信任区分为对个人的信任和对社会系统的信任，认为信任是对一个人或一个系统的可依赖性所持有的信心。② 但制度化信任或系统信任不可能在真空中存在，必须嵌入关系网络之中，因此制度化信任与私人信任之间是相互加强，而非相互排斥。③ 在抽象体系的交汇口，我们与具体的个体相遇。虽然每个人都意识到，信任储藏于抽象体系中而非存在于特定情境中代表信任的个人身上，但交汇口本身仍然提醒我们个体品行的重要性。④ 对体系的信任具有非当面承诺的形式，非专业人士对在其中维系信赖存在的知识之运作几乎是无知的；对个人的信任与当面承诺相关，在其中可以找出衡量他人之诚实程度的指标。⑤

2. 信任的社会功能

信任是生活关系正常展开的基础，是使社会成为可能的东西。群体是以相互的信任为基础而产生的，没有这个条件，它不可能自发形成。⑥ 学者指出，没有信任，我们的日常生活是不可能进行的。⑦ 我们可以怀疑许多东

---

① 罗伊·刘易基、巴巴拉·本尼迪克特·邦克：《工作中信任的发展与维持》，寿小丽、李贤涛译，载罗德里克·M. 克雷默、汤姆·R. 泰勒编：《组织中的信任》，管兵、刘穗琴等译，中国城市出版社 2003 年版，第 156—162 页。
② 〔英〕安东尼·吉登斯：《现代性的后果》，田禾译，黄平校，译林出版社 2000 年版，第 30 页。
③ 彭泗清：《信任的建立机制：关系运作与法制手段》，载郑也夫、彭泗清等：《中国社会中的信任》，中国城市出版社 2003 年版，第 2—3 页。
④ 〔英〕安东尼·吉登斯：《现代性的后果》，田禾译，黄平校，译林出版社 2000 年版，第 74 页。
⑤ 同上书，第 76 页。
⑥ 〔美〕弗朗西斯·福山：《信任：社会美德与创造经济繁荣》，彭志华译，河南出版社 2001 年版，第 29 页。
⑦ 大卫·古德（David Good）：《个体、人际关系与信任》，龚晓京译，载郑也夫编：《信任：合作关系的建立与破坏》，中国城市出版社 2003 年版，第 35 页。

西，但是，不相信非有止境不可。假如一个人对于任何事都怀疑，而又同时真的不迁就的话，他势必不能打住，他当然没有法子生活下去。① 离开了人们之间的一般性信任，社会自身将变成一盘散沙，因为几乎很少有什么关系能够建立在对他人的确定认知之上。如果信任不像理性证据或个人经验那样强或更强，也很少有什么关系能够持续下来。②

信任是人类的一种基本的心理需求，个体具有基本信任会导致心理健康这一事实是不令人奇怪的。③ 这一点从学者就其他动物的试验中，也可以看出。古德指出，那些受到低强度却是随机和没有预料到的攻击的狗，所遭受的痛苦要比那些受到了高强度的但却是可预料的攻击的狗所遭受的痛苦多。前者变得倦怠，身体状况变糟，正常兴趣降低。④ 吉登斯认为，信任关涉本体性安全，本体性安全是指：人对其自我认同之连续性以及对他们行动的社会与物质环境之恒常性所具有的信心。对他人的信任是一种持久而经常性的心理需要，当生活中的惯常性东西没有了，焦虑便扑面而来。因此，从最深刻的意义上说，信任的对立状态便是这样一种心态，它应被准确地概括为存在性焦虑或忧虑(existential angst or dread)。⑤ 可见，信任的缺失，将导致人的正常精神状态的偏离。

信任是人类合作的基础，如果没有信任，则仅仅那些可以现场处理的非常简单的人类合作形式是可能的。⑥ 理性选择理论视信任为合作的润滑剂，肯尼思·阿罗指出，没有任何东西比信任更具有重大的实用价值。信任是社会系统的重要润滑剂。它非常有成效，它为人们省去了许多麻烦，因为大家都无需去揣摩他人的话的可信程度。⑦ 信任被视为社会资本的一种形式，因为它减少了监督和惩罚活动的成本。⑧ 另有学者认为，那些极大地依赖于使用强制力量的社会比起那些以其他方式维持信任的社会，可能要效率更

---

① 金岳霖:《知识论》(上册)，商务印书馆2000年版，第218页。
② 〔德〕西美尔(Georg Simmel):《货币哲学》，陈戎女等译，华夏出版社2002年版，第111页。
③ 大卫·古德(David Good):《个体、人际关系与信任》，龚晓京译，载郑也夫编:《信任:合作关系的建立与破坏》，中国城市出版社2003年版，第36页。
④ 大卫·古德(David Good):《个体、人际关系与信任》，龚晓京译，载郑也夫编:《信任:合作关系的建立与破坏》，中国城市出版社2003年版，第36页。
⑤ 〔英〕安东尼·吉登斯:《现代性的后果》，田禾译，黄平校，译林出版社2000年版，第80—87页。
⑥ See Niklas Luhmann, *Trust and Power*, John Wiley & Sons Ltd. 1979, p.88.
⑦ 〔美〕弗朗西斯·福山:《信任:社会美德与创造经济繁荣》，彭志华译，河南出版社2001年版，第152页。
⑧ Barbara A. Misztal, *Trust in Modern Societies*, Polity Press, 1996, p.79.

低,成本更高,而且更不愉快。在前一种社会中,资源倾向于从经济活动中转移出来,用于强制、监督和收集信息,促进合作性行为的刺激更少。①

面对纷繁复杂的世界,我们需要简化复杂的方法。学者指出,语言是一种简化复杂的工具,俗话"百红千绿万种灰",说明了语言在大刀阔斧地简化人类对色彩的印象。几乎一切符号系统都在完成着简化复杂的功能,离开了具备简化功能的符号,主体间将无法交流。② 卢曼(Niklas Luhmann)认为,信任是简化复杂的工具,信任增加了可忍受的不确定性,信任简化复杂的方法是:通过超越可以获得的信息,概括出可取代信息匮乏的行为预期以保障内心安全感。③ 卢曼认为,不同于小型、传统社会,现代社会不再是立基于对个人的信任(personal trust),而是以系统信任(system trust)的重要性不断增加为特征,高度分化的社会(highly differentiated society)需要更多的信任来简化复杂。④ 一个只有私人信任的社会将不成其为社会,因为那仅仅是由亲属组成的个人利益的小群体而已。⑤

(二)信任、信赖与法律

1. 信任与信赖

与社会学、经济学、伦理学研究的信任(trust)问题相对应,法学讨论的是信赖(reliance)保护问题。这样,信赖与信任是何种关系、信赖保护的正当性能否从信任理论中获取支持等,便成为需要思考的问题。这里,不妨先查阅一下辞典。《现代英汉词典》将 Reliance 解释为信任、信赖,将 Trust 解释为信赖、信任、信心。《美国传统辞典》对 Trust 词条的解释,使用了 reliance、confidence、believe 等词,而对 Reliance 词条的解释,则使用了 trust、faith、confidence 等词。⑥ 而《现代汉语辞典》是将"信赖"界定为:"信任并依靠",将"信任"界定为"相信而敢于托付"。⑦ 从这些辞典的解释中不难看出,信任与信赖的词意非常接近,且各自的解释均借助了对方。生活中的许

---

① 迪戈·甘姆贝塔(Diego Gambetta):《我们能信任信任吗?》,杨玉明译,载郑也夫编:《信任:合作关系的建立与破坏》,中国城市出版社 2003 年版,第 275 页。
② 参见郑也夫:《信任论》,中国广播电视出版社 2001 年版,第 101 页。
③ Niklas Luhmann, *Trust and Power*, John Wiley & Sons Ltd. 1979, p.93.
④ See Barbara A. Misztal, *Trust in Modern Societies*, Polity Press, 1996, pp.74—76.
⑤ 安东尼·帕格顿(Anthony Pagden):《信任毁灭及其经济后果:以 18 世纪的那不勒斯为例》,王艳芳译,载郑也夫编:《信任:合作关系的建立与破坏》,中国城市出版社 2003 年版,第 161 页。
⑥ 参见《金山词霸》2003 专业版相应的词条。
⑦ 中国社会科学院语言研究所辞典编辑室编:《现代汉语辞典》,商务印书馆 1982 年版,第 1273 页。

多场合,信任与信赖可相互置换,作为同义词使用。这样,理论界有关信任的研究,对信赖也应是适用的。

但是,为什么法学中使用信赖一词,而不使用信任一词呢?笔者以为,在英文中使用Reliance而不使用Trust,可能与Trust在法律中为一专有名词,用来指称信托制度有关。此外,法律中使用信赖一词,更多地强调了其中依靠的意思,英文中Reliance是Rely的名词形式,而Rely是依靠、依赖之意。汉语中的信赖,也是含有在信任的基础上加以依靠的意思。虽然,信任的"任"字也有"听凭"之意,进而可以延伸出依靠的意思,但信赖的依赖意味更浓,法律中在使用信赖一词时,强调的往往是因信而依靠以至于有所行为。其中依靠的强度,已大到了足以产生行为的程度。因为,法律关注的是因合理信赖而有所行为时的制度安排,信赖关涉现实的行动,仅有信而无行为时,一般不涉及实质性的利益变动,不会有信赖利益损失,尚不需要法律的介入。可见,从法律的角度看,可以说:信赖者,信而有所为也。

2. 信任与法律

对于信任与法律的关系,有学者认为,信任与法律是分离而独立运行的两大系统。但信任与法律仍然相互作用。一方面信任要感谢法律对风险的限定,信任相当程度上依赖于奖惩。另一方面,法律也要仰仗信任。[①] 而卢曼认为,在非常简单的社会体系中,信任和法律可以保持彼此紧密一致,法律机制(mechanism)与信任机制无法彼此分离。[②] 但随着时间的推移,法律已经使其与信任的概念拉开距离,这两种机制已经变得不同。[③]

笔者以为,上述观点值得商榷,信任是对他人的期待,而法律是一系列规则,二者似不可作上述的比较。将信任和法律视为独立运行的两大系统、及抽取出所谓信任机制和法律机制的做法,可能会扭曲信任与法律的关系。虽然,表面看来法律的运行靠不利后果的威慑,以及守法可以获得的利益的诱导;而信任的维持也靠背信时不利的威慑,以及守信时可得利益的诱导。但是,法律是遏制背信、诱导守信的重要因素之一,信任的维系得力于法律的运作,法律是建立和维系信任的工具。合理信任的维系,是社会秩序的基础,法律是保护合理信任的工具之一,而与法律并行的、建立和维系信任的另一工具,应是道德。所以,卢曼所言的信任机制,可能应是指道德机制,在

---

① 参见郑也夫:《信任论》,中国广播电视出版社2001年版,第106页。
② See Niklas Luhmann, *Trust and Power*, John Wiley & Sons Ltd. 1979, p.34.
③ Id., p.35.

简单的社会中,道德与法律保持着紧密一致①,而随时间推移,法律与道德开始拉开距离。

有学者认为,法律可以作为信任的替代物,他指出:"产权法、契约法和稳定的商法的发展是西方崛起的关键。这些法律制度实际上是信任——自然而然地存在于家庭和血亲群体中——的替代物,它们搭建起一个框架,使互不相识的陌生人能够合伙做生意或在市场中顺利交易。"②其实,这里所谓的替代物,应是不同于传统信任形式的另外一种形式的信任。实际上,互不相识的陌生人之所以能够合伙做生意或在市场中顺利交易,是因为法律的存在,使陌生人之间建立起了信任。

学者指出,制度使他人的行为变得更可预见,它们为社会交往提供一种确定的结构。③ 法律制度对社会交往的确定结构的提供,是靠法律对行为的约束机制实现的,此种约束可以帮助人们形成稳定的行为预期,建立信任。道德也可以为社会交往提供相对确定的结构,道德约束可以使他人行为更好预测,信任因此而生。学者认为,被信任也是一种约束,我们感到的不要去背叛他人的信任的义务感,会将不诚实行为从我们的行为选择中排除出去。④ 此种义务感,可以是纯粹来自于伦理道德。而法律可以确立可强制执行的守信义务,这使得信任者信任利益增加了一层保障。⑤ 可见,法律规则、道德规则等,都是影响被信任者是否守信的因素,是维护合理信任的工具。

不过,值得注意的是,在高度复杂的现代社会中,信任的维护更需要法律的帮助,法律也应当加强对合理信任的保护。之所以如此,主要理由有:

(1)随着社会由前现代到现代的转换,社会越来越复杂,如卢曼所言,此时需要更多的信任来简化复杂。而信任的破坏将导致信任的匮乏,如此人们便无法应对社会的复杂,所以法律与道德均需加强对合理信任的维护。

(2)分工的细化、知识的专门化,使得人们更得相互依赖,对他人行为

---

① 学者指出,大部分之自然法学理论均主张法律与道德之同一性。参见亚图·考夫曼:《法律哲学》,刘幸义等译,五南图书出版公司2000年版,第214页。

② 〔美〕弗朗西斯·福山:《信任:社会美德与创造经济繁荣》,彭志华译,河南出版社2001年版,第223页。

③ 〔德〕柯武刚、史漫飞:《制度经济学:社会秩序与公共政策》,韩朝华译,商务印书馆2002年版,第113页。

④ See Barbara A. Misztal, *Trust in Modern Societies*, Polity Press, 1996, p.82.

⑤ 在特定的制度结构中,被信赖者一定意义上可以说是处于一种类似于承诺的状态。制度环境和被信赖者的行为诱导了信赖者的合理信赖,这样被信赖者就有义务按照对方的信赖行事,这颇有履行承诺的意味。该义务可来源于道德,也可来源于法律。就像一般意义上的承诺,可因道德或法律规则而产生拘束力。

的准确预测,成为个人生活有序展开的关键,按照他人的合理信赖行事的道德要求及法律要求,也必然需要强化。

(3) 传统社会为熟人社会,道德可以发挥重要的作用,背信者的道德成本很高。而现代社会中我们更多地生活在陌生人中间,道德约束机制被淡化,故信任的维系更得仰赖法律。

(4) 现代社会中对系统的信任越来越重要,学者指出:"现代性制度的特点与抽象体系中的信任机制紧密相关……没有任何人能够选择完全置身于包含在现代制度中的抽象体系之外。"①可见,信赖在许多情况下,已是不可避免的选择了。当无从选择时,依赖(reliance)就成为依靠(dependence)。② 人们必须依靠他人的知识才能正常生活,由于必须并且只能依靠,法律就得将其规制成为可以依靠的状态。

(三) 公信力与合理信赖保护

1. 私法中合理信赖的保护

现代社会中,信赖已成为重要的秩序形成与维持的媒介。合理信赖的保护,是法秩序的必然要求,一个合理信赖得不到保护的社会,将是一个动荡的社会、一个处于持续断裂状态的社会。唯有对合理的信赖给予充分保护,社会成员才可能建立稳定的行为预期,社会秩序才可以建立。合理信赖如果不予保护,人们便会生活在一种行为预期不断地被打破的境地,其安全感也必将荡然无存。拉伦茨指出:"只有当必不可少的信赖被保护时,人类才有可能在保障每个人各得其应得者的法律之下和平共处。全面绝对的不信赖,要么就导致全面的隔绝,要么就导致强者支配,质言之,导致与法状态适相反对的情况。因此,促成信赖并保护正当的信赖,即属于法秩序必须满足的最根本要求之一。"③

现代私法发展中,合理信赖保护得到越来越多的强调,一定意义上可以说,私法现代发展的主旋律,就是信赖保护的逐步加强。学者在研究《德国民法典》时指出:"经济领域中日益精细的分工导致了合同关系的增加,并且在交易关系中对信赖与安定性的要求较民法典生效时更高。""由于人们在

---

① 〔英〕安东尼·吉登斯:《现代性的后果》,田禾译,黄平校,译林出版社2000年版,第75页。
② 基思·哈特(Keith Hart):《亲戚、合同与信任:一非洲城市贫民窟的移民经济组织》,杨玉明译,载郑也夫编:《信任:合作关系的建立与破坏》,中国城市出版社2003年版,第232页。
③ Karl Larenz:《法学方法论》,陈爱娥译,台湾五南图书出版股份有限公司1996年版,第392页。

法律关系和交易中联系越来越紧密,对信赖保护的需要日益强烈。"① 而现代私法中体现信赖保护的制度主要有:善意取得、表见代理、缔约过失责任、权利失效、意思表示解释中意思主义向表示主义的转换、侵权行为法中主观过失向客观过失的演变、商法中的外观主义、公司法中越权无效原则的变迁等。这些制度共同促成了信赖原理的生成,使信赖原理成为几乎可以与私法自治并驾齐驱的原则。不过,信赖原理与私法自治一样,也是意在维护私人的自由,它对私法自治的限制是为了防止私人自由的滥用,实行真正的私法自治;而其对信赖者合理信赖的妥适保护,是信赖者安全与自由的基础。当然,信赖原理与私法自治二者之间需要保持良好的张力。二者既相互限制又相互补充,而且,唯有透过交互补充及相互限制的协作方式,才能得到各自本来的意义内涵,各自的效力范围及其意义才能清楚显现。②

为了为现实生活中合理信赖提供妥适的保护,在已类型化了的现有的保护信赖制度之外,还需要在立法上设立保护合理信赖之一般条款,将信赖原理塑造成一个规范发生器,以便为具体个案中的当事人合理信赖,提供及时充分的保护。这就要求对信赖原理的内在构造进行展开,以使个案中的法官可以更好地把握。这是一个极其复杂的问题,需要专门的研究,现初步可以想到的包括:信赖合理性之判断需运用理性之人标准、信赖者应已因信赖而有所作为、被信赖者主观归责性等。此外,信赖原理应是解释私法规则的一项原则,解释法律时应当考虑合理信赖保护的需要,从而透过解释使现行规则更符合保护合理信赖的现代法精神。

2. 公信力对合理信赖的保护

公信力是对信赖物权表征方式的善意第三人的保护效力,是一种具体的保护合理信赖的私法制度。法律确定了物权的表征方式,确立了物权信息的传递途径,第三人就应当可以信赖该物权表征方式,依照其传递的物权信息行事。此种信赖属于对系统的信赖,但该信赖同时被对个人的信赖所加强着,因为动产的占有人、不动产的登记名义人均表示自己享有对标的物的处分权,故第三人同时也信赖了此种表示。第三人信赖的合理性在于,依法定方式传递的物权信息与交易对方传递的信息相一致时,第三人已没有怀疑该信息正确性的正当理由。

不过,第三人对系统的信赖并不以对系统的整体了解为前提,实际上,

---

① 沃尔夫(Manfred Wolf):《民法的法典化》,丁晓春译,载《现代法学》2002年第3期。
② Karl Larenz:《法学方法论》,陈爱娥译,五南图书出版股份有限公司1996年版,第391页。

对法律一无所知的人,也可以安心地从动产占有人那儿购买动产。可见,第三人的信赖更多的是一种生活惯性,尤其是对动产占有的信赖,更具有惯常性,因为占有的物权表征功能的确立本身,体现的就是法律对生活逻辑的承认。可见,"在现代性条件下,对抽象体系的信任态度通常总是与日常行动的延续性相关联,并且在很大程度上被日常生活自身的环境所强化。因此,与其说信任是'向承诺的飞跃',不如说它是对某种类型的环境的默认,在如此的环境中,其他种种选择都在很大程度上被排斥在外了。"[①]

当然,如果第三人知道真实的物权信息,他就不受保护,此即公信力保护对恶意第三人之排除。信赖是以一定程度的信息匮乏为前提的,在具备充分信息的情况下,就根本不存在信赖,而公信力的保护对象是合理信赖。第三人已通过其他途径获得了真实的物权信息,知道物权表征方式标示的物权信息错误,就无对物权表征方式的信赖可言。

(四) 小结

信任是对他人行为的善意期待,是人类回应社会的一种基本策略,具有内在的心理形成机制,并且与道德、法律的约束密切相关。信任可以简化复杂,维护信任使得人们可以获得基本的安全感。信任是人类合作的基础,经济活动的润滑剂,可以降低社会成本,推动更广泛的合作。合理信赖得到维护,是秩序建立的基础与前提。信赖与信任具有基本相同的内涵,只是法律中论及合理信赖保护时,更多地关注了信任的强度,一般以信任并依靠而有所行为为条件。

法律与道德均是维护信任的工具,由于现代社会的高度复杂性,需要更强有力的措施来维护信任,以使复杂得以简化。但因社会格局的变化,使得道德对信任的维护功能被淡化,所以社会更需要仰赖法律的信任变化功能,于是,加强对信赖的保护成为了现代法律发展的主旋律。

公信力制度承认的基础,在于保护第三人对物权表征方式的合理信赖的必要性,物权秩序的建立,以物权表征方式表征功能的维护、第三人合理信赖的保护为前提。公信力制度是信赖原理的具体体现,是现代私法中合理信赖保护制度的重要组成部分。

---

① 〔英〕安东尼·吉登斯:《现代性的后果》,田禾译,黄平校,译林出版社2000年版,第79页。

三、公信力承认之基础：经济分析的视角

（一）信息与人类生活

1. 信息能力与个体生存

人类的生存，一直面对着信息问题。我们日常生活的每一个环节，几乎均涉及信息的接收、编码与传递。理性也是建立在获取、处理及传递信息的能力基础之上的。获取、处理、传递信息的能力是人类生存的基础，人类与其他动物的区别也即在于信息能力的不同。人类具有其他动物所没有的第二信号系统，可以使用语言传递信息、透过语言处理信息。语言对信息的传载能力，使得人类取得了优越于其他动物的地位。人类可以通过语言来思维，而思维的实质就是信息的解码与编码，思维能力也是一种信息能力。学者指出，在漫长的进化过程中，物种的每一次质变，无不与信息的接受能力、信息的处理能力的变化有关；其间每一阶段性种类的生存、延续和繁衍，都必定有其相应的信息能力为基本保证。① 人类也正是因为其高超的信息能力，而成为了地球的主宰、万物之灵。

人自出生之后便开始了信息能力的练习，语言能力的培养是这其中的重要一环。能够运用语言进行思维、理解语言信息、以语言的形式传递信息，是个体可以独立生存的基础。思维能力的提高、个体经验的积累，使得其可以根据环境的不同，对信息作不同的解码和编码活动。② 个体通过感觉器官感知世界，经大脑分析解码加以理解，同时对内心的信息经编码后加以传递，以完成与外界进行信息交流的过程。当这之中的任何一个环节出现问题时，生活就会被破坏。失聪者丧失的是获取声音信息的能力，他不能通过声音信号发现周围的危险，或者获得音乐艺术的享受等。更为重要的是，由于口头语言是日常生活中信息传递的主要渠道，这样，失聪者正常的人际交流便几乎不可能。失语者丧失的是说话的能力，失去的是通过语言传递信息的可能，虽然其仍可以通过身体语言或简单的声音传递信息，但身体语言传递信息的能力极其有限，失语者生活的艰难可想而知。失明者丧失的是通过视觉获取信息的能力，其生活的世界因此而缺少了一维，行动失去了

---

① 参见张远：《信息与信息经济学的基本问题》，清华大学出版社 1992 年版，第 32 页。
② 对语言的理解离不开使用语言的环境即语境，语境是理解语言及选择用于表达的语言的必要约束。个体经验可以帮助其通过信息的整合，构建语境，从而使理解成为可能。非语言的"语言"同样如此，例如肢体"语言"的使用，也有其特定的语境，对肢体"语言"传递的信息的准确接受，以及恰当选择一定的肢体"语言"来传递特定信息，均离不开对语境的把握。

方向。除此之外，触觉、味觉、嗅觉等感觉能力，也是不同方面信息的获取能力，缺少其中任何一种能力，均会使人陷入一定的困境。而精神病人缺乏的主要是通过大脑处理信息的能力，使得其"视而不见、听而不闻"，虽然精神病人也会有语言等"表达"，但其传递的只是常人无法解读的乱码，而且其也不能解读常人传递的信息码。

信息能力直接影响着个体的生存状况，失聪者只能面对一个静寂的世界，失去味觉的人，美味佳肴便与其无缘，而精神病人则只能生活在他人的监护之下，生存得更像一个普通的动物。当然，信息能力也有程度的不同，有些人视力极佳，有些人则可能听力很弱。视力不好的人，可能难以成为一名优秀的军人，听力欠佳的人最好就不要选择从事音乐职业。不过，对于信息能力的不足，可以通过技术方式进行弥补，例如近视眼镜增强了近视者的视力，助听器弥补了听力欠佳者的听觉不足。

信息能力与个人在社会生活中的成功，有着密切的联系。能够准确地获取信息、准确地传达信息的人，在人际交往中也必将处于优势，"善解人意"之人，其自身也会获得更多的理解与支持。学者当中精通外语者，可以通过获取外文信息来推动自己的研究，因而可取得更高的学术成就。精明的商人总是可以及时获得可靠的市场信息，并加以准确地分析处理，从而在市场中立于不败之地。一定意义上可以说，所有的个人成功，均与其信息能力有关。例如，语言能力是信息能力的一种，文学家具有超常的语言能力，可以通过创造性编码，透过自己的语言传达出人类内心深处难于为语言所描述的信息，写出具有震撼力的诗歌、散文等作品。

2. 信息成本

信息的获取、分析与传递等，均需要付出一定的成本，信息成本是影响人类行为的一个重要因素。为什么人们一般夜间休息白天工作，而不是白天休息夜间工作呢？究其原因，是因为夜间工作的信息成本过高。太阳落山夜幕降临之后，人的视觉便难于获取信息，此时必须借助于一定的照明措施，工作才可能正常开展。这里的照明支出，便是一种信息成本。自古以来，人类日出而作日落而息，这反映的正是信息成本对人类生活形成的自然约束。

信息成本是指为信息的接收、制造、传递、储存等而支出的成本。例如，卫星接收器作为电视信号接收装置,其购置成本的支出应属信息接收成本①;而电视信息的发射成本,应属信息传递成本;电视节目的制作成本,应属信息制造成本。信息的储存需要一定的信息载体,载体费用也属于信息成本。信息成本是现实世界中的关键性因素,学者指出,一般而言,在交易成本中②,似乎信息成本占主要部分,它是经济中存在的契约安排和一般组织结构的主要的决定因素。③

现实生活中,信息成本的节约一直在有意识或无意识地进行着。节约信息成本的例子比比皆是,例如,让他人顺便捎个口信,免去了自己专门前往传递信息的成本支出。又如,于生活小区的入口处设置公告栏,将需要各户居民知道的消息写在上面,也可节省信息传递成本,而居民"顺便"可以看到相应的通知,其获取信息的成本也降低了。

信息技术的发展,基本上也是以节省信息成本为目标的。④ 电话克服了空间的阻隔,使得人们可以不必跨越一定的空间距离,就可以进行信息交流。而移动电话,则进一步将去往固定的电话终端的成本也免去了。通过卫星信号传输而进行的现场直播,使得无数的人可以在千里之外的同一时间,低成本地获取直播现场的信息。电脑技术的进步,极大地降低了信息的存储成本,一个 G 的电脑硬盘,可以存储需要大量纸张才能容纳的信息。电脑的信息处理能力,也使得人脑因成本问题而无法完成的信息处理工作,得以顺利完成。而互联网的出现,则使得信息的输出与接收效率得到极度的提高。互联网已改变了人们的生活方式,并影响着主客体间的关系,学者指出,当语言从口传包装和印刷包装转换到电子包装时,主体与世界的关系也就被重新构型。⑤ 信息保存和传输的每一种方法,都深深地交织在构成一个社会的诸种关系的网络中。⑥ 人类在不同的阶段,有着不同的信息方式。而不同的信息方式,其信息成本也有所不同。人类社会进步的一个方面,便是

---

① 不过,信息接收的最后一环,仍应是个体在观看电视节目时,通过视觉、听觉对节目信息的获取。技术只是使得人的耳目可以"延伸",但不可能改变个体接收信息的生物学特征。

② 交易成本由信息搜寻成本、谈判成本、缔约成本、监督履约情况的成本、可能发生的处理违约行为的成本构成。参见〔德〕柯武刚、史漫飞:《制度经济学:社会秩序与公共政策》,韩朝华译,商务印书馆 2002 年版,第 239 页。

③ 〔美〕科斯、哈特、斯蒂格利茨等,〔瑞〕拉斯·沃因、汉斯·韦坎德编:《契约经济学》,李风圣等译,经济科学出版社 1999 年版,第 3 页。

④ 从另外一个角度看,也可以说技术的发展,提高了人的信息能力。

⑤ 〔美〕马克·波斯特:《信息方式——后结构主义与社会语境》,范静哗译,周宪校,商务印书馆 2001 年版,第 20 页。

⑥ 同上书,第 15 页。

可以节约信息成本的信息方式的进步。

技术发展之外，许多制度本身也具有节约信息成本的功能。学者指出，制度代表了一种长期的集体投资，旨在降低社会交换的信息成本。① 信息成本是决定法律制度的有效性的主要因素。② 通过对信息处理、传送和储存的节省，制度可以释放出社会能量和认知能量，这些能量可以更有益地被用于处理非程序化的活动。③ 人类的实践理性，使得人们在特定的资源约束条件下，于实践过程中不断尝试节约信息成本的方法，此种尝试经长期的经验累积，最终凝结在一定的制度之中，形成了有效的节约信息成本的机制。例如，商标法律制度通过赋予商标权人对注册商标的排他性使用权，使得特定注册商标可以成为特定产品或服务质量等信息的载体，消费者透过商标可以获得相关信息，从而作出抉择。④ "商标或服务标志的最重要的方面之一：它能减少消费者的搜寻成本。几乎与之不可分割的作用是，商标的价值是产品质量的可靠指示器。"⑤ "消费者的总成本，可能因为商标传达了在相反情况下他要花很高的成本才可能取得的质量信息，而变得比较低。"⑥ 专利法律制度也有节省信息成本的功能，授予发明人对专利信息的控制权，除了可以形成信息生产的激励之外，对专利使用人而言，他可以支付专利使用费来取得专利信息的使用权，免去了专利信息的生产费用的支出，而作为信息成本而支出的专利使用费，要远远低于专利信息的生产费用。这样，专利法律制度使得在社会中生产出专利信息之后，专利信息生产费用就不必被重复支出，其他人可以通过支付专利使用费而低成本地获得专利信息，制度节约信息成本的功能，因此而得以体现。

商品买卖中，生产者与买受人之间存在信息不对称，买受人一般缺乏相关商品的信息，其获取商品信息的成本也较高，而生产者则掌握着所出卖商

---

① 〔英〕马克斯·H. 布瓦索：《信息空间——认识组织、制度、文化的一种框架》，王寅通译，上海译文出版社 2000 年版，第 189 页。

② 参见张维迎：《信息、信任与法律》，三联书店 2003 年版，第 179 页。

③ 〔英〕马克斯·H. 布瓦索：《信息空间——认识组织、制度、文化的一种框架》，王寅通译，上海译文出版社 2000 年版，第 188 页。

④ 与商标具有相似功能的是学历证书。接受一定的教育之后可获得一定学历证书的制度，可以节省对有关个人知识、能力方面信息的获取成本。通过学历证书，可以低成本地形成对个体知识、能力的基本判断。

⑤ 〔美〕罗伯特·考特、托马斯·尤伦：《法与经济学》，张军等译，上海三联书店 1994 年版，第 197 页。

⑥ 〔美〕理查德·A. 波斯纳：《法律的经济分析》（上），蒋兆康译，林毅夫校，中国大百科全书出版社 1997 年版，第 53 页。

品的充分信息,其传递该信息的成本很低。《产品质量法》规定:生产者在其产品或其包装上的标识中应含有以下信息:产品质量检验合格证明;产品规格、等级、所含主要成分的名称和含量;安全使用期或失效期等。①《产品质量法》通过这样的强制性的规定,降低了买受人的信息成本。与此类似但更为典型的、通过强制性信息披露的方式来节省信息成本的制度,在《证券法》中有着更多的体现。② 此外,《民法通则》第 125 条规定:"在公共场所、道旁或者通道上挖坑、修缮安装地下设施等,没有设置明显标志和采取安全措施造成他人损害的,施工人应当承担民事责任。"这里,明显标志的设置,可以传递危险存在的信息。不设置明显标志则要承担损害赔偿责任的规则,促使掌握危险信息的施工人传递该信息,使行人可以轻易地获取该信息,避免损害的发生。而在未设置危险标志的情况下,行人发现危险存在的成本很高,他需要在全部的行程中,以极慢的速度前进,仔细地观察,并且可能尽管如此,仍然不能及时获得危险存在的信息。可见,《民法通则》第 125 条的规定,也有降低信息成本的功能。

(二) 物权信息成本之节约机制

1. 物权信息的获取途径

以物权为客体的交易,是以对物权状态的准确把握为前提的,物权交易成本中重要的一项,便是物权信息成本。作为物权的享有者的出让方,应是掌握着物权信息的,但关键是受让方如何获得可靠的物权信息。由于出让方存在欺诈可能性,受让方在何种情况下可以信赖出让方提供的物权信息,便成为问题。

自给自足的经济模式中,社会较为封闭,交易并不重要,偶尔发生的交易,也一般存在于熟人之间,物权信息的传递并不是一个重要的问题。但分工的细化,使得个体的生存必须依赖于交换,市场逐渐形成与发展起来。从基本的生存资料,到满足进一步的生理、精神需要的"奢侈品",交易标的越来越广泛,交易也越来越频繁,交易已经成为个体生存的基础,物权信息的传递机制,遂成为了一个社会问题。对此,追溯历史,似乎是一种方法,但由于社会生活关系的复杂性,这种追溯会在"时间的黑暗中迷失",此种在实际生活中不可能找到绝对证据的证明,被称为"恶魔的证明"。数个世纪以来,

---

① 参见《产品质量法》第 15 条之规定。
② 《证券法》第三章以 1 节 9 个条文,对证券交易中的持续信息公开作出了规定。

各国民法一直在努力寻找克服所有权证明上的难题。①

如果要通过追溯历史的方法,获得准确的物权信息,便涉及一系列的事实的证明和法律关系的证明,而且,更为关键的是,此种追溯有无尽头,可以或应当停在何处?试想,动产交易中,出卖人要想证明自己的所有权,要么提供自己因事实行为而取得交易标的物的事实的证明②,要么提供自己购买或受赠交易标的物的法律关系的证明,而在系因法律关系而取得标的物时,又需要证明前一所有人取得标的物所有权的证明,如此倒推逐一证明,直至因事实行为而取得标的物者。这样做的成本是十分巨大的,而且因事实行为而取得标的物之证据及取得标的物之法律关系的证据,在何种情况下可以视为足以认定所证明对象确实存在,又是一个更大的问题。事实的证明、法律关系的证明往往需要人证、物证等,但证人有作伪证的可能,物证也可能是伪造的,要想彻底排除这些可能,其难度简直无法想像,这也许正是其被称为"恶魔的证明"的缘故。

不动产交易中,物权证明的过程也基本相似,例如房屋的买卖,出卖人要么提供自己建造房屋的证明,要么提供自己系通过一定法律关系取得房屋的证明,在系通过法律关系而取得房屋所有权的情况下,又需要提供前一所有人取得房屋所有权的证明,如此倒推逐一证明,直至房屋的建造者,这实际上在重复着登记机关分步完成的行为。而且,和动产交易一样,正在进行的每一个交易,又将成为下一个交易的证明对象。

尼古拉斯先生指出,罗马法中主张对物权利的人,必须证明他是所有主,英国法则只需要证明自己拥有直接占有的权利。"但是,罗马法中的原告如何证明自己的绝对权利呢?这就是评论家们所说的'魔怪证明(probatio diabilica)':只有魔怪才会要求对所有权加以证明,在这种情况下,原告一般必须先证明他是从 X 那里合法取得该物的,然后证明 X 是从 Y 那里合法地取得该物的,并且一直将他的权利追溯到原始的取得。如果只是临时考察一下某人所'拥有'的物,很难成功地进行这样的证明。"所以,对古罗马原告的要求实际上也很难超过对英国原告提出的要求:要求他证明产生于占有本身的占有权,并且作好准备在必要时证明这种占有权比被告所要求的权利更加有效。③

---

① 参见肖厚国:《物权变动研究》,法律出版社 2002 年版,第 302 页。
② 因事实行为而取得物权,主要包括生产、先占等方式。
③ 〔英〕巴里·尼古拉斯:《罗马法概论》,黄风译,法律出版社 2000 年版,第 165 页。

与追溯历史的方法相对应,通过物权表征方式来传递物权信息,系另一种方法。动产交易中,占有的事实本身便可以作为物权信息的法定传递途径,而占有的事实的证明相对单一,占有从外观上便可以观察到,即使是间接占有,也仅是增加了间接占有之法律关系的证明。不动产交易中,登记簿的记载成为物权信息的法定传递途径,登记机关备置的物权登记簿,可以稳定地发挥负载物权信息并传递物权信息的功能。这样,物权信息的获取,被极度简化了。

2. 公信力之物权信息成本节约功能分析

物权信息成本主要由信息搜寻成本及信息储存成本等构成。信息搜寻成本受搜寻的时间花费及搜寻的环节多少等的影响,信息储存成本则与信息载体特征、信息负载技术、方法以及载体消耗量、载体保存成本等的影响。据说在中世纪的英国,由于许多人不识字,移转土地所有权需举行一定的公开仪式,在仪式上把转让的土地上的一块土和一根枝条移交给新的所有人。然后痛殴一名目睹了这一切的孩子,严厉的毒打使孩子对这一天终身难忘。这样,这项移转的一个活记录便产生了。① 如此奇特的储存、传递物权信息的方式,其成本也相对较高。

公信力制度具有节约物权信息成本的功能。公信力是指物权表征方式对第三人的保护效力,第三人可以放心地信赖物权表征方式传递的物权信息,不会因为表征方式传递的物权信息的错误而遭受损失。之所以表征方式传递的信息错误,第三人也受保护,是为了保障表征方式表征物权的功能。如果表征方式传递的物权信息错误,第三人就要遭受损失,第三人就不能信赖表征方式,而必须以表征方式之外的方法获取物权信息,这样,以物权表征方式来传递物权信息的渠道便被破坏了。可见,公信力是与以物权表征方式传递物权信息相始终的,否定公信力,就是否定物权表征方式的物权表征功能。

公信力制度节约物权信息成本的功能,可以从下文的分析中看出。首先,公信力制度之下,动产所有权信息通过对动产的占有来传递②,占有是一种事实,比较容易证明,而对所有权的证明则相对困难。③ 所以动产物权信

---

① 〔美〕罗伯特·考特、托马斯·尤伦:《法与经济学》,张军等译,上海三联书店1994年版,第205—206页。
② 但已建立物权登记簿的动产,其物权表征方式不再是占有,而是登记。此类动产之物权信息成本分析,可参考有关不动产方面的分析。
③ 〔英〕巴里·尼古拉斯:《罗马法概论》,黄风译,法律出版社2000年版,第113页。

第三章 不动产登记的效力

息成本极其低微,买受人在无相反的信息存在时,仅仅根据占有的事实,便可以完成物权信息的搜寻,安心地进行交易。而在否定公信力的情况下,物权信息的获取,只能采取追溯历史的方法,进行实际调查。交易前的每一次物权变动均需要核实,故物权信息的搜寻环节多,耗费的时间长,搜寻成本、时间成本高昂。交易合同、购物发票等可反映一定物权信息的书据,也均得长期保存,并且需要对其真实性进行鉴别,这些成本同样是在承认公信力制度之下,不需要支出的。而且,因事实行为而取得物权的场合,证明物权取得的事实常常是非常困难,甚至是不可能的。例如,你如何证明你欲出售的苹果,系采摘于你家的果园?你又如何证明你出售的小牛,系你家的母牛所生?而且,否定了占有的物权信息传递功能,谁还敢于在市场中通过从占有人处取得占有、支付对价而直接完成交易?如此,市场可能也就不复存在了,交易人一定是在不停地奔走于调查的途中,为"可靠"的物权信息的获取,付出着代价。

其次,公信力制度之下,不动产物权信息是通过物权登记簿来传递,其信息成本包括登记机关运作之行政成本、登记簿载体的成本、物权登记簿的维持成本、查阅登记簿的成本等。这些成本比以占有传递动产物权信息的成本要高,但是,登记簿是建立不动产物权体系所必需的①,这些成本也为不动产所有权、他物权体系之构建而获得的收益所分担着。并且,这些成本的支出,可以为无数的物权交易提供支持,避免了无数交易者在无物权登记簿的情况下,物权信息的成本的支出。如果没有登记制度,那么不动产购买者就需要花费精力去调查出卖方是否有出卖的权利以及不动产上是否有未公开权利负担,而且此种调查费用还将为每一个继起的购买者重复支出着。②此外,一种有效的土地权利登记制度,可提供一种低成本的产权执行体制,降低财产的排他成本,从而提高土地的价值。③

不承认公信力的情况下,不动产物权信息的获取也只能回到追溯历史的方法上,需要核实交易前的每一次物权变动,物权信息的搜寻环节多,耗费的时间长。而且,不同于物权登记簿的查阅行为,物权信息的实际调查行

---

① 占有不具有表现复杂法律关系的能力,不动产物权体系的建立,是以健全的登记制度为前提的。
② See Sir Robert Meagarry & H. W. R. Wade, *The Law of Real Property*, London Steven & Sons, 15th. ed. 1984, p.194.
③ 参见〔德〕柯武刚、史漫飞:《制度经济学:社会秩序与公共政策》,韩朝华译,商务印书馆2002年版,第226—228页。

为,其成本也必然更高,因为查阅只是前去阅览即可,而调查则可能需要克服重重障碍;此外,此时物权信息载体处于分散保管的状态,比起登记部门集中保管,物权信息的载体保管费用也更高。

总之,从交易者的角度而言,公信力制度之下,动产物权的信息从动产占有的状态中直接获得,不动产物权信息通过物权登记簿的查阅便可获得,其信息成本可谓低廉。虽然物权登记簿的维持涉及行政成本等的支出,但这并不涉及交易费用,且其单一的支出,可以为无数的交易服务,效率很高。并且,登记成本还可以为以下两项收益作出贡献:因物权体系的建立而使物的价值的立体化利用成为可能的收益、因排他成本及产权执行成本降低而引起的财产价值的提升。

物权信息的传递需要一个确实的渠道,否定公信力制度之下,物权信息的确认,需核实许多环节,任一环节出错,交易人均将遭受损失,这使得物权交易处于极其不稳定的状态,交易效率、交易安全遭到了极大的破坏。公信力制度之下,即使物权表征方式传递的物权信息错误,交易相对人也不受不利影响,这样的安排可以做实物权信息传递渠道,为物权交易提供一个稳固的支撑点。可见,公信力制度的实质在于:确立物权信息的法定获取途径,并保障该途径传递物权信息之功能的发挥,使交易相对人可以放心地信赖由此获得的物权信息,不必再为调查而支付更多的物权信息成本。当然,在物权表征方式传递的物权信息错误,而第三人为恶意时,物权表征方式传递的物权信息,就不再视为正确。因为恶意第三人已知道真实的物权信息,此时将物权表征方式传递的信息视为正确,也不会节省物权信息成本。

(三) 小结

信息能力是个体生存的基础,信息能力的提高是物种进化的一个重要方面。在既有的信息能力的前提下,信息成本成为人类行为的外在约束。为节省信息成本,信息技术得到了飞速的发展,同时,人类在社会实践中,经由实践理性的运用,逐步演化出许多可以节约信息成本的制度。公信力制度的基础,便在于物权信息成本的节约。

公信力制度建立的是一套物权信息传递机制,使动产物权信息通过动产的占有状态加以公示、不动产物权信息通过物权登记簿加以公示,这样,第三人可以极低的成本获得物权信息,避免了其不得不以追溯历史的方式获取物权信息时,而可能承担的沉重的信息成本负担,节省了社会资源。而且,公信力制度通过即使物权表征方式传递了错误的物权信息,善意第三人也可受到保护的措施,将支撑物权交易的此种物权信息支点做实,第三人可以安心信赖法定物权表征方式,不会在犹豫之间而增加了为获取信息而付出的时间成本、搜寻成本等。事实上,唯有当物权表征方式具有公信力时,物权表征方式才可能存在。如果占有或登记表征的物权信息正确就承认其表征功能,不正确就否认其表征功能,那么,占有和登记就与普通的物权信息证据没有区别,并且也没有必要再将其从其他物权信息证据中抽取出来加以强调。可见,公信力制度节省物权信息成本的功能,实际上是通过在物权表征方式传递的物权信息错误时,对善意第三人而言,仍视为正确的方式实现的。

第三目　登记公信力与物权变动立法模式

一、引言

比较法上,物权变动立法模式有意思主义与形式主义之分,两种立法模式在物权变动上,均奉行公示、公信原则,但在具体构成上存在着显著的差别。具体而言,形式主义立法物权变动之公示,决定着物权变动效力是否发生,而意思主义立法物权变动之公示仅控制物权之对抗效力;形式主义立法承认动产之占有、不动产之登记具有公信力,而意思主义立法承认动产占有之公信力,却否认不动产登记之公信力。这样,登记公信力是否是一种可有可无的制度、我国应否承认登记公信力、登记公信力与物权变动模式有无必然联系等,便成为值得思考、需要解决的问题。本文拟从意思主义与形式主义之分立入手,对两种立法模式之适用效果进行比较分析,着重探讨登记公信力与物权变动立法模式的关系,并以日本法为例,考察意思主义立法中登记是否真的没有公信力,最后就我国的选择提出建议。

二、意思主义与形式主义的对立

(一) 区分标准

基于法律行为而发生的物权变动的立法,有意思主义模式与形式主义模式之分。但何谓意思主义、何谓表示主义却有不同的界定。王泽鉴先生认为,所谓意思主义,指仅凭当事人的意思即生物权变动的效力,不必另外作成以物权变动为内容的物权行为。所谓形式主义,指物权变动尚需作成一个物权行为,并践行法定方式。① 我妻荣先生认为,法国民法所采用之意

---

① 王泽鉴:《民法物权》(第1册)(通则·所有权),中国政法大学出版社2001年版,第71—72页。

思主义认为,使物权变动发生之意思表示,和使债权发生之意思表示完全相同,并不需要任何形式。德国民法所采用之形式主义认为,使物权变动发生之意思表示和使债权发生之意思表示,不仅不相同,且以物权变动为目的之物权行为,是一种要式行为。① 王轶先生认为,意思主义是指除了当事人的债权意思之外,物权变动无须其他要件的物权变动模式。形式主义物权变动模式,指物权变动除了当事人的意思表示以外,还必须具备一定的形式。② 肖厚国先生认为,意思主义是指物权变动的完成仅以当事人的意思合致为已足,不以任何物质形式的作成为必要的立法主义。形式主义是指物权变动的完成除当事人的意思合致外,尚需登记、交付形式的作成为必要的立法主义。③

上述观点中,前两种区分,同时强调了有无独立的物权行为之标准及有无法律行为形式要求之标准;而后两种区分,强调的仅是有无形式要件之标准。究其原因,在于后者意在为所谓的"债权形式主义"留下空间。笔者以为,意思主义与表示主义的区分,原只是对法国法和德国法之不同物权变动模式的抽象与描述,而是否采纳物权行为理论,应是二者的主要区别。但意思主义与形式主义本身,可以容纳更多的亚类型。意思主义、形式主义均是针对意思表示之效力发生条件而言的,形式主义要求意思表示须采取一定形式,方可以发生效力,意思主义则无形式之限制。所以,意思主义、表示主义之分,实际上是非形式主义与形式主义之分。这样,分类应是周延的,因而所有的立法均可以分别归入其中一种类型。物权变动效力之发生,须具备一定形式要件的,为形式主义立法模式;物权变动效力之发生,无须具备一定形式要件,仅意思表示为已足的,为意思主义立法模式。

但是,这里所言之形式,并非发生债权之意思表示的形式,而是发生物权变动之意思表示的形式。④ 债权债务关系之发生并不受形式主义之形式要件的影响,形式要件仅影响物权变动效力的发生。⑤ 但是,债权意思表示

---

① 〔日〕我妻荣:《日本物权法》,有泉亨修订,五南图书出版公司 1999 年版,第 45—46 页。
② 王轶:《物权变动论》,中国人民大学出版社 2001 年版,第 18、25 页。
③ 肖厚国:《物权变动研究》,法律出版社 2002 年版,第 59—60 页。
④ 即使在意思主义立法中,发生债权之意思与发生物权变动之意思,也是可以区分的,当事人可以仅通过意思来使债权发生,而使物权变动效力暂不发生,例如所有权保留买卖的场合。此时,发生债权之意思未附有条件,而发生物权变动效力之意思,附加了条件。
⑤ 我国立法可能是惟一之例外,房屋买卖之登记曾经是买卖合同的生效要件,而根据《担保法》第 41 条之规定,抵押登记仍然是抵押合同的生效要件。但是,登记影响债权合同效力的规则是错误的,在民法典学者建议草案中,已规定抵押合同自成立之日生效。参见梁慧星主编:《中国民法典草案建议稿》,法律出版社 2003 年版,第 102 页。

也可能有其形式要件,事实上,采纳意思主义立法模式的法国,物权变动效力发生无形式限制,但债权效力的发生也可以有形式的限制。例如,抵押权合同需要采取公证的形式,不动产质权合同需要采取书面形式。① 物权变动效力发生的形式要求,与债权发生的形式要求的功能不同。后者主要是为了方便举证、及加强意思表示的严肃性。② 而前者,则是基于交易安全维护的考虑。

物权变动形式主义立法模式的"形式",主要是指登记及交付。③ 登记是不动产物权变动的生效要件,交付是动产物权变动的生效要件。但是,在动产物权变动方面,意思主义立法与形式主义立法之间的区别已经不复存在,两种立法主义的区分仅体现在不动产物权变动之上。无论是意思主义还是形式主义立法,动产所有权变动效力,均不需要交付即可发生,而动产质权,则是均需交付方可发生。我妻荣先生指出,德国法第 931 条关于通过返还请求权之让与而发生动产所有权移转这一点,事实上与法国和日本的所谓意思主义相去不远。柯拉因而断定说:"德国民法典在事实上和效果上采取了通过契约而取得所有权的制度。"④但实际上,更直接地导致二者在动产物权变动模式上趋同的,是《德国民法典》第 930 条有关占有改定的规定,当占有改定也可以发生动产所有权变动时,交付就已经不再是动产物权变动之要件了。

(二) 意思主义立法模式

意思主义立法中,仅当事人的意思即可以使物权变动的效力发生,无须登记或交付的完成。法国法、日本法采此种立法模式。《法国民法典》第 711 条规定:"财产所有权,因继承、生前赠与或遗赠,以及因债的效力,取得

---

① 参见《法国民法典》第 2127 条、2085 条之规定。需要注意的是,法国法中,不动产买卖并无形式要求,只是如果申请不动产登记,登记机关会要求申请人提供公证书。土地买卖的口头合同也是有效的,但登记只有在买卖公证的情况下才是可能的(参见〔德〕海因·克茨:《欧洲合同法》(上卷),周忠海、李居迁、宫立云译,法律出版社 2001 年版,第 128—129 页)。担保合同的形式要求,意在为担保人提供一定的保护,避免担保人轻率承担担保责任。另外,有学者认为,抵押合同是典型的物权合同(参见孙宪忠:《物权法论》,法律出版社 2001 年版,第 175—176 页)。笔者以为,即使在德国法中,抵押行为中也可以分离出债权行为性质的设定抵押权之约定,以及物权行为性质的抵押权之设定。不过,法国法不承认物权行为理论,所以其抵押合同、质押合同,均系债权合同。

② 参见康拉德·茨威格特、海因·科茨:《合同形式》,纪海龙译,载《中外法学》2001 年第 1 期,第 81 页。

③ 但是,这里的交付要件不同于要物合同中的交付要件,要物合同强调的是债权的发生以物之交付为必要,而这里的交付要件并不影响债权的发生,只是影响物权变动效力的发生。

④ 〔日〕我妻荣:《债权在近代法中的优越地位》,王书江、张雷译,谢怀栻校,中国大百科全书出版社 1999 年版,第 138 页,注 145。

或移转。"其第 1583 条还规定:"当事人一经对标的物与价金协议一致,即使标的物未交付,价金尚未支付,买卖即告完全成立,且买受人对出卖人依法取得标的物的所有权。"《日本民法典》第 176 条规定:"物权的设定及移转,只因当事人的意思表示而发生效力。"但采意思主义立法的国家,也有意思主义的例外,例如日本民法规定:动产质权的设定以交付为效力发生要件;特别法中则规定:矿业权、租矿权以登记为效力发生要件。①

意思主义立法充分体现了当事人的意思自由,对当事人意思未附加任何形式的限制,直接根据当事人的意思赋予法律效力,可谓是意思自治的极致。这反映了《法国民法典》的精神特征,《法国民法典》是以启蒙运动和理性法所确立的信念为基础的②,体现着自然法的思想,崇尚个人自由,确立了私法自治之原则。意思主义立法,充分展现了法典崇尚自由的精神气质。

意思主义立法模式中,物权变动没有形式要件的限制,这并无争议,但当事人只要有发生债权的意思表示就可以了,还是还要有以物权变动为目的之意思表示,日本学界有很大的分歧。③ 有学者认为,物权变动是债权意思表示本身的法律效果,没有必要让物权合同介入进去,债权的意思表示产生的不仅仅是债权的法律效果,也产生物权的法律效果。另有学者认为,即使认可物权行为的独立性,也没有实在的益处,反而会使物权变动的结构变得复杂。还有学者认为,日本民法第 176 条只是否定了物权变动的形式主义,但将 176 条中的意思表示看作是物权的意思表示,无论从体系上还是逻辑上,都是妥当的。④ 我妻荣先生认为,发生物权变动的意思表示和发生债权的意思表示,完全是同一种形式,并非要发生物权和债权两种效果,就必须要有两个意思表示,只要根据意思表示的效果意思之内容,来承认当事人想要的效果也就足够了。因此,在特定物买卖中,无特别的履行障碍时,当事人意思表示中已包含了移转所有权之效果意思。⑤

(三) 形式主义立法模式

形式主义立法中,物权变动效力的发生,除了当事人的意思表示之外,还需要登记或交付的完成。不过,在形式主义立法模式中,动产所有权的变

---

① 〔日〕我妻荣:《日本物权法》,有泉亨修订,五南图书出版公司 1999 年版,第 52 页。
② 参见〔德〕K. 茨威格特、H. 科茨:《比较法总论》,潘汉典、米健、高洪钧、贺卫方译,法律出版社 2003 年版,第 133 页。
③ 〔日〕我妻荣:《日本物权法》,有泉亨修订,五南图书出版公司 1999 年版,第 52 页。
④ 〔日〕田山辉明:《物权法》(增订版),陆庆胜译,法律出版社 2001 年版,第 32—35 页。
⑤ 〔日〕我妻荣:《日本物权法》,有泉亨修订,五南图书出版公司 1999 年版,第 52—53 页。

动,并不以动产的现实交付为生效要件。形式主义立法模式,又可以进一步区分为物权形式主义和债权形式主义。物权形式主义以德国为代表,债权形式主义以瑞士、奥地利等为代表。

德国的物权形式主义立法,区分债权行为与物权行为,认为在债权行为之外,尚有独立的物权行为存在,并且物权行为是一种要式行为,经登记或交付方才发生效力。而且,德国法中,物权变动的效力发生,系物权合同加登记或交付而发生的法律效果,该法律效果不受作为原因行为的债权合同效力的影响,也即采物权行为无因性原则。①

瑞士民法的物权变动,也采形式主义,《瑞士民法典》规定:土地所有权的取得,须在不动产登记簿上登记;动产所有权的移转,应将占有移转与取得人;地役权的设定,应在土地登记簿登记;动产或债权,经移转给取得人,始设定用益权;土地须经在不动产登记簿登记,始设定用益权;土地负担的设定,须在不动产登记簿上登记;不动产担保,经在不动产登记簿上登记后始得成立。② 这些规定,确立了各类物权变动的形式要件。但是,瑞士法上物权变动的效力受原因行为效力的影响,学者指出,瑞士法和奥地利法忠实于罗马法和欧洲普通法。所有权转让,既需要名义又需要形式,即处分行为之外尚需有效的负担行为。③《瑞士民法典》第974条规定:"物权的登记不正当的,该登记对于知悉或应当知悉该瑕疵的第三人无效。凡无法律原因或依无约束力的法律行为而完成的登记,为不正当。"瑞士联邦法院也排斥抽象原则。④ 至于瑞士法是否认为有独立的物权行为存在,则有不同的主张,但主流学说否定独立的物权行为的存在。⑤ 这样,瑞士物权变动效力的发生,以有效的债权合同加上登记或交付的完成为条件。此种模式,物权变动也须具备登记或交付之形式,但不承认德国法的物权行为理论,故将其称

---

① 参见《德国民法典》第873条、第875条、第878条、第929条之规定。
② 参见《瑞士民法典》第656条、第714条、第731条、第746条、第783条、第799条之规定。
③ 〔意〕弗兰克·费拉利:《从抽象原则与合意原则到交付原则——论动产物权法法律协调之可能性》,田士永译,载《比较法研究》2001年第3期。
④ 参见〔德〕K.茨威格特、H.科茨:《"抽象物权契约"理论——德意志法系的特征》,孙宪忠译,载孙宪忠:《物权法论》,法律出版社2001年版,第660页。
⑤ 参见肖厚国:《物权变动研究》,法律出版社2002年版,第117—124页。

作债权形式主义模式。① 另外,学者认为奥地利、韩国民法也系采行债权形式主义立法模式。②

我国民法在物权变动立法上系采行何种模式,这从我国相关法律规定中不难看出。《民法通则》第 72 条规定:"按照合同或其他合法方式取得财产的,财产所有权从财产交付时转移,法律另有规定或者当事人另有约定的除外。"对此,学者指出,该规定中的"合同",当然指债权合同,所有权移转为债权合同的当然结果,而交付为生效要件。③《担保法》第 64 条还规定:"质押合同自质物移交于质权人占有时生效。"这样,动产质权也需经动产占有之移转方可发生。对于不动产,我国法律有特别规定,《土地管理法》第 12 条规定:"依法改变土地权属和用途的,应当办理土地变更登记手续。"《城市房地产管理法》第 35 条规定:"房地产转让、抵押,当事人应当依照本法第五章的规定办理权属登记。"最高人民法院《关于适用〈合同法〉若干问题的解释(一)》第 9 条则规定:"法律、行政法规规定合同应当办理登记手续,但未规定登记后生效的,当事人未办理登记手续不影响合同的效力,合同标的物所有权及其他物权不能转移。"可见,不动产物权变动效力,须经登记方可发生。这样,我国物权变动需要具备登记或交付之形式,且我国未承认物权行为理论,所以,我国现行立法应属于债权形式主义模式。④

三、不同立法模式适用效果的比较

(一) 当事人之间的法律关系

由于形式主义立法和意思主义立法模式在动产物权变动上,已经采取基本一致的立场,故下文的比较,主要以不动产物权变动为例展开,分别比较当事人之间的法律关系、当事人与第三人之间的法律关系,以及对当事人

---

① "债权形式主义"之称谓,有导致误解的可能,使人误以为所言之"形式",为债权的形式要件,但实际上债权形式主义中之"形式",非债权之形式要件,而系物权变动之形式要件。由于对于有无物权合意以及物权合意是否独立存在的问题,有广阔的解释空间,采意思主义的日本法,仍还有学者认为存在独立的物权合意,所以"债权形式主义"与"物权形式主义"的真正区别不在于是否承认有无物权合意存在,而在于物权变动的效力是否受原因行为效力的影响。因而,将二者分别称作"要因形式主义"和"抽象形式主义"也许更为准确。

② 参见梁慧星、陈华彬编著:《物权法》,法律出版社 1997 年版,第 92—93 页。王轶:《物权变动论》,中国人民大学出版社 2001 年版,第 31 页。

③ 参见梁慧星:《民法学说判例与立法研究》,中国政法大学出版社 1993 年版,第 126—127 页。

④ 但是,我国普通动产抵押权、船舶及航空器物权之变动,系采行意思主义立法模式,仅当事人意思即可以使物权变动发生,无须登记或交付的完成,但未登记不得对抗第三人。参见《担保法》第 43 条、《海商法》第 13 条、《民用航空法》第 16 条之规定。

第三章 不动产登记的效力

一般债权人的影响,而每一类法律关系的讨论,又进一步区分为未办理不动产登记和已办理不动产登记两种情况来进行,并分别考察债权合同效力对这些法律关系的影响。

在当事人之间,有债权合同的约束。以不动产买卖合同为例,出卖人有交付标的物并移转所有权之义务,买受人有支付价金之义务,这是买卖这一典型合同中当事人的主义务,不因物权变动的立法模式不同而有所改变。

在尚未办理不动产登记且债权合同有效时,依意思主义立法,不动产所有权已经发生移转,但是出卖人仍有协助办理登记之义务,并且移转登记、交付与价款支付之间构成了同时履行的关系。① 未完成登记,并不认为出卖人已履行完毕。买受人享有登记请求权,即使出卖人又将标的物转卖第三人之后,登记请求权也不受影响。出卖人的协助登记义务,带有为使买受人取得完全所有权之出卖人义务之性质。② 至于登记请求权的性质,有学者认为可发生债权性登记请求权与物权性登记请求权的竞合,但也有学者认为,因涉及的是"财产移转秩序",所以买受人享有的是债权性登记请求权,仅在债权性登记请求权因时效而消灭时,法律关系转变为"财产归属秩序"时,才认可其物权性登记请求权。③ 此外,买受人还可以申请办理假登记,来预先防止因第三人的介入,而可能导致的损害的发生。④

在尚未办理不动产物权登记且债权合同有效时,依形式主义立法,物权尚未发生变动,出卖人仍然是所有权人,但当事人受债权合同的约束,出卖人有协助办理登记的义务,该义务与买受人价款支付义务也可构成同时履行关系。买受人享有登记请求权,该请求权应为债权合同效力的一部分,为债权性登记请求权。买受人也可以申请办理预告登记,以保全其物权变动请求权的实现。

在尚未办理不动产物权登记,而债权合同又因效力瑕疵而没有效力

---

① 〔日〕田山辉明:《物权法》(增订版),陆庆胜译,法律出版社2001年版,第35页,注释1。
② 〔日〕我妻荣:《日本物权法》,有泉亨修订,五南图书出版公司1999年版,第129—130页。
③ 〔日〕田山辉明:《物权法》(增订版),陆庆胜译,法律出版社2001年版,第56页,注释1。
④ 日本法上的假登记,类似于德国法上的预告登记,根据日本《不动产登记法》第2条、第7条之规定,在未具备登记申请程序上需要的条件,或者为了保全不动产物权的设定、移转、变更或消灭的请求权时,可以进行假登记;已进行假登记的,本登记的顺位,依假登记的顺位确定。这样,经本登记之后,本登记之效力便优先于假登记与本登记之间所实行之中间处分之登记。参见〔日〕我妻荣:《日本物权法》,有泉亨修订,五南图书出版公司1999年版,第80页。

时①,依意思主义,当事人之间的物权变动效力未发生或者溯及地消灭,当事人之间也没有债权债务关系存在;依形式主义,当事人之间没有物权发生变动,也没有债权债务关系存在。

在已办理了物权变动登记且债权合同有效的情况下,依意思主义立法,此时物权早已发生变动,而且此项变动也发生了对抗第三人的效力;依形式主义立法,物权也发生了变动,并且,作为一种对世权,当然能够对抗第三人。而且,两种立法主义中,物权变动效力均因债权合同的效力,而被撑起并将不会被无原因地回复。

在已办理了物权变动登记,而债权合同又因效力瑕疵而没有效力时,依意思主义立法,物权变动失去了法律基础,按照债法恢复原状之要求,出卖人可行使登记恢复请求权。② 依债权形式主义立法,此时物权变动也已失去基础,出卖人享有物权性返还请求权,可以请求将标的物重新移转登记于其名下。而按照物权形式主义立法,因其采纳物权行为无因性理论,所以物权变动效力仍然存在,出卖人仅享有不当得利请求权,但是,在无第三人介入时,出卖人仍然可以请求恢复所有权。③ 因为买受人不当获得的利益,是取得了标的物所有权,这样,返还的也应当是所有权。

由上述可见,在当事人之间的关系上,意思主义立法与形式主义立法适用的效果基本相同④,虽然在形式上,所有权人会有所不同,但这种形式上的所有权归属,对当事人之间的关系没有质的影响。在无第三人介入的情况下,当事人之间的利益格局,基本取决于债权合同的约定。未办理登记时,变动物权是双方当事人效果意思的内容,债权合同的效力是引领物权发生变动的力量。形式主义之下,登记请求权的行使,使物权变动效果最终发生;而意思主义之下,登记请求权的行使,则使买受人最终取得完全性物权。已办理登记时,债权合同有效的,两种立法主义的适用结果完全一致;而在债权合同因效力瑕疵而没有效力时,物权变动原因的丧失,也最终会使物权恢复到出卖人名下。总之,在无第三人介入的情况下,不动产登记名义人是

---

① 债权合同因效力瑕疵而没有效力,包括债权合同因欠缺生效要件而无效、因欺诈或胁迫等原因而被撤销、因被解除而失去效力等情况。"没有效力"的表述,用来描述因撤销或解除等失去效力,以及原本即无效的状况。

② 参见〔日〕铃木禄弥:《物权的变动与对抗》,渠涛译,社会科学文献出版社1999年版,第131页。

③ 〔德〕迪特尔·梅迪库斯:《德国民法总论》,邵建东译,法律出版社2000年版,第178页。

④ 惟一可能的实质性区别,在于未办理登记时,买受人登记请求权的性质可能有所不同,进而会引起在是否适用诉讼时效问题上的差异。

谁,对当事人之间的关系无实质性影响,当事人之间关系取决于债权合同的效力,而债权合同的效力与物权变动立法模式,没有实质性联系。所以,无第三人介入时的当事人之间的关系,基本不受物权变动立法模式之选择的影响。

(二)与第三人之间的法律关系

物权为绝对权,物权享有者之外的所有的人均是义务人,所以,物权变动模式的不同选择,如果对相应法律关系产生不同的影响,也应主要体现在当事人与第三人之间的关系上,但到底有无不同影响、有什么样的影响,还需要具体分析。

在尚未办理物权变动登记,而债权合同又因效力瑕疵而没有效力时,无论是依形式主义,还是依意思主义,物权变动均未发生,登记名义人为物权的真正享有者,第三人可以从出卖人处取得物权。如果债权合同有效,依形式主义,物权变动也未发生,登记名义人为物权的真正享有者,第三人也可以从出卖人处取得物权;依意思主义,所有权已移转至买受人[1],但买受人的所有权因未登记而不能对抗第三人,因为法律虽然对未经公示的物权变动也是承认的,但在它进行相应的公示之前,原则上第三人可以把它作为未发生物权变动来对待。[2] 所以第三人从出卖人处取得物权,不会因买受人为所有权人而受不利影响。但对第三人从出卖人处取得物权的理论说明,形式主义是根据债权的非排他性及自由竞争理论,第三人仅例外地在构成第三人侵害债权时,才不能取得物权[3];意思主义则是根据对抗理论,第三人仅在构成"背信的恶意者"时,买受人可以否定其物权之取得。[4]

在已办理物权变动登记时,如果债权合同有效,依形式主义立法,物权已发生变动,第三人无法从出卖人处取得物权,但可以从买受人处取得物权。依意思主义立法,已变动之物权进一步取得对抗效力,此时,第三人也无法从出卖人处取得物权,但可以从买受人处取得物权。而在物权变动登

---

[1] 意思主义立法中,物权变动因当事人意思而发生变动,但当事人可以有不同之意思,例如其可以约定由出卖人保留所有权。交易惯例也有补充当事人意思的功能,学者指出:不动产买卖,认为登记、交付、价金支付之某一项得到实现时,发生物权之变动,则是日本之惯例([日]我妻荣:《日本物权法》,有泉亨修订,五南图书出版公司1999年版,第56页)。这样,现实交易中,不动产物权的变动时点更为复杂。

[2] [日]田山辉明:《物权法》(增订版),陆庆胜译,法律出版社2001年版,第30页。

[3] 参见王泽鉴:《民法学说与判例研究》第4册,中国政法大学出版社1998年版,第165页、第171页。

[4] [日]铃木禄弥:《物权的变动与对抗》,渠涛译,社会科学文献出版社1999年版,第49页。

记虽已办理,但债权合同因效力瑕疵而没有效力时,依债权形式主义立法,第三人可以根据登记公信力从买受人处取得物权;依物权形式主义立法,由于买受人仍被认为是物权享有者,第三人当然可以从买受人处正常取得物权[①];而依意思主义立法,第三人也可以从仍为登记名义人的买受人处取得物权,而对于第三人物权取得的基础,有对抗问题说和虚伪表示说两种理论。对抗问题说认为,如果第三人已办理了登记,则其可以对抗出卖人,而如果出卖人已先办理了复原性登记,则出卖人可以对抗第三人,两者的优劣取决于他们之间登记的先后。虚伪表示说,则是类推适用日本民法第94条第2款有关虚伪表示的规定,为第三人的权利取得提供基础。但也有学者认为,只有通过两种学说的相互补充才能使不动产交易的安全和公示制度得到充实。[②]

由上述可见,在与第三人之间的关系上,意思主义与表示主义立法虽然在理论说明上有所不同,但适用的效果也基本相同。并且,有趣的是,在已办理物权变动登记,但债权合同因效力瑕疵而没有效力时,形式主义内部出现了差异,债权形式主义反而与意思主义更为接近。因为,物权形式主义中,对根据物权行为无因性理论取得物权的第三人,并不要求其主观上的善意[③];而债权形式主义立法中,公信力适用的前提是,第三人善意信赖登记簿记载;意思主义立法中,不能对抗之第三人,一般也需要主观上的善意。[④]

(三)对当事人一般债权人的影响

在已办理物权变动登记且债权合同有效时,依意思主义和形式主义立法,标的物均为买受人对其一般债权人承担责任之财产;在物权变动登记尚未办理且债权合同因效力瑕疵而没有效力时,依意思主义和形式主义,标的物均为出卖人对其一般债权人承担责任之财产。这两种情况下,均不存在当事人之一般债权人因信赖物权表征而受损的可能。

---

① 该结果正是物权行为无因性理论所要追求的,物权行为无因性使得买受人的物权取得,不受债权行为效力的影响,从而达到保护与买受人交易的第三人的目的。

② 参见〔日〕铃木禄弥:《物权的变动与对抗》,渠涛译,社会科学文献出版社1999年版,第130页、132页、133页。

③ 物权行为无因性理论之下,第三人物权的取得,并不需要通过善意取得制度,物权行为的无因性已使得之处分人为物权享有者,故第三人取得物权并不需要主观上为善意。这也正是学者所批评的物权行为无因性理论的缺点之一。

④ 此时,若按照虚伪表示说解释,第三人应为善意,因为日本民法第94条第2款规定的虚伪表示不得对抗的仅是善意第三人;若按照对抗问题说,背信之恶意人也被排除在不可对抗之第三人的范围之外。参见〔日〕加贺山茂:《日本物权法中的对抗问题》,于敏译,载《外国法译评》2000年第2期。

第三章 不动产登记的效力

在物权变动登记尚未办理且债权合同有效时,依形式主义,物权变动尚未发生,标的物仍为出卖人对其一般债权人承担责任之财产,不存在当事人之一般债权人因信赖物权表征而受损的可能。依意思主义,买受人已为标的物所有权人,标的物成为买受人对其一般债权人承担责任的财产,买受人的所有权虽然因未登记而尚未发生对抗效力,但不可对抗之第三人,不包括出卖人之一般债权人。仅在出卖人之一般债权人已申请扣押标的物时,买受人之所有权才不能对抗扣押债权人。① 此外,在出卖人无资力的场合,出卖人一般债权人享有诈害行为撤销权等救济手段。② 法国法的规则,与此类似,以有扣押不动产请求之公告为前提,为出卖人一般债权人提供保护。③

在已办理物权变动登记,但债权合同因效力瑕疵而没有效力时,依债权形式主义,物权变动效力消灭,物权仍为出卖人享有,买受人之一般债权人不能因买受人为登记名义人,而主张就标的物价值受偿债权。依物权形式主义,因采行物权行为无因性原则,故买受人仍为标的物所有权人,出卖人仅享有债权性返还请求权,买受人之一般债权人可以就标的物价值受偿债权。④ 依意思主义,物权变动效力不复存在,买受人之一般债权人应也不能因买受人为登记名义人,而主张就标的物价值受偿债权。⑤

上述可见,在与当事人一般债权人关系上,意思主义与形式主义在前两种情况下,适用效果一致;在第三种情况下,买受人不能对抗出卖人之扣押债权人的规则,使意思主义与形式主义有所接近;在第四种情况下,意思主义与债权形式主义一致,但二者与物权形式主义不相一致。

一般债权人不受公信力的保护,所以其不能因对错误登记的善意信赖,而获得就非债务人之财产取偿的权利。因为公信力以保护交易安全为旨趣,而一般债权人与物权变动当事人,并不处于以标的物为客体的交易关系

---

① 〔日〕田山辉明:《物权法》(增订版),陆庆胜译,法律出版社2001年版,第50页。
② 参见〔日〕加贺山茂:《日本物权法中的对抗问题》,于敏译,载《外国法译评》2000年第2期。《日本民法典》第424条第1款规定:"债权人可以请求法院,撤销债务人知有害于其债权人而实施的法律行为。但是,因该行为而受益或转得利益者,于行为或转得时不知侵害债权人的事实者,不在此限。"
③ 参见尹田:《法国不动产公示制度》,载梁慧星主编:《民商法论丛》第16卷,法律出版社2000年版,第568页。
④ 物权行为无因性导致的对买受人一般债权人的普遍保护,已受到学者的批评。参见〔德〕Ulrich Drobnig:《论物权变动》,于海涌译,载梁慧星主编:《民商法论丛》第22卷,金桥文化出版有限公司2002年版,第342页。
⑤ 此时,能否按照对抗问题说,得出出卖人不可以对抗已申请扣押标的物的买受人之一般债权人,尚不明确,但按照虚伪表示说,应是不能得出买受人一般债权人也受保护的结论。

之中,也不构成与物权变动当事人争夺物权的态势。而且,债务人的物权交易行为,一般并不会导致债务人责任财产减少,而对于债务人致使其责任财产减少的诈欺行为,债权人可以行使撤销权,来维护自己的利益。此外,债权人也可以通过取得担保,来寻求债权之保障。① 物权形式主义中,物权行为无因性导致的一般债权人受保护的结果,实际上是其维护交易安全的副产品。而意思主义立法中,出卖人扣押债权人的保护,是对所有权未经公示即已移转之不当规则的一种矫正。

但是,债权人对占有、登记之物权表征的善意信赖,完全不受保护的规则,似也有检讨的余地。当债权的发生,是基于债权人对债务人之占有人、登记名义人身份的善意信赖时,债权人的利益维护,也可以与交易安全利益联系起来,适用维护交易安全的规则,来保护债权人利益,同样具有妥当性。此时,也需要在物权取得人利益与一般债权人利益之间进行权衡,但其具体的制度构造,尚需探讨。

(四) 评价与思考

基于法律行为的物权变动,涉及债权发生与物权变动双重效力,意思主义立法对此作统一安排,均仅依意思表示即可发生,形式主义立法则将二者区分开来,并以外在的形式要件来控制物权变动效力的发生,由此导致了二者在制度构造上的显著差别。但从上文的分析中不难看出,具体到两种立法主义的适用效果,二者却有着惊人的相似。在当事人之间的法律关系上,意思主义、形式主义立法中,债权合同均是决定性的因素,当事人之间的利益格局完全取决于债权合同的效力。在当事人之外的法律关系上,两种立法主义均奉行维护交易安全的法政策,意思主义立法通过未公示物权对抗效力的排除,来实现这一政策目标。形式主义立法则是通过物权变动的形式要件、公信力、物权行为无因性理论来实现这一政策目标。虽然二者之适用在细部上有一些差异,但形式主义内部在适用上也有差异,并且往往意思主义和债权形式主义站在一起,形成了与物权形式主义的对立。

实际上,在物权变动的场合,不同立法主义面临着共同的问题是:物权取得人何时取得排除善意第三人取得其那份利益的可能性?对此两种立法主义的回答均是:物权变动之公示完成时。意思主义立法中,物权变动未经

---

① 虽然如此,但欠缺公示的让与担保、所有权保留制度的实行,确实给债权人带来困扰。担保所有权的创设没有任何外部表现,其他债权人不能确定在债务人占有的财产中,哪些是属于他自己的,哪些不属于他自己(参见〔德〕罗伯特·霍恩、海因·科茨、汉斯·G. 莱塞:《德国民商法导论》,楚建译,中国大百科全书出版社 1996 年版,第 205 页)。这样,债权人的信赖,会不断地被辜负。

公示不得对抗第三人,对抗力正是使物权取得人可以排除第三人善意取得可能性的东西;形式主义立法中,物权变动未经公示,当然不能排除第三人善意取得的可能性,但与意思主义不同的是,此时其直接认为物权根本未发生变动。虽然,表面上看,未经公示一个是有物权变动但无对抗力,一个是无物权变动发生,但二者实际效果上均是第三人善意取得的排除不能。

　　为什么不同的立法模式,在适用效果上却极其相似?究其原因应在于:立法模式的选择,仅是一种法律技术性选择,它不可能改变由基础性价值判断决定的法律效果。相反,能否顺畅地导出基础性价值判断确定的法律效果,是评价立法模式选择的一项标准,造成对该法律效果过多偏离的立法模式,作为一项制度,也终将在制度的竞争中败北。

　　虽然,两种立法模式从各国不同的文化背景、历史传统中演化而来,植根于各国不同的法律有机体之中,并且通过与各自的相关制度的配合使用,在各自的法律体系中均发挥了其应有的作用。且也有学者认为,有关立法主义采行各有利弊,端视一国经济环境、社会需求及配合性制度之健全性如何而抉择,殊难以一端各论优劣。① 但笔者仍以为,意思主义立法与形式主义立法相比较,处于明显的劣势。

　　意思主义基于法国自由主义之传统,本着对个人意思的充分尊重,而认物权变动仅以当事人意思合致为已足,无需任何外在形式,蕴涵着私法自治的精神。但是,私人自治也应有适度的限制,尤其是在涉及物权变动的场合,不加公示的物权变动,将会对交易安全构成严重威胁。意思主义立法也十分明确这一点,所以其在形式上,物权变动效力仅有当事人意思表示即可发生,但实际上对抗力的排除,已剔除了物权的最核心成分,并使这一最核心成分,在具备一定形式要件时方才给予。这样,表面看来是意思主义,但实质上仍是形式主义。意思主义弘扬私法自治精神的初衷,并未得到坚持,反而导致了理论构成上的自相矛盾。

　　首先,依意思主义,物权变动虽未经登记即可生效,但是该生效的物权却不能对抗第三人,那么此种物权还是不是物权。② 对此,日本学者也认为,"对于欠缺对抗力的抵押权,抵押权人几乎与普通债权人没有区别。"③ "物权与债权最重要之不同点,就是物权对第三人也可以积极地主张其权利,所

---

　①　谢在全:《民法物权论》(上),中国政法大学出版社 1999 年版,第 59 页。
　②　参见孙宪忠:《论不动产物权登记》,载《中国法学》1996 年第 5 期。
　③　参见〔日〕远藤浩编:《物权——基本法逐条解说》,日本评论社 1988 年版,第 194 页。转引自邓曾甲:《中日担保法律制度比较》,法律出版社 1999 年版,第 214 页。

以缺乏对抗力之物权变动就缺乏实际价值了。当事人之经济目的,许多情形都靠具备对抗要件才能达到。"①另有学者指出:"将合同的效力区分为在当事人之间的效力和对第三人的效力,不仅使法律关系变得复杂,而且这违背了物权具有对世效力的基本原则。"②

其次,在处理二重买卖问题时,意思主义不能合理解释后一买受人取得所有权的依据,虽然有债权性双重让与说、相对效力说、物权性双重让与说、公信力说等不同观点,但理论上均欠严谨。③

再有,意思主义赋予登记以对抗力,未登记不得对抗第三人,但为了阐明何谓第三人,日本民法学界可谓倾其所能,构建出极端复杂的对抗理论,使物权变动理论构造凌乱不堪,但这样仍难于妥善发挥理论的解释说明功能。其实,日本民法的对抗理论的发达,反映的正是立法模式上错误的原初选择,对理论构造形成的极端挤压,从而为实现基础性价值判断所确定的法律效果,理论不得不扭曲变形,来试图沟通立法模式与正义之结果,形成了理论上本不必要的"繁荣"。有学者已指出,"罗马法采用'意思加交付'转移所有权的方式相对比较简单,而合意原则这种实际上分两个步骤转移所有权的方式'极端复杂'"。④

本来,物权变动应当公示方可发生效力,但意思主义为弘扬私法自治精神,想要直接赋予意思表示以变动物权的效力,但其又不能不顾及交易安全,所以它可能给予当事人的也只能是没有对抗力的物权!这样,它弘扬的私法自治,也只能是徒有其表。形式主义立法与此不同,它通过登记之形式要求,来寻求当事人意思自由与交易安全利益的平衡,将物权变动当事人之间的内部关系与同第三人的外部关系作简明的统一安排,避免了许多意思主义模式难于克服的理论难题,理论结构清晰、严谨,为明显优越的立法模式。对此,日本民法泰斗我妻荣先生也已指出:作为立法论,就不动产物权之变动而言,应该以登记作为效力发生之要件。⑤

---

① 〔日〕我妻荣:《日本物权法》,有泉亨修订,五南图书出版公司1999年版,第62页。
② 参见〔德〕Ulrich Drobnig:《论物权变动》,于海涌译,载梁慧星主编:《民商法论丛》第22卷,金桥文化出版有限公司2002年版,第335页。
③ 参见〔日〕田山辉明:《物权法》(增订版),陆庆胜译,法律出版社2001年版,第44—46页。
④ 参见〔德〕Ulrich Drobnig:《论物权变动》,于海涌译,载梁慧星主编:《民商法论丛》第22卷,金桥文化出版有限公司2002年版,第332页。
⑤ 〔日〕我妻荣:《日本物权法》,有泉亨修订,五南图书出版公司1999年版,第54页。

四、公信力与物权变动立法模式

(一) 登记公信力与物权变动立法模式之选择

登记公信力,是指登记对信赖登记的第三人的保护效力。在登记发生错误时,善意之第三人,基于对登记表征物权之功能的信赖,而有所作为时,法律视登记为正确,第三人可以取得其所欲取得的权利。实行形式主义物权变动模式的德国、瑞士等,均承认登记的公信力,《德国民法典》第892条第1款规定:"为有利于根据法律行为取得一项权利或者取得该项权利上的权利的人,土地登记簿中所记载的内容应视为是正确的,对其正确性提出的异议已进行登记的或者取得人明知其为不正确的除外。权利人为了特定人的利益而限制其处分已登记于土地登记簿中的权利的,该项限制仅在土地登记簿中有明显记载或者为权利人所明知时,始得对取得人发生效力。"《瑞士民法典》第973条第1款规定:"出于善意而信赖不动产登记簿的登记,因而取得所有权或其他权利的人,均受保护。"第974条第1款还规定:"物权的登记不正当的,该登记对于知悉或应知悉该瑕疵的第三人无效。"我国台湾地区《土地法》第43条规定:"依本法所为之登记,有绝对效力。"学者将该条规定解释为:赋予登记以绝对公信力。①

然而,实行意思主义模式的法国、日本,理论上均否定登记的公信力。②这样,给人的感觉似是,登记公信力与物权变动模式的选择有关。的确也有学者认为,意思主义立法中,登记并非物权变动成立要件,若第三人信赖登记即可取得不存在之权利,无异于赋予登记有创设效力,可见登记对抗主义与公信原则在理论上系互相矛盾。③ 只有在采登记为物权变动成立要件时,才有赋予公信力的可能。④ 该观点的逻辑是,登记是物权变动效力发生的要件时,登记才可能具有使善意第三人取得物权的效力,但这是不能成立的,因为前一"登记"实指在登记簿上作变动记载,后一"登记"应是指静态的登记簿本身。不赋予物权变动动态公示之"登记"以创设物权的效力,与保护第三人对登记簿静态记载的信赖之间并无冲突。该观点与认为公信原则是

---

① 参见王泽鉴:《民法物权》(第1册)(通则·所有权),中国政法大学出版社2001年版,第92页。
② 参见〔日〕我妻荣:《日本物权法》,有泉亨修订,五南图书出版公司1999年版,第42页。
③ 参见刘春堂:《动产担保交易法研究》,三民书局1999年版,第35页。
④ 顾祝轩:《论不动产物权变动"公信原则"的立法模式——"绝对的公信"与"相对的公信"之选择》,载孙宪忠主编:《制定科学的民法典——中德民法典立法研讨会文集》,法律出版社2003年版,第355页。

以物权变动公示原则为基础的观点,存在同样的错误。① 其实,意思主义立法模式的法律构造,并不天然排斥登记公信力,意思主义立法模式,也承认动产占有的公信力,便是一个明证。公信力赋予与否关系到物权表征方式表征功能的维护,涉及物权信息传递方式的问题,而物权变动公示的效力涉及的是不同的物权观念②,以及对当事人之间关系处理的不同技术方法。物权变动立法模式的区分标准,是物权变动效力发生是否以一定的外在形式为必要,涉及的是物权变动公示之效力的问题,而公信力涉及的是善意信赖物权表征方式之第三人是否应受保护的问题,二者属于不同层次的问题,相互之间并无必然联系。

我国实行债权形式主义立法模式,登记是否有公信力,应否承认登记公信力,学者有不同看法。有学者认为,我国现不存在登记公信力的法律规定,也不应当赋予登记以公信力,理由在于:(1)我国现有登记制度不健全,公信力制度的实行对真正权利人的保护将极为不利;(2)公信力制度将影响用益权的稳定,不利于物的充分利用;(3)我国传统观念更重视静的安全,人们在观念上还难于接受公信力制度。③ 但也有学者认为,我国已承认登记的公信力,只是表述不明确,规定不周详罢了。④

现今,我国正在制定民法典,民法典必然要回答登记应否有公信力的问题,而可能的犹豫,应是与比较法上存有不同的立法例有联系。不过,如果能够说明意思主义立法模式中,登记实质上也具有公信力,那么我们选择承认公信力的决定,就会更加坚定。故此,下文将以日本法为例,具体分析在意思主义立法之下,作为不动产物权表征方式之登记,是否有公信力。

(二)意思主义之下的登记真的没有公信力

登记公信力以登记错误的存在为适用前提,而其实质在于:排除登记之错误对善意第三人的不利影响。因此,下面的分析,主要是依据不同的登记

---

① 公信原则与物权变动公示原则并没有逻辑上的必然联系,虽然从法发展史的角度观察,是先出现物权变动公示制度,后出现公信原则,但并不是因为物权变动公示了,才要求公信的。动产物权中,公示的要求极其弱,但公信原则却十分严格地实行着。实际上,动产所有权变动是可以不公示的,但占有具有公信力。这说明公信并非公示之延伸,而系物权表征方式表征功能之维系。公示与公信系立于相同的基础,均是确定物权表征方式的逻辑推衍。公信力非物权变动公示的效力,而是物权表征方式的效力。公示、公信是并列互补关系,均源于物权需要有确定的表征方式的要求。

② 意思主义立法将无对抗力的权利也视为物权,认为在物权削梨式的移转中,取得第一片梨时,便已取得了物权。形式主义立法强调物权整体性,物权只能作为一个整体在主体间发生移转。

③ 参见许明月:《抵押权制度研究》,法律出版社1998年版,第213页。

④ 参见崔建远、孙佑海、王宛生:《中国房地产法研究》,中国法制出版社1995年版,第266页。

错误类型,探讨其具体的法律效果,看一看信赖登记的第三人是否因登记错误,而遭受了损失。

1. 未登记不得对抗第三人

《日本民法典》第 177 条规定:"不动产物权的取得、丧失及变更,除非依登记法规定进行登记,不得以之对抗第三人。"围绕该条规定,日本民法站在解释论的立场,发展出了复杂的对抗理论。对抗理论中的核心问题是:何谓不得对抗,以及不得对抗之第三人的范围。对于何谓不得对抗,日本学界认为,主要有以下几种观点:(1) 债权效力说,即认为未经登记,在当事人之间也仅生债权效力,不发生物权变动效力;(2) 相对无效说,即认为未经登记,在当事人之间发生物权变动效力,但在对第三人之关系上则完全不发生物权变动效力;(3) 不完全物权变动说,即认为未经登记,不发生具有完全排他效力的物权变动;(4) 第三人主张说,即认为未经登记,在当事人间及对第三人之关系上均已完全发生物权变动之效力,但第三人为一定主张时,则在对该第三人之关系上不发生物权变动效力。① 日本学说与判例,较倾向于不完全物权变动说及第三人主张说。但有学者认为,已得到登记之第二买受人丙取得所有权,是因为登记被赋予公信力之缘故,并且此时要求以丙之善意为条件。②

笔者认为,上述学说并不是在解释什么是"不得对抗",而是在说明为什么"不得对抗",而对于什么是"不得对抗",加贺山茂先生认为:日本民法第 177 条可以改读为"第三者因具备了对抗要件,在实现第三者保护目的的范围内,可以否认不具备对抗要件的物权取得者的权利。"其强调对"不得对抗"问题,不应采取或者承认或者不承认的绝对化思维方法,而应采用限定在应该保护的必要范围的范围内的灵活构想。③

对于不得对抗之第三人范围,日本民法经历了无限制说到限制说的演变,现在的通说采第三人范围限制说。④ 而就限制的标准,我妻荣先生主张,"对于就该不动产处于有效交易关系之第三人来说,无登记就不得对抗"⑤,

---

① 参见〔日〕舟桥谆一:《物权法》,有斐阁昭和 59 年版,第 141 页以下,转引自刘春堂:《动产担保交易法研究》,三民书局 1999 年版,第 37 页。
② 参见〔日〕我妻荣:《日本物权法》,有泉亨修订,五南图书出版公司 1999 年版,第 139 页。
③ 参见〔日〕加贺山茂:《日本物权法中的对抗问题》,于敏译,载《外国法译评》2000 年第 2 期。
④ 参见〔日〕铃木禄弥:《物权的变动与对抗》,渠涛译,社会科学文献出版社 1999 年版,第一章。
⑤ 〔日〕我妻荣:《日本物权法》,有泉亨修订,五南图书出版公司 1999 年版,第 143 页。

舟桥先生则主张:第三人"限于处于相互争夺物的支配关系,且被认为是信赖登记而展开交易的人"。① 具体而言,不得对抗之第三人包括:(1) 与标的物有关的物权取得人;(2) 与标的物相关的特定物债权人,主要是不动产租赁权人;(3) 特定物让与人的扣押债权人;(4) 转买人。而未登记可以对抗的第三人包括:(1) 实质上的无权利人;(2) 以欺诈、胁迫手段阻挠登记或有为他人申请登记义务的第三人;(3) 不法行为人;(4) 背信的恶意者。②

至于第三人的主观要件,通说认为,即使恶意之人也受保护,理由在于《日本民法》第177条的背后有自由竞争原理的存在。③ 此外,原则上虽然保护恶意人,但违反诚实信用者除外,即带有实质违法性之人例外使其不能主张登记欠缺,于是将视点从善意恶意问题,转向围绕诚信原则、自由竞争原理的社会观念的问题。这样,背信之恶意者,被排除出不可对抗的第三人范围。依据判例理论,背信之恶意者就是恶意且违反诚信的人。包括让与人的近亲属或其他类似关系第三人、无偿或近似无偿取得的第三人、曾经承认过有问题的权利变动且以之为前提而采取行动的第三人、为达到二重买卖而积极说服让与人的第三人、对第一受让人有特别的害意的第三人等。④

上述日本法不登记不得对抗规则的构造,可以与公信力的构造作一个比较。首先,根据《日本民法》第176条的规定,"物权的设定及移转,只因当事人的意思表示而发生效力"。这样,物权变动而未登记时,便出现了登记簿表征的物权与权利的实际状况不一致的情况。而公信力适用的前提正是如此。

其次,公信力的效果是"第三人之权利取得不因登记错误而受不利影响",而对于"不得对抗"的意义,上文加贺山茂的解读为"在实现第三者保护目的的范围内,可以否认不具备对抗要件的物权取得者的权利"。这样,第三人当然不会因登记错误而受损。而我妻荣先生对该"不得对抗"效果的详细展开,更能说明问题,他指出:当乙取得甲的不动产所有权而未登记时,对就同一不动产取得所有权、地上权、抵押权等物权的丙,不得主张所有权的取得;当丙办理了登记时,若丙取得的是所有权,则乙的所有权取得全然

---

① 〔日〕舟桥谆一:《物权法》,有斐阁昭和35年版,第180—182页,转引自王茵:《大陆法系日德法三国不动产物权变动比较研究》,中国社会科学院研究生院2003年博士学位论文,第122页。
② 参见〔日〕田山辉明:《物权法》(增订版),陆庆胜译,法律出版社2001年版,第48—54页。
③ 〔日〕山本敬三:《民法讲义Ⅰ总则》,有斐阁2001年版,第213页。本文中该书内容的日文翻译,均得感谢南京大学法学院解亘先生的帮助。
④ 王茵:《大陆法系日德法三国不动产物权变动比较研究》,中国社会科学院研究生院2003年博士学位论文,第126页、第127页。

无望;若丙取得的是地上权、抵押权时,则乙取得的是受上述权利限制之所有权。若乙所取得之权利为地上权、抵押权及其他限制物权而未登记时,对就同一不动产取得物权的丙,不得主张权利;当丙办理了登记时,若丙取得的是所有权,则乙失去取得物权之希望;若丙取得的是地上权,则乙之地上权取得就失去了希望,乙取得之抵押权也只能在受地上权限制之所有权上成立;若丙取得的是抵押权,则乙取得之地上权会因抵押权的实行而消灭,乙取得之抵押权只能作为第二顺位抵押权而成立。① 对于这样的法律效果,如果不说明是在解释何谓"不得对抗",一定会被当作是对登记公信力效果的描述了。②

再有,就第三人范围而言,不得对抗之第三人与公信力保护的第三人也基本相同,主要是与权利人争夺物权的人。而在第三人主观要件方面,似乎二者之间有很大差异,但其实该区别是因为制度在体系中的位置不同而引发,由于法律体系的结构性影响,具体制度会附带地去解决邻近的其他问题,从而给人以存在制度差异之感。在形式主义立法中,二重买卖的第二买受人主观上也不需要为善意,在解释上与日本法一样也需援引自由竞争理念。③ 而日本法上的"背信之恶意者"排除规则解决的问题,在形式主义立法中是通过第三人侵害债权制度来解决的。④ 上文所引"背信之恶意者"中的"为达到二重买卖而积极说服让与人的第三人",类似于第三人侵害债权制度中的引诱违约的第三人,"对第一受让人有特别的害意的第三人",则类似于第三人侵害债权制度中的以侵害债权为目的之要件。

可见,在意思主义立法中,因未登记而不得对抗的效果,与承认登记公信力十分接近,故此日本学者也有主张以公信力来解释《日本民法》第177条之规定。⑤ 但铃木禄弥先生极力反对公信力说,其反对的理由除了日本现行

---

① 参见〔日〕我妻荣:《日本物权法》,有泉亨修订,五南图书出版公司1999年版,第143—144页。
② 对登记公信力效果的展开,可参见史尚宽:《物权法论》,中国政法大学出版社2000年版,第44页。
③ 参见王泽鉴:《民法学说与判例研究》第4册,中国政法大学出版社1998年版,第171页。
④ 同上书,第168—171页。
⑤ 笔者的主要目的是通过效果的比较,从立法论的角度来论证登记公信力的正当性,但这些学者均是从解释论的立场来论证,这必然遭遇日本民法现行规定的硬约束,所以笔者这里不具体引述其论证过程。

规定之硬约束,以及因意思主义立法而导致的制度变形之外①,再就是其有关权利的理论。该理论认为所有权并不是一个实在的东西,而是像学者主张的那样,是在一个所有权法秩序下包含的众多法律关系项,可以出现第一受让人与第二受让人在对世间所有的人之关系上,同时具有所有人的地位之结果。② 日本民法上于是有了关于物权变动时期的复杂理论,以及所有权"削梨"式移转的观点。不过,铃木禄弥先生也承认,如果假设某物的所有权是一个实在的东西,把它看作是只要在甲的手中,就不可能在乙的手中,那么,要想说明二重买卖成立的可能性,也许只能采用公信力说。③ 而笔者以为,物权应是一种"实在的东西",具有"在此便不在彼"之特征,物权变动效力发生也需要一个刚性的时点,这样第三人才能有一个确定的判断基准,交易才能更为安全便捷。而意思主义之下,物权变动则是呈现为散乱的数点之状况,法律关系顿时复杂化。而日本法理论此处的"繁荣",正是不妥当的立法主义的选择导致的"浮肿"现象,理论已被实定法压迫得扭曲变形,呈无原则地退却之势。可见,唯有正面承认登记公信力,方才可能还法律关系之原貌,舒展理论脉络,赋予理论以自然清新之生命力。

2. 类推适用虚伪表示的规定

未登记变动对抗当事人的规则,仅能解决部分情况下善意第三人的保护问题,尽管该规定已有扩张适用的趋向,它仍是主要局限于物权变动未公示的场合。但在其他情况下,由于日本民法否定登记的公信力,同样会导致信赖登记的善意第三人不能得到保护的不公平的结果。对此,学者认为:如果并非只是丙信赖了不实登记,甲方也怠为在登记中如实公示自己权利的存在,且对于作为乙的权利而被公示之事于某种意义上甲负有责任时,保护丙恐怕是比较妥当的。④ 而与此等理念最为接近的便是《日本民法典》第94条第2款有关虚伪表示之规定。于是,类推适用虚伪表示之规则,便成为保护此种状况之下的第三人的主要方法。

---

① 他将此种变形导致的结果,作为了反驳的理由,从而使讨论偏离实质性的问题。而意思主义立法至少在两个方面导致了制度的变形,一是在物权让与尚未登记时,受让人不得对抗让与人之扣押债权人,二是未登记不得对抗之第三人,可以包括恶意第三人,仅排除背信之恶意者。这两者均是为了弥补物权变动不需要形式要件,而引起的法律关系形式与其实质性利益结构偏离的弊端,想通过制度的变形来加以纠正。

② 参见〔日〕铃木禄弥:《物权的变动与对抗》,渠涛译,社会科学文献出版社1999年版,第一章第二节之内容。

③ 〔日〕铃木禄弥:《物权的变动与对抗》,渠涛译,社会科学文献出版社1999年版,第30页。

④ 〔日〕我妻荣:《日本物权法》,有泉亨修订,五南图书出版公司1999年版,第155页。

《日本民法典》第 94 条规定:"(1) 与相对人通谋而进行虚伪意思表示者,其意思表示为无效;(2) 前款意思表示的无效,不得以之对抗善意第三人。"根据该规定,因意思主义立法及否定登记公信力的规则而导致的不当结果,可以部分得到纠正。例如,甲为了避免债权人就自己的不动产强制实现债权,与乙通谋虚构买卖事实,将该不动产移转登记于乙的名下,后乙将该不动产出卖给不知情的丙。这里,甲、乙之间的买卖构成虚伪行为,应属无效,但根据第 94 条第 2 款的规定,甲、乙不能以无效对抗属善意第三人的丙。这样,丙可以取得物权,丙对登记的信赖得到了保护。此例是直接适用第 94 条第 2 款,而达到了与承认公信力同样的效果。但是,在许多场合下,直接适用第 94 条第 2 款有困难,而不保护第三人又不公平,于是日本判例与学说,试图通过类推适用第 94 条第 2 款的规定,来实现保护第三人的目的。

类推适用,是以事实构成的相似性为基础,而赋予相同的法律效果。而其基准应在于支撑着被类推适用之规定的原理之中。具体到第 94 条第 2 款,表见法理便是这里的原理。① 山本敬三先生认为,以归责性为前提,保护对外观信赖的想法,称为表见法理,"对于似乎他人才是权利人这样的外观的存在,真正的权利人具有归责性时,有正当理由信赖该外观的第三人应当受到保护"。表见法理的构成要素为:(1) 外观的存在;(2) 就外观的存在有归责性;3. 对外观正当的信赖。② 这样,类推适用第 94 条第 2 款时,也应具备上述三个要素,而适用的类推属性,主要体现在对归责性的扩张解释上。本来权利人系因与他人之虚伪意思表示制造了权利外观,而具有归责性,在类推适用第 94 条第 2 款时,权利人的归责性之表现则与此不同。日本判例之判旨,对真实权利人,从最初的登记申请行为到明示默示承认直至放置行为,从外观作出符合其本意到不符合其本意,呈现逐渐偏离第 94 条第 2 款适用要件的倾向。③ 而此种倾向中,权利人的归责性的要件被坚持和扩张着。表见法理具体运用到类推适用第 94 条第 2 款时,可展现为以下三个要件:(1) 存在虚假登记的外观;(2) 真实权利人对此外观的作出负有归

---

① 〔日〕山本敬三:《民法讲义 I 总则》,有斐阁 2001 年版,第 147 页。
② 同上书,第 137 页。
③ 王茵:《大陆法系日德法三国不动产物权变动比较研究》,中国社会科学院研究生院 2003 年博士学位论文,第 140 页。

责事由;(3)第三人由于信赖此种外观而进入交易关系。① 而具体的类推适用第 94 条第 2 款规定的案型主要有:

(1) 权利人积极参与虚假外观的作出的案型

某女甲在其夫乙的请求下,买入丙所有的房屋供乙的妾丁使用,丁经与乙的协商,以丁的名义进行了所有权登记,后丁将该屋转让给戊并完成移转登记,甲诉争所有权的归属。对于此案,法院判决称:"所有权登记于非系争房屋购买人的丁名下,甲虽无转让所有权的意思,但其承认丁名义的所有权转让登记时,则实质等同于与丁通谋为虚假所有权转移登记的情形,故类推适用民法 94 条 2 款,甲不能以丁未取得实体上所有权为由对抗善意的第三人。"从而首次明示了只要虚假外观的形成,乃基于权利人的意思,就可以类推适用 94 条 2 款的理论。

(2) 权利人知道他人作出虚假外观后置之不理的案型

系争建筑物为甲所有且未登记,甲同意该房屋名义人为养母乙,但乙以事实上的养子丙为所有人进行了家屋台账的申报,该房屋处于长期未登记而家屋台账登录的是丙的状态,丁以代物清偿方式完成所有权转移登记,甲诉求确认所有权并注销登记。对于此案,法院指出"未登记建筑物所有人明知依照旧家屋台账法,其建筑物在家屋台账上以他人所有的名义登录,却明示或默示时,也同样类推适用第 94 条第 2 款。盖因家屋台账上的所有名义,就未登记的建筑物,为所有权归属的外观表示,不能以建筑物所有人对该外观表示的事先事后承认的差别,使信赖该外观的第三人有保护程度的差别"。

(3) 权利人以自己意思作出了虚假外观,登记名义人改变虚假外观的形式案型

甲以获取交易对方的信用为由,请求乙借给其所有不动产的所有名义,双方伪装了该不动产的买卖预约,进行了名义为乙的所有权转移请求权保全的假登记,乙伪造甲印章并在后者不知道的情形下,进行了所有权转移的本登记,并卖给丙,后者又卖给丁,丁将其中部分不动产卖给戊。对于此案,法院判决如下:"通谋以假装的买卖预约进行所有权转移请求权保全的假登记后,外观上的假登记权利人利用之,完成以买卖为原因的所有权转移本登

---

① 顾祝轩:《论不动产物权变动"公信原则"的立法模式——"绝对的公信"与"相对的公信"之选择》,载孙宪忠主编:《制定科学的民法典——中德民法典立法研讨会文集》,法律出版社 2003 年版,第 356 页。

记手续,则此外观假登记义务人,不能以本登记的无效对抗善意无过失的第三人,依据第94条第2款和110条法意,伪装了假登记外观的人,应对信赖基于该假登记的本登记的善意无过失的第三人负责,此乃外观尊重和交易保护的要求。"

(4)他人作出了与权利人本意不同的虚假外观的案型

代表人甲为防止乙夺取本案土地,与丙通谋伪造转让原因,但甲原本想进行所有权转移请求权保全的假登记,最终却进行了丙提出的所有权转移登记,这样产生了与甲本意的假登记手续不同的、但却因该假登记外观伪装的意思进行了以丙为权利人的所有权转移登记的结果,因此依据94条2款、110条的法意,对各第三人所主张的本案土地的各个部分,依据其各自同丙的所有权取得契约,且对该契约的订立为善意无过失的话,则甲不能以丙的所有权取得无效对抗第三人。①

对于类推适用《日本民法》第94条第2款的案型,山本敬三先生进行了类型化,将其区分为意思外观对应型和意思外观非对应型,前者权利外观与真正权利人的意思一致,后者权利外观与真正权利人的意思不一致,前者又可以区分为自己作出外观型和他人作出外观型。其所举他人作出外观型的例子,也颇具参考价值:甲对房屋拥有所有权,甲的情人乙瞒着甲擅自将房屋的名义变换到自己的名下。后来甲察觉,并向乙要求恢复原状,乙也答应了。但是却筹措不出登记费用。再后来甲与乙的孩子出生,二人正式结婚。因此房屋的名义人一直就是乙。而且甲向银行贷款时,也原封不动地以乙的名义在房屋上设定抵押权等。再后来甲与乙关系破裂,乙将房屋卖给了丙。对于此案型,甲对于权利外观的制造,无归责性,但是对于权利外观的维持,甲具有归责性,因而可以类推适用第94条第2款。②

可见,日本法以表见法理为基准,类推适用第94条第2款之规定,来实现保护交易相对人对登记信赖之目的。在第94条第2款的类推适用中,权利人的归责性从本意之为虚伪意思表示,到制造虚假权利外观,再到放任虚假权利外观,使得对第三人的保护也越来越充分,以至于即使系他人伪造登记或登记机关错误登记,而导致登记错误时,如果权利人知道或应当知道而放任不管,均可充分归责性要件,不得对抗善意第三人。这样,由于归责性

---

① 以上案型资料引自王茵:《大陆法系日德法三国不动产物权变动比较研究》,中国社会科学院研究生院2003年博士学位论文,第138—140页。
② 参见〔日〕山本敬三:《民法讲义I总则》,有斐阁2001年版,第147—151页。

解释之弹性,使得类推适用第 94 条第 2 款的实际效果,与承认公信力的效果无限接近。实际上,公信力理论的基础也在于表见法理,系赋予外观以一定的效力,来维护第三人的善意信赖。但有学者认为,登记的公信力与真实权利人之归责性无关,而第 94 条第 2 款类推适用法理中,强调真实权利人对外观作出或维持有归责性。① 其实,一方面,当权利人的归责性,已扩张到知道登记错误而放任之、应当知道登记错误而放任之,乃至于未及时发现登记错误的程度时,其归责性已十分稀薄。另一方面,公信力理论中是否也需要权利人的归责性,也值得反思,从平衡权利人与第三人利益的角度,似也应要求权利人的归责性,即使是极稀薄的归责性。这样,二者的差距并没有被拉开。当然,正如学者所言,由于外观的存在具有决定性的意义,所以归责原理有时不被过多地重视。② 但这一点在类推适用虚伪行为和公信力理论中,应均有所反映。

3. 债权合同因效力瑕疵而没有效力时的第三人保护

在债权合同因效力瑕疵而没有效力时,物权变动也因此没有效力,物权处于同无债权合同订立时一样的状态。如果物权变动已办理了变动登记,则出现了登记名义与权利的实际状况不相一致的情况。这样,若第三人信赖登记簿的记载,而有所行为时,意思主义立法将如何处理,便有讨论的必要。对此,下文作一简要的分析。

甲将其不动产转让给乙,并已办理了物权变动登记,后甲以乙欺诈为由,撤销了买卖合同,而丙从登记名义人乙处受让该不动产。根据日本法的规定,在债权合同欺诈而被撤销的场合,合同效力溯及地丧失,在当事人间将发生复原性物权变动,但不得以撤销对抗善意第三人。③ 不过,该第三人应是指撤销前的第三人,对于撤销后的第三人,认为乙到甲与乙到丙之间的物权变动,构成二重买卖,形成对抗关系,谁先具备了登记谁获胜。此时,涉及的是尽管可以登记却没有登记的甲,与信赖登记的丙之间的利益衡量。这种利益衡量,是对抗理论基本的考虑因素。也有观点认为,撤销后的第三人,可通过第 94 条第 2 款的类推适用,获得保护。甲撤销合同后,明知登记错误的存在,而急于更正,具有归责性,丙善意信赖登记外观,应受保护。④

---

① 王茵:《大陆法系日德法三国不动产物权变动比较研究》,中国社会科学院研究生院 2003 年博士学位论文,第 143 页。
② 〔日〕山本敬三:《民法讲义 I 总则》,有斐阁 2001 年版,第 137 页。
③ 参见《日本民法典》第 121 条、第 96 条之规定。
④ 参见〔日〕田山辉明:《物权法》(增订版),陆庆胜译,法律出版社 2001 年版,第 65 页。

此外，在适用第 96 条第 3 款保护撤销前之第三人时，因并非对抗关系问题，而是例外地否定撤销的追及性效果，所以丙并不需要具备登记，但如果甲撤销之后，先于丙完成登记，丙便失去了取得物权的机会。①

在甲因胁迫而撤销债权合同时，对于撤销前的第三人，无第 96 条第 3 款之适用，故即使丙是善意者，也不能取得物权。而撤销后的第三人，也同因欺诈之撤销一样，认为可构成二重买卖，形成对抗关系，从而甲与丙谁先完成登记，谁取得物权。但也有学者认为，对于撤销前的第三人而言，如果甲在撤销前处于可以行使撤销权的状态，却不行使，丙相信乙的登记而从乙处取得权利时，可以类推适用第 94 条第 2 款之规定，保护丙的物权取得。② 另有学者将甲可以行使撤销权的时间称为基准时间，认为在基准时间之前，甲因受胁迫而未行使撤销权，不该受到任何非议。而丙的出现时间，不应以债权合同订立时间为准，而是以丙具备登记的时间为准。丙在基准时间之后出现的，甲或丙一方虽具备了登记，但构成背信之恶意者的，也不能对抗对方。③

在债权合同因解除而失去效力时④，通说认为在解除前出现的第三人，可根据《日本民法典》第 545 条第 1 款但书"不得损害第三人的权利"之规定，获得物权。此第三人限于在解除前出现，且不问第三人之善意、恶意，而以登记为必要。在解除后出现的第三人丙，则与甲形成对抗关系⑤，谁先完成登记谁获胜。

在债权合同无效时，学者认为，在甲知道有无效原因存在，而且处于可以主张无效的状态之后，出现的第三人丙与甲的关系，可以作为对抗问题处理，二者之间的优劣由其登记的先后决定。⑥ 也有学者认为，甲可以在外观上恢复登记的权利，但却拖延不办，而第三人丙无过失地相信乙的外观上的

---

① 参见〔日〕铃木禄弥：《物权的变动与对抗》，渠涛译，社会科学文献出版社 1999 年版，第 105 页。
② 参见〔日〕田山辉明：《物权法》（增订版），陆庆胜译，法律出版社 2001 年版，第 69 页。
③ 参见〔日〕铃木禄弥：《物权的变动与对抗》，渠涛译，社会科学文献出版社 1999 年版，第 94—97 页。
④ 解除在当事人之间的效力上，日本法上有直接效力说、间接效力说之分，但不同学说之选择，对与第三人关系的处理，并无实质性的影响。
⑤ 参见王茵：《大陆法系日德法三国不动产物权变动比较研究》，中国社会科学院研究生院 2003 年博士学位论文，第 159 页。
⑥ 参见〔日〕铃木禄弥：《物权的变动与对抗》，渠涛译，社会科学文献出版社 1999 年版，第 130 页。

登记,与乙进行了交易,可适用第94条第2款之规定,认可丙的权利取得。①

由上述可见,在债权合同因效力瑕疵而没有效力,产生了登记错误时,《日本民法典》通过适用其第177条未登记不得对抗之规定、类推适用第94条第2款虚伪行为之规定、适用第96条第3款及第545条第2款之规定,来实现保护第三人信赖之目的,使得其法律适用的效果,与承认登记公信力的规则的适用效果十分接近。但是,依据日本判例和通说对其第177条第三人的解释,恶意者也为第三人,从而导致不承认登记的公信力却过大保护第三人的结果,同时不符合第三人受保护之善意原则,而基准时间之前的第三人,除第96条第3款、第545条第2款及第94条第2款的适用外,可能会出现即使善意无过失也不受保护的结果,这样第三人的保护明显失衡,第三人的保护理论也缺乏一贯性。②

4. 日本法何以规定预告登记

日本《不动产登记法》第3条规定了预告登记制度,该条规定:"预告登记,在因登记原因的无效或撤销而提起涂销或恢复登记之诉时进行。但是,关于登记原因撤销而提起的诉讼,以其撤销可对抗善意第三人者为限。"其第34条规定:"预告登记,应由受理第3条所载之诉的法院,依职权于嘱托书上附具诉状的誊本或节本,从速嘱托于登记所。"另其第145条规定了诉讼被驳回或原告败诉、撤诉等情况下,预告登记的涂销。可见,日本法的预告登记,指因登记原因之无效或撤销而提起登记之涂销或回复之诉时所进行的登记。③ 预告登记的目的在于通过登记簿之记载,公示登记记载之权利存在争议,使第三人谨慎行事。例如,甲将其不动产出卖给乙,并移转了登记,后甲主张买卖合同无效而要求进行复原性物权登记,并起诉至法院,法院依职权在登记所办理了预告登记。在这之后,丙若想从乙处购得该不动产,就应当更加谨慎。如果丙不为所动,仍然从乙处购买了该不动产,这样若后来甲胜诉,则即使丙已办理了物权变动登记,也不能影响甲的利益的实现,丙之所有权取得的登记可被涂销。④

日本法的预告登记,不同于德国、我国台湾法上的预告登记,日本法上

---

① 参见〔日〕田山辉明:《物权法》(增订版),陆庆胜译,法律出版社2001年版,第74页。
② 王茵:《大陆法系日德法三国不动产物权变动比较研究》,中国社会科学院研究生院2003年博士学位论文,第149页。
③ 〔日〕我妻荣:《日本物权法》,有泉亨修订,五南图书出版公司1999年版,第75页。
④ 但是,如果甲败诉,则丙的权利取得当然得以确定。所以,虽有预告登记存在,丙也可能基于甲将败诉之判断,而仍然与乙交易。

与此种预告登记相对应的是其假登记制度。日本法的预告登记的性质与功能,可以通过对其效力的分析来加以考察。学者指出预告登记的效力包括预告效力和对抗效力,预告效力体现在使第三人知悉某一不动产争议事实,对抗效力则体现为,在权利人胜诉时,权利人可以预告登记对抗第三人之取得。[①] 可见,预告登记系通过公示物权争议存在的方法,来避免因第三人介入,而导致将来胜诉的权利人利益遭受损失。经预告登记后,胜诉之权利人可排除第三人之权利取得,这样的安排的正当性在于,第三人完全可以知道此种风险的存在,相关事实已经登记而公示了。而之所以将因登记原因撤销而提起的诉讼中,其撤销不可对抗善意第三人者排除在外,是因为此类善意第三人本来即应当受到保护,应不可以通过预告登记的方式,损害其正当利益。基于同样的理由,日本判例已将预告登记之例外,扩张适用到第94条通谋虚伪行为无效中不得对抗善意第三人的情况。[②]

《德国民法典》中规定有异议登记制度,其第899条第1款规定:"在第894条规定的情况下,可将对土地登记簿的正确性提出的异议进行登记。"而第894条是有关更正登记的规定。由于更正登记需要举证,费时较长,为防止在更正登记前因善意第三人的介入,而损害真正权利人的利益,法律规定了异议登记制度,作为一种临时性应急措施。异议登记的效力在于,使得第三人不能依据"登记正确性推定效力",而取得不动产的有关权利。[③] 日本法上的预告登记制度,与德国法上的异议登记显然有一定的相似之处。二者均是适用于登记有可能错误、权利人欲更正而未更正之时,目的均在于公示登记可能错误的信息,使公示之后权利人不会因第三人的介入而受损。但是,德国法承认登记公信力,异议登记可以排除登记公信力,而日本法不承认登记公信力,何以还要预告登记呢?笔者以为,日本法虽然形式上不承认登记公信力,但登记确实也具有保护第三人的效力,第三人和登记名义人进行交易的,可以获得相应物权。而预告登记正是要排除登记对第三人的保护效力,使已着手准备更正错误登记的权利人,不需要担心因程序的耽搁,而为不知情的第三人的介入提供可能。当然,日本法的预告登记适用范围很窄,并且需要以法院嘱托的方式完成,但这只是说明其法律尚有不足之处,这将导致其他场合的真正权利人,无法利用预告登记来维护自己的正当

---

① 参见肖厚国:《物权变动研究》,法律出版社2002年版,第260页。
② 参见〔日〕我妻荣:《日本物权法》,有泉亨修订,五南图书出版公司1999年版,第76页。
③ 参见孙宪忠:《德国当代物权法》,法律出版社1997年版,第158页。

利益。

（三）评价与思考

登记作为不动产物权的表征方式，具有表征不动产物权的功能，而如果登记不具有公信力，对信赖登记记载的善意第三人，法律不加以保护的话，登记表征物权的功能必将丧失殆尽。基于这样的逻辑，德、瑞民法明确肯定了登记的公信力。而同样将登记作为不动产物权表征方式的法、日，却拒绝承认登记公信力，可是，登记公信力的否定将导致登记表征功能的丧失，这样，不动产交易之安全及效率如何保障？不动产交易如何展开？于是，笔者的疑问便是，意思主义立法之下，是否真的不承认登记公信力？

通过对上文以日本法为例的考察，不难看出，日本法上号称没有公信力的登记，同样具有保护第三人的效力，登记仍然是可以信赖的表征物权的方式。在因当事人意思而发生物权变动，且没有登记时，登记名义人非真正权利人，从而出现了登记错误，此时《日本民法》第177条确立的"未登记不得对抗"之规则，有效地保护了第三人，维护了交易安全。在登记出现错误，而权利人或制造了该错误、或放任了该错误而具有归责性时，第94条第2款的类推适用，也使得第三人利益得以保全。在物权变动因债权合同效力瑕疵而失去效力，且未回复登记时，登记存在错误，此时日本判例与学说在肯定应保护第三人的前提下，透过不同的解释路径来达成此一结果，或运用177条之对抗理论，或准用第94条第2款规定，或适用96条第3款、545条第2款之规定，来实现保护第三人之目的。更有甚者，为避免登记错误之更正的迟延，而损害真正权利人的利益，日本法规定了预告登记制度，通过公示登记物权有争议之信息，来排除登记保护第三人的效力。

可见，日本法通过一系列制度，已确立了登记对第三人的保护效力，预告登记制度的存在，也反证了这一点。那么，登记具有的此种保护第三人的效力，与登记公信力有何区别呢？答案是，二者之间并无实质性的区别。登记公信力的实质也系在于，对第三人的保护效力。二者可能存在的区别，往往也只是形式上的，系源于其不同的体系构成。

学者指出，日本法未明文规定登记具有公信力，恐怕连立法者也不明确未赋予登记公信力的理由，或者说由于立法者对公信力理论，尚未有充分而正确的认识，而成就了这样的立法①，但是，随着社会的发展，交易安全的价

---

① 王茵：《大陆法系日德法三国不动产物权变动比较研究》，中国社会科学院研究生院2003年博士学位论文，第138页。

值逐渐提升,因交易效率与安全而提出的对权利表征方式及维持其表征功能的要求,也日益强烈,实践需要通过登记公信力来实现交易的安全与便捷。但由于原初理论对登记公信力的拒斥,日本法不能在公信力的旗帜下建立统一的保护交易之机制,只能利用原有的规则,透过法解释,发展出复杂凌乱的、确认登记对第三人保护效力的制度。这样的格局虽系经演进而生成,但当对于应承认登记公信力达成明确肯定的共识时,也宜改弦易辙,建立统一的公信力制度。故法国、日本正打算透过解释论引入公信原则。①

(四) 我国的选择

上文对日本民法的考察,应使我们对承认登记公信力的必要性,有了更为深刻的认识。虽然因资料的缺乏,不能了解法国法的状况,但在全球化的背景下,共通的经济社会条件,也将决定着法国不可能无视保护交易安全的强烈需要,它必然会有相应的确认不动产物权表征方式之保护第三人效力的制度。因为路径依托的缘故,日本、法国未必会改弦更张地承认登记公信力,而更可能是在原有的路径上继续演进,维持其与登记公信力实质一致的保护第三人的制度构成。但是,正在制定民法典的我国,没有理由不选择简洁、明晰的登记公信力制度,而去重蹈法、日不承认登记公信力造成制度繁杂无比之覆辙。所以,笔者认为,我国应当承认登记公信力,在解释上也应当认为我国已承认登记的公信力。②

登记作为法定的不动产物权的表征方式,为我们确认权利主体、类型、内容提供了一个判断标准,按照此一标准确认物权,简便易行、成本极低。而法律在规定这一表征方式之后,必然要保障该表征方式表征功能的发挥,如果在登记记载的权利状况与实际的权利状况不一致时,信赖登记的第三人得不到保护的话,人们便不再敢于依登记来判断权利状况,而代之以实际的调查。这样,登记的权利表征功能必将丧失,而且交易成本大幅度提高,交易在时间上也将滞后,造成时间、精力和财产的浪费。公信原则能提高表征方式的信用,使人们尽可以放心地去信赖登记,不必花费时力去查清权利的实际状况,也不必担心登记错误而遭不测之险,从而保障了交易的迅捷与

---

① 〔日〕我妻荣:《日本物权法》,有泉亨修订,五南图书出版公司1999年版,第42页。
② 最高人民法院《关于适用担保法若干问题的解释》第61条规定:"抵押物登记记载的内容与抵押合同约定的内容不一致的,以登记记载的内容为准。"该条规定应属于登记公信力的规定,虽然公信力的范围应比这更为宽广。只有在规定"以登记记载的内容为准"时,第三人才敢于信赖登记簿的记载,"以登记记载的内容为准",意味着第三人不会因信赖登记而遭不测,而这正是登记公信力的体现。

安全。而且，承认公信力的规则本身，也可以促使权利人更加关注登记的正确性，若不承认登记公信力，权利人就会制造、放任更多的登记错误，使登记表征物权的功能受阻。

学者指出，公示制度必须以公信力之赋予为其后盾，否则公示制度便成空壳。① 一定意义上可以说，否定公信力即是否定登记制度本身，必将摧毁登记制度体系。登记制度体系如摧毁，物权制度也将残缺不全。试想，在登记记载可能有错误，而且如有错误，登记记载本身对误认其正确之人无任何有利作用的情况下，我们为什么还去查阅登记簿？离开登记簿，我们又如何去具体把握不动产之权利状况？

登记公信力的承认，会对财产的静的安全产生一定不利影响，但这是保护交易安全而不得不作出的牺牲，学者认为:"现代商业社会的生存依赖于物品的迅速流动，同确保所有主享有其绝对的权利相比，更重要的保障是:购买人应当不必调查他所购买的物品的权利归属问题。这再一次涉及在两个无辜的当事人中哪个应当受屈的问题。现代制度认为:适当的平衡点应当设定在让所有主吃亏上。"②而对于因承认公信力而导致的财产静的安全的危害，可以通过其他制度加以弥补。首先，严格执行物权变动公示原则，可以减少登记错误的发生，公信力的适用机会也会相应减少，静的安全的破坏也会降低。我国采形式主义立法，严格实行不动产物权变动公示原则，这也为公信原则的实行提供了有利条件。其次，让导致登记错误之人，承担相应的责任，一方面可以为受损害之人提供救济，另一方面也可以使相关人员更加谨慎，避免登记错误的发生，或者及时纠正已发生的错误。这包括:在因权利人自己的原因而导致登记错误时，他应当对自己的过错导致他人的信赖负责;在因第三人原因导致登记错误时，行为人应当对权利人承担赔偿责任;在因登记机关原因导致登记错误时，登记机关也应当承担相应的赔偿责任。再有，在准确建立不动产初始登记的基础上，实行适当的登记审查制度，也有利于减少登记错误，缓解公信力之承认之副作用。在登记审查制度上，有形式审查与实质审查之分，但是二者的实质性区别是什么，对于登记申请作哪些方面的审查是必要的和可能的，仍有待深入研究。值得强调的是，即使采取了上述措施，也不可能彻底避免登记错误的发生，当因登记错误而引发权利人与第三人的利益冲突时，法律仍然不得不牺牲真实权利人

---

① 参见黄茂荣:《法学方法与现代民法》，中国政法大学出版社 2001 年版，第 111 页。
② 〔英〕巴里·尼古拉斯:《罗马法概论》，黄风译，法律出版社 2000 年版，第 136 页。

利益,通过登记公信力保护第三人之合理信赖。

第四目　登记之公信力:不动产善意取得制度

一、制度背景及基础分析

(一) 理论论争及评析

动产物权可以适用善意取得制度,理论界已形成共识,但对于不动产物权是否应适用善意取得制度,理论界却存在着明显的分歧。学者认为,善意取得制度仅适用于动产,"不动产是绝对不能囊括于善意取得制度的适用范围的"[1],具体理由包括:(1) 各国民事立法都规定只对动产交易依善意取得制度予以保护,而对不动产交易不适用善意取得制度;(2) 由于不动产的物权变动的公示方式是登记,因而,在不动产交易中双方当事人必须依照规定变更所有权登记,因而不存在无权处分人处分不动产所有权的可能性,也就不存在适用善意取得制度的必要前提;(3) 在登记错误而第三人由于信赖登记而买受不动产时,虽然该第三人取得不动产所有权时也须善意,但该善意显然是由法律推定而存在的,而在善意取得制度中,对善意的举证责任应该由取得人承担[2];(4) 不动产登记簿具有对一切人公开的性质,任何人已经无法在不动产物权领域内提出自己不知或者不应知交易瑕疵的善意抗辩[3];(5) 不动产物权以登记为其公示方法,交易中不至误认占有人为所有人。[4]

笔者认为上述理由均不能成立,其理由一与事实不符,德国民法、瑞士民法上均明确规定有不动产善意取得制度[5],台湾民法也承认不动产的善意取得。[6] 其理由二的不当之处在于,物权变动之公示、登记簿的存在,并没有使得不动产所有权之无权处分成为不可能,在登记记载错误时,登记名义人对登记不动产的处分,可构成无权处分。其理由三认为善意取得制度中,取

---

[1] 参见中国政法大学物权立法课题组:《关于〈民法草案·物权法编〉制定若干问题的意见》,载《政法论坛》2003 年第 1 期。
[2] 同上。
[3] 参见孙宪忠:《物权法论》,法律出版社 2001 年版,第 201 页。
[4] 参见梁慧星、陈华彬编著:《物权法》,法律出版社 1997 年版,第 185 页。不过,虽然该书作者认为"不动产根本不生善意取得之问题",但这均是在特定语境中的表达,他是否认为第三人不可因信赖不动产登记而善意取得不动产物权,尚不明确。
[5] 参见〔德〕曼弗雷德·沃尔夫:《物权法》,吴越、李大雪译,法律出版社 2002 年版,第 246 页以下;史尚宽:《物权法论》,中国政法大学出版社 2000 年版,第 45 页以下。
[6] 参见王泽鉴:《民法物权》(第 1 册)(通则·所有权),中国政法大学出版社 2001 年版,第 121 页以下。

得人应承担善意的举证责任之观点错误,动产善意取得中的善意也是推定的,权利人无相反证据证明第三人恶意,第三人就被视为善意[①];而且,善意如何认定,对不动产是否应适用善意取得并无决定性影响。其理由四,似在主张登记之错误均可在登记簿上明察,而第三人可以查看公开的登记簿,故不可以主张自己为善意。但是,既然可以明察登记错误的存在,为何还要让错误继续存在?或者,在登记时,明知是错误,为何还要"犯"错误?其实,登记错误不可能均可以从登记簿中明察,即使记载有异议登记时,也并没有肯定登记错误的存在,所以,第三人完全可能因不知登记错误的存在而善意信赖登记簿之记载。其理由五似在主张,第三人不可因对不动产占有的信赖,而善意取得不动产物权,这当然正确,但是,问题是第三人能否基于对登记的信赖,而善意取得不动产物权,所以,该理由偏离了真正的问题。

上述可见,否定不动产可以适用善意取得制度的理由均不能成立。但是,仅停留于对否定论的批判,还远远不够,不动产善意取得制度的确立,尚需从正面进行分析论证。为此,下文将在比较法的背景之下,构建不动产善意取得的理论基础。

(二) 比较法背景及我国的立法动向

比较法上,是否承认不动产物权善意取得,与其物权变动立法模式之选择有关。采意思主义立法模式的法国、日本,未设登记推定力的规定[②],也没有直接承认不动产登记公信力的规定,故解释论上认为,第三人不可以因对登记簿的信赖,而获得登记簿上记载的权利。[③] 但是,意思主义立法模式之下,却可以通过相关规则的适用,而达到与承认登记公信力相似的效果。[④] 而采形式主义立法模式的德国、瑞士均规定了登记的推定效力及不动产登记之公信力。据此,第三人可以因对登记簿的信赖,而善意取得不动产物权。

《德国民法典》第891条规定:"在土地登记簿中为了某人登记一项权利的,应推定此人享有该项权利。在土地登记簿中注销一项权利的,应推定该项权利不复存在。"根据该条规定,不动产登记簿之记载被推定为正确。[⑤]

---

① 参见前文相关部分的论述。
② 参见〔日〕我妻荣:《日本物权法》,有泉亨修订,五南图书出版公司1999年版,第227页;尹田:《法国物权法》,法律出版社1998年版,第250页。
③ 参见〔日〕田山辉明:《物权法》(增订版),陆庆胜译,法律出版社2001年版,第31页。
④ 参见第三章的相关论述。
⑤ 〔德〕曼弗雷德·沃尔夫:《物权法》,吴越、李大雪译,法律出版社2002年版,第246页。

《德国民法典》第892条第1款规定:"为有利于根据法律行为取得一项权利或者取得该项权利上的权利的人,土地登记簿中所记载的内容视为是正确的,对其正确性提出的异议已经进行登记的,或者取得人明知其为不正确的除外。权利人为了特定人的利益而限制其处分已登记于土地登记簿中的权利的,该项限制仅在土地登记簿中有明显记载或者为权利取得人所明知时,始对权利取得人发生效力。"《德国民法典》第893条规定:"对于向土地登记簿中的权利人,根据其权利而履行的给付,或者对于该项权利的登记人与他人之间发生的关于该项权利的不属于第892条规定的法律行为,准用第892条的规定。"根据这两条规定,德国学者构建出了土地权利善意取得的具体框架。①

《瑞士民法典》第937条第1款规定:"已在不动产登记簿上登记的不动产,对其占有权利的推定及占有诉权,仅属于登记人。"该款规定赋予了不动产登记表征不动产物权之功能。《瑞士民法典》第973条第1款规定:"出于善意而信赖不动产登记簿的登记,因而取得所有权或其他权利的人,均受保护。"第974条规定:"(1)物权的登记不正当的,该登记对于知悉或应当知悉该瑕疵的第三人无效。(2)凡无法律原因或依无约束力的法律行为而完成的登记,为不正当。(3)因前款的登记使其物权受到侵害的人,得援引该登记的瑕疵,对抗恶意的第三人。"这些规定进一步赋予了不动产登记以公信力,使得善意信赖登记簿之记载的第三人可以获得保护。②

我国台湾民法未明确规定不动产登记的推定力和公信力,但其土地法第43条规定:土地登记具有绝对之效力。通说认为,此项规定赋予了登记以公信力,因信赖登记而取得不动产权利之第三人可受保护。③ 但为明确起见,台湾民法物权编修正草案增设第759条之一,规定:"(1)不动产物权经依法登记者,推定登记权利人适法有此权利。(2)因信赖不动产登记之善意第三人,已依法律行为为物权变动之登记者,其变动之效力,不因原登记有无效或撤销之原因而受影响。"草案该条规定分别赋予了不动产登记以推定力和公信力。

我国《民法通则》没有规定善意取得制度,但最高人民法院《关于贯彻执行〈民法通则〉若干问题的意见(试行)》第89条,明确规定了共同共有财

---

① 参见[德]曼弗雷德·沃尔夫:《物权法》,吴越、李大雪译,法律出版社2002年版,第247—256页
② 参见史尚宽:《物权法论》,中国政法大学出版社2000年版,第45页。
③ 参见谢在全:《民法物权论》(上),中国政法大学出版社1999年版,第81页。

产的善意取得。学者指出,从该司法解释的演变历程来分析,该规定是针对共同共有的不动产,并主要是共同共有房屋而规定的。① 我国现正在制定民法典,在民法典学者建议稿中,已对不动产登记的推定力及公信力作出了规定,其第238条规定:"在不动产登记簿上记载某人享有某项物权时,推定该人享有该项权利,在不动产登记簿上涂销某项权利时,推定该项权利消灭。"第239条规定:"以不动产登记簿为根据取得的不动产物权,不受任何人追夺。但取得人于取得权利时知悉权利瑕疵或者登记有异议抗辩的除外。"② 而在全国人大法工委于2002年12月23日向全国人大常委会提交的《中华人民共和国民法(草案)》中,更是明确对不动产善意取得作出规定,并将其与动产善意取得合并规定于同一条文之中。③ 由此可见,肯定不动产登记的推定力、公信力,设立不动产善意取得制度,应是我国立法之方向。

(三) 制度基础之分析

不动产物权为何可以善意取得?对这一问题的回答,必须回溯到因交易安全保护需要,而确立的物权表征制度。物权抽象而无形,而第三人需要确定的判断物权归属及其具体状态之方法,需要获得物权信息的可靠途径。如果没有可依赖的判断物权状况的法定基准,第三人为了交易的稳定、安全,就不得不支付高额调查成本,去试图查明物权的真实状况,从而陷入"恶魔的证明"之中。这样,交易的安全失去了保障,交易成本急剧增加,社会资源也被无端浪费。为此,法律需要设立物权的法定表征方式,为当事人提供获取物权信息的法定途径。于是,动产之占有、不动产之登记被提出,并充当相应物权的法定表征方式。

在物权表征方式被确立之后,接下来的问题就是如何保障法定表征方式的表征功能,使第三人可以放心地通过表征方式来获取物权信息。对此,惟一的方法是:当第三人善意信赖表征方式所传递的物权信息时,即使该物权信息错误,也不让第三人遭受损失。也就是说,要赋予法定物权表征方式以保护第三人之效力,这在理论上被表述为表征方式之公信力。同时,确立物权表征方式之后,为使得表征方式表征的物权尽可能与物权真实状态相

---

① 参见杨立新:《共同共有不动产交易中的善意取得》,载《法学研究》1997年第4期。
② 参见梁慧星主编:《中国民法典草案建议稿》,法律出版社2003年版,第48页。
③ 草案第99条规定:"无处分权人将不动产或者动产转让给受让人,符合下列情形的,受让人即时取得该不动产或者动产的所有权:(1)受让人在转让时不知道或者不应当知道转让人无处分权;(2)以合理的价格有偿转让;(3)转让的不动产已经登记,转让的动产已经交付给受让人;(4)法律不禁止或者不限制转让;(5)转让合同不属于无效或者被撤销。当事人善意取得其他物权的,参照前款规定。"

一致,法律需要在物权发生变动时,要求当事人将该物权变动表现在物权表征方式之上,该要求便是物权变动之公示原则。①

在物权表征方式确定、表征方式公信力确立之后,接下来需要解决的便是,公信力的具体构造问题:公信力保护什么样的第三人、具备哪些要件的情况下第三人可受公信力的保护?这涉及到第三人与原权利人之间的利益平衡,而这一任务系留给了善意取得制度来完成。可见,物权表征方式公信力与善意取得之间,实为一体关系。公信力对第三人的保护作用,体现在第三人可以善意取得相应物权,而第三人物权的善意取得,正反映了物权表征方式所具有保护第三人的效力,即公信力。公信力是从物权表征方式之效力的角度来观察的,而善意取得则是从第三人物权取得的角度来观察的。物权表征方式之公信力,表现在对第三人的影响上,就是第三人的善意取得。承认登记公信力,就当然有不动产善意取得。这样,离开善意取得,何谈公信力?而我国一个颇为奇特的现象却是,许多学者否定不动产的善意取得,但却主张赋予不动产登记以公信力。② 笔者认为,承认登记公信力,就是承认不动产善意取得,否则登记公信力也将形同虚设。一方面赋予登记以公信力,另一方面却否定第三人基于信赖登记而取得物权的可能性,是自相矛盾的。而且在承认登记公信力之后,不应放弃对登记公信力进行具体构造之努力,应通过善意取得制度将登记之公信效力加以展开,并通过善意取得之要件安排,形塑出登记公信力的妥当强度,以达成财产静的安全与动的安全之平衡。

可见,不动产善意取得的制度基础,与设立法定物权表征方式并赋予该表征方式以公信力之基础相同,均在于交易成本之节约、合理信赖之保护。赋予登记以公信力、承认不动产善意取得,则第三人可以极低的物权信息成本,获得可靠的物权信息,交易因而变得安全、便捷、有效率。而若从权利外观理论角度观察,不动产物权表征方式的确立,实际上相当于将登记确定为不动产物权之"权利外形",按照权利外观理论,第三人可以信赖该权利外

---

① 在物权表征方式与公信、公示之间,承认公信力是表征方式确立之当然延伸,而公示原则则是为了减少公信力可能造成的危害而被提出,公信力比公示原则更接近于物权表征的要求。公示原则尚有可能因来自实践的阻力而被放弃。动产物权变动中,为满足非所有人的使用需要,已放弃了物权变动之公示要求。而不动产中,因公示之登记要求与物之利用不会发生冲突,所以公示原则被严格地坚持着,并且在形式主义立法模式中,已发展成为绝对的原则。

② 这几乎是一个普遍现象,因为我国通说正是主张承认登记之公信力,而否认不动产之善意取得。参见孙宪忠:《物权法论》,法律出版社2001年版,第201页、第448页;梁慧星、陈华彬编著:《物权法》,法律出版社1997年版,第75—77页、第185页。

形,即使该权利外形未表现真实权利,第三人也可以取得相应权利。这样,不动产善意取得制度,也体现着权利外观法理。

不动产善意取得制度,在实定法上的依据,应是有关不动产登记之推定力与公信力之规定。《德国民法典》第 891 条、《瑞士民法典》第 937 条第 1 款均规定了不动产登记的推定力。日本民法没有规定,但学者一般都认为登记具有推定力,判例对此也予以肯定。① 台湾民法也未设登记推定力之规定,但台湾土地法第 43 条规定:登记具有绝对效力,学者认为,此系指将登记事项赋予绝对真实之公信力,故在解释上自应解为具有推定力。② 这样,既然法律规定登记具有推定效力,那么,不动产物权当然系以登记为法定表征方式。

学者指出,登记推定力系指不动产经登记者,推定其登记状态之物权与真实物权一致之效力,亦即不动产物权苟经登记,即推定其与实体法之权利一致,具有该登记所表示之实体法上权利关系。③ 但登记推定力,并不能导致登记名义人终局性确定地享有真实权利,只是减轻了登记名义人的证明负担,他无需积极证明自己权利的真实性,而是将举证责任移转给提出相反主张之人,由其举证反驳登记推定力。这反映的是登记推定力减轻登记名义人的举证负担之功能,此外,登记推定力还有鼓励第三人信赖登记之功能:既然登记之记载推定为正确,那么第三人就可以信赖登记。实际上,登记推定力稍加延伸,便走向了登记公信力,登记公信力,系登记推定力的逻辑展开。学者认为,登记推定力虽然有独立的存续意义,但其更重要的使命,是给公信力提供生成的契机,即登记权利的真实性足以被人信任,他人一旦产生这种信赖,就能无障碍地取得登记权利,正是在此意义上,登记推定力成为公信力的出发点。④ 而就登记推定力本身而言,它至少有两项效果:推定登记物权应属于登记名义人所有,他具有登记之权利;物权变动一经登记,推定该物权变动之合法存在。⑤

---

① 参见〔日〕我妻荣:《日本物权法》,有泉亨修订,五南图书出版公司 1999 年版,第 227 页;〔日〕田山辉明:《物权法》(增订版),陆庆胜译,法律出版社 2001 年版,第 43 页。
② 参见王泽鉴:《民法物权》(第 2 册)(用益物权·占有),中国政法大学出版社 2001 年版,第 235 页。这里,从公信力反推出推定力,仍然可以接受。这实际上反映了公信力与推定力之间不可分割的关联,也即公信力与法定物权表征方式之间的必然逻辑联系。
③ 参见谢在全:《民法物权论》(上),中国政法大学出版社 1999 年版,第 84 页注 1。
④ Siehe Müller, *Sachenrecht*, 4. Aufl., Verlag Carl Heymanns., 1997, S. 19. 转引自常鹏翱:《论不动产物权善意取得》,未刊稿。
⑤ 参见谢在全:《民法物权论》(上),中国政法大学出版社 1999 年版,第 84 页注 1。

根据登记推定力的规定,登记权利人证明其权利,仅需登记本身而不需要其他证据即可,故德国学者称其为"证明责任规范"。① 另有学者认为,登记推定力规范属于程序法意义上的证明责任规则(Beweislastnorm),而公信力规范则为实体法的权利外观规则。② 笔者认为,该观点实际上是以推定力对登记名义人的作用为基础的分析,而从登记推定力对第三人的作用角度观察,推定力也应具有一定的"实体"性。

登记推定力与登记公信力之间,真正的逻辑推衍关系为:首先,确认登记推定力相当于确定登记为不动产物权表征方式;其次,既然登记为表征方式就应当维护其表征物权之功能;而如果登记正确第三人就受保护、登记错误第三人就不受保护,那么就不能说登记为物权表征方式;所以,登记错误,信赖登记之第三人也应受保护,登记具有公信力。而立法规定登记公信力的条文,实际上正是对不动产善意取得之构成要件及法律效果的简要描述。③

(四)动产、不动产善意取得制度之统一构造

作为平衡财产静的安全与动的安全的制度工具,善意取得不应因标的物是动产还是不动产而有所不同。动产、不动产的区分,并没有改变各自物权的表征需要,为节省交易成本、维护交易安全的物权表征制度,均需建立。只是因动产、不动产属性的不同,致其各自的表征方式发生了分立,动产以占有作为表征方式、不动产则以登记作为表征方式。这从德、瑞等国对占有推定效力及登记推定效力的规定中,可以明确地观察得出。而在确立物权表征制度之后,同样需要保障表征方式的表征功能,使占有和登记成为可以依靠的判断物权的基准,这就需要对善意信赖占有或登记之第三人提供保护,使其不会因为信赖的对象错误而受损,这样便发生了占有、登记的公信力。而占有的公信力,系表现为动产善意取得制度;登记的公信力,系表现

---

① 参见田士永:《物权行为理论研究》,中国政法大学出版社2002年版,第253页。
② Siehe Schwab-prütting, *Sachenrecht*, 27. Aufl., Verlag C. H. Beck, 1997, S.90. 转引自常鹏翱:《论不动产物权善意取得》,未刊稿。
③ 有学者认为,登记实质性审查程序是承认不动产善意取得的基础之一(参见常鹏翱:《论不动产物权善意取得》),笔者以为不妥。首先,德、瑞与法、日的登记审查制度到底有什么样的实质性区别,尚需进一步研究,所谓的实质审查到底能够比所谓的形式审查,对登记正确性作出多少额外的贡献,也未可知。其次,登记审查制度的不同,对物权表征之需要、保障表征方式表征功能之需要均没有影响,而这正是承认不动产善意取得的基础。再有,诸如日本法这样的立法,虽形式上否认登记公信力,但实际上登记也具有公信力。而且,日本有学者也认为,即使以日本目前之现状,也不存在影响承认登记公信力的障碍(参见〔日〕我妻荣:《日本物权法》,有泉亨修订,五南图书出版公司1999年版,第43页)。

为不动产善意取得制度。①

可见,动产善意取得、不动产善意取得,具有相同的价值基础及逻辑结构,没有偏废之理。而且,在具体的构成要件及法律效果上,动产善意取得与不动产善意取得均具有基本相同的架构。二者分别对应着动产和不动产无权处分,在构成上,均需要有权利外观的存在,即无权处分人享有占有或登记名义;二者均要求第三人系善意信赖表征方式,不知且不应知真实物权状况;第三人的权利取得也均需要公示的完成,即取得占有或完成登记。而在法律效果上,二者均发生第三人取得相应物权之效果,而且,在此基础上,原权利人与处分人、处分人与第三人,以及第三人与原权利人之间的债的关系,也基本相同。

有学者认为:不动产登记之较强的公信力,使之具有独立存在并独立表现的条件,可以直接通过登记的公信力原则加以表现,而动产占有的公信力则不得不通过另一项特别的制度即动产善意取得制度加以表现。② 从而,使得动产、不动产在此发生了分立。对此,笔者的疑问是:"登记之较强的公信力"如何"独立"地通过"登记的公信力原则"表现?占有的公信力"不得不"作出的选择,与其他可能之选择的区别何在?其实,登记与占有之公信力的强弱,应是通过对第三人取得物权之条件的不同来反映的,而这不同的条件,作为第三人取得物权的条件,不就是其取得之要件吗?该取得以第三人善意为主要特征,故这里的取得不就是善意取得、要件不就是善意取得之要件吗?有构成要件、有法律效果,怎么可能再否定善意取得制度的存在呢?承认登记的公信力,第三人可因公信力而受保护、取得物权,这样的实质性结论已经得出,为何坚决不愿将该取得冠之以善意取得之名呢?所以,公信力强弱绝不是否定不动产善意取得的理由,相反,登记之较强的公信力,倒

---

① 笔者以为,我国学界不动产不适用善意取得之通说观点的发生,可能与学者误读他人之观点有关。台湾学者在论述动产所有权的变动章节之下或在论述动产善意取得时,常将"标的物须为动产"设为要件,从而将不动产排除在外。这在其相应的语境之中应是妥当的,因为,当然不能基于对不动产占有的信赖而取得不动产物权。但是,这并不意味着该学者对可因信赖不动产登记而善意取得不动产物权持否定态度。例如,谢在全先生在其《民法物权论》第二章所有权之第三节动产所有权之第一项善意取得之二中,主张"不动产物权以登记为公示方式,交易上不至于误认占有人为所有人……故善意取得之标的物,以动产为限。"(谢在全:《民法物权论》(上),中国政法大学出版社 1999 年版,第 221 页)国内学者据此认为,谢在全先生对不动产善意取得持否定态度(参见尹田:《论物权的公示与公信原则》,载梁慧星主编:《民商法论丛》第 26 卷,金桥文化出版有限公司 2003 年版,第 308 页)。

② 尹田:《论物权的公示与公信原则》,载梁慧星主编:《民商法论丛》第 26 卷,金桥文化出版有限公司 2003 年版,第 309 页。

是应使得第三人物权之善意取得更为肯定。

当然,动产善意取得与不动产善意取得,在构成上确有不同之处,例如,在原权利人归责性要件以及第三人过失要件上,均会有程度甚至是否需要具备之不同。① 此外,还有因动产、不动产不同物性而产生的不同,例如交易场所的影响在动产善意取得中意义重大,而在不动产善意取得中意义极小,不动产不存在占有脱离物、占有委托物的区分等。但这些只是"枝节"上的不同,且改变不了动产善意取得与不动产善意取得具有实质性一致的事实。所以,承认不动产善意取得,构建"物权表征方式→表征方式公信力→善意取得"之统一框架,当属妥当之举。

二、制度构成

(一) 登记错误的存在

不动产善意取得适用的前提,是登记错误的存在。当登记簿记载正确时,第三人不可能对无权处分人产生合理信赖,故也没有保护之必要。只有在登记发生错误时,登记名义人才可能利用错误之登记,骗取善意第三人的信赖而为无权处分,而此时的第三人系基于对法定物权表征方式的信赖而行事,自不应因此而遭受损失。

但是,何谓登记错误? 学者却有不同的表述。有学者认为,登记公信力表现为,即使土地登记簿中登记的权利在实际中并不存在或者和实际状况不符,参与法律交易的人们仍然可以善意取得这些权利。② 按照此种观点,登记错误应是指"登记的权利在实际中并不存在或者和实际状况不符",但是,应当如何判断登记的权利在实际中存不存在以及是否与实际状况相符? 在登记作为物权变动生效要件的立法之下,登记具有使物权发生、消灭、移转等效力,那么,何种情况下登记之权利仍被认为不存在?③ 另有学者认为,土地登记所以发生不正确,系原登记有无效或撤销之原因。④ 据此,登记错

---

① 归责性、过失的程度系呈连续之线性状态,度上的不同,不仅在动产、不动产之间存在,即使在不同动产之间、不同不动产之间,个案中也会有所不同。而就过失要件而言,即使动产、不动产善意取得均是以非重大过失为要件,它也仍会有程度的不同。
② 参见[德]曼弗雷德·沃尔夫:《物权法》,吴越、李大雪译,法律出版社2002年版,第247页。
③ 该问题的实质是,物权变动效力的发生受何种因素之影响,使得即使已办理登记,物权变动也不能发生。
④ 参见王泽鉴:《民法物权》(第1册)(通则·所有权),中国政法大学出版社2001年版,第123页。

误,出现在登记有无效原因或有可撤销原因并被撤销,而登记未被涂销之时。但是,无效、可撤销应仅对应于依法律行为发生物权变动的场合,在其他场合如何判断,该观点中没有答案。还有学者认为:登记错误是指登记没有表明真实不动产物权状况,在权利表现形式和实质权利之间出现偏离的现象。而真实权利的判断,要从当事人以发生物权变动为目的的实体法意思表示中去寻找,登记状态与该意思表示内容相符的,就是与真实权利相符;在非依法律行为的物权变动中,登记状态与导致物权变动的客观原因事实相符合,就与真实权利保持了一致。①

笔者认为,区分物权变动系因法律行为还是法律行为之外的原因而发生,分别判断登记错误之有无,是相对妥当的选择。在因法律行为发生物权变动而进行登记的情况下,物权变动立法模式的选择,直接影响登记错误有无的判断。意思主义立法之下,未登记不动产物权即可发生变动,故有变动物权之有效效果意思,而未为登记时,登记记载即属错误。此时,未登记不得对抗第三人的规则,发挥了与公信力相同的保护第三人对登记之信赖的功能。

形式主义立法模式中,物权形式主义与债权形式主义又有不同。依据物权形式主义,债权行为效力不影响物权行为效力,所以,只要物权行为有效、并且登记记载与物权行为的内容一致,就不存在登记错误。② 这样,在物权行为无效或被撤销而未涂销已办理之登记,以及登记记载与有效之物权行为内容不一致的场合③,即发生了登记错误。此时,登记公信力可发挥对善意第三人的保护作用,而物权行为无因性原则对善意第三人的保护则无能为力了。④

在债权形式主义立法模式之下,物权变动的有因构成,决定了债权合同效力对物权变动效力之影响,故在原因行为无效或被撤销而未涂销已办理之登记以及登记记载与有效之原因行为内容不一致的场合,即发生了登记

---

① 参见常鹏翱:《论不动产物权善意取得》,未刊稿。
② 台湾学者认为:台湾法上的所谓登记原因无效或得撤销,系指不动产物权变动之意思表示本身无效或得撤销,或该项意思表示根本不存在而言,非指办理此项登记原因之债权行为,此不可不辨。参见谢在全:《民法物权论》(上),中国政法大学出版社1999年版,第82页。
③ 例如,有效之抵押权设定合意中,系为100万元的债权提供抵押担保,而登记簿中担保债权额却记载为10万元。此时,发生了登记错误,受让取得抵押物所有权的善意第三人,其取得的所有权上仅有10万元的抵押权负担。
④ 这里,和债权形式主义立法相比较,物权形式主义立法实已缩限了登记公信力的作用领域,因为其减少了可被认定为登记错误的类型。

错误。对此,瑞士民法明确规定:凡无法律原因或依无约束力的法律行为而完成的登记,为不正当。① 我国系采债权形式主义立法模式,在登记本来即无法律基础或后失去法律基础,以及登记记载与法律行为内容不一致时,即发生了登记错误。②

在非因法律行为而发生物权变动时,有无登记错误之判断与物权变动立法模式之选择无关。登记错误的判断标准为:登记簿之记载是否真实反映了引发物权变动的非法律行为之法律事实的法律效果。例如,被继承人死亡的事实,导致继承人取得遗产所有权的法律效果发生,如果不动产登记簿未真实反映此一物权变动效果,即发生了登记错误。③ 又如,对不动产物权作变动裁决的法院判决生效后,登记簿未能真实反映该判决内容的,也发生了登记错误。再如,因事实行为而取得物权时,登记簿中未将依法律规定可因该事实行为取得物权之人,记载为物权人的,也发生了登记错误。

至于登记错误的发生原因,可以包括:诈欺④、当事人怠于申请登记⑤、登记机关工作人员过错等。这些发生登记错误的原因,可在因法律行为而发生物权变动的场合中出现,也可在非因法律行为而发生物权变动的场合出现。而登记错误的发生,一定意义上是绝对不可避免的。例如,被继承人死亡,遗产所有权即刻发生变动,继承登记必然滞后于该物权变动,在继承登记办理之前,登记错误均持续存在。

登记错误的认定意义重大,虽然即使登记没有错误,第三人也能取得相应物权,但是,如果登记错误,则第三人未必一定能够取得相应物权,因为第三人取得物权系以具备善意取得构成要件为必要。所以,在第三人不具备善意取得要件的情况下,登记错误有无的认定,直接影响着第三人的物权取得,此时,若认定登记错误不存在,第三人就可以取得物权,若认定登记错误存在,第三人就不能取得物权。而在第三人具备善意取得要件的情况下,登记错误有无的认定,对当事人之间的关系也有着重大影响。若认定登记错

---

① 参见《瑞士民法典》第 974 条第 2 款之规定。该款规定将非依法律行为而发生物权变动的情形也包括在内了。
② 在一物二卖的情况下,第二买受人先行办理了登记的,该登记仍属正确,不因其与第一个买卖合同内容不一致而视为错误,因为其有有效的第二买卖合同的支撑。
③ 这包括继承发生后,未在登记簿对遗产所有权作变动记载,以及将非继承人登记为遗产所有权人等情况。
④ 例如,他人伪造买卖合同及不动产所有权人身份证明等材料,申请所有权变动登记获核准时,物权不发生变动,但登记记载已作出了变更,登记错误发生。
⑤ 例如,在合同被撤销时,当事人未及时申请涂销已办理之登记,将使登记错误继续维持。

误不存在,处分人就属有权处分,若认定登记错误存在,处分人就属无权处分。显然,处分人为无权处分时,他对权利人的责任更重。

不过,有的类型的登记错误即使存在,对当事人关系也没有影响。例如,登记簿记载了不存在之处分限制时,登记发生了错误,但该处分限制之记载,对第三人并无不利影响,违反该处分限制所作出的处分,仍然可以发生效力。又如,登记簿记载了不存在的抵押权,发生登记错误,但受让该不动产的第三人,仍可取得无此项登记负担的所有权。因为,登记簿之错误记载不应为第三人之不利益,而视为正当。①

但是,有些登记错误虽可导致第三人不利益,但法律也不对第三人提供保护。这涉及到法律赋予哪些登记事项以公信力、第三人可以信赖哪些登记事项之问题。对此,学者指出,法律保护的只是与土地的物权法律状况有关的登记内容,诸如物权性质的土地权利或者物上请求权的内容和权利人,对于土地登记簿之外的实际状况,如建造方式等,即使它在土地登记簿中作了说明,都不予保护。② 另有学者认为,善意取得受保护的范畴,计有三种:某种登记权利之存在;登记权利之不存在;限制登记之不存在。至于登记簿所载土地的面积、形状、当事人年龄等登记,均不在保护范畴之内。③

笔者认为,登记公信力仅保护第三人对处分人享有处分权的信赖,登记簿显示处分人享有处分权,但登记错误,此时,公信力才发挥作用。具体而言:不存在之权利却被登记在簿,则登记名义人被登记簿显示为享有对该权利的处分权;仍存在之权利却已被从登记簿中去除,则该权利内含的利益被登记簿显示为可被登记权利人处分;处分限制未被记载于登记簿,则登记簿显示权利人享有不受此项限制的处分权。此类情况下,第三人系基于登记簿记载而对处分人之处分权产生信赖,应受公信力保护。而登记簿中有关不动产面积、结构、界址、建筑方式等的记载错误,与处分人的处分权无关,属不涉及权属状况的事实记载,自非登记公信力所保护对象。至于当事人年龄等,登记簿并非其表征方式,第三人当然不应据此产生信赖。

(二) 经交易行为受让物权

善意取得制度旨在保护交易安全,所以仅在第三人经交易行为而取得

---

① 参见史尚宽:《物权法论》,中国政法大学出版社 2000 年版,第 44 页。
② 参见〔德〕曼弗雷德·沃尔夫:《物权法》,吴越、李大雪译,法律出版社 2002 年版,第 247 页。
③ 参见王泽鉴:《民法物权》(第 1 册)(通则·所有权),中国政法大学出版社 2001 年版,第 123—124 页。

物权时,方才可能构成善意取得。而依继承、法律规定、法院判决等原因而试图取得不动产物权时,如果其前主不享有处分权,即使登记簿之记载显示前主有处分权,也不发生物权变动。例如,甲之不动产被错误登记于乙公司名下,后乙公司与丙公司合并为丁公司,该不动产也被移转登记于丁公司名下,此时,丁公司也不能取得该不动产所有权,甲公司仍然可以请求丁公司涂销不动产登记。①

除了买卖、互易、设定他物权等交易行为,可发生善意取得之外,对物权享有者负有义务者,若基于对登记的信赖而向错误登记为物权享有者的登记名义人履行的,他也受公信力保护,不因登记错误而受损。此时,登记簿作为法定物权表征方式,为义务人判断物权享有者提供了基础,为维护登记的表征功能,义务人应受保护。对此,《德国民法典》第893条明确规定:保护和物权内容一致的、向合法登记的权利人进行的履行。② 此外,登记名义人将不动产作为给付标的,履行其对第三人之义务的,即使登记错误,第三人仍可善意取得标的物物权。③

交易行为应系成立于不同主体之间的行为,而且即使双方形式上为不同主体,但实质上具有一体性的,也不应视作交易行为,不能构成善意取得。例如,甲国有独资公司将错误登记于其名下的不动产,转让给投资设立甲公司的乙公司,并办理了移转登记。但乙公司并不能善意取得该不动产的所有权,因为其与甲公司之间具有经济利益上的一体性。此时,应优先保护真正权利人的利益。

第三人与处分人之间的交易行为应当有效,第三人才能取得相应物权。如果交易行为因效力瑕疵而无效或被撤销的,即使登记没有错误、处分人有处分权,第三人也不能取得相应物权④,那么,在处分人无处分权时,第三人更不应该可以取得物权。不过,在不同的物权变动立法模式之下又有所不同,在物权形式主义立法之下,善意取得的构成,只要求物权行为无处分权

---

① 德国学者指出,德国民法第892条、第893条之规定,不适用于强制执行、整体继受、法定取得等情形。参见田士永:《物权行为理论研究》,中国政法大学出版社2002年版,第249页,注202。
② 参见〔德〕曼弗雷德·沃尔夫:《物权法》,吴越、李大雪译,法律出版社2002年版,第249页。
③ 例如,甲之不动产错误登记于乙的名下,乙为了履行对丙的欠款义务,以该不动产充抵,并将该不动产移转登记于丙的名下,此时,丙可以取得该不动产所有权。
④ 有学者举例说明了这一问题:不动产所有人甲与乙通谋为不动产所有权移转行为,已办毕登记,或无行为能力人甲出售其不动产给乙,地政机关因错误而办理登记完毕,此均不生所有权转之变动,所有权仍属于甲,甲既可以向乙主张其所有权,亦得诉请涂销该登记。参见谢在全:《民法物权论》(上),中国政法大学出版社1999年版,第82—83页。

欠缺之外的效力瑕疵,而不问债权行为是否有效,如果债权行为无效,第三人善意取得物权后负有不当得利返还义务。① 而在债权形式主义立法之下,物权变动的有因构成,要求债权合同有效存在,方可发生物权变动。我国采债权形式主义,物权变动需要有有效的原因推动,故善意取得的构成,也以作为原因的债权合同的有效为前提。②

最后,对于无偿性交易行为是否也可以构成善意取得,通说持肯定态度,认为不动产善意取得的构成并不需要交易行为必须具有有偿性③,德国民法、瑞士民法规定不动产善意取得的条文中,也没有将交易行为限定于有偿行为。④ 但基于对无偿之善意取得有违公平的价值判断,法律不得不通过不当得利制度进行调整。在无偿行为构成善意取得之后,根据《德国民法典》第816条第1款之规定,无偿善意取得物权之第三人,对权利人负有返还因无权处分而取得的利益之义务。⑤

我国通说认为,动产善意取得须基于有偿行为⑥,相关司法解释也是规定第三人有偿受让,方受保护。⑦ 笔者也认为,不动产善意取得的构成须行为具备有偿性,这样,一方面可以和动产善意取得保持一致,更为重要的是,从价值判断的角度而言,无偿善意取得有违公平,系在真正权利人与无偿第三人之间作出了错误的选择。而像德国法那样,承认无偿行为可构成善意取得的同时,又以不当得利制度对失衡之结果进行校正的做法,出尔反尔、曲折往返,枉使法律关系复杂化,徒增法律适用之环节,不如直接否定无偿善意取得的可能性,径直实现价值判断。

(三) 登记簿显示处分人有处分权

登记发生错误时,登记簿显示无处分权的处分人享有处分权的,第三人

---

① 参见刘春堂:《无权处分与不当得利》,载《辅仁法学》第21期。
② 至于处分权的欠缺,仅影响物权变动效力的发生,而不应影响债权合同的效力,对此,可参见前文的论述。
③ 参见史尚宽:《物权法论》,中国政法大学出版社2000年版,第43页、第46页;田士永:《物权行为理论研究》,中国政法大学出版社2002年版,第251页。
④ 参见《德国民法典》第892条,《瑞士民法典》第973条之规定。
⑤ 《德国民法典》制定过程中,也曾讨论过对善意第三人保护的要件上,是否增加"权利取得的有偿性"要件。参见顾祝轩:《论不动产物权变动"公信原则"的立法模式——"绝对的公信"与"相对的公信"之选择》,载孙宪忠主编:《制定科学的民法典——中德民法典立法研讨会文集》,法律出版社2003年版,第352页。
⑥ 参见前文动产善意取得部分的内容。
⑦ 参见最高人民法院《关于贯彻执行〈民法通则〉若干问题的意见(试行)》第89条之规定。

才可能因善意信赖登记簿之记载而取得相应物权。① 由于财产性私权均含有对权利本身的处分权,故当登记簿将处分人记载为物权享有者时,处分人作为登记名义人便表现为享有对该项权利的处分权,此时,若此项登记系属错误,则第三人仍可善意取得相应物权。这里,登记错误记载事项显示处分人有处分权时,登记公信力可弥补处分人实质上没有处分权之欠缺,使第三人不因此遭受损失。但如果第三人系基于对登记簿记载之外事项的信赖,而从无处分权人处受让物权的,也不可以善意取得相应物权。②

在登记簿错误记载处分人为不动产所有权人时,处分人对该不动产进行处分,将该不动产出卖、以该不动产设定抵押权或地上权等他物权时,信赖登记簿记载之第三人可善意取得相应物权。若不动产所有权人记载虽属正确,但登记簿中错误涂销了尚未消灭的他物权的,善意第三人可善意取得无该他物权负担的所有权。此时,解释上可以认为,登记簿显示不动产所有权人可以处分的是没有他物权负担的所有权,其处分权完满到如此程度了,故第三人可在登记显示的所有权人处分权完满度之内,获得保护。③

在登记簿错误记载处分人为不动产他物权人时,处分人转让该他物权或以该他物权再设定他物权的,信赖登记簿记载之第三人可善意取得相应物权。具体而言,若处分人被错误登记为地上权人的,处分人转让该地上权或以该地上权设定抵押权的,善意信赖登记簿记载之第三人,具备法律规定的其他要件的,可取得相应物权。若处分人被错误登记为典权人的,处分人

---

① 例如,甲之房屋错误登记于乙的名下,而丙自称为真正权利人擅自将该房屋出卖给丁,此时,登记虽有错误,但登记簿记载并未显示丙有处分权,故丁当然不可能善意取得房屋所有权。

② 谢在全先生所举事例可资参考:甲出资建筑房屋一栋,而原始取得其所有权。但承建该房屋之承揽人乙,因积欠丙之债款,丙误认为该房屋为乙所有而申请法院予以查封拍卖,由丁拍定后,将之出售于戊,并将法院所发给之权利移转证书交付戊,戊迳持权利移转证书与丁出具之权利移转证明书,以戊自己之名义办理第一次所有权登记完毕。甲嗣后发现其事,仍得本于所有权请求戊涂销登记。理由在于,戊并无原有之登记可资信赖,无从主张受公信力之保护。参见谢在全:《民法物权论》(上),中国政法大学出版社1999年版,第83页。

③ 此类情况下,似乎不动产善意取得对应的是有权处分,因为处分人为不动产所有权人,他可以转让该不动产所有权。但实际上无权处分也有度的问题,这里的所有权人只可以转让附有他物权负担的所有权,却转让了无他物权负担的所有权,属于"将大于自己的权利让与他人"了,故其多给予的行为应为无权处分。可见,该行为含有有权处分的成分,也含有无权处分的成分,而善意取得系仅针对其中的无权处分部分,第三人善意取得之要件具备与否,也仅影响该部分效力。例如,第三人为受赠人时,其所有权取得并不受影响,只是其取得的所有权上有他物权的负担。动产善意取得不同与此,由于作为动产物权表征方式的占有,无法表征复杂的权利关系,故动产善意取得不发生此类问题。

转典典物、转让典权,或者以典权设定抵押权的①,第三人可善意取得相应物权。但在处分人被错误登记为抵押权人时,法律关系较为复杂。因抵押权为所担保债权之从权利,抵押权只能附随于所担保债权而被转让或为其他债权设定质押担保。② 如果错误登记之抵押权所担保债权不存在,则即使抵押权登记在簿,第三人也不可能从登记抵押权人处取得相应物权。③ 如果错误登记之抵押权所担保的主债权有效存在,而主债权人将抵押权附随主债权一并让与第三人的,第三人可善意取得抵押权。此时,有权处分时,无须变更抵押权登记,抵押权即发生移转。④ 无权处分时,第三人之善意取得,是否也不以变更登记为必要,值得进一步思考。在主债权人将抵押权附随主债权一并为第三人之债权设定权利质押时,第三人可善意取得负有抵押权担保的债权之质权。此时,有权处分时,学者认为须为附记登记,方才生效。⑤ 但笔者认为,无须登记,债权质权即可发生。⑥ 同样,在无权处分的情况下,第三人之善意取得也不以登记为必要。

登记公信力还可以发生像占有公信力那样的公信效力传递关系⑦,当第三人虽非从登记显示为有处分权之人处直接取得物权,但登记公信力透过直接处分人可以传递到第三人处时,第三人也可以善意取得相应物权。这主要发生在中间省略登记的场合⑧,而中间省略登记的目的,只是为了节省登记成本。⑨ 例如,不动产登记簿错误登记甲为不动产所有权人,甲将该不动产转让给乙,尚未办理变更登记之前,乙又将该不动产转让给丙,后经甲同意进行了直接从甲到丙的中间省略登记。此时,若具备不动产善意取得的其他要件,丙可以善意取得该不动产所有权。这里,丙取得的基础仍然是

---

① 关于典权效力问题,可参见台湾民法第 882 条、第 915—927 条之规定,另可参见陈荣隆:《民法专题研究》(一),三民书局 1992 年版,第 121 页以下。

② 《担保法》第 50 条规定:"抵押权不得与债权分离而单独转让或者作为其他债权的担保。"

③ 虽然,不动产登记簿中抵押权登记中也登记有主债权,但登记非债权的表征方式,故第三人不可能基于登记之记载,而对债权的存在产生合理的信赖。

④ 参见谢在全:《民法物权论》(下册),中国政法大学出版社 1999 年版,第 624 页。谢在全先生认为,惟有如此解释,方不致发生债权让与后,抵押权未办理移转登记前,发生无担保债权存在之情形,与抵押权之从属性有违。笔者认为其所述理由十分有力。

⑤ 参见史尚宽:《物权法论》,中国政法大学出版社 2000 年版,第 312 页。

⑥ 参见叶金强:《担保法原理》,科学出版社 2002 年版,第 150 页。

⑦ 有关占有效力的传递关系,可参见第四章第二节,间接占有及指示交付部分的论述。

⑧ 有关日本法上之中间省略登记的效力,可参见〔日〕我妻荣:《日本物权法》,有泉亨修订,五南图书出版公司 1999 年版,第 125 页。

⑨ 动产买卖中似也可以进行"中间省略交付",但当事人往往通过约定标的物所有权自合同生效时移转,进而以指示交付的方式完成交付,以达到节省交付成本的目的。

登记之公信力,甲的登记表征及甲的同意,使得丙对乙可取得所有权产生合理信赖,登记之公信效力顺利地通过乙向丙处传递,使丙所有权取得之处分权欠缺之瑕疵得到弥补,善意取得得以构成。①

(四)第三人为善意且无重大过失

1. 善意的内涵、认定、及准据时间

不动产善意取得的构成,当然也需要第三人为善意。所谓善意,是指第三人不知登记错误之存在,明知登记错误存在,就是非善意,不知道登记错误存在,就是善意。② 第三人善意与否,是一事实问题。惟有第三人为善意,他才是通过登记簿而获得不动产物权信息的,也才存在对登记簿的信赖。对于明知登记错误,仍然试图通过无处分权之登记名义人获得物权的第三人,当然不应加以保护。故第三人善意,已成为善意取得的当然要件。

善意的认定,属事实认定问题,涉及举证责任的分配。由于不动产登记具有推定力,故个案中首先推定第三人为善意,但对方可以举证证明第三人非善意。所以,真正权利人负担举证责任,如果不能证明第三人知道登记错误的存在,第三人就为善意。不过,如果第三人知道登记有错误,但不知道错在何处,仅对原因事实不知的,仍非善意。③

但就第三人善意是否以其查阅了登记簿为条件,却有不同意见。有学者认为,不动产物权取得人实际上是否阅览土地登记簿,在所不问,虽未阅览登记簿,仍受登记公信力的保护。④ 德国学者也认为,《德国民法典》第892条的文句表明,善意取得人只需要证明土地登记簿中存在对他有利的

---

① 类似的情况还可以发生在继承的场合,例如,不动产原被错误登记于被继承人甲名下,乙为甲之惟一继承人,甲死亡后乙未办理继承登记,即将该不动产转让给丙,并办理了从甲直接到丙的移转登记。这里,丙系基于对甲的登记表征的信赖而受让物权,应受登记公信力的保护。虽然,按照台湾地区法、德国法的规定,继承的场合未经登记不得处分,但这里的登记仅是省略了中间的登记手续,不应影响处分的效力。此类登记也属中间省略登记,针对未发生登记错误的案型,日本判例也认为该类登记符合真实权利关系,应为有效(参见〔日〕我妻荣:《日本物权法》,有泉亨修订,五南图书出版公司1999年版,第126页)。

② 笔者主张将第三人知道与否和第三人应否知道分别判断,"善意"和"无重大过失"作为两个相互联系的要件,分别认定其是否具备,将前者作为一个纯粹的事实问题来看待。二者的联系则表现在,"无重大过失"是针对"善意"而言的,即作为善意的不知,是否因重大过失所导致。而在第三人明知的情况下,善意要件不再具备,是否有重大过失的问题也不复存在,该问题即无从判断、无需判断。

③ 参见史尚宽:《物权法论》,中国政法大学出版社2000年版,第44页。但是,史尚宽先生进一步认为:反之,虽知原因事实而息于由此推知其不正当,或因其他原因以为正当者,仍为善意。笔者认为,此观点不妥。第三人知悉导致登记内容不真实的事实,即应认定为非善意。

④ 参见王泽鉴:《民法物权》(第1册)(通则·所有权),中国政法大学出版社2001年版,第124页。

登记,而无需事实上查看土地登记簿。① 但有学者认为,信赖登记者,推定为善意无过失,反之,就登记内容不加以调查(例如不阅览登记簿),纵属善意,亦推定其有过失。盖自登记推定力,应可进一步衍生上述附随效力也。② 笔者认为,上述争论涉及善意的界定,如果将善意界定为不知登记错误的存在,则是否查阅登记簿与善意与否没有任何关系。而上述持否定态度的学者,实际上是以将无过失也一并纳入善意内涵之中为前见的,故该讨论的实质是,第三人未查阅登记簿的,是否即为有过失。③ 笔者认为,在登记错误确定存在的前提下,查阅登记簿并不能增加第三人发现权利真相的机会,所以,查阅与否应与第三人过失有无的判断无关。第三人的过失,应与其放弃低成本发现登记错误的机会有关。不过,连登记簿都未阅览的第三人,往往更不会抓住其他可以发现登记错误的机会,从而易被认定为有过失。④

判断第三人是否为善意,应以何时为准,学者认为,自理论言,应以办理登记完毕时为准,实际上则以申请登记时为准,较为合理,盖登记过程非当事人所能控制。⑤ 而《德国民法典》第892条第2款则直接规定,取得权利应当登记的,应以提出登记申请的时间为准,但协议在后签订的,则以协议成立时为准。⑥ 故在达成合意并提出登记申请之后,即使受让人于登记之前实际知道了土地登记簿是不正确的,也可以善意取得。因为,受让人已完成了权利取得的所有义务,就不应当承担登记过程中的风险,使他在漫长的、不由他负责的登记程序中由于获知了登记簿的不实而不能取得权利。⑦ 笔者赞同上述观点,至于其理由,可以补充的是,第三人若在交易过程中得知

---

① 〔德〕曼弗雷德·沃尔夫:《物权法》,吴越、李大雪译,法律出版社2002年版,第252页。
② 参见谢在全:《民法物权论》(上),中国政法大学出版社1999年版,第85页注释。
③ 实际上,认为未查阅登记簿也为善意的学者,均主张第三人不需要具备无过失要件,就可以构成善意取得。
④ 尚存的疑问是,在第三人未查阅登记簿的情况下,第三人并未对登记簿产生信赖,何以要受登记公信力的保护?可能的解释是,一方面,登记簿具有向社会公开的性质;另一方面,第三人查阅登记簿并不会减少真正权利人受损的可能性,一定意义上可以说,查阅登记簿反而可能增加真正权利人受损的可能,因为第三人查阅登记簿之后,觉得更有保障,而可能放弃其他获取真实物权信息的额外努力。
⑤ 王泽鉴:《民法物权》(第1册)(通则·所有权),中国政法大学出版社2001年版,第124页。
⑥ 参见史尚宽:《物权法论》,中国政法大学出版社2000年版,第44页。
⑦ 参见〔德〕曼弗雷德·沃尔夫:《物权法》,吴越、李大雪译,法律出版社2002年版,第253页。

登记错误的存在,就应当及时地停止交易行为,避免损失的扩大。① 而在登记申请提出之后,当事人已完成了交易,不再需要积极的行为就可以实现交易目的,若在这之后发生的事实,直接影响物权取得,就会使第三人一直处于不安状态之中,影响交易的稳定与安全。而善意的准据时间的确定,直接涉及权利人与第三人利益的权衡,准据时间的提前,意味着对第三人保护的加强,准据时间的推后,意味着对原权利人利益的关注。法律所追求的是,将准据时间恰当地确定在冲突利益之间的平衡点上。

在第三人通过代理人进行交易的场合,善意的判断,应以代理人为准,但代理人之代理权系以法律行为授予的,学者认为,意思表示如依照本人指示之意思而为时,其事实之有无应就本人决之。② 但笔者认为,没有本人指示,而代理人偶然与本人明知为无处分权的处分人发生交易的,如果本人知道而不加以阻止,也不应让其享受善意取得之利益;而如果本人不知道代理人在和其明知无处分权之人交易的,似不能认为本人为恶意。因为,善意、恶意的认定,是以明知无权处分行为存在为前提的。这样,本人知道代理人在与其明知无处分权之人交易的,本人方才非为善意。所以,委托代理中,无须意思表示系依照本人指示之意思而为,只要本人非为善意,即不能善意取得物权。而在本人不知道处分人无处分权,但代理人知道的,即使代理人系依照本人指示而行事的,应也不能构成善意取得。所以,在法定代理中,代理人非为善意,即不能构成善意取得;委托代理中,本人、代理人任何一方非为善意,即不能构成善意取得。

2. 无重大过失

通说认为,不动产善意取得的构成,不需要第三人有过失。学者指出,善意系指不知土地登记的不正确,有无过失,在所不问。③ 如果取得人不知道土地不属于登记的出让人,他就是善意的,即使这种不知是由于重大过失造成的,也不妨碍。④ 至于其理由,有学者认为,关于受让人的善意,动产、不

---

① 上述理由中对第三人不能控制登记过程、不应对登记程序负责的强调,实际上想表达的可能就是:第三人已完成交易行为,不再可能通过阻止交易的进行而避免损失。而登记过程的控制、登记程序的责任等,与第三人得知物权信息之间似没有任何关系。所以,其理由的表达似有欠准确之处。

② 参见王泽鉴:《民法物权》(第1册)(通则·所有权),中国政法大学出版社2001年版,第124页。

③ 同上。

④ 参见田士永:《物权行为理论研究》,中国政法大学出版社2002年版,第255页,注229。

动产所以设不同规定,乃在强化土地登记的公信力。① 另有学者认为,鉴于官方编制的土地登记簿具有很高的可信度,仅在实际知道时才排除善意取得,重大疏忽并不排除善意取得。这和动产的情况相反。在法律交易中,受让人除了需要了解土地登记簿的状况外,不承担额外的审查义务。如果受让人在必定知情的情形下,没有可以原谅的原因而视而不见,则与实际知情相同。②

但是,第三人有重大过失仍然可以善意取得的规则也受到学者的批评,德国学者 O. Gierke 指出,从"善意"中排斥"重过失",只会造成人们对登记簿的盲目的信赖。③ 而《瑞士民法典》第 974 条第 1 款则明确规定:"物权的登记不正当的,该登记对于知悉或应当知悉该瑕疵的第三人无效。"这样,瑞士法上知登记簿之不正当或以相当之注意可得知者,为恶意,不受保护。④

有学者极力主张第三人"无过失"之要件,其主要理由包括:罗马取得时效中善意内涵之中的"错误的容许可能性",即相当于"无过失"要件;"无过失"要件可以发挥进行利益调整的机能,将其与真实权利人的"归责事由"进行比较衡量,得出承担不利益的一方当事人;要求第三人善意且无过失;也是"买卖不破租赁法理"的内在要求;动产善意取得系要求第三人善意且无过失,故不动产物权变动要求第三人善意且无过失,可以同"善意取得"制度保持内在的和谐。⑤ 对于这些理由,有学者进行了逐一的反驳。⑥

笔者认为,第三人在善意之外,尚需无重大过失才可构成善意取得。具体理由包括:

(1) 重过失等同于故意(culpa lata dolo aequiparatur)⑦,这是自罗马法

---

① 参见王泽鉴:《民法物权》(第 1 册)(通则·所有权),中国政法大学出版社 2001 年版,第 124 页,注 2。
② 〔德〕曼弗雷德·沃尔夫:《物权法》,吴越、李大雪译,法律出版社 2002 年版,第 253 页。
③ 参见顾祝轩:《论不动产物权变动"公信原则"的立法模式——"绝对的公信"与"相对的公信"之选择》,载孙宪忠主编:《制定科学的民法典——中德民法典立法研讨会文集》,法律出版社 2003 年版,第 353 页。
④ 史尚宽:《物权法论》,中国政法大学出版社 2000 年版,第 46 页。
⑤ 参见顾祝轩:《论不动产物权变动"公信原则"的立法模式——"绝对的公信"与"相对的公信"之选择》,载孙宪忠主编:《制定科学的民法典——中德民法典立法研讨会文集》,法律出版社 2003 年版,第 364—366 页。
⑥ 参见常鹏翱:《物权程序的建构与效应》,中国社会科学院研究生院 2003 年博士论文,第 123 页以下。
⑦ 参见黄风:《罗马私法导论》,中国政法大学出版社 2003 年版,第 342 页。

以来通行的观念①,保护具有重大过失的第三人,违反基本的法伦理,使得利益衡量显著失衡。以牺牲具有重大价值的财产所有的安全,来保护根本不值得保护的第三人,在价值判断上显然失当。

(2)法律只应保护合理的信赖,而在第三人具有重大过失的场合,虽然其不知道登记错误的存在,信赖了登记簿之记载,但该信赖不具有合理性。相关信息背景已足以使第三人对登记产生合理的怀疑,但第三人却置之不理,故其此时对登记簿的信赖,也只能是盲目的、不值得保护的。

(3)第三人是否知道登记错误存在,这一事实的认定有时极其困难,当该事实难于认定,而承认善意取得的构成又感到极不妥当时,重大过失不可构成善意取得的规则,可以提供实现价值判断的恰当途径。因为,此时认定第三人为故意虽略为勉强,但认定其有重大过失却没有争议。

(4)从经济分析的角度看,因重大过失而不知登记错误的场合,第三人获知真实物权信息的成本较低,只要他稍加谨慎,便能够发现事实真相。因此,由能以较低成本避免损失的第三人,承担未发现真相的风险,也是合理的。

(5)如果第三人只要具有轻过失,就不能构成善意取得,可能会导致第三人过于谨慎,影响交易的快捷。第三人因担心被认定为有过失而不能取得物权,可能会支付过高的调查成本,进行调查。这样,公信力制度节省物权信息成本的功能,也会受到严重干扰。但第三人有重大过失才不能构成善意取得的规则,不存在这些问题。极端不谨慎方不受保护的规则,不会对交易的安全与效率产生不当影响。而且,要求第三人合理谨慎,未对第三人构成过度的约束,又兼顾了真正权利人的利益。

(6)不动产登记公信力的强化,应是通过对真正权利人归责性的弱化来完成,而不是通过对第三人谨慎程度要求的降低来实现。公信力的强化,不应该导致保护有重大过失的第三人的结果出现。在具有重大过失的第三人与真正权利人之间,当然应当选择保护真正权利人。否定有重大过失的第三人的善意取得,也不会一般性地危害交易安全。一般交易人只要合理地谨慎,就无须担心因登记错误而受损。

(7)将"在法律交易中,受让人除了需要了解土地登记簿的状况外,不

---

① 赋予重大过失与故意相同的法律效果,一定意义上也有克服故意认定上的法技术困难之功能,使得边缘性案件中,当事人是否为故意的争论失去实益,而用重大过失这一有弹性的工具来实现同样的目的。

承担额外的审查义务",作为肯定重大过失也可构成善意取得的理由,并不妥当。虽然,第三人不承担额外的审查义务之判断尚属正确,实际上,这是登记推定力的当然表现。只是,推定可以反证推翻,也可能因反向证据而被弱化①,当推定力被弱化到一定程度时,第三人就失去了信赖登记的合理基础。而这里笔者所要表达的正是,特定信息背景已使得理性之第三人会对登记记载产生合理怀疑时,第三人就有义务为排除疑虑,而采取适当的调查措施②,若其竟然怠于为之,自不应受公信力的保护。此时,第三人也违反了对他人权利的注意义务。

(8) 与占有相比较,登记确实有较高的可信度,但这并不意味着第三人因重大过失而不知登记错误之存在,也要受到保护。登记之较高可信度,只是使得第三人可能在更少的情形中被认定为具有重大过失。而且,确立无重大过失之要件,可以获得进行价值判断的空间或载体,使得可在重大过失要件中完成利益的权衡,从而更好地平衡财产动的安全与静的安全。也避免了因"知"与"不知"这样的刚性的、断裂式的划分,可能引起的法律僵化,使法律更有弹性。

(9) 将无重大过失作为不动产善意取得的要件,确有使其与动产善意取得制度保持和谐的效果。并且,该效果也是值得追求的。但更为重要的,应是二者内在理路的一致性。不知真实物权信息,是第三人受公信力保护的前提,这表现为善意取得之善意要件。而占有与登记的推定力,也使得第三人不负担一般性的调查义务③,但是,当可削弱推定效力的信息强大到一定程度时,第三人仍信赖表征方式就不再具有合理性,适当的调查义务由此产生。此时,未尽适当调查义务而依赖已被极度削弱的推定力之第三人,就不受保护。这便表现为动产、不动产善意取得之无重大过失要件。可见,动产、不动产善意取得构成上的此种和谐,并不是人为追求的结果,而是善意取得制度内在逻辑的展开。

那么,在论证了第三人无重大过失要件的妥当性之后,接下来的问题便

---

① 反向证据并不意味着其是第三人调查所得,第三人完全可能偶然获得许多与真实物权信息有关的信息。

② 此时调查的成本是低廉的,因为相关信息已为第三人指明了调查方向。而且,此种调查要求也是有限度的,如果第三人已进行了适当的调查,却未能发现真相,一般就不应再认为第三人具有重大过失。

③ 沃尔夫先生似乎认为动产与不动产的不同,在于动产交易中第三人"承担额外的审查义务",实际上,该观点是错误的。动产、不动产交易中,均是"额外"的信息,催生了额外的调查义务,所不同的只是,动产交易中第三人更易获得"额外"信息。

是,不动产善意取得中如何认定第三人是否具有重大过失。对此,与动产善意取得一样,笔者主张采用"疏忽之人"标准。在特定的信息背景之中,一个疏忽之人都会对登记记载产生合理怀疑,都会采取一定的调查措施,而第三人却因疏失而不为,或执意而不为,可视为未尽适当的注意义务,有重大过失。个案中,重大过失的判断应当"地方化",针对具体第三人的具体信息背景,作个案考察。而这里涉及的一个重大问题是,不动产占有状态应有何样的意义,对此,容后文详细展开。

(五) 第三人已办理登记

第三人取得物权当然需要办理登记,这是物权变动公示原则的要求。形式主义立法之下,未经公示,不动产物权不发生变动。有权处分如此,无权处分之中的善意取得更应当如此,故对于这一问题几乎没有什么争议。[①] 这略不同于动产善意取得中占有取得之要件[②],之所以如此是因为,动产物权变动可以不经公示,故第三人是否应取得占有才能构成善意取得,尚有讨论的可能。

但是,不动产物权变动之强制性的公示要求,可能会掩盖真正的问题。现在通行的观点,是将物权取得的要件与善意保护的要件牵扯在一起了,以物权取得之要件淹没了善意保护的要件,将物权取得之要件直接作为善意保护的要件。而实际上,物权取得之要件,与善意保护的要件是可以区分开来的。所以,真正的问题在于,虽然,经登记物权才能发生变动,但在登记完成之前,善意第三人能否推动登记的完成,以取得物权?善意第三人能否在真正权利人阻止的情况下,通过登记请求权的行使来完成登记?该问题涉及法律对交易安全的保护力度:法律应从何时开始保护第三人,使得其在那一时刻之前具备相关要件,即可以最终取得物权,而可供选择的时点包括债权合同生效时、登记申请时及登记完成时等。[③] 而且,该问题与善意的准据时间问题不可分割。因为,善意是第三人取得之当然要件,而在讨论第三人推动登记完成时,针对的主要是真正权利人介入之后的处理问题,真正权利人的介入,使第三人必然知情。所以,该问题似已转化为善意的准据时间的问题。

---

① 参见〔德〕曼弗雷德·沃尔夫:《物权法》,吴越、李大雪译,法律出版社2002年版,第255页。

② 动产善意取得是否需要取得占有之要件,理论上有激烈的争论,其集中体现在是否可依占有改定而善意取得的问题上。

③ 以债权合同生效时作为是否保护第三人的分界点不妥,这显然对真正权利人过于苛刻。

前文已述及,善意的判断是以登记申请时为准,这样,申请登记之前,真正权利人介入的,将使得第三人知情而不再具备善意之要件,而不能善意取得物权。所以,问题便集中表现为,当第三人已申请登记之后,真正权利人能否阻止登记机关完成登记。① 一般而言,登记机关审查登记过程中,如果发现处分人无处分权、处分人行为损害了真正权利人的利益,就应该终止登记程序。但是,为了保护善意之第三人,是否应当无视真正权利人的异议,继续完成登记呢? 这里,存在两难之选择:如果登记机关可以无视真正权利人的异议,则意味着其需对第三人是否可构成善意取得作出实体上的判断,而这不应该是登记机关的职责或权利,而且这也与须已办理登记之要件相冲突;如果真正权利人提出异议,登记机关即终止登记程序,终局地否定了第三人的物权取得,则前文有关善意准据时间应为登记完成时还是登记申请时的讨论,就彻底失去了意义,而该问题却曾经是德国制定民法典过程中着力讨论的问题。② 对此,笔者的观点是,登记机关可以终止登记程序,但第三人可以诉请法院判定其取得相应物权。而法院判决的根据,应是第三人已具备善意保护的实体条件。

当上面的问题提出时,须已办理登记之要件,与以登记申请时为准判断善意与否之规则之间的矛盾便显现出来了,第三人仅在已办理登记之后,可以阻止回复登记维持物权取得的规则,与以登记完成时来判断第三人善意与否的效果一致。而前文已阐明了以登记申请之时为准判断第三人善意与否的妥当性。对于这一矛盾的解决,笔者以为,还是要区分物权取得要件与善意保护之要件③,第三人在登记申请之后,就受到善意保护,不会因为登记完成之前知情或他人阻止而失去取得物权的可能,但第三人物权的最终取得,仍然应是在登记完成之时。

值得注意的是,物权形式主义立法之下,对须已办理登记之要件的解释是:第三人如未办理登记完毕,则其物权行为尚未完成,犹未取得物权,自亦

---

① 台湾学者认为,在第三人信赖登记而取得土地权利之前,真正权利人仍得对于登记名义人主张登记原因之无效或撤销,提起涂销登记之诉。参见吴光明:《论基于法律行为之物权变动》,载谢在全等:《民法70周年之回顾与展望纪念论文集》(三),中国政法大学出版社2002年版,第142页。

② 参见顾祝轩:《论不动产物权变动"公信原则"的立法模式——"绝对的公信"与"相对的公信"之选择》,载孙宪忠主编:《制定科学的民法典——中德民法典立法研讨会文集》,法律出版社2003年版,第352—353页。

③ 虽然,让第三人取得物权就是保护第三人,但物权取得要件与善意保护要件之间还是存在差异,当善意保护要件具备时,第三人可能尚未取得物权,但可以推动程序的进行,最终确定地取得物权。

不在保护之列。① 那么,此时应如何协调其与善意的准据时间规则之间的冲突呢?笔者认为,物权行为的完成时间应是已提出登记申请之时,申请之后的登记程序的进行已非当事人的行为,而是登记机关的行为。这样,登记申请的提出,第三人即已做了该做的一切,在具备善意取得的其他要件的情况下,其物权的取得应已有了保障。如果,真正权利人此时介入,第三人可以诉请法院通过对实体关系的审理,作出由其取得物权的最终判决。

所以,最终的结论是,虽然,第三人只有在完成登记时,才可以取得不动产物权,但是,如果具备了善意取得的其他要件,自第三人登记申请之后,第三人的物权取得即已获得了可靠保障。

(六)真正权利人之可归责性

前文已述及,登记公信力的强化主要应体现在真正权利人归责性的弱化上,但此种弱化,无论如何也不能达到最终抛弃该要件的程度。如果真正权利人没有可归责事由,也会被剥夺权利,财产静的安全便失去了保障。"令本人承担交易安全的消极影响,从公平正义的角度来说,也应当具备来自本人方面的合理性。否则本人的安全将面临频频不测之害,法律秩序必将动荡不安。"② 善意且无重大过失只能说明有合理的信赖存在,但尚不能正当化对真正权利人权利的剥夺。在冲突利益之间,须对维护与牺牲各利益的理由进行综合判断,决不能仅简单地让一方利益维护之合理性压倒一切,对方利益的牺牲,需要通过对方的归责事由进行正当化。所以,应确立权利人归责性之要件,个案中将权利人可归责程度与第三人之信赖合理性程度进行比较衡量,最终得出应予保护的利益,这样,才能构建出一种弹性的、兼顾双方利益的制度框架。

不动产登记与动产占有相比,不动产权利人的控制力更弱。不动产登记簿在登记机关的控制之下,权利人若想改变登记记载,也需要登记机关审核。但是,不动产登记非权利人所能控制的事实,不应成为否定权利人归责性要件的理由,相反,正因为权利人不能控制,才需要权利人具有可归责事由。因为,当不能控制的情形很多,而丧失权利又不需要可归责事由时,静的安全将受到严重破坏。果真那样,权利人将处于不安之中,不知道何时会因第三人信赖了不可归责于其之事由导致的登记错误,致使其丧失权利。另外,登记机关赔偿基金的设立,可以为真正权利人丧失权利提供补偿,但

---

① 谢在全:《民法物权论》(上),中国政法大学出版社 1999 年版,第 85 页。
② 丁南:《论民商法上的外观主义》,载《法商研究》1997 年第 5 期。

赔偿基金的存在，也不能成为否定真正权利人归责性要件的理由，即使补偿是充分的，补偿与保有原物权之间也仍会有差距，标的物对权利人而言可能存在的特殊价值，决定了保有权利仍然是最有利的结果。而且，赔偿基金也完全可以用来补偿善意第三人的损失，使第三人虽未取得相应物权，但可以得到金钱补偿。这也不失为一种保护信赖的方法，可以有效降低交易风险。

学者指出，在德国，"权利外观法理"如何同基于"意思"、"过失"的私法体系进行和谐，一直是学界论争的题目。与保护信赖者权利的一面性并存，对真实权利人权利丧失的根据，即对"归责"机制的解明再次成为法律学上的重要课题。[①] 这正反映了法律发展的轨迹：由着力于财产静的安全的维护、到对交易安全的极力强调、再回头兼顾静的安全，试图达到动与静的平衡。成熟的法律不会忽视任何一方的正当利益，会通过弹性的制度工具，来容纳个案中所有应考虑的合理因素，得出契合个案情境的妥当裁决。绝不会轻易关闭吸纳合理考量因素的任何渠道。而权利人的归责性要件，正是这样的管道，该要件使权利人方面的合理考量因素，可以由此为最终的裁决所参考。

真正权利人的归责性，主要表现为权利人对登记外观的形成或维持的影响。因权利人疏忽而导致登记错误、权利人明知登记错误却放任不管或权利人为他人制造登记错误提供方便等时，权利人就具有可归责性。在继承发生的情况下，继承人不闻不问登记事宜，结果导致非继承人被错误登记为遗产的所有权人的，作为真正权利人的继承人也具有可归责性。为强化登记公信力，对真正权利人的归责性认定，应采较宽松的标准，例如，在权利人发现登记错误，并启动了与登记名义人的诉讼，但却没有申请异议登记时，如果有善意且重大过失的第三人介入，也应认定权利人具有归责性，第三人可以取得相应物权。因为，权利人应当预见到，第三人可能会因对登记的信赖而与登记名义人进行交易，而其又有申请异议登记这样的手段可以阻止，他却不加以利用，具有归责性，应承担不利后果。

真正权利人归责性的认定，应采取推定的方式，即只要出现登记错误，就推定真实权利人具有可归责性，权利人若想摆脱，就需要证明导致登记错误形成及维持的事由，与其彻底地无关。由于登记簿系由国家登记机关编

---

① 参见顾祝轩：《论不动产物权变动"公信原则"的立法模式——"绝对的公信"与"相对的公信"之选择》，载孙宪忠主编：《制定科学的民法典——中德民法典立法研讨会文集》，法律出版社2003年版，第361—362页。

制,第三人往往高度信赖登记簿,这使得权利人负担起更高的谨慎义务,从而不可能轻易通过自己归责性要件的不具备,来否定第三人的取得。实践中,权利人对自身归责性的否定,常通过对登记错误是由于他人故意或登记机关故意、重大过失行为导致之事实的证明来实现。例如,甲与登记员乙合谋,伪造交易文书,擅自将丙之房屋移转登记于甲的名下,甲隔日即将该房屋出卖给善意无过失之丁,并与乙分款潜逃。在该案中,登记错误完全是由于甲、乙违法行为所致,丙没有可归责事由,所以,丙若能证明上述事实,则虽然丁善意无重大过失,也不能取得所有权。

(七)无异议登记存在

异议登记是指就登记名义人之外的人对登记正确性之异议所作的登记。异议登记的目的在于传递登记可能存在错误的信息,破除登记推定力,以阻断登记公信力。由于异议登记主要针对的是登记公信力,故异议登记所持异议的登记事项,属于能够引发登记公信力的,异议登记才有意义。异议登记作为一种临时性的措施,主要是为了解决登记错误纠正过程中真正权利人保护的问题,使真正权利人不会在登记错误纠正前,因出现善意第三人,而遭受损失。《德国民法典》第899条对异议登记作出了规定:"(1)在第894条规定的情况下,可将对土地登记簿的正确性提出的异议进行登记。(2)上述登记根据临时处分或因土地登记簿中的更正涉及其权利的人的同意而进行。为了发布临时处分命令,无需证实异议提出人的权利已受到危害。"我国民法典学者建议草案中,也规定了异议登记。[1]

异议登记的存在,并不影响登记名义人处分登记权利,登记名义人可以继续处分其可能存在的权利,但如果所登记的异议成立,登记确有错误,那么第三人不能善意取得物权。而且,不管第三人有没有看到登记簿中的异议,他都不再受保护。这里,关键问题是异议已经登记,若第三人没有查阅登记簿,就应自己承担风险。[2]

但是,异议登记的存在,并不能阻止所有的善意取得,它所能阻止的仅是其所针对的权利的善意取得,如果不动产登记簿存在异议登记所针对的事项之外的错误,第三人善意信赖该项登记的,仍然可以善意取得。例如,甲的不动产错误登记在乙的名下,甲申请了对所有权的异议登记,而登记簿

---

[1] 参见梁慧星主编:《中国民法典草案建议稿》,法律出版社2003年版,第48页。
[2] 参见〔德〕曼弗雷德·沃尔夫:《物权法》,吴越、李大雪译,法律出版社2002年版,第254页。

同时还记载了丙不存在的地上权,丙转让该地上权给善意之丁,并办理了登记,此时,虽有异议登记存在,但该异议登记并非针对丙的地上权,所以,丁仍然可能善意取得该地上权。

此外,异议登记之人并非真正权利人,但异议登记针对之事项确有错误的,第三人仍可能构成善意取得。例如,甲之不动产错误登记于乙的名下,丙误以为该不动产为其所有,申请了异议登记后,乙将该不动产转让给善意之丁,丁可以善意取得所有权。① 但是,在异议登记的有效期内,异议登记的效力可以阻止连续发生之转让中的善意取得。例如,甲之不动产错误登记于乙的名下,甲申请异议登记后,乙将该不动产转让给了丙,丙随即又将该不动产转让给了丁,此时,丙、丁均不能善意取得该不动产所有权。丙不能善意取得是因为有异议登记存在,丁不能善意取得,一方面是因为针对其取得之物权的异议登记仍然存在,另一方面丁也可以从登记簿上发现丙可能为无权利人。而且,如果此时丁可以善意取得所有权,那么恶意当事人就可通过连续的转让,来挫败权利人申请异议登记的努力,损害真正权利人的利益。

三、法律效果

（一）物权变动效力

1. 第三人取得相应物权

不动产善意取得的法律效果,表现为第三人取得相应物权。所谓"相应"物权,是指由第三人信赖的登记簿记载及当事人之间的合同所共同确定的物权。由于不动产登记可以表现复杂的法律关系,所以不动产善意取得的法律效果更为复杂。但是,其判断标准是非常明确的,第三人欲取得某种物权,而登记簿又显示其可以取得这样的物权②,就可以发生相应的物权变动。第三人物权取得的"相应性",除了表现在物权取得本身,还表现在所取得所有权的负担状况,以及所取得他物权的顺位上。

在无权转让所有权的情况下,第三人可以善意取得该所有权,而该所有权上是否有权利负担,主要根据登记簿之记载确定。当虽然不动产所有权

---

① 参见常鹏翱:《物权程序的建构与效应》,中国社会科学院研究生院 2003 年博士论文,第 176 页。

② 学者认为:登记公信力积极地使善意取得人取得与登记簿上所载同一范围同一内容之物权;消极地使取得人所取得的是物权免除未登记或不当涂销的负担。参见史尚宽:《物权法论》,中国政法大学出版社 2000 年版,第 46 页。

人记载错误,但登记簿记载有真实存在的他物权时,第三人只能取得负有该他物权负担的所有权。① 当不动产所有权人记载错误的同时,登记簿上还错误涂销了他物权时,第三人可以取得无该他物权负担的所有权。② 当不动产所有权人记载错误,同时登记簿记载了不存在的他物权时,第三人可以善意取得所有权,并且不负担虽登记但不存在的他物权。③ 因为,不动产登记的公信力只为善意第三人的利益,而不为其不利益发生效力。不存在的用益物权、担保物权、处分限制等,即使记载于登记簿上,对善意第三人的权利取得,也不生不利影响。

在无处分权人为第三人设定他物权的情况下,第三人可以善意取得所设定的他物权,使得所有权上发生此项权利负担。④ 而在设定的是抵押权时,抵押权的顺位也须根据登记簿记载状况来确定。在登记簿上原有抵押权之登记误被涂销,而第三人善意取得抵押权时,第三人之抵押权虽设定时间上居后,但顺位上更居先。⑤ 即第三人抵押权的取得,使不当涂销的抵押权后于该抵押权的次序。在原抵押权所担保债权数额被错误少记时,也发生与上述情况相似的效果。⑥ 当然,如果登记簿原即记载有真实的抵押权,则第三人善意取得的抵押权只能居于该抵押权的后顺位。⑦ 在处分人为有权处分时,如果抵押权被误记或被错误涂销,信赖登记簿记载之善意第三

---

① 例如,甲之不动产被错误登记于乙的名下,乙以该不动产为善意之丙设定抵押权并已登记后,又将该不动产转让给善意之丁。此时,丁可以善意取得该不动产所有权,但是,丙善意取得的抵押权仍附于其上。
② 例如,甲之不动产被错误登记于乙的名下,同时该不动产上原有的丙的抵押权被错误涂销了,此时,乙将该不动产转让给善意之丁,丁可以取得无抵押权负担的所有权,丙的抵押权消灭。这分别是两项登记错误的公信力的体现。学者称此类情况,为消极信赖保护。参见王泽鉴:《民法物权》(第1册)(通则·所有权),中国政法大学出版社2001年版,第125页。
③ 例如,甲之不动产被错误登记于乙的名下,同时该不动产上被记载了不存在的地役权负担,乙将该不动产转让给善意之丙,丙可以善意取得无地役权负担的所有权。
④ 不动产租赁权是否可以善意取得,值得探讨。有学者认为:由于就动产租赁权,认为无须特别保护其交易之安全,所以应该支持判例否定租赁权善意取得的做法(参见〔日〕我妻荣:《日本物权法》,有泉亨修订,五南图书出版公司1999年版,第210页)。但不动产租赁与此不同,其涉及承租人的生存利益,而且承租人往往为弱者,保护承租人,符合弱者保护的社会政策。因此,应当保护不动产承租人对不动产登记簿的合理信赖,在承租人为登记名义而且实际占有租赁物时,即使登记错误,善意之承租人也应可以取得租赁权。
⑤ 参见史尚宽:《物权法论》,中国政法大学出版社2000年版,第46页。
⑥ 例如,原抵押担保的债权为50万,后被误记为5万,则第三人善意取得之抵押权的前顺位,仅存有担保债权额为5万元的抵押权。
⑦ 例如,甲以其不动产为丙设定抵押权并已登记后,该不动产被错误登记于乙的名下,乙又以该不动产为善意之丁设定抵押权,此时,丁可以善意取得抵押权,但其抵押权后位于丙享有的抵押权。

人,也可以取得有利的顺位,从而发生抵押权顺位的善意取得。① 因为他可以相信,在土地登记簿中涂销了的权利,实际上也不复存在。

在处分人无权处分他物权的情况下,第三人可善意取得相应的他物权。被错误登记为用益物权人之人,转让该用益物权的,第三人可以善意取得该用益物权;登记名义人以该用益物权设定抵押权的,第三人可以善意取得抵押权。如果该用益物权之上已登记记载有他人享有的抵押权,则第三人取得的抵押权后顺位于该抵押权。如果该用益物权之上他人享有的抵押权已被错误涂销,则第三人取得的抵押权先顺位于该抵押权。② 被错误登记为抵押权人之人,擅自将该抵押权附于主债权一并转让的,第三人可善意取得该抵押权;登记名义人擅自将该抵押权附于主债权一并为第三人之债权设定债权质权的,第三人可善意取得可控制该抵押权的债权质权。③

2. 回首取得的问题

第三人善意取得不动产物权之后,再行处分该物权的,受让人即使明知前一交易的情况,也可以取得相应物权。④ 但是,如果无权处分人再行从第三人处受让标的物物权,就会发生是否可以回首取得的问题。⑤ 德国学者认为,"无权处分人的回溯取得(Rückerwerb des Nichtberechtigten)"时,如果物权变动非出于交易行为,例如因无权处分行为被解除,标的物重新被返还的,无权处分人就不能取得物权。⑥ 言外之意即是,如果无权处分人系重新通过交易行为而从善意取得物权的第三人处受让的,则可以取得物权。笔

---

① 例如,甲以其不动产为乙设定抵押权并已登记,但随后该抵押权登记被错误涂销,此时,甲又以该不动产为丙设定抵押权,则丙取得之抵押权先顺位于乙之抵押权。这里,丙的抵押权整体并非基于善意而取得,但其抵押权的有利顺位系基于善意而取得。

② 但第三人取得之抵押权,与设立在不动产所有权上的抵押权不发生顺位关系,因为各抵押权的客体不同。例如,甲以其不动产为乙设定抵押权并登记,为丙设定地上权并登记,但丙之地上权后被错误记载于丁的名下,丁擅自以该地上权为善意之戊设定抵押权并为登记。这样,戊善意取得地上权之抵押权,但该抵押权与乙之抵押权不发生冲突、不存在顺位关系。抵押权实行时,乙可就不动产所有权的价值优先受偿,而戊则可就不动产地上权的价值优先受偿。

③ 例如,甲被错误登记为乙之不动产的抵押权人,甲以其享有的抵押权登记记载之主债权,及登记记载之抵押权一并为丙之债权设定债权质权。丙基于对登记簿记载之信赖,可取得能够控制该抵押权的债权质权。当丙的债权到期未受清偿时,丙可以行使甲之债权,若甲之债权的债务人不能履行债务,丙可以行使抵押权就乙之不动产价值优先受偿。

④ 参见王泽鉴:《民法物权》(第1册)(通则·所有权),中国政法大学出版社2001年版,第126页。

⑤ 例如,甲之不动产错误登记于乙的名下,乙擅自将该不动产转让给丙,丙善意取得了该不动产所有权,后丙又将该不动产复转让给乙,并办理了登记,此时的问题便是乙能否取得所有权。

⑥ Siehe Schwab-Prütting, *Sachenrecht*, 27. Aufl., Verlag C. H. Beck, 1997, S.100. 转引自常鹏翱:《物权程序的建构与效应》,中国社会科学院研究生院2003年博士论文,第35页。

者认为不妥,就回首取得问题而言,不动产与动产并无不同,否定处分人回首取得的可能性,不会损害任何人的正当利益,而肯定处分人回首取得的可能,则会为处分人利用中间之善意取得人,损害真正权利人利益提供机会。所以,应否定处分人回首取得的可能,当处分人重新登记为权利人时,真正权利人的物权便得到回复。

3. 预告登记中的善意取得

善意第三人申请预告登记的,其预告登记中所记载的请求权的实现,也受登记公信力的保障。因为设定预告登记就是对不动产的一种处分。[①] 预告登记是为保全一项可以引起不动产物权变动之请求权,而进行的不动产登记。预告登记的效力在于,使被登记的请求权发生物权效力,可对抗第三人。预告登记制度由德国在中世纪创立,后被许多国家所采纳。现德国、瑞士、日本等国均有规定。[②] 我国台湾民法也有相应规定。[③] 预告登记改变了债权无社会公开性的特质,具有公示的效果,社会公众可通过登记簿获知某项有关不动产物权变动的请求权的存在,因而该项请求权效力的强化并不会损害交易安全。

物权变动请求权人办理了预告登记的,即使登记簿记载之所有人非真正权利人,请求权人也可以请求真正所有权人同意他登记为新的所有权人。这样,物权变动请求权人在申请预告登记之时,对登记簿记载之信赖,就不会被辜负。但是,此善意取得只适用于以法律行为设定的预告登记,而不适用于根据诉讼保全设定的预告登记。[④] 行使预告登记所记载之请求权取得的物权的状况,根据前文所述的原则来把握,只是该物权物上负担有无或顺

---

① 参见〔德〕曼弗雷德·沃尔夫:《物权法》,吴越、李大雪译,法律出版社2002年版,第249页。

② 参见《德国民法典》第883条、《瑞士民法典》第959—961条、日本《不动产登记法》第2条之规定。

③ 我国台湾《土地法》第79条之一规定:"声请保全下列请求权之预告登记,应由请求权人检附登记名义人之同意书为之:(1)关于土地权利移转或使其消灭之请求权。(2)土地权利内容或次序变更之请求权。(3)附条件或期限之请求权。前项预告登记未涂销前,登记名义人就其土地所为之处分,对预告登记之请求权有妨碍者无效。预告登记,对因征收、法院判决或强制执行而为新登记,无排除之效力。"

④ 参见〔德〕曼弗雷德·沃尔夫:《物权法》,吴越、李大雪译,法律出版社2002年版,第249页。

位先后的确定,均以预告登记的时间为准。①

(二) 债之效力

1. 真正权利人与无权处分人之间

严格而言,善意取得的法律效果仅包括上述物权变动效力,债之效力并不是善意取得制度的法律效果。但为方便起见,可以在此讨论与善意取得相关的债之效力,具体分析以物权变动效力发生为前提,依其他法律制度而发生的债之效力。

第三人的善意取得,使真正权利人受损,真正权利人或丧失了权利、或权利受有负担、或权利的有利顺位被破坏。而这样的结果多是处分人无权处分行为所致②,此时,真正权利人取得对无权处分人债法上的赔偿请求权,而该请求权的基础可以是合同、侵权、不当得利或无因管理。

在真正权利人与处分人之间有合同存在时,权利人可以根据合同请求处分人承担违约责任。③ 在无权处分损害了真正权利人的物权,具备侵权行为要件者,权利人可依侵权法规定请求损害赔偿。如果不具备侵权行为要件,但处分人取得利益使权利人受损的,因处分人获利无正当基础,故可构成不当得利,权利人可以行使不当得利返还请求权,请求处分人返还所获利益。④ 而在处分人获得的利益大于权利人所遭受的损失时,因不当得利返还一般以受损额为限,所以,此时可准用无因管理的规则,由权利人主张享有全部获利,同时负担无因管理制度下的义务。⑤

---

① 预告登记之后成立的不动产租赁关系对请求权人有何影响,有不同意见。例如,甲将其房屋转让给乙,对乙移转房屋所有权之请求权办理了预告登记。后甲将该房屋出租给丙,这样,便发生了乙办理所有权移转登记之后,租赁关系是否继续存在的问题。德国有学者认为,应依预告登记之规定使租赁关系对乙不生效力,但德国联邦法院强调保护承租人之原则,认为德国民法买卖不破租赁之规定,应优先于预告登记。王泽鉴先生也赞同此观点。参见王泽鉴:《民法学说与判例研究》第7册,中国政法大学出版社1998年版,第76页。

② 一般而言,处分人也是登记错误的参与制造者,但如果特定案例中其他人制造了登记错误,真正权利人对其也应有侵权损害赔偿请求权,或者不当得利返还请求权。

③ 例如,甲与乙订立房屋买卖合同,受让乙之房屋,但与丙约定将房屋移转登记于丙的名下,移转登记办理完毕时,丙虽为登记名义人,但无继得所有权的正当原因,而乙的所有权已消灭,所以,甲为真正所有权人。这样,登记错误出现。若丙擅自将该房屋转让给善意之丁,使得甲丧失所有权的,甲可以请求丙承担违约责任。

④ 例如,甲死亡,相关证据表明,甲的第一顺序继承人已无人健在,也不发生代位继承问题,故乙作为甲的第二顺序继承人继承了甲的房屋,并办理了继承登记,随后乙将该房屋转让给丙。后来发现甲还有一非婚生子丁健在,丁提出异议,此时,登记错误存在,但丙可善意取得房屋所有权,而乙没有过失,不构成侵权。不过,乙之获利与丁之受损有因果关系,且乙获利无正当基础,所以,丁可行使不当得利返还请求权,请求乙返还从丙处获得的房屋价金。

⑤ 此处问题的展开,可参见动产善意取得相应部分的论述。

第三章　不动产登记的效力

2. 处分人与第三人之间

在处分人与第三人之间,债权合同是确定他们之间关系的依据,在无权处分采物权变动效力待定说的前提下①,债权合同不受处分权欠缺的影响,当然可以有效。而善意取得的构成在合同关系上的效果则是处分人因债权合同而负担的义务,部分或全部得到了履行。② 而且,第三人不得主张抛弃其信赖登记而取得的不动产物权,并以此为理由向处分人请求损害赔偿。③ 处分人则可以请求第三人履行其因债权合同而负担的义务。

当第三人系从处分人处接受赠与时,由于无偿行为不可以构成善意取得,所以第三人不能取得相应物权。此时作为赠与人的处分人,如果系故意不告知瑕疵或者保证无瑕疵的,则应对由此造成的受赠人的损失承担损害赔偿责任。④

善意取得的构成需要具备有效的原因,作为其基础的债权合同应当有效。如果债权合同存在效力瑕疵,善意取得将受到影响。在债权合同无效时,善意取得不发生,处分人与第三人之间的关系按照无效合同的规则处理;在善意取得存在可撤销瑕疵或解除事由时,撤销权人可以撤销合同、解除权人可以解除合同,而债权合同的撤销或解除,将使得善意取得的效果被否定。此时,处分人与第三人之间的关系,按照无效合同规则或合同解除的规则来处理。

3. 真正权利人与第三人之间

真正权利人与第三人之间一般不发生债的关系,第三人善意取得物权,具有法律上的原因,故不构成不当得利。在第三人无偿取得标的物时,德国及我国台湾民法在肯定可构成善意取得的同时,认为第三人应向原权利人负不当得利返还义务⑤,但我国否定无偿第三人善意取得的可能性,故如果无偿第三人已被变更登记为物权享有者的,真正权利人可以请求更正登记。

不过,在善意取得不能构成⑥,而第三人取得登记及占有之后,对标的物

---

① 关于无权处分效力模式选择的分析,参见前文善意取得与合同效力部分的论述。
② 在约定转让两处不动产所有权,而第三人仅善意取得了一处不动产所有权时,则处分人因债权合同而负担的义务仅部分得到了履行。
③ 参见王泽鉴:《民法物权》(第1册)(通则·所有权),中国政法大学出版社2001年版,第126页。
④ 参见《合同法》第191条之规定。
⑤ 参见《德国民法典》第816条之规定;刘春堂:《无权处分与不当得利》,载《辅仁法学》第21期。
⑥ 包括因善意取得构成要件本来即不完全具备以及后因处分人撤销或解除合同而导致的善意取得之不能。

作出法律行为或事实行为的,可与真正权利人之间形成不当得利、侵权行为等债的关系。第三人将标的物出租而收取租金的,取得的租金为不当得利,应向真正权利人返还;第三人转让标的物,而受让人善意取得标的物所有权的,第三人可能构成不当得利或侵权行为,应对真正权利人负担利益返还义务或损害赔偿义务。

此外,如果债权合同有可撤销原因、法定解除事由或约定解除事由,而处分人怠于行使撤销权、解除权的,真正权利人应当可以代位行使。该代位权之构成,虽不同于一般的债权人代位权的构成,但具有正当性。① 在代位行使没有明确的立法支持的情况下,也可以透过真正权利人不当得利返还请求权来实现同样的目的。处分人享有的撤销权、解除权,可视为处分人的不当得利,故真正权利人可以请求向其返还这些权利,而原权利人取得这些权利之后,可以行使该权利撤销或解除合同,使第三人权利之取得失去基础,进而可回复权利并请求更正登记。

4. 真正权利人与登记机关之间

不动产登记簿在登记机关的控制之中,登记程序离不开登记机关的参与,登记错误的出现不可能没有登记机关的介入,但是,登记机关不应当对所有因登记错误而导致真正权利人的损失负责,尤其是在因可归责于真正权利人的原因而导致登记错误时,更是如此。故在登记错误系由登记机关过错所致时,登记机关应对真正权利人由此遭受的损失承担赔偿责任。对此,我国《城市房屋权属登记管理办法》第37规定:"因登记机关工作人员工作过失导致登记不当,致使权利人受到经济损失的,登记机关对当事人的直接经济损失负赔偿责任。"②这里,该规定将赔偿责任的范围限制为直接损害。

对于登记机关赔偿的资金来源问题,设立赔偿基金不失为一妥当的选择,由登记机关从所收取的登记费中提取一定比例,作为履行赔偿责任的财产基础,可为真正权利人损失的赔偿提供保障。③ 值得一提的是,由于笔者

---

① 代位权的行使并没有增加第三人的负担,第三人的地位并没有因真正权利人的代位而有所改变。而就处分人而言,其本来即无需保护的正当利益。

② 《中国民法典草案建议稿》第250条也规定:"因登记机关的过错,致不动产登记发生错误,且因该错误登记致当事人或者利害关系人遭受损害的,登记机关应依照国家赔偿法的相应规定承担赔偿责任。"参见梁慧星主编:《中国民法典草案建议稿》,法律出版社2003年版,第50页。

③ 我国台湾地区《土地法》第70条之规定可供参考,该条规定:"地政机关所收登记费,应提存80%作为登记储金,备供第68条所定赔偿之用。地政机关所负之损害赔偿,如因登记人员之重大过失所致者,由该人员偿还,归拨土地储金。"

主张善意取得的构成需真正权利人具有可归责事由,所以可能会出现第三人虽为善意且无重大过失,但因权利人无归责性而不能构成善意取得。此时,赋予第三人对有过错的登记机关信赖利益损失赔偿请求权,无疑是保护第三人的合理信赖的有效措施,而该项赔偿也应可以从赔偿基金中支付。①

四、不动产占有的法律意义

(一)不动产占有与物权信息传递

占有,是对标的物事实上的管领与控制。而事实上管领力有无的判断,学者认为,依一般社会观念,足认一定之物已具有属于其人实力支配之客观关系者,即可谓有事实上之管领力②;作为法律事实的占有,需要依社会观念斟酌空间及时间关系,就个案加以认定。③ 在不动产方面,对于建筑物的管理、支配关系,对土地的持续性支配关系或不许他人进入该不动产的意思表明等,都是管领成立的标准。④

占有事实存在之认定的意义,在于占有具有一定的法律效力。动产之占有具有推定力,占有为动产物权之表征方式。但不动产因设有登记簿,以登记作为不动产物权之表征方式,故登记取代了占有而具有推定力。这样,已经登记的不动产,可以排除占有的推定力。⑤ 就不动产占有权利之推定而言,仅在未登记之不动产与以不动产为标的之债权,方能受占有权利之推定。⑥ 权利推定的实质,是肯定其传递特定物权信息的功能,登记簿具有传递复杂的物权信息的能力,但占有无法表现复杂的法律关系,故动产占有的权利推定,实即推定占有人为所有权人。

---

① 对合理信赖的保护方法,原本即有使信赖者得其所欲和赋予信赖者信赖利益损失赔偿请求权之分。在无法正当化剥夺真正权利人权利之时,让第三人从负有责任之人处获得信赖利益损失赔偿,应是较为妥当的安排。
② 谢在全:《民法物权论》(下),中国政法大学出版社1999年版,第928页。
③ 参见王泽鉴:《民法物权》(第1册)(通则·所有权),中国政法大学出版社2001年版,第155页。
④ 〔日〕田山辉明:《物权法》(增订版),陆庆胜译,法律出版社2001年版,第123页。
⑤ 同上书,第43页。
⑥ 参见谢在全:《民法物权论》(下),中国政法大学出版社1999年版,第966页。不过,笔者认为,"以不动产为标的之债权,能受占有权利之推定"的观点,值得商榷。此种"推定"似应与相关债权证据的出示相配合,而推定的本意应是指仅仅根据占有的事实即可作出的推断。而占有之外的相关证据的引入,往往是进入了推定之反证阶段的表现。

在不动产设有登记簿的背景下,占有的推定力应已被阻断①,但是,这并不意味着不动产占有不再具有传递任何具有法律意义的信息的功能。虽然,从不动产占有状况中,不能直接获知不动产的所有权归属,但是,不动产用益离不开对标的物的占有,占有天然地具有传递不动产用益信息的功能。不动产不存在被盗窃或遗失的问题,虽也存在非法侵占,但实践中不动产的占有者一般不是所有人就是合法的用益人。这样,不动产现实占有状态,对不动产物权信息的判断,仍应具有一定意义。不过,此事实层面的意义,在法律上可有什么样的表现,尚需探讨。

(二) 不动产占有的法律意义:实证规则的分析

1. 不动产取得时效

取得时效是指占有他人之物,持续达到一定时间而可取得该物物权的制度。取得时效制度系为了促使权利人积极行使权利,并维护基于长期占有而形成的法律秩序。不动产取得时效制度国,德国、瑞士、法国、日本、我国台湾等民法均设有规定,但具体构造有所不同。德国、瑞士民法②,区分已登记不动产和未登记不动产,分别构造取得时效制度。对于已登记不动产,须占有人已错误登记为登记名义人,并且持续占有达到一定期限者,方可取得不动产物权。③ 日本民法则不区分动产、不动产,对取得时效作统一的规定:以所有的意思,20 年平稳公然占有他人之物者,取得该物所有权,若占有之始为善意且无过失的,10 年即可取得该物所有权;他物权的取得可准用所有权取得的规定。④ 我国台湾民法仅限于未登记不动产,具备一定条件并持续占有达一定期限,即可取得不动产物权。⑤ 我国现行法上未规定取得

---

① 有学者认为,占有权利推定应仍适用于不动产(参见姜战军:《论占有权利推定对不动产上占有的适用》,载《法律科学》2001 年第 4 期),但通观全文,笔者发现其主张的似是不动产占有保护的必要性,涉及的是占有人自力救济权和物权请求权的问题。故在此需要辨明的是,占有的推定力与占有人之物上请求权的不同,占有推定力重在占有物权表征功能的肯定,其稍加延伸便导出占有公信力;而占有人物上请求权,主要功能是维护社会和平秩序,重在维护现实的占有状态,体现任何人不得私力改变占有现状的取向。

② 有学者认为,瑞士民法的取得时效不适用于已登记不动产(参见温世扬、廖焕国:《取得时效立法研究》,载《法学研究》2002 年第 2 期),而实际上《瑞士民法典》第 661 条规定的就是登记不动产的取得时效。值得注意的是,在法典的中文本该条的译文中未出现"占有"一词(参见殷生根、王燕译:《瑞士民法典》,中国政法大学出版社 1999 年版,第 184 页),而史尚宽先生的译文则是明确指出了登记名义人的占有要件(参见史尚宽:《物权法论》,中国政法大学出版社 2000 年版,第 77 页)。

③ 参见《德国民法典》第 900 条、第 927 条,《瑞士民法典》第 661 条、第 662 条之规定。

④ 参见《日本民法典》第 162 条、第 163 条之规定。

⑤ 参见台湾民法第 769—772 条之规定。

时效制度,在《中国民法典草案建议稿》中,学者借鉴的是德、瑞法制,系根据不动产已登记还是未登记,而异其规则。①

比较而言,未登记之不动产依持续的占有而确定物权的取得,尚属妥当,但已登记之不动产,无视登记簿的存在,仅根据持续的占有决定权利的取得,难谓妥适。故德、瑞民法采取的区分登记和未登记不动产,对已登记不动产同时强调登记名义与占有事实的存在,应属合理的选择。对此,日本学者已有所反思,认为:日本民法透过占有即进行不动产取得时效,并不能说十分妥当;作为取得时效之基础之占有与作为其对抗要件之登记之间所产生之不协调,已是日本民法上解释之难题之一;除了透过占有之外,还需以登记名义人为要件之德国民法,倒是以其简明见长。②

这里,已登记不动产中,登记与占有的配合,共同决定着不动产物权的时效取得的现象,颇具启发性。虽然,取得时效中占有所发挥的作用,与善意取得中占有可能发挥的作用在方向上定有不同,前者与和平秩序有密切联系,但是,登记背景下的占有功能的发挥本身,为不动产善意取得制度中以登记为基准之基础上占有地位的安排提供了思路。

2. 占有对债权效力的强化

当债权的内容包括取得标的物之占有时,仅具相对效力的债权因与占有的结合,而可以得到强化。此种强化,一方面表现为,债权作为债权人占有的正当基础,使债权人不构成无权占有,从而可以对抗标的物所有权人的返还请求。③ 这样,在标的物为不动产时,"占有"帮助债权人战胜了"登记"之所有权人。

另一方面,占有保护请求权④,占有人自力救济权等,也可以强化取得占有之债权人的债权。这方面,德、日学者有较为充分的论述。德国学者指出:占有强化了权利人的法律地位,使权利能够从外部识别,并通过占有保护请求权赋予权利人相对于任何人的防卫权。这样,权利人特别是债权权利人的地位得以大大加强。例如,承租人在获得占有以前对出租人仅有交付租赁物的债法请求权,取得占有以后他可以根据民法典关于占有保护之规定,要求所有人尊重他的占有,包括出租人。占有保护请求权具有了相对

---

① 参见梁慧星主编:《中国民法典草案建议稿》,法律出版社2003年版,第55页。
② 〔日〕我妻荣:《日本物权法》,有泉亨修订,五南图书出版公司1999年版,第105页。
③ 参见王泽鉴:《民法学说与判例研究》第7册,中国政法大学出版社1998年版,第56页。
④ 占有保护请求权,又称占有人之物上请求权、占有诉权。参见王泽鉴:《民法物权》(第2册)(用益物权·占有),中国政法大学出版社2001年版,第353页。

于所有人的效力,债权的法律地位因此得到加强,这使得占有之债权与占有相结合,而被承认是侵权法意义上的其他权利(als sonstiges Recht)。① 日本学者也认为,目前,占有诉权发挥重要作用的,是不动产租赁权。当然,这是由于民法未将租赁权作为物权而产生之现象,但无论如何,占有担负着不动产使用权这种本权之前卫任务,这是非常值得注意的一种现象。②

这里,占有保护请求权对债权的强化,似仍在于社会和平秩序的维护。但占有与债权的配合,可形成能对抗拥有登记的所有权人的力量,适足说明不动产法律关系之中,占有尚没有彻底为登记所淹没。

3. 租赁权的物权化

租赁合同为债权合同,本应仅具有相对之效力。但基于保护弱者、维护生存利益等法政策目标的考虑③,法律赋予租赁权以对世效力,使"买卖不破租赁"(Kauf bricht nicht Miete)④,理论上称之为租赁权的物权化。但各国将租赁权的物权化程度不同,且于物权化的同时,亦多搭配一定租赁权公示性之措施,以平衡对承租人和受让人的保护。⑤ 德、瑞、法、日、奥地利等国民法,基本上限于将不动产租赁权物权化,并且,瑞士、日本、奥地利民法均以完成登记作为租赁权物权化的条件,法国民法则将租赁权物权化限定于经公证不动产租赁或定期不动产租赁。⑥

台湾《民法》第 425 条规定:"出租人于租赁物交付后,承租人占有中,纵将其所有权让与第三人,其租赁契约,对于受让人仍继续存在。前项规定,于未经公证之不动产租赁契约,其期限逾五年或未定期限者,不适用

---

① 参见〔德〕曼弗雷德·沃尔夫:《物权法》,吴越、李大雪译,法律出版社 2002 年版,第 79—80 页。

② 参见〔日〕我妻荣:《日本物权法》,有泉亨修订,五南图书出版公司 1999 年版,第 446 页。

③ 有学者已对租赁权物权化的法政策基础提出了质疑,认为承租人不一定是经济上的弱者,不同性质交易主体在社会经济生活中最多只是一时一事的"角色",而不是足以作为社会政策对象的可固定团体。参见苏永钦:《走入新世纪的私法自治》,中国政法大学出版社 2002 年版,第 338 页。

④ 将租赁权的物权化直接称为"买卖不破租赁"并不准确,除了买卖不破租赁之外,抵押等设定他物权的行为也不破租赁。例如,最高人民法院《关于适用担保法若干问题的解释》第 65 条规定:"抵押人将已出租的财产抵押的,抵押权实现后,租赁合同在有效期内对抵押物的受让人继续有效。"第 66 条规定:"抵押人将已抵押的财产出租的,抵押权实现后,租赁合同对受让人不具有约束力。"这两条规定实际上确立了租赁权不受后设定的抵押权影响的规则即抵押不破租赁,以及抵押权不受后订立的租赁合同影响的规则。

⑤ 参见黄立主编:《民法债编各论》,中国政法大学出版社 2003 年版,第 304 页。

⑥ 参见《瑞士债务法》第 260 条、《日本民法典》第 605 条、《奥地利民法典》第 1120 条、《法国民法典》第 1743 条之规定。但是,《法国民法典》第 1743 条但书规定:如在租赁契约中原已有所保留,买受人得辞走非乡村财产的承租人。

之。"第 426 条规定："出租人就租赁物设定物权,致妨碍承租人之使用收益者,准用第 425 条之规定。"从这两条规定中可见,台湾民法在租赁权物权化上,未区分动产、不动产,也不要求办理登记。对此,学者认为,至少在大多数情形,不动产租赁确可说涉及基本生存保障问题,但为何完全不区分动产、不动产而一律强制性介入,殊难理解。①

而我国《合同法》第 229 条之规定则更为离奇,该条规定："租赁物在租赁期间发生所有权变动的,不影响租赁合同的效力。"可见,其不仅未要求具备登记②,未区分动产、不动产,而且连承租人对租赁物的占有都无须具备,就使租赁权物权化了,真可谓"漫无边际"。该条规定,已被学者批评为:完全混淆了契约效力、履行和移转问题。③ 这里,就租赁权的物权化而言,笔者认为,应仅限于不动产租赁④,且不动产租赁权的物权效力的发生,至少尚应伴有占有之外观。而这正是德国民法所选取的框架,德国民法中,不动产租赁未经登记只须承租人取得占有,就可对抗第三人。⑤ 台湾民法所不同的只是未将动产排除在外,所以,就不动产租赁而言,我国台湾法与德国法是一致的。

对不动产租赁,以承租人取得占有为要件赋予租赁权以物权效力,比较典型地反映了不动产登记背景之下的占有的功能。学者指出,租赁权的物权化以租赁物的交付为要件,主要理由有二:一为租赁物交付之前,承租人尚无保护的必要;二为在租赁物交付前,受让人原则上尚无知悉租赁权存在的事实,租赁物的占有具有公示功能。⑥ 可见,不动产占有的取得,可以传递不动产用益信息,为第三人获知租赁权的存在提供了可能,在此情况下赋予租赁权以物权效力,就可以兼顾交易安全。不过,以租赁物之交付,作为租

---

① 参见苏永钦:《走入新世纪的私法自治》,中国政法大学出版社 2002 年版,第 339 页。
② 我国《城市房地产管理法》第 53 条只是规定:房屋租赁应向房产管理部门"登记备案",此项备案登记显然不影响租赁合同的效力,也不会影响租赁权的物权效力。
③ 参见苏永钦:《走入新世纪的私法自治》,中国政法大学出版社 2002 年版,第 340 页。
④ 学者指出,德国民法并非完全不保护动产租赁之承租人,动产租赁之承租人可依《德国民法典》第 986 条第 2 款"因让与返还请求权而受让的物的占有人,可以其对受让的请求权享有的抗辩对抗新的所有权人"之规定,在其租赁契约存续期间拒绝受让人返还所有物之请求,而达继续用益之目的。惟此时租赁关系仍存在于让与人与承租人之间。参见黄立主编:《民法债编各论》,中国政法大学出版社 2003 年版,第 304 页。
⑤ 德国学者指出:登记公信力不涉及债权法律关系,如是否存在使用租赁和用益租赁合同,根据第 571 条,受让人必须承受这些状况(参见〔德〕曼弗雷德·沃尔夫:《物权法》,吴越、李大雪译,法律出版社 2002 年版,第 248 页)。这里所谓的"必须承受",是指即使租赁没有登记,第三人也受约束。
⑥ 参见王泽鉴:《民法学说与判例研究》第 7 册,中国政法大学出版社 1998 年版,第 71—72 页。

赁关系之公示方法,不若地上权或抵押权之登记作为公示方法为明确,受让人仅能从标的物已为第三人占有去推知租赁关系存在之可能性,而作进一步之查证,以保障其权益。①

日本民法虽以登记为前提,赋予租赁权以物权效力②,但是,建筑物之租赁权,若建筑物已交付,也产生对抗力;农地之租赁权,也因农地之交付而产生对抗力;并且就同一建筑物或农地已订立双重租赁契约之情形,应该解释为,不论登记或交付,谁实行其中之一项,谁就具有优先权。③ 就这些权利,当占有与登记发生竞合时,则先成立者应该优先。④ 这样,占有已经被赋予了与登记同样的效力,虽然这仅限于不动产用益性权利,但也已充分展示了登记背景下,占有的作用空间。台湾民法债编修订时,也因此将"租赁物交付后"修正为"承租人占有中"这样一个租赁权物权化的要件,将租赁物虽经交付但承租人又中止了占有的情形,排除了出去,使承租人中止租赁物占有后发生的买卖可击破租赁。⑤ 从而,将租赁权对世效力的发生要件,精确地限定于租赁权伴有占有外观之情形。

对此,日本学者还进一步指出:从要强化土地与建筑物之用益权之近代法之理想出发,以占有为对抗要件,对未登记于登记簿之不动产物权也承认其具有排他性,已是必然之趋势。⑥ 佃耕权、房屋租赁权等,其标的虽是不动产,但却因伴随占有而被赋予对抗力。至少这些使用权透过其伴随之占有,得到了免受第三人侵害之保护,这可以认为是近代法对占有作用的一种转用。⑦

(三) 善意取得中不动产占有法律地位之构建

不动产善意取得保护的是第三人对登记的善意信赖,第三人不可以因对不动产占有的信赖而取得物权,但是,在不动产善意取得的制度构成中完全忽略占有,也是不妥当的。法律不应无视占有所具有的传递一定信息的天然属性,而应顺应占有的此种功能,确立善意取得的构造中占有的应有位置。故此,笔者主张,将不动产占有状态的考察与第三人有无重大过失的判

---

① 参见王泽鉴:《民法学说与判例研究》第6册,中国政法大学出版社1998年版,第193页。
② 《日本民法典》第605条规定:"不动产租赁实行登记后,对以后就该不动产取得物权者,亦发生效力。"
③ 参见〔日〕我妻荣:《日本物权法》,有泉亨修订,五南图书出版公司1999年版,第84页。
④ 同上书,第448页。
⑤ 参见王泽鉴:《民法学说与判例研究》第6册,中国政法大学出版社1998年版,第194页。
⑥ 参见〔日〕我妻荣:《日本物权法》,有泉亨修订,五南图书出版公司1999年版,第67页。
⑦ 同上书,第419页。

断联系起来,忽视标的物占有状态之考察的第三人,将可能被认定为具有重大过失。而且,个案中尚需将第三人的过失与真正权利人的可归责程度进行比较权衡,以得出到底应保护哪一方的结论。这样,可兼顾静的安全与动的安全。

已有学者指出,不动产价值较大,交易应做到相当的谨慎。取得人不仅应通过登记了解权利关系,还要实地查看标的物占有情况,以避免造成单纯对虚假登记的误信。当登记与占有的权利外形一致时,取得人才属于善意无过失的第三人,受公信力的保护。即以占有不动产的权利外形来补强登记的公信力,从而确立登记与占有权利外形一致说。[①] 对此,笔者认为,以占有的权利外形补强登记公信力的表达,十分准确传神,但占有的功能不应强化到与登记等同的程度,故所谓登记与占有权利外形一致说并不妥当。这里,不是以占有事实状态来影响善意取得的构成,而应是以第三人的谨慎程度来影响善意取得的构成。只要第三人考察了标的物占有状态,并达到了合理的注意程度,即使未能发现占有人非登记名义人等事实,也不构成重大过失。

这样,涉及不动产占有方面的善意取得的制度构成应可概括如下:第三人未考察标的物占有状态,仅根据登记之记载行事,可视为因重大过失而不知登记错误的存在,一般情况下即不可善意取得相应物权[②],除非登记错误系真正权利人故意或重大过失而制造或维持。[③] 如果第三人考察了占有状态,并且尽到了合理的注意义务,即使未能发现登记错误的存在,也可视为无重大过失,仍可能善意取得相应物权。而第三人考察标的物占有状态时,是否尽到了合理注意义务,应个案判断,综合考虑第三人所作出的努力、便利途径的利用情况、不动产占有人配合程度的影响等状况。

至于,不动产交易中要求第三人考察标的物占有状态的合理性,主要在于:首先,不要求第三人考察占有状态,将使得仍占有自己不动产、无过失不知登记错误存在的真正权利人,也将丧失权利,这过于严酷。其次,不动产

---

① 参见孙毅:《物权法公示与公信原则研究》,载梁慧星主编:《民商法论丛》第7卷,法律出版社1997年版,第502页。
② 例如,甲所居住之房屋,因登记机关过错而被错误登记于乙的名下,乙将该房屋转让给丙,丙信赖登记簿之记载,但却没有考察房屋的占有状况。此时,丙未考察房屋占有状况,致使其未能及时发现登记错误,有重大过失,不能善意取得房屋所有权。
③ 例如,甲与乙合意将甲之房屋移转登记于乙的名下,但并不移转所有权,从而制造了登记错误。乙利用该登记错误,将该房屋转让给丙,丙信赖登记簿之记载,也没有考察房屋的占有状况。此时,丙仍可善意取得房屋所有权。

价值较大,第三人的谨慎程度应与其交易数额相适应,"买卖土地没有不至现场观看之道理"①,且不动产位置固定,考察方便,故占有状态考察之成本支出,对不动产交易而言,显然是合理的。再有,动产尚可能因侵占人隐匿而使权利人无法发现,而不动产在为他人侵占时,权利人可及时发现,予以回复;而且,不动产在空间上的确定性,也使得登记错误更容易在占有考察中被察知,故不动产占有状态的考察,更容易获得准确的物权信息②,"考察之收益"稳定、可靠;占有往往与不动产用益相联系,实践中,不动产或为所有权用益或为用益权人用益,透过不动产用益人来获知不动产物权信息,实属当然;而在受让用益物权的场合,更是应当考察占有。此外,不动产租赁权的效力也要求第三人考察占有,不动产租赁权的物权化不以登记为必要,考察占有可及时发现租赁权的存在③,而且,与租赁权物权化仅可能增加第三人所取得所有权的负担不同,承租人的优先购买权的存在,还具有否定第三人与出租人之间的买卖合同效力的可能④;在这样的立法背景下,第三人本来就需要考察占有状态,在善意取得构成中要求第三人考察占有状态,肯定不是一项不合理的负担。最后,登记簿之记载非权利人所能控制,而权利人对占有的控制能力更强,第三人明知登记可能错误,有方便的获取信息的途径,却弃之不用,认为自己的利益可受公信力之保护,从而无视可能存在的真正权利人的利益,这样的第三人法律自也没有提供保护之必要。

---

① 参见〔日〕我妻荣:《日本物权法》,有泉亨修订,五南图书出版公司1999年版,第67页。
② 例如,不动产周边居民也可以提供不动产占有人的交替历史,或者可能存在的因争夺占有而发生的纷争。
③ 根据《合同法》第229条的规定,租赁权的物权化并未明确以承租人取得占有为必要,但应透过法律解释或修正立法的方式,确立占有取得之要件。
④ 《合同法》第230条规定:"出租人出卖租赁房屋的,应当在出卖之前的合理期限内通知承租人,承租人享有以同等条件优先购买的权利。"

第四章 登记权利的顺位

从形式上看,登记簿记载的内容是物权程序运作的结果,根据权利正确性推定力,登记表彰了权利的属性、内容、范围、主体等实体法因素,这对权利的界定无疑是十分必要的。但登记如果仅仅表彰权利的上述实体法要素,则只能解决权利存续与否、权利归于何者的问题,而不能回应下面的客观现实需要:受不动产资源紧缺的客观条件制约,在必要的时候,同一不动产上可能会并存数个权利,从而形成权利竞合和竞争的场面,如何确立这些权利之间的良性关系,如何在它们之间建立有序化的控制机制,就是亟须解决的现实问题。这个问题实际上对登记提出了更加细致的要求,要求登记不仅要反映权利的实体构造要素,还要反映权利实现的机会和风险,即反映此权利相对于其他权利的地位,从而理顺同一不动产上并存的数个权利之间的关系,在它们之间确立有条不紊的竞争机制和实现顺序,此即顺位制度。

第一节 顺位的意义

不动产物权以登记为公示手段,无需移转物的占有,这为在同一不动产上设立诸多类型的物权提供了法律技术上的可能性,但是,当这些物权的总需求或者总价值超越不动产本身的供给能量或者价值时,受物权绝对性和排他性的影响,它们会在权利实现上产生竞争关系,那么,如何协调该关系,就成为一个问题。从既有的规则经验来看,"先来者先得"的排队规则,是妥当解决此问题的途径。比如,德国法在不动产物权变动上严格遵循"不登记不生效"的公示原则,其界定权利实现顺序的标志就是登记,一般通过登记前后次序来决定权利实现机会的大小,这就是所谓的优先原则(das Prioritätsprinzip)。

这种解决方案以登记簿为基本依托,以不动产物权在登记簿中表现出来的确定位置为基准,按照登记前后次序来排列物权实现的先后顺序,登记在前的权利具有优势地位,其实现的机会比后登记者更有保障,登记顺位在后的权利只有在之前的权利完全实现后,才具有实现的机会。该方案以登记簿记载的物权状态来表明该物权在同一不动产之上所有物权中的地位,从而为所有的权利人提供公知可信的物权信息,使得权利人能根据自己权利实现的可能性程度来决定交易条件。比如,A 的抵押权登记在前,其实现可能性最具有保障,登记在后的 B 的抵押权实现的可能性较小,但 B 能够根据这种登记弱势位置,对债务人施加比较苛刻的条件(如设定较短的履行期限、设定较高的借款利率等),以减少交易风险。

具体而言,顺位大致有以下几层含义:

第一,顺位制度适用于以登记作为权利外观的不动产物权,该意义指明了顺位制度的适用对象。这包含了以下几层意思:

首先,顺位制度是调整物权的法律规则。依据登记而建立的顺位制度,能够解决物权绝对性和排他性与物最大化利用之间的矛盾。与债权相对性不同的是,物权具有绝对性和排他性,这给数个性能相同物权在同一标的物上存续施加了限制;而在不移转所有权的情况下设定多个他物权,是促进资金融通的客观需要,也是不动产经济价值和所有权效用得以发挥的重要途径。如何既使物权的效用得以最大化利用,又能维系物权排他性,就要依靠顺位制度来整合同一不动产上存在的数个物权,按照物权登记的前后顺列来决定其各自排他性的强弱,从而达到各个物权和谐并存、实现有序的局面。债权由于不具有排他性,在一物数卖的情况下,无顺位制度的适用,最后产生的债权与第一个产生的债权之间无实现机会上任何优劣之分,只不过行使时间在先的债权优先得到实现。但是,受预告登记保障的请求权具有顺位能力,设定时间在前的预告登记能够排斥时间在后的预告登记以及其他权利。

其次,顺位制度调整的对象是不动产物权。动产物权主要以占有和交付为公示手段,与登记制度没有关联,因此,尽管动产物权也存在权利竞争问题,也适用优先原则[1],但其不适用于顺位制度。从理论上讲,顺位制度的适用对象是所有的不动产物权,无论其是所有权还是他物权,但是,当不动产所有权负担他物权时,所有权的实现要受到他物权的限制,只有在他物权实现或者消灭后,所有权才能得以实现,从这个角度来看,顺位制度仅仅对同一不动产上负担的数个他物权具有意义,故而,顺位制度的适用对象应当是以不动产限制物权,即用益物权和抵押权等不动产担保物权。这同时意味着,并非出现在登记簿中的登记均有顺位排列,非权利属性的登记即不能

---

[1] Siehe Stoll, *Grundriß des Sachenrechts*, Verlag C. F. Müller, 1983, S. 46f.

产生顺位。比如,异议登记是破除登记公信力的登记,它不具有权利属性,这种登记之间以及它们所涉及的权利之间就不存在顺位关系。①

再次,顺位制度适用于以登记作为权利外观的不动产限制物权。登记簿是顺位制度得以建立的物质基础,如果不动产物权缺乏登记这种外观形式,就不可能也不必要根据顺位制度来得到保护。比如,我国《合同法》第286条规定了法定抵押权,即建设工程发包人违背支付价款合同义务,并在承包人催告的合理期限内仍不支付价款的,承包人对该工程折价或者拍卖的价款享有优先受偿权,该抵押权无需登记即可产生,它虽然在登记簿中无确定的位置,即使其成立的时间在后,也能优先于登记抵押权而得以实现。②

第二,顺位体现了相互有牵连的数个不动产物权之间的关系。该意义指明了顺位的法律性质。通过登记簿表现出来的同一不动产负担的数个物权,是相互有牵连的不动产物权,顺位表现了它们之间的权利实现关系。这种关系是一种不间断的顺序排列,按照这种顺序排列,符合法律规定或者当事人约定的处于优势地位的不动产物权得到优先实现,处于弱势的物权则在权利实现竞争中处下风。这种关系也表明,对于具有不同顺位的不动产物权而言,即使这些物权的各种实质内容都一致,比如数个抵押权担保的债权条件等同、抵押权实现的条件也相同等,但基于登记的程序性机制,这些权利在权利实现可能性大小这个隐含的内容上仍然存在区别,由此,顺位所包含的利益可以被认为是物权的内容,正是因为具有这种不同内容,才使得各个物权在相互牵连关系中有了不同的位置。如果一个不动产之上仅仅存在所有权,就无所谓的顺位关系。

综上,顺位的意义在于,它是根据不动产物权的登记状态,来确定某一

---

① Siehe *Münchener Kommentar zum Bürgerlichen Gesetzbuch*, Band 6 *Sachenrecht*, 3. Aufl., Verlag C. H. Beck, 1997, S.193.

② 参见梁慧星:《合同法第286条的权利性质与适用》,载《民商法论丛》第19卷,第378页。不过,上述这种法定抵押权优先于意定抵押权的看法,并非定论。针对承揽人的法定抵押权,我国台湾民法实务就认为当法定抵押权与意定抵押权发生竞合时,应当按照成立先后来决定其顺位。但是,由于法定抵押权的发生不以登记为生效要件,实务上容易导致与定作人有授信往来的债权人,因为不明该不动产有法定抵押权的存在而遭受不测的风险。为此,台湾民法修正案采用了法定抵押权登记的做法。从这个角度来讲,顺位适用于登记之不动产物权的观点仍可得到证明。有关具体论述,参见王泽鉴:《法律思维与民法实例》,中国政法大学出版社2001年版,第377—378页;谢在全:《民法物权论》下册,中国政法大学出版社1999年版,第692—695页。我国登记实务界认为在建的商品房要慎办在建工程抵押登记,其中的一个重要原因就是,《合同法》第286条规定的法定抵押权导致在建工程抵押权不能实现,而前者不具有公示性,后者的权利人根本就不能规避此种风险,这显然不利于登记功能的发挥,也有失公平。参见金绍达:《在建的商品房慎办在建工程抵押登记》,载《中国房地产》2002年第3期,第29—30页。

不动产物权在同一不动产之上负担的所有不动产物权中的位置,进而决定其权利实现机会的法律制度。

第二节 顺位的原则

根据对各国有关顺位制度的文本和实践经验总结,顺位制度大致遵循以下登记决定原则和顺位移动原则。

一、登记决定原则

顺位的基本内涵,就是在法律另有规定或者当事人另有约定的情况之外,按照登记前后顺序决定不动产物权实现顺序。这个内涵的典型立法例有:《瑞士民法典》第972条第1款规定:"物权在不动产登记簿主簿登记后,始得成立,并依次排列次序及日期。"《意大利民法典》第2678条规定:"保管人有义务按照登记的顺序制作并保管一个总登记簿……"日本《不动产登记法》第6条第1款规定:"就同一不动产登记权利的顺位,法律无另外规定时,依登记的先后而定。"上述规定表明,确定顺位的标准是权利登记这个公示形式而非其他。顺位是物权的排列组合,这些物权必须是真实存在的,否则,顺位就丧失了基本的意义。至于当事人约定设定物权的法律行为,在其内容尚未被申请或者进行登记之前,仅仅在当事人之间产生法律拘束力,还不被他人知悉,不能影响第三人的权利义务状况,不能对其他物权产生对抗效力和排他性,自然不能成为确定顺位的标准。

需要指出的是,登记虽然在一般情况下标志着物权的产生,但这两者并非绝对的同义,因为只有在当事人设定物权的意思表示与登记的内容完全一致时,登记才能具有法律效力,物权才能产生,因此,登记确定顺位并不意味着权利产生确定顺位。如果认为权利产生也能够确定顺位,就有可能影响优先顺位权利人的利益实现。比如,在同一不动产上,先为A登记了一个用益物权,但当事人之间设定该权利的意思表示存在瑕疵,故该权利实际上并未生成,之后,又为B登记了抵押权,此时,该抵押权实质上是该不动产上存在的惟一的他物权。但是,在用益物权的登记并未被涂销,而且不动产所有权人和"用益物权人"补正了之前有瑕疵的设定该用益物权的意思表示的情况下,用益物权登记具有法律效力,用益物权为第一顺位,抵押权为第二顺位。在这个事例中,如果采用权利产生确定顺位的标准,用益物权就只能处于第二顺位。这就说明,即使在登记存在不能真正体现权利产生的错误时,只要这种错误未被修正或者被发现,它仍然具有表彰权利的意义,仍然可以在顺位排列中发挥作用,这无疑仍然是物权公示原则的表现。

就预告登记而言,受预告登记保全的债权请求权一旦实现,就会生成新的物权,该物权同样遵循"不登记不得生效"的规则,但其顺位则不受该登记时间决定,而是要溯及至预告登记的时间,这体现了预告登记所具有的顺位保全效力。《德国民法典》第883条第3项即规定"请求权以转让权利为内容的,该权利的顺位依据预告登记确定";日本《不动产登记法》第7条第2项也规定:"已进行假登记时,本登记的顺位,依假登记的顺位。"比如,E对D负担设定抵押权的义务,D的此项债权请求权于2000年3月1日在登记簿中被预告登记,该项请求权在2001年3月1日得以实现,在登记簿进行了抵押权设定登记,此项抵押权的顺位即以预告登记的时间为标准予以确定。不过,预告登记本身的顺位则要受登记决定原则的制约,即登记在前者有优先顺位。

二、顺位移动原则

顺位为不动产物权框定了实现的范围大小和机率,这两者紧密相连,一旦不动产物权消灭,该物权的物理表现形式——登记也要被涂销,顺位也就丧失了存续的物质基础和法律意义。顺位在前的权利消灭,不仅意味着物权之间的顺序排列出现了割裂,也意味着后序顺位权利的实现机会得以增大,为了维系顺位关系的连续性,也为了保证后续顺位权利人的利益,后序顺位物权应依次升进各自的顺位,这就是所谓的顺位移动原则。顺位移动原则的提出,给登记决定原则带来了新的意义,即按照登记先后决定的权利实现次序,仅仅具有相对的稳定性,后序顺位的权利存在潜在的顺位升进机会。

必须注意的是,顺位消灭只有在符合法律规定或者当事人意愿时,才为合法有效,也才有适用顺位移动原则的可能。如果顺位消灭的原因,是登记机关错误涂销优先顺位权利等不法情形,则在不构成不动产物权善意取得的情况下,该顺位仍然要维持原状,后序顺位权利不能因此而升进。[①]

顺位移动原则能否适用于不动产抵押权,存有争论。法国、日本民法以

---

① Siehe Wieling, *Sachenrecht*, 3. Aufl., Springer Verlag, 1997, S.288.

及我国台湾地区民法采用了这种立场①,对此,学界的反对意见主要为:首先,不利于实现抵押权的独立化,因为抵押权的顺位固定决定了抵押权的独立性,顺位移动会导致抵押权体现的利益不稳定,出让人和受让人不能对抵押权担保交易后的状况为合理预期,抵押权流通中的安全将因此受到损害;其次,后序抵押权人原本能够获得的担保,以本顺位所能获得的为限,但在先顺位抵押权消灭时,竟获得了全部清偿,有不当得利的嫌疑;再次,本来在先顺位抵押权消灭后,抵押物所有权人能够取得抵押权以获取融资,但顺位升进取消了抵押物所有权人的这种机会;最后,后顺位的抵押权人因为顺位升进而取得了重大利益,将使一般债权人遭受重大损失。②

与抵押权顺位升进相反的是顺位固定,即前序顺位抵押权消灭,不能当然导致后序顺位抵押权的升进。顺位固定主义的立法技术主要有两种:第一,所有权人抵押权固定顺位。依据德国民法的规定,顺位在前的抵押权消灭,导致抵押物所有权人取得该抵押权,从而产生所有权人抵押权,该抵押权的顺位等同于原消灭抵押权的顺位,这使得后序顺位抵押权的顺位保持不变。第二,空白担保位置固定顺位。《瑞士民法典》814 条第 1 项规定:"同一土地上设定若干顺序的不动产担保物权的,如一顺序不动产担保物权消灭时,其后位的不动产担保债权人无请求升进的权利。"对此,学说上的解释为,抵押权人的债权受清偿后,该抵押权的顺位被视为空位,抵押物所有权人不能取得该抵押权,后序顺位抵押权的顺位也不能因此而升进。③

但是,上述顺位固定主义具有变通性,在一定条件下,顺位移动仍然可以实行。首先,对于德国民法所采用的所有权人抵押权而言,后顺位抵押权人可以通过行使涂销请求权来升进顺位,而这种现象在德国表现得非常明显,表明德国金融界对于后顺位抵押权得以升进顺位的要求,十分强烈。其次,对于瑞士民法中的空白担保位置而言,根据《瑞士民法典》第 814 条第 3 项的规定,后顺位的抵押权人可以与抵押人约定升进顺位,该约定在不动产登记簿中登记后,就发生物权效力,这种抵押权顺位升进的做法在瑞士金融

---

① 日本民法以及我国台湾地区民法的法律文本虽然没有明确规定抵押权顺位移动主义,但学说普遍采用这种见解。参见谢在全:《抵押权次序升进原则与次序固定原则》,载《台湾本土法学杂志》第 7 期。

② 参见郑玉波:《民法物权》,台湾三民书局 1995 年版,第 280—281 页;谢在全:《民法物权论》下册,中国政法大学出版社 1999 年版,第 615—616 页;〔日〕近江幸治:《担保物权法》,祝娅等译,法律出版社 2000 年版,第 92—93 页;〔日〕柚木馨:《担保物权法》,有斐阁昭和 33 年版,第 193—194 页,转引自许明月:《抵押权制度研究》,法律出版社 1998 年版,第 67—68 页。

③ 参见史尚宽:《物权法论》,中国政法大学出版社 2000 年版,第 282 页,注释 1。

交易实务中非常盛行。① 而且,为了强化涂销请求权或者顺位升进约定的法律效力,德国和瑞士均允许当事人通过预告登记制度这些请求权进行保障。

从纯粹的理论分析上看,否定抵押权顺位移动主义的理由无疑非常有力,但这种主义在实践中有非常强烈的需求:日本于1987年对东京和大阪的企业界办理抵押权利用的调查结果显示,在接受调查的对象中,有90.3%曾利用后顺位抵押权,其中有48.6%利用后顺位抵押权的理由在于期待自己的抵押权日后可能升进。② 因此,完全否定这种立法主义未必妥当。而对抵押权顺位固定主义的赞美也应当适可而止,因为正如上文的介绍,德国和瑞士民法在立法手段上给抵押权顺位升进提供着存在空间,从客观效果上看,抵押权顺位升进无疑是顺位固定主义得以存在和运行的"润滑剂"。故而,完全否定抵押权顺位移动主义,或者完全采用顺位固定主义,均不可取。

那么,顺理成章的就是要采用折中主义的思路,即法律在设定抵押权顺位规则时,应为当事人的意志保留适当的自由空间,由当事人根据具体情形来修正法律规定的抵押权顺位规则。这个思路又存在两个方案:其一,以顺位固定为原则,以顺位移动为例外,即前顺位抵押权的消灭不直接导致后顺位抵押权升进,但法律另有规定或者当事人有相反约定并经过登记的除外,这个方案就是德国、瑞士民法典中的规定;其二,以顺位移动为原则,以顺位固定为例外,即前顺位抵押权的消灭导致后顺位抵押权升进,但当事人有相反约定并经过登记的除外。

从利益衡量的角度分析,上述这两个方案在后果上没有区别。首先,抵押人在实践中一般是亟须经济救助的弱势之人,对债权人有较强的经济依赖性,它在决定顺位升进或者固定方面,不占主导权,因此采用任何一种方案都不会影响抵押人的利益。其次,对于后顺位抵押权人而言,它有权选择顺位升进或者固定,在方案一中,放弃选择顺位移动就是放弃自己的利益;在方案二中,选择顺位固定就是放弃自己的利益。只要选择出于后顺位抵押权人自愿真实的意思,就要受到法律保护。再次,由于后顺位抵押权人的选择后果要通过登记簿表示出来,这对一般债权人以及其他利益相关人产生公示效力,他们据此可以作出风险负担判断。因此,从总体上分析,选择

---

① 参见〔日〕松井宏兴:《抵当制度的基础理论》,法律文化社1997年版,第162页、第165页、第166页,转引自谢在全:《抵押权次序升进原则与次序固定原则》,载《台湾本土法学杂志》第7期。

② 同上书,第156页,转引自谢在全:《抵押权次序升进原则与次序固定原则》,载《台湾本土法学杂志》第7期。

何种方案,并不影响各方当事人的利益,这完全由立法政策来决定。这样,一旦选用第二种方案,则顺位移动原则的适用范围就具有更大普遍性。

第三节 法定顺位和意定顺位

一、法定顺位

所谓法定顺位,是指依据法律规定的标准和规则确立的顺位。顺位得以建立的物质基础是登记簿,而登记簿的内部设置对于法定顺位起着决定作用。为了使物权类型能够有序地在登记簿中得以表现,就必须整理权利的物理存在空间,其规则就是:相同性质的物权存在于同一栏目之中,不同类型的权利位于不同的栏目。这种基于不同权利而区分登记簿内部区域的做法,目的在于便利登记机关的登记和当事人的查阅。这种区分,也使得在登记簿不同区域中登记的不动产物权要采用不同的顺位规则。

(一)同一栏目中的顺位

同一栏目的登记簿簿页建构,在技术上要考虑具有相同性质的物权在物理空间上存在的先后顺序,即按照栏目簿页空间上的前后位置,来排列物权实现的顺序,即物权登记空间位置在前者,就具有优先顺位,反之,顺位在后。据此,处于同一栏目簿页的不动产物权的顺位,应按照相应空间顺序进行排列。《德国民法典》第897条第1款第1句规定:"一宗土地上设定数个物权时,如这数个权利登记在土地登记簿的同一栏目内,则它们之间的顺位关系以权利登记先后次序确定。"该规定被称为空间原则(Locusprinzip)。之所以要采用这种顺位标准,理由就在于登记空间顺序是按照登记的时间先后顺序进行排列的,两者一般为重合关系,故而,采用登记空间顺序决定顺位,符合登记确定顺位的一般原则。

但是,问题在于,一旦登记空间顺序与时间顺序不一致时,如何进行解决,就殊值考虑。对此,应当考虑以下两种情形:

第一,在依据登记空间顺序会产生错误顺位,以至于损害正当权利人利益时,要区分两种情形予以分别处理:

首先,如果登记的时间顺序可以确定,就应当按照该时间顺序确立权利顺位。在这种情况下,登记的时间顺序能够排除登记空间顺序,登记空间顺序对于顺位无法律意义。可以适用此类处理规则的典型事例为:债务人为了A的利益,而在自己的不动产之上为其办理了抵押权预告登记,并在此预告登记所占用的登记簿空间的旁边,为将来产生的抵押权保留了登记空间,从而可以使该将来产生的抵押权直接进入此登记空间,占据与预告登记等同的顺位。在此预告登记产生后,债务人又在同一标的物上为 B 设定了抵押权。按照登记空间顺序,显然 A 的预告登记利益应当优先于 B 的抵押权。嗣后,该债务人清偿了对 A 的债务,使得受预告登记的抵押权不能实际发生。但是,为了担保另外一项债务,该债务人又为 A 设定了一项抵押权,此权利占据了原来预告登记抵押权的登记空间,这样,就致使此抵押权的顺位优先于 B 的抵押权。这种结果显然侵害了 B 的正当权利,只要有证据证明 B 的抵押权在登记时间上早于 A 的抵押权,则就应当按此时间顺序来决定这两个权利之间的顺位,即 B 的抵押权顺位优先于 A 抵押权。①

其次,如果登记的时间顺序不能确定,则必须依据登记空间顺序确定登记顺位。比如,在上例中,如果 B 不能证明自己的权利登记时间早于 A 权利的登记时间,则其二者之间的时间顺序就属于不确定状态,也就无法依据登记时间顺序来决定顺位。此时,如果他人基于对登记簿中显示的登记空间顺序的信任,善意取得 A 的抵押权,则该抵押权的顺位优先于 B 抵押权的顺位。

第二,如果登记空间顺序正确,而登记簿中记载的登记日期出现错误,则依登记空间顺序决定登记顺位。比如,A 的抵押权作为第一顺位在 1992 年 5 月 2 日登记,10 天后 B 的抵押权在登记空间顺序上排列于 A 的抵押权之后,作为第二顺位,但其登记日期却错误记载为 1991 年 5 月 12 日。按照此种日期顺序,B 抵押权的顺位要优先于 A 抵押权的顺位。但是,此时的登记空间顺序能够打破这种由登记时间顺序造成的顺位表象,即使第三人基于对登记时间的信任取得了 B 抵押权,该抵押权的顺位也不能优于 A 抵押权的顺位。②

(二) 不同栏目中的顺位

在登记簿的不同栏目中登记的不动产物权,不存在物理意义上的登记空间前后排列顺序,就无从按照登记空间顺序来决定其顺位,而必须以登记时间顺序为标准来确定顺位。《德国民法典》第 879 条第 1 款第 2 句规定:"如果这些权利登记在不同的栏目内时,以登记日期在先者为优先顺位;登记日期相同时,其顺位平等。"该规定被称为时间原则(Tempusprinzip)。

---

① Siehe Wieling, aaO, S. 285f.
② Siehe Wieling, aaO, S. 286.

对于这种顺位,应当注意的问题主要有:

第一,登记日期与申请日期的关系。申请是启动登记程序的主要机制,根据普遍法律经验,登记日期受到申请日期的制约,即申请时间在前者,完成登记的时间也在前。① 换言之,除非存在不予受理等异常情况,登记日期的先后顺序实际上就是登记申请日期的先后顺序。这样,虽然登记簿中记载的登记时间存在先后顺序或者相同,但是,登记簿中注明登记申请日期或者登记机关收到登记申请日期先后的,或者提出顺位主张的当事人能够证明登记申请日期先后的,就应当以登记申请日期的先后顺序为准。比如,当事人于 1999 年 1 月 1 日向登记机关提出申请,为 A 设定土地使用权,为 B 的抵押权登记申请于 1999 年 2 月 1 日提出,此申请时间由登记机关发给的收件收据为证明,二者的登记均在 1999 年 5 月 1 日作出。此时,登记机关必须在登记簿中表明这两种权利的顺位关系,即 A 土地使用权的顺位优先于 B 抵押权的顺位,而不能按照登记簿上显示的日期来平等对待此二权利。

第二,登记记载时间和真实登记时间的关系。在一般情况下,登记日期以登记簿中记载的登记时间为准,并推定该时间就是真实的登记时间。这符合登记推定力的要求,即以登记所表现的权利为正确性权利,以登记簿记载的顺位为真实顺位。基于这种标准,记载时间在先的顺位优于记载时间在后的顺位。不过,如果可以证明登记簿记载的登记日期不符合真实的登记日期,则权利顺位要依照真实的登记日期进行确定。比如,A 的土地使用权在 1992 年 6 月 1 日登记,10 天后 B 的抵押权办理了登记,但其登记日期却错误记载为 1991 年 6 月 10 日。按照此种记载日期顺序,B 的抵押权的顺位要优先于 A 土地使用权的顺位,但这显然违背了客观真实情况。此时,只要 A 能够证明自己的土地使用权登记日期在实质上早于 B 抵押权的登记日期,或者能够证明 B 抵押权登记日期存在错误,就可以请求登记机关更正登记日期,以保护自己的权益。

---

① 这一点具有普遍适用性,比如,在实行契据登记主义的香港地区,其有关土地注册的法律规定,土地注册处接获当事人申请后,要按照接获申请的先后时间编号,向申请人发给收据,其上指明接获申请的日期和指明编号。在实行登记生效主义的我国台湾地区,其《土地登记规则》第 48 条规定:"登记机关接收登记申请书时,应即收件,并记载收件有关事项于收件簿与登记申请书。前项收件,应按接收申请之先后编列收件号数,登记机关并应给与申请人收据。"在实行登记对抗主义的日本,其《不动产登记法》第 47 条规定,登记官接受申请书时,应在收件簿、申请书以及申请书和其他书面的收据中记载收件年月日和收件号数,并将收据交付给申请人;该法第 48 条规定,登记官应依收件号数的顺序进行登记。我国的《土地登记规则》也采用了相同的做法,该规则第 12 条规定:"土地管理部门接受土地登记申请者提交的申请书及权属来源证据,应当在收件簿上载明名称、页数、件数,并给申请者开具收据。"另外参见德国《土地登记簿法》第 17 条,澳门《物业登记法》第 6 条。

第三,登记日期没有明确记载的情形。按照物权公示原则的要求,不动产物权变动生效的要件是登记,至于登记是否记载了日期,则不在要求的范围之内。这样,就会出现有权利登记却无登记日期的现象,此登记顺位如何确定,就成为问题。对此,如果登记的时间能够通过证明确定,则按照时间先后顺序确定顺位;否则,就要分别不同的情况采取三种解决方案:其一,在同一栏目内中,没有登记记载日期的顺位,按照登记的空间顺序进行确定和排列;其二,在不同栏目中,均没有登记记载日期的权利顺位相同;其三,在不同栏目中,没有登记记载日期的顺位位于其他栏目有记载日期的权利顺位之后。比如,在登记簿用益物权栏目中,A 的役权没有登记记载日期,其下登记的 B 的实物负担的登记记载日期是 1980 年 6 月 1 日;在登记簿担保物权栏目中,C 的抵押权登记日期为 1979 年 6 月 1 日,D 的抵押权登记日期为 1992 年 6 月 1 日。根据同一栏目的登记空间关系,A 权利的顺位先于 B 权利的顺位;就 A 和 C 之间的权利顺位关系而言,A 权利的顺位有可能先于 C 权利的顺位,但在 A 不能证明登记日期的情况下,它要承担对己不利的后果,即其权利顺位后于 C 的权利顺位;就 A 和 D 之间的权利顺位关系而言,由于 A 权利的顺位优先于 B 权利的顺位,B 权利的顺位优先于 D 权利的顺位,故 A 权利的顺位优先于 D 权利的顺位。因此,它们之间的顺位关系可以简化为这样的顺位链:C→A→B→D。[①]

二、意定顺位

意定顺位是指不适用法定顺位规则、体现当事人意志的顺位。与法定顺位必须符合法律规定标准不同,意定顺位完全按照当事人的意思进行顺位排列,以最终排列的顺位符合当事人的意思表示为标准。意定顺位是当事人意思自治的产物,它应当优先于法定顺位而得以适用,即意定顺位能够排除法定顺位规则。

(一)意定顺位的生效要件

意定顺位要发生法律效力,必须遵循以下要件:

第一,当事人之间存在合法有效的确定顺位的意思表示。意定顺位建立在当事人意思表示的基础之上,该意思表示可以是单方意思表示,也可以是多方当事人达成一致的意思表示结合体,无论何种意思表示,它们的品质必须能够得到法律承认,即其符合当事人适格、意思表示自愿作出和内容不

[①] Siehe Wieling, aaO, S. 286ff. 除非有特殊说明,本文中的"→"代表"顺位优先于"的含义。

违背法律强行性规定和公序良俗的要件。而且,该意思表示必须明确当事人权利的顺位序号,仅仅确定权利处于优先顺位等模糊词语,不能产生相应的法律后果。在不存在此种意思表示或者意思表示不受法律保护的情况下,就要按照法定顺位的规则进行调整。由于顺位涉及物权利益,通过当事人意思表示排列顺位是对物权的处分,因此,该意思表示在一般情况下属于处分行为。同时,当事人也可以通过负担行为来意定顺位,则权利人可以基于债权请求权来实现自己的顺位。

第二,意定顺位必须在登记簿中显示。确定顺位的意思表示,仅仅在当事人之间发生法律效力,其指向范围是当事人内部关系,不能直接对他人产生法律拘束力,因为存在当事人之间的顺位约定没有在登记簿显示出来,第三人无从知悉权利之间的顺位关系,这种意思表示也就没有实际的法律意义。只有借助于登记簿这种公示工具,在其中注明意定顺位关系之后,意定顺位才能发生法律效力。比如,A 与 B 约定,为 B 设定第一顺位的抵押权;A 与 C 约定,为 C 设定第二顺位的抵押权。之后,C 的抵押权先登记,B 的抵押权后登记,两者无任何顺位标识或者注明,则它们之间是法定顺位关系,C 抵押权顺位优先于 B 抵押权顺位;在 C 抵押权注明为第二顺位,B 抵押权注明为第一顺位的情况下,它们之间是意定顺位关系,虽然 B 抵押权的登记空间顺序以及时间顺序后于 C 抵押权,但其顺位按照约定仍然优先于 C 抵押权,交易第三人通过登记簿也可以查知此种顺位关系,不会妨碍交易和影响交易公正。

(二)意定顺位的法律效果

符合上述生效要件的意定顺位的法律效果大致为:

第一,积极的法律效果。符合上述生效条件的意定顺位,能够发生排斥法定顺位规则适用的后果,在当事人之间按照意思自治的原则重新分配物权利益格局。

第二,消极的法律后果。不符合上述生效条件的确定顺位的意思表示,将产生物权法和债权法上的法律后果。比如,债务人 A 向 B 借款,借款利率为 7%,约定为 B 设定第一顺位的抵押权;A 又向 C 借款,借款利率为 10%,约定为 C 设定第二顺位的抵押权。之后 C 先为抵押权登记,此登记为第一顺位,而 B 的抵押权被登记为第二顺位。从物权法的角度来看,这种情形属于当事人物权设定合意与登记不一致,登记此时就丧失了存在的基础。

这可能导致两种后果:其一,该登记不能产生法律效力,利害关系人 A 或者 B 可以请求更正该登记,或者请求涂销该登记;其二,在该登记尚未被更正或者涂销时,交易第三人基于对登记簿的信赖而与 C 发生涉及其抵押权的交易关系,则该顺位被认定为正确,B 和 C 之间的顺位关系成为法定顺位关系。从债权法的角度来看,在 A 和 C 之间,A 基于合同请求权,可以要求 C 放弃自己的法定第一顺位,而按照合同的约定成为第二顺位。在 B 和 C 之间,B 通过受让 A 对 C 的合同请求权,或者基于不当得利请求权,可以要求 C 顺位后移。①

第四节 顺位的变动

出于保护权利人以及交易安全的考虑,不动产物权顺位一旦在登记簿得以确定,就应具有稳定性,登记机关不得擅自改变和涂销权利顺位,这并不能否定顺位依据法律或者当事人的意愿发生变化和更改。由于优先顺位比后序顺位包含了更大的利益,这种利益能够成为交易的标的,只要当事人自愿从事这种交易,法律应予以许可,其结果就可能导致登记时间在后而顺位在前的现象。这种已经确定的顺位发生更改或者消灭的情形,就是顺位变动。

顺位变动的原因有以下两种:其一,法律规定。依据法律规定的顺位移动原则,前序顺位的消灭可以引起后序顺位的升进,这是顺位变动的一般表现。其二,当事人的意志。顺位是一种物权利益,在法律允许的条件和范围内,当事人可以依据自己的意志处分此利益。本文在此所讲的顺位变动,是指因当事人意志而发生的顺位变动。同意定顺位一样,顺位变动是法律行为机制在顺位制度中的运用,为当事人在顺位利益方面进行自我决定提供了出口。当事人可以在法定顺位或者意定顺位基础上,选择顺位变动机制来处分自己的利益,这增加了物权法对待当事人利益的灵活性。

一、顺位变动的形态

根据顺位变动的后果,顺位变动有以下三种形态:顺位交换、顺位变更和顺位抛弃。

(一) 顺位交换

所谓顺位交换,是指前序顺位的权利与后序顺位的权利交换各自的顺位,从而改变原有的顺位序列。顺位交换的结果,是原来顺位在前的权利人

---

① Siehe Baur-Stürner, *Sachenrecht*, 17. Aufl., Verlag C. H. Beck, 1999, S. 184.

自愿放弃其顺位利益进行顺位后移,而原来顺位在后的权利得以顺位前移并取得该前序顺位,顺位前移的权利能够排斥顺位后移的权利而优先得以实现。① 顺位交换的最大特点在于:此种顺位变化仅仅在相关当事人之间发生法律效力,与此无关的权利人不受顺位互换的影响。比如,同一不动产上负担了第一顺位的 A 抵押权、第二顺位的 B 抵押权和第三顺位的 C 抵押权,A 权利人和 C 权利人约定进行顺位交换,B 抵押权顺位及其受偿份额不因此受影响。

(二) 顺位变更

顺位变更是日本民法规定的制度,体现在抵押权制度之中,是指经过各个抵押权人的同意,同一抵押人的数个抵押权人,将其抵押权的顺位进行互换。比如,债务人 A 在其抵押物上,分别有 B、C、D 第一、二、三顺位依次为 100 万元、200 万元、300 万元的抵押权,B、C、D 约定 B 和 D 的抵押权顺位相互交换,这样就变成了 D、C、B 分别享有第一顺位 300 万元、第二顺位 200 万元和第三顺位 100 万元的抵押权,显见,顺位变更对于所有权利人都发生法律效力,C 的受偿利益也因此而受到减损。粗略地讲,顺位交换和顺位变更的区别在于:顺位交换产生相对效力,其效力范围在顺位交换的当事人之间;顺位变更产生绝对效力,对于相关之人皆可产生影响。②

(三) 顺位抛弃

顺位抛弃,即权利人通过单方意思表示放弃顺位利益的行为,产生顺位消灭的法律效果。顺位抛弃可以分为以下三种类型:其一,权利人抛弃不动产物权,在涂销该物权登记的同时,该物权顺位自然消灭。③ 其二,权利人不放弃不动产物权,只是为了全体后序顺位权利人的利益,抛弃自己权利的顺位并在登记簿中予以登记。在这种情况下,被抛弃的顺位应当排列在抛弃发生时的所有后序顺位之后。其三,权利人不放弃不动产物权,只是为了特定后序顺位权利人的利益,抛弃自己权利的顺位并在登记簿中予以登记。这种情况多发生于抵押权顺位之中,此时,各个抵押权人的抵押权顺位没有发生变动,仅仅是顺位被抛弃的抵押权与受抛弃利益的抵押权被拟制为同一顺位,即其二者按照各自原来的顺位得到应得的分配金额,将此金额合并后,按照各自抵押权担保的债权数额比例来分配这个金额。

---

① Siehe *Münchener Kommentar zum Bürgerlichen Gesetzbuch*, Band 6 Sachenrecht, S. 210.
② 参见〔日〕近江幸治:《担保物权法》,祝娅等译,法律出版社 2000 年版,第 185 页;谢在全:《民法物权论》下册,中国政法大学出版社 1999 年版,第 622 页以下。
③ 例外的情形主要存在于抵押权顺位的升进主义或者固定主义之中,参见本文相关论述。

二、顺位交换

在顺位变动的三种形态中,顺位交换最为复杂,本文重点对此进行分析。

(一) 类型

按照顺位交换的权利是否在顺位上具有连续性,可以将顺位交换分为有中间顺位权利的顺位交换和无中间顺位权利的顺位交换。

1. 有中间顺位权利的顺位交换

如果顺位交换的权利在顺序上没有相互连接,其之间尚存在其他顺位的权利,则此权利被称为中间顺位权利(die Zwischenrechte)。按照《德国民法典》的立法宗旨,顺位交换保持当事人之间的关系而且不涉及中间顺位权利。① 据此,除非中间顺位权利人自愿承担顺位交换给其带来的损失,则顺位交换的效力范围只能及于交换所涉及的后移顺位权利和前移顺位权利,中间顺位权利不受顺位交换的影响,它既不能因此受损失,也不能因此而获取利益。据此原则,可以将这种顺位交换的具体形态分为以下三类:

第一,前移顺位权利和后移顺位权利的价值等同。以抵押权顺位交换为例,如果作为顺位交换对象的权利在所担保的债权数额、利息以及其他给付条件均等同时,则此交换与中间顺位权利无关,可以按照顺位交换后的顺位进行权利实现。比如,同一不动产上负担了第一顺位的 A 抵押权(担保债权标的额为 5 万元),第二顺位的 B 抵押权(担保债权标的额为 5 万元),第三顺位的 C 抵押权(担保债权标的额为 5 万元)。其中,B 抵押权负担了 A 抵押权 5 万元的顺位负担,A 和 C 约定进行顺位交换,B 的债权额 5 万元不会因此而受到影响,它们之间的受偿顺序和数额是:C5 万元→B5 万元→A5 万元。

第二,前移顺位权利的价值大于后移顺位权利。在上例中,如果 C 债权额为 8 万元,A 和 B 的债权额分别为 5 万元,在 A 和 C 进行顺位交换时,还只能让 B 负担价值 5 万元的顺位负担,而不能负担 8 万元的价值负担,否则,B 就因此而受到损失。同时,C 的顺位应当在 B 和 A 的顺位之前。由此,它们之间的受偿顺序和数额是:C5 万元→B5 万元→C3 万元→A5 万元。

第三,前移顺位权利的价值小于后移顺位权利。在上例中,如果 A 债权额为 8 万元,B 和 C 的债权额分别为 5 万元,在 A 和 C 之间交换顺位时,B

---

① Siehe Wieling, aaO, S. 292.

仍要负担8万元的顺位负担,则它们的受偿顺序和数额是:C5万元→A3万元→B5万元→A5万元。

2. 无中间顺位权利的顺位交换

如果顺位交换的权利在顺位上相互连接,不存在中间顺位权利,就仅仅在此权利之间发生简单的互换位置关系,不影响同一不动产之上存在的其他权利。

(二)生效要件

顺位交换必须符合以下生效要件:

第一,作为顺位交换对象的权利在法律上具有客观存续性。也就是说,这些权利应当是具有顺位能力的客观存在的登记权利,而且其存续状态受法律保护,否则,就使顺位交换丧失基本意义。

第二,顺位交换当事人之间就顺位交换达成一致的意思表示。该行为的指向对象是物权性利益,故在性质上应当属于处分行为,它必须符合法律行为的一般生效要件,自不待言。对于抵押权顺位交换而言,其当事人必须是与同一抵押人发生抵押权法律关系的抵押权人,因为如果不是同一抵押人,受抵押权附随于债权的特性所制约,各个抵押权人要进行顺位交换,就必须进行债权互换,才能导致抵押权随之移转而发生顺位互换,这时属于债务承担情形,已经超出此处所言的顺位交换的范畴。

第三,顺位交换须经利害关系人的同意。由于顺位交换是对物权的处分,这必然要涉及对于该物权享有利益之人的利益,为了维护这些利害关系人的利益,顺位交换就必须经过他们的同意。《德国民法典》第880条第2款规定:抵押权等土地担保物权顺位应后移的,需要得到土地所有权人的同意;第3款规定:顺位后移的权利设定有第三人的权利的,应得到该第三人的同意。由于顺位交换不能影响中间顺位权利人既有的利益状况,因此,中间顺位权利人不是此处所谓的利害关系人。

第四,顺位交换的结果必须在登记簿中予以显示。前文把顺位界定为物权内容,因此顺位变更也属于物权内容的变更,按照不动产物权变动的一般原理,它必须登记才能发生法律效力。在优先顺位权利人将自己顺位利益与两个以上后序顺位交换时,由此而产生的结果将按照登记的先后顺位进行排列。比如,第一顺位抵押权所担保的债权数额大于第三顺位抵押权担保的债权,这两个抵押权顺位交换并登记后,第一顺位抵押权人在剩余的债权数额限度内,又与第二顺位抵押权交换,此时,顺位交换的最终结果是,原第三顺位抵押权优于原第二顺位抵押权得以实现,原第二顺位抵押权则优于原第一顺位抵押权。①

（三）法律效果

只要顺位交换符合上述生效要件，就能发生前移顺位权利先于后移顺位权利实现的法律效力。更有实践意义的是，如果作为顺位交换对象的权利消灭，顺位交换将产生何种效果。对此，可以区分顺位交换失效和有效两种情况予以分别处理。

1. 顺位交换失效

在顺位前移或者后移的权利不存在时，顺位交换丧失法律效力。这种结果具体表现为：其一，顺位前移的权利不存在的，顺位后移者恢复其原有顺位，中间顺位的权利不受影响。比如，德国学者就举下例说明此问题：在E的土地上，A享有第一顺位的役权，B享有第二顺位的实物负担，C享有期限为20年的用益权。A和C进行顺位变更，C的用益权成为第一顺位，在该权利因期限经过而消灭后，B的实物负担就因此而成为第一顺位，这使得B因此而受到利益，违背了立法宗旨，在这种情况下，A仍然要处于第一顺位。② 其二，顺位后移的权利非因法律行为的原因而消灭的，顺位前移的权利丧失其优先顺位，中间顺位权利因此而升进顺位。

2. 顺位交换有效

这主要表现为：其一，顺位后移的权利消灭的，顺位前移的权利人不知此情况的，可以善意取得此顺位，这是登记所具有的公信力作用的体现，这样，顺位前移的权利可以取得优先的顺位。其二，顺位后移的权利因为法律行为（如权利人的抛弃）而消灭的，顺位前移的权利不受影响。③

---

① 参见史尚宽：《物权法论》，中国政法大学出版社2000年版，第310页。
② Siehe Wieling, aaO, S. 293.
③ Siehe Müller, *Sachenrecht*, 4. Aufl., Verlag Carl Heymanns., 1997, S. 407.; Schwab-Prütting, *Sachenrecht*, 27. Aufl., Verlag C. H. Beck, 1997, S.75.

第二编　不动产登记程序

第五章 不动产登记的一般程序

第一节 不动产登记程序的价值及其设计

不动产登记程序是指不动产登记所采用的法定步骤和相关手续,对其特点,有学者总结为三点:明确的法定性、严格的程序性和过程的完整性。①

与程序是恣意对立物的道理相通,正当登记程序应当实现法治化,既体现程序参与者的主体价值,又限制程序主导者的恣意,实现法律对程序的统治,要达到这个目的,就应当遵循以下三个基本要求:其一,程序的形式必须同一化。如果针对同一程序事项,存在多个由不同部门制定的同一属性的程序,在内容上势必产生矛盾和冲突,这样的程序布局难言合理,并在整体上削弱了对程序价值进行深层次讨论的可能性。这个要求简称为"程序同一"。其二,程序的角色必须主体化。程序是由人主导和参与的事业和活动,参与者必须成为其中的角色,而且是与主导者分工不同但法律地位平等的角色。程序必须包容和体现参与者和主导者的主体地位,他们之间相互牵制和制约,形成具有内在张力的博弈关系。如果参与者不能参与程序或者不能作为主体参与程序,程序主导者就丧失了洽商、对话、论争的伙伴和对手,也就变成了在制度空间内对参与者人格享有恣意妄为权力的"暴君",这违背了在法律面前人人平等的至尊规则。这个要求简称为"程序参与"。其三,程序的设置必须理性化。程序要树立参与者的主体地位,排除主导者的恣意,就必须进行逻辑化的作业,给程序披上明显的法律思维,从而最大限度地限制程序主导者的任性。这个要求简称为"程序理性"。

一、程序同一

程序同一的内涵为:其一,在同一主权范围,除非法律另有规定,在相同属性程序领域中,只能存在一部适用于主权范围所有地域的程序法,不允许各个地方或者部门利益单位设置违背程序法精神或者规则制度的程序,此

---

① 参见许明月、胡光志等:《财产权登记法律制度研究》,中国社会科学出版社2002年版,第77—78页。

为法律程序在地域上的同一。其二,相同属性的对象,只能被同一程序法所调整,此为法律程序在性质上的同一。其三,同类特质的具体对象,只能被同一程序法中的同一属性制度调整,如能够适用诉讼简易程序的对象就不能适用普通程序,此为法律程序在制度上的同一。

物权法制发达的国家和地区(如德国、日本、我国台湾)等均已经制定了不动产登记规则,其中内含了程序同一的意义;与此相对应的,则是我国同一的登记程序规则,即从纵的方面看,各个职权部门分别制定了在本部门、本系统适用的不动产登记程序规则,如土地管理部门的土地登记规则,房产管理部门的城市房屋权属登记管理办法等程序规则;从横的方面看,各个省、市分别制定了在本地域实施的不动产登记程序规则。

我国法治建设进程和市场经济建设的基本路径是消除部门和地方差异性,建设全国统一而有序的市场环境,不动产交易市场同样如此。这种统一不仅仅是地理意义上的统一,更重要的是法律意义上的统一,即市场的基础是同一的法律规则。对于不动产交易市场而言,这个法律基础包括了同一登记程序,即由国家立法部门制定登记程序法,它适用于全国范围的不动产物权登记事项,并具有完备的各种类型的登记程序。

登记程序同一之所以必要,就是因为现行的分散登记程序源自不同的利益部门,这些部门出于不同的考虑,设置的程序规则意义迥异,不仅给交易者带来交易不便,也为不动产市场的统一建设设置了不必要的、但是已经产生了严重危害后果的制度障碍。比如,在登记申请这个重要的程序行为方面,上海市旧《房地产登记条例》第9条和第25条规定,对于房地产分割登记,当事人一方申请即可;但是,按照珠海市《房地产登记条例》第10条的规定,房地产分割登记应当由当事人双方共同申请。这两种规定差别很大,前者比较容易和简捷,后者则显得困难和复杂,从而出现"同一事物不同对待"的不平等。显然,正是由于登记程序规则散乱、矛盾,才造成了这种局面,而这样的事例在实践中还有很多。而且,我国北京、上海、广州、深圳等地已经实行了土地和房屋登记机关一体化制度,由于土地和房屋是最主要的不动产,它们登记机关的统一必定促使所有不动产登记机关的同一,这在客观上也要求要有在全国范围内适用的同一的登记程序规则。

登记程序同一之所以可能,是因为虽然不动产不能进行物理意义上的移动,要受到所在地域范围的限制,由此,不动产物权交易也受到当地特殊政策、习惯等因素的制约,但是以不动产物权变动为核心部分的不动产交易,正日益出现跨越地域限制的趋势,地域性因素的制约也不断被打破。换言之,其他地域投资者在本域内进行的购买房屋等不动产物权变动活动日益频繁,这种资本流动和人员流动实际也引发着不动产物权的价值流动,要求不动产物权变动不因所在地域范围的限制而出现不同规则。因此,不动产物权变动在统一不动产交易市场的范围,当然需求同一的登记程序,这也为登记程序同一提供了可能条件。

二、程序参与

当事人能够通过合适方式参与到程序运作中,并在合理限度内决定或者影响程序运行结果,即为程序参与。程序参与在民主社会中是一个被广泛适用的原则,公民参与选举程序投票、在诉讼程序中表达自己意愿、在登记程序中申请登记等行为,均是程序参与的表现。程序参与首先给当事人提供了参与程序的机会,但这并不足够,当事人实际参与与否要由当事人自己掌握,他人不能压制当事人的自由意志,而且,当事人的参与在"质"上要有价值,能够影响程序结果的产生并给该结果提供合理的元素。换言之,程序参与有以下几层含义:其一,当事人是否参与程序完全出于自愿,不受任何人的干涉和强迫,这是当事人决定自己事务的表现;其二,当事人选择参与程序后,要有充分机会来表达自己的意愿、影响程序进程和结果,并受到人道对待。

当事人参与法律程序,意味着他有权在法律程序中有所作为,能行使法律赋予的各项权利,并因此限定代表国家权力的程序主导者的权力范围,与后者共同推进法律程序的进程,最终产生有关自己权利义务的裁决,从而实现对自己命运的抉择,体现了人之为人的价值和尊严,这与反对集权提倡民主的现代社会宗旨是不谋而合的,反映了程序的民主特色。当事人参与程序的前提,是其自愿选择或者决定了这样的程序以及程序进程,这恰恰就是程序正当性的来源——程序参与中的民主意蕴,其理由在于萨默斯教授所指出的:人们愿意通过一种他们所同意或认可的程序而不是强加给他们的程序接受统治,前一种程序把他们当作人来看待,后一种则把他们当作客体或者公共的工具。①

在由国家机关主导的法律程序中,赋予当事人参与法律程序的机会和机制,意味着直接限制了国家机关的权力,并给当事人和国家机关之间的关系流变和相互制约制造了契机。国家机关在法律程序中拥有推行国家法律

---

① 参见陈瑞华:《通过法律实现程序正义》,载《北大法律评论》第1卷第1辑,第188页。

来规整当事人行为的权力,并拥有当事人一般所不拥有的专业法律知识,正是这种权力/知识的运用,使得国家机关能够支配了整个程序进程,也使国家机关能支配在信息关系中处于弱势地位的当事人,影响当事人对法律以及事实的判断,并接受或不得不接受国家机关的决定,这使得法律程序好像弥漫着无所不至的强制性。然而,哪里有权力,哪里就有反抗,权力关系正是在各种反抗力中体现自己的存在。首先,国家机关面临的当事人是形形色色的,在接触程序事项事实的同时,国家机关也逐渐认知、获得当事人的有关信息,并综合这些情况来决定程序的进展程度,这个过程是国家被动接受信息,到运用权力分析和掌握知识的过程。其次,国家机关的权力运作不可能总是通行无阻的,当事人在权力关系的一端会采取各种抵制的措施,以消减国家权力的影响,比如,当事人通过提供反证,证明自己行为合法,以消除行政机关作出处罚决定的可能性。可以说,法律程序运作的过程本身就是国家机关和当事人之间这种权力/知识流变的过程。如果否定参与原则,否定当事人在程序中的积极作为作用,则意味着国家机关完全主导了当事人的命运,这显然不是现代民主社会的福音。

就我国情况而言,登记程序参与应当有以下几项基本要求:

第一,程序参与的普遍性,即与登记结果有利害关系之人均有参与程序的机会,这要求法律必须给予登记有关的人员提供进入登记程序的通道,确保他们的利益能够通过登记程序得以保障。这项要求的内容包括以下两项:首先,不动产物权变动的当事人,依据物权变动的原因,通过适当渠道引发和进入登记程序。德国《土地登记簿法》就蕴涵了程序参与普遍性的要求,该法第13条第1项第2句规定:登记涉及到其权利或者对其有利的任何人都有权提出申请。其次,不是不动产物权变动的当事人,但是对物权变动产生的登记结果有利害关系并且对登记结果的真实性提出异议之人,有权引发更正登记之程序或者异议登记之程序。然而,我国现行登记程序缺少更正登记和异议登记,对登记存在异议的利害关系人只能通过诉讼程序来确定权利归属,而无法通过登记程序来解决不动产权属争议问题。与登记程序相比,诉讼程序耗费的时间和费用成本较高,这对利害关系人非常不利。

第二,程序参与的自由性,即不动产物权变动当事人以及其他利害关系人是否参与登记程序,完全由其自己决定而不受外力干涉。登记程序依附于不动产物权变动而产生,是否需要物权变动,是否办理登记,完全属于当事人的私事,应当由私法自治原则所统辖。故而,即使法律规定不动产物权变动原因(如订立买卖合同)完成与办理登记的时间界限,在此期间当事人不办理登记的,登记机关既无权强制当事人办理登记,也无权认定当事人丧失申请办理登记的权利,即申请权原则上不失效(Verwirkung)。①

第三,程序参与的制约性,即当事人参与程序后,应有切实的机会制约登记机关的职权行为,使得登记机关既有权力进行审查,但又不能恣意妄为,随意干涉当事人的私权利;使得当事人拥有得以主张和维护利益的保障机制,以对抗登记机关的不当行为。这主要表现为:首先,登记程序是否启动,主要取决于当事人的意志,登记机关依职权启动的登记程序只能局限在维护公共利益、交易安全和正当经济秩序的限度之内,德国《土地登记簿法》第13条即规定:除非法律另有规定,登记只能依据申请而作出。而且,即使登记机关依职权作出的行为,也必须通知当事人,使得当事人享有了解和提出意见的机会。日本《不动产登记法》第64条规定:登记出现错误或者遗漏时,登记官更正登记后要通知登记权利人及登记义务人。与此相反的是我国登记程序对当事人这种知悉了解权的淡漠,比如,《土地登记规则》第57条规定土地管理部门可以依职权按照规定办理注销土地登记,注销土地证书,但没有规定登记机关将该事项通知当事人的义务。其次,登记的内容必须限定在当事人的请求范围之内,即当事人的意思确定了登记机关的权限范围,登记机关必须在当事人意思的限度内进行审查和登记,《瑞士民法典》第963条第1项明确指出,"所处分的不动产登记,须依不动产所有人的书面声明作成";第964条第1项还规定:"登记内容的涂销及变更,依登记的权利人的书面声明,始得进行。"最后,当事人在登记程序能够提出证明自己要求的证据,而且这些证据要构成登记程序运行的主线,登记机关必须围绕这些证据展开登记审查行为,而不能抛开它们自行再调取证据,登记结果要建立在从当事人举出证据中得出的合理推论之上。

三、程序理性

程序理性本质是对恣意的限制,并通过信息沟通机制给参与者以及社会公众提供客观评价的可能性,因此,程序理性的核心要素就是论证,或者说是"摆事实,讲道理",即国家机关在证据基础上依据法律对决定进行说理。其制度化的表现,是国家机关在作出的决定中必须明确说明理由,使当事人不仅知其然,还要知其所以然。通过论证,国家机关作出的决定展现出

---

① Baur-Stürner, aaO, S.164.

特定的事实和逻辑,不仅解释了决定如何如此发生,表明了根据一般原理和当下特殊情况作出了此种判断,还通过说理使得当事人接受这种决定,这可以被归结为"解释、决定和说服",这正是论证作为用某些理由支持某一结论的思维方式或者思维过程的理性表现和作用。① 如果国家机关在作出决定时没有说明理由,人们完全有理由认为该决定就是权力恣意运作的产物,即使该结果具有实体公正性,也不能达到说服人的效果,其原因就在于作出决定的程序没有理性。通过论证,当事人和其他社会公众获得了评价国家机关决定的机会,这不仅在客观上迫使国家机关在作出决定时要排除随意、专断、偏听、偏信等非理性因素,并尽量做到客观公正,不给他人留下挑刺的把柄;而且当事人也能够判断决定的合理性程度,进而调整自己下一步行动的计划,如服从决定或者采用法律措施推翻决定。正是存在这些功能,论证才能够延伸程序参与的价值,使得程序参与的结果能够清晰明白地展现出来,没有论证,程序参与的价值将大打折扣。

与论证相伴随的,或者围绕论证而设定的,以下几个登记程序理性要素是不可缺少的:

第一,法律职业化的登记从业人员,即论证主体必须职业化,这表明程序必须实行由符合资质条件的法律专业人员担任程序主导者的职业主义。由于登记程序的运作涉及到不动产物权的权属,涉及不动产物权变动的合法性,是极富法律意义的操作,因此,代表国家机关办理登记的人员应当是适格的法律专业人士,这是各国普遍的经验,比如,德国的登记官是经过严格职业资格考试的司法官;在葡萄牙,登记局局长只有经过严格甄选,参加有关实习并通过公开考试及履历评定的法律学士才能担任。② 日本和我国台湾则更进一步要求代理当事人向登记机关申请登记的人员必须符合法律规定的资格条件,日本不动产交易的过程基本上由相当于律师的国家级资格的"司法书士"进行③;台湾《土地法》第 37 条之 1 第 2 项规定:土地登记代理人为专业者,应经土地登记专业代理人考试或检查及格。

我国的登记从业人员则没有完全法律职业化,笔者对上海等地房地产登记机关的登记官员的学历、资格调查就表明了这一点。登记官员缺乏足

---

① 参见陈波:《论证是哲学活动的本性》,载赵汀阳主编:《论证》,辽海出版社 1999 年版,第 78—82 页。
② 参见 Vicente João Monteiro:《澳门物业登记概论》,张逢春译,澳门司法事务局 1998 年版,第 81 页。
③ 参见渠涛:《不动产物权变动制度与中国的选择》,载《法学研究》1999 年第 5 期。

第五章 不动产登记的一般程序

够的法律学识,导致登记正确率不能提升,妨碍登记效率的增长,这些缺陷已经被登记机关的管理人员深刻认识到,但由于我国房地产登记机关的性质为行政机关,受制于整体用人机制的非职业化要求,登记官员的任用无需有严格的法律职业训练和教育背景的要求,在现有体制内迅速将登记官员法律职业化,难度很大。但是,鉴于我国的司法考试制度的涉及面已经普及整个法律业界,如果我国规定登记官员的任职资格就像法官、检察官、律师一样必须以司法考试合格为前提条件的话,那么,登记官员法律职业化的问题,通过国家司法考试应该是能够得以解决的,这也不会像目前采用的国家培训登记官员的方式一样浪费过多的社会成本。

第二,细致且有操作性的程序。程序是决定的决定,其本身要求有细致连贯的步骤,以尽量减少登记机关的恣意因素。为了达到这个要求,首先要明确具体步骤的构成,如当事人在进行某项步骤时,应当提交何种证据、采用何种方式提交、提交后的效力如何等,都应当有明确的规定。这一点是我国现行登记程序比较缺乏的,比如《土地登记规则》第71条规定了更正登记,这是纠正登记错误的重要方法,但是该条规定仅规定在错登或者漏登时,应该进行更正登记,至于如何进行,他人则无从知悉。其次,要有合理的时间限制,以决定程序步骤进行的时间间隔,给当事人提供明确的预期。我国现行的登记程序对此也没有给予太大的关注,登记机关办理登记等相关事项的期限并不明确,比如,《土地登记规则》规定了初始土地登记要经过公告,但是公告的期限没有明文规定,而且土地登记完毕的期限也不明确,这样就容易导致登记迟延,使得程序的运行不能及时产生正当结果。

第三,登记机关的决定必须说明理由。这主要适用于登记机关的决定不能满足当事人请求事项的情形,以给当事人提供省思自己申请的合理性、检讨登记机关行为的合法性、进而决定采用何种补救措施或者进行下一步行动的计划的机会。比如,日本《不动产登记法》第49条规定,登记官裁定驳回申请要附理由。又如,我国台湾《土地登记规则》第50、51条的规定:登记要求当事人补正申请或者驳回申请时,要以书面叙明理由和法令依据。葡萄牙采用了更为严格的措施:在葡萄牙法中,仅仅简单拒绝而未作出书面声明阐述理由是一种草率的行为,登记局长这样做可能违反其公正和遵守"合法性原则"的义务,会因此而受到纪律处分。①

第四,登记程序行为具有确定的法律效力。这主要表现为:其一,程序

---

① 参见 Vicente João Monteiro:《澳门物业登记概论》,澳门司法事务局1998年版,第78页。

行为完成后，不能被任意撤销，如登记申请被登记机关受理并予以登记后，当事人不得以登记申请存在效力瑕疵因素为由请求撤销。其二，登记机关通过登记程序作出的登记，是代表国家对不动产物权的确认，只要不发生错误，就应当具有终局性和确定性。登记程序不得因为同一事项而重新启动，否则就导致登记程序威力减损，也给当事人增添不必要的成本支出。但是，在我国抵押权登记实务中，登记机关在办理抵押权登记之后，普遍强行规定进行抵押权的"年检"甚至"月检"制度，要求当事人在规定的期限内重新办理抵押权登记，否则，就视抵押权不复存在，这就是登记程序不确定的表现，这不仅导致债权风险增加，也使当事人不得不多支出登记费用，加大了抵押成本。

第二节 不动产登记程序的一般步骤

由于不动产登记可分为若干种类型，各类型所针对的情况不同，所需完成的任务不同，在登记程序上也就会有相应的区别，但它们都属于不动产登记，在登记程序上也会有一些相似或相同的地方，而不动产登记的一般程序即是指各具体的不动产登记类型所采用的程序中共通的一些步骤和手续。

就我国内地目前的不动产登记立法而言，深圳市的《房地产登记条例》除了将房地产登记的"一般规定"单独列出外，还对登记程序通则作了明确规定，而珠海市的《房地产登记条例》则将这二者统一为登记程序的"一般规定"，上海市的《房地产登记条例》仅将"一般规定"作了一章，而未单独规定登记程序的通则，和这些条例作出的比较详尽的规定相比，《土地登记规则》仅于第6条规定了登记的一般程序，而《城镇房屋权属登记管理办法》也仅于第10条规定了登记的一般程序，并于第11—13条对登记申请作了规定。我国台湾地区的《土地登记规则》除了规定了土地登记的总则外，还单独规定了登记程序的通则，和深圳市的《房地产登记条例》的立法模式很相近。

这种一般规定的立法模式采用了《德国民法典》所采用的"抽取公因式"的立法技术，其目的主要是为了立法上的俭省，避免在设计各具体登记程序上重复规定一些相同的步骤和手续，在进行具体的登记程序时，如果相关章节有明确规定即依该处的规定处理，若没有规定，则应适用通则的规定来处理。不过这种技术也增加了一般人了解登记程序的难度。

就不动产登记的一般程序，我国现行法的规定很不统一，具体有以下几种规定：

（一）我国内地的《土地登记规则》规定的土地登记的一般程序

我国内地的《土地登记规则》于第6条规定了土地登记的一般程序，包括以下五个步骤：（一）土地登记申请；（二）地籍调查；（三）权属审核；（四）注册登记；（五）颁发或者更换土地证书。

这里的地籍调查一般仅适用于初始登记，而该一般程序也未将公告和交纳登记费用纳入进去。

（二）我国内地的《城镇房屋权属登记管理办法》规定的房屋登记的一般程序

我国内地的《城镇房屋权属登记管理办法》于第10条规定了房屋权属登记的一般程序，包括以下几个步骤：（一）受理登记申请；（二）权属审核；（三）公告；（四）核准登记，颁发房屋权属证书。不过第（三）项公告仅适用于登记机关认为有必要进行公告的登记。

该办法没有将申请和交纳登记费用纳入登记的一般程序。

（三）深圳市和珠海市的《房地产登记条例》规定的房地产登记的一般程序

深圳市的《房地产登记条例》于第22条规定了房地产登记的一般程序，包括如下七个步骤：（一）提出申请；（二）受理申请；（三）审查申请文件；（四）权属调查；（五）依本条例规定公告；（六）确认房地产权利；（七）将核准登记事项记载在房地产登记册；（八）计收规费并颁发房地产权利证书；（九）立卷归档。

珠海市的《房地产登记条例》于第7条规定的房地产登记的一般程序和深圳市的规定基本相同，仅缺少了第（三）项审查申请文件。

不过确认房地产权利和将核准登记事项记载在房地产登记册应为同一步骤，不宜分为两项进行规定。而权属调查也并不是各个登记类型所共有的步骤。

上海市的《房地产登记条例》未单独规定登记的一般程序，但规定了登记程序中的共同要素。

（四）我国台湾地区的《土地登记规则》规定的土地登记的一般程序

我国台湾地区的《土地登记规则》于第三章第一节规定了土地登记的通则，其第47条规定："办理土地登记程序如下：（一）收件；（二）计征规费；（三）审查；（四）公告；（五）登簿；（六）缮发书状；（七）异动整理；（八）归档。

不动产登记程序的制度建构

前项第四款公告,仅于土地总登记、建物所有权第一次登记、第一百十四条、第一百二十一条及其他法令规定者适用之。

第七款异动整理,包括统计及异动通知。"

而此前该规则另规定了申请和申请登记之文件。将这些步骤结合起来即为土地登记的一般程序,包括申请、收件、计征规费、审查、公告、登簿、缮发书状、异动整理和归档九个步骤。

和深圳、珠海市的《房地产登记条例》规定的一般程序相比,台湾地区的《土地登记规则》所规定的收件相当于前者的受理申请,登簿和缮发书状相当于前者的将核准登记事项记载在房地产登记册和颁发房地产权利证书,归档则相当于前者的立卷归档,二者不同之处在于前者将计征规费和颁发权利书状规定在一起,而后者则将之规定在审查前面,无论是审查前缴费还是核准登记时缴费都有其合理之处,审查前缴费着眼于保证登记机关的日常运行所需的费用,而核准登记后收费则有利于申请人,仅在登记申请被核准时才需缴费,我们倾向于采用前一种规定。此外,后者也无前者所规定的权属调查、确认房地产权利两个步骤。

我国内地有的学者则将房地产登记的一般程序归总为以下六个步骤:(1) 提出申请或申报;(2) 受理申请;(3) 审查申请文件;(4) 公告;(5) 计收规费、颁发房地产权利证书;(6) 立卷归档。[①]

根据上面的分析介绍,我们将房地产登记的一般程序归总为以下六个步骤:(1) 提出申请(申报,并包括其他登记方式);(2) 受理申请(收件)并计征规费;(3) 审查;(4) 公告;(5) 核准登记,登簿并颁发房屋权属证书;(6) 立卷归档。其中的公告仅适用于特定的登记类型。

第三节 登记的启动程序

一、登记的启动形式

登记的启动形式依各国立法例大体有三种形式:申请登记、嘱托登记和径为登记。其中申请登记为登记的主要启动形式,嘱托登记为申请登记的特别形式,二者可合称为受动机制,仅在特定情况下才会出现径为登记的情形,也可将之称为主动机制。这在德国登记法上体现为申请原则

---

① 参见崔建远、孙佑海、王宛生:《中国房地产法研究》,中国法制出版社 1995 年版,第 252 页下。

(Antragsprinzip),即登记总是由当事人、受益人或涉及的机关提起登记申请,登记机关不允许在没有申请人提起申请的情况下就进行登记、涂销或者更正。① 日本的《不动产登记法》也于第 25 条规定了申请原则,即"登记,除法律另有规定的情形外,除非有当事人的申请或官厅、公署的嘱托,不得进行"。

(一)申请登记

不动产物权变动的当事人受制于意思表示的约束力,为了诚信履行合同义务和实现合同目的,他们具有启动物权程序的动力和压力,由这类民事主体引起的登记启动机制被称为登记申请。申请机制适用于纯粹的私人交易领域,如民事主体依据自我意志进行的物权变动、在登记错误时通过更正登记等措施进行的补救等②,是民事主体对自己事务进行自我决定和处理的表现,是民事主体实现程序参与价值的表现,与国家公权力无关。登记申请是最常见的登记启动机制,下文将对其进行详述。

(二)嘱托登记

有关国家公权力机关为了达到维护公共利益(如土地征收)、维持私人合法权益(如法院实施查封等措施)等公共职责的目的,要求登记机关通过登记行为予以协助,由这类公权力主体引发的登记启动机制即为登记嘱托。与登记申请不同的是,登记嘱托的结果尽管可能影响私人物权,但其来源于国家公共事务领域,目的在于实现国家公权力。因此,嘱托与申请相比,其形式一般采用公函形式。不过,这不意味着其内容具有随意性,其同样要受到形式条件限制,比如,澳门《物业登记法》第 34 条第 2 款规定:"官方实体请求登记时,无须填写登记申请表格,但该请求应载于公函内,而公函中须指出请求登录之事实、作为该事实依据之文件及签署该公函之人之职务。"

此外,受登记嘱托公共权力属性的影响,嘱托登记要受到法律的严格调整,只有在法律有明文规定的情形下,具有嘱托权的机关才能依法进行登记嘱托。一般说来,体现国家意志的法院判决、仲裁机关裁决、行政机关决定等导致不动产物权被强制变动时,登记机关既无权对这些权利变动原因进行合法性审查,也无权拒绝登记,因此,对于这些权利变动的登记启动,应由

---

① 参见孙宪忠:《德国当代物权法》,法律出版社 1997 年版,第 144 页。
② Siehe Alpmann, *Sachenrecht Band 2 – Grundstücksrecht*, 9. Aufl., Verlag Alpmann und Schmidt Juristische Lehrgänge, Verlagsges. MbH & Co., 1994, s. 124.

上述机关进行登记嘱托,而不能由当事人进行申请。①

我国台湾地区的《土地登记规则》的第30条即规定,政府机关遇有下列各款情形之一的,得嘱托登记机关登记:(1)依《土地法》第52条规定为公有土地的登记;(2)依《土地法》第57条、第63条第2项或第73条之一第2项规定为国有土地的登记;(3)因土地征收或拨用的登记;(4)照价收买土地的登记;(5)依《强制执行法》第11条第1项规定所为的登记;(6)依《破产法》第66条规定所为的登记;(7)依《税捐稽征法》第24条第1项规定所为的登记;(8)因土地重测或重划确定的登记;(9)因地目等则调整的登记;(10)其他依法律得嘱托登记机关登记的。其他嘱托登记的情形有:法院嘱托登记机关办理的查封、假扣押、假处分或破产登记(第126条下)、其他机关依法律嘱托禁止处分之登记(第130条)、由原嘱托登记机关嘱托办理的查封、假扣押、假处分、破产登记或其他禁止处分登记的涂销登记(第135条)及法院嘱托办理的他项权利涂销登记(第35条)。由此可见我国台湾地区的嘱托登记涉及多方面的法律,嘱托主体限于政府机关和法院。

对嘱托登记,日本《不动产登记法》还于第25条第2款规定:"因嘱托所进行登记的程序,除法律另有规定的情形外,准用关于申请而实行登记的规定。"

(三) 径为登记

在主动机制中,登记机关可以依据法定职权,对法律有明确规定的情形主动进行登记,这种登记亦称为"径为登记"或者"依职权登记"。主动机制主要体现于处理登记错误的情形之中,此时,登记启动仍要遵循一定的程序。比如,德国《土地登记簿法》第53条第1项规定:土地登记机关因为违反法律规定而为登记,导致土地登记发生错误的,应依职权为异议抗辩。登记内容被证明为法律禁止的,登记机关可依职权涂销该登记。又比如,日本《不动产登记法》的第63条、第64条规定:登记的错误或者遗漏处于登记官的过失,登记官应从速报请法务局或者地方法务局的局长许可,更正登记,并将其事通知登记权利人和登记义务人,其中的报请、许可以及通知均是程序运行的表现。

对径为登记,我国台湾地区的《土地登记规则》第29条也作出了规定,在下列情形下得由登记机关径为登记:(一)依第122条第2项规定而为更

---

① 参见许明月等:《财产权登记法律制度研究》,中国社会科学出版社2002年版,第229—230页。

正登记[1];(二)因建物基地依法径为分割或合并时,基地号之变更登记;(三)其他依法律得径为登记者。登记机关径为登记完毕后,应将登记结果通知登记权利人。对(二),我国内地的登记法律尚无类似规定。

深圳市的《房地产登记条例》也于第14条规定:"登记机关对下列情形径为登记:(一)依法由登记机关代管或被人民法院裁定为无主房地产的;(二)抵押期限届满,当事人不按期注销登记的;(三)土地使用年期届满,当事人未按规定注销登记的;(四)本条例第20条第1款第(一)项至第(五)项规定的。登记机关径为登记完毕,应将登记结果公告。"就第1项,我国内地的《土地登记规则》也于第20条作了规定。

二、登记请求权

不动产登记原则上以双方共同申请为原则,那么任何一方拒绝进行登记,则登记就不可能发生,登记权利人的权益就将因此而受损害,为此,法律特赋予登记权利人以登记请求权。所谓登记请求权,就是登记权利人向登记义务人行使的要求协助完成登记手续的权利。[2] 所谓登记权利人,是指因登记而直接受利益者,比如不动产买卖中的买受人、抵押权设定中的抵押权人或者主债务清偿时的抵押人等。所谓登记义务人,是指因登记而直接受不利益的人,比如不动产买卖中的出卖人、抵押权设定中的抵押人或者主债务清偿时的抵押权人等。许多国家的立法和学说均肯定此项登记请求权,《瑞士民法典》第665条规定:"有取得所有权理由的取得人,对所有人有请求登记的权利,如所有人拒绝时,有请求法院判决登记的权利。"《德国民法典》第894条也规定了更正登记请求权,日本和我国台湾地区的司法判例也承认登记请求权。台湾学者李肇伟先生认为,若原物所有人不办理声请设定或者转移登记者,相对人即得诉请法院判令强制执行办理声请或者转移之登记。

需要注意的是,登记请求权在性质上是登记权利人对登记义务人的私法上的权利,因而有别于公法上的登记申请权。所谓登记申请权,是指要求

---

[1] 我国台湾《土地登记规则》第122条规定:"登记人员或利害关系人于登记完毕后,发现登记错误或遗漏时,应申请更正登记。登记机关于报经上级地政机关查明核准后更正之。
前项登记之错误或遗漏,如纯属登记人员记载时之疏忽,并有原始登记原因证明文件可稽者,上级地政机关得授权登记机关径行更正之。
前项授权登记机关径行更正之范围,由其上级地政机关定之。"
[2] 孙毅:《物权公示公信原则》,载《民商法论丛》第7卷,法律出版社1997年版,第707页。

登记官吏为登记之公法上的权利①,由于登记申请权系针对作为第三方的登记机关的权利,因此登记权利人和登记义务人均有权主张。

由于不动产登记的种类不同,因此每一类型的不动产登记均对应与其相关的登记请求权。比如因不动产转让而产生的变更登记请求权,因主债务清偿而产生的抵押权涂销登记请求权,因登记有错误或者遗漏而产生的更正登记请求权,以及因对登记的不当涂销而产生的回复登记请求权等。对上述不动产登记请求权,根据不动产物权变动的性质不同,可以将登记请求权大致分为两类:一为积极的登记请求权,即登记权利人要求登记义务人协助登记以肯定其权利的存在,如变更登记请求权;二为消极的登记请求权,即登记权利人要求登记义务人协助登记以消灭其既存权利的登记请求权,比如涂销登记请求权、更正登记请求权和回复登记请求权。②

(一) 登记请求权的基础

关于登记请求权发生的原因,日本学说上历来有一元说和多元说两种观点。一元说认为,登记请求权是基于事实上之权利状态与登记簿上记载不一致的事实而发生的。第一,发生实质的物权变动场合,诸如因买卖发生的所有权转移、担保物权的设定、消灭等,使原来在登记簿上的记载与新变动的权利关系不一致,登记请求权即因此而发生。第二,未发生实质的物权变动而有记载的场合,例如基于他人伪造的申请书而为的权利变动登记,实际的权利关系与登记簿的记载不一致,登记请求权亦当然地发生。③

多元说则认为,登记请求权是基于数种原因而发生。④ 第一,基于实质上物权变动的事实而自体发生的请求权,例如,所有权的转让、担保权设定均属之。如果有事实上权利的变动,即可基于此变动而发生登记请求权,纵然当事人间没有应协力登记的契约,仍然发生登记请求权。第二,基于现在之事实权利状态与登记簿上现在之权利状态不一致,而发生的登记请求权。此时,因其不一致之排除而受益的实体法上的权利人,得对因其不一致而受不利益之人,请求为协力于登记之涂销、更正、回复等申请。第三,基于契约而发生的登记请求权,它又可分为:(1) 依当事人间的特约,对于担保物权

---

① 张龙文:《登记请求权》,载《民法物权论文选辑》(上),五南图书出版公司1984年版,第95页。
② 〔日〕月冈利男:《登记请求权——其根据与发生原因》,转引自许明月:《抵押权制度研究》,法律出版社1998年版,第222页。
③ 〔日〕末川博:《物权法》,转引自肖厚国:《物权变动研究》,法律出版社2002年版,第256页。
④ 张龙文:《民法物权实务研究》,汉林出版社1977年版,第96页。

或者用益物权之设定登记,于其物权消灭前,应为涂销登记;(2)当事人间对中间省略登记的特约。

我们认为,一元说基本上可以为二元说的内容所涵盖,而且二元说还可以较为合理地解释在中间省略登记这种特殊登记类型中买受人的登记请求权,因此二元说的立场基本上较为可采。需要注意的是,日本采的是不动产物权变动意思主义的立法,物权变动依当事人意思表示即可成立,因此其登记请求权的发生有"基于实质上物权变动的事实而自体发生"之类型。也就是说,因当事人间的意思合致即产生实质上的物权变动,登记权利人既然已经确定地取得物权,便可仅基于此物权而请求对方协助完成不动产登记。与物权意思主义的立法不同,在物权形式主义和债权形式主义立法下,不动产物权须经登记始生效力,在未完成登记以前,登记权利人不能直接基于其尚未取得的物权请求对方协助完成登记,因此在这两种立法模式下就不可能基于实质上物权变动的事实而自体发生登记请求权。

对于意思主义立法上"基于实质上物权变动的事实而自体发生的请求权",物权形式主义和债权形式主义立法则须从其物权合同背后的债权合同上寻找依据。因为物权行为通常系于债权行为,在通常情形,于订立让与不动产所有权的物权行为以前,均订立买卖等债权合同,或者于设定抵押权之前,订立金钱借贷消费合同,并约定设抵押权。根据这类债权合同,债务人负有使债权人取得不动产物权的义务,这其中就包括使债权人取得不动产物权的必要行为。登记权利人(也即债权人)对登记义务人(也即债务人)的登记请求权即因此债权合同而产生。此类登记请求权,虽然由债权契约而生,然在当事人之间,不得约定使登记请求权不发生之特约,如有之,则该特约应属无效。盖与登记制度之趣旨相背故也。①

在我国,学者一般都主张对物权变动采债权形式主义立场,此必将影响我国近期物权法或者民法典的制订,因此在对积极的登记请求权基础进行解释时,亦应采上述债权合同说的立场。从我国现行法来看,其虽然也有贯彻这一立场的倾向,但是仍然还不彻底。2000年最高人民法院《合同法若干问题的解释(一)》第9条规定:"依照合同法第44条第2款的规定,法律、行政法规规定合同应当办理批准手续,或者办理批准、登记等手续才生效,在一审法庭辩论终结前当事人仍未办理批准手续的,或者仍未办理批准、登

---

① 中川善之助主编:《法律学说演习讲座——民法》(上卷),第129页。转引自张龙文:《民法物权实务研究》,汉林出版社1977年版,第69页。

记等手续的,人民法院应当认定该合同未生效;法律、行政法规规定合同应当办理登记手续,但未规定登记后生效的,当事人未办理登记手续不影响合同的效力,合同标的物所有权及其他物权不能转移。"

根据司法解释的这一观点,如果法律、行政法规未规定登记后合同生效,则债权合同虽然未登记但仍然有效,债权人自可依据该合同主张登记请求权,登记完成后始发生所有权或者其他物权的转移。如果法律、行政法规规定合同于登记后生效,比如担保法第41条规定,以第42条规定的财产抵押的,抵押合同自己登记之日起生效,此时连债权合同都尚未生效,债权人即无从主张其登记请求权。这样在后一种情况下就极易产生不合理的后果,因为"以抵押登记作为抵押合同的生效要件,这就等于允许当事人在抵押登记前,随时可以任意地否认抵押合同,这是有悖于诚实信用原则的"。①而要改变这一状况,则有赖于在今后的立法中明确彻底地采用债权形式主义的模式,完全区分交易行为和物权变动,将登记仅作为不动产物权变动的要件而非债权合同的生效要件,使物权变动的登记请求权有所附着和依托。

(二) 登记请求权的性质

登记请求权的基础,已如上述,在意思主义立法下主要为基于实质上物权变动的事实而自体发生、基于现在之事实权利状态与登记簿上现在之权利状态不一致而发生、基于契约而发生。在形式主义立法下来说,积极的登记请求权一般是基于债权合同而发生,消极的登记请求权则系基于现在之事实权利状态与登记簿上现在之权利状态不一致而发生。

在意思主义立法下,基于实质上物权变动的事实而自体发生的登记请求权,和基于现在之事实权利状态与登记簿上现在之权利状态不一致而发生的登记请求权,在本质上是当事人之间基于对标的物所享有的物权而产生的一种请求权,因此为物权请求权。基于契约而发生的登记请求权,是当事人之间具有物权变动的合同而产生的,因此自为债权请求权。

在形式主义立法下,基于债权而发生的登记请求权,由于系基于当事人之间具有物权变动内容的合同而产生,因此其本质上应为一种债权请求权,对此意见分歧较少。对于基于现在之事实权利状态与登记簿上现在之权利状态不一致而发生消极登记请求权的性质,学者则有不同的认识。

所谓现在之事实权利状态与登记簿上现在之权利状态不一致而发生的

---

① 郭明瑞、杨立新:《担保法新论》,吉林人民出版社1996年版,第116页。

登记请求权,主要是指登记更正请求权[①],即因不当登记而受不利益之人得请求相对人为更正登记之同意。登记更正基本上又可分为登记涂销、登记更正(狭义)和登记回复三种。例如,基于他人伪造申请所为之权利变更登记,或者依通谋虚伪意思表示之权利变更登记等,得由权利人请求涂销。又如,地上权登记之地租或者存续期间有错误或者遗漏时,得由权利人请求登记之更正(狭义)。再如,地上权设定登记后,土地所有人因伪造地上权人之书类,而涂销该地上权登记时,得由权利人请求被涂销登记之回复。

关于登记更正请求权的性质,学者们大致有以下三种观点。

一为物权请求权说,认为登记请求权在本质上是权利人基于对标的物所享有的物权而产生的一种请求权。[②] 我国台湾地区学者张龙文先生认为其属于所有权妨害排除请求权。

二为债权请求权说,认为在发生登记之前,物权因没有完成公示要件而尚未发生转移和变更,所以一方还没有享有物权,因此不能根据物权提出请求,所以更正登记请求权并不是一种物上请求权,而仍然是一种债权上的请求权。[③]

三为区分说,认为如果物权登记行为有效时,只发生不当得利返还的问题[④],更正登记请求权作为不当得利返还请求权的一种方式,仅具有债权性质;如果物权登记行为无效时,由于权利人未丧失其权利,为防止第三人因信赖登记取得权利,可以请求更正登记,此更正登记请求权为所有权妨害除去请求权之一种。[⑤] 我们赞成第一种观点。

区分说在严格贯彻了物权行为独立性和无因性原则的前提下,分两种不同情形为物权形式主义下更正登记请求权的性质提供了圆满的解释,因而较单纯的物权请求权说更为可采。债权形式主义既未完全采纳物权行为主义理论,在对更正登记请求权进行解释时,自不能完全采用物权形式主义

[①] 登记更正请求权有广义和狭义之分,狭义的登记更正请求权仅指因登记有错误或者遗漏而发生的请求权,广义的登记更正请求权除此以外尚包括涂销登记请求权和回复登记请求权。文中除特别说明,均指广义之登记更正请求权。

[②] 早稻田司法考试中心:《民法基础知识 1 总则——物权》,转引自:许明月:《抵押权制度研究》,法律出版社 1998 年版,第 222 页。

[③] 王利明:《试论我国不动产登记制度的完善》,载《民商法研究》,法律出版社 2001 年版,第 253 页。另见许明月:《抵押权制度研究》,法律出版社 1998 年版,第 223 页。

[④] 参见王泽鉴:《通谋虚伪之第三人利益契约》,载《民法学说与判例研究》第 6 册,中国政法大学出版社 1998 年版,第 237 页。

[⑤] 参见郑玉波:《论所有物返还请求权》,载《民法物权论文选辑》(上),五南图书出版公司 1984 年版,第 170 页。

的区分说,此自不待言。我国学者一般认为,"代表物权变动立法规制模式的基本潮流和取向"①,因此我国将来采债权形式主义立法时,究竟应采债权请求权说,还是物权请求权说,则有进一步探讨的余地。

　　债权形式主义区别于物权形式主义的一个突出特点,就是债权形式主义并不承认物权行为的无因性,按照债权形式主义的立场,债权合同的无效或者可撤销必将影响到物权变动的效力。因此,如果出现他人伪造申请所为之权利变更登记,或者依通谋虚伪意思表示之权利变更登记等情形,虽然仅从登记簿上看物权似乎发生了变动,但此物权变动并不能完全生效②,即真正的权利人并未因此丧失其物权,他之所以要请求更正登记是为防止第三人因登记公信力而取得其物权。因此笔者认为,在债权形式主义下对更正登记请求权应采物权请求权说。债权请求权说的观点将登记绝对化,使登记成为了物权变动的惟一要件,认为只要进行了登记就必然发生物权变动,这种观点明显混淆了更正登记在不同物权变动模式下的不同法理,因而并不可采。

　　登记更正请求权本发生在事实权利状态和登记簿上权利状态不一致的情形,此时登记权利人虽然在实际上享有物权,但并未公示在登记簿上,登记义务人虽然为登记簿上的名义权利人,但实际上却并没有物权,此时就出现了部分学者所称的"事实物权和法律物权的区分"。所谓法律物权,就是已经纳入登记而由法定公示方式表征的物权;所谓事实物权,就是真正权利人实际享有的物权。③法律物权和事实物权不同一,表明真正物权人丧失了法律物权人的资格,但这种结果并不是出于事实物权人的真实意思表示,因此立法须建立保护真正权利人的规则,其中之一就是赋予事实物权人以更正登记请求权这一物权请求权。④

　　如果更正登记权利人是不动产所有权人,由于该不当登记有公信力,足以使该更正登记权利人有丧失所有权之虞,该不当登记已经构成了对其所有权行使的法律上的妨害,更正登记权利人应可行使更正登记请求权,请求

---

① 梁慧星、陈华彬:《物权法》,法律出版社1997年版,第91页。
② 当然这并不影响第三人因善意信赖登记簿而取得相应的权利,但这显然为另一问题。
③ 孙宪忠:《论法律物权和事实物权的区分》,载《论物权法》,法律出版社2001年版,第58页。
④ 同上书,第67页。

除去该不当登记,此时的更正登记请求权应为所有权妨害除去请求权的一种。① 如果更正登记权利人为其他不动产物权人,其登记请求权在本质上亦为妨害除去请求权,因为根据学者的通说,排除他人侵害之权利,不仅所有权有之,所有权以外之其他物权亦常具有此排他作用。②

更正登记请求权既然为妨害除去请求权,为保持物权效力的完整,就不应适用消灭时效。③ 但是,如果第三人基于对登记簿的善意信赖而取得登记不动产的物权,更正登记请求权即不得行使,此为物权公示公信的当然结果。此时,更正登记权利人虽然丧失了物权,但可以分别根据合同、侵权行为或者不当得利等债权关系,要求登记义务人承担相应的责任。

三、申请的界定

申请是物权程序的主要启动机制,它将引发登记机关的职权行为,导致不动产物权变动成就,在物权程序中的重要性是不言而喻的,要透彻了解申请以及把握申请的运作规律,就必须对申请加以准确的界定。本书欲从以下两个方面来界定申请:首先,从内在品质上看,申请无疑是当事人享有的请求登记机关为或不为一定行为的权利,那么,这种权利属性是否就是登记请求权?④ 要回答这个问题,就必须界定申请的权利品质。其次,从外在形式上看,申请是当事人向登记机关作出请求登记的表示行为,该行为的指向对象是登记机关,指向目的主要是不动产物权变动,那么,这种行为具有何种性质,是否就是法律行为?⑤ 要回答这个问题,就必须界定申请的表示性质。

---

① 如果此时更正登记请求权人对不动产的占有也被侵夺,或者另有妨害其所有权之虞者,他也可以在主张更正登记请求权的同时行使所有物返还请求权或者所有权妨害预防请求权,但此为另外的问题。
② 李太正:《物上请求权与物权请求权名称之辨正》,载《民法物权争议问题研究》,五南图书出版公司1999年版本,第53页。
③ 《德国民法典》第898条规定:"894—896所规定的请求权,不因超过时效而消灭。"在瑞士法上,登记更正的请求权也不罹于消灭时效。参见陈华彬:《物权法研究》,金桥文化出版(香港)有限公司2001年版,第279页。
④ 有关登记请求权的综述性分析,参见张龙文:《民法物权实务研究》,汉林出版社1977年版,第64页以下。
⑤ 我国有学者认为登记申请的性质是物权行为,其依据是1984年我国城乡建设环境保护部发布的《城镇房屋所有权登记暂行办法》,将房地产变动申请登记作为物权变动的合意。该办法第4条至第8条、第10条和第13条等规定,证明申请登记具备了物权行为的全部成立要件,它就是一个物权合意。因为初始申请登记中,申请人须有要求确认其对物享有所有权的意思表示,申请变更登记中有双方要求所有权移转的合意;申请登记包含申请人为取得所有权或移转所有权的目的。参见赵勇山:《论物权行为》,载《现代法学》1998年第4期。

（一）申请的权利品性——申请权利和登记请求权

申请是不动产物权得以受到法律承认和保护的必要途径，它要反映不动产物权变动的趋向，因此，只有与不动产物权变动有关联的当事人才有资格提出申请，其提出的申请才具有法律意义，与不动产物权变动无关之人没有申请资格，故申请在本质是一种权利。而且，这种权利引发了登记机关的审查、处理、决定等程序行为，具有程序法上的意义，因此，登记申请权是"不动产物权变动交易的当事人请求登记官准予在登记簿册上记载物权变动的法律事实的权利，属于程序法上的权利"。①

对申请权利的这种界定，揭示着其与登记请求权的区别：

第一，权利性质不同。登记申请权是程序性权利，是依据登记法产生的引致登记程序运行的权利。② 登记请求权则是涉及不动产物权变动法律关系的一方当事人请求相对人协助进行申请登记的权利，如果相对人拒绝协助时，请求权人可以通过司法救济途径来实现其目的，比如，《瑞士民法典》第665条第1项规定了土地所有权人的登记请求权，即"有取得所有权理由的取得人，对所有人有请求登记的权利，如所有人拒绝时，有请求法院判与所有权的权利"。登记请求权的依据是物权实体法中法律关系，它既可以是物权法律关系，比如，抵押权因为债权受偿而消灭，但没有办理涂销登记，同一不动产上的典权人即可根据自己的物权请求权请求涂销该抵押权；也可以是债权法律关系，比如，房屋买受人依据房屋买卖合同，请求房屋出卖人申请房屋所有权移转登记。

第二，权利指向不同。登记申请权的指向对象是登记机关，登记机关因此而享有介入当事人实体法律关系的权利，并负担审查、处理和决定等程序义务，由此而言，登记申请权是超越当事人而指向登记机关的权利。登记请求权的指向对象范围则是当事人内部，即权利人请求义务人协助申请登记，此权利与登记机关无关。

第三，权利主体定位不同。登记申请权的权利主体一般被称为"登记权利人"（或者"gewinnender Teil"或"受益人"）和"登记义务人"（或者"verlierender Teil"或"致损人"），前者是因为登记并在登记簿上显示的直接取得利益或者免除负担的人（如房屋所有权的受让人），后者是因为登记并在登记簿上显示的失去利益或者承受负担的人（如房屋所有权的出让人）。

---

① 邓曾甲：《日本民法典概论》，法律出版社1995年版，第160页。
② 参见 Holzer-Kramer, *Grundbuchrecht*, S.51.

在通常情况下,共同申请是登记申请的常态,在这种情况下,登记权利人和登记义务人都是登记申请权人。对于登记请求权而言,其主体被称为"登记请求权人",义务主体被称为"登记义务人",即其主体只能是一方。在一般情况下,"登记权利人"与"登记请求权人"为同一人,但是,在特殊情况下,如房屋所有权受让人不欲申请登记,则出让人就成为请求权人,这时,程序法上的"登记义务人"就成为实体法上的"登记请求权人",程序法上的"登记权利人"则是实体法上的"登记义务人"。

第四,权利主体资格不同。登记申请权主体必须是与登记有直接利害关系之人,这种关系能够在登记簿上显示出来,故登记义务人在申请登记时必须是登记簿上的权利人,否则,即不得成为登记申请权的主体。比如,A将房屋出卖给B,但A对该房屋没有处分权,在登记簿中不是房屋所有权人,相应的,B也与该登记簿中的房屋所有权人没有利害关系,它们就不能对该房屋所有权享有申请权。而登记请求权主体则无该资格限制,在上述事例中,B依据对A的合同债权,有权要求A履行合同,此即为登记请求权,只不过其不能实际履行而已。

第五,权利制约要素不同。登记申请权是否运行以及在何时运行,完全由当事人自己掌握,虽然法律一般规定登记申请应当在特定期限内作出,但该期限既不是诉讼失效期间,也不是除斥期间,即使申请逾期也不会发生权利消灭的效果,这充分体现了程序参与价值。但是,登记请求权运行的依据是存在物权变动、实体权利和登记簿上权利不一致等情况,建立在债权法律关系基础上的登记请求权要受到诉讼时效期间的限制。

第六,权利运行结果不同。登记申请权的运行会出现登记机关办理登记与不办理登记两种结果。登记请求权运行的结果,或者是登记义务人同意申请登记,从而由当事人双方共同提出登记申请,此时,登记请求权与登记申请权的关系表现为:在登记簿上实现实体上之登记请求权,必须透过登记法上所规定之架构——登记法上之登记申请权[①],登记请求权的最终结果等同于登记申请权的运行结果;或者是登记义务人不同意申请登记,登记请求权人通过司法救济获得权利支持后,再通过登记申请权的运行达到登记机关办理登记的目的。

(二) 申请的行为性质

登记申请是物权程序运行中的有机构成部分,故其具有程序行为的意

[①] 参见我妻荣:《日本物权法》,台湾五南图书出版公司1999年版,第127页。

义,这是登记申请的基本属性。申请处于物权程序机制之中,其一旦运行,就要引发登记机关的相应行为,从整体上看,申请仅仅是物权程序中的一个环节,它与其他程序行为相互衔接,构成首尾相连的程序行为链条圈,只要一个环节中断,整个程序就丧失了意义。因此,登记申请与司法诉讼程序中的起诉具有相同的属性,它们均是引致国家公权力机关依据职权从事相应行为的表示,并且只有在程序中才具有法律意义,而不能像法律行为一样独立存在。德国法学说对此界定得非常清晰,即登记申请是希冀登记机关进行登记的表示,它不是法律行为或者意思表示(rechtsgeschäftliche Willenserklärung),而仅仅是纯粹的程序行为(Verfahrenshandlung)。[1]

如此界定申请的行为性质,就意味着,民法中相关的法律行为制度不能直接适用于登记申请等程序性行为,只能根据规范目的以及利益类型进行类推适用,比如,行为能力规定可以适用于申请,申请人在提交登记申请后死亡或者丧失行为能力,对申请没有影响。[2] 但是,申请是否成立、生效,要取决于物权程序法的规定,法律行为制度在此无充分的用武之地。比如,申请不得附条件或者附期限,因为登记机关就申请事项必须给出确定的能否登记的回答,而附条件或者附期限的申请将导致登记机关的决定没有确定性,这就违背了程序理性的基本要求;不过,如果数个登记之间具有相互依赖关系,丧失其一即无其他,则会产生例外,德国《土地登记簿法》第16条第2项肯定了申请能够附带保留事项,如土地出卖人作为所有权人提出所有权移转登记申请,同时为了保全其获得全部价款,他作为债权人提出剩余价款抵押权登记申请,在这种情况下,这两个登记之间具有依赖性,前者为后者提供了产生的基础,后者为前者提供了安全保障,应当允许此两个登记申请互为条件。[3] 又比如,即使当事人主观上并没有申请登记的真实或者自由意愿,但只要其向登记机关递交了登记申请以及相关文件,登记机关据此办理了登记,就足以表明申请作为程序行为,已经运行并因为最终效力的产生而失去了意义,这意味着登记申请不能被撤销。如果不肯定这一点,就将导致整个物权程序丧失不可逆性的基本运作规律和特点,程序理性不复存在,物权程序也就不足以称为程序。这也表明,申请作为程序行为,具有客观主义的特色,申请行为与申请人的主观真意无关,法律不关注申请人的内心意

---

[1] Siehe Holzer-Kramer, *Grundbuchrecht*, S. 50.; Demharter, *Grundbuchordnung*, 21. Aufl., Verlag C. H. Beck, 1994, S.179.
[2] Siehe Meikel, *Grundbuchrecht Kommentar*, 7. Aufl., Verlag J. Schweitzer, 1986, S.620.
[3] Siehe Schwab-Prütting, *Sachenrecht*, S.116.

思,只要申请到达登记机关,即可生效①,登记机关不需也无权考察申请人内心的真实意思状况。当然,正如下文所言,在登记完成之前,申请是可以被撤回的,但这完全不同于撤销。

四、申请的运作

(一)申请人和申请方式

1. 申请人

登记申请有登记权利人和登记义务人双方共同申请和登记权利人单方申请之分。登记权利人为基于登记原因直接取得权利或免除其义务之人。登记义务人为基于登记原因直接丧失其权利或承受其义务之人。

2. 申请的方式

申请方式主要有以下几种:

第一,共同申请,即登记权利人和登记义务人共同向登记机关申请登记。这是申请的一般方式,也是我国登记实务所采用的通常做法,它主要适用于因法律行为产生的不动产物权变动情况,比如,因为买卖、交换、赠与、抵押、设典等进行登记的,应当由当事人双方共同申请。

我国台湾地区的《土地登记规则》的第 27 条规定:"土地登记,除本规则另有规定外,应由权利人及义务人会同申请之。"这采用了一般概括性规定。

而我国内地的深圳、珠海和上海市的《房地产登记条例》则采取了列举和概括相规定的立法模式。

如深圳市《房地产登记条例》第 13 条第 1 款规定:"房地产买卖、抵押、分割、交换、赠与等房地产登记由有关当事人共同申请。"

珠海市《房地产登记条例》第 10 条规定:"因下列情形之一进行房地产登记的,当事人应当共同申请:(一) 买卖;(二) 分割;(三) 合并;(四) 交换;(五) 赠与;(六) 抵押;(七) 法律、法规规定的其他情形。"

上海市《房地产登记条例》也于第 6 条规定:"因下列情形之一进行房地产登记,有关当事人双方应当共同申请:(一) 买卖;(二) 交换;(三) 赠与;(四) 抵押;(五) 设典;(六) 法律、法规规定的其他情形。"

相较之下,采一般概括规定更能体现共同申请在登记启动方式中的基本地位。

---

① Siehe Baur-Stürner, *Sachenrecht*, S. 164.

我国台湾地区、珠海市和上海市的《房地产登记条例》还分别规定了共有的登记应采用的申请方式。

我国台湾地区的《土地登记规则》第 32 条规定："公同共有之土地,公同共有人中之一人或数人,为全体公同共有人之利益,得就公同共有土地之全部,申请为公同共有之登记。登记机关于登记完毕后,应将登记结果通知他共有人。"依该法的规定,公同共有(即我国内地《民法通则》规定的共同共有)的土地可以由共有人之一单方申请,因为此时可能会因共有人众多,无法全体会同申请登记。① 这也属于下面所说的代位登记的类型。而按份共有则应适用一般规则,采用共同申请的方式。

而珠海和上海市的条例对共有的房地产权利则作出了不同的规定。如珠海市的《房地产登记条例》区分了共同共有和按份共有,分别采用共同申请和按份额申请的方式。该条例第 12 条规定："共同共有的房地产权利,当事人应当共同申请登记;按份共有的房地产权利,当事人应当按各自的份额申请登记。"但按份共有时按份额申请登记是否是指可单方申请呢？从字面上似乎可以得出这种结论,但按份共有和共同共有不同,当事人之间并无共同关系的存在,而是对共有的不动产有着明确的应有份额,对该份额的处分也无需由共有人全体同意,若此时仅由共有人之一单方申请登记,则可能损害其他共有人的利益,此时进行共同申请明确各共有人的份额当可避免纠纷。上海市的《房地产登记条例》则于第 8 条规定："两人以上共有房地产的登记,应当由共有人共同申请。"并未区分共同共有还是按份共有。不过,由于登记申请以共同申请为基本形式,若对共有房地产也采共同申请的方式,则不必单独规定,以免立法上的重复。

第二,单方申请,即由登记权利人或者登记义务人一方向登记机关申请登记,单方申请的事项,要么与他人无关,要么无需他人介入。这种申请主要出现于初始登记(如建筑物所有权的第一次登记)、经过国家公权力确认的物权变动(如法院通过已经发生法律效力的判决确定的不动产物权变动)、因继承发生的物权变动等非因法律行为产生的物权变动情况之中。《瑞士民法典》第 665 条第 2 项即规定："在先占、继承、征收、强制执行或法院判决等情况下,取得人得自行请求登记。"需要提及的是,下列因法律行为产生的物权变动可以适用单方申请:不动产物权受让人履行了约定的义务,但在登记前出让人死亡且无继承人的,可由受让人单方申请,如房屋买受人

---

① 参见焦祖涵:《土地登记之理论与实务》,台湾三民书局 1981 年版,第 268 页。

向对方交付价款,出卖人将房屋占有移转给买受人,但在登记前出卖人死亡且无继承人,买受人有权凭借房屋买卖合同、交付价款的凭证、占有房屋的事实,单方向登记机关提出申请,只有这样才能保护买受人的利益。

如我国台湾地区《土地登记规则》第28条规定,下列登记由权利人或登记名义人单独申请之:(一)土地总登记;(二)建物所有权第一次登记;(三)因继承取得土地权利的登记;(四)因法院拍定或判决确定的登记;(五)依《土地法》第69条规定为更正登记;(六)依《土地法》第12条第2项规定为回复所有权的登记;(七)依《民法》第769条、第770条或第772条规定因时效完成所为的登记;(八)依《土地法》第133条规定为取得耕作权或所有权之登记;(九)标示变更登记;(一〇)更名或住址变更登记;(一一)消灭登记;(一二)依《民法》第1185条规定应属国库的土地登记;(一三)预告登记或其涂销登记;(一四)法定抵押权或法定地上权的登记;(一五)其他依法律得单独申请登记的。

深圳市《房地产登记条例》第13条第2款规定:"下列情形的房地产登记,当事人可单独申请:(一)土地使用权或建筑物、附着物所有权的初始登记;(二)因继承或遗赠取得房地产的转移登记;(三)因人民法院已经发生法律效力的判决、裁定和调解而取得房地产权利的有关登记;(四)变更登记;(五)因土地使用年期届满的注销登记;(六)因房地产权利证书灭失、破损而重新申领、换领房地产权利证书等其他登记。"

珠海市《房地产登记条例》第11条规定:"下列房地产登记,当事人可以单独申请:(一)初始登记;(二)因继承或者遗赠取得房地产权利的登记;(三)因人民法院已经发生法律效力的判决、裁定或者调解取得房地产权利的登记;(四)因仲裁机构已经发生法律效力的裁决、调解取得房地产权利的登记;(五)名称、地址或者房地产用途等变更的登记;(六)注销登记;(七)因房地产权证书灭失、破损而重新申领、换领的登记;(八)法律、法规规定的其他情形。"

上海市《房地产登记条例》第7条也规定:"因下列情形之一进行房地产登记,由房地产权利人申请:(一)以划拨或者出让、租赁等方式取得土地使用权;(二)经批准取得集体所有的非农业建设用地使用权;(三)新建房屋;(四)继承、遗赠;(五)行政机关已经发生法律效力的土地使用权争议处理决定;(六)人民法院已经发生法律效力的判决、裁定、调解;(七)仲裁机构已经发生法律效力的裁决、调解;(八)本条例第32条所列情形;(九)法律、法规规定的其他情形。"

值得注意的是,深圳、珠海和上海市的条例都规定遗赠应采单方申请的方式,而台湾地区则采会同申请的方式,此时应由继承人先办继承登记后,由继承人会同受遗赠人办理遗赠土地的所有权移转登记;若遗嘱另制定有遗嘱执行人的,应于办毕继承登记及遗嘱执行人登记后,由遗嘱执行人会同受遗赠人办理登记;若继承人之有无不明的,应于办毕遗产管理人登记后,由其会同受遗赠人办理登记(我国台湾《土地登记规则》第85条)。

第三,代理申请,即无行为能力或者限制行为能力申请人的法定代理人或者申请人委托代理人向登记机关申请登记。在这种情况下,代理人应当出具身份证明、委托书等代理证明文书。

如深圳市《房地产登记条例》第17条规定:"申请房地产登记,申请人可以委托他人代理。由代理人办理申请登记的,应向登记机关提交申请人的委托书。境外申请人的委托书应按规定经过公证或认证。"

珠海市《房地产登记条例》第14条规定:"申请人可以委托代理人申请房地产登记。代理人申请登记时,应当向登记机关提交申请人的授权委托书、身份证明和代理人身份证明。境外申请人的授权委托书应当按规定经过公证或者认证。"

上海市《房地产登记条例》第9条则规定:"当事人委托代理人申请房地产登记的,代理人应当提交当事人的委托书。"

第四,代位申请,即登记权利人怠于申请登记,与其有利害关系之人为了保全自己利益或者照料登记权利人的利益,以自己名义代位登记权利人向登记机关申请登记。代位申请主要分为两类:其一,对申请事项不直接享有权利,但该事项是否登记与其有法律上利害关系的人,在申请权利人不及时申请时,可代位申请登记。其典型例子为基于债权人代位权进行的代位申请,这种代位申请的目的在于保全代位权人的利益,是债权人行使代位权的表现,因此,它必须符合代位权的条件。日本《不动产登记法》第46条之2规定:债权人可以依民法典第423条的规定代位债务人申请登记,申请时,应当在申请书中记载债权及债务人的姓名或者名称、住所或事务所及代位原因,并附具证明代位原因的文件。同时该规定还准用于区分建筑物标示登记的申请,如日本《不动产登记法》第93条之2规定,建筑物为区分一栋建筑物的,该建筑物标示登记申请应与属于一栋建筑物的其他建筑物标示登记申请一起为之,此时,建筑物的所有人可以代位其他建筑物的所有人申请其他建筑物标示登记,这里的代位登记可准用该法第46条之2关于债权人代位登记的规定。此外,我国台湾地区《土地登记规则》第33条还规定了建物灭失时由利害相关人代位进行的消灭登记:"建物灭失时,该建物所有权人未于规定期限内申请消灭登记者,土地所有权人或其他权利人得代位申请之。登记机关于登记完毕后,应将登记结果通知该建物所有权人及他项权利人。建物已办理限制登记者,并应通知嘱托机关或预告登记名义人。"我国内地的《合同法》也于第73条规定了债权人的代位权,但限于行使债务人的债权,而不像《日本民法典》规定得那样广泛,及于债务人的各种权利,除了专属于债务人的权利外。因此,应当扩大我国《合同法》规定的债权人代位权的适用范围,使之可以扩大到债务人的其他权利,如物权等,以便于债权人可以代位申请登记。其二,申请事项的直接权利人为数人,它们之间形成了共同共有、共同继承等共同关系,其中一人或者数人为了全体权利人的利益,在其他权利人未申请的情况下,可代位申请该共同关系的登记。这种代位申请的目的在于保全代位申请人以及被代位的登记权利人的共同利益,因此,其二者之间必须存在利益上的牵连关系,形成利益共同体,而且代位申请的目的只能是为该利益共同体的利益。比如,台湾《土地登记规则》于第31条第1项规定:继承人为二人以上的,部分继承人因故不能与其他继承人共同申请登记时,其中一人或者数人为了全体继承人的利益,可就被继承的土地,申请为公同共有之登记。需要注意的是,无论是何种代位申请,均必须由法律明确规定其情形以及证明事项,以防止不当侵害申请权利人的利益。第32条规定的公同共有的登记申请也属于代位申请的情况。此外台湾学者还认为,台湾《土地法》第34条也规定了共有人的代位申请,《强制执行法》第11条也规定了经法院核准或裁判而进行的代位登记。①

第五,通信申请。我国台湾地区采用了通信申请的方式,即申请人未能亲自到场,而以书函向登记机关申请登记的方式。依台湾学者的总结,通信申请适用于以下情形:住址变更登记、姓名变更登记、地目变更登记、抵押权涂销登记、预告登记、权利书状换给登记和加注书状登记情形。② 一般申请应亲自到场为之,特殊情况下才可以信函方式进行,实则通信方式只是对前述申请方式所采用手段的变更,并非一种独立申请的方式。

(二) 申请应提交的文件

申请时应当提交的文书,必须能够表明当事人的身份、意欲达到的目的以及相关的证据,它们包括:

---

① 参见杨松龄:《实用土地法精义》,台湾五南图书出版公司2000年版,第139页。
② 同上书,第139—140页。

第一,申请书。由于申请涉及到当事人利益归属和变化,也决定了登记机关审查和决定的范围,为了促使当事人谨慎从事,也为了防止登记机关滥用职权私自改变民事主体的权利状态,当事人必须通过书面形式提出申请,以此来印证登记结果。申请书应当标明申请人身份、登记类型、登记原因、标的等,这些内容应当准确、清晰。为了方便当事人提出申请,也为了规范当事人的申请行为,申请书宜由登记机关提供标准样式,明确表明当事人应该填写的事项和提供的证据,由当事人按照提示进行填写和准备。这种做法无疑具有便利性,比如,葡萄牙从1984年开始采用这种方法,实践证明填写一张简单的申请表并不会妨碍公众进行登记,相反还能够起到简化程序的作用[1],我国登记实践也采用了这一做法,这既使当事人能够充分参与到程序之中,也减少了当事人的成本支出,符合程序经济要求。

第二,其他证明文书。证明文件要服务于申请书的内容,因此,申请人必须附带提交身份证明、登记原因证明文书(即不动产物权变动原因的证明,如行政许可文件、遗嘱、取得时效构成的证明等)、登记义务人的权利证明(即登记义务人的权利证明文书或者登记簿中的权利编号)、申请所涉及第三人的同意证明以及法律规定的其他文书。

对申请应提交的文件,深圳市《房地产登记条例》第16条规定:"提交申请登记的文件应当为正本。不能提交正本的,可以提交复印件,经登记机关核实无误后,加盖核对章收存。"第17条规定:"申请房地产登记,申请人可以委托他人代理。由代理人办理申请登记的,应向登记机关提交申请人的委托书。境外申请人的委托书应按规定经过公证或认证。"第18条规定:"法律、行政法规规定以及当事人约定应经公证机关公证的,申请房地产登记时,申请人应提供公证文书。"

珠海市《房地产登记条例》作了类似的规定。该条例的第8条规定:"申请房地产登记,应当按本条例规定的时间提交申请书和有关文件。当事人因不可抗力或者其他正当理由不能在规定的期限内申请登记的,在障碍消除后的5日内,顺延登记期限。申请登记提交的文件应当为原件;无法提供原件的,应当提交经有关机关确认内容真实的复印件。申请文件不齐全或者不符合规定的,登记机关不予受理。登记机关受理申请后,应当编号并出具回执。"珠海市规定的特色之处在于登记申请期限的顺延。对代理申请,"代理人申请登记时,应当向登记机关提交申请人的授权委托书、身份证

---

[1] 参见 Vicente João Monteiro:《澳门物业登记概论》,澳门司法事务局1998年版,第18页。

明和代理人身份证明。境外申请人的授权委托书应当按规定经过公证或者认证"(第14条),"法律、法规规定或者当事人约定应当经公证机关公证的,申请房地产登记时,申请人应当提供公证文书"(第15条)。

上海市《房地产登记条例》第10条规定:"申请房地产登记的,应当提交规定的申请登记文件。申请人提交的申请登记文件齐备的,房地产登记机构应当即时出具收件收据,申请日为受理日。申请人提交的申请登记文件尚未齐备的,房地产登记机构应当书面告知补正要求,申请登记文件补齐日为受理日。"

对申请登记的文件,我国台湾地区的《土地登记规则》规定得更为详尽,专列了一节进行规定。

(1) 一般规定

该规则的第34条规定,申请登记,除本规则另有规定外,应提出下列文件:(一)登记申请书;(二)登记原因证明文件;(三)已登记的,其所有权状或他项权利证明书;(四)申请人身份证明;(五)其他由中央地政机关依法规定应提出的证明文件。

有下列情形之一的,可以免予提出前述第三项的文件:(一)因征收、拨用或照价收买土地之登记;(二)登记原因证明文件为法院权利移转证书或确定判决的登记;(三)依法代位申请登记的;(四)法院嘱托办理他项权利涂销登记;(五)部分共有人依《土地法》第34条之一规定就共有土地全部申请土地权利变更登记,他共有人之土地所有权状未能提出的;(六)因土地重划或重测确定的登记;(七)因法定抵押权或法定地上权所为的登记;(八)其他依法律免予提出的(第35条)。

(2) 代理申请的文件

登记申请书应由申请人签名或盖章。由代理人申请者,代理人并应在登记申请书内签名或盖章。有复代理人的,亦同(第36条)。

土地登记的申请,委托代理人进行的,应附具委托书,代理人并应亲自到场,登记机关应核对其身份。代理人委任复代理人,应由代理人出具复代理之委托书。登记申请书已载明委任关系者,可以免附具委托书(第37条)。

代理申请登记检附的委托书具备特别授权要件的,委托人得免于登记申请书内签名或盖章。前项委托书应载明委托事项及委托办理登记之土地或建物权利之坐落、地号或建号与权利范围(第38条)。

法定代理人处分未成年人或禁治产人所有的土地,申请登记时,应于登记申请书适当栏记明确为其利益处分并签名或盖章。前项法定代理人为监护人者,应检附亲属会议允许之证明文件。但监护人为父母或与受监护人同居之祖父母时,不适用之。亲属会议允许之证明文件应记载全部会员之姓名并签注其资格符合《民法》第 1131 条及第 1133 条规定,且由允许之会员签名或盖章。继承权之抛弃经法院备查者,免依前三项规定办理(第 39 条)。

（3）印鉴证明

申请登记时,除有下列情形之一的外,应提出登记义务人的印鉴证明：(一) 依第 28 条第 4 款规定,得由权利人单独申请登记的;(二) 登记义务人亲自到场,在登记原因证明文件内签名或盖章的;(三) 登记原因证明文件经依法公证、认证或监证的;(四) 登记义务人为无行为能力的;(五) 与有第 3 款情形之案件同时连件申请办理,而登记义务人同一,且其所盖之印章相同的;(六) 其他由中央地政机关规定免于提出印鉴证明的。依前项第 2 款规定办理时,登记义务人应提出国民身份证,经登记机关指定人员核符后,当场于证明文件内签名或盖章,并由登记机关指定人员同时签证(第 40 条)。

（4）证明书

申请登记提出之证明文件为协议书时,除有下列情形之一外,应提出当事人的印鉴证明：(一) 依第 43 条第 3 项规定办理更正登记时,各共有人更正前后应有部分之价值差额在一平方公尺公告土地现值以下的;(二) 依第 91 条规定以筹备人公推之代表人名义申请登记的;(三) 土地合并时,各所有权人合并前后应有部分之价值差额在一平方公尺公告土地现值以下的;(四) 当事人亲自到场,在协议书内签名或盖章,并提出国民身份证经登记机关指定人员核符签证的;(五) 协议书经依法公证的;(六) 其他由中央地政机关规定免提出印鉴证明的(第 41 条)。

申请人为法人的,应提出法人登记证明文件及其代表人之资格证明。其为义务人时,应另提出法人登记机关核发之代表人印鉴证明,及于登记申请书适当栏记明确依有关法令规定完成处分程序,并盖章(第 42 条)。

权利人为二人以上时,申请书内应记明各权利人之应有部分或相互之关系。前项应有部分,应以分数表示之,其分子分母不得为小数,分母以整十、整百、整千、整万表示为原则,并不得超过万位。已登记之共有土地权利,其应有部分与前项规定不符的,共有人得于协议后准用更正登记办理之(第 43 条)。

申请继承登记,除提出第 34 条第 1 项第 1 款及第 3 款之文件外,并应提出下列文件:(一)被继承人死亡时的户籍誊本;(二)继承人现在的户籍誊本;(三)继承系统表;(四)遗产税缴(免)纳证明书或其他有关证明文件;(五)继承人如有抛弃继承,应依下列规定办理:(1)继承开始时在 1985 年 6 月 4 日以前的,应检附抛弃继承权有关文件;他向其他继承人表示抛弃的,应加附印鉴证明;(2)继承开始时在 1985 年 6 月 5 日以后的,应检附法院准予备查之证明文件。前项第 3 款之继承系统表,由申请人依民法有关规定自行订定,注明如有遗漏或错误致他人受损害的,申请人愿负法律责任,并签名或盖章。因法院确定判决申请继承登记的,得不提出第 1 项第 1 款、第 3 款及第 5 款之文件(第 44 条)。

申请登记须第三人同意时,应由第三人在登记申请书内注明同意事由,并检附其印鉴证明(第 45 条)。

遗产管理人就其所管理之土地申请遗产管理人登记时,应提出亲属会议选定或经法院指定之证明文件(第 46 条)。

(三)申请的撤回

提出申请是申请人依据自主意思而选择的行为,申请人当然也有权撤回这种行为,而且申请的撤回具有普适性,不存在"不可撤回"的登记申请。[1] 不过,申请人撤回申请的权利要受到登记机关登记行为的限制,即只有在登记完成之前,申请人才能部分或者全部撤回申请,因为登记完成标志着申请已经达到目的,其作为程序行为已经正常终结,就不再具有撤回的可能。如果登记机关主张当事人撤回申请的表示到达登记机关的时间,晚于登记完成的时间,则要由登记机关对此负担证明义务。在此,需要注意瑞士对于登记申请撤回立场的变化:瑞士早期学说与实务认为只要在登入主登记簿之前,物权人可以撤回申请;现行通说则认为,当物权人提出申请而登入受理的日簿(Tagebuch)时,物权的处分权限已经完全移转到受让人,即从完成申请开始,物权人就丧失了对物的处分权,自然不得再撤回。[2] 这种做法将登记申请作为处分物权的行为,它在保护物权受让人利益的同时,限制了出让人的行为自由,不可不察。

申请人应当采用书面形式撤回申请,其中需要明确表示撤回申请的意

---

[1] Siehe Haegele-Schöner-Stöber, *Grundbuchrecht*, 10. Aufl., Verlag. C. H. Beck, 1993, S. 36.
[2] 转引自苏永钦:《物权行为的独立性与相关问题》,载《跨越自治与管制》,台湾五南图书出版公司 1999 年版,第 277—278 页。

思,但无需陈述撤回申请的理由。在共同申请场合,应当由双方共同向登记机关出具撤回申请请求书;在代理申请场合,应当由代理人向登记机关出具申请人撤回申请的授权文书。如果撤回申请的表示不符合上述形式要求,视为申请没有撤回,登记机关仍然可以完成登记。

原则上,在登记完成之前,申请人撤回申请的,登记机关必须尊重申请人的意志,并负担准许撤回的义务,而不能擅自加以限制。但是,在共同申请中,只有部分申请人提出撤回申请的,就应根据情况进行区别对待,而不能拘泥于上述原则。比如,在共同继承登记中,一个继承人撤回登记申请不能影响他人的登记申请,登记机关应该准许该撤回,但其他人的申请仍要发生法律效力。又如,在因买卖而导致房屋所有权移转登记的情况中,只有一方申请人提出撤回申请,而另一方不同意撤回的,为了平衡当事人的利益,登记机关就不能准许撤回,此时,登记机关应当中止物权程序,在当事人共同同意撤回申请、不再撤回申请或者法院、仲裁机关确认权利归属时,再作出同意撤回申请或者继续登记行为的决定。

五、申请的效力

申请是一种程序行为,受这种性质制约,其正常运行的后果,当然是具有程序法意义的效果。但是,这并不是申请的全部法律效力,因为登记除了具有程序构造的法律意义之外,其最主要的法律意义是充当不动产物权的法定公示形式,这是能产生实体法效力的意义,那么,申请作为登记生成的前奏,在一定条件下也具有相应的实体法效力,从而影响当事人在实体法上的权利义务关系。这样,申请的作出,就会在程序法和实体法上产生双重效力,前者一般被称为形式效力,后者则被称为实体效力。

(一)形式效力

这主要包括了以下两个方面:

第一,启动登记机关的登记行为。申请作为登记的启动机制,意味着申请人的意思是登记机关从事登记行为的动因,没有申请,就没有登记机关的行为,前者决定了后者的发生。随之而来的,就是登记机关必须对当事人的申请有所表示或者行为,即对申请进行审查,在审查后作出登记或者不登记的决定行为,故而,当事人申请和登记机关的登记行为在逻辑上具有因果关系,在时间上具有先后关系,这是申请决定物权程序中登记行为运作规律的效力。

第二,决定登记机关的行为范围。当事人申请登记,是意欲通过登记来落实不动产物权变动的后果,或者修正错误登记,从这个角度观之,登记行为的功能,主要是充作达到当事人目的的手段,无视申请、脱离申请或者超越申请的登记行为,就是无视目的、脱离目的或者超越目的的手段,是不妥切、不适当的手段。这意味着,不仅登记机关在启动登记行为时要受到申请行为的制约,登记机关的工作权限范围,也要受制于申请。这主要表现在:其一,登记机关在审查申请和办理登记时,必须依据申请的内容范围进行操作,既不能在内容上少于申请的内容,也不能在范围上超过申请的范围。当然,这并不意味着申请能够完全支配登记机关的行为,申请能否为登记机关所认可和采纳,还取决于登记机关依法所为的审查。其二,登记机关在解释申请时,必须尊重申请书的表达内容,即不能随意解释或评定申请者的用意,至少要同申请书的字面有最基本的关联。①

(二) 实体效力

这主要表现为:

第一,决定登记完成的顺序。申请是登记的启动器,先申请者应当先登记,这是一般的社会情理。针对同一不动产,如果有数人提出物权变动的申请,则申请时间在先者,完成登记的时间就在先。德国《土地登记簿法》第17条即规定:同一个权利存在数个登记申请的,在先提出的申请完结之前,登记机关不应就后来的申请办理登记。登记是不动产物权的标志,先登记的权利产生的时间就在先,具有排斥登记时间在后权利的效力,这就影响到此数个不动产物权实现的先后顺序,即本书后面将要详述的顺位。实现此种效力的技术手段,就是登记机关按照收到申请的时间先后顺序,对申请进行序列编号,并据此编号来决定完成登记的时间先后顺序,申请人则可根据编号来主张自己的登记权利顺序。

第二,影响不动产物权的善意取得。物权程序的运行结果,可能会出现登记错误,即登记物权与真实物权不一致,在这种情况下,与登记物权人发生物权变动交易者(即第三人)基于对登记的信赖,能够从登记物权人处取得该物权,真实权利人不能依据自己享有的真实物权来进行阻碍或者追夺,这种制度就是登记公信力。第三人基于登记公信力取得物权的行为,就是不动产物权的善意取得,其存在的前提条件是,第三人在申请物权变动登记时,不知道登记错误,即其在申请登记时不是恶意。可见,申请登记的时间,是决定不动产物权善意取得制度中"善意或恶意"的时间点,其将影响第三

---

① 参见 Vicente João Monteiro:《澳门物业登记概论》,澳门司法事务局1998年版,第69页。

人能否根据善意取得制度来取得不动产物权。

第三,产生期待权。申请的提出,并不能产生物权变动的法律效力,意欲通过登记取得权利者还不能成为法律上的物权取得人,但是,他已经具备了取得物权的资格,能够根据申请而合理信赖将来的物权取得。对此,德国民法学理认为,随着登记申请的提出,取得人依据有法律约束力的不动产所有权移转合意获得的地位,被称为期待权(Anwartschaftsrecht)。① 从不动产所有权变动的过程层次考察,就会发现,当事人之间存在的意欲发生不动产所有权变动的意思表示,不能直接引起所有权变动,除此之外尚需登记申请,这意味着登记申请是当事人达成不动产所有权变动意思表示一致的逻辑产物,又是所有权实际发生变动的逻辑前提。登记申请之后的状态,作为所有权变动的前奏,在性质属于"前物权"状态,也能产生法律效力。其实,由于要完成不动产物权变动,就必须进行登记,而物权程序从启动到完成有一定的时间间隔,这使得不动产物权取得的开始及其完成之间存在了时间差,在这种情况下,按照"只要取得人的法律地位以特定的方式得到了保障,就可认为其享有期待权"的标准②,提出登记申请的不动产物权取得人在将来的权利取得、权利顺位利益等方面均有制度保障,则其当然也就享有期待权。

在德国法中,除了登记申请所产生的期待权(下称不动产期待权)之外,在所有权保留买卖中也存在期待权(下称动产期待权),此二者相比,有以下相同之处:其一,均属于为将来产生的所有权进行铺垫的权利,随着所有权的生成,它们归于消灭。动产期待权的产生,标志着买受人具有在将来取得动产所有权的权利,一旦买受人付清价款而现实取得所有权,期待权就不复存在。不动产期待权同样如此,它是所有权受让人在实际取得不动产所有权之前的利益表现,在受让人因为登记完成而取得所有权之后,该期待权消灭。其二,均可进入交易流通机制。两者均可以被转让,也可以成为担保权利的标的。比如,动产期待权能够成为质押的标的;不动产期待权也具有相同的功能,即不动产所有权的取得人可以依据《德国民法典》第 1273 条等规定,将期待权进行质押,不过,由于期待权的权利人没有登记,故此担保权利不能记入登记簿。而且,依据德国《民事诉讼法》的规定,该期待权也可以成为扣押的对象。

---

① Siehe Westermann, *BGB-Sachenrecht*, 9. Aufl. Verlag C. F. Müller, 1994, S.106.
② 〔德〕迪特尔·梅迪库斯:《德国民法典总论》,邵建东译,法律出版社 2000 年版,第 60 页。

上述两种期待权的区别主要有：

首先，受法律保护的力度不同。物权程序行为能够导致不动产期待权消灭，如登记申请被登记机关驳回，期待权就丧失了存续的基础。由此得出的结论就是，一个因为程序行为就丧失法律效力的权利，不是物权。而动产期待权受其性质的制约，显然不受程序行为的影响。而且，与动产期待权受《德国民法典》第 161 条第 1 项和第 455 条的保护相比，不动产期待权受法律保护的基础，是《土地登记簿法》第 17 条之先申请者享有优先权利的规定，两相对比，后者对期待权的保护就比较薄弱。① 不过，对于不动产所有权转让中产生的期待权而言，它具有类似于所有权的地位，能够适用所有权保护的法律规则，对于他人不法侵害期待权的行为，期待权人可以通过行使返还请求权、排除妨害请求权、停止侵害请求权等来予以排斥，在有损害发生时，还可以提出损害赔偿的请求。

其次，转让的条件限制不同。在动产期待权转让场合，只要期待权人与受让人之间按照法律规定达成协议，无需动产所有权人的同意，受让人即可获得期待权人的一切权利和义务。不动产期待权的转让，则受制于不动产期待权的基础、登记的操作规程以及实体法中的制度：其一，不动产期待权旨在保障所有权受让人（即期待权人）实际取得所有权的可能性，其基础是受让人与出让人之间就所有权变动达成一致的意思表示，以及双方当事人之间不再存在债权债务关系的状态，即受让人已经完全履行了自己因为意欲取得不动产所有权而负担的债务，如向出让人完全支付了价款，在此前提下，不动产期待权才具有将来转化为不动产所有权的最大保障。由此，如果所有权出让人不同意将所有权出让给期待权受让人，或者因为期待权人没有完全履行债务导致所有权出让人撤回申请，就会使期待权的转让失去意义。其二，在登记申请提出之后，登记行为完全由登记机关主导，一旦期待权的转让时间在登记机关作出登记决定之后，不动产期待权就转化为由期待权人享有的所有权，而期待权受让人既无从享有期待权，也不能享有所有权，故期待权转让的效力要受登记时间的影响。其三，也是更为重要的，即依据实体法中规定的物权公示原则，不动产物权变动只有在登记后才能发生法律效力，而允许不动产期待权的转让，就会出现登记簿上的物权人与实际物权人不一致的情况，从而破坏物权公示原则的基础地位。比如，A（买受人）与 B（出卖人）共同申请房屋所有权移转登记，之后，A 将其期待权转

---

① Siehe Weirich, *Grundstücksrecht*, S. 53.

让给第三人 C,在 C 和 B 之间没有直接法律关系而 A 又不具有登记权利地位的情况下,让 C 依据自己受让的期待权取得该房屋所有权,就导致登记公示作用丧失殆尽。为了减弱这种消极影响,不动产所有权转让中的期待权的转让必须遵循法律规定的形式要件,如采用书面形式、公证形式,期待权受让人必须向登记机关出示符合这些条件的期待权转让协议以及不动产所有权出让协议,从而产生不动产所有权从 B 处直接移转到 C、而无需由 A 先登记为所有权人的结果。①

最后,无权转让时的法律效果不同。对于没有期待权之人转让期待权的情况,本书称之为无权转让。对于动产期待权而言,期待权人占有了动产,并能够依据其与动产所有权人之间的买卖证明来表明期待权的存在,故而,无权转让能够适用善意取得制度,即不知期待权转让人为无权利之人的善意受让人能够取得期待权。对于不动产期待权而言,由于其不具有登记能力,不能被纳入登记簿,也就没有权利外观,因此,在无权转让时,就缺乏受让人据以善意取得的基础,从而使得受让人不能从无权转让人处取得不动产期待权。②

第四,强化物权变动意思表示的约束力。当事人在达成一致的物权变动意思表示后,没有申请登记之前,如果一方依据法律认可的因素撤销该意思表示——如物权受让人没有按照约定支付价款,则出让人就按照约定撤销物权变动的意思表示;又如,所有权人又将同一所有权出让给他人并申请了所有权移转登记,则所有权人或者受让人也能够撤销该意思表示——从而使该意思表示失去法律约束力。但是,在向登记机关申请登记之后,当事人就不得任意撤销物权变动的意思表示,因为这种撤销行为使得登记失去了当事人的处分意思,可能"动摇诚实信用原则而且给正常的交易秩序带来危险"。③ 同样,如果申请提出后,当事人一方丧失了行为能力或者死亡,也不能影响物权变动意思表示的约束力,当事人的权利继受人必须承担意思表示的法律后果。④

第五,排斥时间在后的所有权移转登记申请。在登记机关通过登记确

---

① Siehe Wolf, *Sachenrecht*, S. 195f.
② Siehe Weirich, *Grundstücksrecht*, S. 53;刘得宽:《赖札"物权期待"之研究》,载《民法诸问题与新展望》,中国政法大学出版社 2002 年版,第 550 页。
③ 参见 Wacke:《德国不动产物权变动中的合意与登记》,载孙宪忠《论物权法》,法律出版社 2001 年版,第 708 页。
④ 参见孙宪忠:《德国当代物权法》,法律出版社 1997 年版,第 163 页。

认不动产物权变动之前,物权出让人仍然是标的物的物权人,依据该权利,他享有标的物的处分权。在所有权移转登记申请提出后,如果不动产所有权人又将同一所有权出让给他人(后受让人),双方又向同一登记机关提出所有权移转登记申请,这就出现了"一物数卖"。在此情况下,只要时间在前的申请符合法律规定的条件,则登记申请在后者就与时间在前的登记申请发生冲突,登记机关应当驳回时间在后的登记申请,后受让人就不能取得不动产所有权。这也意味着,登记申请的提出给所有权人的处分权施加了限制,其基于该处分权实施处分所有权的行为后,又实施的相同性质的处分行为不能通过登记予以公示,也就不能发生法律效力。对于"一物数卖",如果买卖合同订立时间在前的当事人没有申请登记,而时间在后者先申请登记,则依据申请决定登记顺序的规则以及物权公示原则,后者将受到法律承认和保护。由此,申请的时间决定着所有权移转行为能否发生当事人所预期的目的,申请时间在前的所有权移转行为能够排斥时间在后的同样行为。当然,时间在前的申请排斥时间在后的所有权移转登记申请,不意味着其能排斥发生其他物权变动内容(如设置抵押权)的登记申请,也不意味着其具有否定登记机关受理时间在后的所有权移转登记申请的法律效力。

第四节 受理申请(收件)

登记机关在收到申请人提交的申请材料时应即接受文件(简称收件)。登记机关在收件时应当按照接受申请的时间先后编排顺序,并给当事人出具收据。而所谓受理即指正式收件而言。[①] 它是指登记机关对登记申请人的申请予以接受的行为。受理的意义在于,它是登记进入正式登记程序的标志。登记机关一旦受理登记申请,就必须严格按照法律规定的程序、手续、时间和方式开展工作。[②] 一般而言申请日、收件日和受理日为同一日,如上海市《房地产登记条例》第 10 条即规定,申请日为受理日,而深圳和珠海市的《房地产登记条例》更进一步规定,登记机关收到申请人的申请文件之日为受理申请日(深圳市《房地产登记条例》第 13 条、珠海市《房地产登记

---

① 参见李鸿毅:《土地法论》,台湾 1999 年自版,第 244 页。不过我国学者胡光志将收件作为了受理的一个步骤,其受理采用了较此处为广的含义。参见许明月、胡光志等:《财产权登记法律制度研究》,中国社会科学出版社 2002 年版,第 83 页。

② 参见许明月、胡光志等:《财产权登记法律制度研究》,中国社会科学出版社 2002 年版,第 82 页。

条例》第 15 条）。

　　就收件的程序，各种登记模式都是共通的。如我国香港地区《土地注册规则》第 10 条即规定：土地注册处处长在接获当事人依法交付的文书及注册摘要后，须按照接获注册摘要的先后时间为注册摘要编号，并向交付文书及注册摘要的人发给该文书及注册摘要的收据，其上指明接获文书及注册摘要的日期和指明注册摘要编号。我国台湾地区的《土地登记规则》第 48 条则规定："登记机关接收登记申请书时，应即收件，并记载收件有关事项于收件簿与登记申请书。前项收件，应按接收申请之先后编列收件号数，登记机关并应给与申请人收据。"我国深圳市和珠海市的《房地产登记条例》也规定："登记机关收到申请人的申请登记文件之日，为申请登记日。两个或两个以上的申请人对同一房地产申请登记的，按受理登记申请编号先后顺序予以审查。"（深圳市《房地产登记条例》第 15 条、珠海市《房地产登记条例》第 13 条）深圳市的《房地产登记条例》另规定："登记机关在受理申请人的申请后，应予编号并给回执。"（第 23 条第 3 款）我国大陆的《土地登记规则》第 12 条也作了同样的规定："土地管理部门接受土地登记申请者提交的申请书及权属来源证明，应当在收件簿上载明名称、页数、件数，并给申请者开具收据。"

　　在收件时如果文件不齐备或有其他不符合法律规定的情形，登记机关应责令当事人予以补正。对此，我国上海市的《房地产登记条例》规定："申请房地产登记的，应当提交规定的申请登记文件。申请人提交的申请登记文件齐备的，房地产登记机构应当即时出具收件收据，申请日为受理日。申请人提交的申请登记文件尚未齐备的，房地产登记机构应当书面告知补正要求，申请登记文件补齐日为受理日。"（第 10 条）但该条例未规定补正的期限。而深圳市的《房地产登记条例》则规定："申请文件不齐全或不符合规定的，登记机关不予受理。"（第 23 条第 2 款）实则应采补正程序。

　　我国台湾地区的《土地登记规则》也于第 50 条规定，有下列各款情形之一者，登记机关应以书面叙明理由或法令依据，通知申请人于接到通知书之日起十五日内补正：（一）申请人之资格不符或其代理人之代理权有欠缺者；（二）登记申请书不合程序，或应提出之文件不符或欠缺者；（三）登记申请书记载事项，或关于登记原因之事项，与登记簿或其证明文件不符，而未能证明其不符之原因者。由于台湾地区是在审查前缴纳登记费用，因此在申请人未依规定缴纳登记规费或罚锾时也应予以补正。就补正程序，登记机关原则上均要求审查人员就应补正事项一次通知申请人全部补正，且在通知补正时，应将登记案件全部退回申请人，并俟补正完毕重新申请登时,仍沿用原有申请书及收件字号继续办理。但和上海、深圳市的规定不同,这里的补正并非是收件时进行的,而是在审查阶段进行的,而且补正后仍沿用补正前的原有收件号。

第五节 审 查

一、登记审查的含义

登记机关在受理登记申请后即进入审查程序。所谓审查,是指登记机关依法对登记申请进行核对、查证并作出应否允许登记之结论的行为。它是登记程序中的核心环节,不仅体现着登记机关的职能和权威,而且决定着申请人的目的(其不动产物权获得登记机关的认可并因而获得法律的保护)是否能实现。[①] 我国台湾地区的《土地登记规则》的第49条规定:"登记机关接收申请登记案件后,应即依法审查。办理审查人员,应于登记申请书内签注审查意见及日期,并签名或盖章。"

二、登记审查的方式

审查程序中的核心问题是登记审查方式,即登记机关应当采用何种手段来对登记申请事项进行判断、分析和解读。登记审查应当采用何种方式,向来有形式审查和实质审查之分,但何谓形式审查,何谓实质审查,却无定论,而界定清楚形式审查和实质审查的含义,应当是确定采用何种审查方式的前提,因为不围绕同一概念进行的争论是指东打西的概念绕圈,不是真正的问题争论。比如,有学者从登记审查的范围对此二者进行界定:形式审查是登记官吏就登记申请,不审查其是否与实体法上的权利关系一致,而仅审查登记申请在登记手续法上是否适法;实质审查不仅审查登记申请在登记手续法上的适法性,还审查其是否与实体法上的权利关系一致,实体法上的权利关系是否有效。[②] 有学者则从登记机关的调查权限上界定了实质审查,即登记机关接受了登记申请之后,应当对登记内容进行询问和调查,以确保登记内容的真实性。[③] 还有学者认为登记官吏的审查权限及于不动产物权

---

① 参见许明月、胡光志等:《财产权登记法律制度研究》,中国社会科学出版社2002年版,第84页。
② 参见张龙文:《民法物权实务研究》,台湾汉林出版社1977年版,第42页。
③ 王利明主编:《中国物权法草案建议稿及说明》,中国法制出版社2001年版,第191页。

变动原因关系的,为实质审查;反之,则为形式审查。[①]

正因为论者观察的角度不同,才造成上述的概念纷争,故而,要认识和建构我国的登记审查方式,就必须选择观察的视角。笔者认为,由于完整的登记法律最初产生于德意志民族国家,后世的其他大陆法国家也有各自的登记法律,这些经验分析和对比必将给我们提供有益的启思,因此,对登记审查进行比较法考察非常必要,据此可以确定形式审查和实质审查的基本内涵和方式。不过,这种考察只是给我们提供了经验借鉴和参考,而不能直接得出我们应该采用何种审查方式的结论,要达到这种目的,就要从程序正当性机理出发,来建构能够尽量满足效率和登记正确基本要求的审查方式。

(一)德国经验考察:以登记同意为核心

1. 形式审查和实质审查

德国严格贯彻物权实体规则和物权程序规则的区分,由此形成了独具特色的不动产物权登记体系,其中的登记审查方式主要采用形式审查。在申请提出之后,登记机关要审查物权变动的要件是否具备,即处分人的处分权和当事人双方的物权合意,但是,对于登记官而言,完成这些审查任务是一种苛求,至少非常浪费时间,难度也很大。于是,《土地登记簿法》就设定了替代机制,通过相应的替代物来表明上述的物权变动要件的实际存在。这些替代机制主要表现为:其一,同意原则(Bewillgungsgrundsatz),即当事人的登记同意替代物权合意[②],其理由在于当事人一般只有在有了真实物权合意之后,才会作出登记同意,同意登记的权利人在实体法上当然也同意权利变动。其二,预登记原则(Voreintragungsgrundsatz),即权利人在登记簿中的登记状态替代处分人的所有权等实体权利,其理由在于《德国民法典》第891条规定的推定力,使得登记权利人在任何规则下都被推定为实体权利人。[③]

通过这两个替代机制,德国的登记审查基本上就可以不涉及物权实体法领域,不用考察当事人之间是否具有真实有效的物权变动意思表示、处分人是否具有真实的处分权,而这两项条件正是处分行为得以发生法律效力所必备的实体条件。这样,登记机关主要的审核事项是产生登记的程序性行为和登记簿中的既有记载,无需考虑它们与实体法律行为和实体权利的

[①] 参见陈华彬:《物权法研究》,第300页。
[②] Siehe Baur-Stürner, *Sachenrecht*, S.161.
[③] AaO.

对应性,在此意义上,德国登记审查方式被称为形式审查。

在上述两种替代机制中,预登记原则更具有合理性,因为经由严格物权程序的塑造和保障,权利登记具有了正确性推定效力,这当然地适用于物权程序之中,登记机关自然不必花费时间再去探究登记权利是否就是真实权利。但登记同意就不一样了,它完全出于当事人的表示,此种表示是否真实、是否与实体法中的物权行为一致,均无稽可查,如果登记机关仅仅凭借无任何保障的登记同意就作出登记,势必削弱登记的真实性并因此给不动产物权变动交易带来了很大的风险。为了削减这种风险,德国法又采用了两种应对机制:其一,强制性要求登记同意的形式,根据《土地登记簿法》第29条第1项第1句的要求,登记同意以及其他表示行为需要采用公开文书(die öffentlichen Beurkundung)或者公开公证文书(die öffentlichen beglaubigte Beurkundung)的形式,后种形式关系到当事人签名的真实性,前者则还关系到当事人作出的表示行为的真实性。① 其二,设定特殊情形,即《土地登记法》第20条规定:对于土地所有权转让等特定物权变动交易,登记机关除了审查登记同意之外,还要审查物权合意,这就突破了形式审查的界限,迈向了审查实体法事项的实质审查。

由于《土地登记簿法》规定了对于登记同意进行形式审查的例外,使得德国登记审查实际上呈现出形式审查和实质审查相结合的局面。形式审查和实质审查的分解点,在于登记机关在审查交易行为时,除了审查登记同意之外,是否还审查物权行为,否定者即为形式审查,肯定者则为实质审查。这种区别体现在德国法中,就是依据不同的不动产物权交易类型,分别采用形式合意原则和实体同意原则。

2. 形式合意原则(das formelle Konsensprinzip)

(1) 引论

德国《土地登记簿法》第19条规定了同意原则,即登记的完成须有登记义务人的登记同意。该原则在《德国民法典》采用物权行为理论的大前提下,融合于不动产物权变动的实际过程之中,使得不动产物权变动既要有当事人作出的发生实体法效力的法律行为,又要有具有程序法意义的行为,缺一即不能完成不动产物权变动。据此,在法律意义上完成不动产物权变动,要经历四个逻辑发展层次和阶段:其一,负担行为,即债权行为(das schuldrechtliche Grundgeschäft),它给当事人设定了给付义务,是给付的法律

---

① Siehe Baur-Stürner, *Sachenrecht*, S.170.

基础;其二,物权行为,即物权法领域中的处分行为,是不动产物权变动所必需的实体法上的意思表示(die materiellrechtlichen Erklärungen),它表现为当事人双方的合意(die Einigung)①、权利人的单方表示(die einseitige Erklärung)②或者他人的同意表示(die Zustimmungserklärung)③;其三,形式上的登记同意(die förmliche Eintragungsbewillgung);其四,在登记簿中的登记(die Eintragung im Grundbuch)④。

不过,由于物权行为抽象原则的作用,作为基础行为的负担行为是否真实有效,一般不能影响物权行为的效力,这样,负担行为虽然是不动产物权变动的起因,但对于不动产物权变动的成就与否,却不能发挥实质性作用,故其原则上不在登记机关审查的范围之内。有研究成果显示,德国法中的物权行为抽象原则为顺畅且不涉及实体法问题的不动产登记程序提供了保证。⑤ 之所以如此,是因为德国民法制定的出发点之一,是普鲁士的登记实践显示,如果登记官需要审查债权行为的有效性的话,会造成登记的拖延与障碍,而交易的不确定性频生,补救的办法就是登记官只审查物权行为的有效性。⑥ 根据德国《土地登记簿法》第19条的规定,登记同意显然是登记审查的对象,这样的话,在上述四个层次中,登记机关既要审查物权行为这种受物权实体法规制的行为,还要审查登记同意这种受物权程序法制约的行为。然而,根据上文的解释,物权行为作为实体法上的法律行为,原则上被排除在登记审查范围之外,这显然背离了德国民法的初旨,为什么如此? 要回答这个问题,就要界定登记同意及其与物权行为之间的关系。

(2)登记同意的界定

登记同意是登记义务人对登记申请所表示的同意,根据学者总结,登记同意具有以下特性:其一,它指向的对象是登记机关,是由登记机关受领的单方意思表示。其二,它可能是无效或者可撤销的,但是,如果实体法上意思表示没有瑕疵,在登记完成之后,登记同意的撤销不能改变权利状况。而且,登记同意可以被解释。其三,它是抽象的意思表示,不依赖与其关联的

---

① 参见《德国民法典》第873条、第877条、第880条、第1116条、第1180条。
② 参见《德国民法典》第875条、第928条、第1109条、第1132条、第1168条、第1188条、第1196条。
③ 参见《德国民法典》第876条、第880条、第1180条、第1183条。
④ Siehe Weirich, *Grundstücksrecht*, S. 117.
⑤ Siehe Stadler, *Gestaltungsfreiheit und Verkehrsschutz durch Abstraktion*, S. 532.
⑥ 此为德国波恩大学Rolf Knuetel教授的论述,转引自金勇军:《一分为二,还是合二为一》,载《中外法学》2001年第4期。

权利基础。比如,E 以用益权无效为由,请求在登记簿中记载的用益权人 N 更正登记。N 同意更正,使得用益权消灭。在此,即使用益权是有效的,此登记同意没有权利基础,它也具有物权程序法上的有效性。其四,即使出于无权代理,登记同意被代理人提出也是被许可的。如果登记义务人是限制行为能力人、无行为能力人,登记同意必须由其法定代理人作出。其五,只要实体法上的意思表示不同时介入登记同意,登记同意即对实体权利状况没有影响,而且,登记同意也没有处分的意味,但是要将其当作处分看待。因此,它通过登记状态的变动导致权利地位的变化,故其适用《德国民法典》第 185 条有关无权处分的规定。①

由于登记同意不仅打开了通向登记之门,而且对登记内容也非常重要,故登记同意必须具有明确、肯定的内容,不得产生歧义,其内容大致与登记申请相互对应,包括:其一,导致特定登记的表示,其原则上不得附条件、附期限;其二,同意人的身份;其三,登记的内容;其四,登记的受益人;其五,承载登记权利的土地或者权利。②

登记同意的法律性质如何,在德国存在争论,主要有以下三种观点:

第一,是纯粹的法律行为。这种观点为先前的少数说,由于其并不符合德国物权实体法与程序法的二元分离状况,不能合理解释登记同意与物权合意等实体法上意思表示的关系,显然不妥。

第二,是纯粹的程序行为。据此观点,登记同意不能适用实体法中的法律行为制度,只能依据物权程序法对此进行规制,这就使得登记同意与物权合意等实体法意思表示相互分离,其典型的表现为:登记一旦不能作出,登记同意等程序行为就无法律效力,而物权合意则不受影响,仍然具有实体法上的效力。③ 而且,对于程序行为,法律并不注重其包含的意思因素,它们主要是作为程序机制中的环节发挥作用的,即"程序法上的同意在事实上是程序法必经过程,却可能没有反映当事人的内心真意"④,这种法律构制显然不同于法律行为。这样,登记同意与登记申请等一起建构了物权程序行为,它们不仅在法律适用上不同于法律行为,在法律解释上也采用了不同的规则,即对登记这种程序行为后果的解释,必须依赖对这种程序的目的和这种

---

① Siehe Baur-Stürner, *Sachenrecht*, S. 166f. ;Schwab-Prütting, *Sachenrecht*, S. 118ff.
② Siehe Haegele-Schöner-Stöber, *Grundbuchrecht*, S. 43.
③ Siehe Holzer-Kramer, *Grundbuchrecht*, S. 64.
④ 参见弗里德里希·克瓦克:《德国物权法的结构及其原则》,载孙宪忠著《论物权法》,法律出版社 2001 年版,第 670 页。

物权程序法的特定性的理解,从而不受当事人真意解释规则的拘束。① 从这个角度来讲,只有肯定登记同意的程序行为性质,才能为物权实体法和物权程序法的二元分离提供有力支持。

第三,具有双重法律属性,即登记同意不仅是程序行为,还是实体处分行为。这种观点是先前的主导说,但其模糊了法律行为和程序行为的界限,具有第一种观点的缺陷,而且与上述的登记同意只是被拟制为处分的通说见解相反。

(3) 物权合意与登记同意的关系

德国严格区分物权实体法和物权程序法,这种法律认识基础给物权合意和登记同意带来了很大的差异,这从它们各自具有的法律特性就可以看出。

就物权合意而言,其特性在于:其一,受民法调整;其二,是物权变动的实体要件;其三,对应于实体权利变动;其四,受领人为对方当事人;其五,合意时间可以在登记之后;其六,除了不动产所有权出让之外,合意为非要式行为;其七,缺少合意的登记即为错误。登记同意的特性则为:其一,受土地登记法调整;其二,是土地登记的形式要件;其三,意味着登记义务人同意登记机关就登记申请进行登记;其四,受领人为登记机关;其五,登记同意的时间必须在登记之前;其六,登记同意在形式上受到约束;其七,即使缺少登记同意或者登记同意的内容与物权合意不同,只要物权合意与登记能够相互吻合,登记仍然为正确。②

两相对比,可以看出,物权合意和登记同意具有本质上的区别,两者似乎不能相互替代。但是,这些差异纯粹是理论分析和抽象,而在不动产物权变动交易实践中,登记义务人之所以表示登记同意,愿意承受登记簿中的不利益,往往就在于其已经与对方当事人达成了物权合意,即登记同意能够替代物权合意,这是通常交易规律的表现。换言之,物权合意同时就包括了登记同意,物权合意可以转化为登记同意。德国法确实也采用了登记同意替代物权合意的做法,其理由就在于立法者通过生活经验推断,同意其权利在登记簿中被转让、设置负担、变更或者涂销者,必定与合同对方当事人就实体权利基础变动达成了合意。③ 其结果就使得物权合意仅仅在实体法范畴

---

① 参见弗里德里希·克瓦克:《德国物权法的结构及其原则》,载孙宪忠著《论物权法》,法律出版社 2001 年版,第 670 页。
② Siehe Weirich, *Grundstücksrecht*, S. 120.
③ Siehe Weirich, *Grundstücksrecht*, S. 117f.

中发挥作用,在物权程序法中则没有它们的位置,即在物权程序运行之中,当事人无需向登记机关出示物权合意的证明,只要有相应的替代物——登记同意即可,这就导致物权合意或者物权行为不能成为登记审查的对象。

(4) 形式合意原则的内涵

依据上述,德国登记机关主要依据程序法审查登记同意,而无需依据实体法审查债权行为和物权行为的效力,此即为"形式合意原则"的内涵。故而,登记同意成为德国不动产物权登记的基础。[1] 根据这个基础,登记审查对象主要限于登记证据(die Eintragungsunterlagen)、登记簿簿页(das Grundbuchblatt)和土地卷宗(die Grundakten)[2],登记机关仅仅审查这些书面材料即可,而无须也不能依职权调查当事人之间的实体权利义务关系,由于完成这些工作不像诉讼程序那样需要开庭质证、辩论和调查,故这些工作被形象化表达为"窗口审查",这种审查非常迅捷和快速,从而使得整个物权程序呈现出简易、高效的特色。

根据形式合意原则,登记机关不能审查导致不动产物权变动的实体法律行为的效力,其审查范围主要包括以下几项内容:其一,自己是否具有管辖权;其二,登记申请(包括申请人是否具有申请权、申请人的权利能力和行为能力、代理人和代理权限证明、申请的内容、土地的标示、申请的形式),或者登记嘱托(包括嘱托机关依法享有的嘱托权限、嘱托的内容、土地的标示、嘱托的形式);其三,登记同意,包括同意人的同意权利、同意人的权利能力和行为能力、代理人和代理权限证明、同意的内容、土地的标示、土地的金额、同意的形式。其四,权利的登记能力[3];其五,第三人的同意;其六,登记义务人的在登记簿中的登记状况;其七,法律要求的其他形式要件。[4] 可见,权利登记能力等实体法要件也在审查的范围之内,这表明形式合意原则不能绝对排斥实体法在审查中的作用,只不过实体法律要件在登记审查中的作用非常有限、范围非常狭小。

由于形式合意原则的宗旨在于建构迅捷、高效、便宜的物权程序,故其

---

[1] Siehe Weirich, *Grundstücksrecht*, S. 117.

[2] Siehe Holzer-Kramer, Grundbuchrecht, S. 65. 所谓土地卷宗,是指因在土地登记簿上进行登记而产生的文书、记录以及其他档案。土地卷宗本身并不列入土地登记簿,而是以土地登记簿的簿页为单位单独汇总。参见杜景林等编:《德汉法律经济贸易辞典》,法律出版社1997年版,第433页。

[3] 登记能力是指不动产权利依法被纳入登记的能力,详细讨论,参见孙宪忠:《德国当代物权法》,法律出版社1997年版,第136—139页。

[4] Siehe Haegele-Schöner-Stöber, *Grundbuchrecht*, S. 91. und S. 101.

要求登记审查采用形式审查和窗口审查,而且审查范围较为狭隘,登记机关在审查时须以此为遵循的首要规则。但是,登记是国家权力运作的表征,目的在于确定权利的归属和状态,故登记行为必须规范,登记结果应当正确,这就要求登记机关在实施登记行为时,必须遵循国家法律规定,达到物权程序正当、登记结果正确的后果,此即为合法原则(Legalitätsprinzip)或者事实审查原则(Grundsatz der Sachprüfung)。为了达到合法原则的上述目的,从逻辑上推论,登记机关应当享有广泛的审查权力和审查范围,显然,这与形式合意原则是相互冲突的。为了解决这个冲突,一个折中的策略就是审查权限和范围要"尽可能少,有必要则多(so wenig wie möglich, so viel wie nötig)"。① 比如,登记官知悉物权行为无效,就必须驳回申请②,这时的审查范围就涉及了物权行为;又比如,在不动产买卖合同因为欠缺必要的形式而无效时,登记机关就可以根据"取得禁止"制度,驳回登记申请③,这时的审查范围就超越了形式合意原则,而达到不动产物权变动交易的第一逻辑层次——负担行为。然而,在登记审查中,合法原则只能处于形式合意原则之后,它无论如何不能超越形式合意原则,更不能取而代之,因为"简易、迅捷的程序所具有的法律地位要优先于通常的正确登记"。④

3. 实体合意原则(das materielle Konsensprinzip)

德国《土地登记簿法》第20条规定了"合意原则(Einigungsgrundsatz)",即在土地所有权出让,以及设定、变更或者移转地上权的情形,当事人双方的合意成为登记的必要条件。该条规定作为形式合意原则的例外,被称为实体同意原则。据此,在土地所有权出让的场合,登记审查的范围包括当事人所为的物权合意、土地标示、物权合意的形式⑤、物权合意是否附条件或者附期限⑥、负担行为⑦;在地上权设定的场合,登记审查范围包括物权合意、地上权条例规定的地上权内容、当事人约定的地上权内容。⑧ 之所以会出现

---

① Siehe Holzer-Kramer, *Grundbuchrecht*, S. 66.
② Siehe Schwab-Prütting, *Sachenrecht*, S. 118.
③ 参见 Wacke:《德国不动产物权变动中的合意与登记》,第 703—704 页。《德国民法典》第 313 条规定:不动产所有权买卖合同(债权行为)必须采用公证形式。
④ Siehe Weirich, *Grundstücksrecht*, S. 134.
⑤ 根据《德国民法典》第 925 条第 1 项的规定,土地所有权出让双方当事人应同时向登记机关、公证人或者法院表示有关出让的物权合意(Auflassung)。
⑥ 根据《德国民法典》第 925 条第 2 项的规定,附条件或者附期限的土地所有权出让无效。
⑦ 根据《德国民法典》第 313 条和第 925 条 a 的规定,土地所有权转让的负担行为必须采用公证的形式。
⑧ Siehe Holzer-Kramer, *Grundbuchrecht*, S. 79f.

实体同意原则,不仅在于土地所有权出让本身具有的要式性,还在于:在取得土地所有权或者地上权时,权利取得人必须考虑与之相关的公法义务,比如土地取得税、赠与税、手续费负担等。此外,为了促成登记簿内容和真实权利状况相互吻合,也须由当事人双方协力完成程序行为。①

4. 小结

根据上述考察,对德国法中的登记审查可以得出的结论是:

第一,形式合意原则与预登记原则协力,共同衍生出形式审查方式,其意义在于将登记机关的登记审查范围,一般性地局限为登记同意这种程序行为和登记簿中的权利记载,负担行为、物权行为的效力以及实体法上的处分权并不在审查范围之内。实体同意原则衍生出实质审查,其意义在于登记机关不仅要审查程序行为,还要审查实体法律行为的效力。由此,所谓形式审查和实质审查的区别标准,在于登记机关审查范围是否及于当事人的实体法律行为,肯定者为实质审查,否定者为形式审查,这种标准的基础是物权实体法与物权程序法的分离。

第二,形式合意原则不具有绝对性,它要受到合法原则的限制,即在不是土地所有权出让或者地上权变动的登记情形,如果物权行为效力甚至负担行为效力存在瑕疵的情形非常明显,而且登记机关已经掌握了充足事实,则这些实体行为的效力也要受到审查,从而打破了形式合意原则的界限。

第三,由于登记同意和物权合意均为要式行为,其法律效力和真实性已经受到审查,有了制度保证,故登记机关实施的登记审查采用"窗口审查"方式,这避免了对行为效力审查的重复劳动,有利于建构迅捷、简易的物权程序,但物权程序的正当性和登记结果的正确性却不会因此而受到损害。

(二) 其他法域经验介绍:兼与德国经验对比

德国采用物权公示原则和权利登记模式,为了进一步考察在物权公示原则指引下和建筑在权利登记模式之上的登记审查程序和方式,我们将进行异同比较,即在考察同样采用物权公示原则和权利登记模式的法域(瑞士)经验之余,对不采用物权公示原则或者不采用权利登记模式的法域(法国、日本)经验也进行介绍。

1. 瑞士

瑞士采用物权公示原则和权利登记。与德国物权变动模式的不同之处在于,《瑞士民法典》虽然采用了物权行为分离原则,但不承认物权行为之抽

---

① Siehe Holzer-Kramer, *Grundbuchrecht*, S.77. Demharter, *Grundbuchordnung*, S.289.

象原则。① 依据《瑞士民法典》第 963 条和第 965 条的规定,登记机关审查的对象范围包括登记申请、不动产所有权人的书面声明、申请人的处分权利书证、法律原因的书证,其中的"法律原因"即导致不动产物权变动的基础法律关系。由此,瑞士的登记审查不仅涉及登记申请等程序行为,还涉及到法律原因这样的实体法律事实,故属于实质审查。

不过,对于大多数依据法律行为产生不动产物权变动的情形,其原因行为均须进行公证,否则即不生法律效力,比如,《瑞士民法典》第 657 条规定:"(1)移转所有权的契约,不经公证,无约束力。(2)遗嘱及继承契约,应依继承法及夫妻财产制规定的形式。"②学者对此解释道:"《瑞士民法典》因为不把物权行为当作原因行为,故若原因行为出现瑕疵,登记就会与真实不符。因此,为了进行登记,需要就原因行为办理公证证书,以此来保持其确实性。"③这样,如同德国法一样,外来的力量——公证——确保了这些原因行为的法律效力,登记机关所进行的审查同样是"窗口审查",在实体性法律行为以及其他法律事实不具备法律规定的形式,以及提出的文件不能证明法律原因存在的,登记申请即被驳回。

2. 法国

法国采用登记对抗主义,登记模式为契据登记,即登记公示的是引起不动产物权变动的法律行为。在登记审查时,抵押登记员无权就当事人交由登记的行为效力进行评价,只有在抵押权注销的情形,行为已经严重至不可挽救时,抵押登记员才可以依据民法来审核行为的效力。从这种机制来看,其好似不能保护交易安全,但实际上,公证人已经提前介入对于法律行为的调整之中,即只有经过公证等认证的行为才能交由抵押权登记机关予以公示,故而,登记之前的公证防线起到了风险过滤作用,不动产公示与公证行为之间存在密切联系,公证人的地位和作用比抵押登记员更为重要,公证人成为不动产登记的主要"提供者"和"用户"。④

由于法国公证人要对其做成的公证证书的适法性和有效性负责,因此就需要充分调查当事人的权利,而它客观上也有进行这种有效调查的基础:

---

① Friedrich, *Übereigung*, Rechtsvergleichendes Handwörterbuch für das Zivil - und Handelsrecht des In - und Auslandes, Bd. 7, Berlin 1938, S. 612.
② 同时参见《瑞士民法典》第 499 条、第 512 条第 1 项、第 712 条 d、第 746 条第 2 项、第 783 条第 3 项、第 779 条 a、第 799 条第 2 项。
③ 我妻荣:《日本物权法》,有泉亨修订、李宜芬校订,五南图书出版公司 1999 年版,第 224 页。
④ 参见尹田:《法国不动产公示制度》,载梁慧星主编《民商法论丛》第 16 卷,第 555—557 页。

第五章 不动产登记的一般程序

法国公证人公会开设了不动产交易中心,不动产买受人可以在此进行有关法律、税收和融资方式等问题的咨询,还可以得到所有待售的不动产信息;出卖人也乐于将欲售的不动产信息交由该中心发布,以增加交易机会。久而久之,不动产谈判中心就具备了不动产交易信息总汇的功能,公证人也能够充分掌握有关的交易信息。① 经由公证人的调查和保障,不动产交易几乎没有风险,这种制度配置的结果就是没有制成公证证书的公示申请将被拒绝。② 在登记机关受理登记申请后,无需审查其内容合法性,只要符合形式要件即可登记,而且审查的事项范围也不涉及实体权利内容,因此,这种登记审查纯粹是形式审查和窗口审查。

3. 日本

与德国、瑞士登记不同的是,日本采用登记对抗主义,但其登记模式仍为权利登记,这又与法国登记不同。日本《不动产登记法》第49条规定了驳回登记申请的限制性条款,除了标示登记之外,其余的条款都是形式性的,不涉及对于导致不动产物权变动的原因真实性和效力的审查,只要登记申请与这些条款不抵触,登记机关就必须受理,故为形式审查。同时,登记官没有实质审查权,在窗口就可以审查申请,故又为窗口审查。③

4. 小结

通过上述这些登记审查制度的介绍,一个饶有趣味的现象出现在我们面前,德国、瑞士、法国和日本对待物权行为的态度不同、公示效力不同、登记模式不同,但基本上以形式审查和窗口审查为主,如果我们单从登记实务角度考察这种类同局面,我们肯定不会得出因它们的不动产物权变动理论互不相同而致使物权变动结果差异很大的结论。④

---

① 参见郭光东:《谁是房地产市场的发言人?》,载 http://www.e-judicature.com/gzrt/2.htm.
② 参见星野英一:《法国1955年以后的不动产物权公示制度》,未刊稿。
③ 参见我妻荣:《日本物权法》,有泉亨修订、李宜芬校订,五南图书出版公司1999年版,第73页。
④ 有学者在对比德国和法国登记实务操作后,得出的结论是这两个貌似对立的制度竟然非常相似。参见〔日〕七户克彦:《〈德国民法典〉上不动产让与契约的要式性》,载《法学研究》第62卷第12号,第301页;〔日〕镰田熏:《不动产物权变动Ⅱ》,载《法学教室》109号,第62页,转引自陈华彬:《物权法研究》,第202—203页、第203页注1。香港的登记制度也能够给我们相同的启示,有论者指出:香港的契据登记虽然不如权利登记对交易安全的稳定的保障作用强,但从香港土地注册实践来看,只要有完备的法制配套与支持,它同样能够起到保障交易安全的作用,而且可以提高土地注册效率,大大降低管理成本。参见刘时山:《香港与中国内地的土地登记制度之比较》,第232页。这说明,对某个法域中的某个具体制度进行考察,不能仅仅关注制度构成本身,还要关注与之有关联的其他法律制度,从而才能完整理解这个制度。实际上,关注不动产物权安全是每个理性法域法律均要考虑的问题,这也是相关法律在本域特定要素制约下所应当具有的功能,围绕这个功能,不同的法律规则承担不同的任务,它们有机结合就形成了完成该功能的整体规则系统。

从上述规则经验中,我们至少能够得出的结论是:

第一,一个客观的事实是,程序性的登记审查过滤掉了不动产物权变动实体法律规则的差异。这个事实给我们的提示在于,如果我们仅仅关注物权实体法律制度的差异,而忽视物权程序对于实体制度的消化作用,就容易将眼光视界局限于实体法律制度的合理性对比之中,过度注重它们在理论上的优劣高下,从而忘记物权程序这个更贴近交易和生活的机制,是怎样给人们创作出一幅既保障交易安全又创造交易效率的画面。毕竟,追求和创造安全、高效的交易制度环境,是每个理性法域均不会也不可能忘却的目的,这是一个非常简单的道理,因此,在实体法律制度不合理而给交易设置制度障碍的情况下,物权程序机制可能起到了修正和弥补的作用,这一点在法国法身上体现得非常明显。从上述这些登记审查方式的简略考察对比中,我们清晰看到了物权程序对物权实体法律制度的整合和变异作用,物权实体规则因此经历了"表达"与"实践"的分离,这就要求我们应当也必须关注物权程序的意义,反思它在物权法整体体系中的作用和地位,而这现在恰恰是我们的视野盲点。

第二,为了达到安全和高效并存的结果,建构分担登记机关登记审查功能的机制将非常必要。从德国、瑞士和法国的经验来看,在登记申请之前,公证机关已经审核了引致不动产物权变动的法律行为或者有关程序行为,这样,这些行为的法律效力首先经过公证机关的核实,能够保证不动产物权变动的真实性,也给登记便捷性奠定了基础,有了这些前置的不动产物权变动安全性和妥当性的保障机制,登记机关就无需再深查细究这些行为的效力,登记机关对这些行为的审查就是形式性和窗口性的。在这种登记审查机制中,登记审查权限实际上被公证机关和登记机关共同分担了,其结果就是既保证了登记的迅捷,又强化了登记结果的正确性。不过,实施这种审查权限分担机制的基础,是法律要么强行规定不动产物权交易行为必须办理公证,要么不动产交易市场中存在办理公证的习惯,否则,这种机制很难得以有效实施。我妻荣先生在谈到瑞士法用公证确保不动产物权变动原因行为确实性时,针对日本的情况指出:"在日本,应不应当采用这种制度,是当前亟待解决之问题。但是,要登记必须先办理公证证书,是否真正适合日本国情,也还需要慎重考虑。另外,在日本,为确认权利人之同一性,一直采用印鉴证明之制度(例如,购买不动产时虽不需要印鉴证明,但出售就需要)这一制度在日本不动产交易及其实务中已相当稳固,但却没有确实之法律性根据。可见有必要进一步整备,并使之合理化。"[1]

第三,尽管各国登记审查方式大致相同,但也不能忽视实体法以及登记申请规则对它们的影响。德国采用物权行为抽象原则,作为物权变动原因行为的债权行为与蕴涵物权变动意思表示的物权行为效力之间没有必然联系,故在通常情况下,只有物权行为对不动产物权变动的成就起到决定性作用,这样,能够纳入登记审查范围的就是物权行为,审查原因行为是没有意义的;同时,德国登记申请为单方申请,为了确保申请的可靠程度,就需要对方当事人向登记机关作出登记同意,从一般情况来看,登记同意本身具有等同于物权行为的意义。这样,经由物权行为抽象原则和单方申请规则的过滤,登记机关最终只要审查登记同意即可完成任务。瑞士不采用物权行为抽象原则,不动产物权变动的原因行为有效与否对物权变动的成就起着决定性影响,故登记审查的对象就要涉及该原因行为,这种审查也就是实质审查。法国和日本均采用公示对抗主义,且登记不具有公信力,受该立法政策影响,采用形式审查和窗口审查似乎更是顺理成章之事。

(三) 我国登记审查方式的确定

1. 应当考虑的因素

从我国物权法的立法趋向以及实务需求来看,物权公示原则、法律真实观念成为物权法制建设的首要选择,要使这个选择能够产生实效,就必须有能够尽量反映真实权利状况的登记,否则,物权公示原则就是"无本之木,无源之水"。这个思路延伸的结果,就是要求登记机关必须进行实质审查和裁判审查,从不动产物权变动的基础法律关系入手来解决权利的真实性问题。

但是,这仅仅是从实现实体法目的角度进行的考虑,其角度是单一的,其结果不能完全关照其他应当考虑的因素。在此,我们强调以下三种因素:

第一,登记审查的法律程序属性。登记审查是物权程序机制的有机构成部分,其中,登记机关面临的是由各种证据展现的法律事实,而不是活生生的生活世界或者交易世界的直接表现,这种感知是间接的和抽象的,登记机关并不能洞察当事人在进入物权程序之前的所作所为,以及这种作为实

---

[1] 参见我妻荣:《日本物权法》,第 224 页。我国台湾也在民法改革中采用了相似的举措,即不动产交易要以公证书为要件,对此,苏永钦教授指出:"公证制度对于交易纠纷的防止有多少功能,或者只是徒然增加交易成本,还有待观察,但大方向应该是正确的。"参见苏永钦:《社会主义下的私法自治》,载《走入新世纪的私法自治》,第 109 页。与此相反的看法,参见黄立:《"民法"第一六六条之一的法律行为形式问题》,载《民法七十年之回顾与展望纪念论文集》(一),中国政法大学出版社 2002 年版,第 57 页以下。

施时的具体环境。从这种意义上讲,登记审查人员进行审查,是被动接受申请,到运用权力掌握有关当事人的或者不动产物权变动的信息知识,并决定登记结果的过程。应当说,这是一个风险较大的过程,因为没有任何一个人敢于确保其能够全面掌握各种各样的陌生信息,并进行游刃有余的处理,其中总要或多或少地存在缺漏。简言之,在一定的物权程序期间建构中①,登记官认识能力的非至上性,决定了审查不可能完全保障登记结果的客观真实。再者,物权程序的法律职业建构,也否定了登记审查对于客观真实的追求,即"在具体操作上,法律家与其说是追求绝对的真实,毋宁说是根据由符合程序要件的当事人的主张和举证而'重构的事实'做出判断"。②

不仅如此,哲学家还指出,事实不是真的在世界里的东西,而是陈述所陈述的东西,是半实体;事情在世界里,事实取材于事情,事实来自世界,这个"来"把事实送到了另一个"世界",一个论证世界,在这个世界里,没有发生、经过、结束,只有前提、推论、结论。③ 这种见解确实也让我们明白,我们通常所说的事实更多的具有论证意义,是为了证实或者证伪特定命题而产生的具有关联性的陈述性论证材料。法律程序中的事实是对于这种见解的最好解说。法律程序的运行本身构成了一个法律占据主导地位的时空世界,在这里,生活世界中发生的事实必须经过抽象和过滤,才能成为经受法律裁剪而具有意义的事实,即法律事实并不是自然生成的,而是人为造成的,它们是根据证据法规则、法律教育成规等诸如此类的事物而构设出来的,总之是社会的产物。④ 法律事实的典型表现就是证据,而它具有强烈的类型化痕迹,它是否能够具有实际价值,要取决于法律对它的认可和规定,比如,在农村,邻居的认知应该是确证住户房屋所有权的最好手段,但如果法律不承认其证据效力,则其就没有意义。因此,证据所陈述的仅仅是实际发生事情中的一部分,而且其可能还会偏离实际事情的真相,建构在证据上得出的结论,是通过正当程序运行产生的正当后果,在程序机制内是真实的,但其与生活世界对比,则不可能达到完全真实。从上述论述的角度来

---

① 比如,我国《土地登记规则》第 68 条就规定了各类登记从受理到作出的期限,分别是 30 天和 15 天。这在各地实施的登记法规中均可见到。

② 季卫东:《法律职业的定位》,载《法治秩序的建构》,中国政法大学出版社 1999 年版,第 201 页。

③ 参见陈嘉映:《事物,事实,论证》,载赵汀阳主编:《论证》,辽海出版社 1999 年版,第 1 页、19 页。

④ 参见克利福德·吉尔兹:《地方性知识:事实与法律的比较透视》,载梁治平编:《法律的文化解释》,三联书店 1994 年版,第 80 页。

看,仅仅强调为了获得真实的登记结果,就采取实质审查和裁判审查,可能是一种"乌托邦"的理想主义,这一点实际上也为我国持这种论点的论者所承认,即"登记机关所进行的调查只是就登记申请人登记的内容所作的一种确保登记真实性的调查,但不可能调查得过于细致,完全杜绝虚假内容的存在"。①

第二,登记审查对交易成本的影响。从国家管理社会的向度来说,登记具有维持安全高效不动产物权交易秩序、保障不动产资源的权利归属、确保国家实现涉及不动产的税收等公共职能,这种职能的受益者是整个社会,故全体纳税人提供的公共资源应当负担登记机关为实现此功能所支出的成本。但登记同时又具有给私人利益提供服务的功能,即进行不动产物权变动交易者需要通过登记来完成交易,这种服务具有个别性,在我国目前尚未达到物质财富极大丰富的情况下,因不动产物权登记而获得利益之人当然要支付相关费用,此即"缴费"。接受登记服务的交易者缴费的合理性不容怀疑,但问题是缴费的限度如何界定。抛开登记机关为了各种不当目的有意不当收费的因素,登记审查方式是缴费额度的决定性因素,因为采用不同的审查方式,登记机关所支出的成本也就不同,两者之间存在着因果联系。比如,采用形式审查和窗口审查的方式,登记机关只要简单地查看相关证据是否属实即可,无需询问当事人、查看不动产实际情况、调查相关证据,登记机关支出的费用很小,当事人自然也无需缴纳高额费用;反之,登记机关付出的劳动较多、支出的费用较高,当事人缴纳的费用也就随之提高。

在实体法坚持物权公示原则的立场下,登记是确保不动产物权交易正当秩序的基础,也是实现该原则的必要技术手段。如果登记的成本过高,在国家不能有力监控全部不动产物权交易的情况下,进行交易的当事人就会实施法律规避,登记将无从发挥作用,物权公示原则也不能得以实现;在国家监控措施较为有力时,当事人负担的费用则过大,这又增大了社会公众不满现有制度的情绪。特别是在我国目前的实务操作中,有些地域的当事人在申请登记时的缴费额度较高,如果再实施完全的实质审查和裁判审查,必将增加当事人的支出,由此产生的后果肯定是违背登记服务于公共利益和私人利益宗旨的恶果。

第三,登记审查方式与现实登记中弱项问题的关系。我国不动产交易市场日渐繁荣,不动产物权变动的数量日趋增加,而专业从事登记的人员数量较少,导致工作任务非常繁重,不可能向法官审理案件一样进行调查取

---

① 参见王利明主编:《中国物权法草案建议稿及说明》,中国法制出版社2001年版,第191页。

证,因此,在实务操作中,登记机关采用了窗口登记审查方式,其审查的内容涉及到当事人之间的实体权利义务关系,这在总体上是实质审查结合窗口审查的方式。① 我国目前由于存在当事人共同申请原则的制度保障,以及在实践中当事人所进行的交易大都是正当交易,故当事人之间的实体法律关系很少出现纠纷,不会给登记结果的真实性制造障碍。而有问题的是伪造文书和证据现象,即当事人伪造权属证书、身份证明等来骗取登记②,这给登记真实性提出了挑战。要解决该问题,就必须提高相应的技术甄别手段,在具备这种手段的前提下,登记机关采用何种审查方式均可,这说明是否改变登记审查方式与现实中弱项问题的解决是无关的。

上述这三个因素扩展了我们在确立登记审查方式时所应考虑的向度,即不仅要考虑登记审查对于实体法规定的回应,还应考虑登记本身的程序属性、登记成本等问题,只有尽量从多角度来分析登记审查,才能较为妥当地进行制度安排。

2. 登记审查方式的确定

结合上述分析,根据不同的考虑向度,会产生不同的登记审查方式:

第一,为了落实物权公示原则并切实保障不动产物权交易安全,登记审查的对象必须涉及不动产物权变动的原因,从而使得"无根之树不能结果",这将在根本上保证登记结果的正当性,这种审查是实质审查。要真正进行实质审查,就必须赋予登记机关对有关事项进行调查的权力,如判断交易行为的效力、不动产物权权属的真实性等,使其获得干涉当事人私人交易关系的合法性依据,这种方式是裁判审查。然而,现代社会注重的是私人利益的自治性,除非为了维护国家利益或者社会公共利益,国家不得随意涉足私人生活和交易,这也是德国放弃实质审查和裁判审查,转向窗口审查的重要原因。我国的登记实践采用的窗口审查也体现了这个一般道理,而且其结果也未给交易实践造成根本障碍,这种具有普适性的道理经过我国具体登记

---

① 笔者于 2002 年 7 月 23 日到上海市房地产交易中心和上海市浦东新区房地产交易中心进行调查。上海市房地产交易中心的马韧先生介绍说,登记审查采用形式审查和实质审查相结合的方式,前者是审查申请是否提交了法律规定的证件,其中要审查有关与产权转让有关的合同,后者则是审查这些证件的内容是否存在冲突、是否具有法律效力,但不进行调查,完全是书面审查。上海市浦东新区房地产交易中心周绯彦女士则认为,由于形式审查和实质审查的含义非常模糊,故登记审查实际上出于中间状态。从理论上讲,登记机关要审查实体法律行为的法律效力,此即为实质审查;只是进行书面审查的方式是窗口审查,故马韧先生的介绍表明上海市房地产登记采用的是实质审查和窗口审查方式。在此,谨向马韧先生和周绯彦女士表示感谢。

② 典型事例参见杨天歌:《房管局未严格审查 法院判决登记无效》,载《中国房地信息》2001年第10期;耿健:《房管局出错不用赔?》,载《南方周末》2001年6月14日第16版。

第五章 不动产登记的一般程序

实践的检验,应该予以保留和坚持,因此,我国不宜采用裁判审查方式,而应采用与之相对的窗口审查方式。

第二,从节约当事人交易成本的角度来看,形式审查方式更应得以倡导。采用这种审查方式,登记机关为私人利益服务所动用的公共资源比较小,当事人无需支付高额的登记费用,这对于登记制度的实效非常有利。但是,登记具有的确定不动产物权变动效力和表征真实权利的实体功能,意味着我国不可能像日本那样采用完全的形式审查,而是必须将引发不动产物权变动的原因作为审查对象,即采用实质审查方式。应当说,这是采用物权公示原则机制的法域所普遍采用的方式,德国也没有例外,其采用的形式合意原则就存在被打破的情形,而且对于重要的不动产物权类型(如所有权、地上权),它同样采用实质合意原则。

不过,我国的登记启动机制主要采用当事人共同申请的方式,只要登记义务人是登记簿中的物权人,只要申请书的表达与原因证明相互符合,则登记申请一般就能够真实地反映不动产物权变动的原因,登记机关对此可以审查通过,当然,该原因明显违背法律强制性规定(如买卖土地所有权)的除外。而且,我国有些地域存在先对不动产物权变动原因进行公证,然后再进行登记的交易惯例,此时登记机关所为的审查也非常简捷。这样,虽然我国采用实质审查方式,但该方式花费公共资源过大的缺点能够通过窗口审查的形式加以弥补,故如同德国和瑞士的做法一样,实质审查结合窗口审查的方式是我国登记审查方式的首要选择。

按照实质审查方式的要求,登记机关审查的范围主要包括:其一,本机关对登记有无管辖权;其二,申请人或其代理人是否具有完全行为能力、资格是否适当;其三,登记申请以及相关文件是否符合法律规定的形式要件;其四,登记申请的内容是否与原因证书等证明文件的内容吻合;其五,登记义务人的权利是否与登记簿上的权利吻合;其六,证明文件的真实性等。需要提及的是,在这种登记审查方式中,证据起着建构交易事实和场景的作用,当事人是否具有行为能力、是否是物权人、原因行为是否存在等重要事项均要由证据予以证实,如何查证这些证据的真实性,使得证据表现的法律事实尽可能贴近客观事实,是登记审查中的重点和难点。

三、审查的程序

(一) *初审*

登记机关在受理申请人的申请后,应当在法定期限内进行及时的审查。

在两个以上申请人对同一宗房地产申请登记时,其审查顺序,依深圳和珠海市《房地产登记条例》的规定,应当以受理申请的编号为序(深圳市《房地产登记条例》第15条、珠海市《房地产登记条例》第13条)。

(二) 作出审查结论

在登记机关进行初审后,将作出以下三种审查结论:核准登记、暂缓登记和驳回登记(不予登记)。

1. 核准登记

登记申请完全符合法律规定,则登记机关可以核准登记,将不动产物权变动状态和后果记载于登记簿之中,以实现当事人的申请目的。登记机关办理登记的前提是登记申请符合法定条件,登记机关在此基础上作出办理登记的决定,该决定为当事人没有介入的登记机关内部事务,原则上不能撤销。登记机关决定办理后,通过一定程序将申请内容记载在登记簿中,从而产生公示效果。

在采用实体审查的方式下,登记申请事项必须符合物权实体法和程序法的双重规定。就实体条件而言,大致包括两项内容:其一,进行不动产物权变动的法律行为必须有效,以保证登记内容与真实权利状况相符。在采用物权行为抽象原则的德国,采用登记与物权合意必须一致的立场,物权合意丧失或者无效,将导致登记无效;否定物权行为抽象原则的瑞士等国,则要求买卖合同等不动产物权变动的基础行为必须具有法律效力。其二,作为登记对象的权利(Recht)以及权利事项(Rechtsposition)必须具有登记能力(Eintragungsfähigkeit),即法律认可此对象记载于登记簿中的可能性和效力,原则上,以下事项具有登记能力:物权法规定的一切物权类型、破产等处分限制、异议抗辩和预告登记。登记的程序条件包括:其一,登记事项处于登记机关的管辖范围;其二,登记申请符合程序要求,如申请符合法定的形式、申请人提供了真实的文书等。

我国台湾地区的《土地登记规则》于第49条规定:"申请登记案件,经审查证明无误者,应即登载于登记簿。但依法应予公告或停止登记者,不在此限。"

我国深圳市《房地产登记条例》也于第24条规定:"经审查,申请人的申请符合规定的,登记机关应在本条例规定的时间内予以核准登记,确认其房地产权利,发给房地产权利证书……"珠海市《房地产登记条例》的规定与此大同小异:"经审查,房地产登记申请符合规定的,登记机关应当在本条例规定的期限内核准登记,颁发房地产权证书……"(第16条)

《城镇房屋登记管理办法》第 27 条则规定:"登记机关应当对权利人（申请人）的申请进行审查。凡权属清楚、产权来源资料齐全的,初始登记、转移登记、变更登记、他项权利登记应当在受理登记后的 30 日内核准登记,并颁发房屋权属证书;注销登记应当在受理登记后的 15 日内核准注销,并注销房屋权属证书。"

上海市《房地产登记条例》虽未单独对核准登记作出规定,但于各登记类型规定了核准登记的条件:（一）申请人是房地产登记册记载的权利人;（二）申请登记的房地产在房地产登记册的记载范围内;（三）申请登记事项与房地产登记册的记载不冲突（第 26 条、第 30 条、第 34 条、第 39 条、第 47 条、第 57 条）。

2. 暂缓登记

如果登记申请具有实体法的正当基础,但缺乏法律规定的形式要件,比如,申请人的资格或者其代理人的代理权存在欠缺、登记申请不符合法律规定的形式、登记申请中记载的事项与证明文件不符等,则登记机关可以要求当事人补正这些缺陷。在补正完成之前,登记机关不办理登记,此即为暂缓登记。暂缓登记具有保全申请的法律效力,登记申请不因存在这些瑕疵而丧失法律效力,这有利于保护当事人的利益。暂缓登记的作出,应当符合以下条件:其一,登记机关必须以书面形式将暂缓登记的决定通知当事人,其中写明理由以及法律根据,并指出补正的措施。其二,当事人必须在法律规定的期限内补正登记申请的瑕疵,超越此期限而不能补正的,登记机关驳回登记申请,暂缓登记不再具有保全登记申请的效力。

德国法将此种情形称为"Zwischenverfügung",其《土地登记簿法》第 18 条规定:所申请的登记遭遇障碍的,土地登记局为申请人确定一个适当期限以排除该障碍,在此期间内当事人无法证明障碍已经被排除的,期间届满后登记局就拒绝受理申请;在前一申请完结之前,他人又提出涉及同一权利登记申请的,为了利于先提出的申请,登记局根据职权办理预告登记或者异议登记。此处所谓的障碍必须是可以补救的,如果登记缺乏必需的物权合意,即不得进行暂缓登记。在暂缓登记期间,就同一标的又有登记申请被提出的,被暂缓登记的申请通过登记局的预告登记或者异议登记得以保持优先顺位,即在障碍消除后,该申请产生的登记顺位要优先于其后申请产生的登记。[①]

---

① Siehe Schwab-Prütting, *Sachenrecht*, S. 123.

暂缓登记体现了维持和提高程序效益的基本思路，保全了登记申请的法律效力，又避免当事人花费过多成本重新提出申请，在这方面，葡萄牙走得更远，它通过程序的非官僚化，使登记制度给公众带来很大利益。比如，登记局长在决定登记前，若发现申请有缺陷，应根据手头上的文件（无论是所递交的还是已存档的）作出弥补；又如，如果发现尚未构成拒绝的原因或其弥补无需新的登记申请的某种缺陷，则登记局长应请利害关系人补交文件以完善有关程序。这表现了登记部门工作的最现代一面，即公共机构的工作人员应随时准备同有需要的公众合作，在严格遵循"合法性原则"的前提下，寻找快捷有效的解决方法。①

对暂缓登记，我国台湾地区的《土地登记规则》将之称为补正程序，前已述及，此不赘述。

我国内地《城镇房屋权属登记管理办法》第 22 条规定："有下列情形之一的，经权利人（申请人）申请可以准予暂缓登记：（一）因正当理由不能按期提交证明材料的；（二）按照规定需要补办手续的；（三）法律、法规规定可以准予暂缓登记的。"登记机关自受理登记申请之日起 7 日内应当决定是否予以登记，对暂缓登记的，应当书面通知权利人（申请人）（第 26 条）。

而深圳市的《房地产登记条例》则扩大了暂缓登记的范围，其第 26 条规定："有下列情形之一的，登记机关可作出暂缓登记的决定，并书面通知申请人：（一）产权纠纷尚未解决的；（二）涉及违法用地、违章建筑事项，未经处理或正在处理之中的；（三）受理申请后发现申请文件需要修正或补齐的；（四）发生本条例第 20 条第 1 款（二）、（三）、（四）、（五）项情形而需暂缓登记的；（五）法律、法规、市政府规章规定应暂缓登记的其他事由。暂缓登记事由消灭后，登记机关应予核准登记。"第 20 条规定的（二）、（三）、（四）、（五）项情形是指："……（二）人民法院依法作出的已经生效的没收房地产、查封房地产、撤销核准登记或以其他形式限制房地产权利的判决、裁定的；（三）公安、检察机关依法对已立案的案件，根据案情需要查封房地产或以其他形式限制房地产权利而作出决定的；（四）市政府或市政府土地主管部门依法作出没收、收回、征用土地或以其他形式限制房地产权利决定的；（五）法律、法规规定的其他情形。"

珠海市《房地产登记条例》第 18 条仅在适用情形上有些差别，少了深圳市条例的第 26 条规定的第（四）项，但多了一项，即第（二）项"在本条例规

---

① 参见 Vicente João Monteiro：《澳门物业登记概论》，第 69 页。

定公告事项的公告期限内,其他人提出异议并确有理由和证据的",其他规定基本相同。

上海市则未规定暂缓登记,而将深圳市条例中规定的(一)、(二)纳入不予登记的范畴。实则深圳市条例中规定的第(四)项也应纳入不予登记的范畴,珠海市条例的第(二)项实可纳入第(一)项,即"房地产权属纠纷尚未解决的"这一情形。

3. 不予登记(驳回登记)

在申请存在根本性缺陷而不能予以补救时,如申请人没有申请权、登记机关没有管辖权、申请的事项没有登记能力、在法定期限内登记申请的瑕疵没有得到补正等①,登记机关可以通过驳回登记申请来拒绝登记。拒绝登记使得当事人的目的不能实现,严重影响着当事人的利益,为了保证驳回申请决定的严肃性,也为了给当事人提供法律救济,登记机关必须采用书面形式向当事人下发驳回申请的决定,其中要述明理由、法律依据以及当事人的救济途径。

拒绝登记是登记机关行使审查权限得出的结果,也是具有普遍适用性的法律制度,即使采取形式审查的法国法也是如此。《法国民法典》第2199条规定:登记员对于权利移转证书的登录、抵押权的登录,或者交付证明书的请求,不得予以拒绝或迟延,如有拒绝或迟延时应负赔偿之责。这样,申请必然导致登记,登记机关没有拒绝登记的权力,这保持了法国法一贯注重当事人意思、约束公共权力的传统。但为了确保公示的正确性,此后的法令规定了公示的诸多要件,并为确保实际效果,规定在上述要件不具备时,登记机关可以拒绝受理或驳回申请,也就是赋予登记官审查申请符合法定格式的权限,如果不符合,登记官则有拒绝受理(refus de dépôt)和驳回公示(rejet de formalité)两种权限。前者指申请文件提交时,登记机关不接受也不记入受理簿,而是简单记入拒绝理由、日期,署名后返还给申请人;后者指登记官受理并记入受理簿后拒绝公示,二者的区别是记入前的返还和记入后的返还,因此拒绝受理时提交文件存在着明显的更大的不适法性。②

当事人不服登记机关驳回申请决定的,有权在法律规定的期限内,请求登记机关复审,或者向法院提起诉讼。如果复审或者诉讼的结果确认登记机关作出的驳回申请决定有误,申请能否按照其原提出的日期发生法律效

---

① Siehe Demharter, *Grundbuchordnung*, S.227.
② 参见星野英一:《法国1955年以后的不动产物权公示制度》,未刊稿。

力,就成为问题,对此,葡萄牙采用了肯定的做法,这就使得原被驳回的登记申请优先于在其后就同一不动产提出的申请而发生法律效力,保证了申请人在权利顺位上的优先利益。然而,这给其后提起申请者带来了不测风险,因为登记申请被驳回后,即没有任何法律效力,这对于任何人均是适用的,后申请人基于对于登记机关作出的决定的信任,应能从中得到实惠。故而,上述这种立场不宜采取。这样,如果错误的驳回申请决定给原申请人带来损失的,登记机关应当负担赔偿责任;原申请人继续申请登记的,则要提出新的登记申请。

我国台湾地区《土地登记规则》第51条规定,有下列各款情形之一者,登记机关应以书面叙明理由及法令依据,驳回登记之申请:(一)不属受理登记机关管辖者;(二)依法不应登记者;(三)登记之权利人、义务人或其与申请登记之法律关系有关之权利关系人间有争执者;(四)逾期未补正或未照补正事项完全补正者。申请人不服驳回的,得依诉愿法规定提起诉愿。依第三项被驳回的,申请人并得诉请司法机关裁判。驳回登记之申请时,应将登记申请书件加盖土地登记驳回之章,全部发还申请人,并得将驳回理由有关文件影印存参(台湾《土地登记规则》第52条)。已驳回之登记案件,重新申请登记时,应另行办理收件(台湾《土地登记规则》第53条)。

深圳市《房地产登记条例》也于第24条规定:经审查,不符合该条例规定的,登记机关予以驳回登记申请,并自受理申请之日起30日内书面通知申请人。第25条则规定了复查程序:"申请人对驳回登记申请不服的,可自接到通知书之日起15日内向登记机关申请复审。登记机关应自收到复审申请书之日起30日内,对登记申请重新审查,并作出复审决定。申请人对登记机关的复审决定不服的,可自接到复审决定通知书之日起15日内向市政府行政复议机构申请复议,或向人民法院起诉。"珠海市条例的第16条和第17条规定与此相同。

上海市《房地产登记条例》第14条第3款则规定:"有下列情形之一的,房地产登记机构应当作出不予登记的决定:(一)房地产权属争议尚未解决的;(二)不能提供有效的房地产权属证明的;(三)非法占用土地的;(四)属违法建筑或者临时建筑的;(五)法律、行政法规规定不予登记的,或者不符合本条例规定的其他登记条件的。"

《城镇房屋登记管理办法》第23条规定,"有下列情形之一的,登记机关应当作出不予登记的决定:(一)属于违章建筑的;(二)属于临时建筑的;(三)法律、法规规定的其他情形。"对不予登记的,应当书面通知权利人

(申请人)(第 26 条)。

第六节 公　　告

　　由于不动产物权具有对抗任意第三人的绝对效力,而登记更是具有使依法律行为发生的不动产物权变动生效及产生公信力的法律效力,为了使利害关系人能够及时对申请人所申请的物权提出异议保护其权利,在一定情形下,应对不动产物权的登记申请予以公告。

　　所谓公告是指登记机关通过一定媒介或其他方式,依法将登记申请和审查结果向社会公众公布的行为。

　　公告并非适用于各种登记类型的一个必经步骤,如我国台湾地区的《土地登记规则》第 47 条第 2 款即规定:公告仅适用于土地总登记、建物所有权第一次登记、主张时效完成申请地上权登记(第 114 条)、申请土地所有权状或他项权利证明书补给登记(第 121 条)及其他法令规定的情形。我国内地的《城镇房屋权属登记管理办法》也仅将公告适用于房屋总登记(第 15 条)、径为注销房屋权属证书(第 25 条)、补发房屋权属证书(第 35 条)等情形。《土地登记规则》则将公告适用于初始土地登记的情形(第 15 条)。深圳市和珠海市的《房地产登记条例》将公告适用于初始登记(深圳市《房地产登记条例》第 33 条、珠海市《房地产登记条例》第 28 条)、房地产权利证书补发(深圳市《房地产登记条例》第 48 条)、登记机关直接注销登记房地产权证书(珠海市《房地产登记条例》第 41 条)等情形,上海市的《房地产登记条例》则未规定公告。而依澳大利亚的土地登记制度,权利移转变更登记也须进行两周的公告,以使利害关系人提出异议。[①]

　　公告应当在一定的媒体上发布。深圳市的《房地产登记条例》即规定:"按本条例规定应当公告的事项,由登记机关在《深圳特区报》或《深圳商报》或深圳《中外房地产导报》公告。"(深圳市《房地产登记条例》第 61 条)

　　公告也应当存续一定的合理期限,以便相关利害关系人能够及时获知信息提出异议。

　　在公告期内,任何对登记申请有异议的社会公众人都可以提出异议申请。依深圳市和珠海市的《房地产登记条例》对房地产初始登记的规定:

[①] 参见李鸿毅:《土地法论》,台湾 1999 年自版,第 297 页。

"登记机关应当自收到书面异议之日起 15 日内将书面异议的副本送达登记申请人。登记申请人应当自收到书面异议副本之日起 15 日内向登记机关作出书面答复;逾期不答复的,撤销初步审定。

登记机关对异议和登记申请人的答复应当进行调查核实,作出异议成立或者不成立的决定,并书面通知当事人。当事人对登记机关的决定不服的,可以自收到决定通知书之日起 15 日内向市政府申请复议,或者依法向人民法院起诉。"(深圳市《房地产登记条例》第 34 条、珠海市《房地产登记条例》第 29 条)

在有最终效力的复议决定或判决书未作出前,登记机关应当作出暂缓登记的决定,并书面通知申请人(珠海市《房地产登记条例》第 18 条)。

公告期内无人申请异议的,公告期满,登记机关即应核准登记申请人的申请,确认其不动产物权。深圳市和珠海市的《房地产登记条例》分别于第 33 条第 2 款和第 28 条规定:对初步审定无异议的,公告期满后,登记机关应予以核准登记,并向申请人颁发房地产权利证书。

第七节 核准登记,登簿并颁发房屋权属证书

一、概述

在登记机关审查申请材料确认无误后或在予以公告后没有对申请提出异议或在提出异议的情况下有生效的判决、复议决定或其他生效的法律文书时,登记机关即应对申请人的申请予以核准,计征规费,登簿并颁发权利证书。如我国内地的《城镇房屋权属登记管理办法》第 27 条即规定:"登记机关应当对权利人(申请人)的申请进行审查。凡权属清楚、产权来源资料齐全的,初始登记、转移登记、变更登记、他项权利登记应当在受理登记后的 30 日内核准登记,并颁发房屋权属证书;注销登记应当在受理登记后的 15 日内核准注销,并注销房屋权属证书。"珠海市的《房地产登记条例》第 16 条也规定:"经审查,房地产登记申请符合规定的,登记机关应当在本条例规定的期限内核准登记,颁发房地产权证书……"同样,上海市的《房地产登记条例》第 11 条也规定:"房地产登记机构应当在规定的时限内完成对登记申请的审核。经审核符合规定的,房地产登记机构应当将有关事项记载于房地产登记册,登记申请的受理日为登记日。"

核准登记,登簿并颁发房屋权属证书中最重要的就是登簿和发证两个

步骤了。

二、登簿

所谓登簿,又被称为注册或簿记,也即狭义上的登记,是指登记机关将核准的土地或建物的标示及其权利事项逐一登记于登记簿的行为。土地或建物权利一经登记于登记簿,即成为确定登记,登记簿上记载的事项即依法发生效力。[①]

对此,我国台湾地区的《土地登记规则》单独规定了登记完毕的概念,即"土地权利经登记机关依本规则登记于登记簿,并校对完竣,加盖登簿及校对人员名章后,为登记完毕。土地登记以电子处理者,经依系统规范登录、校对,并异动地籍主档完竣后,为登记完毕。"(台湾《土地登记规则》第7条)依法律行为发生的物权变动在登记完毕时才能发生物权变动的效力。对于申请登记案件,于登记完毕前,全体申请人以书面申请撤回的,登记机关应即将登记申请书之附件发还申请人(台湾《土地登记规则》第58条)。我国上海市的《房地产登记条例》也有类似的规定:"申请人可以在房地产登记机构将房地产登记内容公示前,撤回登记申请。"(上海市《房地产登记条例》第12条)似以登记内容公示为登记完毕的时间,但此处的公示应以何时为准,尚需确定。

对登记,台湾的《土地登记规则》还作出了以下几项具体要求:(1)登记,应依收件号数的次序进行。分组办理的,各组应依承办案件收件之先后办理。除法令另有规定外,其收件号数在后之土地,不得提前登记(台湾《土地登记规则》第54条第1项)。(2)登记程序开始后,除法律另有规定外,不得停止登记之进行(台湾《土地登记规则》第54条第2项)。(3)应登记之事项记载于登记簿后,应由登簿及校对人员分别加盖其名章(台湾《土地登记规则》第55条)。(4)登记原因证明文件所载之特约,如属应登记以外之事项,登记机关应不予登记(台湾《土地登记规则》第56条)。(5)权利人为二人以上时,应将全部权利人予以登载。义务人为二人以上时,亦同(台湾《土地登记规则》第57条)。

登记完毕对不动产权利的顺位也有很大的影响,上海市的《房地产登记条例》于第13条第3款作了规定:"同一房地产上设定两个以上的房地产他项权利和其他依法应当登记的房地产权利的,依房地产登记册记载的登记

---

① 参见李鸿毅:《土地法论》,台湾1999年自版,第271页。

日的先后确定其顺位。法律、行政法规另有规定的,从其规定。"而依该条例第 11 条的规定,受理日为登记日,进一步依第 10 条的规定,受理日为申请日或申请文件补齐日,即上海市实则以申请日的顺序来确定登记权利的顺位。相仿的是,深圳和珠海的条例以收件日为申请日。这些规定实则都将登记的效力溯及至了申请日,这和中国社会科学院法学所提出的物权法草案专家建议稿的规定是一致的,即第 315 条(抵押登记的生效日)的规定:"抵押登记的效力,自抵押登记申请之日起发生。"而我国全国人大法工委提出的《物权法》(征求意见稿)和北京市的《城市房地产转让管理办法》的规定则与此不同,该稿第 15 条规定:"不动产物权的设立、变更、转让和消灭,自不动产登记簿记载之时发生效力。"北京市的《城市房地产转让管理办法》第 23 条也规定:"房地产权属转移的日期,以市或者区、县国土房管局登记的日期为准。"不过要是采用台湾地区的先登记原则,登记记载日在先的权利,其申请日也必定在先,因为收件号数在后的申请不得提前登记。这样,两种规定在实质效果上就达成了一致。

三、颁发权利证书

在登记机关核准登记并登簿后,即应发给权利人以权利证书以资凭证,并便于权利人行使其权利。如我国台湾地区的《土地登记规则》第 59 条即规定:"土地权利于登记完毕后,登记机关应即发给申请人土地所有权状或他项权利证明书。但得就原书状加注者,于加注后发还之。土地权利如系共有者,应按各共有人分别发给权利书状,并于书状内记明其权利范围。"这里的颁发权利证书应作广泛理解,不仅包括实际发给权利书状(如总登记、初始登记和移转登记等情形),还包括对原权利证书的加注(如他项权利设定登记情形)。在涂销登记和消灭登记的情形,则应收回土地证书注销以使之作废或公告作废。

台湾《土地登记规则》的第 60 条另规定:在土地登记未能提出土地所有权状或建物所有权状或他项权利证明书的,应于登记完毕时公告作废。

就我国内地而言,1999 年 1 月 1 日起启用了新版的土地权利证书,计有四种,分别为《国有土地使用证》、《集体土地所有证》、《集体土地使用证》、《土地他项权利证明书》。

房屋权属证书则包括《房屋所有权证》、《房屋共有权证》、《房屋他项权证》或者《房地产权证》、《房地产共有权证》、《房地产他项权证》(《城镇房屋权属登记管理办法》第 31 条)。对共有的房屋,由权利人推举的持证人收执房屋所有权证书。其余共有人各执房屋共有权证书1份。房屋共有权证书与房屋所有权证书具有同等的法律效力(第32条)。房屋他项权证书由他项权利人收执(第33条)。

第八节 立 卷 归 档

我国深圳市和珠海市的《房地产登记条例》都将房地产登记的最后一环规定为立卷归档,不过都没有具体规定立卷归档的内容。

有学者认为归档即是指将登记的有关资料归入登记机关登记档案的行为,是登记程序的最后一个环节。而所谓登记档案是指在登记的管理过程中,登记机关对登记过程中的文件、单据和有关资料,进行收集、整理、鉴定,按一定的方式和程序建立的文件系统。归档可分为两步:一是立卷,即登记机关在办理完登记手续后,将登记申请书、登记的有关资料、收取税费的单据、权利证书的存根和收回的权利证书等,进行整理、归类、编号,然后装入卷宗;二是按照一定方法和程序,将每一份登记卷宗归入登记机关的财产登记档案,此时应当按照该档案的编制方法或规律进行。[①] 该学者并将归档和簿记、发证统一称为注册。

我台湾地区的《土地登记规则》则将土地登记的最后步骤规定为异动整理和归档。所谓异动整理,包括统计及异动通知。它发生于变更登记的情形。在土地或建物权利变更登记后,有关簿册,如地籍总归户册(卡)、地价册及地价总归户册等的记载,已与事实不符,应逐一为整理更正,以使地籍统计资料经常保持正确。部分移转变更的,应依复丈结果,整理地籍图册,办理地籍统计。[②] 同时异动情况应通知捐税、水利等有关机关,以便厘清有关资料,以保持税籍等的完整。[③] 此外的通知情形还包括:(1) 由权利人单独申请登记的,登记机关于登记完毕后,应即以书面通知登记义务人。但无义务人者,不在此限。义务人为二人以上时,应分别通知(台湾《土地登记规则》第62条)。(2) 依据法院判决申请共有物分割登记者,部分共有人得提出法院确定判决书及其他应附书件,单独为全体共有人申请分割登记,登记机关于登记完毕后,应通知他共有人(台湾《土地登记规则》第86条)。

---

① 参见许明月、胡光志等:《财产权登记法律制度研究》,中国社会科学出版社2002年版,第91页。
② 参见李鸿毅:《土地法论》,台湾1999年自版,第303页。
③ 参见焦祖涵:《土地登记之理论与实务》,台湾三民书局1983年版,第366—367页。

(3) 建物灭失时,由土地所有权人或其他权利人代位申请的,登记机关于登记完毕后,应将登记结果通知该建物所有权人及他项权利人。建物已办理限制登记者,并应通知嘱托机关或预告登记名义人(台湾《土地登记规则》第33条)。

依台湾地区的《土地登记规则》,登记案件办理完毕后,登记申请书件,除登记申请书、登记原因证明文件或其副本、影本及应予注销之原权利书状外,其余文件,应加盖登记完毕之章,发还申请人(台湾《土地登记规则》第61条)。收件簿、登记申请书及其附件,应自登记完毕之日起保存十五年,以备将来如发生纠纷时得以调案据以查核。保存期间届满时,由登记机关销毁并列册注明其名称、年份、册数,报请直辖市或县(市)地政机关备查(台湾《土地登记规则》第20条)。

而我国深圳和珠海市的《房地产登记条例》则分别规定:"房地产登记册、地籍资料和房地产原始凭证应永久保存。"(深圳市《房地产登记条例》第9条第2款)"房地产登记卡和房地产原始凭证永久保存。"(珠海市《房地产登记条例》第21条第2款)

第六章 不动产总登记和初始登记

第一节 不动产总登记和初始登记概述

不动产登记之根本目的即为建立完整清晰的地籍制度,并对土地上的房屋等建筑物的情况获得清楚的了解,并通过对不动产的标示和权属状况的变动进行登记,实现对不动产的行政管理,并建立适合市场需求的公示、公信制度,维护交易安全,而这一目的的完成首先要对一定区域内的所有的土地、房屋等不动产进行全部登记,这一登记即为不动产总登记,而不动产总登记后,仍然会产生新增土地、新建房屋,也会有尚未登记或遗漏登记的不动产,对这些不动产的登记即属初始登记。可以说不动产总登记和初始登记是不动产登记的基础和开端,是其后进行的一系列登记的起始点。就二者的性质而言,亦属相同,都是对不动产权利的静态登记。

但对不动产总登记和初始登记的内涵以及二者之间的关系,却存在着两种不同的理解:

其一是将初始登记和总登记等同处理。如国土资源部制定颁布的《土地登记规则》于第 2 条规定:"初始土地登记又称总登记,是指在一定时间内,对辖区全部土地或者特定区域的土地进行的普遍登记。"

我国台湾地区的《土地法》和《土地登记规则》也仅规定了总登记制度,而未规定初始登记制度。但在台湾的旧《土地法》中则将总登记称为第一次土地登记,即初始登记。[1] 而新《土地法》中规定的总登记,也有学者定义为是指土地或建筑改良物权利的初始登记[2],并将其分为三类,一类为土地总登记,依第 38 条第 2 款是指"于一定期限内就市县之土地之全部为土地登记。"一类是为土地所有权的第一次登记,是指《土地法》第 41 条和《土地登记规则》第 71 条规定的免于编号登记的土地有必要予以编号登记的情形和新生土地登记的情形。但依《土地登记规则》第 71 条的规定,此时是得准用总登记程序办理登记。再一类为建物(建筑改良物的简称)所有权的第一次

---

① 焦祖涵:《土地法释论》,台湾三民书局 1993 年版,第 385 页。
② 杨松龄:《实用土地法精义》,台湾五南图书出版公司 2000 年版,第 135 页。

登记,又称保存登记①,是指对新建合法建物或实施建筑管制前旧有而未办理之合法建物所为之第一次登记。② 但也有学者将总登记分为土地总登记和建物第一次登记两类。所谓土地总登记是指未经依法办理正式登记之市县,于地籍测量完竣后,普遍实行之第一次土地登记,以确定一切土地权利关系之强制行为。③ 而依台湾《土地法》第37条的规定,土地登记是指土地及建筑改良物之所有权与他项权利之登记,因此,该学者认为土地总登记应包括对所有权和他项权利的登记。④ 对建物总登记该学者虽未明言是否包括对他项权利的总登记在内,但类推之也应如是理解。但无论作何种分类,总登记和初始登记是一致的这一结论是不变的。

其二是将总登记和初始登记区分开来。如我国建设部颁布的《城市房屋权属登记管理办法》第14条第1款就规定:"总登记是指县级以上地方人民政府根据需要,在一定期限内对本行政区域内的房屋进行统一的权属登记。"但依该法第2条的规定,房屋总登记只适用于城市规划区国有土地范围内的房屋权属登记。同时该办法还于第9条、第16条另外单独规定了房屋的初始登记。

实行房地产统一登记的深圳、珠海和上海等地的《房地产登记条例》则未规定总登记制度,仅规定了初始登记制度。但上海的《房地产登记条例》于第66条提到了总登记,并规定了未进行总登记的房地产权利的补登记。

依我国内地学者的看法,总登记和初始登记虽然有一定的相似性,但仍是两种不同的登记类型。如崔建远教授认为,房地产权属总登记,又称房地产权属标示登记,亦有人称之为换证登记,是房地产登记机关在一定期间内,对其行政管理区范围内的全部房地产地权属状态在审查公告后所为的登记。它包括土地所有权和使用权总登记和地上建筑物所有权的第一次登记。虽然初始登记和房地产权属总登记有时重合,即如建筑物所有权的第

---

① 对保存登记,有学者认为是指关于未登记不动产依该所有人申请初次进行的所有权登记,这种登记和登记强制原则是联系在一起的,在法国因为登记的是公证文书,不另设登记用纸,不存在保存登记的概念,而德国采强制登记原则,对所有不动产都开设登记用纸,因此也不存在保存登记的概念,而韩国因为不采强制登记的原则,故而对某项不动产开设登记用纸时,必须办理保存登记。参见崔吉子:《韩国的不动产登记制度》,载梁慧星主编:《民商法论丛》第26卷,金桥文化出版(香港)有限公司,第697页。

② 参见杨松龄:《实用土地法精义》,台湾五南图书出版公司2000年版,第135页。

③ 参见李鸿毅:《土地法论》,台湾1999年自版,第226页。该分类另可参见陈铭福:《土地法导论》,台湾五南图书出版公司2000年版,第124页。

④ 李鸿毅:《土地法论》第226页、第262页;焦祖涵氏在其《土地法释论》中也持此种观点,见该书第317页。

第六章　不动产总登记和初始登记

一次登记,又可称为建筑物所有权的初始登记,但二者毕竟不是一个概念,如在特定时期对以前不完善的房地产进行整理而为的登记就不是初始登记。① 许明月教授在其所著的《财产权登记法律制度研究》中也区分了总登记和初始登记。土地总登记是指登记机关为了在一定的时间内对于全国或某个地区的土地资源以及土地权利的状况进行的全面、统一的登记,通常是国家为了了解土地资源和土地权利的状况而进行的。它一般发生在国家政权更替或实行重大经济政策调整的时期。而初始登记是指就某一土地首次进行的登记,如国有土地使用权出让时进行的登记。②

从总登记和初始登记的目的和特征来看,二者应当是有所区分的:③

(1) 总登记具有整体性,它是于一定时期在一定地域内对所有的土地和房屋的自然状况和权属情况进行的集中、普遍性登记,登记的期限和登记的过程都由登记机关予以统一安排,旨在获得对该区域内所有的不动产情况的了解,建立确实完善的地籍资料,而初始登记是零星、单独进行的登记,它针对的是个别的土地和建筑物,其目的是将未予登记的土地或建筑物纳入登记,保证地籍资料的完整和正确。

(2) 总登记的法律效力具有稳定性,它仅在不动产产籍资料不完整、散乱的情况下才进行,一经实行,则具有长期的稳定性,不能经常进行,对总登记后发生的不动产自然状况和权属状况的变动则交由经常登记来处理,所以总登记是和经常登记相对称的一种登记制度④;而初始登记,则是一种经常登记,是登记机关的日常登记工作的内容。

(3) 总登记不必然是第一次登记,它可以是对以前已进行过的不动产登记进行的重新整理,此时已进行的登记仍然有效,应为新的总登记予以继承确认。

但二者也有密切联系,在总登记时发生的新建房屋、新增土地等情形则应纳入总登记的范畴,而总登记时未予登记的土地、房屋等在其后进行登记时则属于初始登记的范畴,因此,台湾学者将土地所有权的第一次登记纳入

---

① 参见崔建远、孙佑海、王宛生:《中国房地产法研究》,中国法制出版社 1995 年版,第 244 页、第 245 页。
② 许明月、胡光志等:《财产权登记法律制度研究》,中国社会科学出版社 2002 年版,第 190 页。
③ 参见崔建远、孙佑海、王宛生:《中国房地产法研究》,中国法制出版社 1995 年版,第 244 页、第 245 页;许明月、胡光志等:《财产权登记法律制度研究》,中国社会科学出版社 2002 年版,第 190—191 页。
④ 焦祖涵:《土地法释论》,台湾三民书局 1993 年版,第 317 页。

总登记的范畴。

对不动产总登记和初始登记还有以下几点要注意：

（1）不动产总登记和初始登记的强制性

对不动产总登记是否具有强制性，学者们都持肯定意见。这也是权利登记制的一个特性。如崔建远教授认为，鉴于房地产总登记的整体性目的，仅有赋予其强制性才能达到目的，其强制性表现在登记的程序和后果上。在程序上，总登记是行政性强制程序，房地产权利人应当在规定的期限内申报其权属状态；而在后果上，不进行总登记的房地产权利人将承担行政责任，而且其权利在私法上得不到保护。① 如《城市房屋权属登记管理办法》第14条第3款规定："凡列入总登记、验证或者换证范围，无论权利人以往是否领取房屋权属证书，权属状况有无变化，均应当在规定的期限内办理登记。"深圳市的《房地产登记条例》第19条也规定："应当登记而逾期未登记的房地产，经登记机关公告满一年后仍无人申请登记的，视为国家代管产，由登记机关代管，代管期为三年。代管期间申请登记并予核准登记的，权利人应支付实际发生的代管费用。代管期间届满仍无人申请登记的，由登记机关向人民法院提出确认无主财产的请求。"这同样适用于初始登记。

我国台湾地区的登记制度采用了强制登记的原则，但对建物所有权第一次登记则采用了任意登记的制度。② 对此有学者提出了质疑。③ 不过我国内地尚不存在这种状况。

（2）房地产总登记和初始登记的种类

我国台湾地区将总登记分为了三类，其中的土地所有权第一次登记由于不具整体性，依上述的区分应是初始登记的一种，而建物所有权第一次登记由于不具强制性，也因而不具有普遍性，虽适用土地总登记的程序④，但仍以归入初始登记为妥。日本的《不动产登记法》则分别规定了不动产标示登记，包括土地标示登记和建筑物标示登记和第一次所有权登记。而我国内地的《土地登记规则》未规定初始登记，但应将土地总登记和初始登记区分开来。而《城市房屋权属登记管理办法》则区分了总登记和初始登记。因此我国内地的房地产总登记可区分为土地总登记和房屋总登记。

对初始登记，也可分为土地初始登记和房屋初始登记。对房屋的初始

---

① 参见崔建远、孙佑海、王宛生：《中国房地产法研究》，中国法制出版社1995年版，第244页。
② 参见陈铭福：《土地法导论》，台湾五南图书出版公司2000年版，第133页。
③ 参见李鸿毅：《土地法论》，台湾1999年自版，第227页。
④ 台湾《土地登记规则》第3条第2项、第77条。

登记,应不限于《城市房屋权属登记管理办法》所规定的城市规划区国有土地范围内的房屋这一范围,而应逐步适应市场化的要求将城市规划区外的国有土地上的房屋和集体土地上的房屋纳入进来。

(3) 不动产总登记和初始登记所适用的权利

我国台湾地区的土地总登记所适用的权利包括土地所有权和他项权利,而对建物第一次登记仅规定了所有权的第一次登记,虽然有学者认为应将对建物的他项权利纳入登记。我国内地实行土地公有制,仅国家和集体才能享有土地所有权,其他主体只能享有土地使用权和其他建立在土地使用权基础上的土地他项权利,因此我国的土地权利体系是建立在土地使用权的基础之上的。对国有土地所有权,依《土地登记规则》是不必进行登记的,应进行的土地权利仅包括国有土地使用权、集体土地所有权和使用权及土地他项权利(《土地登记规则》第2条第2项),而总登记的对象也相应地限于国有土地使用权、集体土地所有权和使用权及土地他项权利(第9条),这里土地他项权利包括抵押权、承租权以及法律、行政法规规定需要登记的其他土地权利。对房屋则任何人都可享有所有权和他项权利。对房屋总登记的内容,有学者将其限定于地上建筑物的所有权[1],而《城市房屋权属登记管理办法》对总登记则未作出这样的限制,而只是用了权属登记这一概括称谓(第14条),依同法第3条的规定,应理解为包括房屋他项权利在内。而从总登记的目的考虑,它并不限于第一次登记,因此在总登记进行之前房屋上已可能存有他项权利,也应将之纳入总登记的范畴。这些他项权利有抵押权、典权、承租权等。

对初始登记,因为它发生在总登记之后,而不动产所有权在未经初始登记时是不能登记他项权利的[2],因此初始登记的登记对象首先是所有权,包括集体土地所有权、房屋所有权,而对国有土地所有权则无需登记。但国有土地使用权是否应纳入初始登记的范畴呢? 进而言之,不动产他项权利的设定登记是否属于初始登记的范畴?

对此存在不同的规定。我国台湾地区的《土地法》第72条和《土地登记规则》第102条将他项权利的设定纳入变更登记的范畴。我国内地的《土地登记规则》则将土地使用权和他项权利的设定登记纳入土地变更登记的

---

[1] 参见崔建远、孙佑海、王宛生:《中国房地产法研究》,中国法制出版社1995年版,第245页。
[2] 如上海市的《房地产登记条例》第14条第1、2款规定:"土地使用权未经初始登记的,该土地范围内的其他房地产权利不予登记。房屋所有权未经初始登记的,与该房屋有关的其他房地产权利不予登记,但依本条例规定申请预告登记的情形除外。"

范畴(第 2 条第 2 款)并以专章规定(第 4 章)。不过该法还将土地所有权的设定纳入了这一范畴,而土地所有权的设定这一概念是不存在的,土地所有权只能通过新增土地或国家征收而产生或转移,若属新增土地则应为初始登记,若指集体土地转为国有,则属变更登记,都无设定登记一说。而《城市房屋权属登记管理办法》第 9 条将他项权利的登记单列为一项并于第 19 条第 1 款明确规定:"设定房屋抵押权、典权等他项权利的,权利人应当自事实发生之日起 30 日内申请他项权利登记。"

而深圳、珠海、上海等地的《房地产登记条例》则将出让、划拨土地使用权的登记纳入初始登记的范畴予以规定。但对此外的不动产他项权利如地役权、典权、抵押权、租赁权等的设定则或予以单列规定,如上海市的《房地产登记条例》单列了房地产他项权利的登记,或仅单列了抵押登记,如深圳市的《房地产登记条例》,或未作出规定,如珠海市的《房地产登记条例》。对此,也有学者持肯定意见。①

这些不同的规定反映了我国不动产权利体系的复杂性。就房屋权利而言,由于可以私有,房屋他项权利的设定,也就可以设立于房屋所有权之上,或再设定于房屋他项权利之上,同时也不必对房屋再进行第一次测量来确定权利的范围,因此将房屋初始登记理解为对所有权的第一次登记尚无问题,而将房屋他项权利的设定作为对房屋所有权的限制纳入变更登记是更为妥适的。但我国实行土地公有制,土地所有权不能转让,从而土地权利体系是以土地使用权为核心的,其地位相当于实行土地私有制国家的所有权的角色,而其他土地限制物权主要是典权和抵押权,因为此时可能发生权利的转让,只能建立在土地使用权的基础上,不过地役权和租赁权却可以不限于建立在土地使用权的基础之上,它还可以建立在土地所有权之上,因为它们不涉及土地所有权的转让,但法定地役权无需登记,我国物权法也尚未确立地役权制度,而租赁权也多为对土地使用权的租赁,因此和典权、抵押权一样,多依附于土地使用权存在。而且国有土地所有权不进行登记,在设定土地使用权时就需要进行地籍测量并公告,而不能和房屋他项权利一样可以直接进行审查、登记,因此在程序上要适用和房屋所有权第一次登记一样

---

① 许明月、胡光志等:《财产权登记法律制度研究》,中国社会科学出版社 2002 年版,第 190 页。不过该书第四章则将他项权登记纳入变更登记的范畴,见该书第 98 页。

的程序。① 因此,可以将国有土地使用权的设定和房屋所有权的新建取得作为不动产初始登记的内容,而将集体土地使用权、其他土地他项权利和房屋他项权利的设定作为变更登记进行登记。

应注意的是,《城市房屋权属登记管理办法》第17条将集体土地上的房屋转为国有土地上的房屋的情形也纳入房屋所有权初始登记的情形,但这实际上并不一定发生房屋所有权权利主体的变更,只是土地使用权的性质发生了变化,只需进行变更登记即可,不属初始登记的范畴。②

(4) 不动产总登记的登记内容

由于不动产总登记是对一定区域内所有的不动产进行的登记,不仅要登记其权属情况,而且要登记其自然状况,如不动产的坐落、界址、面积、结构、用途、价值等,从而形成权利登记和表彰登记的区分,而权利登记也以表彰登记为基础,若没有表彰登记,则权利登记的范围、内容即无从确定,登记的正确性、公示力和公信力也就无法保证。③ 如日本的《不动产登记法》第1条将不动产的标示登记纳入不动产登记的范畴,同时该法于第四章第二节还单独规定了不动产标示的登记程序。各国不动产登记簿上也专门列出标示部对此进行登记。因此将不动产总登记限定为不动产权属登记将不当地限制不动产总登记的登记范围。④

(5) 房屋权属证书的换发

有学者在定义不动产权属总登记时,指出它也被称为换证登记。⑤《城市房屋权属登记管理办法》第14条、第15条对此作了明确规定并将该程序和总登记程序放置在了一起。依第14条第2款,"登记机关认为需要时,经县级以上地方人民政府批准,可以对本行政区域内的房屋权属证书进行验证或者换证"。第15条则规定该验证、换证的公告程序。严格地说,房屋权属证书的验证、换发不属于总登记的范畴,它只是对房屋权属证书进行行政管理的一项工作,并不一定要对登记辖区内的全部房屋进行测量并重新整

---

① 持类似观点的有胡光志先生,不过他的论述针对的是抵押登记,并以变更登记应以已经存在的登记为变更依据作为理由,可参见许明月、胡光志等:《财产权登记法律制度研究》,中国社会科学出版社2002年版,第190页。

② 另可参见许明月、胡光志等:《财产权登记法律制度研究》,中国社会科学出版社2002年版,第190页。

③ 参见肖厚国:《物权变动研究》,法律出版社2002年版,第208—209页。

④ 参见崔建远、孙佑海、王宛生:《中国房地产法研究》,中国法制出版社1995年版,第244页。如台湾学者陈铭福也认为我国台湾《土地法》第37条第1项将土地登记限定为对土地和建物的权利登记不甚妥当,应改为土地及建筑改良物之标示及权利登记。见氏著:《土地法导论》,第119页。

⑤ 参见崔建远、孙佑海、王宛生:《中国房地产法研究》,中国法制出版社1995年版,第244页。

理登记资料,如果涉及这些工作,它即成为总登记的一部分,而无需单独规定。不过它可以准用总登记的程序,特别是要进行公告,以确保房屋权属证书的正确性。

由上面的论述,似可将不动产总登记定义为不动产登记机关在一定期间内,对其行政管理区范围内的全部不动产的标示及其权属状态在审查公告后所为的强制性登记,包括土地总登记和房屋总登记,其登记的权利有国有土地使用权、集体土地所有权和使用权及房屋所有权和其他不动产他项权利,而不动产初始登记是指对不动产标示及其权属进行的第一次登记,包括国有土地使用权、集体土地所有权和房屋所有权的第一次登记。

第二节 不动产总登记的程序

一、房屋总登记程序

2001年修订的《房屋权属登记管理办法》没有详尽规定房屋总登记的登记程序,仅于第15条规定了房屋总登记的公告程序。依第15条的规定,总登记、验证、换证应当由县级以上地方人民政府在规定期限开始之日30日前发布公告。公告应当包括以下内容:(一)登记、验证、换证的区域;(二)申请期限;(三)当事人应当提交的有关证件;(四)受理申请地点;(五)其他应当公告的事项。对公告中所述事项的具体细则则未进行规定,因而在实践中难以操作。

二、土地总登记程序

(一)我国台湾地区《土地登记规则》规定的土地总登记的程序

我国台湾地区的《土地法》于第三章、《土地登记规则》于第三章第二节详尽规定了土地总登记的程序,它包括土地和建物的总登记(《土地登记规则》第2条第2项规定建物登记程序适用土地登记程序)。在《土地登记规则》的第二节未作规定的地方,应适用第一节规定的登记程序通则。

依据我国台湾地区《土地法》的第48条,台湾地区的土地总登记的程序包括下列几个步骤:调查地籍、公布登记区及登记期限、接收文件、审查并公告、登记发给书状并造册。这一步骤和我国大陆的《土地登记规则》不尽相同。我国大陆的土地总登记是先进行初次公告(通告),然后是申请,接下来才是地籍调查、权属审核和公告,再接下来是复查和核准登记。而台湾地区是先进行地籍调查,而且登记的发动也不限于申请,还包括嘱托登记和径为登记的情形,同时它也仅包括一次公告,并且没有复查程序。

1. 调查地籍

地籍,乃土地标示与土地权利相互关系之组织,亦即明示人地关系之图册记载。① 办理土地登记前,应先办地籍测量,其已依法办理地籍测量之地方,应即办理土地总登记(台湾《土地法》第 28 条第 1 款)。调查地籍之目的在于明了土地之客观状态与权属关系,以便填发登记通知,审查登记申请案件,并使土地权利人得以查对地籍测图。调查地籍之内容,包括各宗土地之坐落、四至、原有面积、地价、使用状况、改良物情形等土地标示事项,土地所有权人、他项权利人与使用人之姓名、住所等土地权利事项及其他应查明事项,填注于地籍调查表内。② 也有学者认为地籍调查仅需调查有关权利种类及其归属,盖土地之形状、位置、界址及面积经地籍测量已可确定。③ 地籍调查的实施区域以乡(镇市区)为单位,同一乡(镇市区)得参酌自然界限,显明地界,土地面积、号数及使用状况。划分为若干段,段内得设小段。④

2. 公布登记区及登记期限

土地总登记得分若干登记区办理,该登记区,在直辖市不得小于区,在县縣(市)不得小于乡(镇、市、区)(台湾《土地法》第 42 条)。土地总登记办理前,应将该登记区地籍图公布(台湾《土地法》第 50 条)。每一登记区接受登记声请之期限,不得少于二个月(台湾《土地法》第 49 条)。

3. 接收文件

接受文件即收件。登记机关接收登记申请书时,应即收件,并记载收件有关事项于收件簿与登记申请书。收件,应按接收申请之先后编列收件号数,登记机关并应给与申请人收据(台湾《土地登记规则》第 48 条)。我国台湾地区规定的土地和房屋总登记的方式包括三种:申请登记、嘱托登记和径为登记。

(1) 所有权总登记

A. 申请登记

登记申请有登记权利人和登记义务人双方共同申请和登记权利人单方申请之分。登记权利人为基于登记原因直接取得权利或免除其义务之人。

---

① 参见杨松龄:《实用土地法精义》,台湾五南图书出版公司 2000 年版,第 115 页。
② 参见李鸿毅:《土地法论》,台湾 1999 年自版,第 227 页。
③ 参见陈铭福:《土地法导论》,台湾五南图书出版公司 2000 年版,第 150 页。
④ 参见李鸿毅:《土地法论》,台湾 1999 年自版,第 227 页。

登记义务人为基于登记原因直接丧失其权利或承受其义务之人。

土地总登记,由土地所有权人于登记期限内检同证明文件声请(台湾《土地法》第51条、台湾《土地登记规则》第64条)。建物总登记也由建物所有权人单独申请登记。时效取得土地所有权之占有人于办理土地总登记时应单独申请为土地所有权之登记,否则取得时效不能生效,时效取得所有权,不是基于他人既存之权利而取得,性质上属于原始取得,可由占有人单方申请即可(台湾《土地登记规则》第28条第7项)。[1]

申请土地、建物总登记,申请人应提出下列文件:登记申请书、登记原因证明文件、已登记者、其所有权状、申请人身份证明及其他由"中央"地政机关依法规定应提出之证明文件(台湾《土地登记规则》第34条)。

B. 嘱托登记

公有土地之登记,由原保管或使用机关嘱托该管直辖市或县(市)地政机关为之,其所有权人栏注明为"国有"、直辖市有、县(市)有或乡(镇、市)有(台湾《土地法》第52条)。公有建物登记应比照使用。

C. 径为登记

无保管或使用机关之公有土地及因地籍整理而发现之公有土地,由该管直辖市或县(市)地政机关径为登记,其所有权人栏注明为国有(我国台湾《土地法》第53条)。

(2) 他项权利总登记

这里的具有登记能力的他项权利包括地上权、地役权、永佃权、典权、抵押权和耕作权等六种。他项权利衍生于所有权,他项权利的登记也因而应在所有权登记之后为之。台湾地区的"土地登记规则"规定:"未经登记所有权之土地,除本规则另有规定外,不得为他项权利登记或限制登记。"(我国台湾《土地登记规则》第12条)

土地他项权利总登记,应由权利人及义务人共同声请(台湾《土地法》第51条)。土地总登记前,已取得他项权利之人,得于所有权总登记申请期限内,会同所有权人申请之(台湾《土地登记规则》第64条)。即土地或建物总登记的申请期限也即他项权利的申请期限,在此期间内他项权利人不申请他项权利总登记的,其权利将难以获得法律的保障,在第三人取得登记之权利时,未登记的他项权利人不得主张抗辩。[2] 在总登记前依取得时效取

---

[1] 参见李鸿毅:《土地法论》,台湾1999年自版,第246页。
[2] 同上书,第261页。

得的他项权利也应进行他项权利总登记。

申请他项权利总登记,应提出下列文件:(一)土地、建物他项权利登记申请书,现已与所有权登记申请书合并简化为一种,称为"土地登记申请书";(二)登记原因证明文件,即足证明他项权利成立之文件,如他项权利设定契约书、基地租赁契约书等;(三)申请人身份证明;(五)其他由中央地政机关依法规定应提出之证明文件(台湾《土地登记规则》第34条)。①

同一土地为他项权利登记时,其权利次序,除法律另有规定外,应依登记之先后。但于土地总登记期限内申请登记者,依其原设定之先后(台湾《土地登记规则》第9条)。所谓法律另有规定,常见的有法定抵押权和法定地上权,它们视其成立生效时间之先后定其次序。

4. 审查并公告

登记机关接收申请登记案件后,应即依法审查。办理审查人员,应于登记申请书内签注审查意见及日期,并签名或盖章(台湾《土地登记规则》第49条第1项)。

(1) 审查、补正及驳回

台湾地区的土地登记采实质审查主义,市、县地政机关在接收申请、嘱托或径为登记案件之后,应即派员依法审查该登记案件是否具有法律预定之条件。这些审查包括形式审查和实质审查。前者的内容包括申请登记案件是否属登记机关管辖,提出登记申请的文件是否齐备等;后者如登记申请书之记载内容与证明文件或地籍测量结果是否相符、登记事项之原因事实在实体法上是否成立或为有效、有无违法强制或禁止规定、契据证件是否真实、权利有无争执以及物上有无设定负担情形等事项。② 审查完毕,"办理审查人员,应于登记申请书内签注审查意见及日期,并签名或盖章"(台湾《土地登记规则》第49条第1项后段)。

在声请或嘱托登记,如应补缴证明文件者,该管直辖市或县(市)地政机关应限期令其补缴(台湾《土地法》第55条第2项)。

有下列各款情形之一者,登记机关应以书面叙明理由或法令依据,通知申请人于接到通知书之日起15日内补正:(一)申请人之资格不符或其代理人之代理权有欠缺者;(二)登记申请书不合程序,或应提出之文件不符

---

① 参见李鸿毅:《土地法论》,台湾1999年自版,第262页。
② 同上书,第263页。另对申请人或其代理人及权利主体有无权利能力审查,台湾学者李鸿毅认为属形式审查的内容。

或欠缺者;(三)登记申请书记载事项,或关于登记原因之事项,与登记簿或其证明文件不符,而未能证明其不符之原因者;(四)未依规定缴纳登记规费或罚锾者(台湾《土地登记规则》第50条)。

有下列各款情形之一者,登记机关应以书面叙明理由及法令依据,驳回登记之申请:(一)不属受理登记机关管辖者;(二)依法不应登记者;(三)登记之权利人、义务人或其与申请登记之法律关系有关之权利关系人间有争执者;(四)逾期未补正或未照补正事项完全补正者。申请人不服驳回者,得依诉愿法规定提起诉愿。依第三项驳回者,申请人并得诉请司法机关裁判(台湾《土地登记规则》第51条)。

驳回登记之申请时,应将登记申请书件加盖土地登记驳回之章,全部发还申请人,并得将驳回理由有关文件影印存参(台湾《土地登记规则》第52条)。

依审查认为有瑕疵而被驳回者,得向该管司法机关诉请确认其权利,如经裁判确认,得依裁判再行声请登记(台湾《土地法》第56条)。已驳回之登记案件,重新申请登记时,应另行办理收件(台湾《土地登记规则》第53条)。

(2) 公告

公告的情形有两种:A. 直辖市或县(市)地政机关接受声请或嘱托登记之件,经审查证明无误,应即公告之,径为登记者亦同(台湾《土地法》第55条);B. 逾登记期限无人声请登记之土地或经声请而逾限未补缴证明文件者,其土地视为无主土地,由该管直辖市或县(市)地政机关公告之,公告期满,无人提出异议,即为国有土地之登记(台湾《土地法》第57条)。

A. 公告方式

公告,应揭示于主管登记机关门首之公告处所和申请登记土地所在地之公共地方、或村(里)办公处所(台湾《土地登记规则》第68条)。

B. 公告事项

公告,应载明下列事项:(一)申请登记为所有权人或他项权利人之姓名、住址;(二)土地标示及权利范围;(三)公告起讫日期;(四)土地权利关系人得提出异议之期限、方式及受理机关(台湾《土地登记规则》第66条)。

公告之事项如发现有错误或遗漏时,登记机关应于公告期间内更正,并即于原公告之地方重新公告十五日(台湾《土地登记规则》第67条)。

C. 公告期间

第一种公告的期间不得少于 15 日。第二种公告的不得少于 30 日（台湾《土地法》第 58 条）。二种公告之期限，由该管直辖市或县（市）地政机关报请"中央"地政机关核定之（台湾《土地法施行法》第 15 条）。

（3）异议处理

就第一种公告，土地权利关系人，在公告期间内，如有异议，得向该管直辖市或县（市）地政机关以书面提出，并应附具证明文件（台湾《土地法》第 59 条第 1 项、台湾《土地登记规则》第 69 条）。因异议而生土地权利争执时，应由该管直辖市或县（市）地政机关予以调处，不服调处者，应于接到调处通知后 15 日内，向司法机关诉请处理，逾期不起诉者，依原调处结果办理之（台湾《土地法》第 59 条第 2 项）。

登记机关调处土地权利争执事件，应依下列规定办理：（一）订期以书面通知当事人举行调处；（二）调处时，由当事人试行协议，协议成立者，以其协议为调处结果；其未达成协议或当事人任何一方经二次通知不到场者，登记机关应依职权予以裁处，作为调处结果；（三）调处，应作成书面纪录，并经当场朗读后，由当事人及调处人员签名或盖章；（四）第 2 款调处结果，应以书面通知当事人。通知书应载明当事人如有不服调处结果，应于接到通知后 15 日内诉请司法机关裁判，并应于诉请司法机关裁判之日起 3 日内将诉状缮本送登记机关，逾期不起诉者，依调处结果办理之；（五）登记申请人不服调处结果，未于前款规定期间内起诉者，应驳回其登记之申请，并以副本抄送异议人（台湾《土地登记规则》第 70 条）。

在办理土地总登记期间，当地司法机关应设专庭，受理土地权利诉讼案件，并应速予审判（台湾《土地法》第 61 条）。

就第二种公告，原权利人在公告期内提出异议，并呈验证件，声请为土地登记者，如经审查证明无误，应依规定程序，予以公告并登记，但应加缴登记费之二分之一（台湾《土地法》第 66 条）。

（4）公告效力

合法占有土地人，未于登记期限内声请登记，亦未于公告期间内提出异议者，丧失其占有之权利（台湾《土地法》第 60 条）。

5. 登记、发给书状并造册

声请登记之土地权利公告期满无异议，或经调处成立或裁判确定者，应即为确定登记，发给权利人以土地所有权状或他项权利证明书。该土地所有权状，应附以地段图（台湾《土地法》第 62 条）。

确定登记之土地面积,应按原有证明文件所载四至范围以内,依实际测量所得面积登记。前项证明文件所载四至不明或不符者,如测量所得面积未超过证明文件所载面积十分之二时,应按实际测量所得之面积予以登记,如超过十分之二时,其超过部分视为国有土地,但得由原占有人优先缴价承领登记(台湾《土地法》第 63 条)。

6. 计征登记规费

(二) 我国大陆《土地登记规则》规定的初始土地登记程序

《土地登记规则》详细规定了初始土地登记(土地总登记)的程序,对土地总登记的程序除可适用第二章的规定外,还可参照适用第 6 条规定的土地登记的一般程序。①

依《土地登记规则》,初始土地登记程序包括以下步骤:通告、申请、地籍调查、权属审核并公告、复查、核准登记并发证。我国实践中进行初始土地登记的程序前还要进行初始土地登记的准备工作。还有学者将土地总登记程序分为下列三个步骤:准备阶段、申报公告阶段和登记实施阶段。登记实施阶段包括申报(这和申报公告阶段似有重复)、地籍调查、权属审核、审核公告、注册登记和办法土地证。②

I. 初始土地登记的准备阶段

初始土地登记的准备阶段包括组织准备、行政事务准备和业务准备三部分。组织准备是指要成立政府领导班子,设立土地登记机构,建立专业队伍。这一点在现阶段已经实现。行政事务准备包括制订方案和有关政策,进行舆论宣传,筹集起动资金,划分登记区等。业务准备包括购置仪器设备,印制表卡、簿册、证书。收集图鉴资料,进行专业人员的业务培训等。③

也有学者将土地总登记准备阶段的工作分为了三种:一是制定工作方案,二是进行物质和技术准备,三是收集整理地籍资料。④

II. 初始登记程序

1. 通告

初始土地登记,由县级以上地方人民政府发布通告。通告的主要内容

---

① 我国《土地登记规则》第 6 条规定土地登记依照下列程序进行:(一) 土地登记申请;(二) 地籍调查;(三) 权属审核;(四) 注册登记;(五) 颁发或者更换土地证书。
② 参见许明月、胡光志等:《财产权登记法律制度研究》,中国社会科学出版社 2002 年版,第 192—193 页。
③ 参见向洪宜主编:《中国土地登记手册》,改革出版社 1994 年版,第 25 页。
④ 参见许明月、胡光志等:《财产权登记法律制度研究》,中国社会科学出版社 2002 年版,第 190 页。

包括:(一)土地登记区的划分;(二)土地登记的期限;(三)土地登记收件地点;(四)土地登记申请者应当提交的有关证件;(五)其他事项。

通告的方式有:张贴,直接送达申请人,通过电视、广播、报纸等新闻媒介发布等方式。①

2. 申请

由于土地总登记是由登记机关发起的强制登记程序,有学者认为这里的申请规定为申报更为合适。所谓申报是不动产权属总登记的起始阶段,系指不动产的产权人依照登记机关的公告与通知,将其权属如实报送登记机关的程序。它是产权人应尽的一种行政性义务,不履行的将产生行政责任,并且其"权利"往往不谓法律所认可。而申请是总登记以外的其他登记类型所需程序的初始阶段,是指登记请求权人、登记名义人为使登记请求权人真正取得不动产权,而将有关材料提示于登记机关,进行登记请求的一种程序。② 另有学者则认为,登记申报在本质上仍然属于登记申请的范畴,它应当属于典型的"被动"申请,也可以说是登记的一种特殊申请方式。③ 由于我国登记制度采用的是强制登记的原则,所有登记都具有强制性,无论是申请还是申报,若有迟延或不报的行为,除承担民事上的不利后果外④,都会承担一定的行政责任,主要是交纳滞期费用的责任⑤,因此二者又具有义务性,只是在强制性的程度上有所差别,相较之下,总登记较之经常登记类型就具有更强的强制性,因为它是建立完善准确的登记资料的第一步,因此当事人在申请上具有"被动性",而不像其他登记一样依当事人主动申请进行,因此后一种观点似乎更有道理一些。

(1) 申请主体

初始土地登记的申请主体包括国有土地使用者、集体土地所有者、集体土地使用者和土地他项权利人(我国《土地登记规则》第3条第1款)。

---

① 参见向洪宜主编:《中国土地登记手册》,改革出版社1994年版,第38页。
② 参见崔建远、孙佑海、王宛生:《中国房地产法研究》,中国法制出版社1995年版,第252页。
③ 参见许明月、胡光志等:《财产权登记法律制度研究》,中国社会科学出版社2002年版,第190页。
④ 如珠海市《房地产登记条例》第19条规定,"应当登记而逾期未申请登记的房地产,经登记机关公告满1年后仍无人申请登记的,视为国家代管房地产,由登记机关代管,代管期为3年。代管期间申请登记并予核准登记的,权利人应当支付实际发生的代管费用。代管期届满仍无人申请登记的,由登记机关依法向人民法院提出认定房地产权利无主的申请。"这样房地产的权利人就会丧失其权利。
⑤ 如珠海市《房地产登记条例》第42条规定:"当事人不按本条例规定的期限申请登记的,每逾期1日,可以处以登记费3‰以下的罚款。"

国有土地使用权由使用国有土地的单位及法定代表人或者使用国有土地的个人申请登记。集体土地所有权由村民委员会或者农业集体经济组织及法定代表人申请登记。集体土地使用权由使用集体土地的单位及法定代表人或者使用集体土地的个人申请登记。土地他项权利需要单独申请的，由有关权利人申请登记(《土地登记规则》第9条)。

申请土地登记，申请者可以授权委托代理人办理。授权委托书应当载明委托事项和权限(第3条第2款)。实践中土地登记部门采用了统一的《土地登记委托书》。

(2) 应提交的文件

土地登记申请者申请土地使用权、所有权和土地他项权利登记，必须向土地管理部门提交下列文件资料：(一) 土地登记申请书；(二) 单位、法定代表人证明，个人身份证明或者户籍证明；(三) 土地权属来源证明；(四) 地上附着物权属证明。委托代理人申请土地登记的，还应当提交授权委托书和代理人资格身份证明(第10条)。

其中的土地登记申请书是由申请者向土地管理部门领取的。土地登记申请书应当载明下列基本事项，并由申请者签名盖章：(一) 申请者名称、地址；(二) 土地坐落、面积、用途、等级、价格；(三) 土地所有权、使用权和土地他项权利权属来源证明；(四) 其他事项(第11条)。实践中，《土地登记申请书》包括四方面内容：(一) 申请人情况：申请者名称(姓名)、地址、上级主管单位等；(二) 申请登记的土地状况：土地坐落、土地权属性质、土地面积、土地用途、土地等级等；(三) 宗地范围界限图(注明相邻单位名称)；(四) 权属来源及权属证明材料。①

土地管理部门接受土地登记申请者提交的申请书及权属来源证明，应当在收件簿上载明名称、页数、件数，并给申请者开具收据(第12条)。实践中要将土地登记申请者提交的文件、资料在实现准备好的《土地登记收件单》上进行登记、编号，装袋入案。② 在这一个阶段，登记机关要进行初步审查，这是一种形式审查，主要就申请人的资格、代理人的代理手续、申请书填写的完整性和规范性、土地权属证明文件的有效性等进行审查。③

---

① 参见向洪宜主编：《中国土地登记手册》，改革出版社1994年版，第26页。
② 同上书，第50页。
③ 同上书，第26页、第48—50页。

第六章 不动产总登记和初始登记

3. 地籍调查、权属审核并公告

土地管理部门负责组织辖区内的地籍调查。地籍调查规程由国家土地管理局制定(第13条)。现行的地籍调查规程有两种:《城镇地籍调查规程》和《土地利用现状调查技术规程》,后者主要针对的是城镇以外的土地,即主要是农村的土地和国营农林牧渔场等的土地。[①]

地籍调查包括权属调查和地籍测量。权属调查包括核实土地权属来源、认定宗地界线、设立土地权属界址点等内容。而地籍测量包括地籍平面控制测量和地籍勘丈。[②]

土地管理部门应当根据地籍调查和土地定级估价成果,对土地权属面积、用途、等级、价格等逐宗进行全面审核,填写土地登记审批表。土地登记审批表以宗地为单位填写。两个以上土地使用者共同使用一宗土地的,应当分别填写土地登记审批表(第14条)。权属审核的标准为"土地权属清楚、界址清楚、面积准确"。审核内容包括对土地登记申请人、宗地自然状况和土地权属状况的审核。审核包括初审、审核、公告和核准四个程序。[③]

经土地管理部门审核,对认为符合登记要求的宗地予以公告。公告的主要内容包括:(一)土地使用者、所有者和土地他项权利者的名称、地址;(二)准予登记的土地权属性质、面积、坐落;(三)土地使用者、所有者和土地他项权利者及其他土地权益有关者提出异议的期限、方式和受理机关;(四)其他事项(第15条)。

4. 复查

土地登记申请者及其他土地权益有关者在公告规定的期限内,可以向土地管理部门申请复查,并按规定缴纳复查费。经复查无误的,复查费不予退还;经复查确有差错的,复查费由造成差错者承担(第16条)。

土地登记过程中的土地权属争议,在进行处理后,再行登记(第17条)。

土地所有权和使用权争议,由当事人协商解决;协商不成的,由人民政府处理。全民所有制单位之间、集体所有制单位之间、全民所有制单位和集体所有制单位之间的土地所有权和使用权争议,由县级以上人民政府处理。个人之间、个人与全民所有制单位和集体所有制单位之间的土地使用权争议,由乡级人民政府或者县级人民政府处理。当事人对有关人民政府的处

---

① 参见向洪宜主编:《中国土地登记手册》,改革出版社1994年版,第26页、第55页、第78页。
② 同上书,第27页。
③ 同上书,第26页、第81—83页。

理决定不服的,可以在接到处理决定通知之日起 30 日内,向人民法院起诉。在土地所有权和使用权争议解决以前,任何一方不得改变土地现状,不得破坏土地上的附着物(《土地管理法》第 13 条)。

5. 核准登记

公告期满,土地使用者、所有者和土地他项权利者及其他土地权益有关者对土地登记审核结果未提出异议的,由人民政府批准后,按照以下规定办理注册登记:

(1) 根据对土地登记申请的调查审核结果,以宗地为单位逐项填写土地登记卡,并由登记人员和土地管理部门主管领导在土地登记卡的经办人、审核人栏签字。土地登记簿即由土地登记卡组成。① 这实际上采用了物的编成主义的编排方式。

(2) 根据土地登记卡的有关内容填写土地归户卡,并由登记人员在土地归户卡的经办人栏签字。土地归户卡以权利人为单位填写,凡在一个县级行政区范围内对两宗以上土地拥有权利的,应当填写在同一土地归户卡上。而土地归户卡最后要编成土地归户册②,这实际上是按权利人进行编排,类似人的编成主义。

(3) 根据土地登记卡的相关内容填写土地证书。土地证书以宗地为单位填写。两个以上土地使用者共同使用一宗土地的,应当分别填写土地证书(第 18 条)。

由县级以上地方人民政府向国有土地使用者、集体土地所有者、集体土地使用者分别颁发《国有土地使用证》、《集体土地所有证》和《集体土地使用证》。县级以上地方人民政府土地管理部门向土地他项权利者颁发土地他项权利证明书(第 19 条)。颁证一般包括缮证—通知—验证—填写土地证书签收簿—发证等几个步骤。③

尚未确定土地使用权、所有权的土地,由土地管理部门进行登记造册,不发土地证书(第 20 条)。

---

① 详见向洪宜主编:《中国土地登记手册》,第 89 页。
② 同上书,第 90 页。
③ 同上书,第 90—91 页。

第三节 不动产初始登记的程序

一、房屋所有权的初始登记

（一）日本法关于建筑物初始登记以及区分建筑物登记的规定

依据日本的《不动产登记法》，初始登记被纳入了标示登记的范畴。标示登记的功能即在于确认登记不动产的同一性，将其客观存在的事实正确地标示于登记簿。① 依该法第 80 条，新产生土地时，所有人应于 1 个月内申请土地标示登记。在登记申请书上，应附具土地面积测量图、土地所在图及证明申请人所有权的书面。依该法第 93 条，建筑物为新建建筑物时，所有人应于 1 个月内申请建筑物标示登记，与登记申请书中，应附具建筑物的图式、各层平面图及证明申请人所有权的书面。就不动产的标示登记，也可由登记官依职权进行（第 25 条之二）。

就区分建物的标示登记而言，日本的《不动产登记法》规定：建筑物为区分一栋建筑物的，该建筑物标示登记申请应与属于一栋建筑物的其他建筑物标示登记申请一起为之，此时建筑物的所有人可以代位其他建筑物的所有人申请其他建筑物标示登记。这里的代位登记可准用该法第 46 条之二关于债权人代位登记的规定（第 93 条之二）。就区分建筑物登记用纸的设置，依据日本的《不动产登记法》，应就属于该一栋建筑物的全部建筑物（专有部分）设一登记用纸（第 15 条但书），亦即将一栋建筑物的标示部和每个区分后的建筑物的标示部分开，并在甲部和乙部分别记载后者的有关事项②（第 16 条之二、第 91 条第 2 款）。此外，日本的《建筑物区分所有法》将区分建筑物分为专有部分和共用部分。就共用部分之所有关系无需登记（日本《不动产登记法》第 11 条第 3 款），因为其登记极为繁杂，而且不登记也不会有何不方便之处。③ 而在规约规定可作为区分所有权标的的部分为共用部分时，就共用部分也有登记（日本《不动产登记法》第 4 条第 2 款）。日本法采区分建筑物的所有权和基地利用权不得分离的原则，但需就不得分离处分的专有部分及其土地使用权进行登记才能对抗第三人（《建筑物区分所有

---

① 参见〔日〕我妻荣：《日本物权法》，有泉亨修订、李宜芬校订，台湾五南图书出版有限公司 1999 年版，第 70 页。
② 同上书，第 488 页。
③ 同上书，第 484 页。

权法》第23条、《不动产登记法》第91条第2款第4项),此时须于区分建筑物的标示部登记有关"用地权"的事项(日本《不动产登记法》第91条第2款第4项),并将其宗旨登记在为用地权之土地的登记用纸的相当部事项栏中(日本《不动产登记法》第93条之四)。

(二)我国台湾地区的法律对建物(含区分建物)所有权第一次登记的规定

1. 区分建物适用土地使用权(基地使用权)和区分建物所有权不可分离(一体性)的原则①

区分建筑物和其坐落的基地属于各自独立的不动产,可以分别让与不同的人。我国台湾地区的《土地法》的第34条之一的第4款规定:"共有人出卖其应有部分时,他共有人得以同一价格共同或单独优先购买。"如区分建筑物的共有人将其区分所有权连同基地的应有部分一起出卖时,其他区分共有人若仅主张对出卖人的基地应有部分行使优先承买权的话,就可能导致复杂的法律关系。② 因此,我国台湾地区的《土地登记规则》的第83条规定:"《土地法》第三十四条之一第四项之规定,于区分所有建物连同其基地应有部分之所有权一并移转与同一人所有之情形,不适用之。"但台湾学者认为该条文只是旨在鼓励区分所有权人将建筑物与基地一并移转于同一人,而不能解释为建筑物的区分所有权和基地利用权已结成一体。而台湾"最高法院"的司法解释也采用了同样的倾向。③ 而真正确立一体化原则的是台湾地区的《公寓大厦管理条例》,该条例于第4条第2项进一步规定,"专有部分不得与其所属建筑物共用部分之应有部分及其基地所有权或地上权之应有部分分离而为移转或设定负担。"这一规定系将区分所有建物的专有部分、共用部分及基地利用权三者结合为一体,使区分所有的特别构成关系有着具体的表征,有助于地籍厘整及权利单纯化。④ 对其他利用基地的权利,如典权或租赁权等,应类推适用该条的规定。⑤

---

① 对区分建筑物和基地关系的探讨,详见尹章华、王惠光、林旺根等:《公寓大厦管理条例解读》,中国政法大学出版社2003年版,第39页下。
② 参见王泽鉴:《民法物权》(第1册)(通则·所有权),中国政法大学出版社2002年版,第246—247页。
③ 参见尹章华、王惠光、林旺根等:《公寓大厦管理条例解读》,中国政法大学出版社2003年版,第52页。
④ 同上书,第141页。
⑤ 参见王泽鉴:《民法物权》(第1册)(通则·所有权),中国政法大学出版社2002年版,第247页。

由于台湾现行登记簿没有区分一般建筑物和区分建筑物,使得整栋建筑物的情况以及建筑物与其基地的关系等问题并不清楚,会滋生争议,因此有学者建议,首先应以"物之编成主义"增设"整幢建物之标示簿",就整幢建筑物的全部情况,包括各层建物面积、区分单位数、全部基地号数及面积等均汇集一页登记用纸。而建号的编列则采"特殊建物"的方式处理,即整幢建物为一编号,其各区分则以 OO 之 O 号表示。其次,各专有部分建物登记簿应增列"基地权利种类"与"基地权利范围"等栏以便与基地关系相互勾稽,达成不可分离的关系。①

2. 建物(含区分建物)所有权第一次登记的程序

我国台湾地区对建物(含区分建物)所有权第一次登记的规定体现在《土地登记规则》和《公寓大厦管理条例》中。

依据《土地登记规则》,建物(含区分建物)所有权第一次登记除特殊规定外,准用土地总登记的程序(第77条)。

就建物所有权第一次登记的特殊规定有:

(1) 第一次测量

申请建物所有权第一次登记前,应先向登记机关申请建物第一次测量(台湾《土地登记规则》第72条)。测量申请人有建物所有权人或管理人,他们应向建物所在地政事务所申请,他们也可以以书面委托代理人代为申请。区分所有权人就其区分所有部分之权利,可以单独申请测量。申请时应检附建物使用执照、竣工平面图及其影本。②

接下来的程序就是收件、审查、排定测量日期及通知及现场施测了。现场施测后应制作测量成果图。

(2) 申请

A. 申请人

建物第一次登记的申请人是建物所有权人或起造人,区分建物的区分所有部分得由区分所有人单独申请。③ 但这里存在一个问题,即区分所有人得单独申请区分所有部分的登记,那么共有部分应有谁来申请呢? 如由申请的区分所有人申请,那么,相应的登记费用仅由该区分所有人申请就有所不公了。

---

① 参见尹章华、王惠光、林旺根等:《公寓大厦管理条例解读》,中国政法大学出版社2003年版,第142页。
② 参见陈铭福:《土地法导论》,台湾五南图书出版公司2000年版,第155页。
③ 同上。

B. 申请文件

申请建物所有权第一次登记,应提出使用执照及建物测量成果图。有下列情形之一者,并应附其他相关文件:(一)区分所有之建物申请登记时,如依其使用执照无法认定申请人之权利范围及位置者,应检具全体起造人分配协议书;(二)申请人非起造人时,应检具移转契约书或其他证明文件。由(二)可见,在台湾,申请人并非一定是起造人,而可以是起造人,即开发商等,他可以不必登记而将建筑物转让给第三人,并由后者来申请建筑物的第一次登记。但这就违反了"非依法律行为发生的物权变动未经登记不得处分"的原则。

实施建筑管理前建造之建物,无使用执照者,应提出主管建筑机关或乡(镇、市、区)公所之证明文件或实施建筑管理前有关该建物之下列文件之一:(一)曾于该建物设籍之户籍誊本;(二)门牌编钉证明;(三)缴纳房屋税凭证;(四)缴纳水费凭证;(五)缴纳电费凭证。前项建物与基地非属同一人所有者,并另附使用基地之证明文件(台湾《土地登记规则》第73条)。

C. 区分建物的第一次登记

区分所有部分单独申请登记:区分所有建物,区分所有权人得就其区分所有部分之权利,单独申请登记(台湾《土地登记规则》第74条)。

公寓大厦之起造人或区分所有权人应依使用执照所记载之用途及下列测绘规定,办理建物所有权第一次登记:(一)独立建筑物所有权之墙壁,以墙之外缘为界;(二)建筑物共享之墙壁,以墙壁之中心为界;(三)附属建物以其外缘为界办理登记;(四)有隔墙之共享墙壁,依第2款之规定,无隔墙设置者,以使用执照竣工平面图区分范围为界,其面积应包括四周墙壁之厚度(《公寓大厦管理条例》第44条第3项)。

区分所有建物之共同使用部分,应另编建号,单独登记,并依下列规定办理:(一)同一建物所属各种共同使用部分,除法令另有规定外,应视各区分所有权人实际使用情形,分别合并,另编建号,单独登记为各相关区分所有权人共有。但部分区分所有权人不需使用该共同使用部分者,得予除外。(二)区分所有建物共同使用部分仅建立标示部,及加附区分所有建物共同使用部分附表,其建号,应于各区分所有建物之所有权状中记明之,不另发给所有权状(台湾《土地登记规则》第75条)。区分所有建物之地下层或屋顶突出物等,如非属共同使用部分,并已由户政机关编列门牌或核发其所在地址证明者,得视同一般区分所有建物,申请单独编列建号,办理建物所有权第一次登记(台湾《土地登记规则》第76条)。

3. 停车位的权利登记

在我国台湾地区,停车位多设置于地下层,可分为三类:(1) 防空避难所兼作法定停车空间;(2) 因受奖励容积而增设;(2) 由建商自行设置。对第一类,法令规定仅能作为共同使用部分登记,对其他两类可由建筑商自行规划,如果已依使用执照记载非属共同使用部分,并已编列门牌或地下室所在地址证明的,可以视同为区分所有建物依《土地登记规则》第73条予以登记(台湾《土地登记规则》第76条)。但此外的停车位,如记载为共同使用部分,即须按共同使用部分登记了,若未记载,如何处理,尚属不明。因此,有学者建议,将建筑执照附图内有名明显界限(合法)的停车空间,视为专有部分办理登记,以明确车位买受人的权义,消除纠纷的隐患。① 依"一九九六台内地字第八五七三七一六号函",非法定的停车空间可以下列两种方式登记:(1) 单独编列建号以主建物的方式登记;(2) 通过车位编号在建物登记簿的标示部和所有权簿加注或记载,并于建筑改良物所有权状上记载"车位编号 OO"。"一九九六台内地字第八五八零九四七号函"则就法定停车空间作为共同使用部分的记载作出了规定。

(三)我国现行法对房屋初始登记的规定

1. 区分建筑物的土地使用权(基地使用权)和区分建物所有权之间的关系

就土地和建筑物之间的关系,可以从两个层面来进行分析,第一个层面是指土地和建筑物之间的关系,即土地和建筑物之间是附从的关系还是二者各自可以成为独立的所有权的客体;第二个层面涉及区分建筑物,即区分建筑物的区分所有权和其所基于的基地上的权利(可称为基地利用权)之间是什么关系,二者之间能否分离。

就第一个层面,纵观世界各国的立法例,大体上有两种类型:一种是土地吸附建筑物的立法例,有学者称之为土地物权的"一元主义"结构,一种是土地和建筑物分立的立法例,也被称为土地物权的"二元主义"结构。②

土地吸附建筑物的立法例以古罗马法为代表,它采用了土地绝对吸附建筑物的原则。《德国民法典》也采用了这种立法模式,体现为该法的第94条第2款第1项:"土地的主要构成部分为定着于土地上之物,特别是建筑

---

① 参见尹章华、王惠光、林旺根等:《公寓大厦管理条例解读》,中国政法大学出版社2003年版,第131页。

② 参见孙宪忠:《中国物权法总论》,法律出版社2003年版,第137页;氏著:《论物权法》,法律出版社2001年版,第322—323页。

物及于土地尚未分离的土地出产物。"但《德国民法典》的规定并不能适应城市的急剧发展,无法适应大规模的高楼大厦出现的需求,因此,德国于 1919 年和 1951 年相继制定了《地上权条例》(Verordnung über das Erbbaurecht)和《住宅所有权及长期居住法》(Gesetz über das Wohnungseigentum und die Dauerwohnung),从而实现了土地和建筑物的分离,建筑物不再是土地的附属即土地所有权的附属,而是地上权的附属,而非土地所有权人的居住者也可以成为了住宅的所有权人。①

另一种立法例以日本为代表。《日本民法典》第 86 条将土地和建筑物视为两种不动产,其上可各自成立不动产物权,二者实现了分离。我国台湾地区仿日本立法例,采用了二元主义的立法,土地和建筑物为两种独立的不动产,可以分别享有所有权,这点突出体现为我国台湾地区《民法典》第 876 条的规定:"土地及其土地上之建筑物,同属于一人所有,而仅以土地或仅以建筑物为抵押者,于抵押物拍卖时,视为已有地上权之设定,其地租由当事人协议定之,协议不谐时,得声请法院定之。土地及其土地上之建筑物,同属于一人所有,而以土地及建筑物为抵押者,如经拍卖,其土地与建筑物之拍定人各异时,适用前项之规定。"土地和其上的建筑物可以分别成为抵押权的客体。

就第二个层面,各国的立法是基本一致的,都采用了一体化的原则。如根据德国法的规定,就区分建筑物而言,区分所有权人可以独立享有建筑物的所有权,但该所有权如果建立在地上权的基础之上,依德国《地上权条例》第 12 条第 1 款的规定,建筑物为地上权的必要组成部分②,即二者不能分离,而依德国的《住宅所有权及长期居住法》,权利人的特别所有权(即区分所有权)和其在共同所有权(包括区分所有人对基地共有的所有权或利用权)中的份额也不可分离,特别所有权成为单一所有权人所拥有的共同所有权份额的附属物,或者是共同所有权份额的必要构成部分③,即就区分所有权和地上权之间的关系而言,德国法也采用了区分所有权和基地利用权一体化的原则,区分所有权和基地利用权成为了不可分割的一个整体。④

---

① 参见孙宪忠:《德国当代物权法》,法律出版社 1997 年版,第 13—17 页。
② 同上书,第 230 页。
③ 同上书,第 213—214 页。
④ 参见尹章华、王惠光、林旺根等:《公寓大厦管理条例解读》,中国政法大学出版社 2003 年版,第 50 页;陈华彬:《现代建筑物区分所有权制度研究》,法律出版社 1995 年版,第 157 页。但这些学者的介绍似乎有误,他们认为德国的《住宅所有权及长期居住法》将区分所有权、公用部分的共有权和基地所有权统一称为"特别所有权",实际上德国法中的特别所有权类似于他们所说的区分所有权。另参见孙宪忠:《德国当代物权法》,法律出版社 1997 年版,第 213 页。

第六章 不动产总登记和初始登记

就日本法而言,区分建筑物的区分所有人对区分建筑物可以单独享有所有权,而该所有权建立在占地利用权的基础之上。但就区分所有权和占地利用权之间的关系,日本的《建筑物区分所有权法》第 22 条第 1 款规定:占地利用权为数人的所有权或其他权利时,区分所有人不得将其专有部分与相关的占地利用权相分离而处分。但规约另有规定时,不在此限。① 由此可见日本也采用一体化的原则,但这一原则可以以规约排除。违反该规定的,处分无效,但无效不得对抗善意第三人,但如果就不得分离处分的专有部分及其土地使用权进行登记后再处分的,可以对抗第三人(日本《建筑物区分所有权法》第 23 条、《不动产登记法》第 91 条第 2 款第 4 项)。

依前述,就区分所有权和基地利用权之间的关系,台湾法也采用了一体化的原则。

就我国大陆而言,虽然尚没有统一的物权立法,但就第一个层面的问题,实际上承认了土地和建筑物是两个独立的物,可以分别成为独立所有权的客体。这具体体现在房地产权证的种类上,既有土地所有权证,也有房屋所有权证。而就第二个层面,各个立法也相对统一,形成了"房随地走,地随房走"的双重局面。如《担保法》第 36 条前两款规定:"以依法取得的国有土地上的房屋抵押的,该房屋占用范围内的国有土地使用权同时抵押。以出让方式取得的国有土地使用权抵押的,应当将抵押时该国有土地上的房屋同时抵押。"《房地产管理法》第 31 条也规定:"房地产转让、抵押时,房屋的所有权和该房屋占用范围内的土地使用权同时转让、抵押。"1990 年颁布的《土地使用权出让和转让条例》第 23 条、第 24 条也分别规定:"土地使用权转让时,其地上建筑物、其他附着物所有权随之转让。""地上建筑物、其他附着物的所有人或者共有人,享有该建筑物、附着物使用范围内的土地使用权。土地使用者转让地上建筑物、其他附着物所有权时,其使用范围内的土地使用权随之转让,但地上建筑物、其他附着物作为动产转让的除外。"建设部制定颁布的规章也采用了这种立法模式。《城市房地产抵押管理办法》第 11 条也规定:"以在建工程已完工部分抵押的,其土地使用权随之抵押。"《城市房地产转让管理规定》第 5 条也规定:"房地产转让时,房屋所有权和该房屋占用范围内的土地使用权同时转让。"而已废止的 1990 年制定的《城市房屋产权产籍管理暂行办法》第 3 条也规定:"城市房屋的产权与该房屋占用土地的使用权实行权利人一致的原则,除法律、法规另有规定的外,不

---

① 译文参见王书江译:《日本民法典》,中国公安大学出版社 1999 年版,第 287 页。

得分离。"而这即体现为前述的一体性原则。因为我国土地采用公有制,私人不能拥有土地,而私人可以建造房屋,那么房屋总要建立在相应的地基上,因此即需取得对土地的利用权,可以是土地使用权,也可以是土地租赁权等,房屋的所有权和基地利用权依这些法律的规定即不能分离,这也符合国际通行的立法例。我国在未来的不动产登记法律中也应坚持这种一体化的原则。当然,这并不否认我国学者论述的土地使用权和房屋所有权可以分离的观点①,但在分离的情况下,房屋所有权仍然要建立在对土地的其他利用权(如建立在土地使用权基础之上的土地租赁权或次地上权等)的基础之上。

如果采用了一体化的原则,在相应的登记问题上也应注意前述台湾学者提出的公示问题。一则我国尚未广泛推行房地登记的一体化,房屋登记簿和土地登记簿在很多地域上是分立的,一体化必须在两个登记簿上显示出来,即土地登记簿和房屋登记簿须分别标示出房屋的状况和基地权利的情况,以使二者协调一致。二则,应在房屋登记簿中标示出整幢区分建筑物的情况,如整幢建筑物的面积、层数、各层面积、各区分建筑物的面积等,以便管理、查对,分清区分建筑物所有人的权利。

2. 现行法对房屋初始登记的规定

(1)《城市房屋权属登记管理办法》的规定

《城市房屋权属登记管理办法》仅于第 16 条和第 17 条简要规定了房屋初始登记的两种情形:

第一,新建的房屋,申请人应当在房屋竣工后的 3 个月内向登记机关申请房屋所有权初始登记,并应当提交用地证明文件或者土地使用权证、建设用地规划许可证、建设工程规划许可证、施工许可证、房屋竣工验收资料以及其他有关的证明文件(第 16 条)。这里的申请人为权利人,对新建房屋而言,属原始取得,是事实行为,应由建房人取得所有权,他应为这里的申请人,即权利人。

第二,集体土地上的房屋转为国有土地上的房屋,申请人应当自事实发生之日起 30 日内向登记机关提交用地证明等有关文件,申请房屋所有权初始登记。申请转移登记,权利人应当提交房屋权属证书以及相关的合同、协

---

① 参见孙宪忠:《中国物权法总论》,法律出版社 2003 年版,第 139 页;另可参见氏著:《论物权法》,法律出版社 2001 年版,第 327—328 页;关涛:《我国不动产法律问题专论》,人民法院出版社 1999 年版,第 144 页下。

议、证明等文件(第17条)。我们认为这应属于房地产变更登记的范畴。

现时城市的商品房和经济适用房多为区分建筑物,对此,《城市房屋权属登记管理办法》没有作出明确规定,仅于第20条涉及这方面内容,即房屋所有权登记应当按照权属单元以房屋的门牌号、幢、套(间)以及有具体权属界限的部分为基本单元进行登记,而具体的操作如何进行就失之阙如了,实属立法上的缺憾。

(2) 建设部和地方法规规章对商品房初始登记的规定

对新建商品房的销售过户登记和城市预售商品房的登记,国务院制定的《城市房地产开发经营管理条例》和建设部制定的《商品房销售管理办法》及《城市商品房预售管理办法》也作出了进一步的规定。

建设部制定的《商品房销售管理办法》适用于商品房现售和商品房预售,该办法于第34条规定:

"房地产开发企业应当在商品房交付使用前按项目委托具有房产测绘资格的单位实施测绘,测绘成果报房地产行政主管部门审核后用于房屋权属登记。

房地产开发企业应当在商品房交付使用之日起60日内,将需要由其提供的办理房屋权属登记的资料报送房屋所在地房地产行政主管部门。

房地产开发企业应当协助商品房买受人办理土地使用权变更和房屋所有权登记手续。"

对该办法的规定应注意两点:一是该办法规定在商品房交付前开发商应进行房屋测量,这相当于我国台湾地区《土地登记规则》中规定的建物第一次测量,不过这一测量并非是向登记机关作出的申请;二是商品房买受人应办理房屋所有权登记手续,而房地产开发商负协助义务,那么,这里的所有权登记是初始登记呢还是指移转变更登记?该登记方式是单方申请呢还是共同申请呢?由条例并不能得出明确的答案。而且若为初始登记,为何要由开发商申请第一次测量呢?如果它不是所有权人,单由它申请测量无疑对购房人是很不公平的。购房人能否在登记时再申请测量呢?而商品房购买人申请登记的期限,办法并未规定,此时可以适用《城市房屋权属登记管理办法》第16条的规定:申请人应当在房屋竣工后的3个月内向登记机关申请房屋所有权初始登记。但对期房销售来说,开发商在商品房交付使用之日起60日内才提交需要由其提供的办理房屋权属登记的资料,如果商品房竣工和交付使用之日之间间距超过3个月的话,购房人就无法在房屋竣工后的3个月内提出登记申请,便会构成逾期申请。而如果是现房销售的话,销售合同订立之日和房屋竣工之日也会有间隔,二者之间也会发生冲突,即销售合同在房屋竣工之日3个月后才订立的情形。这就造成了两个法规直接的冲突。而依建设部的相关解释,此时应适用《城市房地产开发经营管理条例》第33条的规定,在商品房交付使用之日或销售合同签订之日起90日内,开发商应于商品房交付使用之日起60日内提交需要由其提供的办理房屋权属登记的资料,留30天由购房人办理房屋权属变更登记。①

而对城市商品房预售则另有特别规则。国务院制定的《城市房地产开发经营管理条例》于第33条规定:"预售商品房的购买人应当自商品房交付使用之日起90日内,办理土地使用权变更和房屋所有权登记手续;现售商品房的购买人应当自销售合同签订之日起90日内,办理土地使用权变更和房屋所有权登记手续。房地产开发企业应当协助商品房购买人办理土地使用权变更和房屋所有权登记手续,并提供必要的证明文件。"这里将预售商品房的购买人办理的房屋登记也界定为所有权登记,和前面对《商品房销售管理办法》规定的分析一样,这里的登记不知是指初始登记呢还是指移转变更登记?而且该条例似乎采用的是单方申请原则。如果作这样理解的话,则可以认为该条例认为预售商品房的购买人进行的是初始登记,因为转让变更登记一般应由购房人和售房人共同申请。较《商品房销售管理办法》的规定,条例规定了商品房购买人申请登记的期限为商品房交付使用之日起90日内或销售合同签订之日起90日内,这同样和《城市房屋权属登记管理办法》第16条的规定有冲突,此时应适用上位的法律,即《城市房地产开发经营管理条例》的规定。

《城市商品房预售管理办法》第12条也仅规定:"预售的商品房交付使用之日起90日内,承购人应当持有关凭证到县级以上人民政府房地产管理部门和土地管理部门办理权属登记手续。"该办法也未明确这里的登记是初始登记还是指转让变更登记,但它明确了此时的登记申请方式是单方申请,因此也可以推出这里的登记应为初始登记。而办法规定的商品房购买人申请登记的期限和《城市房地产开发经营管理条例》一样,也为商品房交付使用之日起90日内。

而上海市的《房地产登记条例》则作出了不同的规定。该条例单列一章规定了房地产的预告登记,实则应为预售登记,在商品房建成后,便产生了

---

① 参见建设部住宅与房地产司和政策法规司编:《商品房销售办法暨商品房买卖合同示范文本指南》,中国物价出版社2001年版,第44页。

第六章 不动产总登记和初始登记

由预告登记推进为本登记的问题,该条例于第 59 条规定了这个问题:"新建商品房所有权初始登记后,商品房预购人应当申请房地产转移登记。预购商品房设定抵押的,房地产转移登记后,其预购商品房抵押权预告登记转为房地产抵押权登记。"由此可见,应先由开发商单独申请进行初始登记,然后才由商品房的预购人进行移转登记,此时应适用该条例第 6 条规定的共同申请原则。这一规定符合物权法的基本原理。依物权法的基本原理,新建房屋属依事实行为发生的物权变动,建房人直接可以取得房屋的所有权,此时应由开发商取得所有权,购房人在房屋建成后,依预售合同可以请求开发商交付房屋,此时发生的应为所有权的转移变更。上海市条例的规定是比较妥适的。其《城市房地产管理法》第 44 条第 2 款规定:"商品房预售人应当按照国家有关规定将预售合同报县级以上人民政府房产管理部门和土地管理部门登记备案。"对预售商品房合同的登记采用了强制登记的原则,上海市条例的规定也具有了样本意义。类似的,珠海市《房地产登记条例》也于第 23 条第(三)项规定"权利人应当在下列期限内,申请初始登记……(三)新建商品房的,自房屋竣工验收后交付给购买人之前的期限内",即由开发商进行初始登记。

就预售商品房的初始登记,应当注意区分建筑物各区分部分(即各套商品房)的编号,应当和开发商的原始标号和预售商品房抵押时的编号统一,避免开发商重复抵押损害购买者的利益。

不过上海市条例未规定建筑物的第一次测量,也未规定区分建物登记中共有部分应如何登记。这就为登记留有了隐患。此时开发商应申请区分建筑物第一次测量,并依测量结果对区分建筑物的区分部分和共有部分进行登记。如果购房人有异议的,应当允许申请重新测量。

对商品房购买人申请登记的期限,《最高人民法院关于审理商品房买卖合同纠纷案件适用法律若干问题的解释》也于第 18 条第 1 款作出了规定:"由于出卖人的原因,买受人在下列期限届满未能取得房屋权属证书的,除当事人有特殊约定外,出卖人应当承担违约责任:(一)商品房买卖合同约定的办理房屋所有权登记的期限;(二)商品房买卖合同的标的物为尚未建成房屋的,自房屋交付使用之日起 90 日;(三)商品房买卖合同的标的物为已竣工房屋的,自合同订立之日起 90 日。"其中第(二)、(三)项采用了《城市房地产开发经营管理条例》的规定,但"解释"采用了当事人意思自治优先的原则,这不方便于登记机关的管理,也影响了房屋权属的确定。

3. 停车位(库)的权属登记问题

就居民小区停车位(库)的权属问题,国内已经出现了很多的纠纷。实践中经常是由开发商或物业管理企业将停车位另行出卖或出租给业主,而业主又认为停车位已经摊入公摊面积,并加入了购房款中,应当属业主共有。在2003年11月12日南京市鼓楼区法院就此作出了一个判决,支持了业主的理由,判定小区的车库属业主共有。[1]

对居民小区停车位(库)的问题,我们可以从两条思路来看,一种是将停车位(库)作为单独的权利(所有权或土地使用权)客体,不计入公摊面积,在商品房销售时一起销售给购房者或保留给开发商,这主要适用于停车库,因为它一般处于地下,有独立的空间,应当视为独立的区分所有权的客体,这样购房者或开发商可以就停车位(库)单独进行权属登记,而已进行规划的封闭式小区的停车位也可取得相应的土地使用权证[2];一则是将停车位明示摊入公摊面积,作为区分建筑物的共有部分,由区分建筑物的相关区分所有权人共同所有使用,并予以登记,此时开发商如果属于区分所有权人(即它是尚未销出的商品房的所有权人),可作为共有人享有相应的份额。而如何具体使用分配停车位,则由业主之间依据其订立的公约予以处分。这些都有待于物权法和区分所有权制度的完善。

二、不动产初始登记——房屋所有权和土地使用权的初始登记

(一) 广东省的《城镇房地产权条例》

广东省1994年颁布的《城镇房地产权登记条例》没有规定房地产的总登记制度,但规定了房地产的初始登记。由于广东省是第一个试点统一房地产权属登记的省份,在规定上带有很强的过渡性质,即突出体现在以统一的房地产权属证书代替土地使用证和房屋权属证书上。因此便要求房屋所有权和其所占用土地的使用权应当统一,此时才可以获得统一的房地产权证,这同样适用于房地产的初始登记。具体可分为两种情形:一是土地使用权人新建房屋建成后交付使用时,由权利人持土地使用证明及其他有关文件申请办理确认权属登记,换领房地产权证,并注销土地使用证;二是由开

---

[1] 详见《南方周末》2003年12月11日A9版。
[2] 不过在实践中这涉及规划的问题。笔者从原北京市国土资源和房屋管理局了解到,属于规划范围内的停车库(对它所使用的公共设施的面积要进行分摊)和封闭式小区的停车位可以登记(此时应取得土地使用权证),而开放式小区的停车位的问题比较复杂,因为涉及外来车辆等的停放,这些问题值得进一步探讨。

发商开发新建商品房屋的,在房屋交付使用时,由开发单位办理权属登记,但必须交回土地使用证并予以注销。从这些规定看来,它们实际上规定的是新建房屋的初始登记,因为权利人已经拥有土地使用权证,只需申请房地产登记机关注销土地使用权证、确认新建房屋的所有权并换发房地产权证了。

办理房地产初始登记的程序如下:

1. 申请

权利人办理房地产权登记应当自登记事项发生之日起30日内,向房屋所在地的房地产管理部门申请,并提交下列文件:(一)申请人的身份证明;(二)房地产权属来源证明或者权利证书。

这里的权利人是指土地使用权人,包括自建房屋人和商品房开发商。权利人是法人的,由其法定代表人申请;房地产是共有的,由共有人共同申请。申请房地产权登记,申请人可以委托代理人。由代理人办理申请登记的,应当向房地产管理部门提交申请人的委托书。境外申请人的委托书应当按规定经过公证或者认证。

登记事项发生时应指房屋建成并由建筑人将房屋交付给权利人使用时。

2. 审核并核发房地产权证

房地产管理部门收齐申请人的申请登记文件之日,为受理申请日。房地产管理部门必须在规定时间内对房地产权登记申请进行审查。

申请新建非商品房屋产权登记、申请确认新建商品房屋权属的,房产管理部门还应当把土地使用权证送同级土地管理部门查验核实。查验核实后,房产管理部门应当在土地使用权证上注明"已换领房地产权证"字样。土地管理部门应当自收到土地使用权证之日起10个工作日内完成查验核实手续。

经过审核,对符合规定的确认权属登记的申请,房产管理部门应当在受理申请之日起60个工作日内核发房地产权证;对不符合规定的申请,房产管理部门应不予登记,并在上述规定时间内书面通知申请人。

有下列情形之一的房地产,房地产管理部门应当作出暂缓登记的决定,并自作出决定之日起15日内书面通知申请人:(一)产权纠纷尚未解决的;(二)违章建筑未经处理的;(三)法律、法规规定暂缓登记的。暂缓登记事由消失后,经申请人提交有效的书面证明,房地产管理部门应当予以核准登记。

房地产权证文本由省人民政府房地产管理部门统一印制。经核发的房地产权证应当载明下列主要事项：(一) 权属人和权属来源情况；(二) 房屋所有权性质及房屋情况；(三) 土地权属性质及土地情况；(四) 他项权摘要；(五) 房屋共有、土地共用情况；(六) 纳税情况；(七) 其他必须载明的事项。

从广东省的《城镇房地产权登记条例》的规定来看，房地产的统一登记尚处于试验阶段，房产管理部门核地产管理部门尚未实现统一，在登记程序上也显得过于简单。

(二) 深圳经济特区、珠海经济特区和上海市的《房地产登记条例》关于房地产初始登记程序的规定

深圳经济特区、珠海经济特区和上海市分别制定了统一的《房地产登记条例》，在这三个条例中都规定了房地产的初始登记。

不过这三个条例都未规定房地产初始登记的一般程序，因此应参照房地产登记的一般程序来处理。依深圳市的条例，房地产登记按下列程序办理：(一) 提出申请；(二) 受理申请；(三) 审查申请文件；(四) 权属调查；(五) 依本条例规定公告；(六) 确认房地产权利；(七) 将核准登记事项记载在房地产登记册；(八) 计收规费并颁发房地产权利证书；(九) 立卷归档（第 22 条）。珠海的规定较之深圳的规定只是少了审查申请文件这一步骤（第 7 条）。整体上，这些程序都可适用于房地产总登记。

较之深圳和珠海的条例，上海市的条例还对初始登记的效力作出了如下特殊的规定：土地使用权未经初始登记的，该土地范围内的其他房地产权利不予登记。房屋所有权未经初始登记的，与该房屋有关的其他房地产权利不予登记，但申请预告登记的情形除外（第 14 条）。

I. 初始登记的情形

依这三个条例，房地产初始登记的情形有：

1. 凡未经登记机关确认其房地产权利、领取房地产权利证书的土地使用人以及建筑物、附着物的所有人（珠海市《房地产登记条例》：房地产权利人）应当申请初始登记（深圳市《房地产登记条例》第 27 条、珠海市《房地产登记条例》第 22 条）。但在这些条例施行前已依法颁发土地使用权证书、房屋所有权证书和房地产权证书的房地产无需再进行初始登记（深圳市《房地产登记条例》第 62 条、珠海市《房地产登记条例》第 52 条）。

2. 土地使用年期届满，经批准续期使用的，应当重新办理土地使用权初始登记（深圳市《房地产登记条例》第 35 条、珠海市《房地产登记条例》第

22条)。对此亦可以变更登记的方式进行。实则这种情况下直接办理变更登记即可。

3. 已办理初始登记的房地产增加面积的,增加部分应办理初始登记(深圳市《房地产登记条例》第35条)。实则这种情况下应为变更登记。此种情况下直接办理房地产权利变更登记即可,属房地产面积增减变更登记的情形。

4. 以出让、租赁方式取得土地使用权的,房地产权利人应当申请土地使用权初始登记(上海市《房地产登记条例》第2条)。

5. 划拨方式取得土地使用权或者依法取得集体所有的非农业建设用地使用权的,房地产权利人应当申请土地使用权初始登记(上海市《房地产登记条例》第23条)。在依法取得集体所有的非农业建设用地使用权的情形,以我们前面的分析可放入变更登记的情形,即属房地产他项权利设定登记的情形。

6. 新建房屋竣工验收合格后,房地产权利人应当申请房屋所有权初始登记(上海市《房地产登记条例》第25条)。这可纳入1的情形中去。

II. 初始登记的程序

1. 申请

(1) 申请人和申请方式

就申请方式,三个条例都采用了单独申请的方式(深圳市《房地产登记条例》第13条、珠海市《房地产登记条例》第11条、上海市《房地产登记条例》第7条)。申请人为房地产权利人,包括土地使用权人和建筑物的所有权人。但区分建筑物登记的申请应由谁来进行?按珠海市《房地产登记条例》第23条第三项的规定,"新建商品房的,自房屋竣工验收后交付给购买人之前的期限内",权利人应当申请初始登记。根据该条文,申请人不可能是购买人了,只能是房地产开发商。此外,申请人可以进行委托申请(深圳市《房地产登记条例》第17条、珠海市《房地产登记条例》第14条、上海市《房地产登记条例》第9条)。

(2) 申请日期

权利人应自取得土地使用权之日起30日内,取得建筑物、附着物竣工验收证明之日起60日内,申请初始登记(深圳市《房地产登记条例》第28条)。

权利人应当在下列期限内,申请初始登记:(一) 以出让或者划拨方式取得土地使用权的,自按合同约定付清地价款或者补偿、安置等费用之日起

3个月内;(二)新建非商品房屋的,自房屋竣工验收交付使用之日起3个月内;(三)新建商品房的,自房屋竣工验收后交付给购买人之前的期限内(珠海市《房地产登记条例》第23条)。

(3) 应提交的文件

A. 深圳市的条例区分了三种不同的初始登记的情形规定了不同的应提交的文件:

a. 申请土地使用权初始登记应提交下列文件:(一)《房地产初始登记申请书》;(二)身份证明,包括:个人身份证明,或企业法人营业执照和法定代表人证明,或国家机关负责人证明,或市政府批准设立组织的文件和该组织负责人证明。境外企业、组织提供的身份证明应按规定经过公证或认证;(三)土地权属证明,包括:1. 以出让方式取得土地使用权的应提交:(1)土地使用合同书。根据土地使用合同书规定由权利人自行征地的,应同时提交征地补偿协议书;(2) 付清地价款证明;2. 以行政划拨方式取得土地使用权的应提交:(1) 市政府批准用地文件;(2) 用地红线图;(3) 征地补偿协议书;3. 以其他合法形式取得土地使用权的,应提交有关证明文件;(四)登记机关认可的测量机构出具的实地测绘结果报告书(第29条)。

b. 申请建筑物、附着物所有权初始登记,应提交下列文件:

(一) 土地使用权属证明;(二) 建筑许可证;(三) 施工许可证;(四) 建筑物竣工验收证;(五) 经市政府指定的机构审定的竣工结算书;(六) 建筑设计总平面图、建筑物竣工图(包括单体建筑平面、立面、剖面图);(七) 登记机关认可的测量机构出具的实地测绘结果报告书(第30条)。

c. 属违法用地、违章建筑,但经处理并准许留用的,申请登记时应提交行政处罚决定书(第31条)。

B. 珠海市仿深圳市的规定也区分了三种情形作出了规定:

在申请土地使用权初始登记时所提交的文件和深圳市的规定基本相同,仅在第三项土地权属证明上作了简化,包括:(1) 土地使用权出让合同或者土地使用权划拨合同;(2) 付清地价款或者补偿、安置等费用证明书;(3) 批准用地文件;(4) 建设用地规划许可证及附图、附件(包括用地红线图);(5) 建设用地批准书或者建设用地许可证;(6) 以其他合法方式取得土地使用权的有关证明文件(第24条)。

在申请非商品房屋所有权初始登记时,应当提交的文件与深圳市的有所不同,增加了申请书、身份证明、建设工程规划许可证及其他有关文件(第

25条),但少了施工许可证。房地产开发企业申请新建商品房所有权初始登记,还应当另提交商品房建设项目批准文件(第26条)。

在违法用地或者违章建筑的情形,经处理并准许留用的,申请登记时应当提交有关部门作出行政处理的有关文件,而不是深圳市所明确规定的行政处罚决定书(第27条)。

C. 上海市的条例也区分了四种情形作出了规定,但未规定违章建筑的处理,而是将深圳和珠海市的条例规定的土地使用权初始登记的情形进一步分为了两种,这三种情形分别是:

以出让、租赁方式取得土地使用权,以划拨方式取得土地使用权或者依法取得集体所有的非农业建设用地使用权,新建房屋竣工验收合格的。

以出让、租赁方式取得土地使用权的,房地产权利人应当提交下列文件:(一)申请书;(二)身份证明;(三)土地使用权出让合同或者土地租赁合同;(四)地籍图;(五)土地勘测报告。以出让方式取得土地使用权的,房地产权利人除提交前款规定的文件外,还应当提交已付清土地使用权出让金的证明。出让、租赁土地使用权年限届满后,经批准续期的,房地产权利人应当重新办理土地使用权初始登记(第22条)。其中的(一)、(二)、(五)三点和深圳、珠海市的条例相同,第(三)点作了简化,第(四)点是增加的。

以划拨方式取得土地使用权或者依法取得集体所有的非农业建设用地使用权的,房地产权利人除应提交前述(一)、(二)、(四)、(五)四项文件外还应当另提交建设用地批准文件(第23条)。

新建房屋竣工验收合格后,房地产权利人应当提交的文件除上述(一)、(二)外,还有(三)(记载土地使用权状况的房地产权证书)、(四)(建设工程规划许可证)、(五)(竣工验收证明)、(六)(记载房屋状况的地籍图)、(七)(房屋勘测报告)、(八)(根据登记技术规范应当提交的其他有关文件)(第25条)。这些规定和珠海市的基本相同,只是名称作了一些变动。

(4)登记申请的撤回

申请人可以在房地产登记机构将房地产登记内容公示前,撤回登记申请(上海市《房地产登记条例》第12条)。

2. 受理

上海市的条例规定,申请人提交的申请登记文件齐备的,房地产登记机构应当即时出具收件收据,申请日为受理日。申请人提交的申请登记文件尚未齐备的,房地产登记机构应当书面告知补正要求,申请登记文件补齐日

不动产登记程序的制度建构

为受理日(第 10 条)。

3. 审核

(1) 初步审定并公告

初始登记经审查符合规定的,登记机关应在受理登记申请之日起 60 日内作出初步审定,并予以公告,公告期为 30 日(深圳市《房地产登记条例》第 33 条第 1 款)。

珠海市则规定初始登记申请经审查符合规定的,登记机关应当自受理申请之日起 15 日内作出初步审定;登记机关认为需要公告的,予以公告,公告期为 30 日(珠海市《房地产登记条例》第 28 条)。

上海市的条例则未规定公告的程序。

(2) 异议的处理

对初始登记公告的初步审定提出异议的,登记机关应自接到书面异议之日起 15 日内将书面异议的副本送达登记申请人。登记申请人应自接到书面异议副本之日起 15 日内向登记机关作出书面答复。逾期不答复的,予以撤销初步审定,驳回登记申请。

登记机关对异议和登记申请人的答复进行调查核实,认为异议成立或不成立的,登记机关应作出决定,并书面通知当事人。当事人对登记机关的决定不服的,可自接到决定通知书之日起 15 日内向市政府行政复议机构申请复议,或向人民法院起诉(深圳市《房地产登记条例》第 34 条、珠海市《房地产登记条例》第 29 条)。

4. 核准登记、计征规费并颁发房地产权利证书

深圳市和珠海市的条例对此规定:对初步审定无异议的,公告期满后,登记机关应予以核准登记,并向申请人颁发房地产权利证书(深圳市《房地产登记条例》第 33 条第 2 款、珠海市《房地产登记条例》第 28 条)。

登记机关应在房地产登记册和房地产权利证书中,根据不同土地权属来源分别标明"行政划拨土地"、"有偿使用土地"、"减地价土地"、"免地价土地"、"内销商品房"、"外销商品房"、"微利商品房"、"全成本商品房"、"准成本商品房"等字样(深圳市《房地产登记条例》第 32 条)。

上海市的条例则规定,房地产登记机构应当在规定的时限内完成对登记申请的审核。经审核符合规定的,房地产登记机构应当将有关事项记载于房地产登记册,登记申请的受理日为登记日(上海市《房地产登记条例》第 11 条)。

上海市的条例对准予登记的条件也作出了详尽的规定:

第六章　不动产总登记和初始登记

（1）符合下列条件的土地使用权初始登记申请,应当准予登记:(一)申请人是土地使用权出让合同、土地租赁合同或者建设用地批准文件记载的土地使用人;(二)申请登记的土地使用范围、位置、面积、用途与土地使用权出让合同、土地租赁合同或者建设用地批准文件、地籍图、土地勘测报告的记载一致;(三)申请登记事项与房地产登记册的记载不冲突;(四)不属于本条例第14条第3款所列的情形(上海市《房地产登记条例》第24条)。

（2）符合下列条件的房屋所有权初始登记申请,应当准予登记:(一)申请人是房地产登记册记载的土地使用权人;(二)申请初始登记的房屋坐落、用途、幢数、层数、建筑面积符合建设工程规划许可证的规定并与记载房屋状况的地籍图、房屋勘测报告一致;(三)申请登记事项与房地产登记册的记载不冲突;(四)不属于本条例第14条第3款所列的情形(上海市《房地产登记条例》第24条)。

房地产登记机构应当自受理初始登记申请之日起20日内完成审核。符合规定条件的,应当将初始登记事项记载于房地产登记册,并通知房地产权利人领取房地产权证书;不符合规定条件的,不予登记,并书面告知申请人(上海市《房地产登记条例》第27条)。

8. 立卷归档

III. 违章建筑的处理

对违章建筑,我国台湾地区的《违章建筑处理办法》第2条规定:违章建筑为建筑法适用地区内,依法应申请当地主管建筑机关之审查许可并发给执照方能建筑,而擅自建筑之建筑物。违章建筑包括程序违建和实质违建两种。程序违建是指建筑物并未妨碍都市计划,建造者得依一定程序申领建筑执照的情形;而实质违建是指建筑物无从依程序补正,使其变为合法的建筑物。对违章建筑,在其建成时建造人即可原始取得其所有权。但违章建筑不能办理建物所有权第一次登记。[①]

就我国而言,《城镇房屋权属登记管理办法》第23条第1款和上海市的条例的第14条第3款规定:对违章建筑,登记机关应当作出不予登记的决定。而深圳市和珠海市的《房地产登记条例》则规定:属违法用地、违章建

[①] 参见王泽鉴:《民法物权》(第1册)(通则·所有权),中国政法大学出版社2001年版,第117页;陈铭福:《土地法导论》,台湾五南图书出版公司2000年版,第155页;杨松龄:《实用土地法精义》,台湾五南图书出版公司2000年版,第135页。

筑,但经处理并准许留用的,申请登记时应提交行政处罚决定书(深圳市《房地产登记条例》第 31 条)或有关部门作出行政处理的有关文件(珠海市《房地产登记条例》第 27 条),也即违章建筑可以登记,但须经处理决定留用,但未经处理或正在处理时登记机关可以作出暂缓登记的决定(深圳市《房地产登记条例》第 26 条、珠海市《房地产登记条例》第 18 条)。

第七章 不动产变更登记

第一节 不动产变更登记的界定

在不动产进行总登记后,不动产权属及其自然状况发生变动时即需进行不动产变更登记,从而从个别的角度对不动产状态的记载加以变动,使其与实际状态保持一致,并保证不动产登记簿的正确性和公信力,即变更登记系维持地籍资料正确性之动态登记[①],但对其内涵,我国现行登记法律法规的规定很不统一,不同的登记法就有不同的变更登记模式,而学者间的意见也不一致。对变更登记的界定大体上可以分为以下几种:

(一)最广义的界定:这种界定将总登记以外的其他登记基本都纳入了变更登记的范畴

如我国内地《土地登记规则》第2条规定:变更土地登记,是指初始土地登记以外的土地登记,包括土地使用权、所有权和土地他项权利设定登记,土地使用权、所有权和土地他项权利变更登记,名称、地址和土地用途变更登记,注销土地登记等。不过,在不动产总登记里我们已经阐明不存在土地所有权的设定登记这一概念了,而国有土地使用权的设定登记我们也倾向于纳入初始登记的范畴,而注销登记即涂销登记虽然可以纳入广义的变更登记的范畴,但它属于土地他项权利绝对消灭的情形,和土地权利或土地的自然状况发生变动而未消灭时进行的变更登记在发生情形和登记处理方式上毕竟有所不同,适宜分别规定。

再如1993年2月23日国家土地管理局发布的《关于变更土地登记的若干规定》的第1项:初始土地登记后,土地所有权、使用权及他项权利发生转移、分割、合并、终止,登记的土地用途发生变更,土地所有者、使用者或他项权利者更改名称或通讯地址的,除按规定办理有关手续外,应及时办理变更土地登记。变更土地登记分为:(1)土地权属变更登记;(2)他项权利变更登记;(3)更名登记;(4)更址登记;(5)土地用途变更登记;(6)注销登记。不过和《土地登记规则》相比,这一规定未将土地使用权的设定登记纳

---

① 参见杨松龄:《实用土地法精义》,台湾五南图书出版公司2000年版,第136页。

入进来,但注销登记也不宜纳入变更登记统一规定。此外的土地权利和土地自然状况的变动自可纳入变更登记的范畴。

也有学者将类似《土地登记规则》所规定的广义变更登记称为变动登记,包括房地产权属变更登记、房地产他项权利登记(仅限于其设立的情形)、更名登记、房地产使用用途改变登记和房地产权证补给登记和房地产权属注销登记。其中的房地产权属注销登记似单列,而依前述房地产他项权利登记中的国有土地使用权登记宜纳入初始登记规定。① 而该学者也认为房地产权属变更登记包括的情形有房地产权属发生移转、分割、合并、增减或消灭等情形。这里的消灭包括土地消失、房屋毁灭等情形②,应当属于消灭登记的范畴。这种认识和我国台湾地区《土地法》关于变更登记的规定很相似。

我国台湾地区的《土地法》第 72 条规定的也是土地权利的变更登记,即土地总登记后,土地权利有移转、分割、合并、设定、增减或消灭时,应为变更登记。这里的消灭,有学者认为包括了消灭登记和涂销登记两种情形③,也有学者认为仅包括涂销登记的情形。④ 而《土地法》还另外规定了查封登记、预告登记、更正登记和书状换给、补给登记。而台湾的《土地登记规则》则未规定统一的变更登记,而是将总登记之外的登记进一步分为很多具体的登记类型进行了规定,包括所有权变更登记、他项权利登记(包括设定、变更、涂销登记)、更名登记、住址变更登记、更正登记、标示变更登记、限制登记(含预告登记、查封登记及其他禁止处分之登记等)和涂销登记。王泽鉴教授认为变更登记即指所有权变更登记和他项权利登记。⑤ 此外还有重新地籍测量后之变更登记和土地重划变更登记。有学者将所有这些登记统称为广义的变更登记。⑥ 这比我国内地的《土地登记规则》所规定的变更登记的范围还要广。

---

① 参见崔建远、孙佑海、王宛生:《中国房地产法研究》,中国法制出版社 1995 年版,第 243—244 页。
② 同上书,第 246 页。
③ 参见陈铭福:《土地法导论》,台湾五南图书出版公司 2000 年版,第 166 页。
④ 参见杨松龄:《实用土地法精义》,台湾五南图书出版公司 2000 年版,第 153 页;参见李鸿毅:《土地法论》,台湾 1999 年自版,第 300 页。
⑤ 参见王泽鉴:《民法物权》(第 1 册)(通则·所有权),中国政法大学出版社 2002 年版,第 95 页。
⑥ 参见陈铭福:《土地法导论》,台湾五南图书出版公司 2000 年版,第 166 页。

（二）广义的界定：这种界定将涂销登记排除出了变更登记的范围

如《房地产管理法》第 60 条第 3 款即将房地产变更登记的情形规定为房地产转让或者变更。但这里的变更的情形没有具体化。

珠海市的《房地产登记条例》将房地产变更登记分为了产权移转登记和其他变更登记。而其他变更登记的情形包括：（一）房地产用途经批准改变的；（二）权利人姓名或者名称发生变化的；（三）房地产坐落地址或者房地产名称发生变化的；（四）房地产面积经批准改变的；（五）房屋因倒塌、拆除、焚毁等灭失的（第 33 条）。第（五）项应属消灭登记的情形。另外该条例还规定了房地产权证书的换领和补发程序（第 51 条），这是《土地登记规则》没有规定的。

我国大陆也有学者认为变更登记与初始登记、更正登记、涂销登记都不相同，它针对的是已登记的权利，并以原有登记的正确性为条件，其后果是原登记的权利发生一定的变化而不是消灭，它可分为登记（非权利）事项的变更登记、权利内容的变更登记和权利移转登记。登记事项的变更登记有权利人更名登记、地址变更登记和财产的名称、编号、街道等的变更登记；权利内容的变更登记有权利分割变更登记、财产状况的变更登记和他项权登记。[1] 不过登记事项的变更登记还可包括土地使用用途变更登记，房地产权证书的换领和补发程序也可纳入这里；而权利内容的变更登记还包括权属发生合并、增减等情形。上述三种类型也可分别被称为权利客体（标示）的变更登记、权利内容的变更登记和权利主体的变更登记，就后两者而言，它们基本上即前面所说的房地产权属变更登记的内容。[2]

我国台湾也有学者认为变更登记可分为土地、建物权利的变更登记和其他变更登记，土地、建物权利的变更登记是指以变更既存登记之一部分为目的之登记，即维持原来之登记，而仅涂销其已变更部分之登记事项，另易以新登记事项的登记，它包括权利主体、客体及内容的变更，如土地、建物权利移转、分割、合并、设定、增减等情形，而涂销登记和消灭登记不宜纳入变更登记的范畴。其他变更登记包括更名登记、住址变更登记、标示变更登记

---

[1] 参见许明月、胡光志等：《财产权登记法律制度研究》，中国社会科学出版社 2002 年版，第 92—99 页。

[2] 参见杨松龄：《实用土地法精义》，台湾五南图书出版公司 2000 年版，第 136 页，不过他将变更分为主体、客体和标示三种形式；参见李鸿毅：《土地法论》，台湾 1999 年自版，第 280 页。

和书状换给或补给登记。限制登记和信托登记不纳入变更登记的范畴。①不过信托登记和限制登记纳入变更登记也未尝不可,它们也属于对既存登记的部分变动。

(三)狭义的界定:这种界定将移转登记和他项权利的设立登记排除出了变更登记的范围

如我国《城市房屋权属登记管理办法》的第18条即将房屋变更登记限于权利人名称变更和房屋现状发生变化的情形,包括:(一)房屋坐落的街道、门牌号或者房屋名称发生变更的;(二)房屋面积增加或者减少的;(三)房屋翻建的;(四)法律、法规规定的其他情形。而房屋权属的移转和他项权利的设定则另外单列为转移登记和他项权利登记,但对房屋他项权利的变更则未作出规定。这些都可以纳入变更登记的范畴。

与此相似的是深圳市的《房地产登记条例》,该条例也将房地产变更登记限于房地产的使用用途、权利人的姓名或名称发生变化及房地产的坐落名称或房地产名称发生变化的情形(第45条),同时该法也将建筑物、附属物倒塌、拆除的情形纳入了变更登记的范畴(第47条),实则这属于消灭登记的范围。另外,该条例还单列了房地产的转移登记、抵押登记(属房地产他项权利的设定登记)、房地产权利证书补发、换领程序。这些也都可以纳入变更登记的范畴。

上海市的《房地产登记条例》和《城市房屋权属登记管理办法》的规定基本一致,也是将房地产的移转登记予以了单列,另外也单独规定了房地产他项权利登记,并纳入了房地产他项权利的移转登记和变更登记,而其规定的房地产变更登记发生的情形较之深圳市的规定,增加了土地、房屋面积增加或者减少、房地产分割、合并这两项,并增加了一概括情形,即法律、法规规定的其他情形,而未规定建筑物、附属物倒塌、拆除的情形,更为科学(第32条)。和深圳、珠海的条例相同,上海的条例也规定了房地产权利证书补发、换领程序(第20条)。

就房地产的转让登记,《城市房地产权属登记管理办法》,深圳市、珠海市和上海市的《房地产登记条例》和《房地产管理法》的规定发生了直接的冲突。

对房地产他项权利的设定登记是否属于变更登记,存在不同的认识。

---

① 参见李鸿毅:《土地法论》,台湾1999年自版,第230—231页;台湾学者杨松龄所界定的狭义变更登记与此相近,也未将更正登记、限制登记和涂销登记、消灭登记纳入进来。

我国内地的《土地登记规则》和台湾地区的《土地法》采广义的变更登记,土地他项权利的设定登记因此被纳入了变更登记的范畴;但内地的《土地登记规则》仍然将土地他项权利的登记程序作了单独规定,台湾地区的《土地登记规则》也是将他项权利单列处理的。内地的《城市房屋权属登记管理办法》则将变更登记和他项权利登记(结合第 19 条的规定,这里的他项权利登记实指他项权利设定登记)视为两种登记,上海市的《房地产登记条例》也将房地产他项权利登记和变更登记视为两种不同的登记,并对后者予以单列,但这里的他项权利登记包括了设定登记、变更登记和涂销登记。

对此学者间也存在着不同的认识,台湾学者李鸿毅认为他项权利的设定乃权利之创设,并非权利之变更①,而且他定义的变更登记的处理方式是涂销已变更的部分登记事项而另易以新的登记事项,这和他项权利设定登记的处理方式似不尽相同。大陆学者也有将房地产他项权利登记和房地产权属变更登记分别处理的。② 但也有学者持不同意见,他项权的设定是对原财产权利的一种限制或处分,完全可以被看作是对原财产权利内容的一种变更,他项权登记(实指他项权的设定登记)似应属于变更登记的范畴。③

其实不论哪种说法都有其一定的道理,从他项权设定登记的处理方式上,它和其他变更登记可能会有所不同,但在具体程序的规定上并不一定有着根本的区别,将其和其他变更登记一并规定亦未尝不可,至少台湾的《土地法》和《土地登记规则》对二者程序的规定就是一致的,只需将他项权利设定登记的特殊之处单独规定即可。上海的《房地产登记条例》将他项权利的设定、变更、涂销登记合并规定,固有使他项权利登记完整清楚的考虑,但也人为地夸大了他项权利登记的特殊之处,并且割裂了他项权利的变更登记和变更登记之间的关联,否认了涂销登记的独立性。

综上所述,我们认为采广义的界定比较合适。房地产变更登记应限定为对既存登记的部分正常变动进行的登记,它不包括权利或权利客体的消灭。房地产变更登记可分为房地产权利的变更登记和登记事项的变更登记。

房地产权利的变更登记是指房地产权利移转、分割、合并、设定和增减时所为的变更登记。

---

① 参见李鸿毅:《土地法论》,台湾 1999 年自版,第 228 页。
② 参见崔建远、孙佑海、王宛生:《中国房地产法研究》,中国法制出版社 1995 年版,第 246 页。
③ 参见许明月、胡光志等:《财产权登记法律制度研究》,中国社会科学出版社 2002 年版,第 92—99 页。

房地产登记事项的变更登记有房地产权利人更名登记和住址变更登记、房地产地址变更登记、使用用途变更登记和更名登记及房地产权证书的换领和补发登记等。

国有土地使用权的设定登记、限制登记(含预告登记)、涂销登记、消灭登记不宜纳入变更登记的范畴,国有土地使用权的设定登记在我国宜纳入初始登记,其他宜单独规定。

第二节 不动产变更登记的情形

不动产变更登记可分为不动产权利的变更登记和登记事项的变更登记。不动产权利的变更登记是指不动产权利移转、分割、合并、设定和增减时所为的变更登记。不动产登记事项的变更登记有不动产权利人更名登记和住址变更登记、不动产地址变更登记、使用用途变更登记和更名登记及不动产权证书的换领和补发登记等。

一、不动产权利移转、分割、合并、设定和增减的含义

(一)不动产权利的移转

所谓不动产权利的移转,是指不动产权利主体的变更,也即不动产权利的相对消灭,但对它发生的原因我国内地现有的房地产登记条例的规定不尽相同:

深圳市《房地产登记条例》第36条规定的原因有:买卖、赠与、交换、继承、共有房地产的分割、人民法院判决或裁定的强制性转移及依照法律、法规规定作出的其他强制性转移。

珠海市《房地产登记条例》第30条则未规定共有房地产的分割,而是采用了更广泛的分割概念,并增加了合并、依照人民法院的调解作出的转移变更及依照仲裁机构裁决、调解作出的转移变更的情形,还规定了一个概括条款,即法律、法规规定的其他情形。但这里的共有房地产分割、分割和合并并不应是权利移转的表现。

相较之下,上海市《房地产登记条例》仅规定了买卖、交换、赠与、继承、遗赠和法律、法规规定的其他情形等五项,要准确合理得多(上海市《房地产登记条例》第28条)。不过它缺失了深圳和珠海的两个条例中规定的法院人民法院判决、裁定的强制性转移和依照法院的调解作出的转移变更及依照仲裁机构裁决、调解作出的转移变更的情形。

我国台湾地区的土地、建物权利移转的情形有所有权之买卖、继承、赠与、交换、公用征收、照价收买、法院判决、拍卖、标售、诉讼上调解或和解、地上权、永佃权之转让、典权之转典或不回赎等情形。① 此外还应有时效取得及其他用益物权(如约定地役权、抵押权等)的转让等。

应注意的是,韩国的不动产登记对新建成的房屋或新出现的土地等在形式上办理的也是移转登记,虽然理论上它们应属于保存登记。②

(二) 不动产权利的分割

不动产权利的分割是指作为权利标的物的土地或房屋分为数宗或数栋的情形,它包括一人所有的一宗土地或一栋房屋被分为数宗或数栋或数人共有的一宗土地或一栋房屋被分割为数宗或数栋等情形。也有学者将分割的情形分为土地因面积分笔分割和权利分割两种情形,并认为前者也属标示变更的情形,而后者则是指共有土地分割的情形。③

(三) 不动产权利的合并

不动产权利的合并是指属于同一权利主体的或分别属于不同权利主体的两宗(栋)或两宗(栋)以上的土地或房屋合并为一宗(栋)。它可分为一部合并和全部合并。一部合并是指一宗土地或一栋房屋的一部分合并于另一宗土地或另一栋房屋;全部合并是指一宗土地或一栋房屋的全部合并于另一宗土地或另一栋房屋。④ 有学者认为合并的情形也属标示变更登记的范畴。⑤ 实则不动产的合并也导致权利的变更,应属权利变更的范畴。

对土地的合并,台湾《土地法施行法》第19条之一规定:两宗以上之土地如已设定不同种类之他项权利,或经法院查封、假扣押、假处分或破产之登记者,不得合并。

(四) 不动产他项权利的设定

不动产他项权利的设定是指在土地或房屋总登记后,在土地或房屋上设定他项权利(如地上权、地役权、典权、抵押权等)的情形。就我国内地而言,这里的他项权利不应包括国有土地使用权。

---

① 参见李鸿毅:《土地法论》,台湾1999年自版,第228页;陈铭福:《土地法导论》,台湾五南图书出版公司2000年版,第165页。
② 参见崔吉子:《韩国的不动产登记制度》,载梁慧星主编:《民商法论丛》第26卷,金桥文化出版(香港)有限公司,第697页。
③ 参见陈铭福:《土地法导论》,台湾五南图书出版公司2000年版,第165页。
④ 参见李鸿毅:《土地法论》,台湾1999年自版,第228页。
⑤ 参见陈铭福:《土地法导论》,台湾五南图书出版公司2000年版,第165页。

(五) 不动产权利的增减

不动产权利的增减是指不动产面积的增加或减少,如因流失或淤涨而发生的土地面积的增减、因增建或拆毁而发生的建物面积的增减等。有学者认为这一般也属于标示变更的范畴。① 但不动产面积的增减必然会导致权利范围的增减,应属于权利变更的情形。

二、不动产登记事项变更的情形

不动产登记事项变更登记的情形包括如下几种:(1)不动产权利人(登记名义人)更名登记和住址变更登记;(2)不动产地址变更登记;(3)不动产使用用途变更登记;(4)不动产更名登记;(5)不动产权证书的换领和补发登记。

第三节 不动产变更登记的程序

一、我国台湾地区《土地法》和《土地登记规则》对土地变更登记的规定

我国台湾地区的《土地登记规则》采用了通则分则的规定形式,先就各种登记共通的程序予以了规定,然后就各个登记程序的特殊之处予以了单独规定。就变更登记而言也是如此,即变更登记也遵循登记的共通程序,但无需进行公告。

(一)土地权利变更登记

1. 土地权利变更登记的一般程序

具体而言,土地权利变更登记的程序可分为申请、收件、计征规费、审查、登簿、缮发书状、异动整理和归档等几个步骤。

其中属于变更登记特殊规定的主要体现为申请程序和记载方式,具体体现为以下几个方面:

(1) 申请人和申请方式

土地权利变更登记,应由权利人及义务人会同声请。无义务人者,由权利人声请。继承登记得由任何继承人为全体继承人声请,但其声请不影响他继承人抛弃继承或限定继承的权利(台湾《土地法》第73条第1项)。

土地权利移转、设定,依法须申报土地移转现值者,于申报土地移转现

---

① 参见陈铭福:《土地法导论》,台湾五南图书出版公司2000年版,第165页。

值后,如登记义务人于申请登记前死亡时,得仅由权利人叙明理由,检附义务人之户籍誊本及其他有关证件,单独申请登记。登记权利人死亡时,得由其继承人为权利人,叙明理由提出契约书及其他有关证件会同义务人申请登记。前二项规定于土地权利移转、设定或权利内容变更,依法无须申报土地移转现值,经订立书面契约,依法公证、监证或申报契税者,准用之(台湾《土地登记规则》第89条)。

法人或寺庙在未完成法人设立登记或寺庙登记前取得土地所有权的,得提出协议书,以其筹备人公推之代表人名义申请登记。该代表人应表明身份及承受原因。登记机关为登记时,应于登记簿所有权部其他登记事项栏注记取得权利之法人或寺庙筹备处名称。前述协议书应记明,于登记完毕后,法人或寺庙未核准设立或登记者,其土地依下列方式之一处理:(一)申请更名登记为已登记之代表人所有;(二)申请更名登记为筹备人全体共有。法人或寺庙在未完成法人设立登记或寺庙登记前,代表人变更的,已依前述办法办理登记之土地,应由该法人或寺庙筹备人之全体出具新协议书,办理更名登记(台湾《土地登记规则》第91条)。

(2) 申请期限

土地权利变更登记声请,应于土地权利变更后1个月内为之。继承登记得自继承开始之日起,6个月内为之。声请逾期者,每逾1个月得处应纳登记费额1倍之罚锾。但最高不得超过20倍(台湾《土地法》第73条第2款)。

台湾的《土地登记规则》进一步规定:申请土地所有权变更登记,应于权利变更之日起1个月内为之。继承登记得自继承开始之日起6个月内为之。所谓权利变更之日,系指下列各款之一:(一)契约成立之日;(二)法院判决确定之日;(三)诉讼上和解或调解成立之日;(四)依乡镇市调解条例规定成立之调解,经法院核定之日;(五)依商务仲裁条例作成之判断,判断书交付或送达之日;(六)法律事实发生之日(台湾《土地登记规则》第79条)。

(3) 申请文件

声请为土地权利变更登记,除应提交一般声请所需提交的文件外,还应检附原发土地所有权状及地段图或土地他项权利证明书(台湾《土地法》第74条)。

申请农地所有权移转登记,除法令另有规定外,应提出承受人自耕能力证明书(台湾《土地法》第74条)。

破产管理人就破产财团所属土地申请权利变更登记时,还应提出监查人之资格证明文件与同意书或法院之证明文件(台湾《土地登记规则》第90条)。

于耕地申请设定典权或永佃权时,登记权利人应提出自耕能力证明书(第105条)。

声请为土地权利变更登记之文件,经该管直辖市或县(市)地政机关审查证明无误,应即登记于登记总簿,发给土地所有权状或土地他项权利证明书,并将原发土地权利书状注销,或就该书状内加以注明。该发给之土地所有权状,应附以地段图(台湾《土地法》第75条)。

(4) 所有权移转变更登记的登记簿记载

所有权移转变更登记应依收件号数之次序,按登记申请书及契约书或登记清册记载的内容,于登记簿所有权部各栏,填载新所有权人的姓名、住所、国民身份证统一编号、收件日期、登记原因及原因发生日期、登记日期等,均以主登记的方式为之。原登记用纸所有权部记载的各事项应予以涂销。他项权利部原登记的他项权利,如所有权移转后仍继续存在的,保存原登记事项;如他项权利消灭的,应涂销原登记。①

区分所有建物共同使用部分不得分割,除法令另有规定外,应随同各相关区分所有建物移转、设定或为限制登记,并于共同使用部分标示部进行登记(台湾《土地登记规则》第80条)。

法人或寺庙在未完成法人设立登记或寺庙登记前,取得土地所有权的,得以其筹备人公推之代表人名义申请登记。登记机关为登记时,应于登记簿所有权部其他登记事项栏注记取得权利之法人或寺庙筹备处名称(台湾《土地登记规则》第95条)。

2. 土地权利变更登记的特殊情形

我国台湾地区的《土地法》和《土地登记规则》等规定了若干特殊的土地权利变更登记的情形,下面分叙之。

(1) 继承和遗赠登记的程序

A. 一般继承登记的程序

继承登记得由任何继承人为全体继承人声请,但其声请不影响他继承人抛弃继承或限定继承的权利(台湾《土地法》第73条第1项)。继承人为二人以上,部分继承人因故不能会同其他继承人共同申请继承登记时,得由

---

① 参见李鸿毅:《土地法论》,台湾1999年自版,第298页。

其中一人或数人为全体继承人之利益,就被继承人之土地,申请为公同共有之登记。其经继承人全体同意者,得申请为分别共有之登记。登记机关于登记完毕后,应将登记结果通知他继承人(台湾《土地登记规则》第31条)。

继承人为未成年人时得由法定代理人代位申请(台湾"民法典"第76条)。

在无人承认继承的情形下,得由遗产管理人申请。依遗嘱内容已指定或选定遗嘱执行人时,则由遗嘱执行人申请。①

B. 胎儿继承登记的程序

胎儿为继承人时,应由其母以胎儿名义申请登记,等胎儿出生办理户籍登记后,再行办理更名登记。前项胎儿以将来非死产者为限。如将来为死产者,其经登记之权利,溯及继承开始时消灭,由其他继承人共同申请更正登记(台湾《土地登记规则》第88条)。

C. 遗赠登记的程序

受赠人申办遗赠之土地所有权移转登记,应由继承人先办继承登记后,由继承人会同受遗赠人办理之;如遗嘱另指定有遗嘱执行人时,应于办毕继承登记及遗嘱执行人登记后,由遗嘱执行人会同受遗赠人办理之。继承人之有无不明时,应于办毕遗产管理人登记后,由其会同受遗赠人办理之(台湾《土地登记规则》第85条)。

D. 逾期未办理继承登记的处理

土地或建筑改良物,自继承开始之日起逾1年未办理继承登记者,经该管直辖市或县市地政机关查明后,应即公告继承人于3个月内声请登记;逾期仍未声请者,得由地政机关予以列册管理。但有不可规则于声请人之事由,其期间应予扣除。

前述列册管理期间为15年,逾期仍未声请登记者,由地政机构将该土地或建筑改良物清册移请国有财产局公开标售。继承人占有或第三人占有无合法使用权者,于标售后丧失其占有之权利;土地或建筑改良物租赁期间超过5年者,于标售后以5年为限。

标售土地或建筑改良物前应公告30日,继承人、合法使用人或其他共有人就其使用范围依序有优先购买权。但优先购买权人未于决标后10日内表示优先购买者,其优先购买权视为放弃。标售所得之价款应于国库设立专户储存,继承人得依其法定应继份领取。逾10年无继承人申请提领该

---

① 参见李鸿毅:《土地法论》,台湾1999年自版,第281页。

价款者,归属国库。

对标售之土地或建筑改良物无人应买或应买人所出最高价未达标售之最低价额者,由国有财产局定期再标售,于再行标售时,国有财产局应酌减拍卖最低价额,酌减数额不得逾20%。经5次标售而未标出者,登记为国有并准用第二项后段丧失占有权及租赁期限之规定。自登记完毕之日起10年内,原权利人得检附证明文件按其法定应继份,向国有财产局申请就第4项专户提拨发给价金;经审查无误,公告90日期满无人异议时,按该土地或建筑改良物第五次标售底价分算发给之(台湾《土地法》第73条之一)。

(2) 时效取得登记的程序

土地总登记后,因主张时效完成申请地上权登记时,应提出占有土地四邻证明或其他足资证明开始占有至申请登记时继续占有事实之文件。该登记申请,经登记机关审查证明无误应即公告。公告期间为30日,并同时通知土地所有权人。土地所有权人在公告期间内,如有异议,依《土地法》第59条第2项规定①处理。这些规定,准用于因主张时效完成申请地役权登记的情形(台湾《土地登记规则》第114条)。

时效取得地上权或地役权登记不以他人未登记的土地为必要,即使他人已登记的土地仍得依取得时效取得地上权或地役权。而他人土地也不限于私有土地,公有土地也可,但依法不得私有的土地无取得时效的适用。以有建筑物为目的而因时效完成取得的地上权与该建筑物是否为"合法建筑"无关,该地上权的登记与建筑物的登记也属两回事。时效取得一般认为无需支付对价,故登记无需所有权人的协助或同意。②

(3) 共有物变更登记的程序

部分共有人就共有土地全部为处分、变更及设定地上权、永佃权、地役权或典权申请登记时,登记申请书及契约书内,应列明全体共有人,及于登

---

① 该规定为:"土地权利关系人,在前条公告期间内,如有异议,得向该管直辖市或县(市)地政机关以书面提出,并应附具证明文件。因前项异议而生土地权利争议时,应由该管直辖市或县(市)地政机关予以调处,不服调处者,应于接到调处通知后15日内,向司法机关诉请处理,逾期不起诉者,依原调处结果办理之。"

② 参见李鸿毅:《土地法论》,台湾1999年自版,第296页。

记申请书备注栏叙明依《土地法》第 34 条之一第 1 项至第 3 项规定[①]办理。并提出他共有人应得对价或补偿已受领或已提存之证明文件。但其无对价或补偿者,免予提出。依前项申请登记时,契约书及登记申请书上无须他共有人签名或盖章(台湾《土地登记规则》第 84 条)。

(4) 分割登记的程序

一宗土地之部分已设定地上权、永佃权、地役权或典权者,于办理分割登记时,应由所有权人会同地上权人、永佃权人、地役权人或典权人先申请勘测确定权利范围及位置后为之(台湾《土地登记规则》第 92 条)。

依据法院判决申请共有物分割登记者,部分共有人得提出法院确定判决书及其他应附书件,单独为全体共有人申请分割登记,登记机关于登记完毕后,应通知他共有人。其所有权状应俟登记规费及罚锾缴纳完毕后,持凭缴纳收据再行缮发(台湾《土地登记规则》第 86 条)。

共有物分割涉及原有标示变更者,应申请标示变更登记及所有权分割登记(台湾《土地登记规则》第 93 条)。

分别共有土地,部分共有人就应有部分设定抵押权者,于办理共有物分割登记时,该抵押权按原应有部分转载于分割后各宗土地之上。但经先征得抵押权人之同意者,该抵押权仅转载于原设定人分割后取得之土地上(台湾《土地登记规则》第 94 条)。

设定有他项权利之土地申请分割或合并登记,于登记完毕后,应通知他项权利人换发或加注他项权利证明书(台湾《土地登记规则》第 98 条)。

申请建物基地分割或合并登记,涉及基地号变更的,应同时申请基地号变更登记。如建物与基地所有权人不同时,得由基地所有权人代为申请。于登记完毕后,应通知建物所有权人换发或加注建物所有权状(台湾《土地登记规则》第 97 条)。

因建物基地依法径为分割(或合并)时,得由登记机关径为基地号的变更登记(台湾《土地登记规则》第 29 条第 1 项第 2 款)。

---

① 台湾《土地法》第 34 条之一第 1 至 3 项为:"共有土地或建筑改良物,其处分、变更及设定地上权、永佃权、地役权或典权,应以共有人过半数应部分合计半数同意行之。但其应有部分合计逾三分之二者,其人数不予计算。

共有人依前项规定为处分、变更或设定负担时,应事先以书面通知他共有人;其不能以书面通知者,应公告之。

第一项共有人,对于他共有人应得之对价或补偿,连带清偿责任。于为权利变更登记时,并应提出他共有人已为受领或为其提存之证明。其因而取得不动产物权者,应代他共有人申请登记。"

(5) 合并登记的程序

土地之一部分合并于他土地时,应先行申请办理分割(台湾《土地登记规则》第 95 条)。

二宗以上所有权人不同之土地办理合并时,各所有权人之权利范围依其协议定之。

设定有地上权、永佃权、地役权、典权或耕作权之土地合并时,应先由土地所有权人会同他项权利人申请他项权利位置图勘测。于合并后,其权利范围仍存在于合并前原位置之上,不因合并而受影响。

设定有抵押权之土地合并时,该抵押权之权利范围依土地所有权人与抵押权人之协议定之。但以耕地合并者,其协议抵押之权利范围,应以该土地所有权人合并后取得之权利范围全部为之(台湾《土地登记规则》第 96 条)。

设定有他项权利之土地申请分割或合并登记,于登记完毕后,应通知他项权利人换发或加注他项权利证明书(台湾《土地登记规则》第 98 条)。

申请建物基地分割或合并登记,涉及基地号变更者,应同时申请基地号变更登记。如建物与基地所有权人不同时,得由基地所有权人代为申请之。于登记完毕后,应通知建物所有权人换发或加注建物所有权状(台湾《土地登记规则》第 97 条)。

区分所有建物共同使用部分不得分割,除法令另有规定外,应随同各相关区分所有建物移转、设定或为限制登记(台湾《土地登记规则》第 80 条)。

(6) 他项权利登记的程序

我国台湾地区的土地他项权利包括地上权、地役权、永佃权、典权和抵押权。对土地他项权利的设定、移转或变更登记,我国台湾地区的"土地登记规则"专门设立一节予以了规定:

A. 一般规定

土地总登记后设定之他项权利,或已登记之他项权利如有移转或内容变更时,应于其权利取得或移转变更后 1 个月内申请登记。其系继承登记者,得自继承开始之日起 6 个月内为之(台湾《土地登记规则》第 102 条)。

于一宗土地内就其特定部分设定地上权、永佃权、地役权或典权申请登记时,应提出位置图。因主张时效完成,申请地上权或地役权登记时,应提出占有范围位置图。前述位置图应先向该管登记机关申请土地复丈(台湾《土地登记规则》第 103 条)。

就土地他项权利的登记簿记载,原登记用纸的土地标示部、土地所有权部应仍保留原登记,仅填载或涂销他项权利部之登记事项。在他项权利移转的情形,另于次栏填载他项权利的移转事项。在典权移转进行转典登记的情形,因典权人仍与出典人保持典权关系,原登记权利事项仍应保留至届满消灭时再予以涂销。抵押权的移转登记应以附记登记为之。在地役权的设定登记,如需役地属于他登记机关管辖,供役地所在地之登记机关应于登记完毕后,检附供役地登记用纸他项权利部影本通知他登记机关办理登记(台湾《土地登记规则》第 104 条)。

B. 地役权设定登记

为地役权设定登记时,如需役地属于他登记机关管辖,供役地所在地之登记机关应于登记完毕后,检附供役地登记用纸他项权利部影本通知他登记机关办理登记(台湾《土地登记规则》第 104 条)。

C. 抵押权登记

申请为抵押权设定之登记,其抵押人非债务人时,契约书及登记申请书应经债务人签名或盖章(台湾《土地登记规则》第 107 条)。

同一土地所有权人设定典权后再设定抵押权者,应经典权人同意(台湾《土地登记规则》第 106 条)。

以不属同一登记机关管辖之数宗土地权利为共同担保设定抵押权时,应分别订立契约向土地所在地之登记机关申请登记(台湾《土地登记规则》第 108 条)。

抵押权设定登记后,另增加一宗或数宗土地权利共同为担保时,应就增加部分办理抵押权设定登记,并就原设定部分办理抵押权内容变更登记(台湾《土地登记规则》第 109 条)。

以数宗土地权利为共同担保,经设定抵押权登记后,就其中一宗或数宗土地权利,为抵押权之涂销或变更时,应办理抵押权部分涂销及抵押权内容变更登记(台湾《土地登记规则》第 110 条)。

同一土地设定数个抵押权登记后,其中一抵押权因债权让与为变更登记时,原登记之权利先后,不得变更。抵押权因增加担保债权金额申请登记时,如有后顺位抵押权存在者,除经后顺位抵押权人同意办理抵押权内容变更登记外,应就其增加金额部分另行办理设定登记(台湾《土地登记规则》第 111 条)。

同一标的之抵押权因次序让与而申请权利变更登记,应经抵押人同意,并由受让人会同让与人申请。如有中间次序之抵押权存在,并应经该中间次序之抵押权人同意(台湾《土地登记规则》第 112 条)。

依法限制分割之一宗耕地,不得以其所有权之一部分设定抵押权。耕地共有人就其应有部分之一部分设定抵押权者,亦同(台湾《土地登记规则》第 113 条)。

(7) 典权不回赎的登记程序

在典物经过一定期限不为出典人回赎的,典权人即取得典物的所有权,此时,典权人可以单独申请移转登记。在申请时,典权人应于申请书适当栏或另以书面叙明事由及法令依据并签名盖章。

(8) 征收、照价收买的登记程序

因征收或照价收买取得土地权利者,直辖市、县(市)地政机关应于补偿完竣后 1 个月内,连同被征收或收买土地清册及权利书状,嘱托登记机关为所有权登记,或他项权利之涂销或变更登记(台湾《土地登记规则》第 82 条)。

(9) 土地重划变更登记的程序

因土地重划办理权利变更登记时,应依据地籍测量结果厘正后之重划土地分配清册重造土地登记簿办理登记。

土地重划前已办竣登记之他项权利,于重划后继续存在者,应按原登记先后及登记事项转载于重划后分配土地之他项权利部,并通知他项权利人。

重划土地上已登记之建物未予拆除者,应径为办理基地号变更登记(台湾《土地登记规则》第 100 条)。

(10) 地籍图重测变更登记的程序

因地籍图重测确定,办理变更登记时,应依据重测结果清册,于原登记簿各宗地标示部记载重测后标示。建物因基地重测标示变更者,应径为办理基地号变更登记。重测前已设定他项权利者,应于登记完毕后通知他项权利人(台湾《土地登记规则》第 101 条)。

(11) 农地优先购买权条款

申请土地移转登记时,优先购买权人依法已放弃优先购买权者,应附具出卖人之切结书,或于登记申请书适当栏记明优先购买权人确已放弃其优先购买权,如有不实,出卖人愿负法律责任字样。但优先购买权人放弃或视为放弃其优先购买权者应检附证明文件。依前述规定申请登记,于登记完毕前,优先购买权人以书面提出异议者,除其优先购买权已依法视为放弃者外,登记机关应驳回登记之申请(台湾《土地登记规则》第 81 条)。

3. 法院嘱托登记应优先办理

另有法院嘱托登记应优先办理的规则,即在土地权利变更登记尚未完毕前,登记机关接获法院查封、假扣押、假处分或破产登记之嘱托时,应即改办查封、假扣押、假处分或破产登并通知登记声请人(台湾《土地法》第 75 条之一)。但这一规定使得预期获得不动产物权的申请人处于很不利的状态,损害了他此时所享有的期待权。而依《德国民法典》第 878 条的规定,权利人(即现在的登记权利人)依法(第 873 条、第 875 条和第 877 条)作出的物权合意的意思表示,不因权利人在此表示已对其发生拘束(依第 873 条第 2 款,在该意思表示被作成公证书,或是向土地登记处作出或向其提交时,或在权利人已向另一方当事人交付符合《土地登记簿条例》规定的登记同意书时,就产生了拘束力)和已向土地登记处提出登记申请后在处分上受到限制而无效,即此时的处分限制对物权变动不生影响。① 其理由即基于公平之衡量,使当事人在做了他应做的事情后,不应再受到事后出现的处分限制的影响。②

(二) 登记事项变更登记的程序

我国台湾地区《土地登记规则》规定的登记事项的变更程序和土地、建物权利变更的程序都适用登记程序的通则。台湾地区规定的登记事项的变更登记有更名登记、住址变更登记和标示变更登记。

1. 更名登记

土地权利登记后,权利人之姓名或名称有变更者,应申请更名登记。其设有管理人者,如其姓名变更时,亦同(台湾《土地登记规则》第 115 条)。

法人或寺庙于筹备期间取得之土地所有权,已以筹备人之代表人名义登记者,其于取得法人资格或寺庙登记后,应申请为更名登记(台湾《土地登记规则》第 116 条)。

公有土地管理机关变更者,应嘱托登记机关为管理机关变更登记(台湾《土地登记规则》第 117 条)。

办理变更登记时,应涂销原记载之姓名、名称或管理机关。

2. 住址变更登记

登记名义人之住址变更者,应检附国民身份证影本或户口簿影本或户籍誊本,申请住址变更登记。如其所载身份证统一编号与登记簿记载不符或登记簿无记载统一编号者,应加附有原登记住址之身份证明文件。

登记名义人为法人者,如其登记证明文件所载统一编号与登记簿记载不符者,应提出其住址变更登记文件(台湾《土地登记规则》第 118 条)。

---

① 参见[德]鲍尔、施蒂尔纳:《物权法》(上册),张双根译,法律出版社 2004 年版,第 401 页。
② 同上。

登记名义人住址变更,未申请登记者,登记机关得查明其现在住址,径为住址变更登记(台湾《土地登记规则》第 119 条)。

3. 标示变更登记

土地标示变更,应申请标示变更登记,涂销原标示事项(台湾《土地登记规则》第 123 条)。

上述这些变更登记均应以附记登记的形式为之。[①]

二、我国大陆的土地变更登记程序

(一)《关于变更土地登记的若干规定》所规定的程序

1993 年 2 月 23 日国家土地管理局发布的《关于变更土地登记的若干规定》中规定变更土地登记的程序分为:(1)变更土地登记申请;(2)变更地籍调查;(3)审核;(4)注册登记;(5)换发或者更改土地证书,核发他项权利证明书。

(二)《土地管理法实施条例》的规定

该条例的第 6 条规定:依法改变土地所有权、使用权的,因依法转让地上建筑物、构筑物等附着物导致土地使用权转移的,必须向土地所在地的县级以上人民政府土地行政主管部门提出土地变更登记申请,由原土地登记机关依法进行土地所有权、使用权变更登记。土地所有权、使用权的变更,自变更登记之日起生效。

依法改变土地用途的,必须持批准文件,向土地所在地的县级以上人民政府土地行政主管部门提出土地变更登记申请,由原土地登记机关依法进行变更登记。

(三)《土地登记规则》的规定

变更土地登记,是指初始土地登记以外的土地登记,包括土地使用权、所有权和土地他项权利设定登记,土地使用权、所有权和土地他项权利变更登记,名称、地址和土地用途变更登记,注销土地登记等。这是一种广义上的变更登记,其中的集体土地使用权和他项权利的设定登记,土地使用权、所有权和土地他项权利变更登记及名称、地址和土地用途变更登记属于我们所定义的变更登记的范畴。

1. 集体土地使用权和他项权利变更登记

我国内地的《土地登记规则》没有规定集体土地使用权和他项权利变更

---

① 参见李鸿毅:《土地法论》,台湾 1999 年自版,第 301 页。

登记的一般程序,而是区分变更登记的情形分别作出了规定。

(1) 划拨土地使用权的出让登记

划拨土地使用权依法办理土地使用权出让手续的,土地使用者应当在缴纳土地使用权出让金后 30 日内,持土地使用权出让合同、出让金缴纳凭证及原《国有土地使用证》申请变更登记(第 34 条)。

(2) 国有或集体土地使用权入股或联营的登记

企业将通过出让或者国家入股等形式取得的国有土地使用权,再以入股方式转让的,转让双方当事人应当在入股合同签订之日起 30 日内,持以出让或者国家入股等方式取得土地使用权的合法凭证、入股合同和原企业的《国有土地使用证》申请变更登记(第 35 条)。

集体土地所有者将集体土地使用权作为联营条件兴办三资企业和内联企业的,双方当事人应当在联营合同签订后 30 日内,持县级以上人民政府批准文件和入股合同申请变更登记(第 36 条)。不过种情况下仅在成立的是具有法人资格的三资企业或内联企业时才会发生集体土地使用权主体的变更。

(3) 土地使用权的转让登记

有下列情形之一的,土地使用权转让双方当事人应当在转让合同或者协议签订后 30 日内,涉及房产变更的,在房产变更登记发证后 15 日内,持转让合同或者协议、土地税费缴纳证明文件和原土地证书等申请变更登记:(一) 依法转让土地使用权的;(二) 因买卖、转让地上建筑物、附着物等一并转移土地使用权的;房屋所有权变更而使土地使用权变更的,在申请变更登记时,应当提交变更后的房屋所有权证书(第 37 条)。

(4) 因单位合并、分立、企业兼并等原因引起土地使用权的变更登记

因单位合并、分立、企业兼并等原因引起土地使用权变更的,有关各方应当在合同签订后 30 日内或者在接到上级主管部门的批准文件后 30 日内,持合同或者上级主管部门的批准文件和原土地证书申请变更登记(第 38 条)。

(5) 因交换、调整土地而发生的土地使用权、所有权变更登记

因交换、调整土地而发生土地使用权、所有权变更的,交换、调整土地的各方应当在接到交换、调整协议批准文件后 30 日内,持协议、批准文件和原土地证书共同申请变更登记(第 39 条)。

(6) 因处分抵押财产取得土地使用权而进行的登记

因处分抵押财产而取得土地使用权的,取得土地使用权的权利人和原抵押

人应当在抵押财产处分后 30 日内,持有关证明文件申请变更登记(第 40 条)。

(7) 公有住房出售引起的土地使用权的变更

出售公有住房,售房单位与购房职工应当在县级以上地方人民政府房产管理部门登记房屋所有权之日起 30 日内,持公房出售批准文件、售房合同、房屋所有权证书和售房单位原土地证书申请变更登记(第 42 条)。

(8) 土地使用权和土地他项权利的继承登记

依法继承土地使用权和土地他项权利的,继承人应当在办理继承手续后 30 日内,持有关证明文件申请变更登记(第 46 条)。

以上属于土地使用权和他项权利的主体变更。

(9) 土地使用权的变更

土地使用权抵押期间,抵押合同发生变更的,抵押当事人应当在抵押合同发生变更后 15 日内,持有关文件申请变更登记(第 43 条)。

(10) 土地使用权租赁的变更

土地使用权出租期间,租赁合同发生变更的,出租人和承租人应当在租赁合同发生变更后 15 日内,持有关文件申请变更登记(第 44 条)。

(11) 其他土地他项权利的变更

变更法律、行政法规规定需要登记的其他土地他项权利的,当事人应当在变更之日起 15 日内,申请变更登记(第 45 条)。

(12) 其他形式的土地使用权、所有权和土地他项权利变更

其他形式的土地使用权、所有权和土地他项权利变更,当事人应当在发生变更之日起 30 日内,持有关证明文件申请变更登记(第 47 条)。

申请土地使用权、所有权变更登记时,申请者应当依照规定申报地价;未申报地价的,按宗地标定地价进行登记(第 33 条)。

2. 土地登记事项变更登记的程序

《土地登记规则》的第五章规定了名称、地址和土地用途变更登记。

(1) 土地使用者、所有者和土地他项权利者更改名称、地址的,应当在名称、地址发生变更之日起 30 日内,持有关证明文件申请名称、地址变更登记(第 49 条)。

(2) 国有土地的用途发生变更的,土地使用者应当在批准变更之日起 30 日内,持有关部门批准文件和原《国有土地使用证》申请土地用途变更登记。以出让方式取得国有土地使用权的用途发生变更的,土地使用者还应当提交签订的土地使用权出让合同变更协议或者重新签订的土地使用权出让合同(第 50 条)。

(3)农村集体所有土地进行农业结构调整涉及已登记地类变化的,集体土地所有者应当在农业结构调整后30日内,持批准文件、《集体土地所有证》和《集体土地使用证》申请土地用途变更登记(第51条)。

(4)集体土地建设用地的用途发生变更的,土地使用者应当在接到有批准权的地方人民政府批准文件之日起30日内,持批准文件和原《集体土地使用证》申请土地变更登记(第52条)。

我国内地的《土地登记规则》对土地变更登记的规定过于零散,缺乏统一性、条例性,更像是普鲁士民法典那种大而全的立法模式,实不符合立法俭省和条理的要求。

三、我国内地的房屋变更登记程序

《城市房屋权属登记管理办法》就房屋权利变更登记的规定可分为两种,一为移转登记,一为他项权登记。在登记程序上,该办法也采用了通则加特殊规定的方式,变更登记一般应依下列程序进行:受理登记申请、权属审核、核准登记、颁发房屋权属证书。

申请转移登记,权利人应当提交房屋权属证书以及相关的合同、协议、证明等文件(第17条)。

设定房屋抵押权、典权等他项权利的,权利人应当自事实发生之日起30日内申请他项权利登记。申请房屋他项权利登记,权利人应当提交房屋权属证书,设定房屋抵押权、典权等他项权利的合同书以及相关的证明文件(第19条)。

权利人名称变更和房屋现状发生下列情形之一的,权利人应当自事实发生之日起30日内申请变更登记:(一)房屋坐落的街道、门牌号或者房屋名称发生变更的;(二)房屋面积增加或者减少的;(三)房屋翻建的;(四)法律、法规规定的其他情形。申请变更登记,权利人应当提交房屋权属证书以及相关的证明文件(第18条)。其他程序应适用第10条规定的一般程序。

四、我国大陆的房地产变更登记程序

(一)广东省《城镇房地产权登记条例》的规定

广东省的《城镇房地产权登记条例》就房地产变更登记规定的特点是:将土地和房屋的变更登记作了分别规定,在登记程序上则采用了通则的形式。

1. 一般程序

权利人办理房地产权登记应当自登记事项发生之日起30日内,向房屋

所在地的房地产管理部门申请,并提交下列文件:(一) 申请人的身份证明;(二) 房地产权属来源证明或者权利证书;(三) 房地产转移、转让、变更或者设定他项权的协议书、合同书或者批准文件;(四) 缴纳房地产税的证明(第 9 条)。

房地产管理部门必须在规定时间内对房地产权登记申请进行审查,对符合规定的予以登记。对申请房地产转移、转让或者变更登记的,应当自受理申请之日起 30 个工作日内核发房地产权证;对申请房地产他项权登记的,应当自受理申请之日起 15 个工作日内核准登记(第 14 条)。

2. 土地变更登记

以出让方式取得土地使用权的,转让房地产后,房地产受让人改变土地使用权出让合同约定的建设条件、土地用途和规划要求的,必须报经县级以上人民政府城市规划行政主管部门审查同意后,向土地管理部门提出申请,签订土地使用权出让合同变更协议或者重新签订土地使用权出让合同,相应调整土地使用权出让金并变更土地登记内容。

土地管理部门应当将土地使用权变更协议或者重新签订的土地使用权出让合同资料送同级房产管理部门办理变更登记。

房产管理部门应当自收到有关资料之日起 10 个工作日内完成变更登记手续(第 12 条)。

3. 房屋变更登记

依法转让地上建筑物、附着物导致土地使用权转移的,房产管理部门在办理变更登记前,应当把有关申请文件和资料送同级土地管理部门查验核实并办理土地使用权变更登记,方能办理变更登记。

土地管理部门应当自收到有关申请文件和资料之日起 10 个工作日内完成查验核实和土地使用权变更登记手续(第 11 条)。

(二) 深圳市、珠海市和上海市《房地产登记条例》的规定

这三部条例的特点就是将移转登记、变更登记作了分别规定。深圳和上海的条例还单独规定了房地产他项权利的设定登记。下面就三个条例的具体规定逐一进行分析。

1. 深圳市《房地产登记条例》的规定

(1) 转移登记

A. 申请人和申请期间

经初始登记的房地产,有下列情形之一的,当事人应自合同或其他法律文件生效之日起 30 日内申请办理转移登记:(一) 买卖;(二) 赠与;

第七章 不动产变更登记

(三)交换;(四)继承;(五)共有房地产的分割;(六)人民法院判决、裁定的强制性转移;(七)依照法律、法规规定作出的其他强制性转移(第36条)。

B. 申请应提交的文件

申请转移登记,应提交下列文件:(一)《房地产转移登记申请书》;(二)房地产权利证书;(三)身份证明;(四)买卖合同书,或赠与书,或继承证明文件,或交换协议书,或人民法院依法作出的已经生效的判决书、裁定书、调解书,或有关行政机关的行政决定书,或分割的协议书。行政划拨、减免地价的土地,转移时按规定需补地价的,应提交付清地价款证明书(第37条)。非法人企业、组织的房地产转移,应提交其产权部门同意转移的批准文件(第38条)。

C. 审查、登记、发证

登记机关对申请人的申请进行审查,符合规定的,应自受理申请之日起30日内予以核准转移登记,并换发房地产权利证书(第39条)。

(2) 登记事项变更登记

A. 申请人和申请期间

有下列情形之一的,权利人应自变更事实发生之日起30日内申请变更登记:(一)房地产使用用途改变的;(二)权利人姓名或名称发生变化的;(三)房地产坐落名称或房地产名称发生变化的(第45条)。

B. 申请应提交的文件

申请变更登记,应提交下列文件:(一)《房地产变更登记申请书》;(二)房地产权利证书;(三)身份证明;(四)改变房地产使用用途的,应提交土地主管部门同意改变用途的批准文件及土地使用合同书,需补地价的,还应提交付清地价款证明书;改变权利人姓名或名称的,应提交有关行政主管机关的批准文件。和移转登记相比,仅第(一)、(四)项有所不同。

C. 核准登记

登记机关对权利人的申请进行审查,符合规定的,应自受理申请之日起30日内予以核准变更登记,并换发房地产权利证书(第46条)。这和移转登记的规定一致。

(3) 抵押登记

A. 申请人和申请期间

抵押房地产,抵押当事人应于抵押合同生效之日起15日内申请抵押登记(第40条)。

B. 申请应提交的文件

申请抵押登记应提交下列文件：（一）《房地产抵押登记申请书》；（二）房地产权利证书；（三）身份证明；（四）抵押合同书。非法人企业的房地产抵押，应提交其产权部门同意抵押的批准文件（第 41 条）。

C. 核准登记

登记机关对申请人的申请进行审查，符合规定的，应自受理申请之日起 15 日内予以核准抵押登记（第 42 条）。

对核准抵押登记的，登记机关在抵押人的房地产权利证书上加盖抵押专用章，并在房地产登记册上作抵押记录。抵押记录应包括抵押权人、抵押物的面积、抵押金额、抵押期限等内容（第 43 条）。

同一房地产设立若干抵押权时，应按前述规定分别办理抵押登记申请，并以受理申请编号的先后顺序进行审查。抵押权的顺序以核准登记的先后为序（第 44 条）。

2. 珠海市《房地产登记条例》的规定

(1) 产权转移变更登记

A. 申请人和申请期限

经初始登记的房地产权利，有下列情形之一，发生转移变更的，当事人应当自有关合同或者协议签订之日或者有关法律文件生效之日起 3 个月内申请产权转移变更登记：（一）买卖；（二）赠与；（三）交换；（四）继承；（五）分割；（六）合并；（七）依照人民法院判决、裁定、调解作出的转移变更；（八）依照仲裁机构裁决、调解作出的转移变更；（九）法律、法规规定的其他情形（第 30 条）。

其中的买卖、分割、合并、交换、赠与，应由当事人共同申请（第 10 条）。在因继承或者遗赠取得房地产权利、因人民法院已经发生法律效力的判决、裁定或者调解取得房地产权利、因仲裁机构已经发生法律效力的裁决、调解取得房地产权利等情形下，当事人可以单独申请（第 11 条）。

较之深圳市的规定，珠海市的条例将申请日期延长到 3 个月，并详尽规定了申请的方式。

B. 申请应提交的文件

申请产权转移变更登记的，应当提交下列文件：（一）申请书；（二）身份证明；（三）房地产权证书；（四）与产权转移变更有关的合同、协议、证明文件、行政决定书及其他法律文件等。以划拨方式或者减免地价款方式取得的土地使用权，因产权转移变更按规定需要补交地价款的，还应当提交付清地价款证明书和有关机关的批准文件(第31条)。这和深圳市的规定是一致的。

C. 核准登记

产权转移变更登记申请经审查符合规定的,登记机关应当自受理申请之日起15日内核准登记(第32条)。这一日期较之深圳市的规定缩短了一半。

(2) 其他变更登记

A. 申请人和申请期限

有下列情形之一的,当事人应当自变更事实发生之日起30日内申请变更登记:(一)房地产用途经批准改变的;(二)权利人姓名或者名称发生变化的;(三)房地产坐落地址或者房地产名称发生变化的;(四)房地产面积经批准改变的;(五)房屋因倒塌、拆除、焚毁等灭失的(第33条)。(四)、(五)是深圳市的条例所未规定的。

B. 申请应提交的文件

申请变更登记的,应当提交下列文件:(一)申请书;(二)身份证明;(三)房地产权证书;(四)与房地产变更有关的证明文件、有关部门的批准文件、行政决定等(第34条)。这和深圳市的规定基本相同。

C. 核准登记

变更登记申请经审查符合规定的,登记机关应当自受理申请之日起15日内核准登记(第35条)。这和产权移转变更登记的情形是一致的。

3. 上海市《房地产登记条例》的规定

(1) 移转登记

A. 申请人和申请期限

经登记的房地产有下列情形之一的,当事人应当在有关法律文件生效或者事实发生后申请转移登记:(一)买卖;(二)交换;(三)赠与;(四)继承、遗赠;(五)法律、法规规定的其他情形(第29条)。

因买卖、交换、赠与等情形进行房地产登记的,应由有关当事人双方共同申请(第6条)。

因继承、遗赠,行政机关已经发生法律效力的土地使用权争议处理决定,人民法院已经发生法律效力的判决、裁定、调解,仲裁机构已经发生法律效力的裁决、调解等情形进行房地产移转登记的,由房地产权利人申请(第7条)。

两人以上共有房地产的登记,应当由共有人共同申请(第8条)。

B. 申请提交的文件

申请房地产转移登记,应当提交下列文件:(一) 申请书;(二) 身份证明;(三) 房地产权证书;(四) 证明房地产权属发生转移的文件;(五) 根据登记技术规范应当提交的其他有关文件(第 29 条)。(五) 是前两个条例所没有的。

C. 审核、登记、发证

房地产登记机构应当自受理房地产转移登记申请之日起 20 日内完成审核。符合下列条件的房地产转移登记申请,应当将转移事项记载于房地产登记册,并通知房地产权利人领取房地产权证书;不符合规定条件的,不予登记,并书面告知申请人:(一) 转让人是房地产登记册记载的权利人,受让人是有关证明文件中载明的受让人;(二) 申请转移登记的房地产在房地产登记册的记载范围内;(三) 申请登记事项与房地产登记册的记载不冲突(第 30 条、第 31 条)。

(2) 变更登记

A. 申请人和申请期限

经登记的房地产有下列情形之一的,房地产权利人应当在事实发生后申请变更登记:(一) 房地产用途发生变化的;(二) 房地产权利人姓名或者名称发生变化的;(三) 土地、房屋面积增加或者减少的;(四) 房地产分割、合并的;(五) 法律、法规规定的其他情形(第 32 条)。(四) 是前两个条例所未规定的。

B. 申请所提交的文件

申请房地产变更登记应当提交下列文件:(一) 申请书;(二) 身份证明;(三) 房地产权证书;(四) 证明发生变更事实的文件;(五) 根据登记技术规范应当提交的其他有关文件(第 33 条)。这和房地产转移登记所应提交的文件基本相同。

C. 审核、登记、发证

房地产登记机构应当自受理房地产变更登记申请之日起 20 日内完成审核。符合下列条件的房地产变更登记申请,应当将变更事项记载于房地产登记册,并通知房地产权利人领取房地产权证书;不符合规定条件的,不予登记,并书面告知申请人:(一) 申请人是房地产登记册记载的权利人;(二) 申请变更登记的房地产在房地产登记册的记载范围内;(三) 申请变更登记的内容与有关文件证明的变更事实一致;(四) 申请登记事项与房地产登记册的记载不冲突(第 34 条、第 35 条)。这一程序和房地产转移登记的程序基本相同。

(3) 房地产他项权利登记

上海市《房地产登记条例》规定的房地产他项权利主要有抵押权、典权和其他依照法律、行政法规设定的房地产他项权利(第43条),实则行政法规无权规定他项房地产物权,而该条例规定的房地产他项权利登记也包括了设定、移转、变更和注销登记,其中的设定、移转和变更登记属于我们所界定的变更登记的范畴,而注销登记属于单独的登记类型。

A. 申请人和申请期间

有下列情形之一的,当事人应当申请房地产他项权利设定登记:(一)抵押;(二)设典;(三)其他依照法律、行政法规设定的房地产他项权利(第43条)。依该条例的第6条抵押和设典登记采共同申请方式,但该条例对申请期限未作出规定,实属漏洞。

B. 申请所提交的文件

申请房地产抵押权设定登记,应当提交下列文件:(一)申请书;(二)身份证明;(三)房地产权证书;(四)抵押担保的主债权合同;(五)抵押合同(第44条)。

申请房地产典权登记,应当提交下列文件:(一)申请书;(二)身份证明;(三)房地产权证书;(四)设典合同(第45条)。

经登记的房地产他项权利发生转移、变更的,当事人应当申请转移登记和变更登记,并提交下列文件:(一)申请书;(二)身份证明;(三)房地产他项权利登记证明;(四)证明房地产他项权利发生转移、变更或者终止的文件(第46条)。

这些和该条例规定的移转登记及变更登记的要求是基本一致的。

C. 审核、登记、发证

符合下列条件的房地产他项权利登记的申请,应当准予登记:(一)申请人是设定房地产他项权利的当事人,且其中一方是房地产登记册记载的房地产权利人;(二)申请登记的房地产在房地产登记册的记载范围内;(三)申请登记事项与房地产登记册的记载不冲突(第47条)。

房地产登记机构应当自受理房地产他项权利登记申请之日起7日内完成审核。符合规定条件的,应当将有关事项记载于房地产登记册,并通知房地产他项权利登记及其转移、变更登记的权利人领取登记证明,或者书面通知房地产他项权利注销登记的申请人原登记证明作废;不符合规定条件的,不予登记,并书面告知申请人(第48条)。

除审核期限不同外,这些规定和该条例规定的移转登记及变更登记的要求也是基本一致的。因此,完全可以将房地产他项权利登记和移转登记及变更登记合在一起进行规定以节省立法资源。

(三)北京市《城市房地产转让管理办法》对房地产转让登记的规定

1. 申请。房地产转让人和受让人应当在签订转让合同或者取得与转让有关的法律文件生效后90日内,向市或者区、县国土房管局申请办理房地产权属转移登记,并提交下列文件:

(1)房地产权属证书;(2)转让当事人的身份证明,转让当事人是法人或者其他组织的,应当出具对具体承办人员的授权委托书;(3)转让合同或者与转让有关的法律文件;(4)法律、法规和规章规定的其他文件。境外法人、组织办理房地产转让登记时提交的文件,应当按规定经公证、认证,并提交经公证的中文译本(第21条)。

2. 收件、审查、核准。市或者区、县国土房管局应当审核转让当事人的房地产权属转移登记申请,对当事人提交的文件不齐备的,应当一次性告知当事人需补充提交的全部文件;对当事人提交的文件齐备的,应当即时受理。对符合登记条件的,自受理之日起20个工作日内办理房地产权属转移登记;对不符合登记条件的,应当书面告知当事人不予登记的理由(第22条)。

3. 房地产权属转移的日期,以市或者区、县国土房管局登记的日期为准(第23条)。

五、房地产权利证书的换领、补发程序

房地产权利证书是房地产登记权利人享有相应房地产权利的证明文件,在房地产权利证书灭失或损坏时,登记权利人可以向登记机关申请补发或换领,以便证明其权利。对此,我国内地的《城镇房屋权属登记管理办法》、深圳市、珠海市和上海市的《房地产登记条例》和台湾地区的《土地法》、《土地登记规则》都作出了规定。

房地产权利证书换领、补发的程序可以纳入登记事项的变更登记中去,但在程序上二者有所不同,因此这里单列进行分析介绍。房地产权利证书换领、补发的程序大体上可以分为申请、公告、换领或补发三个步骤。其中的公告适用于补给的情况。不过在具体的步骤上各相关法律法规的规定并不相同。

1. 《城镇房屋权属登记管理办法》的规定

房屋权属证书破损,经登记机关查验需换领的,予以换证。房屋权属证书遗失的,权利人应当及时登报声明作废,并向登记机关申请补发,由登记机关作出补发公告,经6个月无异议的,予以补发(第35条)。

不过这里将补给的情形限定为遗失并不恰当,遗失的情况下,房屋权属证书还可能找回来,只有无法找回或被宣布作废时才适宜申请补发,其他的灭失情况如房屋权属证书被焚毁、水淹等时,更应申请补发。

2. 深圳市《房地产登记条例》的规定

房地产权利证书灭失的,权利人应在《深圳特区报》或《深圳商报》声明灭失,并向登记机关报失。申请补发的,由登记机关作出补发公告,经6个月无异议的,予以补发,并在新颁发的房地产权利证书上注明"补发"字样(深圳市《房地产登记条例》第48条)。

房地产权利证书破损,经登记机关查验确需换领的,予以换领(深圳市《房地产登记条例》第49条)。

3. 珠海市《房地产登记条例》的规定

房地产权证书破损,经登记机关查验确需换领的,予以换领。

因房地产权证书灭失申请补发的,应当向登记机关报失,并刊登灭失声明和补发公告;经3个月无异议的,予以补发,并在新颁发的证书上注明"补发"字样(珠海市《房地产登记条例》第51条)。

和深圳市条例的规定不同的是,珠海市的条例未规定发布灭失声明的地方,也未明确应由谁发布补发公告,而相应的异议期也缩短为3个月,另外,该条例也未规定换领、补发的申请人是谁。

4. 上海市《房地产登记条例》的规定

房地产权证书、登记证明破损的,房地产权利人可以向房地产登记机构申请换发。房地产登记机构换发房地产权证书、登记证明前,应当查验并收回原房地产权证书、登记证明。

房地产权证书、登记证明灭失的,房地产权利人可以向房地产登记机构申请补发,补发的房地产权证书、登记证明上应当注明"补发"字样。自补发之日起,原房地产权证书、登记证明作废(上海市《房地产登记条例》第20条第3、4款)。

与深圳、珠海市的条例规定不同的是,上海市的条例就房地产权属证书的补发未规定登报和公告的程序,但另外规定了"原房地产权证书、登记证明作废"这一内容。而换领、补发的对象也扩展至登记证明。

实则权利人登报声明作废,并无必要,一则权利证书仅有证明效力,并不像登记簿的登记可以产生权利的效力,未经登记,即使获得房地产权利证书也无法取得相应的房地产权利,而二者不一致时,应当以登记簿为准;二则仅有权利人登报声明作废,并不妥适,报刊并无法知道谁是权利人,而仅凭申请人的申请未经登记机关审查就宣布权利证书作废未免轻率,二者也侵犯了登记机关的职权;三则申请补发时,登记机关要发布公告,给利害关系人提供了异议的机会,更有利于保护利害关系人的利益,仅登报声明作废则无法做到这一点。这样公告完全可以实现登报声明的功能。由是,上海市的条例的规定相对合理,经公告、审查这两道程序后,原房地产权证书、登记证明当然作废。

5. 我国台湾地区的规定

我国台湾地区《土地法》的第79条和《土地登记规则》的第120—121条规定了土地权利证书的换给、补给程序。

土地所有权状或他项权利证明书损坏或灭失,申请换给或补给者,应由登记名义人为之(台湾《土地登记规则》第120条)。

土地所有权状及土地他项权利证明书,因损坏请求换给时,应提出损坏之原土地所有权状或原土地他项权利证明书(台湾《土地法》第79条)。

申请土地所有权状或他项权利证明书补给时,应叙明其灭失之原因,检附下列证明文件之一,经登记机关公告三十日,并通知登记名义人,公告期满无人就该灭失事实提出异议后补给之。(一)其他共有人、权利关系人、配偶、三亲等以内亲属或邻地所有人一人以上出具灭失事实之证明书;(二)其他足资证明原书状确已灭失之文件。委托他人申请前项登记者,应检附登记名义人之印鉴证明(台湾《土地登记规则》第121条)。

公有土地所有权状如因故灭失请求补发,因为不存在不实申请的必要,无需附具证明文件。[①]

较之我国大陆的规定,台湾地区规定申请人为登记名义人更为妥适,因为权利人未必是登记名义人,在土地所有权状或他项权利证明书补给的程序上,台湾地区的规定更为清楚,要求登记名义人提出损坏之原土地所有权状或原土地他项权利证明书,以便审查申请换给者是否是真正的权利人及其书状有无损坏的事实;在补给程序上,它还要求提出相应的证明。在公告期间上,台湾地区的规定也比较短,仅为30天,我国大陆规定的6个月或3个月过于漫长,影响了房地产权利的及时流通。

---

① 参见李鸿毅:《土地法论》,台湾1999年自版,第303页。

第七章　不动产变更登记

　　就我国未来不动产变更登记的设计,不动产变更登记应限定为对既存登记的部分正常变动进行的登记,它不包括权利或权利客体的消灭。不动产变更登记可分为不动产权利的变更登记和登记事项的变更登记。不动产权利的变更登记是指不动产权利移转、分割、合并、设定和增减时所为的变更登记。不动产登记事项的变更登记有不动产权利人更名登记和住址变更登记、不动产地址变更登记、使用用途变更登记和更名登记及不动产权证书的换领和补发登记等。

　　就变更登记的程序模式,从前面的论述来看,除上海市的《房地产登记条例》外,我国内地的其他房地产登记法都采用了总则分则式的规定方式,在登记通则中规定了登记的一般程序,而就各登记类型则仅规定其特殊的地方,主要体现为登记申请的时间和所提交的文件及审核、批准的时间上。具体到房地产变更登记,虽然大多数的房地产登记法都将权利变更登记和登记事项变更登记分别进行了规定,但在具体的登记程序上除房地产权利证书的换给、补给程序外这两类登记程序却是大同小异,因此可以合并规定这两种登记的程序,以避免立法上的赘冗。

第八章　不动产涂销登记和消灭登记

在房地产或房地产权利发生消灭或终止时,或者房地产登记全部发生错误时,就涉及涂销登记和消灭登记的问题。既存登记事项,一经涂销登记或消灭登记即失其效力,而不复存在①,故而涂销登记和消灭登记在效力上有着相同之处。

第一节　涂 销 登 记

一、涂销登记的含义

对所谓涂销登记,在理论和实务上存在不同的理解。

有学者认为,涂销登记是指在既存的登记中,基于原始的或后发的理由而致登记事项全部不合法,从而消灭此一登记的记载行为。已存在的登记被不适法地涂销,其不法理由有实体上的,也有登记法上的,前者如涂销登记的登记原因无效、被撤销,后者如登记官的过误等手续瑕疵。② 这是一种最狭义上的理解,即是存在错误登记的情形,此时原登记名义人并不享有真实合法的权利。

另一种理解则与此完全不同,如有学者认为,房地产权属注销登记,又称涂销登记,有的法规称作撤销核准登记,是指房地产权利因抛弃、混同、存续期间届满、债务清偿、撤销权的行使、法院判决等原因而消灭时,房地产登记机关基于登记名义人的申请所为的登记,使房地产权属记载名副其实。同时该学者还将他项权利的注销登记和预告登记的注销单列出来。③ 这是模仿了我国台湾地区的《土地登记规则》作出的定义,此时的涂销登记主要是指权利正常终止时予以涂销登记的情形,此时的权利是真实合法的。不过这里的房地产所有权消灭是否和他项权利的消灭应一致看待,都统一纳入涂销登记的范畴?因为消灭包括绝对消灭和相对消灭,所有权和他项权

---

① 参见李鸿毅:《土地法论》,台湾 1999 年自版,第 230 页。
② 参见肖厚国:《物权变动研究》,法律出版社 2002 年版,第 244—245 页。
③ 参见崔建远、孙佑海、王宛生:《中国房地产法研究》,中国法制出版社 1995 年版,第 251 页。

第八章 不动产涂销登记和消灭登记

利的相对消灭应属变动登记的范畴,所有权的绝对消灭仅在房地产物理意义上消灭时才会发生,属消灭登记的范畴,而他项权利除因房地产消灭而绝对消灭外,还会因上述事由而绝对消灭。因此这里的消灭事由有进一步分析的必要。再者,如将撤销权解释包括欺诈、胁迫等情形在内,则似可将前一种狭义理解的涂销登记的部分情形纳入进来。① 这可以说是一种狭义的理解。

广义上的涂销登记包括了前两种理解,如我国台湾地区的《土地登记规则》即将纯属登记机关之疏失而错误登记之土地权利的情形纳入进来,再如依日本《不动产登记法》的规定,既有权利消灭时的涂销登记,如权利因征用而消灭的情形,又有违法登记的涂销,不过这里的违法登记的范围很小,并不如狭义涂销登记概念理解的那么广。同时还存在一种涂销登记的情形,如日本法上的预告登记(即相当于德国法的异议登记)的涂销,它发生在两种情形,一为提起的涂销或回复登记之诉败诉、撤诉、舍弃请求或诉讼和解的情形之下所为的预告登记的涂销,此时是因为预告登记的原因不成立而将其涂销,并不是因为权利消灭,因为在诉讼未为确定前,无法确定预告登记申请人有无实体上的权利,一为登记原因被确认无效或撤销情形下的预告登记的涂销,这是因为在预告登记被推进为本登记(为涂销登记或回复登记)的情形下,它因无存在的价值,无需再继续存在,并不是因为权利的消灭而引起的,相反,恰恰是预告登记申请人对登记标的物的实体权利被确认,而登记名义人的权利被否定而引起的,这可以说是一种程序上的涂销登记。② 该法第 146 条规定的假处分登记(类似德国法的预告登记)的涂销,第 146 条之五规定的保全假处分登记推进为本登记时对处分禁止登记的涂销也都属于这一类型。③ 故而,有台湾学者认为,涂销登记,谓因权利消灭或其他原因,原登记事实失其效力,而涂销既存登记事项为目的之登记,其权利标的物并未消灭。④ 不过这里的权利消灭应理解为权利正常终止的情形,不过其他原因指什么,该学者未予论述,不过似可解释包括前述预告登记涂

---

① 可参见下面对台湾地区涂销登记事由的分析。

② 不过似乎也可理解为此时预告登记申请人的订正请求权消灭而引起涂销,但也因此产生一个问题,即在法院未为确定判决时,如何确定预告登记的申请人对登记标的物享有真正的权利并因而有订正登记请求权?

③ 不过对假登记(预告登记)的涂销,还包括因假登记所保全的请求权的消灭而为的涂销登记,如登记名义人抛弃其请求权时所为的涂销登记,因此,假登记(预告登记)的涂销情形较之异议登记要复杂。

④ 参见李鸿毅:《土地法论》,台湾 1999 年自版,第 230 页。

销等情形在内。另一学者则定义涂销登记为因登记事项失其效力为涂销其登记之登记。① 虽然该学者的定义在其后的论述中限于权利消灭时的涂销登记,但就其所下的定义,可作广义的理解,可将预告登记的涂销、异议登记的涂销等纳入进来。但这些定义也可能将一些变更登记的内容纳入进来,因为变更登记也涉及涂销前项登记事项的问题。

我国内地的登记法律法规等采用的是注销登记的概念,深圳市的《房地产登记条例》则采用了撤销核准登记的概念,珠海市的《房地产登记条例》则有类似的撤销全部或部分登记事项的概念。注销登记这一概念不仅包括了消灭登记的内容,如《城镇房地产权属登记管理办法》第24条规定的因房屋灭失而为的涂销登记,也包括狭义涂销登记的情形,如同法规定的因他项权利终止而为的注销登记,而撤销核准登记和撤销全部或部分登记事项则包括了最狭义涂销登记和更正登记的情形。②

由此可见,涂销登记是个众说纷纭的概念,它涉及涂销登记、更正登记、变更登记和消灭登记之间的关系,这从下面对涂销登记的事由的分析可以看出。

二、涂销登记的事由

日本的《不动产登记法》、我国台湾的土地登记法和我国现行的房地产登记法律都采用了广义涂销登记的概念。但在涂销登记的具体情形上各国的法律还存在着或多或少的差异。

1. 日本《不动产登记法》的规定

依日本《不动产登记法》,涂销登记适用的情形有:权利因权利人死亡而消灭、第一次所有权登记的涂销、信托登记的涂销、假登记的涂销、预告登记的涂销、后登记的涂销、权利因征用而消灭及违法登记的涂销。

其中第一次所有权登记的涂销的原因是什么,法律的规定并不清楚,这里且存疑。信托登记是指因属于信托财产的不动产权利移转致该权利不属于信托财产的情形,此时因信托权利消灭而且并未发生移转等变更而产生涂销登记的必要;违法登记的涂销是指事件不属于登记所管辖或事件不应登记的情形。预告登记的涂销包括前述涂销或回复之诉因胜诉推进到本登

---

① 参见焦祖涵:《土地登记之理论与实务》,台湾三民书局1981年版,第839页。
② 持相同意见的有刘武元,见氏著:《房地产交易法律问题实务问题研究》,法律出版社2002年版,第57页。

记而涂销预告登记和败诉时涂销预告登记的情形,在这两者并无权利消灭的问题,其理由见前述。就假登记的涂销,可以仅由假登记名义人,也可由登记利害关系人单方申请进行,此时似可以理解为不限于由假登记推进到本登记的情形,也无需假登记保全的权利消灭,可以不具备任何理由,只要具假登记名义人的承诺书就可申请,即假登记名义人可放弃其假登记。不过若附具假处分命令时,则假登记名义人不能未经法院同意即放弃假登记。就后登记的涂销是指因假处分而为的登记因假处分的债权人取得登记标的物的权利而需涂销的情形,这也是一种程序上的涂销登记。

权利因权利人死亡而消灭的情形,因为发生继承,应属变更登记的范畴,土地及建物所有权及他项权利因征用而消灭的情形也应属变更登记的情形,依该法第148条第2款,在建物所有权被征用时会发生所有权的移转登记也表明了这一点,不过此时建物上存在的他项权利应征用而消灭,属绝对消灭,可纳入涂销登记的范畴。

这样日本《不动产登记法》规定的涂销登记包括了变更登记和他项权利绝对消灭情形下的涂销登记的内容。

2. 我国台湾地区《土地登记规则》的规定

我国台湾地区《土地登记规则》第131—135条明确规定了涂销登记的适用情形:

(1) 土地权利因抛弃、混同、存续期间届满、债务清偿、撤销权之行使或法院之确定判决等致权利消灭时。这是前述广义上的涂销登记的概念。

其中的混同除所有权和他项权利、他项权利与以该他项权利为标的物之他项权利混同外,还包括土地或建物权利与预告登记之请求权混同的情形,即此时请求权人取得被预告登记之土地或建物之所有权或他项权利。所谓撤销权的行使,有地上权人积欠地租达二年之总额,土地所有人撤销其地上权的情形(我国台湾地区"民法典"第836条),及永佃权人将土地出租于他人,或积欠地租达二年之总额时,土地所有人撤佃的情形(我国台湾地区"民法典"第845、846条)等。[1] 因此,这里的撤销权类似于解除权,而非因欺诈、胁迫等而产生的撤销权的情形。对此内地的民法尚未有规定。但也有学者将之解释为瑕疵法律行为之撤销。[2] 对法院之判决,则包括应登记之土地或建物权利因有无效或得撤销之原因,经真正权利人诉请法院判决

---

[1] 参见焦祖涵:《土地登记之理论与实务》,台湾三民书局1981年版,第842页。
[2] 参见张义权:《土地登记规则》,台湾书泉出版社1998年版,第259页。

应予涂销确定者,或因诉讼上的和解或调解应予涂销的情形。其他情形有因解除条件之成就(如特定人死亡)或公用征收使他项权利或预告登记之请求权消灭的情形。① 但土地权利因标的物灭失而消灭的情形不应属此范畴,而是消灭登记的范畴。

但这里存在一个问题,即在土地、建物所有权因抛弃而消灭时,土地、建物即成为无主物,会有他人原始取得的问题,台湾《土地登记规则》规定为此时收归为国有。此时应为变更登记的范畴,即权利主体发生了变更,而不应归入涂销登记的范畴。所有权相对消灭的其他情形,如时效取得、善意取得等,也应作为变更登记来对待,不能视为涂销登记的情形。所有权绝对消灭的情形属于消灭登记的范畴。故而这里的土地权利应理解为是土地他项权利,这时因该权利确定的绝对消灭,所有权回复到不受限制的状况。

(2)依该规则不应登记,纯属登记机关的疏失而错误登记的土地权利,此时属于前述狭义涂销登记的范围,但仅为其中因登记法上的理由而为的涂销登记,此外的因实体法上的理由而使登记事项全部不适法的情形,应属于(1)的情形。

(3)预告登记的涂销和查封、假扣押、假处分、破产登记或其他禁止处分之登记的涂销。其中预告登记的涂销除了上述预告登记保全的请求权因与土地或建物权利混同的情形外,还有由预告登记推进到本登记而为的涂销,这是登记本身的消灭,是程序上的涂销登记。当然也可理解因此时预告登记保全的请求权因实现而消灭,故而应为涂销登记,但毕竟与前述土地权利消灭而予涂销的清晰不同,查封、假扣押、假处分、破产登记或其他禁止处分之登记之涂销包括申请这些禁止处分登记的人取得标的物的权利或其他因实现其目的而予涂销的情形,还包括第三人因确定判决取得标的物的权利而无法实现其目的而予涂销的情形。这些也属于程序上的登记,并非权利消灭而为的涂销。②

3. 我国大陆相关法律的规定

依我国现行的房地产登记法律,一般将涂销登记称为注销登记,但深圳市的《房地产登记条例》规定的是撤销核准登记,珠海市《房地产登记条例》除注销登记外另规定有类似的撤销全部或部分登记事项的概念。就注销登记的事由各相关法律规定并不相同,前已部分述及,现详论之:

---

① 参见焦祖涵:《土地登记之理论与实务》,台湾三民书局1981年版,第843页。
② 这些事由可见焦祖涵:《土地登记之理论与实务》,第854—855页附的资料。

第八章 不动产涂销登记和消灭登记

(1)《土地登记规则》第53—56条确定的注销登记的事由有四项：

A. 集体所有的土地依法被全部征用或者农业集体经济组织所属成员依法成建制转为城镇居民的；

B. 县级以上人民政府依法收回国有土地使用权的；

C. 国有土地使用权出让或者租赁期满，未申请续期或者续期申请未获批准的；

D. 因自然灾害等造成土地权利灭失的。

其中的D应属于消灭登记的范畴，A集体土地所有权消灭应属于变更登记的情形，B和C国有土地使用权被收回和期限届满及国有土地租赁权期限届满属涂销登记的范畴，但该规则对国有土地使用权其他的消灭情形缺乏规定，这与我国物权法不完善有关，此外，对集体土地的使用权（农地利用权、宅基地使用权及非农用使用权等）尚未纳入登记范畴，如将来纳入土地登记的范围，在其消灭时也应纳入涂销登记的范畴。

(2)《城市房屋权属登记管理办法》确定的注销登记的适用情形有：房屋灭失、土地使用年限届满、他项权利终止等（第24条）。房屋灭失也属消灭登记的情形，其他属涂销登记的情形。该办法这里清楚地指出注销登记适用的情形主要是房地产他项权利的消灭。

另外该办法还规定了登记机关有权注销房屋权属证书的情形：（一）申报不实的；（二）涂改房屋权属证书的；（三）房屋权利灭失，而权利人未在规定期限内办理房屋权属注销登记的；（四）因登记机关的工作人员工作失误造成房屋权属登记不实的（第25条）。其中的（一）和（四）也涉及登记事项的更正，应属更正登记的情形；（三）属涂销登记的情形，（二）则不涉及登记事项的变动，不是独立的登记类型。

(3)深圳市《房地产登记条例》仅于第47条第2款规定了抵押合同终止时的注销登记，但此时的合同终止是什么含义？是否仅指抵押权因主债务受清偿或抵押权实现或抵押合同被解除而消灭，还是也包括抵押权抛弃、混同等情形？而其他房地产他项权利是否不存在注销登记的情形？该法都没有说明。

该条例还于第51条规定了撤销核准登记，即在下列情形时，登记机关可以决定撤销全部或部分核准登记事项：（一）当事人对房地产不拥有合法权利的；（二）当事人在申请登记时隐瞒真实情况或伪造有关证件、文件，采取欺骗手段获准登记的；（三）登记机关审查有疏忽，核准登记不当的。就撤销核准登记而言，它采用了涂销不适法登记事项这一手段，但此时并无权利消灭,只是原登记事项存在错误,即登记名义人不享有登记的权利。因此和狭义的涂销登记的概念尚有不同。更合理的解释是应将撤销核准登记纳入更正登记的范畴。

(4) 珠海市《房地产登记条例》单独规定了注销登记,并另外规定了撤销全部或部分登记事项的情形。

依该条例第40条,注销登记的情形有:(一) 土地使用年期届满的;(二) 因法院判决、裁定或者行政决定及其他法律上的原则而丧失房地产权利的;(三) 因自然灾害等造成房地产权利灭失的。(三) 应属消灭登记的情形。但(二)中的房地产权利是否包括房屋所有权呢？尚需明确。

依第44条,有下列情形之一的,由登记机关撤销全部或者部分登记事项:(一) 当事人对房地产不拥有合法权利的;(二) 当事人在申请登记时隐瞒真实情况或者伪造有关证件、文件,采取欺骗手段获准登记或者获取补发房地产权证书的;(三) 登记机关审查有疏忽,核准登记不当的。这和深圳市的规定是一致的,不再予以赘述。

(5) 上海市《房地产登记条例》于第三章第四节、第四章、第五章分别规定土地使用权和房屋所有权的注销登记、房地产他项权利的注销登记和预告登记的涂销。

其中的土地使用权和房屋所有权的注销登记适用于下列情形:房屋因倒塌、拆除等原因灭失(第36条),以出让、租赁等方式取得的土地使用权依法终止(第36条),土地使用权、房屋所有权因抛弃而终止(第38条)和土地使用权、房屋所有权因行政机关、人民法院依法作出的征收、收回、没收等行为终止(第42条)。其中的房屋因倒塌、拆除等原因灭失的注销登记应属消灭登记的范畴,土地使用权和房屋所有权因行政机关、人民法院依法作出的征收、收回、没收等行为终止应属变更登记的范畴。

房地产他项权利的注销登记适用于房地产他项权利依法终止的情形(第46条)。这里的房地产他项权利包括典权和抵押权以及其他依照法律、行政法规设定的房地产他项权利。

预告登记的涂销适用于经预告登记的房地产权利依法终止的情形(第56条)。但这里的预告登记是我国所特有的预售登记(珠海市《房地产登记条例》即采用了预售登记的概念),与《德国民法典》第883条规定的预告登记虽然都保护的是尚待实现的请求权,但仍有区别,德国的预告登记的前提是不动产(土地)已经存在,日本的假登记亦同,而上海市规定的预告登记中是房屋尚待建或在建。

可以说上海的《房地产登记条例》对注销登记事由的规定更为全面,只是区分土地使用权和房屋所有权的注销登记和房地产他项权利的注销登记是否有必要,是否会引起不必要的重复？另外这里的终止改为消灭更为合适,但房地产他项权利依法终止的事由包括什么,和土地使用权及房屋所有权的注销登记的事由是否应作一致解释？从这些权利的属性来看,它们的消灭事由与土地使用权和房屋所有权的注销登记的事由并不完全一致,应予细化。

三、涂销登记与相关概念的关系

1. 涂销与涂销登记的关系。通常所称涂销,系指涂销不动产登记簿前栏记载之事项,而易以次栏记载之事项,仅为变更登记之处理方法,而非涂销登记或消灭登记。① 如土地买卖移转登记时,登记簿上的原权利事项栏,应予涂销,在次栏登以新权利事项;有如土地标示部分发生变更,即可涂销前土地标示栏,在次栏接载新土地标示事项。② 不过这种理解过于绝对,涂销登记本身也存在涂销原登记事项这一行为只是不再易以其他的记载而已。另外,更正登记也存在涂销不适法的登记事项这一行为。

2. 涂销登记和变更登记的关系。我国台湾地区《土地法》中规定的土地权利变更登记中所指的消灭是否包括涂销登记在内,存在不同的观点,有学者将此处的消灭解释为包括消灭登记和涂销登记在内③,有学者认为它仅指消灭登记的情形④,不过该学者在论述时前后出现一些矛盾。他认为,就登记标的物消灭的情形而言,其上的权利也绝对消灭,故而放入变更登记并不合适,而应属于消灭登记,因为权利变更登记后该权利仍存在(但在其后的论述中,却将消灭登记列为变更登记的种类),而在权利上设定的负担消灭时,因为所有权本身并未消灭,且恢复其完全支配力(无限制所有权),不失为权利之变更,勉可列为变更登记,但就他项权利而言,应属涂销登记。⑤

就二者的关系可作如下的理解,如将权利变更登记作狭义的解释,仅限于对既存登记之一部分的变更时,因涂销登记为对土地他项权利登记的涂

---

① 参见李鸿毅:《土地法论》,台湾1999年自版,第230—231页。
② 参见焦祖涵:《土地登记之理论与实务》,台湾三民书局1981年版,第839页。
③ 参见陈铭福:《土地法导论》,台湾五南图书出版公司2000年版,第166页。
④ 参见李鸿毅:《土地法论》,台湾1999年自版,第301页。另可参见杨松龄:《实用土地法精义》,台湾五南图书出版公司2000年版,第153页。
⑤ 参见陈铭福:《土地法导论》,台湾五南图书出版公司2000年版,第229页。

销,此时土地所有权因回复原状,不再受限制,可勉强属于所有权变更登记的范围;若对变更登记作广义的解释,包括标的物的自身消灭在内,则消灭登记也可属于变更登记的范畴。如深圳市《房地产登记条例》第47条第1款就将消灭登记纳入变更登记的范畴。

3. 涂销登记和更正登记的关系。依前述狭义的涂销登记,应为对不正确登记的更正,只是这种更正的原因是全部登记事项都不适法,若将更正登记予以广义的理解,凡是对不适法登记的改正均属更正登记的话[①],狭义涂销登记即属其一特殊情形,若将更正登记理解为仅是对一部不适法的登记事项予以更正的话,则狭义涂销登记是与更正登记并列的一种对不正确的登记予以更正的登记形式。而广义的涂销登记则还包括权利终止时的涂销登记的情形及程序上的涂销登记情形,这是更正登记所不包括的。

4. 涂销登记和回复登记。就狭义的涂销登记而言,涂销全部不适法的登记事项后,即可能会接着进行回复登记,使登记回复到不适法的登记事项未予登记的状态,因而日本法上有灭失回复登记这一概念,如撤销所有权移转时,应涂销后来的所有权登记,并回复原来已被涂销的所有权登记,但这以前一登记被涂销为条件,若前一登记未予涂销,则不必进行回复登记,如设定的他项权利因不适法而被涂销时,仅涂销该部记载即可,所有权部的记载并不受影响。[②]

四、涂销登记的程序

(一)我国台湾地区规定的涂销登记程序

依我国台湾地区的《土地登记规则》,依该规则登记之土地权利,除该规则另有规定外,非经法院判决涂销确定,登记机关不得为涂销登记(第8条)。

该规则第三章第六节详细规定了涂销登记的程序。

1. 申请涂销

(1)在土地权利因权利之抛弃、混同、存续期间届满、债务清偿、撤销权之行使或法院之确定判决等,致权利消灭时,应申请涂销登记。对私有土地所有权之抛弃,登记机关应于办理涂销登记后,随即为国有之登记(第131

---

① 参见肖厚国:《物权变动研究》,法律出版社2002年版,第245页。
② 不过这里涉及对全部记载事项的理解,如将撤销他项权利的设定理解为对登记记载事项的部分更正的话,依该学者的观点,它就属于更正登记的范畴而不是涂销登记的范畴,这样,狭义涂销登记总是和回复登记联系在一起。

第八章 不动产涂销登记和消灭登记

条)。

这里的申请依一般原则应为会同申请(第27条)。

(2)他项权利之涂销登记,得由他项权利人、原设定人或其他利害关系人提出相关文件(包括登记申请书、登记原因证明文件、已登记者的所有权状或他项权利证明书、申请人身份证明、其他由中央地政机关依法规定应提出之证明文件),单独申请之。但定有存续期间之地上权,于期间届满后,单独申请涂销登记时,免附登记原因证明文件与已登记者的所有权状或他项权利证明书(第133条)。

(3)预告登记的涂销申请应由权利人或登记名义人单独申请(参见第28条),并应提出原申请人之同意书及印鉴证明。但因征收、法院确定判决或强制执行者,不在此限(第134条)。

2. 径为涂销

依该规则不应登记,纯属登记机关之疏失而错误登记之土地权利,于第三人取得该土地权利之新登记前,登记机关得于报经直辖市或县(市)地政机关查明核准后涂销之(第132条)。

3. 嘱托涂销

查封、假扣押、假处分、破产登记或其他禁止处分之登记,应经原嘱托登记机关之嘱托,始得办理涂销登记(第135条)。

其他的登记程序可参照变更登记的一般程序进行。

(二)日本《不动产登记法》规定的涂销登记程序

依前述对日本法的分析,真正意义上的涂销登记有信托登记的涂销、假登记的涂销、预告登记的涂销、后登记的涂销、他项权利因所有征用而消灭的情形。对第一次所有权登记的涂销尚存疑问。

在这些登记中,日本《不动产登记法》仅对假登记的涂销、预告登记的涂销、后登记的涂销规定了比较详细的涂销登记的程序。

对假登记的涂销由假登记名义人或登记上的利害关系人单方申请,对前者应提出申请书并附具该登记的登记证明书,对后者,应于申请书上附具假登记名义人的承诺书或可对抗该登记名义人的裁判誊本。但未提嘱托登记的程序,因为假登记可依假处分命令进行,应可由法院嘱托涂销登记。

就预告登记的涂销有嘱托登记和径为涂销两种程序,就前者,是在预告登记名义人所依赖的诉讼被驳回,或败诉、撤诉,舍弃请求或就请求标的和解等场合,由一审法院于嘱托书上附具裁判誊本或节本,或法院书记官所作的证明诉讼撤回、舍弃或和解的证书嘱托登记机关而为的涂销,就后者是指于预告登记登记名义人胜诉后进行涂销或回复登记时,登记官径为的对预告登记的涂销。

就前者,是为预告登记名义人在所依赖的诉讼中败诉,此时,应由一审法院于嘱托书上附具裁判誊本或节本、或法院书记官所作的证明诉讼撤回、舍弃或和解的证书嘱托登记机关予以涂销,就后者是指于预告登记登记名义人胜诉后进行涂销或回复登记时,登记官径为的对预告登记的涂销。

就所有权或他项权利所为的非与保全假处分一起进行的假处分登记,若假处分的债务人以债务人的名义申请该权利的移转或消灭登记(针对他项权利)时,并可申请涂销在该假处分登记后所为的登记(后登记),同时该假处分登记也应涂销,这是因为假处分登记因移转登记已经能够实现其目的了。此时的申请书应附具《民事保全法》第59条第1款规定的通知的书面文件。

就不动产的使用、收益权而为的保全假登记因申请推进到本登记时,相关债权人可申请涂销后于该保全假登记的,以不动产的使用、收益权或以该权利为标的的其他权利的登记,于保全假登记后为本登记时,并应涂销与保全假登记一起所为的处分禁止登记。

在涂销登记涉及利害关系人时,申请书上还应附具该第三人的承诺书或可对抗其的裁判誊本,对有利害关系的抵押证券持有人或背书人,也同样。

该法还规定了涂销的方法:应以红笔涂销应涂销的登记,对第三人以涂销的权利为标的的登记,与登记用纸的相当部事项栏内,应记载第三人权利的标示,并记载因某权利登记的涂销而进行涂销的意旨。

(三)我国大陆法律规定的注销登记的程序

1.《土地登记规则》的规定

依前面的分析,《土地登记规则》属于注销登记的情形所适用的程序是:

(1)申请登记

国有土地使用权出让或者租赁期满,未申请续期或者续期申请未获批准的,原土地使用者应当在期满之日前15日内,持原土地证书申请国有土地使用权注销登记(第55条)。土地他项权利终止,当事人应当在该土地他项权利终止之日起15日内,持有关证明文件申请土地他项权利注销登记(第57条)。

土地管理部门应当在受理注销土地登记申请之日起15日内,对登记申请和地籍调查结果进行审核后办理注册登记或者注销登记,颁发或者更换土地他项权利证明书,或者将注销登记的结果书面通知当事人。土地管理部门作出不予受理土地登记申请或者暂缓登记决定的,应当自接到申请之日起15日内将作出决定的理由书面通知当事人(第68条)。

(2) 径为登记

土地使用者、所有者和土地他项权利者未按照规定申请注销登记的,土地管理部门可以依照规定直接办理注销土地登记,注销土地证书(第58条)。

2.《城市房屋权属登记管理办法》的规定

因土地使用年限届满、他项权利终止等,权利人应当自事实发生之日起30日内申请注销登记。申请注销登记,权利人应当提交原房屋权属证书、他项权利证书,相关的合同、协议、证明等文件(第24条)。这里的权利人应指房屋权利人,包括所有权人和他项权利人。

登记机关自受理登记申请之日起7日内应当决定是否予以登记,对暂缓登记、不予登记的,应当书面通知权利人(申请人)(第26条)。

登记机关应当对权利人(申请人)的申请进行审查。凡权属清楚、产权来源资料齐全的,注销登记应当在受理登记后的15日内核准注销,并注销房屋权属证书(第27条)。

有上述规定可见,《城市房屋权属登记管理办法》未规定径为登记的情形。

3. 深圳市《房地产登记条例》的规定

房地产抵押合同终结,当事人应自合同终结之日起10日内到登记机关办理注销抵押登记(第47条第2款)。对其他房地产他项权利终止时的涂销登记,深圳市未作规定。

4. 珠海市《房地产登记条例》的规定

因土地使用年期届满和因法院判决、裁定或者行政决定及其他法律上的原则而丧失房地产权利的,当事人应当申请注销登记,并缴回房地产权证书;当事人未申请的,由登记机关直接注销登记(第40条)。登记机关直接注销登记的,应当在10日内书面通知当事人,限期缴回房地产权证书。当事人未在规定期限内缴回房地产权证书的,登记机关可以公告作废(第41条)。

由此可见,珠海市规定的涂销登记也包括了申请登记和径为登记两种情形。依该条例第11条的规定,注销登记为单方申请即可,此处所指的当事人也应指房地产他项权利人。但该条例对申请的期限和应提交的文件失之阙如。

5. 上海市《房地产登记条例》的规定

对注销登记,上海市的条例分为三种情况作了规定。

(1) 土地使用权和房屋所有权的注销登记

上海市的条例规定了三种程序:

A. 申请登记

以出让、租赁等方式取得的土地使用权依法终止的,原土地使用权人应当申请注销房地产登记,并提交下列文件:(一)申请书;(二)身份证明;(三)房地产权证书;(四)证明土地使用权依法终止的文件(第37条)。

土地使用权、房屋所有权因抛弃而终止的,房地产权利人应当申请注销房地产登记,并提交下列文件:(一)申请书;(二)身份证明;(三)房地产权证书(第38条)。对房屋所有权的抛弃依前述应属变更登记的情形。

这两条规定的申请都是单方申请,其区别仅在于申请人和提交的文件不同,似可合并规定。

符合下列条件的注销房地产登记申请,应当准予登记:(一)申请人是房地产登记册记载的房地产权利人;(二)申请注销登记的房地产在房地产登记册的记载范围内;(三)申请注销登记的事项与房地产登记册的记载不冲突(第39条)。这一规定是上海市特有的,不过这些条件在不同的登记类型下有着相似性,如(一)和(三)项条件,只是各登记类型还有自己的特殊之处,因此在立法上将其先作统一规定再结合各登记类型自身的特殊性作出变动更为妥适。

房地产登记机构应当自受理注销房地产登记申请之日起20日内完成审核。符合规定条件的,应当将注销事项记载于房地产登记册,并书面通知申请人,原房地产权证书作废;不符合规定条件的,不予注销登记,并书面告知申请人(第40条)。

B. 径为登记

房屋灭失或者土地使用权依法终止后,当事人未申请注销登记的,房地产登记机构可以依据有关部门提供的证明文件,将注销事项记载于房地产登记册,原房地产权证书作废(第41条)。

C. 嘱托登记

土地使用权、房屋所有权因行政机关、人民法院依法作出的征收、收回、没收等行为终止的,由有关行政机关、人民法院持已经发生法律效力的文件办理注销房地产登记。房地产登记机构应当将注销事项记载于房地产登记册,原房地产权证书作废(第42条)。在该条所规定的情况下,土地使用权和房屋所有权发生征收、收回和没收时其本身并未绝对消灭,只是主体发生了变更,应属变更登记的范畴。

(2) 房地产他项权利的注销登记

经登记的房地产他项权利依法终止的,当事人应当申请注销登记,并提交下列文件:(一)申请书;(二)身份证明;(三)房地产他项权利登记证明;(四)证明房地产他项权利终止的文件(第46条)。这里的申请也应为单方申请,当事人应指房地产他项权利人。只是前述第37条、第38条规定的房地产权证书变为了登记证明,这是不符合统一登记的原则的。

符合下列条件的房地产他项权利登记的申请,应当准予登记:(一)申请人是设定房地产他项权利的当事人,且其中一方是房地产登记册记载的房地产权利人;(二)申请登记的房地产在房地产登记册的记载范围内;(三)申请登记事项与房地产登记册的记载不冲突(第47条)。这一条的第(一)项并不能完全适用于房地产他项权利的注销登记,而应作出变通,而且仅就房地产他项权利的涂销登记而言这一条可与上面第39条的规定相统一。

房地产登记机构应当自受理房地产他项权利登记申请之日起7日内完成审核。符合规定条件的,应当将有关事项记载于房地产登记册,并书面通知房地产他项权利注销登记的申请人原登记证明作废;不符合规定条件的,不予登记,并书面告知申请人(第48条)。这条和第40条在审核时间上不同,略有缩短。

整体上,就(1)和(2)两种注销登记,仅在细节上有些差别,应予以统一规定,形成统一的涂销登记制度。①

(3) 预告登记的涂销

经预告登记的房地产权利依法终止的,当事人应当申请注销预告登记,并提交下列文件:(一)申请书;(二)身份证明;(三)证明经预告登记的房地产权利终止的文件(第56条)。

符合下列条件的预告登记及其注销登记的申请,应当准予登记:(一)申请登记的房地产在房地产登记册的记载范围内;(二)申请登记事项与房地产登记册的记载不冲突;(三)申请人是原预告登记的当事人(第57条)。

---

① 可参见前面房地产总登记部分对房地产他项权利定位的分析。

房地产登记机构应当自受理预告登记及其注销登记申请之日起 7 日内完成审核。符合规定条件的,应当将有关事项记载于房地产登记册,并书面通知当事人;不符合规定条件的,不予登记,并书面告知申请人(第 58 条)。

就预告登记的涂销,中国社会科学院法学所提出的《中国物权法专家建议稿》也于第 37 条作了规定:"预告登记所保全的请求权的权利人届时不行使其权利的,其利害关系人可以申请涂销该预告登记。被涂销的预告登记,自涂销时丧失其效力。涂销预告登记的通知,可依公示方式送达。"不过就预告登记的消灭事由不限于登记保全的请求权人逾期未申请将预告登记推进到本登记的情形,如预告登记保全的请求权消灭,包括被撤销、混同、抛弃、征收等时亦可涂销预告登记。前者是程序上的涂销登记,后者是实体上的涂销登记。不过为了保持预告登记制度的完整,对预告登记的涂销以及异议登记的涂销等可单独与各登记的相关规定放于一起予以规定。全国人大法工委提出的物权法草案也于第 20 条规定了预告登记因逾期不申请本登记或预告登记保全的债权消灭而丧失效力,此时应进行涂销登记。

第二节 消灭登记

一、消灭登记的含义

对消灭登记,学界尚不存在不同的观点,有谓消灭登记,又称灭失登记,是指土地或建物权利标的物之灭失,其所有权及他项权利归于消灭而为之的登记。[①] 它是指房地产实体发生消灭时所进行的登记,此时,建筑物和土地本身发生消灭,因而其上存在的权利也发生绝对消灭。

涂销登记和消灭登记的效力都是消灭既存的登记事项,有着相同的地方,但二者的分工不同,涂销登记主要是指登记权利消灭的情形,而此时的登记标的物并未消灭,因而其上的所有权不会消灭,而只是不动产他项权利消灭,属绝对消灭的情形(相对消灭属变更登记的范畴),但当事人可以于其后再为同种类权利的登记;消灭登记则是指登记标的物消灭的情形,此时不仅登记的权利消灭,登记的标的物也消灭,属登记权利绝对消灭的情形,此后将永久禁止所有权及他项权利的登记。有学者认为,在登记簿的记载上二者也有不同,消灭登记仅就表示部分注明消灭原因,并在标示部、所有权

---

① 参见李鸿毅:《土地法论》,台湾 1999 年自版,第 230 页。

部、他项权利部、其他登记事项中注明"本部截止记载";而涂销登记则用登记用纸在他项权利部或所有权部注明涂销原因,在其他事项栏注明"涂销主登记某项权利"。[①] 但所有权的相对消灭应为变更登记,而不存在涂销登记,似不应存在在所有权部注明涂销原因这一情况。

二、消灭登记的事由

消灭登记的事由是不动产登记标的物包括土地和建筑物的灭失,如土地全部流失、坍没、建筑物全部拆除或毁坏等。

三、消灭登记的程序

(一) 我国台湾地区的法律规定

我国台湾地区将消灭登记作为了变更登记的一种,其程序也自然适用变更登记的程序,但应作必要的变动,主要包括申请、收件、审查、登簿、异动整理和归档,而没有计征规费(《土地法》第77条)、缮发书状程序。

在申请时,有两种方式,一为单独申请(台湾《土地登记规则》第28条),应由登记名义人进行申请,一为代位申请(台湾《土地登记规则》第33条),是指建物灭失时,若该建物所有权人未于规定期限内申请消灭登记,土地所有权人或其他权利人得代位申请之。

设定有他项权利之土地因灭失而为消灭登记时,登记机关应于登记完毕后通知他项权利人(台湾《土地登记规则》第99条)。建物消灭时,登记机关于登记完毕后,应将登记结果通知该建物所有权人及他项权利人。建物已办理限制登记者,并应通知嘱托机关或预告登记名义人(台湾《土地登记规则》第33条第2款)。对土地办理限制登记时,也应作上述的通知。

(二) 日本《不动产登记法》规定的灭失登记的程序

日本《不动产登记法》于第81条和第93条之十一分别规定了土地和建筑物的灭失登记。

在土地和建筑物灭失时,不动产登记簿标示部记载的所有人或所有人登记名义人,应于1个月内申请土地灭失登记;对河川区域内的土地灭失,河川管理人应从速嘱托灭失登记。

从这些规定看,它们采用由所有人或所有人登记名义人单方申请灭失登记和嘱托灭失登记两种方式。但在不动产上存在他项权利或限制登记时

---

① 参见刘武元:《房地产交易法律问题研究》,法律出版社2002年版,第56页。

对他项权利人和登记名义人的通知问题,该法没有规定。

（三）我国大陆法律规定的消灭登记

就消灭登记我国大陆的现行法尚未单独作出规定,而是和涂销登记或变更登记(深圳市)结合在一起规定为注销登记。其部分程序可适用前面对注销登记的介绍。

1.《土地登记规则》的规定

因自然灾害等造成土地权利灭失的,原土地使用者或者土地所有者应当持原土地证书及有关证明材料,申请土地使用权或者土地所有权注销登记(第56条)。但对申请期限没有作出规定。

土地使用者、所有者未按照未规则规定申请注销登记的,土地管理部门可以依照规定直接办理注销土地登记,注销土地证书(第58条)。但此时如何注销,规定并不清楚。而珠海市的《房地产登记条例》则作了明确的规定。

因此我国的土地权利消灭登记包括申请消灭登记和径为消灭登记两种方式。其中的申请消灭登记为单方申请,申请人应为集体土地所有权人和原国有土地使用权人。

就其他的程序内容,《土地登记规则》于第八章作了统一规定。土地管理部门应当在受理注销土地登记申请之日起15日内,对登记申请和地籍调查结果进行审核后办理注销登记,并将注销登记的结果书面通知当事人(第68条第2款)。

土地管理部门作出不予受理土地登记申请或者暂缓登记决定的,应当自接到申请之日起15日内将作出决定的理由书面通知当事人(第68条第3款)。

但该规则对径为注销的期限和程序未作进一步规定。

2.《城市房屋权属登记管理办法》的规定

因房屋灭失,权利人应当自事实发生之日起30日内申请注销登记。申请注销登记,权利人应当提交原房屋权属证书、他项权利证书,相关的合同、协议、证明等文件(第24条)。登记机关应当对权利人(申请人)的申请进行审查。凡权属清楚、产权来源资料齐全的,注销登记应当在受理登记后的15日内核准注销,并注销房屋权属证书(第27条)。

房屋权利灭失,而权利人未在规定期限内办理房屋权属注销登记的,登记机关有权注销房屋权属证书。但此时能否直接注销登记事项呢？否则仅注销房屋权属证书并不妨碍登记名义人仍享有登记的权利。

注销房屋权属证书,登记机关应当作出书面决定,送达当事人,并收回原发放的房屋权属证书或者公告原房屋权属证书作废(第 25 条)。公告适用于径为注销的情形。

由此看来,房屋权利消灭登记也包括申请消灭登记和径为消灭登记两种方式。其中的申请消灭登记也为单方申请,申请人为权利人,但其范围有待明确,该办法对申请期限和申请应提交的文件以及径为消灭登记的程序也作了明确规定,但对代位申请也未规定。

3. 深圳市《房地产登记条例》的规定

该条例将消灭登记作为了变更登记予以规定:建筑物、附着物倒塌、拆除的,权利人应自事实发生之日起 30 日内向登记机关申请变更登记。登记机关应自收到权利人申请之日起,15 日内予以核准变更登记(第 4 条第 1 款)。

从该规定看,它仅采用了单方申请登记的形式。

4. 珠海市《房地产登记条例》的规定

因自然灾害等造成房地产权利灭失的,当事人应当申请注销登记,并缴回房地产权证书;当事人未申请的,由登记机关直接注销登记(第 40 条)。但申请期限和申请应提交的文件是什么,未明确规定。

登记机关直接注销登记的,应当在 10 日内书面通知当事人,限期缴回房地产权证书。当事人未在规定期限内缴回房地产权证书的,登记机关可以公告作废(第 41 条)。这条对径为注销登记的程序规定得比较完善和合理。

5. 上海市《房地产登记条例》的规定

房屋因倒塌、拆除等原因灭失的,房地产权利人应当在灭失事实发生后申请注销房地产登记,并提交下列文件:(一)申请书;(二)身份证明;(三)房地产权证书;(四)房屋灭失的证明(第 36 条)。

其他程序和涂销登记相同。符合下列条件的注销房地产登记申请,应当准予登记:(一)申请人是房地产登记册记载的房地产权利人;(二)申请注销登记的房地产在房地产登记册的记载范围内;(三)申请注销登记的事项与房地产登记册的记载不冲突(第 39 条)。

房地产登记机构应当自受理注销房地产登记申请之日起 20 日内完成审核。符合规定条件的,应当将注销事项记载于房地产登记册,并书面通知申请人,原房地产权证书作废;不符合规定条件的,不予注销登记,并书面告知申请人(第 40 条)。

房屋灭失或者土地使用权依法终止后,当事人未申请注销登记的,房地产登记机构可以依据有关部门提供的证明文件,将注销事项记载于房地产登记册,原房地产权证书作废(第41条)。

由是,可见上海市的条例也采用了申请登记和径为登记两种形式,并明确了申请应提交的文件和核准登记后的通知,但在核准期限上和上述的规定不同。

第三节 我国未来不动产涂销登记和消灭登记的设计

一、对我国未来不动产涂销登记制度的设计

我们倾向于对更正登记作广义的理解,不止限于部分登记事项不合法,而且包括全部登记事项不合法,因此最狭义的涂销登记的情形可纳入更正登记的范畴,而预告登记的涂销、异议登记和其他限制登记等程序上的涂销登记我们将采用上海的模式将之纳入各登记类型予以规定,而所有权的绝对消灭适用消灭登记,其相对消灭适用变更登记,不适用涂销登记,不动产他项权利的相对消灭,如移转、继承、时效取得、征收等适用变更登记,因此,涂销登记的事由就是不动产他项权利的绝对消灭,就消灭事由,结合我国现有的三个物权法草案[①]及前面的分析介绍,可包括抛弃、混同、存续期间届满、债务清偿、法院判决等原因。

因此,我们将涂销登记界定为在不动产他项权利因抛弃、混同、存续期间届满、债务清偿、法院判决等原因而消灭时,不动产登记机关基于登记名义人的申请所为的登记,即狭义的涂销登记。但因行使撤销权而使登记事项不适法时所为的登记我们将之纳入更正登记的范畴。

就涂销登记的程序,可仿台湾地区登记法的规定对我国内地现行的注销登记予以完善,将其中因权利消灭而发生的注销登记规定为涂销登记,其程序包括两种,一为申请登记,一为径为登记。

1. 申请登记

涂销登记的申请仅需单方申请即可。

(1)申请人应不限于土地使用权人及其他土地和房屋他项权利人,还可包括原设定人或其他利害关系人。

[①] 指中国社会科学院法学所、中国人民大学民商法研究中心和全国人大法工委分别提出的物权法草案。

(2) 申请应提交的文件：

结合我国台湾地区和内地的《土地登记规则》、《城市房屋权属登记管理办法》和上海市的《房地产登记条例》的相关规定，这些文件可包括：（一）登记申请书；（二）申请人的身份证明；（三）不动产他项权利证书；（四）证明不动产他项权利消灭的文件；（五）其他必要的证明文件（如相关的合同、协议等文件）。

(3) 申请期限：《土地登记规则》和《城市房屋权属登记管理办法》的规定并不统一，考虑到他项权利的消灭对所有权的影响，可统一为自不动产他项权利消灭之日起 15 日内。

(4) 审查并核准登记及通知

对审查和核准登记的时间，《土地登记规则》、《城市房屋权属登记管理办法》和珠海市、上海市的《房地产登记条例》的规定并不相同，但以 15 日居多，可以统一规定为 15 日。

不动产登记机关应当在受理涂销土地登记申请之日起 15 日内，对登记申请进行审查，凡权属清楚、产权来源资料齐全的，应当在受理登记后的 15 日内核准登记，并将消灭登记的结果书面通知当事人，并注销不动产权利证书。不符合规定条件的，不予登记，并书面告知申请人。

对不予受理和暂缓登记的情形可参见一般程序的规定。

2. 径为登记的情形

参照《土地登记规则》、《城市房屋权属登记管理办法》和珠海市、上海市的《房地产登记条例》，可作出如下的规定：

不动产他项权利人未按期申请注销登记的，不动产登记机关可以依照有关部门提供的证明文件直接办理消灭登记，并在 10 日内书面通知登记名义人，限期缴回不动产权利证书，当事人未在规定期限内缴回不动产权利证书的，登记机关可以公告原不动产权利证书作废。

二、对我国未来不动产消灭登记的设计

就消灭登记而言，它与涂销登记在发生事由上有所不同，其原因表现为不动产因自然灾害、坍毁、拆除等而灭失，因此，二者在法律后果上也有不同，涂销登记主要是指登记权利消灭的情形，而此时的登记标的物并未消灭，因而其上的所有权不会消灭，而只能不动产他项权利消灭，属绝对消灭的情形（相对消灭属变更登记的范畴），但当事人可以于其后再为同种类权利的登记；消灭登记则是指登记标的物消灭的情形，此时不仅登记的权利消灭,登记的标的物也消灭,是属登记权利绝对消灭的情形,此后将永久禁止所有权及他项权利的登记。这使得二者在登记用纸的处理上也有所区别,消灭登记仅就表示部分注明消灭原因,并在标示部、所有权部、他项权利部、其他登记事项中注明"本部截止记载";而涂销登记则用登记用纸在他项权利部注明涂销原因,在其他事项栏注明"涂销主登记某项权利"。因此我国在将来的立法中应独立出来单独规定,对其程序,在保留现在的单方申请和径为登记的形式下,可仿台湾地区登记法的规定增加代位申请的情形,其他程序除适用一般程序外,可适用和涂销登记一样的程序。

1. 申请登记

(1) 申请人:土地消灭时,应由集体土地所有人、国有土地原使用权人申请,房屋消灭时,应由房屋所有权人申请。

(2) 申请方式:单方申请和代位申请

代位申请的情形是指房屋灭失时,若该房屋的所有权人未于规定期限内申请消灭登记,土地使用权人或其他权利人得代位申请之。

(3) 申请期限:参照《城市房屋权属登记管理办法》和深圳市的《房地产登记条例》的规定,可规定为灭失事实发生后 30 日。

(4) 应提交的文件:参照《土地登记规则》、《城市房屋权属登记管理办法》和上海市的《房地产登记条例》,可包括:(一) 登记申请书;(二) 申请人的身份证明;(三) 不动产所有权和他项权利证书;(四) 土地和房屋灭失的证明;(五) 其他必要的证明文件。

(5) 审查并核准登记

对审查和核准登记的时间,《土地登记规则》、《城市房屋权属登记管理办法》和深圳市、上海市的《房地产登记条例》的规定并不相同,但以 15 日居多,可以统一规定为 15 日。

房地产登记机关应当在受理注销土地登记申请之日起 15 日内,对登记申请进行审查,凡权属清楚、产权来源资料齐全的,应当在受理登记后的 15 日内核准登记,并将消灭登记的结果书面通知当事人,并注销房地产权属证书。不符合规定条件的,不予注销登记,并书面告知申请人。

对不予受理和暂缓登记的情形可参见一般程序的规定。

2. 径为登记

参照《土地登记规则》、《城市房屋权属登记管理办法》和珠海市的《房地产登记条例》,可作出如下的规定:

集体土地所有人、国有土地原使用权人和房屋所有权人未按期申请消

第八章　不动产涂销登记和消灭登记

灭登记的,房地产登记机关可以依照有关部门提供的证明文件直接办理消灭登记,并在 10 日内书面通知登记名义人,限期缴回房地产权证书,当事人未在规定期限内缴回不动产权利证书的,登记机关可以公告原不动产权利证书作废。

3. 另应仿我国台湾地区的立法规定通知程序

设定有他项权利的土地和建物因灭失而为消灭登记时,登记机关应于登记完毕后通知他项权利人。土地和建物已办理限制登记的,并应通知嘱托机关或预告登记名义人。

第九章 回复登记

所谓回复登记,也有译为恢复登记,是日本《不动产登记法》规定的一种类型,它是指与实体权利关系一致的登记,因不当原因而从登记簿上消灭时,对消灭的登记予以回复,以保持原有登记效力的一种登记类型。① 对此我国的房地产登记法律法规中没有明确规定。

依有关学者的论述,因为回复登记以恢复原有登记的效力为目的,依原有登记消灭的原因,可将其分为灭失回复登记和涂销回复登记两种情形。②

一、灭失回复登记

灭失回复登记是指登记簿的全部或一部因水灾、地震等原因而发生物理上的灭失,予以回复的一种登记。它是对灭失的登记的一种恢复保存行为,不涉及新的权利关系的变动,故而其顺位并不发生变动,而应依原有登记而定。③ 这在日本《不动产登记法》中体现为第 23 条。

灭失回复登记的程序规定为日本《不动产登记法》第 19 条、第 23 条、第 69 条至第 77 条。依据这些规定,灭失回复登记的程序如下:

1. 法务大臣应规定不少于 3 个月的期间进行公示,于公示期间申请回复登记者的权利仍保持其登记簿上的顺位,同时,将登记簿全部或一部灭失的登记所,应备置申请书编缀簿;

2. 在此期间,可以仅由登记权利人单方申请,此时应于申请书中记载前登记的顺位号数、接受申请书的年月日、收件号数,并附具前登记的登记证明书;

3. 登记官接收前述申请而进行登记时,应于登记用纸中的相当部顺位号数栏中记载前登记的号数,于事项栏内记载接受前登记申请书的年月日和收件号数;登记官进行回复登记时,若发现前登记有依职权记载的事项时,应记载该事项。

---

① 参见肖厚国:《物权变动研究》,法律出版社 2002 年版,第 243 页。
② 同上。
③ 同上书,第 244 页。

第九章 回复登记

4. 在前述 3 个月期间内接受的关于权利新登记的申请书、通知书及许可书,应按收件号数的顺序,编缀于申请书登记簿,此时就应登记的事项,与编缀时有登记者发生同一效力。

就日本法而言,它采登记对抗主义,是否登记对不动产物权变动的效力不发生决定效力,在灭失回复登记期间仍可进行不动产交易而不受妨碍。①而就登记要件主义,因为登记是不动产物权变动的生效要件(成立要件),在灭失回复登记期间进行的不动产交易因无法进行登记,当然不发生效力。

而在我国台湾地区的土地登记法规中将这一种情形规定为土地登记簿的补造、重造程序(台湾地区《土地法施行法》第 17 条之一和《土地登记规则》第 22 条、第 23 条)。所谓土地登记簿的补造发生在登记总簿灭失时,此时,登记机关应依有关资料补造土地登记簿,并应保持原有之次序。对补造的登记总簿,应公告、公开提供阅览 30 日,并通知登记名义人,及将补造经过情形层报中央地政机关备查。土地登记簿的重造包括两种情形:一为,一宗土地之登记簿用纸部分损坏时,登记机关应依原有记载全部予以重造;另一为,登记簿用纸全部损坏、灭失或其样式变更时,登记机关应依原有记载有效部分予以重造。其中在登记簿用纸样式变更情形下所为的土地登记簿重造应不属于此处所谓的灭失回复登记的情形。在土地登记簿重造或补造的情形下,无需登记权利人(名义人)进行申请,而是由登记机关依职权进行。

我国内地的《城市房屋产权产籍管理暂行办法》第 16 条第 2 款规定:"城市房屋产权档案必须长期保存。如果发生丢失或者损毁时,应当及时采取补救措施。"有学者认为这里的补救措施应当包括不动产登记簿的补造、重造程序。②

二、涂销回复登记

涂销回复登记乃登记事项的全部或一部被不适法地涂销,为使登记回复到涂销前的状态所为的一种登记。该种登记规定为日本《不动产登记法》第 67 条和第 68 条。此时的涂销回复登记和涂销登记、更正登记有着密切的关联,在登记事项被全部不适法涂销的情况下,可以说回复登记和涂销登

---

① 参见肖厚国:《物权变动研究》,法律出版社 2002 年版,第 144 页。
② 参见许明月、胡光志等:《财产权登记法律制度研究》,中国社会科学出版社 2002 年版,第 110 页。

记一般是联立进行的,即回复登记是对错误涂销登记的更正;若登记事项仅被不适法地部分涂销,涂销回复登记应属更正登记的一种。不过这是以狭义涂销登记和更正登记的概念为前提的。若采广义的更正登记概念,涂销回复登记即应属更正登记的范畴。由于涂销回复登记和更正登记的密切关系,日本《不动产登记法》才将预告登记的情形规定为因登记原因无效或撤销的,提起涂销登记和回复登记诉讼的情形(第3条)。

涂销回复登记的原因是存在不适法的登记涂销行为,该行为既可基于实体法上的理由,也可基于程序法上的理由,前者如涂销登记的登记原因无效、被撤销,后者如登记官过误等登记手续上的瑕疵。在灭失涂销登记的情况下,不涉及新的权利关系的变动,故而其顺位并不发生变动,而应依原有登记而定。①

涂销回复登记可以当事人的申请进行(此时应指被涂销事项的真正权利人),也可由登记机关依职权进行矫正。② 依日本《不动产登记法》第67条和第68条,于申请回复登记的情形,有与登记有利害关系的第三人时,于申请书上应附具其承诺书或可对抗其的裁判誊本。此外,抵押证券持有人或背书人与登记回复有利害关系时,应附具这些人的承诺书或可对抗其的裁判誊本。在依申请进行回复登记时,应于进行回复登记后,重新登记与涂销的登记同一的登记。如果仅涂销了某登记事项,则应以附记重新登记该事项。

就权利登记制而言,在未为涂销回复登记前,就不适法的登记,因为存在公信力③,善意的受让人可以适法取得不适法登记的权利,真正的权利人不能再请求回复其登记。

另我国台湾《土地法》第12条还规定了另外一种应属回复登记的情形,即私有土地,因天然变迁成为湖泽或可通运之水道后又回复原状的情形,此时经原所有权人证明为其原有者,仍回复其所有权,因此前,其所有权的登记已被涂销,此时即应为回复登记。但有学者将其归为变更登记中的增减登记的情形。④

---

① 参见肖厚国:《物权变动研究》,法律出版社2002年版,第245页。
② 同上。
③ 如《德国民法典》第891条第2款的规定。
④ 参见杨松龄:《实用土地法精义》,台湾五南图书出版公司2000年版,第152页。

第九章 回复登记

三、立法建议

结合我们对土地登记簿和更正登记、涂销登记的论述,我们认为,更正登记是对不合法登记事项的更正,无论是全部不合法还是部分不合法,因此可将涂销回复登记作为更正登记的一种手段或程序予以规定,而灭失回复登记则可纳入土地登记簿的补造、重造程序予以规定。在此不予赘述。

第十章　不动产更正登记、异议登记与登记机关的赔偿责任

第一节　更 正 登 记

一、引言：交易安全和权利人保护

不动产物权的变动应以一定的方式予以表彰，表示其权利变动的事实状态，才能在法律上发生更完全的变动效果，此乃物权公示原则使然。登记就是近代立法例上不动产物权变动的公示制度。所谓不动产物权登记，就是指不动产物权的各种变动在不动产所在地的专门机关所设立的专门登记簿上予以记载的事实。① 不动产登记除了公示效力以外，在以登记作为不动产物权变动要件主义的国家和地区，还产生物权变动根据效力、权利正确性推定效力、善意效力、警世效力和监管效力，因此可以有效地保护交易安全。

不动产登记固然可以保护交易的动的安全，但这种保护在有些情况下却可能是以对静的安全的牺牲为代价的，比如基于伪造的登记申请将他人的不动产登记在自己名下，并将其再转让给善意的第三人。此时该善意第三人因可基于登记公信力的保护而取得登记簿上所记载的权利，而真正的权利人却因此而丧失了其权利。正是为了平衡交易安全和真正权利人之间的利益，不动产登记制度亦需兼顾此静的安全，更正登记制度即由此而生。

二、更正登记的含义和立法例

更正登记，顾名思义，就是对不正确的不动产登记进行更正的登记程序。② 更正登记通过对登记簿上不正确登记的纠正，使登记权利状态符合事实权利状态，进而避免真正权利人因登记公信力受到损害。更正后的登记自始即发生效力，所以更正登记可以封锁后来的物权变更登记，也就是说，更正登记以后就必须以登记簿上所记载更正后的登记作为物权变动的基

---

① 孙宪忠：《德国当代物权法》，法律出版社1997年版，第130页。
② 同上书，第159页。

第十章 不动产更正登记、异议登记与登记机关的赔偿责任

础,仍基于先前不正确登记所为的物权变更登记不生登记的效力。

更正登记的前提为登记簿上所记载的权利状态与事实权利状态不符,即出现了不正确登记。对于何谓不正确登记,可以有三种理解。一为通常意义上的不正确登记,不论登记的原因是否有效,只要登记簿上的登记与登记的原始事实状态不符,即为不正确登记。二为狭义上的不正确登记,即基于有效的登记原因而为的登记,因登记错误或者遗漏所致的登记簿上的登记与登记的原始事实状态不符,方为不正确登记。三为广义上的不正确登记,它不仅包括通常意义上所指的登记簿上之登记与事实状态不符,还包括虽然在登记时登记簿上的登记与事实状态相符,但是由于嗣后的事由致使登记簿上之登记与现在的事实状态不符,亦为不正确登记。

基于上述对不正确登记的理解,各国对更正登记也因此有三种不同的立法例。

1. 日本和我国台湾地区对不正确登记采狭义的理解,认为更正登记系"登记完毕后,权利主体、客体及其内容,均无任何新事实或原因使之变更,仅登记上的错误或遗漏事项,经登记人员或利害关系人发现而为之更正。"①日本《不动产登记法》第 63 条规定:"登记官于权利登记完毕后,发现其登记有错误或遗漏时,应从速将其通知登记权利人及登记义务人。但是登记权利人及登记义务人为数人时,通知其中一人即可。"我国台湾地区《土地法》第 69 条规定:"登记人员或利害关系人,于登记完毕后,发现登记错误或遗漏时,非以书面申请该主管上级机关查明核准后,不得更正。"其中得更正之事项虽"以登记有错误或遗漏为限,此错误或遗漏,系由第三人之过失或登记官之过失,则非所问。"②

2. 瑞士对不正确登记采通常意义上的理解,《瑞士民法典》第 975 条第 1 款规定:"物权的登记不正当,或者正当的登记被不正当地涂销或更改时,其物权受到侵害的人,得诉请更改或涂销该登记。"根据其第 974 条第 2 款,所谓的不正当是指凡无法律原因或依无约束力的法律行为而完成的登记,比如依通谋的意思表示而为的变更登记。

3. 德国则对不正确登记采广义的理解,《德国民法典》第 894 条规定:"如果土地登记簿中的内容在有关土地的权利、此权利上的权利或者在第 892 条第 1 款所列举种类的处分权限制方面,与真实的法律状态不一致时,

---

① 李鸿毅:《土地法论》,三民书局 1999 年版,第 230 页。
② 吴明鸿:《土地登记与强制执行之研究》,成文出版社 1981 年版,第 35 页。

自己的权利未登记或者未正确登记的人,或者登记不存在的负担或者限制而受损害的人,可以要求因更正而涉及其权利的人同意在土地登记簿中加以更正。"

按照我国台湾地区更正登记狭义说的观点,所谓的登记错误或遗漏,主要是指登记的事项与登记原因证明文件所记载的内容不符而言。[①] 因此即使登记证明文件存在虚伪诈欺的情形,真正的权利人只能诉请涂销,而不能申请更正登记,登记人员更不能主动进行更正登记。[②]

按照《瑞士民法典》第 974 条第 2 款对不正当登记的理解,凡是无法律原因或依无约束力的法律行为而完成的登记均为不正当登记,均可依据第 975 条第 1 款进行更正登记。可见,瑞士法上更正登记的范围比我国台湾地区法上要广。

德国法上的更正登记则不仅包括瑞士法上原始的登记簿记载与事实权利状态不一致,更包括嗣后发生的登记簿记载与事实权利状态不一致,因此德国法上更正登记的范围也就相应地最为广泛。

我国现行的不动产登记制度基本上是由土地登记和房屋登记组成的。《土地管理法》和《城市房地产管理法》对土地登记和房屋登记作了原则上的规定,相关的具体细节则分别规定在《土地登记规则》和《城市房屋权属登记管理办法》中。在上述的法律法规中,涉及更正登记的规定有《土地登记规则》第 71 条和《城市房屋权属登记管理办法》第 25 条。《土地登记规则》第 71 条规定:"土地登记后,发现错登或者漏登的,土地管理部门应当办理更正登记;利害关系人也可以申请更正登记。"《城市房屋权属登记管理办法》第 25 条规定:"有下列情形之一的,登记机关有权注销房屋权属证书:(一) 申报不实的;(二) 涂改房屋权属证书的;(三) 房屋权利灭失,而权利人未在规定期限内办理房屋权属注销登记的;(四) 因登记机关的工作人员工作失误造成房屋权属登记不实的。注销房屋权属证书,登记机关应当作出书面决定,并送达权利人。"

可见我国现行法上对更正登记采取的是双轨制,即《土地登记规则》基本上采取我国台湾地区狭义更正登记的做法,将更正的范围局限在登记的错误或者遗漏;《城市房屋权属登记管理办法》则基本上采取德国广义更正登记的做法,更正的范围不仅包括"因登记机关的工作人员工作失误造成房

---

① 参见我国台湾地区《土地登记规则》第 14 条。
② 参见吴明鸿:《土地登记与强制执行之研究》,成文出版社有限公司 1981 年版,第 30 页。

第十章　不动产更正登记、异议登记与登记机关的赔偿责任

屋权属登记不实"、"申报不实",还包括嗣后发生的"房屋权利灭失,而权利人未在规定期限内办理房屋权属注销登记"。

笔者认为,以我国台湾地区法为代表的更正登记狭义说和德国法上的更正登记广义说并不可采,其理由如下:

首先,狭义说的界定人为地缩小了不正确登记的范围,不利于建立不正确登记的规范概念。不论是在申请登记过程中因登记错误或者遗漏所导致的与事实权利状态的不符,还是由于登记过程背后的原因法律行为本身的瑕疵所导致的与事实权利状态的不符,均已构成对登记公示和交易安全的妨害,并无本质区别,自应归于一类并适用同样的程序予以去除。因此,狭义更正登记的界定并不可采。

其次,广义说的界定则不当地扩大了不正确登记的范围,无助于厘清更正登记与涂销登记的界限。更正登记既旨在纠正已存在的不正确登记,使登记簿记载与事实权利状态一致,因此并不会引起不动产物权实质上的变动①,它所反映的只是真实物权重现的一个相对静态的过程。涂销登记则不然,它是在真实的不动产物权消灭(不论是绝对消灭,还相对消灭)时所进行的登记,其产生的法律后果是不动产物权的消灭,它所反映的是真实物权由产生到消灭的一个动态的过程。广义更正登记的界定明显混淆了二者之间的逻辑关系,因此也不可采。

相较于狭义说的限制和广义说的扩张,瑞士法上对更正登记范围的界定则克服了上述狭义说和广义说的缺陷,将所有与登记原始事实状态不符的记载均列入更正登记的范畴,将由于嗣后的事由致使登记簿上之登记与现在的事实状态不符作为涂销登记的事由,从而构建了更正登记的规范体系。因此我们认为,我国在今后物权法或者不动产登记立法中应采瑞士法的立场,对更正登记采一般意义上的解释。

三、更正登记请求权

不动产物权登记,按照各国通例,原则上应由登记权利人和登记义务人共同申请。更正登记既是为更正不正确登记而设,也理应由登记权利人和登记义务人共同申请。所谓登记权利人,是指因登记而直接受利益者。所谓登记义务人,是指因登记而直接受不利益的人。比如本属甲的不动产因

---

① 当然,如果在更正登记前第三人因为善意信赖登记簿的记载而取得该不动产物权,此时就不能再进行更正登记。

登记机关的过失而误登记在乙的名下,此时甲可因更正登记而受利益,为登记权利人,乙则因更正登记而丧失登记名义人的资格,为登记义务人。

更正登记既然以双方共同申请为原则,如果登记义务人拒绝进行登记,则登记就不可能发生,登记权利人的权益就将因此而受损害,为此,法律特赋予登记权利人以登记请求权。所谓登记请求权,就是登记权利人向登记义务人行使的要求协助完成登记手续的权利。①《德国民法典》第894条即是关于更正登记请求权的规定,日本和我国台湾地区的司法判例也在一般意义上承认登记请求权。

关于登记更正请求权的性质,学者们大致有以下三种观点。

一为物权请求权说,认为登记请求权在本质上是权利人基于对标的物所享有的物权而产生的一种请求权。② 我国台湾地区学者张龙文先生认为其属于所有权妨害排除请求权。

二为债权请求权说,认为在发生登记之前,物权因没有完成公示要件而尚未发生转移和变更,所以一方还没有享有物权,因此不能根据物权提出请求,所以更正登记请求权并不是一种物上请求权,而仍然是一种债权上的请求权。③

三为区分说,认为如果物权登记行为有效时,原权利人丧失其权利,登记本身即成为一种法律上的利益,此时只发生返还该不当得利的问题④,更正登记请求权作为不当得利返还请求权的一种方式,仅具有债权性质;如果物权登记行为无效时,由于权利人未丧失其权利,为防止第三人因信赖登记取得权利,可以请求更正登记,此更正登记请求权为所有权妨害除去请求权之一种。⑤

区分说在严格贯彻了物权行为独立性和无因性原则的前提下,分两种不同情形为物权形式主义物权变动模式下更正登记请求权的性质提供了圆满的解释,因而较单纯的物权请求权说更为可采。债权形式主义的物权变

---

① 孙毅:《物权公示公信原则》,载《民商法论丛》第7卷,法律出版社1997年版,第707页。
② 早稻田司法考试中心:《民法基础知识》(第1册)(总则·物权),转引自:许明月:《抵押权制度研究》,法律出版社1998年版,第222页。
③ 王利明:《试论我国不动产登记制度的完善》,载《民商法研究》法律出版社2001年版,第253页。另见许明月:《抵押权制度研究》,法律出版社1998年版,第223页。
④ 参见王泽鉴:《通谋虚伪之第三人利益契约》,载《民法学说与判例研究》第6册,中国政法大学出版社1998年版,第237页。
⑤ 参见郑玉波:《论所有物返还请求权》,载《民法物权论文选辑》(上),五南图书出版公司1984年版,第170页。

第十章　不动产更正登记、异议登记与登记机关的赔偿责任

动模式既未完全采纳物权行为主义理论,在对更正登记请求权进行解释时,自不能完全采用物权形式主义的区分说,此自不待言。我国学者一般认为,"债权形式主义代表物权变动立法规制模式的基本潮流和取向"[1],因此我国将来采债权形式主义立法时,究竟应采债权请求权说,还是物权请求权说,则有进一步探讨的余地。

债权形式主义区别于物权形式主义的一个突出特点,就是债权形式主义并不承认物权行为的无因性。按照债权形式主义的立场,合同的无效或者可撤销必将影响到物权变动的效力。因此,如果出现他人伪造申请所为之权利变更登记,或者依通谋虚伪意思表示之权利变更登记等情形,虽然仅从登记簿上看物权似乎发生了变动,但此物权变动并不能完全生效,即真正的权利人并未因此丧失其物权,只是如果此时第三人善意信赖登记簿也可以取得相应的权利。权利人之所以要请求更正登记,是为防止第三人因登记公信力而取得其物权。因此笔者认为,在债权形式主义下对更正登记请求权应采物权请求权说。债权请求权说的观点将登记绝对化,使登记成为了物权变动的惟一要件,认为只要进行了登记就必然发生物权变动,这种观点明显混淆了登记在不同物权变动模式下的不同法理,因而并不可采。

对于更正登记请求权,我国《土地登记规则》和《城市房屋权属登记管理办法》均未作出明确的规定。《土地登记规则》第71条只是规定"利害关系人也可以申请更正登记",并没有规定申请更正登记的具体程序。《城市房屋权属登记管理办法》第25条更是连利害关系人的申请都未规定,而只规定了登记机关可以直接主动进行更正。这些都是在今后的不动产登记立法中应该予以克服和完善的。

四、登记机关径行更正登记

不动产登记作为对不动产财产权的记载,具有确认权利人的物权、保护交易安全的功能,同时它也是确定国家权利团体对不动产课税的基础[2],并且它还负有管理、保护不动产维持人类生存的目标。可以说,不动产登记制度不仅有平等主体的私权关系,而且有纵向的行政关系,其中贯穿着个人目标和国家目标的双重价值。[3]

---

[1] 梁慧星、陈华彬:《物权法》,法律出版社1997年版,第91页。
[2] 王轶:《物权变动论》,中国人民大学出版社2001年版,第154页。
[3] 王洪亮:《不动产登记立法研究》,载《法律科学》2000年第2期,第120页。

从国家目标的角度来说,不正确的不动产登记歪曲了不动产权利的真实状态,必将影响上述国家目标的实现,如果不动产权利利害关系人未发现或者即使发现而怠于申请更正,国家有必要基于公共利益的考量,在一定情形下主动纠正该不正确的不动产登记,作为当事人申请更正登记的例外和补充。但同时,由于更正登记对当事人利益的影响巨大,因此登记机关主动的更正登记必须严格依照法律规定的程序进行,并且被限制在一定的范围内。

德国《土地登记簿法》第82a条规定:"如果出现第82条的情况,当更正程序不能得以实施或不能达到任何成果时,土地登记局可以因公对土地登记册作更正。"日本《不动产登记法》第64条第1款规定:"于前条规定的情形,登记的错误或遗漏系出于登记官的过失时,除第三人与登记有利害关系情形外,登记官应从速报请法务局或地方法务局的局长许可更正登记,并将其通知登记权利人及登记义务人。"《瑞士民法典》第977条第1款规定"不动产登记簿管理人更正登记,在未经当事人同意的情况下,仅得依法官的裁判为之",该条第3款规定:"单纯的书写错误,应依职权根据联邦委员会颁布的有关规定办理。"我国台湾地区《土地法》第69条原则上既允许利害关系人申请更正登记,也允许登记人员主动进行更正登记。其《土地登记规则》第122条规定:"登记人员或利害关系人于登记完毕后,发现错误或遗漏时,应申请更正登记。登记机关于报经上级地政机关查明后核准更正之。前项错误或遗漏,如纯属登记人员记载时之疏忽,并有原始登记原因证明文件可稽者,上级地政机关得授权登记机关径行更正之。前项授权登记机关径行更正之范围,由上级地政机关定之。"

上述立法例中,德国和日本仅允许登记机关对所有得更正事项中的一部分进行主动更正登记,比如德国登记机关主动的更正登记主要适用于《土地登记法》第82条所指因继承而发生的宣示登记的情形[①];日本将其限于系出于登记官的过失所致的错误或遗漏,对于其他得更正事项则必须依赖当事人的申请始得进行。我国台湾地区和瑞士则原则上对得更正登记的事项不予区分,凡当事人可以申请更正的事项,登记机关都可以主动进行更正登记。比如台湾地区即对该登记的错误或遗漏不予区分,即便非由于登记人员的过失所致,比如纯系当事人申请过程中的过失所导致的错误或遗漏,登记机关也可以主动进行更正登记。根据瑞士法,凡当事人可以申请更正的

---

① 宣示登记是相对于设权登记而言的,它是指将已经成立的物权变动,昭示于人的登记。

第十章　不动产更正登记、异议登记与登记机关的赔偿责任

事项,只要其并未申请,登记机关也都可以主动进行更正登记。

我国《土地登记规则》和《城市房屋权属登记管理办法》基本上采后者的立场,即对于所有的更正登记事项,登记机关都可以主动进行更正登记。① 笔者认为,在今后的物权法或不动产登记立法中对登记机关主动更正事项的列举宜采折中的立场,其理由如下:

首先,瑞士之所以允许登记机关对所有得更正登记事项均可以主动进行更正登记,主要原因在于其登记机关通常即为各州的地方法院。我国的登记机关则为行政机关,行政干预和管理的色彩相当浓重,而更正登记涉及当事人不动产物权的得丧及其内容范围,因此行政机关主动干预私权的范围必须适当。

其次,设立更正登记制度的最主要目的是对私权的保护,如果登记机关主动更正登记的事项过宽,则有过度干预私权之嫌,因此就应为登记机关主动更正登记的事项设置一个合理的限制,为更正登记制度的私益和公益目标寻找一个适当的平衡点。

再次,在现代国家中登记机关的一切行为都是以在一定条件下承担必要的责任为前提的,如果使登记机关承担过重的对所有不正确登记均主动进行更正登记的职责,则登记机关将因此面临沉重的压力,影响其主要职能的履行。如果一定要登记机关勉为其难的话,将可能导致登记机关在履行此项职责过程因不可能尽到应有的注意义务,频频发生新的不正确登记,这明显不符设立此项制度的初衷。因此,对我国登记机关主动更正登记的事项范围应当予以弹性的界定,而不宜完全照搬瑞士的做法。

除了授权登记机关主动更正登记的事由不同以外,上述立法例对登记机关主动更正登记的程序要求也不一致。日本法规定需由法务局或地方法务局的局长许可,我国台湾地区则区分造成错误或遗漏的原因,分别由不同级别的地政机关进行更正登记。此外,由于更正登记事关当事人的财产利益甚巨,日本和我国台湾地区均规定,登记机关在主动更正后应将该登记通知相关当事人。② 在这方面,我国《土地登记规则》对此有所涉及,《城市房

---

① 1992年12月通过的《深圳经济特区房地产登记条例》第51条也采类似的规定,即"凡有下列情形之一的,登记机关可以决定撤销全部或部分核准登记事项:(一)当事人对房地产不拥有合法权利的;(二)当事人在申请登记时隐瞒真实情况或伪造有关证件、文件,采取欺骗手段获准登记的;(三)登记机关审查有疏忽,核准登记不当的。撤销核准登记的决定应书面通知当事人"。

② 台湾地区《土地登记规则》第29条规定:登记机关依第122条第2款进行更正登记后,应将登记结果通知登记权利人。

屋权属登记管理办法》则付诸阙如。

五、我国更正登记制度的构建

综上所述,大致来说我国未来物权法或者不动产登记法应允许不动产权利利害关系人对所有的与真实权利不一致的登记进行更正,而不论该不一致系由何种原因所致。对于登记机关主动依职权所进行的更正登记,则有必要从我国的实际出发予以适当的限制。

针对我国现行《土地登记规则》和《城市房屋权属登记管理办法》中有关更正登记的粗糙和疏漏,包括学者和各级立法机关在内的法律工作者都纷纷提出各种各样的具体意见和建议。

中国社会科学院法学所梁慧星教授主持起草的《中国物权法草案建议稿》①(以下简称建议稿一)第 31 条:"现时登记的权利与真实权利不一致时,权利人和利害关系人可以申请更正。登记机关发现有明显的登记错误时,应依职权更正。"

中国人民大学王利明教授主持起草的《中国物权法草案建议稿》②(以下简称建议稿二)第 28 条规定:"权利人及利害关系人有权对登记所记载的内容提出异议,但必须向人民法院提起诉讼,请求人民法院裁定变更登记。人民法院一经作出变更登记的裁定,登记机关必须依此裁定予以变更。变更登记以前第三人因信赖登记的内容而进行的交易依然有效。登记的权利与真正的权利不一致时,权利人和利害关系人可以申请登记机关更正。登记机关发现登记有明显错误或者有欺诈行为的,可以依职权更正登记的内容,但应及时通知登记申请人。"

武汉大学孟勤国教授起草的《中国物权法草案建议稿》③(以下简称建议稿三)第 40 条规定:"对不动产登记簿记载的内容有异议的,当事人可申请登记机关变更登记。登记机关不予以变更的,可请求人民法院裁定变更登记。登记机关依职权更正确有错误的登记内容,须及时公告和通知当事人。"

---

① 梁慧星主编:《中国物权法草案建议稿:条文、说明、理由与参考立法例》,社会科学文献出版社 2000 年版,第 10 页。
② 王利明主编:《中国物权法草案建议稿及说明》,中国法制出版社 2001 年版,第 143 页。
③ 孟勤国:《中国物权法草案建议稿》,载《法学评论》2002 年第 5 期,第 88 页。

第十章 不动产更正登记、异议登记与登记机关的赔偿责任

就以上三个物权法建议稿对更正登记的规定来看①,虽然它们使用的措辞并不一致②,但都对更正登记的两种程序作出了规定,即当事人申请更正和登记机关主动更正。此外,建议稿二和建议稿三都还另外规定了一种当事人申请法院裁定更正登记的程序,其中建议稿二将这种当事人向法院申请的更正作为了首要途径,建议稿三则把它作为当事人申请更正登记程序的补充。

笔者认为,申请法院裁定更正登记不宜作为更正登记的一种独立程序,亦不应列为当事人的首选途径,其理由在于:

首先,更正登记以当事人申请为原则,如果登记权利人和登记义务人均同意向登记机关申请更正登记,那么经登记机关审查合格后就应予以更正登记,也就是说申请法院裁定更正登记并不是更正登记的常态。

其次,即使登记义务人不同意协助办理更正登记,登记权利人因此而诉请法院以获得进行更正登记的裁判,其所依据的也是更正登记请求权,因此仍是当事人主动申请更正登记的补充。

再次,即使是建议稿二的起草者也承认,法院经过实质性的审查作出更正登记内容的裁判后,并不当然地发生更正登记的效果,当事人还需以裁判为依据,向登记机关申请更正登记。③ 因此,笔者认为建议稿二的体例安排不甚合理,今后的立法可借鉴建议稿三的基本模式。

对于登记机关主动进行更正登记的事项范围,建议稿一和建议稿二均规定其只对"明显"的登记错误或欺诈行为进行更正,避免了登记机关由于须为所有不正确登记进行更正而负担沉重的压力,较好地在立足我国实际的基础上协调了私权和国家公益的关系。此外,建议稿二和建议稿三都还规定了,登记机关主动进行更正登记时,须及时通知有关当事人,上述做法均值肯定。

除了上述学者起草的三个物权法建议稿外,由全国人大法工委起草的

---

① 其中,按照起草者的解释,建议稿一中所称的"现时登记的权利与真实权利不一致"不仅包括通常意义上的不正确登记,而且还包括德国法上所指的诸如"因为自然原因发生的不动产变故"或者"不动产物权因继承和事实行为等已经发生移转"等嗣后原因所致的不正确登记。从条文的字面上来看,建议稿二和建议稿三所指的"对登记簿记载内容的异议"则基本上系指通常意义上的原始不正确登记,即登记时的记载与真实权利不一致。已经如上文所述,笔者认为建议稿二和建议稿三对更正登记范围的界定更为可取。

② 虽然建议稿二将该条定为"登记的异议",并在条文中使用了"变更"的字样,但其在本质上仍是本文所称的"更正登记",建议稿三也同样如此。

③ 王利明:《试论我国不动产登记制度的完善》,载《民商法研究》,法律出版社 2001 年版,第253 页。

《物权法(征求意见稿)》(简称征求意见稿)也对更正登记提出了自己的想法。征求意见稿第 18 条规定:"权利人和利害关系人有权对不动产登记簿的错误记载申请更正登记。登记确有错误的,应当予以更正。"相较于由学者起草的三个物权法建议稿,征求意见稿的规定略显原则和简单,甚至连登记机关主动进行的更正登记都未规定。

不论学者建议稿,还是全国人大法工委的征求意见稿,虽都有一定的合理成分,但目前都还只停留在纸面上,并未形成有拘束力的法律文件。从现行的法律法规中来看,上海市第 11 届人大常委会 2002 年 10 月通过的上海市《房地产登记条例》对更正登记的规定也颇值借鉴。该条例第 18 条规定:"房地产权利人发现房地产登记册的记载有误的,可以申请更正。申请更正的事项涉及第三人房地产权利的,有关的权利人应当共同申请。房地产登记机构发现房地产登记册的记载有误的,应当书面通知有关的房地产权利人在规定期限内办理更正手续;当事人无正当理由逾期不办理更正手续的,房地产登记机构可以依据申请登记文件或者有效的法律文件对房地产登记册的记载予以更正,并书面通知当事人。"

上海市《房地产登记条例》对当事人申请更正登记的不同情形进行了具体的区分,并且为了彻底贯彻当事人申请的原则,还专门为登记机关主动进行更正登记设置了前置性的通知程序,这些经验都是在我国今后的立法中应予参考和借鉴的。当然,上海市《房地产登记条例》也存在着某些不足,比如未规定登记义务人不协助更正登记时登记权利人的救济;对登记机关主动更正登记的规定未区分是否涉及第三人的利益。①

第二节 异议登记

一、预备登记制度简介

预备登记是不动产登记法上与本登记(又称终局登记)相对称的一项重要制度,它是在本登记之前进行的一项登记,目的在于限制登记名义人对所登记的权利的处分并对第三人予以警示,与实体法上因为权利变动而产生的对抗力无直接关系。② 预备登记可大体上分为预告登记(Vormerkung)和

---

① 因为如果允许登记机关对涉及第三人利益的事项直接进行更正登记,可能会损害该第三人的合法权益,并变相地赋予了登记机关以相当的司法权。
② 邓曾甲:《日本民法概论》,法律出版社 1995 年版,第 161 页。

第十章 不动产更正登记、异议登记与登记机关的赔偿责任

异议登记(Widerspruch)两种,二者都滥觞于早期的普鲁士法所规定的异议登记,后期的普鲁士法又将二者统称为预告登记①,于《德国民法典》制定之时,始将二者区分开来,分别规定在第823条和第899条中。《日本民法典》在物权法的规定上虽采用了登记对抗主义,但却吸收了《德国民法典》有关登记的规定,于其《不动产登记法》第2条和第3条分别规定了假登记和预告登记,大致相当于《德国民法典》所规定的预告登记和异议登记。《瑞士民法典》也于第959—961条规定了三种预记登记(Vormerkung)的形式:关于"人的权利"的预记登记,即债权的预记登记(Vormerkung persoenlicher Rechte,第959条);"处分权限制的预记登记"(第960条);"暂时的登记"(die vorlaeufige Eintragung,第961条),其中的"人的权利"的预记登记和暂时登记相当于德国法上的预告登记和异议登记。② 我国早在民国十一年(1922)颁布的《不动产登记条例》和民国二十四年(1935)颁布的《土地法施行法》中已规定了预告登记和异议登记。民国三十五年(1946)颁布的《土地登记规则》进一步吸收了《土地法施行法》的规定,明确了预告登记和异议登记制度.此后我国台湾地区于其1975年修正颁布的《土地法》中删去了异议登记,并对预告登记作了较大的改动,1980年修订的《土地登记规则》对异议登记也未予规定,一直沿用至今。

二、预告登记和异议登记之比较

就预告登记和异议登记而言,二者的区分是债权和物权二分法观念的产物,在功能和制度设计上存在着很多的不同,但由于二者同出一源,故而也存在着较多的相同点。其相同点在于:(1) 二者均属于预备登记,均具暂时性;(2) 二者均属保全登记,目的都在于确保登记权利人的权利得以实现,并均具有阻止登记公信力的作用;(3) 二者均属限制登记,都是通过对登记名义人处分权之限制而达到保全登记权利人权利的目的;(4) 二者均可依共同申请或假处分命令而为登记,不过这只是在德国法上才如此。鲍尔和施蒂尔纳教授在其所著的《物权法》一书中就认为:"预告登记与异议,何者为合适的法律救济手段,在具体个案中颇难抉择。故而,应允许这两种

---

① 参见卢佳香:《预告登记之研究》,台湾辅仁大学1995年硕士论文,第19、22页。
② 参见陈华彬:《物权法研究》,金桥文化出版(香港)有限公司2001年版,第261页;但殷生根、王燕所译的《瑞士民法典》将第960条也称为预告登记,并将第961条译为假登记,而假登记的概念源本于日本法,它也相当于预告登记,而不是异议登记,故而不知该译本源自哪里?

救济手段相互并用,或者二者间可相互转换。"①二者的相异点在于:(1)预告登记在于保全债权之登记请求权,即以不动产物权之得丧、变更、消灭为标的之债权请求权②,而异议登记在于保全经登记不动产物权的登记请求权,德国民法称之为登记订正请求权;(2)二者的效力有所不同,预告登记后所为的登记若与之抵触则归于无效,而异议登记则在有理由时其后的登记才归于无效,反之则属有效;(3)预告登记本身有公信力,第三人得善意受让,而异议登记无公信力可言,无法善意取得;(4)在推进至本登记的程序上,预告登记权利人应取得利害关系人之承诺书始可为之,而异议登记在有理由时可直接涂销无效之登记,无须征得利害关系人的同意。③ 本文仅就异议登记予以研究。

三、异议登记的比较法研究

（一）《德国民法典》④规定的异议登记

查《德国民法典》第899条可知异议登记为更正登记之辅助,二者所保全的均为登记订正请求权,其发生之情形有二:(1) 登记之涂销,指物权之合意不存在、无效或被撤销的情形;(2) 登记之更正,指登记人员错误为登记或涂销的情形。⑤

在登记程序上,异议登记得依假处分(einstweilige Verfuegung)原因或因土地登记簿中的更正所涉及的权利人的同意(Bewilligung)而为之,此处所谓假处分,为德国《民事诉讼法》上所规定的保全程序(第935条以下),与我国《民事诉讼法》上规定的财产保全制度有类似之处,只是其标的不包括金钱债权。同时,《德国民法典》第899条规定:为异议登记而作出的假处分命令无需证明异议人之权利已受到危害,而仅需释明其登记原因即可,因为基于《德国民法典》第892条规定的登记公信力,异议人的真实权利可被认为已受到实际的威胁,故而本条所规定的假处分与德国《民事诉讼法》上规定的假处分略有区别,不过,法院仍得命异议人提供担保。

另外,依据德国《土地登记簿法》(Grundbuchordnung(GBO),另有译为

---

① 〔德〕鲍尔、施蒂尔纳:《物权法》(上册),张双根译,法律出版社2004年版,第420页。
② 这主要是针对德国法上的预告登记而言的,对日本法上的假登记而言,它保全的客体还有物权请求权。
③ 参见卢佳香:《预告登记之研究》,台湾辅仁大学1995年硕士论文,第212—214页;张龙文:《民法物权实务研究》,台湾汉林出版社,第170—171页。
④ 这里的译本采用了郑冲、贾红梅的译本,法律出版社1995年版。
⑤ 参见卢佳香:《预告登记之研究》,台湾辅仁大学1995年硕士论文,第214页。另有译为

第十章　不动产更正登记、异议登记与登记机关的赔偿责任

《土地登记簿条例》)第18条第2项,在当事人申请更正登记时,如果申请有轻微的瑕疵,则登记机关可以命令申请人于一定期间内予以弥补,于所定期间内尚未弥补的,如又有他人提出关于同一权利的申请,登记机关则应依职权,对最先的申请为异议登记,尔后才可对后面的申请进行登记。① 依第53条,如果土地登记机关获知了自己的疏忽,甚至可以在没有许可和诉讼保全的情况下依职权为真正的权利人登记一项异议。② 《德国民法典》第1139条还规定了对抵押登记的异议登记。

在德国法上异议登记的效力在于阻断登记的公信力(《德国民法典》第892条),是对不动产登记的权利正确性推定效力的中止。在异议登记后,登记名义人仍得处分其权利,得申请权利移转登记,地政机关应予受理。若异议为正当,异议标的之权利处分成为无效,处分之相对人(受让人)纵属善意,亦不受登记公信力的保护,异议人反可请求涂销在后的与其异议登记相抵触的登记,亦即德国学者沃尔夫认为的,对不动产亦可善意取得,但若异议登记在权利取得之前进行了登记,即使该权利已经取得了登记申请,异议也可阻却权利的善意取得③;反之,若异议为不正当,其后之处分仍属有效,因登记的公信力不受阻断。④ 不过,这种异议的正当性判断应由谁作出,德国法未作出明确规定,现有资料也失之阙如。但由于异议登记为更正登记的辅助手段,目的在于避免为更正登记前因登记的公信力而使异议登记权利人受损害,而更正登记须征得登记名义人之同意进行,若登记名义人同意,自然异议登记视为正当;若登记名义人不为同意,异议登记权利人可请求法院判决其同意,此时,自然由法院来判定异议登记的正当性。此外,异议登记还可中止登记取得时效的进行(《德国民法典》第900条第1款)。⑤ 而且依第902条第2款,因一项权利而对土地簿册的正确性进行异议登记的,该项权利视为已登记的权利。不过,就异议登记本身不适用公信原则。⑥

---

① 参见陈华彬:《物权法研究》,金桥文化出版(香港)有限公司2001年版,第258页。
② 参见〔德〕曼弗雷德·沃尔夫:《物权法》,吴越、李大雪译,法律出版社2002年版,第255页。
③ 同上。
④ 参见卢佳香:《预告登记之研究》,台湾辅仁大学1995年硕士论文,第215页。
⑤ 参见陈华彬:《物权法研究》,金桥文化出版(香港)有限公司2001年版,第259页。
⑥ 同上。

(二) 日本《不动产登记法》[①]规定的预告登记

日本《不动产登记法》中设有与德国法上的异议登记相类似的预告登记制度。该法第 3 条规定："预告登记,因登记原因之无效或撤销,而提起登记之涂销或回复之诉时为之。但因登记之撤销而提出之诉讼,以其撤销可对抗善意第三人者为限。"于登记原因之无效亦应作和该条第 2 款同样的解释,登记原因之不存在应视同登记原因之无效。[②] 在登记原因无效或撤销,不得对抗善意第三人者,因无预告登记之实益,自不得为预告登记。仅在登记原因无效或可撤销得对抗善意第三人时,依预告登记,可将已有诉讼提起之事实,预告第三人,以使将就系争不动产为法律行为之善意第三人,防止由诉讼结果所生之不测损害之制度。[③] 可见,日本法上的预告登记之目的,在于保护第三人而非保护预告登记权利人,这有别于德国民法之异议登记。其原因与日本民法不采登记公信力之制度,而设有保护第三人之规定有关,这正与德国民法正相反。查《德国民法典》第 117 条第 1 款规定："表意人与另一方通谋而作出的意思表示无效。"第 123 条第 1 款规定："因诈欺或被不法胁迫而作出意思表示的,表意人可以撤销该意思表示。"并无"不得以其撤销对抗善意第三人"的规定,但因采登记之公信力制度而使善意第三人得以受到保护,故而其异议登记之目的主要在于通过阻断登记之信力来保护异议登记权利人。而《日本民法典》未采登记公信力制度,而设有保护善意第三人之规定,如其第 94 条规定："与相对人通谋而进行虚伪意思表示者,其意思表示为无效。前款意思表示的无效,不得以之对抗善意第三人。"第 95 条第 2 款规定："(虚伪)意思表示的无效不得对抗善意第三人。"其《不动产登记法》规定的预告登记是在"因登记原因之无效或撤销"的情况下进行的,若该登记原因之无效或撤销不得对抗善意第三人,预告登记即无实益。[④]

日本法上的预告登记的程序,依其《不动产登记法》第 3 条之规定,"应由受理第三条所载之诉的法院,依职权于嘱托书上附诉状之誊本或节本,从速嘱托于登记所"。并无依登记权利人之同意亦得申请之规定,与《德国民法典》第 899 条之规定相异。[⑤] 这是由预告登记须在提起登记涂销或回复之诉时为之的前提条件决定的,这也可看出预告登记的暂时性质,在诉讼结束

[①] 这里的译本采用了王书江的译本,中国人民公安大学出版社 1999 年版。
[②] 参见张龙文:《民法物权实务研究》,台湾汉林出版社 1977 年版,第 181、182 页。
[③] 同上书,第 181 页。
[④] 同上书,第 182、185 页。
[⑤] 参见卢佳香:《预告登记之研究》,台湾辅仁大学 1995 年硕士论文,第 216 页。

第十章 不动产更正登记、异议登记与登记机关的赔偿责任

后,自得为涂销或回复登记,而涂销预告登记。在这点上,日本法的规定较德国法为清楚明了。

在登记效力上,不动产经预告登记后,就系争不动产为法律行为的第三人,仅能"推定"知悉预告登记存在之事实,并不能遽论知悉登记无效或撤销之内容。而实体法上登记原因无效或撤销,不得对抗善意第三人的规定中所指的"善意"是指行为时不知登记原因之无效或撤销之内容而言,这与知悉预告登记存在之事实是截然不同的,应予区分。在第三人知悉预告登记的场合下,不能推定为"恶意"。在因登记原因为无效或撤销而提起涂销或回复登记之诉时,尚需证明第三人于行为时,知悉登记原因为无效或撤销内容之事实。在这点上,日本学者认为异议登记既无实体权利关系之对抗力,仅是对第三人警示之机能,而无存在之实益,应予删除或并入预告登记。[①]这与日本法在物权规定上不采登记公信力原则的规定是相关的,而在德国法则无此虞。

日本《不动产登记法》第145条并就预告登记之涂销作出了规定,包括嘱托登记和径为涂销两种程序,就前者,是在预告登记名义人所依赖的诉讼被驳回,或败诉、撤诉,舍弃请求或就请求标的和解等场合,由一审法院于嘱托书上附具裁判誊本或节本、或法院书记官所作的证明诉讼撤回、舍弃或和解的证书嘱托登记机关而为之涂销,就后者是指于预告登记登记名义人胜诉后进行涂销或回复登记时,登记管径为的对预告登记的涂销。

(三)《瑞士民法典》规定的暂时登记

《瑞士民法典》于第961条规定了和《德国民法典》第899条规定的异议登记类似的暂时登记。该种暂时登记的原因有二:一为保全所主张的物权,一为法律允许补作书证的。前一种情况似相当于德国法规定的异议登记所适用于的情形。后一种情形须与第965条的规定结合起来考察。依第965条第1款的规定,要在土地登记簿上为登记,须在证明有处分权后为之,若处分权虽在实质上具备但其他形式上的条件尚不具备时,权利的取得人、受让人可为暂时登记,被暂时登记者,并不因登记而成为所有人。此时登记所有人仍可处分其不动产权利。但若处分权证明于日后提出时,于暂时登记后由登记名义人所为的处分不生效力。[②] 这种暂时登记似又类似德国法上预告登记的情形。暂时登记申请的程序有二,一是依利害关系人的同意

---

① 参见卢佳香:《预告登记之研究》,台湾辅仁大学1995年硕士论文,第216—217页。
② 转引自陈华彬:《物权法研究》,金桥文化出版(香港)有限公司2001年版,第265页。

(承诺)作成,一是依法院的命令作成,此时法官应依快速程序裁决,并在申请人以初步证据证明后准予登记。对暂时登记应确定其时空效力,在必要时,还应规定向法官主张权利的期间(第961条第3款)。① 亦即暂时登记亦有时效上的限制。

(四)我国台湾地区的立法

台湾地区民法仿德国民法采登记成立要件主义并赋予登记以公信力(台湾《土地法》第43条),又仿照日本民法就虚伪意思表示之无效或因欺诈而为之意思表示之撤销采"不得对抗善意第三人"之规定(台湾《民法典》第87、92条),这在异议登记的解释上会产生困扰。② 首先我们看一下台湾旧《土地登记规则》对异议登记所作的规定。在登记原因上,台湾旧《土地登记规则》第97条第1款规定:"因登记原因之无效或撤销,提起诉讼时,得申请为异议登记。"这和日本法的规定是类似的。此外,对被涂销登记之回复请求权和因登记人员之过失为错误登记时产生的登记更正请求权亦得为异议登记。③ 在申请程序上,旧《土地登记规则》第98条规定"异议登记得因假处分或经土地权利登记名义人之同意为之"。这和德国法的规定又是一致的。在登记的效力上,旧《土地登记规则》第97条第2款规定:"土地权利经为异议登记者,于异议登记涂销前,主管地政机关应停止其与异议有关部分权利之新登记。"因此,第三人因异议登记而不能取得物权,不能受登记公信力之保护。可见,异议登记有阻断土地登记公信力之效力。综合这些分析,可知台湾旧《土地登记规则》对异议登记的规定在形式上参照了日本法,而在具体功能的设计上,又依据的是德国法,而由于公信力制度和瑕疵意思表示不得对抗第三人制度之间的冲突,这里会产生解释上的困扰。④ 关键问题是,登记公信力制度与保护善意第三人之法律规定之关系如何?登记原因之无效或撤销,不论是否得对抗善意第三人,是否均得为异议登记?⑤ 不过,有学者认为,在虚伪表示之无效或因诈欺之撤销,虽不得对抗善意第三人,然提起诉讼之人,在善意第三人未办登记之前,仍得为异议登记。⑥ 在新《土地登记规则》中,异议登记被删除,从而在不动产登记的体系架构上,

---

① 《瑞士民法典》的译文参见殷生根、王燕所译的版本,中国政法大学出版社1999年版。
② 参见张龙文:《民法物权实务研究》,台湾汉林出版社,第185—186页。
③ 同上书,第183页。
④ 同上书,第217—219页。
⑤ 同上书,第185页。
⑥ 同上书,第186页。

第十章　不动产更正登记、异议登记与登记机关的赔偿责任

缺失一环,殊为可惜。

四、对我国现行法律及"物权法草案"有关异议登记规定的评析及修正

建国以来,我国的物权法长期不发达,不动产登记制度更是失之阙如。1998年我国立法机关正式将物权法的制定提上议事日程,到2002年为止已有三个主要的物权法草案(包括专家建议稿)。这三个草案都明确规定了不动产登记制度。而于2002年底提交全国人大常委会审议的《民法典(草案)》也于第二编物权法的总则部分规定了不动产登记制度,这部分和《物权法》(征求意见稿)的规定基本相同。2005年7月全国人大法工委公布了《物权法(草案)》,对异议登记制度进行了较大幅度的修订。而与此同时,我国的一些城市也制定并颁布了统一的房地产登记条例,其中上海市于2002年通过的《房地产登记条例》于第19条规定了异议登记,对此笔者将和五个草案的规定一并分析。

(一) 对"梁稿"的评析

1999年梁慧星教授领导的物权法研究课题组提出第一个物权法草案专家建议稿(简称"梁稿")。[1] 这个物权法草案专家建议稿专门增列一节规定不动产登记制度,可以说是对旧有立法的一次大的突破,将以往零散规定于各类法律中的不动产登记制度予以系统化,有利于对现实经济生活的调整。该专家建议稿的第30条规定了"异议登记"制度,第35条至第37条规定了"预告登记",构成了比较完备的"预备登记"制度,更是弥补了制度上的空白。只是这两种制度以往并不见于立法和生活实践,其规定不免失之简略,甚至存在一些误解。这里仅就该专家建议稿第30条关于"异议登记"的规定结合前面比较法上的介绍评述予以分析检讨。

"梁稿"的条文:

"**第三十条　[异议登记]**

经权利人及利害关系人申请,可以在不动产登记簿上登记一项目的在于对抗现时登记的权利的正确性的异议。已登记的异议有对抗现时登记权利人按照登记的内容行使权利的效力。

异议登记自登记之日起三个月内有效。此三个月内未向登记机关提起变更登记的请求的,异议登记失去其效力。

异议登记的法律后果由申请人承担。"

---

[1]　该草案可见梁慧星主编:《中国物权法草案建议稿》,社会科学文献出版社2000年版。

"梁稿"所规定的"异议登记"可以说和德日立法的规定存在很多的差别,具体可分为六个方面予以评析:

(1) 在登记原因上,"梁稿"规定异议登记旨在对抗现时登记的权利的正确性,明显地是为了与该专家建议稿第28条关于"权利正确性推定"的规定相对应,但又与专家建议稿第29条关于"更正登记"的规定相脱节,无法从条文中明确看出"异议登记"和"更正登记"间的联系。而《德国民法典》第899条关于"异议登记"的规定中明确指出了其登记原因与第894条关于"更正登记"的规定中所指明的登记原因是一致的,即登记的权利与现实的法律状态不一致,并且"异议登记"的规定后于"更正登记"的规定,可以看出二者间的从属关系。异议登记实质上是种暂时的保全登记,是更正登记的前置辅助手段,二者在登记原因上是一致的,其规定放于"更正登记"后似乎更为合适。"梁稿"有关登记原因的规定及编排顺序并未考虑到《德国民法典》的良苦用心,不免是一大遗憾。此外,由于该专家建议稿更多地借鉴了德国的规定,采用了登记公信力制度(第29条),而未设保护善意第三人的规定,故异议登记的目的在于保护申请人的权利,而不在于保护善意第三人,这与日本立法是不同的。

(2) 在登记程序上,"梁稿"规定经权利人和利害关系人申请,就可在不动产登记簿上予以异议登记,只是这里的权利人和利害关系人指什么?是否是指登记名义人和异议登记申请人?是需要二人共同申请还是只需有登记权利人的同意书即可?"梁稿"语焉不详,存在误解的可能,因而需要明确。可将现时的登记权利人称为"登记名义人",而将事实上的权利人称为"异议登记申请人",在申请异议登记时仅需取得登记名义人的书面同意即可。同时,"梁稿"也并未采用德日法律上以假处分命令的形式予以申请的规定,可能是基于我国内地的《民事诉讼法》上尚无"假处分"制度的考虑。从各国对异议登记的规定来看,由法院作出假处分命令予以登记是通例,这在登记名义人不为同意的情况下更有利于保护登记申请人的权利。"梁稿"仅规定共同申请原则会使登记在登记名义人不同意时难以进行,如果强制诉讼同意则不免使手续复杂,时限拖长。而采假处分形式为登记则可避免这些不利。此外,假处分制度在我国内地的《民事诉讼法》上并非全无影踪,财产保全制度实已涵盖假处分之内容。将来修订《民事诉讼法》时,将财产保全制度予以详尽规定,分类出假处分制度也不无可能,为之预留空间亦不能不是一个值得考虑的因素。故而笔者认为依现行《民事诉讼法》之规定,在登记程序上可规定依法院财产保全裁定亦得为异议登记,即此时法

第十章　不动产更正登记、异议登记与登记机关的赔偿责任

院可进行嘱托登记,只是裁定的作出仅须释明登记原因,无须证明异议登记所涉及的权利已受危险的事实,盖登记的公信力已使该权利陷入危险。法院在作出财产保全裁定时可责令申请人提供担保,并且该裁定不得因被申请人提供担保而解除。此外,依我国内地《民事诉讼法》的规定(第93条),财产保全裁定应由受理本案的法院作出,如该法院与登记机关所在的不动产所在地的法院不同时,在本案法院作出裁定后再由当事人或法院将裁定通知登记机关将不可避免地增加诉讼成本,而且此过程中若登记名义人为不动产的转让,则会使异议登记的目的落空,这在未来的制度设计中应当考虑,可以将作出财产保全裁定的法院规定为不动产所在地的法院。这在德国《民事诉讼法》第942条和台湾《民事诉讼法》第534条都有体现,即在急迫情形,得请求标的物所在地的初级法院(德国)或地方法院(台湾)作出假处分裁定。在登记实现网络化后这种考虑或可消解。再者,应当考虑的是,假处分制度如果引入我国内地的话是否即可取代异议登记制度?这是台湾《土地法》修改时删除"异议登记"制度的一个理由。① 这种理由实际上并不能成立。虽然异议登记可以依假处分裁定而进行,但假处分裁定只是作出异议登记的一个依据,作出裁定后仍需由登记机关在不动产登记簿上进行异议登记才能发生阻断登记公信力的效力(可参见德国《民事诉讼法》第941条"嘱托登记"),故而异议登记与假处分裁定并非可互相取代,而是有其独立存在的必要性,法院依假处分裁定而为嘱托登记只是异议登记的一种程序而已,否则《德国民法典》就没有必要另外规定异议登记制度了。

再者,依前所述,德国《土地登记簿法》还规定了登记机关依职权在更正登记程序中所为的异议登记②,对此,我国将来的《不动产登记法》中亦应有相应的规定。

(3)在登记效力上,"梁稿"规定已登记的异议有对抗现时登记权利人按照登记内容行使权利的效力。不过,这种规定仍存在不明确之处。何谓"对抗"?是否是指登记名义人不得对登记权利再为处分?在登记名义人按登记内容向善意第三人为处分之时,异议申请人能否对抗善意第三人?《德国民法典》是在第892条有关"土地登记簿的公信力"的规定下阐明了异议登记有阻断土地登记公信力之作用,此时并不阻止登记名义人处分已登记的权利,只是第三人不能受到登记的公信力保护而已。"梁稿"于第29条也

---

① 参见王轶:《物权变动论》,中国人民大学出版社2001年版,第184页。
② 参见[德]鲍尔,施蒂尔纳:《物权法》(上册),张双根译,法律出版社2004年版,第368页。

作出了类似规定(该条实际上类似于《德国民法典》第892条规定的不动产的善意取得制度),故第30条无须就此再行规定,徒生困扰。由于"梁稿"有关异议登记的规定是仿德国法设计的,故而在效力上与日本法的规定是完全不同的,也不存在将异议登记删除或并入预告登记之考虑。此外,依《德国民法典》第900条第1项的规定,异议登记还可阻断登记取得时效的进行。梁稿于第67条规定了不动产的登记取得时效,却未规定异议登记可中止登记取得时效进行的效力,不能不说是种缺憾。

(4)"梁稿"比较独特之处是规定了异议登记的有效期间。在德国和日本立法上这是不存在的。盖因日本法上的预告登记以采诉讼形式为主,受诉讼时限的约束,无另行规定除斥期间的必要。而在德国法上为何没有规定异议登记的有效期间,由于现在资料的匮乏,无法得知立法的真意。不过,从异议登记的程序及其与更正登记的关系上可以进行一下推测和分析。

在德国法中依假处分命令为异议登记时,若假处分命令是在诉讼中作出的,本身受诉讼法上规定的期间的调整,在诉讼过程中,假处分命令保持有效,异议登记也得以延续至诉讼终结,故无须作出除斥期间的规定。不过德国《民事诉讼法》规定了在紧急或非紧急的情况下初级法院也可以为假处分裁定,在紧急的情况下,法院可以命令申请人在一定的期间内向管辖本案的法院申请传唤对方当事人,就应否实施假处分进行言词辩论(第942条第1款),期间经过后未起诉的,初级法院应依申请撤销假处分,但法院无权主动撤销假处分命令;而在非紧急的情况下,则需经对方当事人申请,法院才可以规定前述的一定的期间(第942条第2款),如对方当事人不为申请的,假处分裁定是否受期间规定的影响,并因而使异议登记失效便不无疑问。在这两种情况下,规定异议登记的期间是合适的。台湾《民事诉讼法》上虽然规定标的物所在地的地方法院可以为假处分裁定并得同时定一定期间命债权人向本案管辖法院申请就假处分之当否为裁定(台湾《民事诉讼法》第537条),但债权人不为申请时亦会出现前面同样的问题。而在我国内地的《民事诉讼法》中,财产保全裁定只能在诉讼前或诉讼中作出,如在诉讼前申请,申请人必须在采取财产保全措施后15日内提起诉讼,否则受诉法院可以解除保全措施,从而通过赋予法院以主动权的方式解决了上述的问题。

在以登记名义人同意方式为异议登记的情况下,若再由异议登记推进到更正登记,这个过程间便可能出现空隙,一般更正登记须由申请人以经登记名义人同意的方式进行,若登记名义人不为同意,则申请人得申请法院强制其同意,但这须由申请人主动提出,若申请人不为提出,则由于异议登记

第十章　不动产更正登记、异议登记与登记机关的赔偿责任

有阻断登记公信力之作用,使不动产物权处于未定状态,不利于登记名义人的利益和交易安全,故而需对由异议登记推进至更正登记的期间作出规定,德国法未予明确规定不能说不是一种缺失。"梁稿"对此作出了规定可以说是一种创新,只是在修正时需明确其适用情形,即在以登记名义人同意方式为异议登记时才有除斥期间规定之必要。同时对除斥期间经过的效力应明确为在此期间,申请人未请求登记名义人同意为更正登记并向登记机关提出的,异议登记得由登记名义人申请涂销。"梁稿"规定为"此三个月内未向登记机关提出变更登记请求的异议登记失去其效力"未尽妥当。一则更正登记可能须经诉讼而为之,必待诉讼结束获得确定判决方可能申请更正登记,而此时已可能超过三个月的期间,不如规定为"此三个月内异议登记申请人未请求登记权利人同意更正登记并向登记机关提出的,异议登记失其效力"为妥,登记权利人的同意可依诉讼强制之,故异议登记申请人向法院起诉得中止①该期间的效力。无论哪种情况,异议登记申请人都需向登记机关提出证明。二则"异议登记失其效力"的规定显得模糊。三个月的除斥期间经过后,异议登记若失其效力,则会因未经涂销仍存留于不动产登记簿上,而使第三人无以从外部知晓,难以达到维护登记权利人利益和交易安全的目的,故此时得由登记名义人申请为涂销登记,若登记名义人得为而不为涂销申请或登记名义人因为某种障碍无法行使权利,在查清情况后,登记机关亦得依职权为涂销登记。只有在明确涂销异议登记后,异议登记才失其效力。

不过,从前面的分析又产生一个问题,即将此处的三个月期间称为除斥期间是否合适?除斥期间是法定的权利存续期间,因该期间的经过而发生形成权消灭的法律效果。② 就"梁稿"的起草者而言,其规定三个月的除斥期间的意图是限制异议登记的效力,经过三个月的期间异议登记即应失效,那么该期间针对的权利是什么呢?异议登记所基于的权利是登记订正请求权,是种基于事实物权的请求权,同时,依"梁稿"起草者的意见,该期间亦是异议登记申请人向不动产登记机关提起更正登记请求的法定期限③,此时异议登记申请人所拥有的权利亦是登记订正请求权,那么该权利是否适用除斥期间的规定呢?从保护物权交易秩序的安定性角度而言,为该权利规定

---

① 这里采用中止还是中断仍值得讨论。
② 梁慧星:《民法总论》(2001年版),法律出版社2001年版,第160页。
③ 梁慧星主编:《我国大陆物权法草案建议稿》,社会科学文献出版社2000年版,第160页。

一个权利存续期间是比较合适的,经过该期间,登记订正请求权即归于消灭,事实上的不动产权利人便无法再申请异议登记和更正登记,而登记名义人和交易第三人便可放心地进行物权交易了。但除斥期间针对的是形成权,该种登记订正请求权是否是形成权呢? 形成权的效力是权利人依自己的行为可使自己与他人之间的法律关系发生变动,而登记订正请求权的成立,可以使在其后于登记名义人和第三人之间进行的处分行为归于无效,即发生使他人之间产生的法律关系发生变动的效力,应属可能权的范畴,而不是形成权的范畴,同时,这种登记订正请求权有请求的效力,即权利人可以请求登记名义人同意为异议登记和更正登记,故而其性质是比较独特的,兼具可能权和请求权的性质,不符合除斥期间仅针对形成权的特点。同时,前面述及异议登记申请人在三个月内向法院诉请登记名义人同意为更正登记的,得中止该期间的效力,也不符合除斥期间为不变期间,不发生中断、中止效力的特点。由是,将该三个月的期间规定为单独的权利存续期间可能更为合适,但这值得进一步讨论。①

(5)"梁稿"第 30 条第 3 款规定"异议登记的法律后果由申请人负担",此亦为德日法所不见,依专家建议稿起草者的解释是指"申请人所提起的异议登记不成立时,因此给登记权利人的利益造成损害的应由异议登记申请人承担赔偿责任"。② 然专家建议稿的字面规定与其立法原意未免相差太大而使之容易遭到误解,并徒增解释上的繁琐,不妨直接规定为"因异议登记不成立而给登记权利人造成损失的,申请人应负赔偿责任"。就此点有必要为如下说明:若异议登记依登记名义人的同意而为之,经三个月除斥期间,登记名义人无正当理由亦不为涂销申请的,异议登记申请人免负赔偿责任,盖登记名义人的同意及其对权利的怠于行使为异议登记申请人免责的事由。此外的异议登记不成立而给登记权利人(登记名义人)造成损害的情形,异议申请人应负赔偿责任。所谓异议登记不成立的情况,应结合更正登记来考虑。若登记名义人同意为更正登记,可由异议登记推进为更正登记,此时自然不生异议登记不成立的问题;若登记名义人不同意为更正登记,得由法院作出裁决,若异议登记申请人胜诉,也不生异议登记不成立的问题,仅在登记名义人胜诉的情况下才可认为异议登记不成立。

---

① 或许可以从另外一个角度来考虑,即 3 个月只是异议登记的存续期间,对申请人的权利不产生直接影响。
② 梁慧星主编:《我国大陆物权法草案建议稿》,社会科学文献出版社 2000 年版,第 160 页。

第十章 不动产更正登记、异议登记与登记机关的赔偿责任

(6)就异议登记效力的消灭事由,"梁稿"及德国立法均未作出规定,而日本的《不动产登记法》对预告登记的涂销则有专条规定(第145条)。鉴于异议登记和预告登记在性质上的相近并考虑立法的对仗性("梁稿"第37条对预告登记的涂销有专门规定),不妨就异议登记的涂销为之规定:"异议登记除依前款规定外,尚得因下列事由而为涂销:
(1)因保全权利之需要的消灭;
(2)因所保全的物权请求权消灭;
(3)异议登记申请人的同意;
(4)因财产保全而为异议登记者,因财产保全的撤销。"[1]
就(1)、(2)可由异议登记申请人或登记名义人申请,但应附具必要的证明文件,(3)则由登记名义人申请进行,对(4)应由法院为嘱托登记。

(二)对"王稿"的评析

针对"梁稿",中国人民大学的王利明教授领导的物权法课题组于2001年推出另一个物权法草案专家建议稿(简称"王稿")。[2] 该专家建议稿于第一章"总则"的第三节规定了登记制度,但未规定异议登记制度。起草者的理由是:"在我国目前引入异议登记制度的条件尚不成熟。一方面实行异议登记以后,登记的公示作用将会减弱,甚至权利设定和移转的登记因为异议登记的存在而降低了其应有的价值。在我国由于登记制度处于日益完善的阶段,登记制度还不成熟,在这种情况下,实行异议登记,将会使登记制度难以发挥作用。另一方面,实行异议登记在实践中难以操作。"[3]应当承认,在我国内地目前登记制度不完善的现状下这些考虑有其存在的必要,但我们更应当看到异议登记有其确立的价值,它是登记制度中不可缺失的一环,是登记制度发挥作用的一种体现,同时,它也是对登记绝对公信力的一种修正,能够保护事实上的物权人,体现法律的公平理念,如该专家建议稿的起草者就认为"异议登记对于保护受影响的当事人的利益是必要的"[4]。而且它的规定并不会降低登记的公示作用,因为它本身即体现了登记的公示作用,它对权利设定和移转的登记的影响及在实践中的操作则可以通过比较完善的制度设计来达到,如可以规定异议登记的存续期间和详尽的登记程序,并不能因为现实条件的不成熟而否认立法进行一定的超前规定的必要

---

[1] 可参见张龙文:《民法物权实务研究》,台湾汉林出版社,第188页。
[2] 该草案可见王利明主编:《中国物权法草案建议稿及说明》,中国法制出版社2001年版。
[3] 王利明主编:《中国物权法草案建议稿及说明》,中国法制出版社2001年版,第197页。
[4] 同上。

性,否则非要等到条件成熟才规定,则现实生活出现需要时便会出现立法上的"漏洞",不利于法律维护社会生活秩序稳定作用的发挥,而超前规定反过来还能够促进现实条件的成熟,并能保持立法相对的稳定性,而且立法规定是否超前还要看它和实践的需要之间的关系并要考虑各项立法规定之间的协调配合问题,如"王稿"也规定了登记的公信力(第28条)和更正登记制度(第28条),若登记的公信力和更正登记有必要规定的话,异议登记也应有规定的必要,否则,在更正登记完成前,事实权利人的权利便会因登记的公信力而受到威胁。

(三) 对"征求意见稿"的评析

根据上述两个专家建议稿,2002年1月全国人大法工委提出了物权法的征求意见稿(简称"征求意见稿")。该草案保留了"梁稿"中规定的"异议登记",并作了一定的修正,体现为草案的第16条、第17条:

"第十六条 权利人及利害关系人有权对不动产登记簿的错误记载申请异议登记。登记机关应当将该异议登记记载于不动产登记簿。

自异议登记之日起三个月内,申请人未向登记机关申请更正登记的,该异议登记失效。

第十七条 异议登记后,记载于不动产登记簿的权利人在异议登记期间不得处分该不动产。

异议登记不当,造成权利人损害的,权利人可以向异议登记的申请人请求损害赔偿。"

从这两条的规定来看,"征求意见稿"和"梁稿"之间存在如下的联系和差别:(1)"征求意见稿"将异议登记和更正登记的原因予以统一,即不动产登记簿存在错误记载,从而体现了二者间的关联性,这与"梁稿"的规定有所不同;(2)在登记程序上,"征求意见稿"与"梁稿"一致,即由权利人和利害关系人申请;(3)对异议登记的效力,"征求意见稿"未规定异议登记有阻断登记公信力的作用,而是规定"异议登记后,记载于不动产登记簿的权利人在异议登记期间不得处分该不动产",同时征求意见稿未规定取得时效制度,因而也不会产生异议登记中止取得时效进行的效力;(4)"征求意见稿"保留了"梁稿"中关于异议登记存续期间的规定;(5)"征求意见稿"明确了异议登记不当时异议登记申请人的损害赔偿责任,而未像"梁稿"一样笼统规定"异议登记的法律后果由申请人负担"。

因此,"征求意见稿"避免了"梁稿"中相关规定的一些不足之处,如关

第十章　不动产更正登记、异议登记与登记机关的赔偿责任

于登记原因和异议登记不当时的损害赔偿责任的规定,但也保留了"梁稿"中一些规定不明确的地方,如关于登记程序的规定,同时,也产生了一些新的问题:(1)将登记原因仅笼统规定为不动产登记簿存在错误记载,而在《德国民法典》中,第894条明确规定了更正登记的原因,包括登记簿存在各种错误和遗漏的情况,并将之适用于第899条规定的异议登记,在未来的物权法中是否也作出这样的规定值得考虑;(2)在登记的效力上,规定"记载于不动产登记簿的权利人"(它与第16条第1款规定的"权利人"是否同一,法律规定不甚明确,不如统一规定为"登记名义人")在异议登记期间不得处分该登记的不动产是否合适?异议登记只是旨在阻断登记的公信力,并不限制登记名义人处分权利,只是在异议登记成立时可使该处分行为归于无效,而此时因第三人可从登记簿中得知异议登记的情况,主观上不存在善意,不值得特殊保护,若异议登记不成立,第三人仍可取得该登记的不动产权利,故而限制登记名义人在异议登记期间为处分行为虽有节省登记手续的简便之处,但不利于保护当事人的意思自治。不过,若采这种规定,登记订正请求权便不能发生可能权变动他人之间法律关系的效力,因此时不存在登记名义人和他人之间的交易关系,故而其性质较为单一,应为一种物权请求权,此时该三个月的期间的性质仍可认为是法律规定的一种特殊的权利存续期间。此外,"征求意见稿"第7条规定了登记的权利正确性推定作用,而于第22条另行规定了登记的公信力,但并未像"梁稿"一样在第29条关于登记公信力的规定中表明异议登记阻断登记公信力的作用,在未来的物权法中,对异议登记阻断登记公信力的作用在何处规定亦值得考虑。"梁稿"的规定还是比较可取的。再者,"征求意见稿"未像"梁稿"和"王稿"一样规定统一的登记机关,而是保留了现行法"多头登记"的规定(第10条),登记公信力的作用和异议登记阻断公信力的作用能否发挥堪虞。(3)在损害赔偿责任的规定上,何谓"异议登记不当"需要明确,它应指"异议登记不成立"的情况。(4)"征求意见稿"将异议登记作了两条规定,于立法技术和立法资源的俭省上是否妥当应进一步考虑。

2002年12月提交九届全国人大常委会审议的《民法典》(草案)在其第二编物权法中保留了《物权法》(征求建议稿)的基本内容,异议登记仍体现为第16、17条。由于二者的规定一致,在此不予赘述。

(四)对上海市2002年的《房地产登记条例》相关规定的评析

上海市于2002年通过并颁布了新的《房地产登记条例》,该条例实行了统一的房地产登记制度,并于第19条明确规定了表示权属争议的异议登记

制度:

> "第十九条　房地产权利的利害关系人认为房地产登记册记载的土地使用权人、房屋所有权人与实际状况不一致的,可以持与房地产权利相关的文件,提出登记异议。房地产登记机构应当在受理登记异议申请的当日,将异议事项记载于房地产登记册以警示第三人,该登记满三个月失效。"

同时第62条还规定了异议登记不当情况下异议登记申请人的法律责任:

> "房地产登记申请人提交错误、虚假的申请登记文件或者申请登记异议不当,给房地产权利人造成损失的,应当承担相应的法律责任。"

该条例的草案中,还规定了另一种"权属争议处理中的异议登记",即房地产权利的利害关系人向人民法院、仲裁机构申请裁决房地产权属争议或者向有关行政机关申请裁决土地使用权争议并被受理的,可以申请异议登记,登记机关应在受理当日,将异议事项记载于房地产登记册,并不再受理与该项异议相关的房地产转移登记申请,已经受理的,应当中止审核。

(1) 在登记原因上,该条规定的是"房地产登记册记载的土地使用权人、房屋所有权人与实际状况不一致"的情形,而排除了房地产登记册上登记的房地产他项权利和实际状况不一致的情形。这和该法制定时的背景是密切相关的,由于我国尚未颁布物权法,而只有民法典大纲形式的《民法通则》,物权的种类尚未固定,因此难以明确规定何种他项权利可适用异议登记。

不过这未免限制了异议登记的适用范围,而且违反民事权利一体平等保护的原则。依《担保法》和该法第43条的规定,所谓房地产他项权利包括抵押权、典权和其他依照法律、行政法规设定的房地产他项权利。实际上可以将异议登记的适用范围扩大到对这些权利的登记上来。而且该法规定的房地产他项权利还包括其他法律、行政法规设定的房地产他项权利,将异议登记适用于第43条规定的权利类型还可适应法律完善和实践的要求,避免法律出现过于频繁的更改。

此外,第43条的规定还明显违反了《宪法》和《立法法》的规定,违反了物权法定主义的原则。依据物权法定主义,物权的类型应当由法律来进行规定,这里的法律应解释为狭义上的由全国人大和人大常委会制定的法律。

第十章 不动产更正登记、异议登记与登记机关的赔偿责任

而依我国《宪法》第 62 条第 3 项、第 67 条第 2 项和《立法法》第 7 条、第 8 条的规定,民事基本法律应当由全国人大来制定,此外的非基本法律可由全国人大常委会制定,物权法属于民事基本法律的范畴,应由全国人大制定,而其他涉及物权的法律可由全国人大常委会制定,如《担保法》,地方性法规无权规定物权的种类。

(2)在更正登记和异议登记的关系上,该法将两条放于了前后规定(第 18 条规定了更正登记,第 19 条规定了异议登记),似乎想体现了二者的密切关系,但在具体条文的设计上却无法体现出来。首先在登记原因上,第 18 条规定的是"房地产登记册的记载有误",第 19 条规定的是"房地产登记册记载的土地使用权人、房屋所有权人与实际状况不一致",不仅前者的适用范围较后者为广,而且,用语上"有误"和"不一致"似乎也并不相同;其次则在两个程序的衔接上,该法也未体现出来异议登记是否是更正登记的前置程序。

(3)登记程序上,该条规定"房地产权利的利害关系人认为房地产登记册记载的土地使用权人、房屋所有权人与实际状况不一致的,可以持与房地产权利相关的文件,提出登记异议"。实际上采用的是单方申请原则,属于该法第 6 条规定的双方共同申请和第 7 条规定的由房地产权利人单方申请类型之外的第三种类型,不过这种做法虽然比较迅捷,但相较前面所述《德国民法典》中的规定,未免过于轻率,不利于保护"登记名义人"的权利,反而可能因为恶意第三人的恶意行为而损害"登记名义人"的利益,虽然这里可因登记机关实行实质审查原则而控制恶意情形的泛滥,但登记机关毕竟不是中立的权威的纠纷解决机构,其职责也不在于此,而将登记名义人叫至登记机关并进行答辩更会拖延登记机关的办公效率。即使可采这种申请程序,但该法所规定的异议登记不成立时登记申请人的赔偿责任不甚完善,只是规定了申请人的法律责任,而未具体规定法律责任的内容,不利于"登记名义人"事后申请赔偿。因此,这种登记程序不足为取。

(4)在登记效力上,该法规定的是警示第三人。这是否有阻断公信力的效力?而且第三人能否在有异议登记的情况下进行受让?若异议登记成立,该受让是何种效力?该法都语焉不详。由于该法是地方性法规,对不动产登记的效力无法规定,而我国尚未有统一的物权法和不动产登记法,因此,这种规定必然是不完善的,在实践中的适用会受到种种限制。

而该条例草案所规定的效力则和全国人大法工委提出的物权法征求意见稿的规定一致,采用了事前防止的方式,其不足可参见前面对物权法征求

意见稿的分析,这里不再赘述。

(5) 该法同样规定了异议登记的存续期间——三个月,这种规定将"梁稿"和物权法征求意见稿的规定以生效法律文件的形式固定下来,有利于在实践中进行检验。但在具体的对失效事由的规定上与后两者又有所不同,该法规定的是个强制期间,没有变通的可能,这会产生一个问题,即若在这三个月中,异议申请人提出了更正登记请求而尚未更正登记簿的记载时是否异议登记仍然要失效?依字面解释看,这是当然的,但未免无法实现异议登记保护真正权利人的目的,即在登记簿被更正前如果异议登记已失效,那么登记名义人就可实行转让,而依登记公信力,第三人若非恶意即可当然获得物权,异议登记申请人即使是真正的物权人也无法再获恢复其物权,只能享有对登记名义人的赔偿请求权和不当得利请求权了。这不能不说是立法上的疏漏。同时根据上海市《房地产登记条例实施若干规定》的第9条,"登记异议因记载于房地产登记册的3个月期满失效后,原申请人就同一事项再次提出登记异议的,登记机关应当不予登记"。似将3个月视为了除斥期间。

(五) 对《物权法(草案)》的评析

2005年7月全国人大法工委公布的《物权法(草案)》对异议登记的设计作了较大幅度的修订,该草案第19条规定:

"利害关系人对不动产登记簿记载的物权归属等事项有异议的,可以申请异议登记。登记簿记载的权利人书面同意异议登记或者人民法院裁定予以异议登记的,登记机构应当将该异议记载于不动产登记簿。

申请人自登记簿记载的权利人书面同意异议登记之日起3个月内不起诉也不申请更正登记的,或者自人民法院异议登记裁定生效之日起15日内不起诉的,该异议登记失效。

有证据证明异议登记不当,权利人有权申请登记机构注销异议登记。异议登记造成权利人损害的,权利人可以向异议登记的申请人请求损害赔偿。"

草案的规定较之"征求意见稿"所作的修订体现为:

(1) 将异议登记的规定统一为1条;

(2) 在登记原因上明确针对的是对权属记载等事项有异议的情形,这和该草案对更正登记事由的规定有所区别,后者针对的是利害关系人认为

第十章 不动产更正登记、异议登记与登记机关的赔偿责任

不动产登记簿记载错误的情形,在理解上应认为二者在登记原因上应是一致的;

(3) 在登记程序上,草案根据外国立法例规定了两种程序:一是经登记名义人,即登记簿上记载的登记权利人的同意而为登记,一是经人民法院裁定,从第 2 款的规定来看,这种裁定实际上是诉前财产保全裁定,不过,排除在诉讼中依裁定申请异议登记的情形恐有所疏漏;

(4) 在登记效力上,草案删去了"征求意见稿"中登记名义人在异议登记期间不得处分被异议的不动产的规定,并将异议登记的效力与更正登记相连。草案第 20 条第 2 款规定:"登记更正后,原权利人在异议登记期间对该不动产作出的处分,登记更正后的权利人未追认的,不发生效力。"也就承认了登记名义人可以在异议期间处分被提出异议的不动产,只是这种处分在异议登记成立的情况下属无权处分,效力处于未定状态,仅在异议申请人即真正的权利人追认时才能确定地发生效力。另外,从草案的规定看,异议登记可视为是第 4 条中规定的"相反证据",这样就可以阻断登记的公信力;

(5) 在异议登记的存续期间上,草案根据异议登记的两种不同的申请程序分别作出了规定,体现出异议登记的临时救济的特点,并且在期间设计上具有较强的合理性。从草案的行文来看,一旦申请人自登记簿记载的权利人书面同意异议登记之日起 3 个月内起诉或者申请更正登记,或者自人民法院异议登记裁定生效之日起 15 日内起诉的,异议登记的效力当延续至作出最终的更正登记完成之时。

(6) 草案增加了有证据证明异议登记不当的情形下权利人可以申请登记机构注销异议登记的内容,并保留了异议登记给权利人造成损害情形下申请人的赔偿责任的规定,但应明确的是,这里的异议登记不当应指异议登记不成立的情形,并且仅在异议登记不成立的情况下才应发生损害赔偿责任。

五、我国未来不动产异议登记的设计

结合"梁稿"和征求意见稿拟对异议登记的规定作出如下修正:

(1) 将对异议登记的规定置于对更正登记的规定后,以体现二者间的附从关系,并明确规定更正登记的发生原因,主要是不动产登记簿存在错误和遗漏;

(2) 将异议登记规定为 1 条,在登记制度规定的编排顺序上可采"梁稿"的规定,并应对"梁稿"的第 30 条作出如下修正:

【异议登记的概念】

在第 条规定(指对更正登记的规定)的情况下,可以在不动产登记簿上登记一项目的在于对抗现行登记的权利的正确性的异议。

【异议登记的程序】

异议登记得根据财产保全裁定或者对不动产登记簿为更正登记而涉及其权利的人(登记名义人)的书面同意进行。为了作出财产保全裁定,无须证明异议登记申请人的权利已受到危害并且该裁定不得因登记名义人提供担保而撤销。根据登记名义人的书面同意而为的异议登记自登记之日起3个月内有效。此3个月内异议登记申请人未请求登记名义人同意为更正登记并向登记机关提供证明的,登记名义人得申请登记机关涂销异议登记,必要时,登记机关亦得依职权为之。被涂销的异议登记,自涂销时失其效力。

【异议登记申请人的赔偿责任】

因异议登记不成立而给登记权利人(登记名义人)造成损害的,申请人应负赔偿责任,但经为异议登记3个月后,登记名义人无正当理由不为涂销登记申请的,异议登记申请人免负赔偿责任。

(3) 若要制定《不动产登记法》,则可将异议登记分为4条作出如下的规定:

【异议登记的概念】

在第 条规定(指对更正登记的规定)的情况下,可以在不动产登记簿上登记一项目的在于对抗现行登记的权利的正确性的异议。

【异议登记的程序】

异议登记得根据财产保全裁定或者对不动产登记簿为更正登记而涉及其权利的人(登记名义人)的书面同意进行。为了作出财产保全裁定,无须证明异议登记申请人的权利已受到危害并且该裁定不得因登记名义人提供担保而撤销。根据登记名义人的书面同意而为的异议登记自登记之日起3个月内有效。此3个月内异议登记申请人未请求登记名义人同意为更正登记并向登记机关提供证明的,登记名义人得申请登记机关涂销异议登记,必要时,登记机关亦得依职权为之。被涂销的异议登记,自涂销时失其效力。

除依前款规定外,异议登记尚得因下列事由而为涂销:

(1) 因保全权利之需要的消灭;

第十章 不动产更正登记、异议登记与登记机关的赔偿责任

（2）因所保全的物的请求权消失；

（3）异议登记申请人的同意；

（4）因财产保全而为异议登记者，因财产保全的撤销。

就（1）、（2）可由异议登记申请人或登记名义人申请，但应附具必要的证明文件，（3）则由登记名义人申请进行，对（4）应由法院为嘱托登记。

【异议登记申请人的赔偿责任】

因异议登记不成立而给登记权利人（登记名义人）造成损害的，申请人应负赔偿责任，但经为异议登记3个月后，登记名义人无正当理由不为涂销登记申请的，异议登记申请人免负赔偿责任。

【径为登记】

在当事人申请更正登记时，如果申请有轻微的瑕疵，则登记机关可以命令申请人于一定期间内予以弥补，于所定期间内尚未弥补的，如又有他人提出关于同一权利的申请，登记机关则应依职权，对最先的申请为异议登记，其后才可对后面的申请进行登记。

（3）若民法典的物权编要规定对登记物权的取得时效，应注意将异议登记作为中止取得时效的原因。

第三节 不动产登记机关的赔偿责任

不动产物权的变动应以一定的方式予以表彰，表示其权利变动的事实状态，才能在法律上发生完全的变动效果，此乃物权公示原则使然。登记就是近代立法例上不动产物权变动的公示制度。所谓不动产登记，也就是不动产物权登记，不动产物权的各种变动在不动产所在地的专门机关所设立的专门登记簿上予以记载的事实。[①]

不动产登记是以登记机关的公信力为不动产交易提供对权利的确认，当事人则是因为信赖不动产登记簿而从事交易行为。如果登记发生错误则意味着交易的基础发生了错误，交易当事人和其他利害关系人均可能由此遭受损失，此时便有可能引发登记机关的责任问题。欲对登记机关的责任作一细致的研究，首先须对登记行为的性质作一了解，本文以下分述之。

---

① 孙宪忠：《德国当代物权法》，法律出版社1997年版，第130页。

一、登记行为的性质

在登记机关分别为司法机关和行政机关的不同情况下,登记行为本身的性质自然也不同。在德国,登记机关不动产登记局为司法机关,对于不动产进行登记与涂销行为的性质,历来有三种观点。第一种观点认为,登记是国家行为,所以是具有行政管理性质的管理者行为。第二种观点认为,登记行为具有决定当事人的实体民事权利的作用,因而是司法管理行为。第三种观点则认为,登记行为不是行政行为而是司法行为,但又不是决定当事人实体权利的司法行为,而是程序性司法行为。[1] 其中第三种观点为目前的通说。

在我国,登记机关应该继续保持目前的行政机关的性质,对于登记行为的性质,也存在不同的认识。

第一种观点认为登记系民事行为[2],其理由为,登记既然是公示物权的手段,自然应该也是民事行为。即使登记机关为行政机关,依据《民法通则》第 121 条的规定,它在履行职责中给他人造成损害的仍然属于民事侵权。

第二种观点则认为物权变动的意思表示和物权登记不具有同一性,是两个不同性质的行为,登记行为应为行政行为。理由为办理不动产登记的机关为国家的行政主管部门,它对登记申请进行审查和决定准予登记或者不予登记的行为是在行使国家的行政管理权。

第三种观点为证明行为说,该说反对将登记行为视为行政行为,认为房屋产权管理机关的职责范围只是审查买卖双方是否具备办证(交付)的条件,房屋产权变更登记本身也只是对买卖双方履行合同的结果进行确认和公示,而不是对房屋买卖合同的审查和批准。[3]

第四种观点为事实行为说,认为登记本身不是行政机关在以国家的名义确认私权或授予私权,也不单纯是登记申请人行使其私权的行为,而是一种具有标示不动产物权变动功能的法律事实。[4]

我们认为,第一种观点明显混淆了当事人物权变动的合意和登记机关审查登记行为之间的差别。物权合意是当事人之间的民事行为,但是单纯

---

[1] 孙宪忠:《德国当代物权法》,法律出版社 1997 年版,第 143 页。
[2] 蔡晖、王辉:《抵押物登记行为的性质及登记部门的责任》,载《人民司法》2001 年第 1 期,第 42 页。
[3] 刘武元:《房地产交易法律问题研究》,法律出版社 2002 年版,第 32 页。
[4] 同上书,第 33 页。

第十章 不动产更正登记、异议登记与登记机关的赔偿责任

的物权合意并不能发生物权变动的法律效果,还需要和登记机关的登记行为结合起来。当事人申请登记的行为是其对私权的处分,可以认为是民事行为,而能否得到登记机关的认可则并非单纯有赖于当事人的物权合意,而是与登记机关行为的性质及其审查方式息息相关的。

第二种观点为国内目前的通说[1],民法学界的学者一般笼统地认为登记行为是行政机关依职权所为的行政行为。这种观点也得到了一些地方法规的支持,比如按照《珠海市房地产登记条例》第 17 条的规定,登记申请人对登记机关不予登记决定不服的,可以向登记机关申请复审,如果对登记机关的复审决定不服的,可以向人民法院起诉。《上海市房地产登记条例》65 条也规定:"当事人对市房地资源局、市登记处的具体行政行为不服的,可以依照《行政复议法》或者《行政诉讼法》的规定,申请行政复议或者提起行政诉讼。"

在行政法学界,对于不动产登记这种特殊行政行为的性质也存在着不同的认识。多数学者将这种行为划入行政许可的范畴[2],认为其属于法律行为,即须按照行政主体的意思表示直接发生行政法律效果的行为。但是仔细分析可以发现,登记行为并不包含行政机关的意思表示,而只是代表行政机关对客观事实的认知和判断。不动产物权登记的内容是对申请人不动产物权享有与处置情况进行核实、记载,本身并不包括登记机关的意志作用,也就是说如果登记申请符合规定,登记机关就必须同意,而不能自由裁量决定是否同意。登记行为既然只是对既有权利的确认和记载,行政机关并没有赋予登记申请人新的权利,那么因登记而产生的物权法上效果也是基于法律的明文规定,而非行政主体的意思表示。

因此有学者认为,行政登记是不同于行政许可、行政确认和行政裁决的一种准法律行为性的行政行为。所谓准法律行为性的行政行为,是指根据行政机关意思表示以外的判断或认识的表示,由法律将一定的法律效果结合起来,结果成立的行政行为。[3]

第三种观点只是出于对行政行为的狭义理解而未采用"行政行为"这一

---

[1] 参见田士永:《物权行为理论研究》,中国政法大学出版社 2002 年版,第 194 页;程啸:《中国抵押权制度的理论与实践》,法律出版社 2002 年版,第 213 页;王利明:《物权法论》,中国政法大学出版社 1998 年版,第 50 页。

[2] 参见应松年主编:《行政法学新论》,中国方正出版社 1998 年版,第 246 页。马怀德:《行政许可制度存在的问题及立法构想》,载《中国政法大学科研处优秀论文选集》,中国政法大学出版社 1998 年版,第 230 页。

[3] 戴涛:《行政登记侵权之诉研究》,《行政法学研究》2001 年第 4 期,第 56 页。

表述方式,其实质内容与第二种行政行为说的观点并没有实质差异。

第四种观点显然犯了与第一种观点类似的错误,它认为登记行为不单纯是登记申请人在行使私权,这有合理的一面,但是对当事人的登记申请和登记机关的审查记载行为不加以区分,只能得出登记行为既是民事行为又是行政行为,或者既不是行政行为又不是民事行为的结论,因此持这种观点的学者只能将之概括地称为"具有标示不动产物权变动功能的法律事实"。这种说法貌似客观地描述了不动产登记的主要功能和效果,实际上并未合理区分登记过程中所包含两种不同性质的行为,没有根本分清当事人的登记请求和登记机关审查登记的区别。

因此我们同意上述第二种观点,认为登记机关的登记行为在性质上应为一种行政行为。

二、登记机关的审查方式及其不当行为

由于各国的历史、文化及其法律传统的差异,可能选择不同的登记模式和物权变动模式,登记机关对登记申请的审查方式也因此而不同。登记机关对登记申请的审查方式大致有形式审查主义和实质审查主义两种。前者登记官员对登记申请只作形式上的审查,如果申请手续完备,即依照契据的内容记载于登记簿,至于契据上所记载权利事项是否有瑕疵则不予过问。后者登记官员对于登记申请,不仅须对形式而且对权利变动的原因是否真实也要审核。

在我国,学者普遍主张采债权形式主义的物权变动模式,因此登记机关的审查方式也宜采用实质审查主义,对权利本身存在与否及其真实情况作出认定和判断,以尽量保证登记簿的真实性。从我国现行法来看,也是采用实质审查的做法。例如,按照《城市房地产转让管理规定》的第7条,转让城市房地产应当签订书面合同,并持房地产权属证书到房地产管理部门办理转让手续,房地产管理部门对当事人提交的材料进行审查,核实申报的成交价格,并根据需要对转让的房地产进行现场查勘和评估,然后才办理房屋权属登记手续,核发房地产权属证书。《城市房地产管理法》第60条也强调房地产权属登记须经过土地管理部门核实,《土地登记规则》第6条规定了"地籍调查"和"权属审核"程序,《深圳经济特区房地产登记条例》也规定了"权属调查"和"公告"程序。

作为行政机关的登记机关有对当事人的登记申请进行实质审查,确定是否予以登记的职权,对因其违法行使职权而给权利人造成的损害也应负

第十章 不动产更正登记、异议登记与登记机关的赔偿责任

赔偿责任。一般来说,登记机关对权利人进行赔偿的理由大致有三:

首先这是恢复或者弥补权利人受损权益,确保登记公信力的必然要求。由于在登记要件主义下,第三人对登记簿的善意信赖可能直接导致真正权利人权利的丧失,因此如果权利人由于登记机关的登记行为受到损害,理应由相关的责任者予以赔偿。这一点不论是从德国、瑞士的权利登记制,还是从澳大利亚的托伦斯登记制度中都可以看出。

其次,这是监督和制约登记机关职务行为的需要。登记职权是国家权力的组成部分,通过使登记机关对其造成的损害承担一定的责任,有利于督促登记机关合理谨慎地履行职责。

再次,这也符合收益和风险相匹配的原则。登记机关在接受当事人的登记申请时一般都收取一定的费用,如果不使登记机关承担相应的责任,则有违基本的经济原则。

登记机关承担赔偿责任的首要前提是其必须有违法行为,对于行为的违法性,有结果不法说和行为不法说两种观点,其中结果不法说为通说,笔者从之。根据结果不法说,凡侵害他人权益者即属违法。依此见解,加害行为之所以被法律非难而具有违法性,乃因其肇致对权利损害的结果。[①] 所谓违法行为,有肯定主义和否定主义两种界定,肯定主义界定中又分为狭义说和广义说。狭义说认为其仅指形式的违法,即违反强制性或者禁止性规定而言,广义说则认为还包括实质的违法,即背于善良风俗或者公共秩序。否定主义界定则认为,所谓不法,系指无阻却违法之事由而言,侵害权利虽常属不法,但有阻却事由存在时,则非不法。[②] 学者通说认为,正当防卫、紧急避险、自卫行为、行使权利的行为、经被害人允诺的行为等,在不违背公序良俗的范围或者非权利的滥用,均足以阻却行为之违法性。[③] 一般认为,判断登记机关及其工作人员的行为是否违法,除了指违反法律规范以外,还包括违反诚实信用原则、公序良俗原则、权利不得滥用原则、保护合法权益原则和尽合理注意义务的原则。也就是说,在一般的情况下,登记机关负有对当事人的申请进行实质审查的义务,如果登记机关未履行此义务而致他人损害,其行为即为违法,除非另有阻却违法事由存在。

登记机关使当事人权利受到损害的违法行为大致可以分为以下两类:

---

① 王泽鉴:《侵权行为法——基本理论、一般侵权行为》,台湾1999年自版,第89页。
② 何孝元:《损害赔偿之研究》,台湾商务印书馆1982年版,第99页。
③ 刘春堂:《国家赔偿法》,台湾三民书局1994年版,第30页。

一为积极的行为,比如登记申请人提供的资料属实,登记机关因自身过错而出现登记记载错误、遗漏;登记申请人提供虚假的资料,登记机关未尽到合理的审查义务而导致错误记载;登记申请人提供虚假的资料,登记机关尽到合理的审查义务而未能发现,并予以登记;或者登记机关干脆就直接和登记申请人串谋作虚伪的登记记载。二为消极的登记行为,比如登记申请人提交的资料齐全属实,登记机关不履行或者不及时履行登记职责。

三、登记机关赔偿责任的基础及其归责原则

登记机关是国家机关,以国家的公信力为基础为当事人提供不动产交易的安全保障,它因行使职权而给权利人造成的损害也属国家赔偿的范畴。自法国大革命以来,国家对其致害他人的行为有条件地承担损害赔偿责任的国家赔偿制度在各国逐步确立。我国《国家赔偿法》第 2 条即规定:"国家机关和国家机关工作人员违法行使职权侵犯公民、法人和其他组织的合法权益造成损害的,受害人有依照本法取得国家赔偿的权利。"

登记机关行使职权虽系公法上的行为,但是违法行使职权给当事人造成损害显然不是国家公法行为的目的,因此登记机关的赔偿本质上应为平等主体之间的民事损害赔偿。我国台湾地区《国家赔偿法》第 5 条规定:国家损害赔偿,除本法规定外,适用民法规定日本《国家赔偿法》第 4 条也有类似的规定。日本的司法判例多认为,国家赔偿请求权的性质为私法上的请求权。[①] 我国《民法通则》第 121 条也规定:"国家机关或者国家机关工作人员在执行职务中,侵犯公民、法人的合法权益造成损害的,应当承担民事责任。"因此可以认为,国家赔偿法中有关赔偿的规定只是民法的特别法,是对赔偿规则的细化,并未改变国家赔偿请求权的本质属性。惟需注意的是,由于在我国从事国家赔偿法研究的主要是行政法学者,《国家赔偿法》的制订也主要是由行政法学者前头进行,民法学者对国家赔偿法的水平远不及行政法学者[②],所以绝大多数行政法学者认为国家赔偿法属于公法,国家赔偿诉讼也被纳入行政诉讼的范畴,而在奥地利和我国台湾地区国家赔偿诉讼与一般的民事赔偿诉讼一样,适用民事诉讼程序。

在登记机关侵权中[③],绝大部分是登记机关工作人员在执行职务时致人

---

① 刘春堂:《国家赔偿法》,台湾三民书局 1994 年版,第 14 页。
② 房绍坤、丁乐超等:《国家赔偿法原理与实务》,北京大学出版社 1998 年版,第 39 页。
③ 国家赔偿与法人为其董事或工作人员和雇佣人为受雇人的行为所承担的连带赔偿责任不同。

第十章 不动产更正登记、异议登记与登记机关的赔偿责任

损害,并由登记机关承担责任。对于这种侵权行为实施主体和责任主体相分离的理论基础,主要有两种解释。一为代位责任说,认为工作人员在执行职务时其不法行为致人损害,应由其本人负赔偿责任。登记机关负赔偿责任实际上是代工作人员负责。另一种观点为自己责任说,认为登记机关授予其工作人员执行职务的权限时,即应考虑到该权限有被工作人员违法执行的可能,也就是说,其权限本身即带有危险性,因此登记机关应自己直接负赔偿责任,而与工作人员个人是否对该侵权行为有无过错以及应否负责无关。

代位责任说以工作人员的故意或者过失作为登记机关承担赔偿责任的基础,不利于对受害人的救济,因此一般认为应当采登记机关自己责任说。我国《国家赔偿法》第 2 条和《民法通则》第 121 条均规定只需有国家机关违法行使职权或者侵犯公民、法人的合法权益造成损害的,而不问工作人员有无故意或者过失,显然采用的是自己责任说。同时《国家赔偿法》第 14 条也规定:赔偿义务机关赔偿损失后,应当责令有故意或者重大过失的工作人员或者受委托的组织或者个人承担部分或者全部赔偿费用,因此可以认为其也带有一些代位责任的色彩。

对于国家机关或者其工作人员因违法行使职权致人损害应适用何种归责原则,也存在不同的主张。有一种观点主张无过错责任原则,行政法学者一般称之为违法责任原则。这种主张认为国家机关及其工作人员在执行职务中造成损害的,不论行为人是否有过错,都应当首先由国家机关承担民事责任。[①] 我国《国家赔偿法》第 2 条和《民法通则》第 121 条[②]基本上都采用了无过错原则。深圳市《房地产登记条例》第 59 条也规定:登记机关及其工作人员因不当核准登记,造成权利人损失的,登记机关应负赔偿责任。

采用无过错责任有利于受害人获得赔偿救济,相应地也加重了登记机关的责任。在这样的归责标准之下,确定责任的有无,不是过错,也不是公平,只是损害事实。这样受害人无须举证证明登记机关存在过错,登记机关也不能以自己没有过错而免责。即使是登记机关无过错的违法行为所致的损害,受害人也能够得到赔偿。采无过错责任原则的如《瑞士民法典》第 955 条 1 款规定:"各州对因不动产登记簿的制作而产生的一切损害,负赔

---

① 参见王利明等:《民法新论》,中国政法大学出版社 1988 年版,第 540 页。张新宝:《中国侵权行为法》,中国社会科学出版社 1995 年版,第 288 页—第 291 页。

② 也有少数学者认为《民法通则》第 121 条适用的是过错责任原则,参见张步洪:《行政侵权归责原则初论》,载《行政法学研究》1999 年第 1 期,第 16 页。

偿责任。"我国台湾地区《土地法》第 68 条也规定:"因登记错误、遗漏或虚伪致受损害者,由该地政机关负损害赔偿责任。但该地政机关证明其原因应归责于受害人时,不在此限。前项损害赔偿不得超过受损害时之价值。"我国香港地区目前正准备逐步从契据登记制转向权利登记制,2002 年 12 月提请立法会审议的《土地业权条例》(草案)除了对因土地注册处登记人员的疏忽引致的损失予以赔偿外,对因其他人(含土地注册处登记人员)欺诈引致的损失同样也列入了赔偿基金赔偿的范围。

我们认为,由于不动产登记所涉金额一般都比较巨大,从我国目前经济发展水平来看,采取无过错责任原则必然增加国家财政负担,影响经济建设。无过错责任原则加重了登记机关的责任,会使登记机关陷于讼累而影响其正常工作。如果国家机关或者其工作人员已经尽到了一般注意义务和特定的职务义务,仍要其承担责任势必影响他们发挥其执行职务的积极性和能动性。因此我国目前不适宜在不动产登记领域实行无过错责任原则。

另外一种观点主张适用过错责任原则[①],认为国家机关或者其工作人员执行职务时的故意或过失行为侵犯了公民、法人或其他社会组织的合法权益造成损害的,应对其造成的损害承担赔偿责任,如果无过错,则不承担责任。我国《城市房屋权属登记管理办法》第 37 条即采取过错原则,规定"因登记机关工作人员工作过失导致登记不当,致使权利人受到经济损失的,登记机关对当事人的直接经济损失负赔偿责任"。珠海市《房地产登记条例》第 48 条也规定"登记机关及其工作人员因工作疏忽,核准登记不当,造成权利人损失的,登记机关应当依法承担赔偿责任"。我们赞成过错责任原则的观点。

确立以过错为职务侵权责任的归责原则,不仅可以在兼顾登记机关和受害人利益的基础上最大限度地保护公民和法人的求偿机会和权利,同时也有利于对违反职务者的教育。[②] 正是基于此,由学者起草的我国物权法建议稿也都一致倾向于采过错责任原则。中国社会科学院法学所梁慧星教授主持起草的《中国物权法草案建议稿》[③]第 30 条规定:"因登记机关的过错,致不动产登记发生错误,且因该错误登记致当事人或者利害关系人遭受损

---

① 参见谢邦宇:《民事责任》,法律出版社 1991 年版,第 323 页。周汉华:《论国家赔偿的过错责任原则》,载《法学研究》1996 年第 3 期,第 142 页。
② 同上。
③ 梁慧星主编:《中国物权法草案建议稿:条文、说明、理由与参考立法例》,社会科学文献出版社 2000 年版,第 10 页。

第十章 不动产更正登记、异议登记与登记机关的赔偿责任

害的,登记机关应依照国家赔偿法的相应规定承担赔偿责任。"中国人民大学王利明教授主持起草的《中国物权法草案建议稿》①第 33 条规定:"因下列情况而给当事人造成重大损害的,受害人有权要求登记机关予以赔偿:(一)因登记机关的重大过失造成登记错误;(二)无正当理由拖延登记时间;(三)无故拒绝有关当事人的正当的查询登记的请求。"第 34 条规定:"登记申请人与登记机关恶意串通,损害第三人合法利益的,第三人有权请求申请人、登记机关或者其工作人员给予赔偿。"武汉大学孟勤国教授起草的《中国物权法草案建议稿》②第 48 条也规定:"出现下列情况之一造成当事人经济损失的,受害人可请求登记机关赔偿:(一)登记机关故意或过失导致登记错误或信息错误;(二)登记机关无正当理由拒绝或延误登记;(三)登记机关拒绝自然人或法人合法查询登记内容。"第 49 条规定:"登记机关及其工作人员与他人恶意串通,利用登记管理损害自然人和法人的合法权益,应对受害人承担赔偿责任。"

关于过错的性质,学说上有主观过错说和客观过错说两种主张。在我国,学者大多对过错的性质作主观性的分析,认为过错是侵权行为人对自己行为及其后果所抱的一种心理状态③,比如佟柔先生主编的经典民法教科书《中国民法》即认为,过错是指行为人在实施加害行为时的某种主观意志性。对于过错的认定则一般采客观的"善良管理人之注意"标准,由法官就案件的具体情况,考量相关因素而为客观的判断。

在过错责任原则归责中,按照"谁主张谁举证"的规则,一般是由受害人举证证明登记机关的行为是一种过错行为,登记机关并不承担证明自己行为不是过错行为的举证责任。但是严格适用此规则将使受害人遇到极大的困难,因此可以采取举证责任倒置的立法技术加强对受害人的保护,使登记机关就相反的事实负举证责任,即实行过错推定。所谓过错推定,是指法律规定行为人侵害他人人身、财产并造成损害的,应负民事责任,但是如果加害人能够证明损害不是由于他的过错所致,可以被免除责任。④ 按照某些学者的观点,过错推定责任是由过错责任移向无过错责任的中间责任。

---

① 王利明主编:《中国物权法草案建议稿及说明》,中国法制出版社 2001 年版,第 189 页。
② 孟勤国:《中国物权法草案建议稿》,载《法学评论》2002 年第 5 期,第 88 页。
③ 张民安:《过错侵权责任制度研究》,中国政法大学出版社 2002 年版,第 231 页。
④ 王利明、杨立新:《侵权行为法》,法律出版社 1996 年版,第 35 页。

四、登记机关赔偿责任的要件及其范围

由于登记具有公信力,不动产登记正确与否对当事人的权益影响甚大。如果登记机关由于自身违法行使职权使登记簿上的记载与事实不符,有可能导致不动产交易当事人遭受损害,此时登记机关应承担相应的赔偿责任。但是如果登记机关违法行使职权并不是产生损害的惟一原因,比如登记申请人未履行相应的告知义务,或者提供了虚假错误的申报资料,此时登记机关应如何承担责任则有进一步探讨的余地。

我国司法实践中一般认为,只有违法的行政行为是导致损害后果发生的充分且必要的条件,行政机关才承担行政赔偿责任①,因此很少出现登记机关由于错误登记而对当事人进行赔偿的情况。② 我们认为如果损害是由于受害人本身的故意或者过失所致,登记机关可以通过证明损害可归责于受害人而免除或者减轻责任。如果损害是由于受害人以外的第三人所致,由于登记机关所承担的是无过错责任,登记机关不能以第三人的过错为由免除或者减轻自己的责任。当然登记机关在承担赔偿责任以后,可以向应承担责任的第三人进行追偿,但是这并不影响登记机关向受害人所应承担的赔偿责任。

对于登记机关损害赔偿的范围,从民事侵权的角度来看,自应赔偿受害人所遭受包括积极损害和消极损害在内的全部损失。但是由于不动产一般都价值巨大,如果登记机关仅仅收取有限的费用却要承担沉重的赔偿责任,则既不利于登记机关积极性的发挥,也不符合收益风险相匹配的原则。而且登记机关赔偿责任同时也具有国家赔偿的特殊性,需要从国家的实际发展水平出发考虑赔偿的范围。

有关登记机关赔偿责任的限制,大致可以有两种做法,一为限制赔偿的范围,二为设定最高赔偿额。采取前一种做法者,如我国台湾地区《土地法》第 68 条规定:登记机关的损害赔偿不得超过受损害时之价值。按照台湾学者的观点,依据文义解释,因登记错误、遗漏或虚伪致生之损害赔偿,仅限于

---

① 王达:《房地产登记中的行政赔偿问题研究》,载《法律适用》2002 年第 11 期,第 46 页。
② 最近国内出现的涉及金额最高的不动产登记赔偿,即是由于深圳市国土规划局在对抵押登记未予注销且未收回产权证书的情况下,又将同一物业的土地及地上的建筑发放新的产权证书,使同一物业产权证书重叠、抵押登记重复的异常情况,最终导致善意抵押权人的损失。参见 http://www.sina.com.cn,2003 年 6 月 18 日国内新闻。

第十章　不动产更正登记、异议登记与登记机关的赔偿责任

"所受损害",对于"所失利益",不得请求赔偿。① 采取后一种做法者,如澳大利亚 New South Wales 州 2000 年修订其《不动产法》,将其登记机关赔偿责任的最高额定为 10 万美元。我国香港特别行政区的《土地业权条例》（草案）第 83 条第（1）款（a）项规定:因欺诈登记所引起损害赔偿最多只能从登记机关所设立的赔偿基金获得 3000 万港元的赔偿。限制赔偿范围固可减轻登记机关的赔偿责任,唯在赔偿范围内不论实际损害的数额多少,登记机关均须赔偿;设定最高赔偿额则与此不同,只要在赔偿限额之内,不论是直接损失亦或是间接损失,登记机关均须承担赔偿责任,因此可以说,这两种做法各有利弊。

我国现行法大致采取限制赔偿范围的做法,《民法通则》虽然未对国家机关及其工作人员的赔偿范围加以限制,但是从《国家赔偿法》第 26 条对财产权损害赔偿的规定来看,其范围也基本限制在直接损失之内。一般认为,这是与我国国家机关办理案件的经验与能力,相关法规的完善程度以及国家财政的负担能力等多种因素相适合的。② 从立法政策上来说,我国今后不动产登记立法时,在继续坚持《国家赔偿法》限制赔偿范围做法的同时,也可以适当考虑设定最高赔偿额的做法。

至于登记机关损害赔偿的方法,有"回复原状"与"金钱赔偿"两种主义。从我国《国家赔偿法》第 25 条的规定来看,由于金钱赔偿具有便捷易行、对任何损害都可以适用的特点,因此采用的是以金钱赔偿为主、以回复原状为辅的方式。因此对于登记机关造成的损害,如果受害人可以依法申请更正,并能回复损害发生前的原状,则无需金钱赔偿,否则只能将会使更正登记形同具文。

有关金钱赔偿的来源,从国外的立法实践上看,德国和瑞士专门设立登记赔偿基金,以弥补可能造成的真正权利人利益的损害。③ 我国台湾地区《土地法》第 70 条规定:"地政机关所收登记费,应提存 80% 作为登记储金,专备第 68 条所定赔偿之用。地政机关所负之损害赔偿,如因登记人员之重大过失所致者,由该人员偿还,归拨土地储金。"采托伦斯登记制度的其他国家也都有登记储金的规定,如澳大利亚各州于申请为第一次土地所有权登记或土地所有权移转登记,除缴登记费外,并照登记价值加缴保险基金,英

---

① 李鸿毅:《土地法论》,台湾三民书局 1999 年版,第 239 页。
② 张正钊主编:《国家赔偿制度研究》,中国人民大学出版社 1996 年版,第 72 页。
③ 王崇敏:《我国不动产登记制度若干问题探讨》,载《中国法学》2003 年第 2 期,第 52 页。

国则于所收登记费中,提拨一部分为赔偿基金(Indemnity Fund)。①

深圳在不动产登记中已经率先在我国采用赔偿基金的模式,它将登记费的收入列作登记机关的业务经费和赔偿基金,赔偿费则从赔偿基金中列支,我国今后不动产登记立法中也应仿此模式设立专门的赔偿基金。对于登记赔偿基金的原始来源自应由登记申请人缴纳,但是在建立基金储备之前可以由政府提供部分贷款,以应对前期的索赔。此外,为了保证该基金数额的充足,分散登记机关赔偿责任的风险,减轻其无过错赔偿责任的负担,登记机关可以向相应的保险机构投保责任险。

五、登记机关的追偿权

如前所述,因不动产登记致人损害大多是因为登记机关工作人员或者其他第三人的过错行为所致,登记机关工作人员或者该第三人是直接的行为人,由他们承担终局的赔偿责任方符合公平负担的原则。直接行为人承担责任的方式大致有两种模式。

1. 根据未实行国家赔偿的托伦斯法,因登记错误、遗漏或虚伪之受害人,应先向有过失或错误之登记权利人或承办登记人员要求赔偿,如应赔偿人死亡、破产或无力赔偿,或不在管辖范围内时,始得向登记机关请求赔偿②。也就是说先由直接行为人承担责任,登记机关只承担补充责任。

2. 在将登记机关作为国家机关并实行登记机关国家赔偿制度的国家,受害人则可以直接向登记机关请求赔偿,登记机关在承担赔偿责任后再向直接行为人进行追偿。我国台湾地区《土地法》第 70 条规定:登记机关所负之损害赔偿如因登记人员之重大过失所致,则由该人员偿还登记机关。

我国采用第二种模式,《国家赔偿法》第 14 条 1 款规定:赔偿义务机关赔偿损失后,应当责令有故意或者重大过失的工作人员承担部分或者全部赔偿费用。《上海市房地产登记条例》第 61 条规定:房地产登记机构及其工作人员违反本条例规定,导致房地产登记错误,给房地产权利人造成损失的,由市房地资源局或者市登记处承担相应的法律责任。第 62 条规定:房地产登记申请人提交错误、虚假的申请登记文件或者申请登记异议不当,给房地产权利人造成损失的,应当承担相应的法律责任。

在上述第二种登记机关独立承担赔偿责任的模式下,如果损害只是由

---

① 李鸿毅:《土地法论》,台湾三民书局 1999 年版,第 240 页。
② 同上书,第 238 页。

第十章　不动产更正登记、异议登记与登记机关的赔偿责任

于登记机关的原因而造成,其他第三人对损害的发生没有过错,那么在登记机关承担赔偿责任后,对造成损害的工作人员有追偿权,方为妥当。只是如果不分登记人员过错轻重都可以求偿,将使登记人员遇事畏缩不前,不敢勇于任事;如果一概不得求偿,则将不足以督促登记人员戮力从公,善尽职守,甚或有废弛职务,酿成违法滥权之虞。① 因此一般都规定,登记机关只有在登记人员故意或者重大过失时,始得向登记人员求偿。比如,《瑞士民法典》第955条第2款和第3款也规定:"各州对不动产登记簿的管理官员及职员以及对有直接监督的机关,有追究其过失并请求损害赔偿的权利。各州得请求管理官员及职员提供担保。"

如果损害是由于第三人的过错造成的,比如登记申请人和登记人员恶意串通欺诈,或者登记申请人假冒他人名义提交申请材料,最终使善意买受人因信赖登记簿的记载而善意取得该不动产的所有权,那么登记申请人应对实际权利人承担侵权赔偿责任。此时第三人因其过错而向受害人承担过错侵权责任,受害人可以向第三人提起民事诉讼;登记机关也须向受害人承担过错侵权责任,受害人可以向登记机关提起行政赔偿诉讼。也就是说,受害人就同一给付内容,可以同时或者选择分别对登记机关和第三人提起两个不同的诉讼,并因其中一个请求权的满足而使余者消灭。② 登记机关在先向受害人承担责任后,可以要求受害人让与对第三人的请求权,由登记机关在其直接支付损害赔偿额的限度内向终局责任人进行追偿。

附　中国最大的国家行政赔偿案

深圳市国土规划局日前向深圳市有色金属财务有限公司支付了870万元人民币的行政赔偿金。至此,轰动一时的中国内地最大一宗国家行政赔偿案,经过长达6年多时间的艰苦诉讼终于以原告胜诉在深圳结案。

据广东省高级人民法院行政赔偿判决书称,此案的原告为深圳市有色金属财务有限公司,被告为深圳市国土规划局。主要事实为被告深圳市国土规划局在对抵押登记未予注销且未收回产权证书的情况下,又将同一物

---

① 刘春堂:《国家赔偿法》,台湾三民书局1994年版,第43页。
② 有学者认为,为了防止受害人通过其他方式和途径获得赔偿后再向侵权的行政机关要求赔偿,应限制行政赔偿之诉,只有在当事人通过其他途径无法得到补偿时,方由行政机关承担补充责任。我们认为,给予受害人充分的选择权并不意味着会出现对同一权利的多次补偿,因此上述对受害人诉权的限制缺乏合理的根据。

业的土地及地上的建筑发放了新的产权证书。于是便出现了同一物业产权证书重叠、抵押登记重复的异常情况。由于被告深圳市国土规划局的违法颁证、违法抵押登记行为致使原告深圳市有色金属有限公司在不知事实真相的情况下，与深圳百胜公司签订了 870 万元的抵押贷款，而深圳百胜公司在骗取了巨额贷款后不久就宣布破产，人去楼空。

  由于此案属国家行政赔偿，且涉案金额巨大，案情又十分复杂，而在此之前中国内地赢得国家赔偿的案件金额又大多微乎其微。因此，作为新中国成立以来最大一宗国家行政赔偿案的结案，在广东司法界引起了广泛的关注(转引自 http://www.sina.com.cn 2003 年 6 月 18 日)。

第十一章 不动产预告登记和商品房预售登记

第一节 预告登记

在不动产物权变动采用强制登记的策略下,债权人在登记完成之前要承担目的落空的风险,为了减弱这种风险,使得债权请求权实现的机会不因债务人行为而落空,也为了推进本登记能顺利启动和展开,预告登记(Vormerkung)制度遂应运而生。张龙文先生指出了预告登记制度的机能、功用和地位,即"不动产物权之变动,有强制登记之原则,非经登记,不生效力。对于由此项强制登记原则所生之危险,为保全以不动产物权之得丧、变更、消灭为标的之债权的请求权而为之准备登记,即为预告登记"。[①]

从登记形态上看,预告登记与初始登记、变动登记相对应,是以保全不动产变动请求权为目的的登记,不过,初始登记和变动登记所记载的对象是具有登记能力的物权,而预告登记所记载的对象是债权请求权,这是它们的差异之处。但它们之间又存在密切的关联:预告登记旨在保全以不动产物权变动为内容的债权请求权,它为债权向物权的转化提供了顺畅的通道,我们也可以视其为本登记得以展开的准备阶段;而且,有关本登记的法律程序属于一般规定,在法律没有特别规定的情况下,预告登记要适用本登记程序规则。

一、比较法考察与分析

预告登记最初起源于普鲁士法,后几经周折而定型于德国民法之中,这为后世法律提供了可供借鉴的制度资源,瑞士、日本等从德国预告登记制度中吸收养分,分别建立了与本域制度相协调的预告登记制度。[②] 为了看清预告登记的庐山真面目,本文以德国预告登记制度为中心,对国外的预告登记制度进行考察和总结。之所以如此,是因为为了解决我国是否有必要采用

---

① 张龙文:《民法物权实务研究》,汉林出版社 1977 年版,第 170 页。
② 参见卢佳香:《预告登记之研究》,台湾辅仁大学 1995 年硕士论文,第 19—48 页。

以及如何采用这种制度的问题,我们必须用大视野的眼光来认识预告登记在登记制度以及物权法体系中的位置及其独特功能,厘清各种支持或者限制预告登记为何这样而不那样的制度条件,然后再审视我国现有制度以及将来可能的制度能否解决国外预告登记所解决的问题,如果不能,就要考察在这些制度条件约束下,我国可以选择的最可能不产生过敏反应或者移植成本最小的预告登记制度,以避免出现水土不服的情形。

(一) 预告登记的界定

1. 预告登记的类型

预告登记服务于特定的目的,并受制于特定的规则体系,这种限制导致国外的预告登记制度呈现出不同面目,对它们分别进行详细考察,肯定是有意义的工作,但本文旨在通过借鉴异域经验,给本域相应制度的建设提供最有参考价值的资源,故本文在此首先将预告登记类型化,从中选择最佳的考察对象,以之为中心进行重点考察和分析。

(1) 实体预告登记和程序预告登记

根据不同的法律根据,预告登记可以分为实体预告登记和程序预告登记。德国、瑞士民法中规定的预告登记制度属于实体预告登记,其目的在于保全债权请求权。不过,德国《土地登记簿法》独辟蹊径,规定了程序预告登记,该法第17条规定,就同一权利存在数个登记申请的,在完成先前申请的登记之前,不应为后来的申请办理登记。第18条第2项为了落实第17条的意旨,遂规定在登记机关就登记申请完成登记之前,就同一个权利又提出另外一个登记申请的,为了利于先提出的申请,登记机关可以根据职权为预告登记或异议登记。该条规定的预告登记是登记机关依职权办理的预告登记,是适用于登记申请程序中的制度,故在性质上为程序性预告登记(Verfahrensvormerkung)。程序预告登记显然与实体预告登记完全不同,它不是保全债权请求权的手段,不能产生实体法律效力,只是强化时间在前之登记申请的保护性标志。①

程序预告登记意在为登记申请保驾护航,使之能排除竞争对手而通向理想的登记彼岸,这对于先申请者先完成登记的规则而言,无疑是绝好的搭档。不过,"条条大道通罗马",如果我们能够通过可靠的技术手段,在登记簿上清晰地标志登记申请到达登记机关的时间,则先申请者先完成登记的

---

① Siehe *Münchener Kommentar zum Bürgerlichen Gesetzbuch*, Band 6 Sachenrecht, 3. Aufl., Verlag C. H. Beck, 1997, S. 226.

第十一章 不动产预告登记和商品房预售登记

规则基本上不存在不能实现之虞,一旦落实了这一点,程序预告登记不要也罢;而且,程序预告登记要实现其生命力,也必须借助技术上十分可靠的登记簿,以彰显该登记保全的申请在时间上靠前的优势。因此,程序预告登记意欲解决的问题,实际上还是登记簿的合理构造问题,只要能够在技术上解决此问题,就是"擒贼先擒王",程序预告登记意欲解决的问题随即失去本源,此种登记也就英雄无用武之地了,故而,下文将不关注程序预告登记,而仅仅考察实体预告登记。

(2)狭义预告登记和广义预告登记

根据保全对象的不同,狭义预告登记和广义预告登记得以区分。《德国民法典》在第883—888条规定了预告登记制度,其以保全债权请求权为目的,其中最为典型的有两种:其一为转让预告登记(Auflassungsvormerkung),它保全的是将来移转不动产所有权的请求权;其二是涂销预告登记(Löschungsvormerkung),它保全的是后序顺位权利人涂销优先顺位不动产担保物权的请求权,这种预告登记产生的理由是,德国民法采用所有权人担保物权制度,即不动产所有权与担保物权可能同时为所有权人享有,此时,后序顺位的担保物权人就难以实现自己权利,为了消除这个障碍,后序顺位权利人能够请求所有权人涂销该所有权人担保物权,用以保全该请求权的预告登记即为涂销预告登记,故涂销预告登记是改善担保物权顺位的制度,目的在于使所有权人不能成为担保物权的将来权利人。德国民法预告登记制度保全对象的范围比较狭窄,属于狭义预告登记。瑞士民法也采用此种立场,其预告登记保全的权利为先买权、买回权、买受权、用益租赁权和使用租赁权等人的权利以及破产、遗产延期分割等处分限制。两相对比,德国预告登记保全的对象仅仅为以不动产物权变动为目的的请求权,不包括租赁权和处分限制,适用范围更为狭窄。

与上述预告登记制度对应的是日本的假登记制度。日本《不动产登记法》第2条规定:"假登记于下列各项情形进行:(1)未具备登记申请程序上需要的条件时;(2)欲保全前条记载权利的设定、移转、变更或消灭的请求权时;上述请求权为附始期、附停止条件或其他可于将来确定者时,亦同。"据此,假登记首先适用于本登记申请不具备必要手续条件的情形,如物权变动实质上已经发生,但需要第三人的许可,却无法得到其书面文件,无法凑齐申请所必需的文书;其次,假登记还适用于权利本身不适合本登记的情形,该情形主要是保护债权请求权。① 可见,日本假登记首先适用的情形旨在保全物权,其原因在于日本民法采用公示对抗主义,物权变动因为当事人意思表示一致而生效,不以公示为必要条件,故登记虽然未完成,但不动产物权变动实际已经成就,此时假登记保全的对象就是物权。与德国、瑞士的预告登记相比,日本假登记范围更为广泛,属于广义的预告登记。

德国、瑞士的预告登记与日本假登记之所以在保全对象范围上出现差别,主要原因在于:德国、瑞士民法与日本民法在不动产物权变动上采用了不同的立场,前者注重登记对于不动产物权变动生效与否的决定性作用,后者则注重登记的对抗力,登记与否对不动产物权变动的完成不起决定作用。由于我国立法将采用前一立场,为了保持制度的协调和一致,我们选择的对象应当是德国式的狭义预告登记,故下文主要考察德国预告登记的制度经验。

2. 预告登记与异议登记的区别

德国法中的异议登记与预告登记最初同出于普鲁士法的预备登记制度,后几经周折到了《德国民法典》中才"花开两朵",成为两种截然不同的法律制度。② 这两者均具有保全权利、给世人以警示的功能,但它们之间的区别非常明显:其一,适用情形不同。异议登记因登记错误而产生,无登记错误就无异议登记;预告登记与登记错误无关,适用于不动产物权变动的原因已经发生,但不动产物权变动尚未完成的情形。其二,保全对象不同。异议登记保全登记错误时所产生的更正登记请求权;预告登记保障作为物权变动原因的债权请求权。其三,功能不同。异议登记具有抗辩功能,旨在通过抗辩登记的正确性以阻断登记公信力;预告登记主要用于标志将来的物权变动,具有预告未来的功能,以促进不动产物权变动的完成。其四,品性不同。异议登记具有宣示性,旨在表明登记可能错误的状态,故不能被善意取得;预告登记具有设权性,可以适用善意取得制度。③

3. 预告登记与请求权之间的关系

(1) 预告登记保全的请求权

预告登记旨在保全债权请求权,它要依附于请求权而存在,故适当的债

---

① 参见我妻荣:《日本物权法》,有泉亨修订、李宜芬校订,五南图书出版公司1999年版,第77—78页。
② 参见卢佳香:《预告登记之研究》,辅仁大学1995年硕士论文,第19—31页。
③ Siehe Wieling, *Sachenrecht*, 3. Aufl., Springer Verlag, 1997, S. 275 und S. 299f; Baur-Stürner, *Sachenrecht*, 17. Aufl., Verlag C. H. Beck, 1999, S. 235.

第十一章 不动产预告登记和商品房预售登记

权请求权是预告登记存续的前提条件。何为"适当"的请求权,应当把握以下要点:

第一,预告登记所保全的请求权,必须是能够引发具有登记能力的不动产物权变动的请求权,大体为不动产所有权移转请求权、设定抵押权请求权、消灭不动产物权的请求权、变更不动产物权内容的请求权和变更不动产物权顺位的请求权。而且,在预告登记设定时,请求权必须有效存续,比如,出让人通过无权代理人进行让与行为,在被代理人追认该行为效力时,才能办理让与请求权的预告登记。

第二,该请求权的法律基础比较广泛,可以是债权法(如基于买卖合同设定转让预告登记)、家庭法(如根据《德国民法典》第1383条的规定产生的财产转让请求权)、继承法(如在继承开始后的遗赠请求权)等私法[1],还可以是公法,如法院裁判产生的请求权、政府命令产生的请求权,均能被预告登记。

第三,在请求权法律关系中,权利人是预告登记权利人;在为第三人利益的合同中,第三人享有清偿请求权,该权利能够成为预告登记标的,第三人也是预告登记权利人,比如,依据 A 和 B 之间的合同,A 有义务将土地转让给 D,D 享有相应的请求权,为了 D 的利益可以设定预告登记。预告登记义务人是请求权法律关系中的义务人,即在预告登记设定时,请求权所指向的物权人或其继承人。[2]

第四,请求权可以是附条件的请求权,比如,V 将土地转让给其女儿 T 时,约定 T 要照料 V,否则 T 必须将土地返还给 V,V 享有的所有权返还请求权被预告登记。只要 T 不履行义务,V 的请求权就为预告登记所保全。在一般情况下,无论附解除条件请求权还是附延缓条件请求权,皆可被预告登记。只要请求权的权利基础确定,将来的义务人不能单方决定请求权的存续与否,而凭借权利人的意思即可决定请求权的产生,则预告登记保全的请求权还可以是附期限的请求权。[3]

(2)预告登记与请求权之间的关系

预告登记与其保全的请求权之间的关系主要表现为:

第一,预告登记对于该请求权具有依附性,随着请求权状态的改变而变

---

[1] Siehe Baur-Stürner, aaO, S. 220f.
[2] Siehe Müller, *Sachenrecht*, 4. Aufl., Verlag Carl Heymanns., 1997, S. 362f.
[3] Siehe Gursky, *Sachenrecht*, 9. Aufl., Verlag C. F. Müller, 1996, S. 25.

动,当请求权转让或者消灭时,预告登记随之转让和消灭并办理相应的登记记载手续。但是,预告登记的消灭并不必然意味着请求权消灭,比如,预告登记权利人自愿放弃预告登记,并办理涂销登记时,预告登记消灭,但该请求权仍然可以继续存续。

第二,当请求权自始或者嗣后不存在,而预告登记仍然记载在登记簿中时,登记发生错误,登记义务人可以请求更正登记或者办理异议登记,在此之前,如果请求权转让导致受让人信赖预告登记记载的,该受让人能够善意取得该预告登记。[①] 当请求权合法存续,但预告登记被不当涂销时,则意味着登记义务人的物权上不再负担预告登记,此时的登记也属于错误,在这种情况下,基于对义务人物权登记状态信赖而与其发生交易者,能够取得不负担预告登记的物权,当然,此种结果的产生必须在预告登记权利人则办理更正登记或者异议登记之前。

(二) 预告登记的效力

1. 预告登记的主要效力

预告登记制度的创设,目的在于促使以不动产物权变动为内容的债权请求权得以实现,因此,预告登记的效力就是保全债权请求权,这种效力主要表现为:其一,违背预告登记的处分无效,其表现大致为:在预告登记设定之后,预告登记义务人实施的处分行为将使预告登记目的不能实现时,该处分对于预告登记权利人没有法律效力。这实际上限制了预告登记义务人的处分权,从而为预告登记保全的债权请求权的实现奠定了基础。其二,在预告登记义务人破产或者被强制执行时,预告登记保全的权利摆脱了债权的特色,从义务人负担的其他债务中脱离出来,仍能够得以实现。这使得预告登记具有了物权效力,其保全的债权不受义务人财产状态的限制,这无疑从根本上扩大了债权请求权的实现机会。其三,预告登记保全的债权因履行而转化为物权时,该物权的顺位依据预告登记时间予以确定,而不以依其产生时在登记簿中记载的时间为准。上述这三个方面分别从排斥义务人进行有害于预告登记的处分、忽视义务人财产状态和确保将来实现的权利地位等角度出发,全方位增加债权请求权实现的可能性,并给将来的物权提供良好的法律地位。

在上述三个方面中,第一个效力对于预告登记保全的债权请求权的实

[①] Siehe Weirich, *Grundstücksrecht: Systematik und Vertragsgestaltung*, Verlag C. H. Beck, 1985, S. 232f.

现最具有价值,其中涉及到多种概念、制度和关系,也最具有讨论的意义。此效力在《德国民法典》中有完整的表现,即第 883 条第 2 项规定:"在预告登记后处分土地及其权利的,在妨害或者侵害请求权的限度内,该处分无效。以强制执行、假扣押方式或者由无支付能力管理人实施的处分,适用上句规定。"第 888 条第 1 项规定:"取得已经登记的权利或者该权利上设定的权利,对因预告登记而获得利益之人无效,该人为实现预告登记所保全的请求权,可以请求取得人同意为必要的登记或者涂销。"本文主要对该效力进行分析。

(1) 处分的界定

预告登记保全效力并不禁止预告登记义务人就与预告登记有关的物权进行处分,只是当处分妨害预告登记保全的请求权实现时,不能发生法律效力,那么,如何界定处分,就是探讨此效力的前提条件。民法中的处分有三种意义:其一,最广义的处分,包括事实上的处分和法律上的处分,前者是对原物体加以物质变形、改造或者毁损的行为,如拆屋重建等;后者包括负担行为(如买卖、保证)和处分行为(如所有权移转、债权让与)。其二,广义的处分,指法律上的处分。其三,狭义上的处分,是指处分行为。① 在此所谓的处分,同样可能具有上述的三重含义,如何进行取舍,将直接影响预告登记制度目的的实现。

事实上的处分在性质上属于事实行为,不适用于民法中意思表示的规定,其一旦完成,就客观上也就产生相应的后果,无所谓有效或者无效,比如,房屋所有权人(房屋转让预告登记义务人)将房屋拆除,这导致预告登记权利人不能达到取得房屋所有权的目的,义务人对此应当承担违约责任等法律后果,但该事实行为却无法被认定无效,因此,事实上的处分不属于保全效力中的处分。

处分行为是一种法律行为,它直接导致既有权利内容变更、移转、设定负担或者消灭。处分行为是从法律事实的角度对处分进行的界定,其效力具有可否定性,可以成为此所谓的处分。比如,A 将房屋出卖给 B,并办理预告登记,后 A 将该房屋所有权通过登记移转给 C,或者 A 在该房屋上为 C 设定了用益物权或者担保物权,此所有权移转行为或限制物权设定行为即为处分行为。依法产生的权利取得同处分行为一样,也属于在此界定的处

---

① 参见王泽鉴:《出卖他人之物与无权处分》,载《民法学说与判例研究》第 4 册,中国政法大学 1997 年版,第 136—137 页。

分范畴,但是,它要受以下两种情形限制:其一,依法产生的具有优先效力的物权,为了实现该效力,就要具有对抗预告登记的效能。其二,具有公共利益目的的征收能够对抗预告登记。①

如果从法律效果角度来界定处分,则其表征着权利人利益减少的状态②,导致此种处分状态出现的事实既可以是法律行为,也可以是强制执行等非法律行为,因为强制执行、假扣押导致的强制处分(Zwangsverfügungen)以及破产管理人等无支付能力管理人所为的处分,与处分行为具有同等的法律地位,《德国民法典》第883条第2项的规定即体现了这种立场。

负担行为不会直接导致义务人的既有权利变化,当然也就不是此处所谓的处分。但是,在房屋所有权移转预告登记后,所有权人将该房屋出租给他人,该出租行为能否被认定为处分?德国学理对此有两种截然不同的认识,笔者持肯定观点,因为预告登记制度旨在促使债权请求权能够实现,达到预告登记权利人的目的,它能够排除导致预告登记义务人权利状态发生改变的处分行为以及强制处分,使得他人从预告登记义务人处取得的与预告登记相关联的物权,不是完全受法律保护的物权,该物权取得人必须同意预告登记权利人替代其物权人法律地位,这实际上意味着预告登记具有排斥与其目的相悖的物权之效力,预告登记权利人所得到的法律保护要大于一般物权人所能得到的法律保护。租赁权作为债权,承租人因此得到的保护要逊于物权人,基于"举重明轻"的论辩方式③,预告登记既然能排斥物权,当然也可以排斥租赁权。而且,从实际妨害的角度来看,"买卖不破租赁"的立法政策导致租赁权对于预告登记目的的妨害,实际如同使用权等用益物权对于预告登记的妨害,结果导致预告登记权利人在取得权利后,不能实际获得标的物的使用价值,这种结果与处分并无二样。正如苏永钦教授所言,租赁权对世效力如法定物权,理论上当然非属得由当事人决定适用与否的"任意法",故租赁权附随于所有权上,直接造成该所有权的负担(Belastung),而不只是契约当事人的负担(Verpflichtung),此时和对所有权的处分(Verfügung)一样,都会造成权限的减少,不啻使租赁契约于订立时

---

① Siehe Müller, aaO, S.374f.
② Siehe Flume, *Allgemeiner Teil des Bürgerlichen Rechts* Ⅱ *das Rechtsgeschäft*, 4. Aufl., Spinger Verlag, 1992, S.140f.
③ 参见王泽鉴:《举重明轻、衡平原则与类推适用》,载《民法学说与判例研究》第8册,中国政法大学出版社1997年版,第7—12页。

第十一章 不动产预告登记和商品房预售登记

即发生类似处分的结果。① 故而,即使租赁合同在性质上属于负担行为,但作为其结果的租赁权仍然属于此所谓的处分。

综上所述,预告登记保全效力所涉及的处分包括处分行为、强制执行等强制处分、有限的依法取得权利和租赁。

(2) 处分的无效

预告登记保全债权请求权的作用并不依靠禁止登记来完成,即登记义务人在预告登记后,仍然可以处分预告登记所涉及的标的物,即使该处分违背了预告登记的旨意,登记机关也不能拒绝登记。那么,怎样落实预告登记保全请求权的基本功能,就要依靠处分相对无效(relative Unwirksamkeit)的制度设计,其表现为两个方面:其一,对人的相对无效,即处分仅仅对因预告登记取得利益之人无效,换言之,权利的取得对于受预告登记保护之人以外的其他人均具有法律效力。比如,V 将土地出卖给 K,并办理了移转预告登记。V 又将土地所有权移转给 D,D 对 K 并非土地所有权人,对其他人而言则是土地所有权人。其二,内容的相对无效,即在妨害或者侵害债权请求权的限度内,处分无效,只要处分不妨碍请求权的履行和实现,即为有效。比如,在上例中,V 将土地所有权移转给 D,或在土地上为 D 设定抵押权,对 K 所有权的取得设置了障碍,应属无效。② 但是,如果 V 在土地上为 K 设定了限制物权,并办理预告登记,之后,V 又为 D 设置限制物权,由于限制物权之间遵循顺位制度,后设定的限制物权不妨害先登记的限制物权,该处分则为有效。

在相对无效的处分发生后,预告登记权利人有权请求因无效处分而取得权利者同意涂销该权利,该取得人负担法定的同意义务。权利人享有的这项请求权源于预告登记,与预告不能登记分离,具有保障预告登记实现功能的效用。在这种情况下,预告登记权利人与权利取得人之间的关系被视为所有权人和占有人的关系③,比如,取得人对不动产造成损害的,权利人自取得所有权之时起,对取得人享有损害赔偿请求权。

综上,预告登记对债权请求权的保全,并不采用禁止登记这种事前预防

---

① 参见苏永钦:《关于租赁权物权效力的几个问题》,载《走入新世纪的私法自治》,中国政法大学出版社 2002 年版,第 344—345 页。

② Siehe Baur-Stürner, aaO, S. 226f. 梅迪库斯教授指出,相对无效是特别适合于保护某个人免受行为后果损害的制度,其最重要的适用事例是物权法中规定的违反预告登记的处分,参见〔德〕迪特尔·梅迪库斯:《德国民法总论》,邵建东译,法律出版社 2000 年版,第 375—376 页。

③ Siehe Wieling, aaO, S. 311.

的方式,而是采用了事后认定处分相对无效的做法,这种策略的益处大致在于:其一,在预告登记已经发挥公示作用的前提下,登记机关进行登记审查时,无需审查登记事项是否与预告登记相悖,这将大大减少登记机关作出登记决定的时间及相应成本,简化登记程序。至于预告登记产生的处分相对无效风险,已经经过预告登记的记载告知了利害关系人,利害关系人甘冒风险从事交易,应视为出于理性人的自由选择,这种价值判断行为应受尊重,即使登记机关也无权干涉。其二,处分相对无效的机制,一方面通过法律强制权利取得人同意预告登记权利人实现其目的的制度设置,保证了请求权实现的可行性;另一方面又给权利取得人提供尽早进入交易的机会,一旦权利取得人完成与预告登记权利人的制度外博弈(如购买预告登记权利人的因预告登记所享有的权利),或者预告登记因其他原因消灭(如预告登记权利人自愿放弃预告登记),权利取得人就能够在其登记之时起就取得完全受法律保护并占据优先顺位的物权,而无需等到预告登记失去法律效力后再与物权人进行交易,否则,在还有其他人进行交易竞争的情况下,可能产生的结果是其有可能得不到物权,或者得到的是顺位劣后的物权。

2. 预告登记效力的产生与消灭

预告登记效力产生的标志是预告登记在登记簿中的记载,其程序等同于本登记程序。在德国法中,为了产生这种记载,必须具备的前提条件是:其一,存在有被预告登记保全资格的请求权,如产生不动产物权变动的请求权等;其二,在当事人申请时,登记义务人自愿同意此种记载;或者在登记义务人不同意时,债权人能够以假处分的方式进行预告登记。

预告登记效力消灭的标志则是其在登记簿中的记载被涂销,其原因大致有以下几种:其一,登记权利人自愿抛弃预告登记。预告登记是对债权提供的保障措施,它源于预告登记权利人的意志,在权利人自愿放弃权利,同意义务人实施违背预告登记的处分时,处分对权利人发生法律效力。其二,所保全的请求权因目的实现、无效、混同等情形而消灭。预告登记附属于其保全的债权请求权,当债权请求权消灭时,预告登记即丧失法律效力,违背预告登记的处分恢复合法性,由此产生的物权变动具有完全的法律效力。比如,A 将土地赠与并转让给儿子 S,约定在 A 生存期间,S 将土地所有权转让给他人时,A 享有取回的请求权,并办理了相应的预告登记。后 S 急需金钱,就将土地卖给 K,办理了所有权移转登记。K 的所有权取得对于 A 无效,但 A 在死亡之前并没有行使取回请求权。依据约定,该请求权消灭,预告登记也消灭,K 取得的所有权恢复了完全效力,A 的继承人 T 不能取得该

第十一章　不动产预告登记和商品房预售登记

土地所有权。① 其三,预告登记据此产生的假处分命令丧失法律效力。

二、本土规则的考察和分析

我国本土自上个世纪初期开始,就有预告登记的法律规定,后几经修订,最后出现于台湾地区《土地法》之中。在我国大陆,除了上海市新《房地产登记条例》中明文规定预告登记之外,在统一适用的法律中尚无此种概念术语,不过,有关商品房预售的法律规定了预售合同登记,这种登记的对象与预告登记一样均为将来引发不动产物权变动的债权请求权,学界一般将其性质视为预告登记。② 因此,本文考察和分析的本土规则包括台湾的预告登记制度、大陆的预售合同登记制度和上海的预告登记制度。

(一) 我国台湾地区《土地法》中的预告登记

我国台湾地区《土地法》第79条之一规定了预告登记:

"声请保全左列请求权之预告登记,应由请求权人检附登记名义人之同意书为之:一、关于土地权利移转或使其消灭之请求权。二、土地权利内容或次序变更之请求权。三、附条件或期限之请求权。前项预告登记未涂销前,登记名义人就其土地所为之处分,对预告登记之请求权有妨碍者无效。预告登记,对因征收、法院判决或强制执行而为新登记,无排除之效力。"

台湾地区《土地登记规则》第125条则规定了预告登记的程序:

"申请预告登记,应提出登记名义人同意书及印鉴证明。登记机关于登记完毕后,应通知申请人和登记名义人。"

我们以上文的异域法律经验为标准,对台湾预告登记制度进行对比考察,就能得出以下分析结论:

第一,台湾预告登记的制度目的也是为了保全债权请求权,预告登记必须依附于请求权,故其属于狭义预告登记,这种规则模式与台湾采用的登记公信力制度相互协调,构成了具有内在关联的制度同一体。如果将台湾预告登记制度中的"土地"作广义理解而与"不动产"等同的话,则其所保全的

---

① Siehe BGH NJW 1992, 1683; Wolf, *Sachenrecht*, 15. Aufl., Verlag C. H. Beck, 1999, S. 203.

② 参见王利明主编:《中国物权法草案建议稿及说明》,中国人民大学出版社2001年版,第198—200页;符启林主编:《商品房预售法律制度研究》,中国政法大学出版社2002年版,第81—82页。

请求权范围基本上与德国法等同。

第二,在法律效力上,违背预告登记的处分相对无效,预告登记不禁止登记名义人再为处分,从而兼顾当事人利益,保持目的与手段的平衡①,这种立场值得赞同。不过,此处所谓的处分是指处分行为,并不包括假处分等强制处分,这也是"预告登记,对因征收、法院判决或强制执行而为新登记,无排除之效力"的含义。这种立场采取了当事人私事为国家公权力行为让路的态度,从而为公共权力畅通无阻进入当事人私域打开了通道,这在保持国家公权力尊严的同时,掏空了预告登记保全债权请求权的制度内涵,因为在此种国家公权力行为效力高于预告登记的优劣对比中,对于利益极为敏感的当事人不如直接求诸法院以获取一纸具有强制力的文书,从而在利益实现的竞争中占据制高点,避免出现花费心力通过预告登记保全利益,到头来却被国家手指轻轻推倒的尴尬局面,这正是台湾预告登记的致命缺陷,正如学者所评论的,预告登记无排除强制执行之效力,导致该制度设计的功能丧失殆尽,几已形同具文,为消除该弊端,回归德国预告登记效力将为一妥当选择。②

第三,预告登记的发生渠道,只有当事人申请和登记名义人的同意相结合一种,假处分不能成为预告登记发生的基础,这与德国法的规定不同。在台湾,假处分与查封、假扣押、破产形成了法院嘱托登记系列,假处分登记要由权利人向法院申请,再由法院嘱托登记机关登记,这与预告登记产生的程序不同,不过,假处分登记与预告登记一样,同样具有限制登记名义人完全处分登记权利的功用,只要针对不动产及其权利的假处分记载在登记簿之中,即使没有以预告登记的形式出现,也同样能发挥其应有的功能,故难言不妥当。

第四,与德国预告登记制度相比,台湾预告登记的整体制度规定得相当简略,比如,在违背预告登记的处分无效时,如何使预告登记权利人实现其权利,德国法规定了基于该处分而取得权利之人负有同意涂销权利的义务,而台湾法没有给出对策;又如,预告登记保全的请求权仍属于债权,要受到债权法中各种抗辩的制约,一旦该权利人不积极行使该请求权,就要受到消灭时效的制约,对此《德国民法典》第 886 条规定即可适用,即"对预告登记所保全的请求权涉及的土地或者物权的享有人,对此项请求权有持续的排

---

① 参见王泽鉴:《民法物权》第 1 册,中国政法大学出版社 2001 年版,第 130 页。
② 参见卢佳香:《预告登记之研究》,台湾辅仁大学 1995 年硕士论文,第 191—203 页。

第十一章　不动产预告登记和商品房预售登记

除性抗辩权时,可以请求解除保全请求权的预告登记",台湾法则无此规定的踪迹。两相对此,德国法的规定比我国台湾地区法细致全面,这强化了法律的可操作性,法律效果也在法律程序运行中得到一步步地实现。

(二) 大陆地区法中的预售合同登记

商品房预售是我国内地不动产交易市场借鉴香港做法的产物,其实质是将将来生成的房屋所有权提前销售出去,买受人于此享有的是在房屋盖成后请求出卖人移转房屋所有权的权利,此时办理的预售合同登记,并没有实物可凭依托,登记的对象仅仅是预售合同请求权,故在采用"物的编成"体例的登记簿中,预售合同登记不能记载在不动产物权的位置,而要在登记簿设置特殊位置进行记载,如专设合同等文件登记栏目。这与德国预告登记显然是不同的,德国预告登记是对既有物权人之完全处分权的法律限制,故预告登记要记载于其意欲限制的不动产物权处,从而在形式公示和实质公示的双重作用之下,最终产生保全请求权的效力。除了上述不同之外,德国预告登记适用的范围很广泛,不动产买卖、设定土地担保物权、改变顺位等均得采用,而我国预售合同登记仅仅适用于商品房预售领域之中,范围极为狭窄。

我国《城市房地产管理法》第44条第2款规定:商品房预售人应当将预售合同报有关部门登记备案,这是我国内地预售合同登记制度最基本的文本表达,我们从其中看不到更详细的信息。这个原则性规定给地方性制度提供了按照各自理解生长的温床,并由此产生了不同的制度构造,这种差别主要表现在预售合同登记的法律效力之上:

珠海市《房地产登记条例》第47条规定:商品房预售人不办理预售合同登记,预售合同无效,这种立场将登记作为预售合同生效的必要条件,其中表明的态度是国家要通过登记来严格控制商品房预售行为,登记在此成为防范与化解预售风险的器具,这种策略机制要求当事人必须选择登记这条路径,否则,其行为就要逃逸出国家所认可的正当行为范畴。这种严格控制固然能够消除预售风险,但其产生的负效应也很明显,即达成债权意思表示一致的当事人,仅仅因为没有办理登记就不能得到违约责任的救济,这样就有可能使出卖人故意滥用优势地位不办理预售合同登记,此后也不实际履行预售合同,并因此不承担责任,这显然不是立法者也不是我们想看到的结果。

上海市旧的《房地产登记条例》则采用了另外的策略,该法第32条规定商品房预售合同及其变更合同未登记的,不得对抗第三人,这种登记类似于法国、日本的登记对抗力,它一方面保留了当事人自由选择是否登记的空间,即使不登记,预售合同在双方当事人之间仍为有效,但另一方面又让他们知道不登记即对第三人不发生效力的后果,法律在此只是给当事人指明了可见的后果,何去何从全凭当事人自己把握。这种策略消除珠海立场的缺陷,只要预售合同经过意思表示一致而成立,违约责任就开始悬挂在当事人的头顶,登记与否对此不造成任何影响,同时,登记的外表又使得预售合同请求权发生与物权相当的对抗力,这种效力实际上起到了保全请求权实现的功用。在上海的这种策略中,预售合同登记尽管不是法律强制性的措施,但其有节制的进取态度给趋利避害的当事人指明了方向,是选择登记、缴纳登记费用以换取请求权的保全,还是不去登记、无需缴纳费用从而承担可能不能实现请求权的风险,完全由当事人自己决定,法律不要求当事人的行为必须划一整齐,而是在当事人的选择之中实现了类的控制。两相对比,上海策略给当事人自由决策提供的空间更大,更符合程序参与自由的价值。

(三)上海《房地产登记条例》中的预告登记

上海市在修订旧的《房地产登记条例》过程中,曾经针对商品房预售及其抵押贷款、以预购商品房设定抵押权、以房屋建设工程设定抵押权等在实践中非常活跃,但又苦于没有相应规则调整的现象,专门制定了"临时登记"制度以规范这些房屋尚未建成时的权利变动现象,并使得权利人因此种登记而取得对土地使用权、房屋所有权等权利的优先请求权。这种登记在后来的新房地产登记条例中被命名为"预告登记",让我们来看看此种制度的特色:

第一,在适用范围上,上海市预告登记不仅适用于预购商品房及其转让的情形,还适用于以预购商品房设定抵押及其抵押权的转让、以房屋建设工程设定抵押及其抵押权的转让和法律、法规规定的其他情形,故旧条例中的"预售合同登记"也就变成了"预告登记"。这几类情形在实践中运用得非常频繁,用预告登记的形式对它们进行制度保障极具正当性和现实意义,这也是上海市确立此种制度的根本理由。不过,所有这些情形的前提均是"房屋尚未盖成",故在房屋盖成以后,就无预告登记适用的可能性,这显然忽视了其他的情形,比如上文中提到的几个德国判例就超越了这个前提,一旦它们在我国实际发生,就没有不给予预告登记保护的理由。其实,预告登记的制度宗旨就是保全请求权,从而给债权人实际取得不动产物权扫平路障,凡是以将来引发不动产物权变动为内容的请求权,均可受到预告登记的保护,用"房屋尚未盖成"的标准来限制预告登记的适用范围,并没有充分的理由。

第二,预告登记的产生,以自愿申请为准则,这继受了旧条例的程序参与自由的精神。预告登记与本登记一样,以当事人双方共同申请为原则,要递交申请书、身份证明、商品房预售合同等有关文书。但在一方当事人未提出登记申请的情况下,另一方当事人也可以单方申请,此时申请人要提出申请书、身份证明和证明房地产权利变动的法律关系已经形成的文件。这种软性的启动程序构造简便灵活,也应当更有实用价值。

第三,预告登记的法律效力,是给当事人取得土地使用权、房屋所有权等权利提供了"优先请求权",即当事人因该登记而排除其他人取得将来的房屋物权,这种效力类似于德国法预告登记保全请求权的效力。由于上海否定了房屋盖成后的预告登记情形,并规定已经预告登记的预购商品房不得重复办理预告登记,这客观上也使得违背预告登记的处分行为无从存在,故德国预告登记产生的对处分相对无效的效力也就没有表现的余地。在预告登记内部效力中,房屋建设工程抵押权预告登记转为房地产抵押权登记时,其抵押物范围不包括已经办理预告登记的预购商品房,即预购商品房预告登记的效力优先于房屋建设工程抵押权预告登记,这有利于保护房屋买受人的利益,体现了立法者优先保护消费者的立场。

第四,预告登记消灭的一般原因,为预告登记的房地产权利依法终止;但在预购商品房及其转让、以预购商品房设定抵押及其抵押权转让、以房屋建设工程设定抵押及其抵押权转让等预告登记情形,自房屋所有权初始登记之日起满2年,当事人未申请土地使用权、房屋所有权或者房地产他项权利登记的,该预告登记失效;在当事人一方申请预告登记的情形,自登记之日起满2年,当事人未申请土地使用权、房屋所有权或者房地产他项权利登记的,该预告登记失效。

三、预告登记的制度构造

在对上述制度进行简要总结和分析后,本文将提出应然的预告登记制度构造。要想设计出恰当的制度,首先要在物权法和登记制度的大背景下,恰当地给预告登记定位,使其在自己位置上刚好不偏不倚,既能充分发挥其自身功能,又能与其他制度左右联手,共同打造精致有序的天地。给预告登记定位,要继受传统的制度和智识资源,从制度产生根源上把握其内涵和正当性,这个工作我们在上文已经基本完成,即对德国预告登记制度的追溯和解读;还要照料我们的现实情况和整体的法律制度走向,并以此为基准来择取域外预告登记制度的合理内涵,让异域之花在本土盛开,让洋和尚之经在本土传颂。其次,总结和确定预告登记的运动变化规律,描绘预告登记生成和消灭的轨迹,这是一个具体而实在的工作,它让人知道在特定情形中如何去行动才能得到法律保护,并给人揭示了动态预告登记中蕴涵的关系。

（一）预告登记的定位

作为法律制度的预告登记自产生之日起,就是为债权请求权保驾护航的工具,请求权是预告登记得以生成的前提和运动轨迹的中心圆点,在一般情况下,没有请求权即无预告登记,没有正确请求权作为依托的预告登记不具有正当性,从这点属性来看,预告登记与以担保债权为使命的抵押权有几分相似。① 预告登记保全请求权的措施是借助登记这个公示形式,将本来用以表彰物权的登记异化为请求权的表征,请求权因此而具有几分物权效力,正可谓是借力生力。对预告登记的这种把握,可用简洁的公式表示为"预告登记＝债权请求权＋登记簿记载",这种构成将给我们展示预告登记的特殊价值,我们对预告登记的定位也将围绕这种构成来展开。

1. 预告登记与债权请求权

预告登记因保全债权请求权而设,其原因在于,在采用不公示物权变动不生效的规则模式下,债权成立到以办理登记为表现形式的不动产物权变动完成之间存在有时间间隙,在此期间可能发生风云突变的情况,导致物权受让人目的落空,为了消除这种不测风险,预告登记用物权效力的外表武装了债权请求权,从而为债权实际转化为不动产物权提供通畅的渠道和无间隙的连接,物权受让人也即现时的债权人因为预告登记而具有了类似物权人的法律地位,这样的制度宗旨决定了预告登记在登记制度体系中的位置。

首先,在一个特定的不动产物权变动中,其过程可以分解为债权成立和物权变动两个阶段,预告登记通过保全前阶段的成果,为后阶段的实现提供了切实可靠的契机,在此,预告登记起到了推进本登记顺利实施的作用,这也促使本登记程序得到实践应用和检验,由此可以说当预告登记被当事人选用以后,预告登记程序就成为本登记程序的前置程序,除非债权请求权丧失法律效力等特殊情况发生,前者一般能够引发后者,这种定位意味着,一旦不动产物权变动完成,预告登记即完全被淹没在本登记的意义之中,本登记将替代预告登记就成为预告登记的宿命。

---

① 预告登记与抵押权在构成上非常近似,它们均为保全债权请求权得以实现的法律措施,存续状态均要依附于被保全的请求权,并随之而转让。但它们也存在区别:抵押权在本质上是优先受偿权,它使得债权人在债权之外,享有变价抵押物并优先受偿的权利;预告登记则是保全债权现实实现的措施,其中不存在变价、清算程序。

预告登记保全债权请求权的意义,是在债权请求权没有合法抗辩事由的前提下,将其转化为物权,预告登记本身不能对抗针对请求权的各种合法抗辩,故而,在请求权受到合法抗辩后,如请求权在法定情形下的无效、请求权罹于消灭时效而消灭等,本登记最终不能发生,预告登记也因失去保全的对象而消亡。正是受制于债权请求权的存续时限,预告登记不可能像本登记固守所有权那样终其一生。无论本登记是否发生,预告登记存续的暂时性都是其不可消磨的印痕,这正是债权请求权给其烙下的印记。

必须重申的是,预告登记保全的是能够引发不动产物权变动的债权请求权,只要该请求权具有法律效力,只要该不动产物权具有登记能力,无论债权的内容是何种物权变动、无论债权产生于何种法律基础、无论债权是否附条件和附期限,均可成为预告登记的对象。上海市《房地产登记条例》将预告登记限定在房屋尚未盖成的范围之内,此时的债权标的物尚未成为特定的不动产,其他的以特定不动产为标的物的债权不能纳入预告登记,这将减损预告登记本有的推进所有本登记的积极功能,是为憾事。

其次,预告登记保全债权请求权的直接表现,是限制债务人处分自己的物权,这与异议登记限制登记权利人处分权的功能表现完全相同,不过,正是在保全对象上,两者产生截然对立,并因而成为在不同方面辅助本登记程序顺利展开的措施。预告登记通过未雨绸缪的手段,强化了债权请求权的效力,为将来的符合当事人意愿的不动产物权实现注入了强心剂,从而为本登记程序展开提供了台阶;异议登记则采用亡羊补牢的机制,将本登记的错误可能性向世人展现出来,以阻断可能发生的登记公信力,维护真实权利人的利益,从而为真实权利本登记的复原提供了基础。预告登记和异议登记分工协作,成为保障本登记程序运行以及登记制度整体建设的必要途径,它们形成了具有内在有机关联的制度同一体:预告登记促进本登记程序的现实展开,一旦本登记程序运行结果的正当性受到质疑,异议登记随即登台露面,进而更正登记则具有消除错误登记结果的效用,这样的制度衔接说明了预告登记存在的价值和合理性。

2. 预告登记与登记记载

预告登记的特色就是借助"登记"这种物权公示手段,给世人提供了了解债权请求权信息的机会,结果导致该请求权具有物权效力,从而出现类似于租赁权的"债权物权化"局面。实际上,物权化由预告登记中的"登记"而生,其基础类同于登记表彰物权的原理,具体而言,预告登记表现出来的物权效力主要有:

首先,预告登记如同他物权一样,本身成为限制债务人处分权的负担,债务人实施的有违预告登记内容的行为,对预告登记权利人没有法律效力。预告登记的公示性,使得意欲同债务人发生物权变动交易的第三人知悉此种负担,他要取得背离于预告登记的物权,就必须承担预告登记对其带来的负担和风险,即一旦预告登记权利人主张权利,第三人就有义务协助实现预告登记所保全的请求权。这是事后认定处分相对无效的方式,其益处正如上文所言,此处不赘。这种效力的意义在于:其一,预告登记所限制的对象,是债务人实施的导致债权请求权不能实现的行为,此种行为包括移转所有权等处分行为和租赁行为,租赁之外的负担行为不在限制的范围之内。其二,预告登记不禁止债务人处分自己的物权,登记机关对于此种物权变动仍得办理相应的登记,不过,此种登记所产生的权利效力要受到预告登记的约束,预告登记保全的请求权能够排斥后于其登记的权利,这意味着当债权请求权现实转化为不动产物权时,该物权顺位依据预告登记时间予以确定,这将使该物权能排斥在预告登记时间之后登记产生的物权。其三,预告登记所保全的债权请求权,有其自身的效力判断准则,是否办理预告登记并不影响请求权的效力。

其次,预告登记不仅能够对抗在其后实施的处分行为和租赁,还能够对抗在其后实施的、通过登记表现出来的国家行为,当然,此种对抗的前提是国家行为为了实现私人利益而违背预告登记保全的权利。《德国民法典》第883条第2项体现了此种立场,《瑞士民法典》第959条第2项、第960条第2项也规定:人的权利和处分限制一经预告登记,即对他人日后取得的权利有对抗效力,无论此时他人权利取得的基础是私法行为还是国家行为,而我国台湾《土地法》第79条之一所采取的反对立场制造的弊端则为镜鉴。如果国家行为所产生的权利无需通过登记予以表现,或者国家行为的宗旨是为了国家利益和社会公共利益,则预告登记就对它们无限制的效力。我国法院在以不动产为对象进行财产保全或强制执行时,均要办理查封登记,登记机关为了协助办理登记也颇费心机[1],与财产保全、强制执行导致的查封登记地位类似的是破产登记,这些行为的目的虽然有维持国家司法权尊严的因素,但其根本动因是实现当事人的私人利益,这与预告登记保全的权利属性完全相同,没有公私之分,故实现序列应以登记的先后时间为准,只要

---

[1] 有关上海市不动产登记机关协助法院职权行为的状况,参见上海市房屋土地资源管理局:《浅议协助执行房地产登记中的一些问题》,载《中国房地产》2002年第3期,第31—32页。

第十一章 不动产预告登记和商品房预售登记

上述登记的内容违背预告登记,就产生相对无效的后果。

最后,预告登记因为"登记"而被涂上物权效力色彩以后,即可适用登记物权的公信力,能被信赖登记之人善意取得。① 比如,A 被错误登记为不动产物权人,B 信赖此种登记而以 A 为义务人进行不动产物权变动交易并办理预告登记,B 此时的行为符合登记公信力的要求,其针对 A 的债权请求权应能得到预告登记的保全,即使真实物权人 C 主张了自己权利,B 也能够要求 C 同意将 B 登记为物权人,此种结果正是预告登记保全请求权的表现。

(二) 预告登记的产生和消灭

依据德国规则,预告登记的产生既可基于当事人的登记同意,也可基于法院的假处分命令,前者为自愿的预告登记,后者为强制的预告登记。不过,如果财产保全措施能够通过异议登记或者查封登记得以实现,完全无需采用预告登记方式。在预告登记根据当事人意愿而产生时,原则上要求共同申请,但为交易便利计,在一方当事人能够提出有力证据表明符合条件的请求权已经生成,则可采用单独申请的形式。预告登记产生的标志是纳入登记簿的记载之中。

与预告登记产生标志相对应的,其消灭标志是被涂销。预告登记权利人明确作出放弃预告登记的意思,或者预告登记保全的请求权消灭,只是预告登记消灭的原因,但不能直接产生消灭的后果。而且,即使预告登记保全的请求权得到实际履行并因此产生本登记,预告登记也不因本登记产生就自动消灭,它仍然要经过涂销程序。预告登记的涂销,以当事人共同申请为原则,但不排除登记义务人或其他利害关系人的单独申请。

第二节 商品房预售中的担保及登记

一、问题的提出

随着我国住房改革进程的推进、房地产市场的建立健全,商品房预售交易在经济生活中的地位日益重要,但其中存在的问题,也日显突出。由于物权立法的滞后,商品房预售行为的规制现主要依靠行政法规及规章,而这些行政法规与规章,往往并无统一的理论支撑,规则松散凌乱,相互之间矛盾

---

① Siehe Gottwald, *BGB · Sachenrecht*, 10. Aufl., Verlag C. H. Beck, 1991, S. 26ff.; Schack-Ackmann, *Höchstrichterliche Rechtsprechung zum Bürgerlichen Recht*, 3. Aufl., Verlag C. H. Beck, 1993, S. 316ff.; Gursky, aaO, S. 26ff.

重重。现我国正在进行物权法的制定,如何通过物权法的完善,来促进商品房预售交易的达成、维护各方当事人的正当利益,是亟待研究的问题。本文关注的是这其中的担保及登记问题。

预售商品房交易中,担保及登记的难题在于,对于尚未建成的商品房,还没有建立物权登记簿,那么如何找寻作为各项权利的连接点?虽然,围绕商品房预售及担保,我国也规定了相应的登记,但其性质是什么,又具有什么样的效力?而且,商品房预售中的担保的客体是什么?当事人之间具体的权利义务关系又是怎样的?当商品房预售人以商品房占用之土地的使用权设立了抵押,或者以整个在建商品房设定了抵押权时,商品房竣工后,预购人取得的房屋上有无抵押权负担?贷款银行享有的担保权利和上述权利之间的关系如何?此外,建筑工程承包人法定抵押权对商品房预购人的权利以及贷款银行的权利有何影响?这些,便是本目面对以及拟回答的问题。

二、现行规则之整理及检讨

有关商品房预售中的担保及登记方面的法律规则,现散见于相关法律、法规、最高人民法院司法解释以及地方性法规之中。《城市房地产管理法》规定:商品房预售应当向县级以上人民政府房产管理部门办理预售登记,取得商品房预售许可证明。预售合同应报县级以上人民政府房产管理部门和土地管理部门登记备案。[①] 建设部《城市商品房预售管理办法》则进一步规定:商品房预售实行许可证制度,并详细规定了商品房预售的条件及申请预售许可证需提交的材料。[②] 对于预售中的担保问题,《担保法》并未涉及,在其列举的可以担保及禁止担保的财产中,均没有包括预售商品房。但建设部《城市房地产抵押管理办法》规定了预售商品房贷款抵押及在建工程抵押[③],另外,最高人民法院《关于适用担保法若干问题的解释》第47条也规定:以依法获准尚未建造的或者正在建造中的房屋或者其他建筑物抵押的,当事人办理了抵押物登记,人民法院可以认定抵押有效。此外,在一些地方性法规中,往往有着更为详细的规定。例如《珠海市房地产登记条例》第2

---

① 参见1995年5月1日起施行的《城市房地产管理法》第44条之规定。另见1998年7月20日施行的《城市房地产开发经营管理条例》第23条、第27条之规定。

② 参见1995年5月1日起施行,2001年8月15日修订的《城市商品房预售管理办法》第5条、第7条之规定。

③ 参见1997年6月1日施行的《城市房地产抵押管理办法》第3条、第20条、第27条、第28条、第34条之规定。

第十一章 不动产预告登记和商品房预售登记

章第 5 节专门规定了商品房预售登记,2003 年 5 月 1 日实施的《上海市房地产登记条例》,则以单独一章规定了商品房预售及担保的登记。

现行规则缺乏统一、明确的理论支撑,相互之间也存在冲突。首先,对于商品房预售合同登记的性质及效力,《城市房地产管理法》、《城市商品房预售管理办法》均没有明确规定,但均采"登记备案"的表述方式。而就备案而言,应是指向主管机关报告事由以备查考,备案中并无审查、批准的要求。随着我国计划经济向市场经济的转型,大量的审批制被备案制所替代,这反映了国家管制的放松。备案登记的作用在于让登记部门知晓相关信息,便于管理,是一种纯粹的行政管理方式,故应是与所备案行为的民事效力无涉。① 但在地方性法规中,对此却有着不同的规定。有的规定未经登记,预售合同无效。② 有的则规定未经登记的,不得对抗第三人。③ 而新的《上海市房地产登记条例》,则是将登记的性质定性为预告登记,将登记的效力规定为:当事人取得土地使用权、房屋所有权或者房地产他项权利的优先请求权。比较而言,显然是新的《上海市房地产登记条例》的规定,较为合理,但其已不是备案登记制度所能容纳的了。

现行法律规则,均是将预售中的担保定位于抵押的,但对于担保的客体却不甚明确。最高人民法院法官认为,最高人民法院的司法解释中的规定,是想解决在商品房预售、建筑工程贷款中的按揭担保问题④,可是,按揭与抵押是什么关系,按揭在我国的法律定位如何,仍需讨论。至于抵押客体,从司法解释的用语中较难获得确定的答案。"以依法获准尚未建造的"建筑物设定的抵押,似应只能是未来财产的抵押,但商品房预购人是否是以自己在

---

① 2003 年 6 月 1 日施行的最高人民法院《关于审理商品房买卖合同纠纷案件适用法律若干问题的解释》第 6 条已规定:"当事人以商品房预售合同未按照法律、行政法规规定办理登记备案手续为由,请求确认合同无效的,不予支持。当事人约定以办理登记备案手续为商品房预售合同生效条件的,从其约定,但当事人一方已经履行主要义务,对方接受的除外。"我国城市房屋租赁也实行登记备案制,房屋租赁未登记备案的,租赁行为的效力不受影响。

② 例如,1992 年 11 月 7 日施行的广州市《商品房预售管理实施办法》第 14 规定:凡未经审核、登记的商品房预售行为无效。1997 年 10 月 1 日施行的《珠海市房地产登记条例》第 47 条规定:"商品房预售人不依法办理商品房预售合同登记备案手续,造成预售合同无效,给预购人和其他权利人造成损失的,应当承担民事责任;但商品房预售人能证明自己无过错的除外。"

③ 例如,2002 年 1 月 1 日施行的厦门市《商品房预售管理规定》第 18 条规定:"未经登记备案的商品房预售合同,不得对抗善意第三人。预售商品房合同已登记备案的,房地产交易机构不得重复登记备案。"于 1996 年 3 月 1 日至 2003 年 5 月 1 日施行的上海市《房地产登记条例》第 32 条,也是规定未经登记,不得对抗第三人。

④ 参见李国光、奚晓明、金剑峰、曹士兵:《〈最高人民法院关于适用担保法若干问题的解释〉理解与适用》,吉林人民出版社 2000 年版,第 190 页。

预售合同中享有的权利抵押呢?以"正在建造中的"建筑物设定的抵押,是否可以是以未完成的建筑物本身为客体的抵押呢?这均不无疑问。而《城市房地产抵押管理办法》的规定似乎是明确的①,根据其规定,对预售商品房抵押,是以"所购商品房"作为抵押客体的,即是以未来财产设定的抵押。在建工程抵押,则是以"土地使用权连同在建工程的投入资产"作为抵押客体的。这样,按其规定,在建工程抵押应是以现有财产设定的抵押,如此引发的问题便是,建筑工程之上不断增加部分的价值,是否处于抵押权效力范围之内?同样是抵押的登记,其效力应否有所不同呢?

三、商品房预售中的担保的定位

对于商品房预售中的担保,实践中一般称为按揭。按揭是英文Mortgage的粤语音译②,英国法中的按揭,是担保权人取得标的物财产的一定权利,在债务人清偿债务后,再将该权利移转给担保设定人的权利移转型担保。③ 美国法上的按揭,则常被定义为,为担保债务履行之不动产让与,这种让与随着债务的清偿而失去效力。④ 通说认为,英美法的按揭相当于大陆法的让与担保。

大陆法上的让与担保,是指债务人或第三人为担保债权的实现,将一定的财产权移转于债权人,在债权实现后,债权人将该权利重新复归于债务人或第三人,当债权到期未能实现时,债权人可以就该权利受偿的非典型担保。让与担保起源于罗马法上的信托(Fiducia),罗马信托表现为以提供担保为目的实行所有权转移,习惯上可能主要针对要式物,它包括一项简约,为债务人保留在清偿债务后索回物品的权利。在移转所有权的同时,一般不发生占有的移转,为避免债权人丧失担保,债务人的占有由债权人以临时

---

① 《城市房地产抵押管理办法》第3条规定:"本办法所称预购商品房贷款抵押,是指购房人在支付首期规定的房价款后,由贷款银行代其支付其余的购房款,将所购商品房抵押给贷款银行作为偿还贷款履行担保的行为。本办法所称在建工程抵押,是指抵押人为取得在建工程继续建造资金的贷款,以其合法方式取得的土地使用权连同在建工程的投入资产,以不转移占有的方式抵押给贷款银行作为偿还贷款履行担保的行为。"

② 参见符启林主编:《商品房预售法律制度研究》,中国政法大学出版社2002年版,第75页。有关英美法中的mortgage制度,可参见许明月:《英国法中的不动产按揭(mortgage)》,载梁慧星主编:《民商法论丛》第11卷,法律出版社1999年版。

③ 参见许明月:《英国法中的不动产按揭(mortgage)》,载梁慧星主编:《民商法论丛》第11卷,法律出版社1999年版,第278页。

④ 刘得宽:《美国法上的mortgage制度》,载刘德宽:《民法诸问题与新展望》,中国政法大学出版社2002年版,第428页。

第十一章 不动产预告登记和商品房预售登记

让与或租赁的名义明确予以认可。① 信托为罗马法上最早的物的担保形式，存在于整个罗马古典法时期。② 学者认为，"考诸担保物权之发展，其轨迹应是自移转标的物所有权为担保，演变至仅移转标的物之占有，但不移转所有权为担保之占有质，再进化为标的物所有权与占有均不移转，而仅取得具有担保作用之权利为担保之不占有质。"让与担保为物的担保的最早形态。③

继罗马法之后，后世大陆法系民法，虽在法典上一般并无让与担保之规定，但在实践中一般予以认可。在德国，曾经有人反对这一制度，认为以这种方法利用所有权，构成对不放弃占有、即不得设立质权这一原则的规避。但是，担保所有权现已得到人们的完全接受。④ 该制度在实践中的作用已超过了动产质押权，成为动产担保物权中最为活跃的形式。⑤ 在日本，让与担保也是一项经由判例而形成的制度，于1933年作为一项担保制度得到承认。⑥ 法国法中则有信托所有权制度，包括了动产、不动产让与担保，以及债权的让与担保等。⑦ 我国现没有让与担保的法律规定，但当事人如果采取权利让与的方式来担保债权，也不应否定其效力。在梁慧星先生主持起草的物权法建议草案中，已将让与担保纳入。⑧

有学者认为，我国商品房预售中的担保应定位于让与担保⑨，认为预售担保系权利移转型担保，其实质是，预购人将其对预售人的期待权让与给贷款银行，供作偿还贷款的担保。另有学者认为，商品房预售中的担保应定位于债权质押。⑩ 债权质押说认为，预购人提供担保的是其对预售人享有的债

---

① 参见〔意〕彼德罗·彭梵得：《罗马法教科书》，黄风译，中国政法大学出版社1992年版，第341—342页。
② 〔英〕巴里·尼古拉斯：《罗马法概论》，黄风译，法律出版社2000年版，第159—160页。
③ 谢在全：《民法物权论》（下），中国政法大学出版社1999年版，第898页。
④ 〔德〕霍恩、科茨、莱塞：《德国民商法导论》，楚建译，中国大百科全书出版社1996年版，第204页。
⑤ 孙宪忠：《德国当代物权法》，法律出版社1997年版，第341页。
⑥ 〔日〕道垣内弘人：《日本民法的展开：判例形成的法——让与担保》，段匡、杨永庄译，载《民商法论丛》第15卷，第450页。
⑦ 参见沈达明编著：《法国、德国担保法》，中国法制出版社2000年版，第102—104页。
⑧ 参见梁慧星主编：《中国物权法草案建议稿：条文、说明、理由与参考立法例》，社会科学文献出版社，2000年版，第776—786页。但笔者以为，将作为非典型担保的让与担保典型化，可能会扼杀其原有的灵活性，并且由于可提供担保的权利的多样化，也增加了设立统一的让与担保制度的难度，而且，所谓公示制度的完善，最终可能导致的是无法区分让与担保与其他担保方式。
⑨ 参见王闯：《让与担保法律制度研究》，法律出版社2000年版，第439页。
⑩ 参见卢琼：《房地产楼花按揭研究》，载蔡耀忠主编：《中国房地产法研究》（第一卷），法律出版社2002年版，第314—319页。

权,故设定的是债权质权。

笔者认为,让与担保说不足取,理由在于:

1. 我国现行法均明确将预售中的担保规定为抵押。

2. 让与担保的设立需要权利的移转,但现行法律并没有规定设定担保需要移转权利。而预售实践中担保的设立,也并不移转权利,只是预购人将预售合同及有关购房票证、收据和房地产管理局出具的备案证明等交给贷款银行①,而单证的移交并不导致权利的移转。

3. 若定位于让与担保,则在期待权可实现时,预售之房屋所有权由谁取得? 实践中,是由预购人取得,但将房产证交贷款银行占有,同时办理房屋抵押权登记。此种安排显然有别于让与担保的效果。而且,预售担保中的现实是,预购人期待权可能在担保之债权完全实现之前消灭,此种情况下应如何处理,传统让与担保规则无以应对。

4. 定位于让与担保,使得此种担保无法与预售相关的其他担保及登记制度相衔接。在建建筑物可以抵押、土地使用权可以抵押,这二者均存在着登记问题,而且预售合同也需要登记,如何将这些担保及登记整合成一体,应是最为关键的问题。定位于让与担保,将使得这里的担保客体更为复杂,登记的整合也更为困难。

债权质押说也不可取,理由在于:

1. 现行法均明确将预售中的担保规定为抵押。

2. 依债权质押说,担保的客体应为预购人的期待权,但是期待权已经物权化了,并且在商品房预售场合,期待权的物权特征因登记而得到进一步强化,它与普通债权已有很大区别,这样,一般债权质权规则的适用是否妥当,值得探讨。

3. 债权质权的设定,以通知债务人为生效要件,有债权证书的,应当移交债权证书,不需要办理登记手续②,而预售中的担保需办理登记手续。③

---

① 参见《中国建设银行购住房抵押借款合同范本》第 16 条的内容。

② 我国立法虽然没有明确规定一般债权质权,但解释上认为,一般债权可归入《担保法》第 75 条规定的"依法可以质押的其他权利"之中。另外《担保法》第 50 条规定"抵押权不得与债权分离而单独转让或者作为其他债权的担保",由此可以推导出,抵押权可与其所担保债权一起作为其他债权的担保,这样可进一步得出一般债权可作为债权的担保,即可设定一般债权质权的结论。此外,一般债权质权的设定中,《德国民法典》第 1280 条是将通知债务人作为质权生效要件的,而且比较法上尚无规定一般债权质权的设定需要登记的立法例。

③ 其实,仅就与债权质押说相比而言,定位于权利抵押也许更合理。预购人享有的期待权,经登记之后已具有物权的效力,并且其是对不动产物权的期待权,以该类权利设定的担保,应可纳入权利抵押范畴。

第十一章　不动产预告登记和商品房预售登记

笔者认为，应将预售中的担保定位于不动产抵押，其具体构造如下：商品房预售中，预购人是以自己将来可以取得的商品房作为抵押物，为其履行对贷款银行还款义务的担保。这属于以未来财产设定的抵押。对以未来财产设定抵押，《城市房地产抵押管理办法》及最高人民法院《关于适用担保法若干问题的解释》均予以了肯定。由于抵押合同订立时，抵押物尚不存在，所以无法办理抵押权登记，但是，可以对设定抵押权之请求权进行登记，以使得该请求权的实现有充分的保障。这样，预售担保的登记，仅在于保全抵押权登记请求权，性质上并非是现实的抵押权登记，而应属于预告登记。

预购人与贷款银行应当订立书面抵押合同，该合同的效力自合同签订时发生，登记只是使得已发生的债权发生对抗第三人的效力。在商品房建成之后，贷款银行可以请求办理抵押权登记，以使抵押权发生。未办理预告登记的，抵押合同也发生效力，贷款银行也可以请求办理抵押权登记。但是，如果在其申请抵押权登记之前，商品房上登记或预告登记了其他权利时，贷款银行的权利便不可与之相对抗。

将预售中的担保定位于不动产抵押，具有显著的优点：首先，这和我国现行担保制度相契合，法律关系清晰、权利义务明确。其次，更为重要的是，预购人在预售之前可以将来之房屋设定抵押，预售买卖也是以将来之房屋为交易标的，预购人还可以将其预购之将来房屋再行转让等等，所有这些，均是以同一未来不动产为客体，这为登记制度的统合奠定了基础，而统合一体的登记制度，可以为各方当事人的利益找到适当的位置。对此，下文将作详细论述。

四、商品房预售中登记的设计

我国现行商品房预售合同登记，系定位于备案登记，无法完成需要登记制度来完成的任务，故应当加以改造。预售商品房关系中，交易的客体是未来财产，对尚不存在的财产，当事人无法现实地取得物权，而物权变动请求权因没有对世效力，而极易受到侵害。赋予当事人物权变动请求权以对世效力，是维护其正当利益的恰当手段。对此，传统民法中的预告登记制度，便是一个很好的选择。

预告登记是为保全一项可以引起不动产物权变动之请求权而进行的不动产登记。预告登记的效力在于，使被登记的请求权发生物权效力，可对抗第三人。预告登记制度由德国在中世纪创立，后被许多国家所采纳。现德

不动产登记程序的制度建构

国、瑞士、日本等国均有规定。我国台湾民法也有规定。[①] 学者认为,预告登记具有三项作用:(1) 保全作用,即保全了不动产物权变动请求权;(2) 顺位保证作用,因登记请求权的顺位得到保证,使得请求权可以对抗后序登记权利的效力;(3) 破产保护作用,在被请求人陷于破产时,请求权仍然可以实现。[②] 可见,一项债权请求权经预告登记之后,便物权化了,从而具有了更强的效力。预告登记制度为当事人提供了一种法律手段,当事人通过预告登记使自己的债权有了确实的保障。登记改变了债权无社会公开性的特质,具有公示的效果,社会公众可通过登记簿获知某项有关不动产物权变动的请求权的存在,因而该项请求权效力的强化并不会损害交易安全。

预告登记的引入,可以解决请求权人权利保障的问题,但预告登记是以一定物权登记簿的存在为前提的,商品房预售中,商品房因尚未建成,尚没有物权登记簿。这样,便存在引入的预告登记附着于何处的问题。对此,笔者主张建立在建建筑物登记制度,建立在建建筑物登记簿册,于在建建筑物登记簿上载明,在这块地上将会有怎样的建筑物建成。在建建筑物登记簿可以发挥本登记的作用,之后的所有有关未来建筑物物权变动请求权的预告登记,均纳入在建建筑物登记簿之中。在建建筑物登记底册,应和其占用之土地部分的土地登记簿合并,今后发生的在建建筑物抵押预告登记、商品房预售登记、预售商品房抵押预告登记、预售商品房再转让登记等均以此为基础。在建建筑物登记簿的建立,由建筑物所有人向房地产登记部门申请,申请时应提交建筑物占用之土地使用权证、建设工程规划及施工许可证、建筑物总平面图及分层平面图等材料。当在建建筑物是准备预售的商品房时,必须办理在建建筑物登记,其他在建建筑物则自愿登记。办理在建建筑物登记,对于建筑物所有人而言也是一种利益,因为,登记的完成,是其利用该未来建筑物发挥融资功能的前提。

附着于在建建筑物登记簿上的预告登记,可以包括在建建筑物抵押之预告登记、在建建筑物预售之预告登记[③]、商品房预售之预告登记、预售商品房抵押之预告登记等。建筑物所有人以土地使用权设定抵押权的,抵押权登记也应纳入在建建筑物登记簿之中。这样,各项登记可以按照登记的时

[①] 台湾《土地法》第 79 条规定:"关于土地权利移转之请求权,得申请保全之预告登记。此项预告登记未涂销之前,登记名义人就土地所为之处分,对于登记之请求权有妨碍者无效。"

[②] 参见孙宪忠:《德国当代物权法》,法律出版社 1997 年版,第 153—154 页。

[③] 在建商品房及非商品房建筑物,所有人均可以未来之建筑物设定抵押,并且,在建非商品房建筑物也应存在预售的可能。

间先后顺序,排定各自的顺位。后顺位之登记请求权不可以对抗先顺位登记请求权。从而,各项权利可合理有序地排列,各当事人正当利益可得维护。在商品房建成后,预售人应当申请办理房屋所有权初始登记。预告登记之请求权人可以申请相应的登记,登记申请均可由一方当事人提出,但另一方当事人负有配合的义务。预购人可在初始登记后,申请房屋所有权移转登记,使自己成为房屋所有权人。抵押权人可以申请房屋抵押权登记,使抵押权发生。在这些登记完成之后,在建建筑物登记及相关预告登记,便完成了其历史使命。

五、各方当事人利益之冲突与协调

以未来之建筑物为纽带,可以将许多当事人的利益联系起来,其相互之间存在的利益冲突问题,预告登记制度将提供很好的协调机制,具体展开如下:

1. 商品房预售人如果在预售商品房之前,以房屋所占用之土地的使用权设定抵押权,并为登记的,因该抵押权设定在先,所以抵押权人利益应得到优先保护,后办理的商品房预售之预告登记、预售商品房抵押之预告登记均不能对抗之。但是,抵押权人应只能就土地使用权价值部分行使优先受偿权。对此,《城市房地产管理法》第51条有明确规定。①

2. 商品房预售人如果在预售商品房之前,以在建商品房为客体与他人订立抵押合同,并办理了预告登记的,该抵押权人的利益,优先于商品房预购人及其后订立抵押合同之抵押权人而得到保护,这是该抵押权人所办理之预告登记的效力的体现。虽然这样会使得预购人及贷款银行利益受到威胁,但是他们完全可以通过查阅在建建筑物登记簿,预先获取抵押存在的信息,从而有机会拒绝交易。如果仍选择了交易,其往往也可以赢得较好的交易条件。

3. 商品房预售人在订立商品房预售合同,并为登记之后,即丧失了再转让商品房,以及以将来之商品房设立抵押的权利。解释上可以认为,已登记之预购人的商品房所有权移转请求权,已使得预售人对将来之商品房的利益,转化为价款请求权,他对商品房已无独立的可支配的利益。但是,预

---

① 《城市房地产管理法》第51条的规定为:"房地产抵押合同签订后,土地上新增的房屋不属于抵押财产。需要拍卖该抵押的房地产时,可以依法将土地上新增的房屋与抵押财产一同拍卖,但对拍卖新增房屋所得,抵押权人无权优先受偿。"

售人可以根据法律的规定,转让包括预售之商品房在内的房地产开发项目[①],预售人转让房地产开发项目的,应变更在建建筑物登记。

4. 商品房预购人可以未来之商品房为客体,订立买卖合同。这实际上是预售之商品房的再转让。预售之商品房的再转让,系预购人正当利益之所在,实践中有广泛的需求,也符合效率原则。《城市房地产管理法》第45条也规定:"商品房预售的,商品房预购人将购买的未竣工的预售商品房再行转让的问题,由国务院规定。"可见,立法对此是持肯定态度的。预购人在已交清购房款之后,当然可独立地将未竣工的商品房出售给他人。而在预购人未交清购房款之前,预购人也应当可以转让商品房。但是,如果预购人将取得商品房所有权的权利转让给第二预购人,而由自己承担继续付款的义务,则第二预购人的所有权无负担取得,将受制于预购人的付款义务的履行,而此时预购人履行付款义务对其已无直接利益,第二预购人的利益极易受到损害。所以,第二预购人不如同时负担付款义务,并将此反应在转让价款上。该转让可不经预售人的同意,因为预售人的价款债权,已因保有的所有权而有了充分保障[②],但该转让应当通知预售人,并应办理预售商品房之预告登记的变更,因为预告登记之请求权人已发生了变更。此外,抵押权人与预购人、受让人可以签订债务承担合同,由受让人承担预购人向抵押权人付款的义务,并办理抵押预告登记的变更登记。[③]

5. 商品房预购人可以未来之商品房为客体,再订立抵押合同。随着预购人还款数额的增加,贷款银行对将来之商品房价值的控制量也越来越小,预购人以该商品房价值提供担保获得融资的必要性,也逐步增加。肯认预购人再设定抵押权的权利,可充分发挥商品房的融资功能,满足预购人融资需要,同时,透过预告登记,又可以协调各抵押权人的利益。在商品房建成并完成房屋所有权初始登记之后,各抵押权人按其各自预告登记的时间先后,办理抵押权登记,各自的抵押权的顺位也由此确定。

6.《合同法》第286条之规定,赋予了承包人就其工程价款债权,通过

---

① 参见《城市房地产管理法》第38条、第39条之规定,以及《城市房地产开发经营管理条例》第21条之规定。

② 一般情况下,在采取按揭贷款的方式时,预售人的价款债权已因预购人的首付及贷款银行的支付而实现。

③ 实践中,中国工商银行江苏省分行和中国农业银行江苏省分行,均已开展了"转按揭"贷款业务,但在具体操作规程中,均采取的是"原按揭贷款结清和新按揭贷款发放"的方式。南京市房产局也已办理变更预购人的所谓"转按揭"登记。

第十一章　不动产预告登记和商品房预售登记

所建设工程项目的价值优先受偿的权利,该权利性质上为法定抵押权。[①] 这样,如果商品房预售人未完全履行其建设款支付义务,承包人便可能要求就建成之商品房行使抵押权,如此,便发生了法定抵押权人与预购人、约定抵押权人之间的利益冲突。按照通说观点,法定抵押权无需登记,并且应优先于约定抵押权,同时法定抵押权当然构成对抵押物所有权的限制。这样,商品房预购人就要承受该法定抵押权之负担,其他约定抵押权人,也只能在法定抵押权人优先受偿后的余额中受偿。预购人及贷款银行的利益,便处于了其自己无法控制的风险之中。而预购人往往是为获得居住用房的工薪阶层,如此一来将威胁到其生存利益,何去何从,颇费思量。法律赋予承包人法定抵押权的主要基础在于:承包人的债权中相当部分是建筑工人的工资,该债权的实现关系到劳动者保护;承包人债权之价值已凝结于建设工程的价值之中,认可其优先受偿权,相当于允许其取回自己的东西。这样,对于这里的利益冲突,便有学者认为,其实质是承包人利益与消费者利益之比较,消费者属于生存利益,应当优先,承包人属于经营利益,应退居其次。[②] 笔者赞同此种观点,预购人利益确实应当优先保护,同时对支持此一政策判断的理由,补充如下:

(1) 承包人债权的实现,并不直接意味着建筑工人的工资债权的实现,其工资债权的实现尚需承包人的履行行为;而法定抵押权的实行直接威胁预购人生存利益。

(2) 承包人债权不能实现,建筑工人工资债权并不必然不能实现,承包人可能有其他财产供支付工人工资之用,实际上,只有在承包人濒临破产边缘时,承包人债权的不能实现,才直接意味着工人工资债权的不能实现,而在承包人濒临破产边缘时,工资债权经由承包人债权实现而实现的可能性更小;但法定抵押权的实行直接威胁预购人生存利益。

(3) 建筑工人工资债权,仅关系到其一时之劳动报酬的获得;而预购之商品房安全则可能涉及预购人一生的积蓄。

(4) 虽然,建筑物中含有工人劳动价值的凝结,但预购人支付的价款也

[①] 《合同法》第286条规定:"建设工程发包人未按约定支付价款的,承包人可以催告发包人在合理期限内支付价款。发包人逾期不支付的,除按照建设工程的性质不宜折价、拍卖的以外,承包人可以与发包人协议将该工程折价,也可以申请人民法院将该工程依法拍卖。建设工程的价款就该工程折价或者拍卖的价款优先受偿。"

[②] 参见梁慧星:《合同法第二百八十六条的权利性质及其适用》,载《山西大学学报(哲学社会科学版)》2001第3期。

可视为转化成商品房这样的物质形态,并且,工人劳动价值在量上只能占建筑物价值的一部分,而预购人的支付,却覆盖了商品房价值的全部。

接下来的问题是,司法实践中如何实现此一政策判断,对此,笔者主张,可透过《合同法》第 286 条规定的解释来完成。根据该条规定,法定抵押权发生有例外,对于"建设工程的性质不宜折价、拍卖的",不发生法定抵押权。对此,学者认为,所谓"不宜折价、拍卖"的建设工程,应当解释为法律禁止流通物。包括:公有物,如国家机关办公的房屋建筑物及军事设施;公用物,如公共道路、桥梁、机场、港口,及公共图书馆、公共博物馆等。但国家机关的员工宿舍不属于公有物。① 笔者认为,可将预售商品房纳入不宜折价、拍卖的建设工程之中,以阻止法定抵押权的发生,维护预购人的生存利益。②

---

① 参见梁慧星:《合同法第二百八十六条的权利性质及其适用》,载《山西大学学报(哲学社会科学版)》2001 第 3 期。

② 值得注意的是,最高人民法院于 2002 年 6 月 2 日发布的《关于建设工程价款优先受偿权问题的批复》规定,消费者交付购买商品房的全部或大部分价款后,承包人就该商品房享有的工程价款优先受偿权不得对抗买受人。该司法解释,仅排除优先受偿权对买受人的效力,此种方法有值得肯定的精细之处。但何谓"大部分"价款,尚不明确,且在消费者已交付"小部分"价款时,优先受偿权可对抗消费者之结论的正当性,也颇值商榷。

第十二章　不动产限制登记和信托登记

第一节　查封、假扣押、假处分和破产登记

限制登记,又称保全登记[①],是我国台湾地区土地登记程序中的重要一环。它是指限制登记名义人处分其土地权利所为之登记,包括预告登记、查封、假扣押、假处分、破产及其他法律所为处分禁止之登记(台湾《土地登记规则》第124条)。这里的处分,依学者解释是指法律上的处分,包括土地权利之移转、设定、变更或消灭。[②] 限制登记的目的旨在于一定范围内限制登记名义人任意处分其土地或建物之权利,以保全将来可能实现之土地权利。[③] 限制登记并不直接导致物权变动,只是限制了登记名义人处分其不动产权利,但有可能推进到本登记,发生物权变动的结果。

我国大陆的土地登记法律法规对限制登记尚未有体系性的详尽规定,仅2004年2月10日最高人民法院、国土资源部和建设部联合出台了《关于依法规范人民法院执行和国土资源房地产管理部门协助执行若干问题的通知》,对限制登记作了一定的补充规定。由于前面已经论述了异议登记和预告登记,故本章主要就我国台湾地区的查封、假扣押、假处分和破产登记和最高人民法院2004年发布的通知予以论述。这些登记和民事诉讼程序有着密切的关联,查封、假扣押和假处分都是民事诉讼中的强制执行措施,假扣押和假处分的目的也旨在保全强制执行。

一、我国台湾地区的查封、假扣押、假处分和破产登记

(一)查封、假扣押、假处分和破产登记的意义

所谓查封,是指为保全债权人之债权,依债权人之声请,由执行法院就

---

① 但台湾学者李鸿毅认为保全登记指的是预告登记和异议登记,又称为暂时登记,但其他限制登记名义人之处分行为的登记如假抵押、假处分登记等也具有保全的功能。见氏著:《土地法论》,第305页。
② 参见李鸿毅:《土地法论》,台湾1999年自版,第305—306页。
③ 参见杨松龄:《实用土地法精义》,台湾五南图书出版公司2000年版,第161页。

执行标的,予以封存,禁止债务人之处分权而实施之执行行为。① 在进行查封登记后,在拍卖之前,登记名义人对其不动产权利的处分对债权人不生效力。②

假扣押是指债权人就金钱请求或得易为金钱请求的请求,为保全对债务人财产之强制执行,而禁止债务人处分其财产所施之执行行为。假扣押,非有日后不能执行或甚难执行之虞者,不得为之(台湾《民事诉讼法》第522条、第523条)。债务人在假扣押期间对其不动产的处分对债权人无效。③

假处分是指债权人就金钱请求以外的请求,为保全对债务人财产之强制执行,而禁止债务人处分其财产所施之执行行为。假处分非因请求标的之现状变更,有日后不能执行或甚难执行之虞者,不得为之(台湾《民事诉讼法》第532条)。对假扣押和假处分,债权人为保全其强制执行,享有选择权。

破产是指债务人不能清偿到期债务时,法院根据债权人或债务人的申请,宣告其破产,并将其破产财产依法分配给债权人的制度。破产债务人因破产之宣告,对于其破产财产丧失管理及处分权,有破产声请时,法院得为必要之保全处分,嘱托为破产登记。④

无论哪种限制登记,在供强制执行或破产宣告之标的物为不动产时,皆以查封为先驱程序,因此,就实务而言,执行法院所为强制执行或破产各项登记之嘱托,皆可以查封登记方式处理。⑤

(二) 查封、假扣押、假处分和破产登记的效力

1. 限制处分的效力

在对土地或建物进行查封登记后,登记名义人(债务人)对查封物所为的处分,如移转、设定负担或有其他有碍执行效果的行为,对债权人不生效力(参见台湾《强制执行法》第51条第2项)。这一效力为相对效力⑥,但在查封前,如债务人已与第三人作成移转物权之书面,并向登记机关提出移转之申请,而于查封之后才完成移转登记时,此种土地或建物的移转登记与查封效力谁为优先? 这一问题的产生在于查封之声请、裁定执行和登记之间

---

① 参见李鸿毅:《土地法论》,台湾1999年自版,第310页。
② 参见陈铭福:《土地法导论》,台湾五南图书出版公司2000年版,第175页。
③ 参见李鸿毅:《土地法论》,台湾1999年自版,第310页。
④ 同上书,第312页。
⑤ 同上。
⑥ 同上。

存在时间差,而登记本身也有时间之经过而造成。对此,台湾判例存在两种不同的意见,一种认为此时于查封之后才完成的移转登记属于无效,债权人得诉请涂销该登记;另一种意见则认为除双方通谋及有其他无效或得撤销得原因外,在债权人提起涂销之诉并获得胜诉判决之前,尚不得谓该移转登记为无效。不过台湾"最高法院"在后来的判例中调和了两种见解,不过似以后者为优。①

但就土地或建物权利之既成事实所为的登记,如土地、建物标示变更登记、继承登记、权利书状补给、换给登记等,因无碍于查封之效力,仍得继续办理,不受查封之限制。②

2. 停止有关的新登记

土地经法嘱托办理查封、假扣押、假处分或破产登记后,未为涂销前,登记机关应停止与其权利有关之新登记。但有下列情形之一为登记者,不在此限:(一)征收或照价收买;(二)依法院确定判决申请移转或设定登记之权利人为原假处分登记之债权人(应检具法院民事执行处核发查无调卷拍卖证明书);(三)继承;(四)其他无碍禁止处分之登记(台湾《土地登记规则》第 129 条)。

土地经法嘱托办理查封、假扣押、假处分或破产登记后,有下列情形之一者,登记机关应予登记,并将该项登记之事由分别通知有关机关:(一)土地经法院嘱托查封、假扣押、假处分或破产登记后,其他机关再依法律嘱托禁止处分之登记者。(二)土地经其他机关依法律嘱托禁止处分登记后,法院再嘱托查封、假扣押、假处分、或破产登记者(台湾《土地登记规则》第 130 条)。

3. 不得重复办理查封、假扣押、假处分登记

同一土地经办理查封、假扣押或假处分登记后,法院再嘱托为查封、假扣押、假处分登记时,登记机关应不予受理,并复知法院已于某年某月某日某案号办理登记(台湾《土地登记规则》第 128 条)。

(三)查封、假扣押、假处分和破产登记的程序——嘱托登记

查封、假扣押、假处分和破产登记依法院嘱托进行。土地总登记后,法院嘱托登记机关办理查封、假扣押、假处分或破产登记时,应于嘱托书内记明登记之标的物标示及其事由。登记机关接获法院之嘱托时,应即办理,不

---

① 参见李鸿毅:《土地法论》,台湾 1999 年自版,第 313—314 页。
② 同上书,第 312 页。

受收件先后顺序之限制(台湾《土地登记规则》第 126 条第 1 款)。

尚未办理继承登记之土地或建物之查封登记,须先由债权人代位债务人办理继承登记后,再报请法院嘱托查封登记。[①]

登记标的物如已由登记名义人申请移转或设定登记而尚未登记完毕者,应即改办查封、假扣押、假处分或破产登记,并通知登记申请人。[②] 也即法院的嘱托登记应优先办理。

登记标的物如已由登记名义人申请移转与第三人并已登记完毕者,登记机关应即将无从办理之事实函复法院。但法院因债权人实行抵押权拍卖抵押物,而嘱托办理查封登记,纵其登记标的物已移转登记与第三人,仍应办理查封登记,并通知该第三人及将移转登记之事实函复法院(台湾《土地登记规则》第 126 条第 2、3 款)。

法院嘱托登记机关,就已登记土地上之未登记建物办理查封、假扣押、假处分或破产登记时,应于嘱托书内记明登记之确定标示以本院人员指定勘测结果为准字样。该项建物,由法院派员定期会同登记机关人员勘测。勘测费,由法院命债权人于勘测前向登记机关清缴。登记机关勘测建物完毕后,应即编列建号,编造建物登记簿,于所有权部办理查封、假扣押、假处分或破产登记。并将该建物登记簿与平面图及位置图之影本函送法院(台湾《土地登记规则》第 127 条)。

我国台湾地区除查封、假扣押、假处分、破产登记以外的其他法律所为处分禁止之情形还有:为税款征收之必要、为实施征收之必要、为实施区段征收或市地重划之必要、为工业区开发之必要、为农地重划之必要、为都市更新之必要等。[③] "在政府因实施土地重划、区段征收及依其他法律规定,公告禁止所有权移转、变更、分割及设定负担之土地,登记机关应于禁止期间内,停止受理该地区有关登记案件之申请。但因继承、强制执行、征收或法院判决确定,申请登记者,不在此限。"(台湾《土地登记规则》第 63 条)其他程序可准用查封、假扣押、假处分、破产登记的程序(台湾《土地登记规则》第 126 条)。

[①] 参见李鸿毅:《土地法论》,台湾 1999 年自版,第 316 页。
[②] 参见《土地法》第 75 条之一。
[③] 参见杨松龄:《实用土地法精义》,台湾五南图书出版公司 2000 年版,第 165 页;陈铭福:《土地法导论》,台湾五南图书出版公司 2000 年版,第 175 页。

第十二章　不动产限制登记和信托登记

二、我国大陆现有的限制登记

我国大陆的《民事诉讼法》只规定了查封和破产程序，而没有规定假处分、假扣押程序，但有类似的财产保全程序，而查封和财产保全的执行在涉及房地产时必然会涉及房地产登记程序，否则即无法实现其功能①，对此最高人民法院《关于适用〈中华人民共和国民事诉讼法〉若干问题的意见》第101条提到了财产保全可采用扣押有关财产权证照并通知有关产权登记部门不予办理该项财产的转移手续的财产保全措施，而《企业破产法》（试行）第25条也规定了禁止非法处理破产企业的财产，不过未提及采用登记的方式来限制。但现行的不动产登记法律法规中大多都没有专门规定查封、假扣押、假处分和破产登记及其他禁止处分的登记，仅深圳市和上海市《房地产登记条例》对此作出了规定。

深圳市《房地产登记条例》于第20条规定，在下列情形下，可以查封已经依法核准登记的房地产或以其他形式限制权利人的房地产权利：

"……

（二）人民法院依法作出的已经生效的……查封房地产……或以其他形式限制房地产权利的判决、裁定的；（三）公安、检察机关依法对已立案的案件，根据案情需要查封房地产或以其他形式限制房地产权利而作出决定的……（五）法律、法规规定的其他情形。

依上款各项作出的判决、裁定、决定应发送登记机关。登记机关根据判决、裁定、决定径为登记。

查封或限制的内容、期限应在裁定书、决定书中详细列明。期限届满后，登记机关径为注销查封或限制登记。"

第21条则规定：

"查封房地产或以其他形式限制房地产权利的期限，最长不得超过6个月。满6个月后需要继续查封或限制的，有关机关应在期限届满前作出继续查封或限制的裁定、决定，并发送登记机关。"

第20条第2款规定的径为登记实则应为嘱托登记。而第21条对查封期限的规定实属合理，有利于保护被查封财产权利人的权利，但这一规定似

---

① 参见《民事诉讼法》第223条、第224条、第225条，不过这些条文并未提及房地产登记程序，可见当时对登记的认识还很不足。

有越权立法之嫌,因为《民事诉讼法》对法院实施的查封等强制措施的期限并未作出明确规定,在实践中应由法院自己确定,在法院未撤销其判决、裁定前,登记机关无权注销依该判决或裁定作出的登记,否则即会损害法院判决、裁定的权威性,即使要用立法填补漏洞也属于全国人大的立法权限,深圳市人大无权对此作出规定。

上海市《房地产登记条例》于第15条就法院财产保全等的嘱托登记作了简单的规定,即"人民法院、行政机关对土地使用权、房屋所有权依法实施财产保全等限制措施时,可以将已经发生法律效力的文件向房地产登记机构办理登记"。但这一规定的操作性不强。因此现行法在不动产登记和法院采取的财产保全措施和强制执行措施之间缺失一环,使得法院的这些措施的执行在一定程度上受到了影响。

鉴于此,2004年2月10日最高人民法院、国土资源部和建设部联合出台了《关于依法规范人民法院执行和国土资源房地产管理部门协助执行若干问题的通知》,该通知对查封登记和预查封登记作出了一定的完善规定。

就查封登记,通知规定:人民法院对土地使用权、房屋实施查封前,应当向国土资源、房地产管理部门查询该土地、房屋的权属。人民法院执行人员到国土资源、房地产管理部门查询土地、房屋权属情况时,应当出示本人工作证和执行公务证,并出具协助查询通知书(第2条第1、2款)。人民法院在国土资源、房地产管理部门查询并复制或者抄录的书面材料,由土地、房屋权属的登记机构或者其所属的档案室(馆)加盖印章。无法查询或者查询无结果的,国土资源、房地产管理部门应当书面告知人民法院(第4条)。人民法院执行人员到国土资源、房地产管理部门办理土地使用权或者房屋查封手续时,应当出示本人工作证和执行公务证,并出具查封裁定书和协助执行通知书(第2条第3款)。对人民法院查封的土地使用权、房屋,国土资源、房地产管理部门应当及时办理查封登记。国土资源、房地产管理部门在协助人民法院执行土地使用权、房屋时,不对生效法律文书和协助执行通知书进行实体审查。国土资源、房地产管理部门认为人民法院查封的土地、房屋权属错误的,可以向人民法院提出审查建议,但不应当停止办理协助执行事项(第3条)。

就权属的认定问题,通知做了下列规定:人民法院查封时,土地、房屋权属的确认以国土资源、房地产管理部门的登记或者出具的权属证明为准。权属证明与权属登记不一致的,以权属登记为准(第5条第1款)。土地使用权和房屋所有权归属同一权利人的,人民法院应当同时查封;土地使用权

第十二章 不动产限制登记和信托登记

和房屋所有权归属不一致的,查封被执行人名下的土地使用权或者房屋(第6条)。登记在案外人名下的土地使用权、房屋,登记名义人(案外人)书面认可该土地、房屋实际属于被执行人时,执行法院可以采取查封措施。如果登记名义人否认该土地、房屋属于被执行人,而执行法院、申请执行人认为登记为虚假时,须经当事人另行提起诉讼或者通过其他程序,撤销该登记并登记在被执行人名下之后,才可以采取查封措施(第7条)。对被执行人因继承、判决或者强制执行取得,但尚未办理过户登记的土地使用权、房屋的查封,执行法院应当向国土资源、房地产管理部门提交被执行人取得财产所依据的继承证明、生效判决书或者执行裁定书及协助执行通知书,由国土资源、房地产管理部门办理过户登记手续后,办理查封登记(第8条)。对国土资源、房地产管理部门已经受理被执行人转让土地使用权、房屋的过户登记申请,尚未核准登记的,人民法院可以进行查封,已核准登记的,不得进行查封(第9条)。

通知还规定了分割查封:人民法院对可以分割处分的房屋应当在执行标的额的范围内分割查封,不可分割的房屋可以整体查封。分割查封的,应当在协助执行通知书中明确查封房屋的具体部位(第10条)。

就查封的期限,通知规定:人民法院对土地使用权、房屋的查封期限不得超过2年。期限届满可以续封一次,续封时应当重新制作查封裁定书和协助执行通知书,续封的期限不得超过1年。确有特殊情况需要再续封的,应当经过所属高级人民法院批准,且每次再续封的期限不得超过1年。查封期限届满,人民法院未办理继续查封手续的,查封的效力消灭(第11条)。人民法院在案件执行完毕后,对未处理的土地使用权、房屋需要解除查封的,应当及时作出裁定解除查封,并将解除查封裁定书和协助执行通知书送达国土资源、房地产管理部门(第12条)。

通知规定,预查封登记适用于三种情形:(一)被执行人全部缴纳土地使用权出让金但尚未办理土地使用权登记的,人民法院可以对该土地使用权进行预查封(第13条)。(二)被执行人部分缴纳土地使用权出让金但尚未办理土地使用权登记的,对可以分割的土地使用权,按已缴付的土地使用权出让金,由国土资源管理部门确认被执行人的土地使用权,人民法院可以对确认后的土地使用权裁定预查封。对不可分割的土地使用权,可以全部进行预查封。被执行人在规定的期限内仍未全部缴纳土地出让金的,在人民政府收回土地使用权的同时,应当将被执行人缴纳的按照有关规定应当退还的土地出让金交由人民法院处理,预查封自动解除(第14条)。

(三)于下列情形,房屋虽未进行房屋所有权登记,人民法院仍可办理预查封登记:(一)作为被执行人的房地产开发企业,已办理了商品房预售许可证且尚未出售的房屋;(二)被执行人购买的已由房地产开发企业办理了房屋权属初始登记的房屋;(三)被执行人购买的办理了商品房预售合同登记备案手续或者商品房预告登记的房屋(第15条)。国土资源、房地产管理部门应当依据人民法院的协助执行通知书和所附的裁定书办理预查封登记。土地、房屋权属在预查封期间登记在被执行人名下的,预查封登记自动转为查封登记,预查封转为正式查封后,查封期限从预查封之日起开始计算(第16条)。对预查封的手续,适用查封登记的规定(第2条)。预查封的期限为2年。期限届满可以续封一次,续封时应当重新制作预查封裁定书和协助执行通知书,预查封的续封期限为1年。确有特殊情况需要再续封的,应当经过所属高级人民法院批准,且每次再续封的期限不得超过1年(第17条)。预查封的效力等同于正式查封。预查封期限届满之日,人民法院未办理预查封续封手续的,预查封的效力消灭(第18条)。

通知对轮候查封登记也作出了规定。在两个以上人民法院对同一宗土地使用权、房屋进行查封时,国土资源、房地产管理部门为首先送达协助执行通知书的人民法院办理查封登记手续后,可对后来办理查封登记的人民法院作轮候查封登记,并书面告知该土地使用权、房屋已被其他人民法院查封的事实及查封的有关情况(第19条)。轮候查封登记的顺序按照人民法院送达协助执行通知书的时间先后进行排列。查封法院依法解除查封的,排列在先的轮候查封自动转为查封;查封法院对查封的土地使用权、房屋全部处理的,排列在后的轮候查封自动失效;查封法院对查封的土地使用权、房屋部分处理的,对剩余部分,排列在后的轮侯查封自动转为查封(第20条第1款)。对预查封的轮候登记也照此办理(第20条第2款)。

就查封登记和预查封登记的效力,通知规定,国土资源、房地产管理部门对被人民法院依法查封、预查封的土地使用权、房屋,在查封、预查封期间不得办理抵押、转让等权属变更、转移登记手续(第22条)。已被人民法院查封、预查封并在国土资源、房地产管理部门办理了查封、预查封登记手续的土地使用权、房屋,被执行人隐瞒真实情况,到国土资源、房地产管理部门办理抵押、转让等手续的,人民法院应当依法确认其行为无效,并可视情节轻重,依法追究有关人员的法律责任。国土资源、房地产管理部门应当按照人民法院的生效法律文书撤销不合法的抵押、转让等登记,并注销所颁发的证照(第21条)。

三、我国未来不动产限制登记制度的设计

对我国未来不动产限制登记可以借鉴我国台湾《土地登记规则》和深圳市、上海市的《房地产登记条例》以及最高人民法院 2004 年发布的通知,作出如下设计:

1. 明确限制登记包括预告登记、异议登记和查封、财产保全、破产登记和其他法律限制处分的登记。预告登记、异议登记可另行规定。

2. 规定查封登记与其他限制登记的程序

【查封登记的情形】

有下列情形之一的,有关国家机关可以根据已经发生法律效力的文件嘱托不动产登记机构办理登记:

(一)人民法院对房地产依法采取查封、财产保全、破产保全[1]等措施的;

(二)其他机关依法采取限制不动产权利处分的措施的。

【嘱托登记】

法院嘱托登记机关办理查封、财产保全或破产登记时,应于嘱托书内记明登记之标的物的标示及事由。登记机关接获法院的嘱托时,应立即办理,不受收件先后顺序的限制。

登记标的物如已由登记名义人申请移转或设定登记而尚未登记完毕的,应改办查封、财产保全或破产保全登记,并通知登记申请人。

登记标的物如已由登记名义人申请移转于第三人并已登记完毕的,登记机关应立即将无从办理之事实通知法院。但法院因债权人实行抵押权拍卖抵押物而嘱托办理查封登记的,纵其登记标的物已移转登记于第三人,仍应办理查封登记,并通知该第三人及将移转登记之事实函复法院。

前三款的规定,于其他机关依法律规定嘱托登记机关为限制处分的登记时,准用之。

【未登记建筑物的查封】

法院嘱托登记机关,就已登记土地上的未登记建筑物办理查封、财产保全或破产保全登记[2]时,由法院派员定期会同登记机关人员勘测。

---

[1] 破产保全可能需要今后的立法完善。
[2] 破产保全可能需要今后的立法完善。

勘测费，由法院命债权人于勘测前向登记机关清缴。

登记机关勘测建物完毕后，应即编列建号，编造建筑物登记簿，于所有权部办理查封、财产保全或破产登记，并通知法院。

【不受理重复登记】

同一不动产经办理查封、财产保全登记后，法院再嘱托为查封、财产保全登记时，登记机关应不予受理，并告知法院已于某年某月某日某案号办理了登记。①

【停止新登记及例外】

不动产经法院嘱托办理查封、财产保全或破产登记后，未为涂销前，登记机关应停止与相关权利有关的新登记。但有下列情形之一的，不在此限：

（一）征收；

（二）依法院确定判决申请移转或设定登记之权利人为原财产保全登记的债权人；

（三）继承；

（四）其他无碍禁止处分的登记。

【查封登记与其他限制登记】

有下列情形之一的，登记机关应予登记，并将该项登记的事由分别通知有关机关：

（一）不动产经法院嘱托查封、财产保全或破产登记后，其他机关再依法律嘱托禁止处分之登记的；

（二）不动产经其他机关依法律嘱托禁止处分登记后，法院再嘱托查封、财产保全或破产登记的。

第二节 信托登记

一、信托与信托公示

所谓信托，按照我国《信托法》第2条是指委托人基于对受托人的信任，将其财产权委托给受托人，由受托人按委托人的意愿以自己的名义，为受益人的利益或者特定目的，进行管理或者处分的行为。根据这个定义，信托的

---

① 参见我国《民事诉讼法》第95条第3款：财产已经被查封、冻结的，不得重复查封、冻结。

第十二章　不动产限制登记和信托登记

含义包括两个方面:(1)委托人与受托人之间进行财产权的委托。(2)受托人为受益人的利益或者特定目的对该财产权进行管理或者处分。前者是委托人向受托人转让财产权,具有物权的效果①,后者是受托人为他人利益或者特定目的管理或者处分信托财产,产生债权的效果。简言之,信托就是一种为他人利益管理财产的制度,以保全信托财产的价值谋求信托财产的经济利益为目的,其中的公益信托可以及于社会上的公共利益。因此可以说,信托品种和种类繁多,并且具有多样性和灵活性的特点。

信托本是英国衡平法精心培育的产物,有鉴于其独特的社会机能,后世的美国、日本、韩国和我国台湾等国家或地区均结合本国国情和法律文化把信托引入了本国,我国信托法的大部分内容均取自上述国家或地区的信托法。② 信托法制也有英美信托法和大陆信托法的区分,前者无信托公示的规定,《美国信托法重述》中并没有以规定信托财产登记对信托效力影响为内容的信托公示制度。后者则要求有关财产的信托必须公示,比如《日本信托法》第3条第1款和《韩国信托法》第4条第1款。所谓信托公示,就是通过一定的方式将有关财产已经设定信托的事实向社会予以公布。③ 设立信托公示制度的主要原因在于信托财产的特殊性,信托一旦有效设立,信托财产即具有独立性,不仅委托人和受托人的债权人原则上不得强制执行信托财产,而且受益人有权撤销受托人违反信托目的处分信托财产的行为。为了防止第三人因不知晓某项财产已经设定信托的真相而可能遭受无端的损害,我国信托法也设立了信托公示制度,《信托法》第10条第1款规定"设立信托,对于信托财产,有关法律、行政法规规定应当办理登记手续的,应当依法办理信托登记"。

二、不动产信托登记的种类

信托财产的性质不一,其公示方法也应有所差异,以符合实际情况。如果信托财产为不动产,自应配合办理不动产权利的信托登记。我国目前没有统一的不动产登记法,现行的《土地登记规则》和《城市房屋权属登记管

---

① 国外信托法一般规定,信托财产的所有权由受托人享有,我国信托法关于信托的定义使用的是"将财产权委托给受托人",以此回避国外信托财产的转移行为为信托生效要件的问题。对于我国现行法上信托财产权的归属,有少数学者认为应归委托人所有,惟多数学者仍认为应归受托人所有。
② 参见张淳:《〈中华人民共和国信托法〉中的创造性规定及其评析》,载《法律科学》2002年第2期,第111页。
③ 参见周小明:《信托制度比较法研究》,法律出版社1997年版,第150页。

理办法》等涉及不动产登记的法规均系部门规章,效力比较低,而且在其制订时我国尚未颁布《信托法》,因此有关信托登记的规定在我国就付诸阙如。以下仅结合国外相关立法探讨我国不动产信托登记的构造。

信托登记因其原因和内容的不同不外乎有三种基本类型,一为因信托成立而为的信托登记,这是典型的信托登记,二为因受托人变更而为的信托变更登记,三则为因信托关系消灭而为的登记。当然每一类型还可以再具体细分为不同类别。首先,信托登记多因当事人的自由意志如契约、遗嘱而为之,也可以因法律规定而为之,比如我国《信托法》第 14 条第 2 款就规定"受托人因信托财产的管理运用、处分或者其他情形而取得的财产,也归入信托财产",第 26 条第 2 款规定"受托人违反前款规定,利用信托财产为自己谋取利益的,所得利益归入信托财产"。其次,变更登记因受托人变更的原因不同也可以分为不同的情形,比如受托人辞任或解任、死亡、破产无民事行为能力或限制民事行为能力、信托监督机构的选任或解任等。① 最后,信托涂销登记也可以依据信托关系消灭或终止后信托财产的归属不同,区分为不同的情形。

我国台湾地区"内政部"1996 年颁布的《土地权利信托登记作业办法》②把信托登记分为了五类:(1) 信托登记。土地权利因成立信托关系而移转或为其他处分所为的登记,不论其原因系法律规定,或者以契约、遗嘱为之,一律以信托为登记原因。(2) 受托人变更登记。土地权利信托登记后,受托人有变动、死亡等情形,将信托财产由原受托人移转至新受托人所为的受托人变更登记。(3) 涂销信托登记。土地权利于委托人与受托人间,因为信托关系的消灭或其他原因而回复至原委托人所有时所为的登记。(4) 信托归属登记。土地权利因信托关系消灭而移转于委托人以外之权利人时所为之登记。(5) 信托取得登记。受托人于信托期间,因信托行为取得土地权利所为之登记。显然我国台湾地区对涂销登记采取的是狭义的界定,第三类涂销信托登记和第四类信托归属登记均属于因信托关系消灭而为的登记,应为广义的涂销登记所涵盖,二者的区别仅在于信托关系消灭后信托财产的归属不同。同样,第五类信托取得登记也应属于广义涂销信托登记的范畴,因为信托财产一旦由受托人取得而归于受托人财产,则这部分

---

① 与其他国家和地区不同的是,我国的信托监督仅限于公益信托,缺乏对民事信托和信托业监督制度的规定。

② 不过该办法已经于 2002 年 7 月 1 日被废止。

信托财产就已经不再属于信托财产,信托关系也当然不能继续及于该财产。

三、不动产信托登记的程序和信托专簿

不动产登记以当事人共同申请为原则,不动产信托既是委托人将不动产委托由受托人为受益人利益或者特定目的而为管理或处分,不动产信托登记自应以委托人和受托人共同申请为原则。遗嘱信托的登记则由立遗嘱的委托人单独申请。不动产因成立信托关系而办理权利变更登记,应于登记簿上记载信托财产以为公示,同时在登记机关制作的不动产权利证书上也应为同样的标注。

由于不动产信托登记究其实质是在一般不动产物权变动的一般公示之外,再规定一套足以表明其为信托财产的特别公示。也就是说,在制度构造上可谓系在一般财产权变动的公示方法之外,再予以加重其公示的表征。[①]这里所说的特别公示或者加重公示,一般指的就是信托专簿或者信托存根簿,此为信托登记所独有。日本《不动产登记法》第110条之六规定,以信托当事人信托登记的申请书作为信托存根簿,信托存根簿视为登记簿的一部分,其记载视为登记。根据日本的不动产登记法,如果申请信托登记,则在申请不动产权利移转登记时申请书就应附具记载下列事项:(1)委托人、受托人、受益人及信托管理人的姓名、住所。如系法人时,其名称及其事务所。(2)信托标的。(3)信托财产的管理方法。(4)信托终止事由。(5)其他信托条款。

我国台湾地区"内政部"1996年颁布的《土地权利信托登记作业办法》第10条也规定:登记机关应就土地权利信托契约或信托遗嘱装订成信托专簿,以供公开阅览或申请影印,信托专簿之内容视为已依信托法第4条规定为信托登记,得对抗第三人。《土地权利信托登记作业办法》第4条同时还规定:以信托契约书为信托登记原因证明文件的,应采用"内政部"公定的信托契约书。"内政部"制订的标准"公定土地、建筑改良物(内容变更)契约书"分为土地标示、建物标示、信托不动产总金额、信托条款、订立契约人、立约日期等栏目。其中土地标示栏细分为坐落、地号、地目、面积、信托权利种类、信托权利范围、信托当年土地公告现值或他项权利价值等项目。建物标示栏细分为建物号、建物门牌、基地坐落、建物面积、附属建物、信托权利种类、信托权利范围、信托当年土地公告现值或他项权利价值等项目。信托条

---

① 赖源河、王志诚:《信托法论》,台湾五南图书出版公司1999年版,第59页。

款列举如下:(1)信托目的。(2)受益人姓名、住址。(3)信托监察人姓名、住址。(4)信托期间。(5)信托关系消灭事由。(6)信托财产之管理或处分方法。(7)信托关系消灭时,信托财产之归属人。(8)其他约定事项等。订立契约人栏分列委托人及受托人之姓名或名称、权利范围、出生日期、统一编号、住所、盖章等项。

四、不动产信托登记的性质和效力

信托财产实质上是一目的财产,名义上虽归属于受托人所有,但是必须与其自有财产分别独立,信托财产不属于受托人遗产而不能为其继承人继承,也不得列入受托人破产财产以供其破产债权人清偿,受托人的债权人原则上不得就信托财产请求强制执行或拍卖。在受托人违反信托目的将信托财产处分给第三人时,英美信托法还赋予受益人自该第三人处追索信托财产的权利(Tracing Following Trust Property)①,我国信托法也授予受益人和委托人申请法院撤销受托人处分行为的权利,以达到追索信托财产的目的。当信托财产为不动产时,尤其有必要借助于登记制度公开该不动产设立信托的事实,衡平各相关当事人的利益。因此,以不动产为信托行为时,既须按照一般不动产登记程序办理不动产变更登记,作为不动产权利变动的一般公示,同时还应履行信托登记程序作为特别公示的要件,以表征信托关系的存在。由此可见,不动产信托登记具有二重性,只不过这两种登记在程序上合而为一,不宜分开处理。

我国《信托法》第10条第1款规定:设立信托,对于信托财产,有关法律、行政法规规定应当办理登记手续的,应当依法办理信托登记。第2款进一步规定:未依照前款规定办理信托登记的,应当补办登记手续;不补办的,该信托不产生效力。所谓应当办理登记手续的财产,应当包括以登记为财产取得、变更、丧失为生效要件的财产,比如不动产物权,以及以登记为对抗要件的财产,比如海商法上的船舶所有权、船舶抵押权。因此,在我国现行法上以不动产设定信托,非经登记则不生信托的效力,信托财产当然也不能独立。与我国所采的信托登记生效要件说不同,日本、韩国和我国台湾地区均采信托登记对抗要件说。也就是说,任何依法应当公示的信托,只要具备了法律要求具备的全部条件,即使未进行公示也告成立,只是这种信托不能

---

① 〔英〕P. V. Barker and P. St. J. Langan, *Snell's Principle of Equity*, p. 295, Sweet & Maxwell, 1982,London. 转引自周玉华:《信托法学》,中国政法大学出版社2001年版,第124页。

用以对抗第三人。

对于信托登记效力的上述区别,我们认为可以从不同国家对信托合同的不同定性加以理解。[①] 如果把信托合同当作是要物合同,信托财产转移至受托人时信托成立,即可在信托当事人间产生信托的效力,至于信托登记与否则可仅为对抗第三人的要件。反之,如果把信托合同理解为诺成合同,信托合同成立时信托财产尚未转移,信托关系根本无由发生,因此只能在进行信托登记同时也移转财产权时使信托发生完全的效力,不论是在信托当事人之间还是对抗第三人皆是如此。

信托制度起源于中世纪的英国,早期的信托均为民事信托且为无偿信托,无偿信托所订立的信托合同均为无偿合同,而无偿合同一般为要物合同。随着目前有偿商事信托的流行,其在数量上已经大大超过民事信托,如果把有偿信托合同也和无偿信托合同一样,同等作为要物合同来加以对待,自然会不合时宜[②]。因此我国信托法一改英美信托法和日本信托法上述的传统,第8条第3款规定"采取信托合同形式设立信托的,信托合同签订时,信托成立"。既然信托合同为诺成合同,从逻辑上来说把信托登记作为信托的生效要件也应不存在障碍。而且诚如有学者所言,将登记确定为信托的生效要件,致使这一制度在促成信托当事人办理信托登记方面所能起到的积极作用无疑会显得要大一些,从而在落实对有关信托的国家监督方面所能起到的积极作用也相应地显得要大一些。[③]

[①] 有学者不赞同我国信托法所采的信托登记生效说,主张改采对抗要件说。参见余能斌、文杰:《我国信托法的内容缺憾管窥与补正思考》,载《法学》2002年第9期。

[②] 参见张淳:《〈中华人民共和国信托法〉中的创造性规定及其评析》,载《法律科学》2002年第2期,第112页。

[③] 同上,第114页。

第十三章　土地登记簿与登记电子化

第一节　土地登记簿及其公开

一、土地登记簿的构制

土地登记簿是法定的用于记载不动产及其权利事项的专用簿册。不动产资源稀缺性的现实制约,导致不动产及其权利在社会生活中占据极其重要的位置,如何使得这些稀缺资源得到有序流通,如何使得国家能充分完全掌握这些资源的信息,就要靠土地登记簿这个法律技术手段来实现。在细致调查和整理不动产资源的基础上,国家首先在土地登记簿中记载不动产面积、类型等物理状态信息以及不动产的初始所有权人,其后的不动产及其权利属性的变化,均能通过土地登记簿中的记载表现出来,这样,社会公众得到了有关不动产事项的充分而准确信息,国家也实现了税收征缴、耕地保护、财产统计等特定的治理目的,可以说,土地登记簿在此充当了不动产交易的信息平台和国家治理的手段,在方寸之间尽显天下不动产登记事务。为了落实土地登记簿的上述功能,其记载内容就必须准确、严谨、确定,不能出现歧义或者意思模糊的地方,否则,一旦这些异化的记载内容不能通过理性人(reasonable man)标准[①]予以确定,则其将因此丧失法律效力,成为没有任何登记效果意义的记载。

要实现土地登记簿的信息传递和国家治理功能,要保证记载内容的准确和确定化,无论土地登记簿采用传统纸面记载方式还是现代无纸化的电子记载方式,它自身构制必须有序和合理,这主要表现在两个方面:首先,按

[①] "理性人标准"意味着用一般芸芸众生的眼光和智识来解释登记记载内容,专家标准以及弱智人标准在此被排除,因为不动产登记簿反映出来的信息与百姓利益息息相关,不动产登记簿的最主要使用者也是社会中的众多常人,这就决定了不动产登记簿的记载内容应当能够让常人无障碍地了解和理解这些信息。这种标准在德国法中的体现,是对于意义含糊的记载,从与之内容无利害关系之人的视角,得出与记载之词语及意义最相近的内容。参见 Wolf, *Sachenrecht*, 15. Aufl., Verlag C. H. Beck, 1999, S.186.

照登记对象的种类来建设不动产登记簿的簿页和栏目,其分配情况大致为:其一,记载不动产面积、类型等物理状态的"物理状态部分";其二,记载所有权人、取得原因等权利信息的"所有权部分";其三,记载用益物权的主体、类型、内容、期限等权利信息的"用益物权部分";其四,记载担保物权的主体、内容等权利信息的"担保物权部分";其五,记载租赁权等债权内容信息的"债权部分"。其次,不动产登记簿应当遵循恰当的编制标准来进行编排,这种标准大致分为两类,其一为"物的编成(Realfolium)"标准,即以不动产为标志和主线,一个特定不动产占据一张簿页,其中包含上述的五部分内容;其二为"人的编成(Personalfolium)"标准,即以权利人为标志和主线,将其有关不动产的交易关系记载在簿页之中。

以下主要介绍德国和日本的登记簿构制状况。

(一)德国的土地登记簿

在日耳曼法后期,社会成员文化程度提高,导致文字越来越普及,人们就转而用书面记录土地交易,并将这些文书汇集起来,使土地交易能够通过有形记载而得以识别。这样,在许多地区,特别是在交易频繁的城市中,产生了记载土地占有之权利关系信息的公开账簿(öffentliche Bücher)。在11世纪,出现了记载法律行为的交付账簿(Traditionsbücher),不过,它仅仅具有证明功能,而没有设权效力。[①] 进入12世纪以后,德国北部城市出现城市账簿(Stadtbuch),后世一般认为这就是土地登记簿的雏形。

城市账簿在出现之初,内容非常混杂,比如,在1227年之前,吕贝克(Lübeck)的账簿不仅记载不动产权利移转等交易行为,还记录立法、行政的公共活动;又如,普鲁士(Preußen)城市账簿在14世纪末期到15世纪中期还处于内容混杂状态。在16世纪中期,账簿记载内容限制在有登记义务不动产行为(eintragungspflichtig Liegenschaftsgeschäft)之中,此时柏林的遗产账簿(Erbebuch)和存货簿(Lagerbuch)具备了登记簿特性,有了清晰的物的编成要素,即在账簿簿页的顶部标记土地,并随之记载所有权关系、权利变动以及物上负担。[②] 可以说,此时的登记簿具备了专门性。

从物的编成标准来看,德国土地登记簿大致有标题(die Aufschrift)、财产状况记载(das Bestandsverzeichnis)、部分一(die Abteilung I)、部分二(die

---

① Siehe Weirich, aaO, S. 95.
② Siehe Buchholz, aaO, S. 52. und S. 133.

Abteilung Ⅱ)和部分三(die Abteilung Ⅲ)五个构成部分,它们分别承担不同的功能,这是最常用的编成标准。

1. 标题

标题部分是登记簿的首页,记载的内容包括:土地登记机关的名称、登记地域、登记簿的簿页数。其原状的适例如下:

Amtsgericht Köln(科隆土地登记局)

Grundbuch(登记簿)

von

Worringen(登记地域)

Grundbuchblatt-Nr. 0100(第 0100 号簿页)

2. 财产状况记载

该部分的用纸为白色,它的正反面包括了八个栏目,正面的四个为:栏目一是土地的现时标号(Laufende Nummer der Grundstücke);栏目二是土地的原来标号(Bisherige Laufende Nummer der Grundstücke),即土地被分割、合并之前的标号;栏目三是土地及其所有权负担权利的记载(Bezeichnung der Grundstücke und der mit dem Eigentum Verbundenen Rechte),该栏目又分为五个细目,分别记载土地的地域边界(Gemarkung)、地籍图(Karte)和不动产记载(Liegenschaftsbuch)、经济用途和位置(Wirtschaftsart und lage);栏目四是土地的面积(Größe)。反面的四个为:栏目五(Zur Laufende Nummer der Grundstücke)和栏目六(Bestand und Zuschreibungen)用以标示登记的现状和此后的附记;栏目七(Zur Laufende Nummer der Grundstücke)和栏目八(Abschreibungen)用以涂销那些从登记簿中删除的土地。其原状如下:

第十三章 土地登记簿与登记电子化

（正面）

Amtsgericht		Grundbuch von		Blatt	Bestandsverzeichnis			
Laufende Nummer der Grundstücke	Bisherige Laufende Nummer der Grundstücke	Bezeichnung der Grundstücke und der mit dem Eigentum Verbundenen Rechte				Größe		
		Gemarkung (Vermes-sungsbezirk)	Karte		Liegen-schaftsbuch	Wirt-schaftsart und lage		
			Flur	Flurstücke				
		a	b		c/d	e	ha	a	qm
1	2	3					4		

（反面）

Bestand und Zuschreibungen		Abschreibungen	
Zur Laufende Nummer der Grundstücke		Zur Laufende Nummer der Grundstücke	
5	6	7	8

3. 部分一

部分一的用纸为粉色,它记载的是土地所有权关系。它由四个栏目组成:其一为登记的现时标号(Laufende Nummer der Eintragungen);其二为所有人(Eigentümer);其三为土地在财产状况中的现时标号(Laufende Nummer der Grundstücke im Bestandsverzeichnis);其四为登记的基础(Grundlage der Eintragung)。其原状如下:

(正面)

Amtsgericht	Grundbuch von	Blatt	Erste Abteilung	
Laufende Nummer der Eintragungen	Eigentümer	Laufende Nummer der Grundstücke im Bestandsverzeichnis	Grundlage der Eintragung	
1	2	3	4	

第十三章 土地登记簿与登记电子化

（反面）

Bestand und Zuschreibungen		Abschreibungen	
Zur Laufende Nummer der Grundstücke		Zur Laufende Nummer der Grundstücke	
5	6	7	8

4. 部分二

部分二的用纸为黄色，它记载的内容包括：其一，除了土地担保物权之外的所有权上的所有负担和限制，即地役权、用益权、限制人役权、先买权、实物负担、地上权；其二，对所有权人处分权的限制，如一般的处分禁止、破产记载等；其三，涉及所有权的预告登记和异议登记；其四，依据德国民法第1010条产生的对共有财产的管理和使用；其五，与部分二记载的权利有关的预告登记和异议登记；其六，当登记的权利可扣押时所作的扣押标志；其七，事前登记变更的标志；其八，与部分二记载的权利有关的涂销标志。① 部分二由七个栏目构成：栏目一为登记的现时标号（Laufende Nummer der Eintragungen）；栏目二为相关土地在财产状况中的现时标号（Laufende Nummer der betroffenen Grundstücke im Bestandsverzeichnis）；栏目三为负担和限制（Lasten und Beschränkungen）；栏目四和栏目五为变更状况（Veränderungen）；栏目六和栏目七为涂销状况（Löschungen）。

---

① Weirich, aaO, S.106.

（正面）

Amtsgericht	Grundbuch von	Blatt	Zweite Abteilung	
Laufende Nummer der Eintragungen	Laufende Nummer der betroffenen Grundstücke im Bestandsverzeichnis		Lasten und Beschränkungen	
1	2		3	

（反面）

Veränderungen		Löschungen	
Laufende Nummer der Spalte 1		Laufende Nummer der Spalte 1	
4	5	6	7

第十三章 土地登记簿与登记电子化

5. 部分三

部分三的用纸为绿色,它记载的内容有:其一,抵押权、土地债务、定期金债务等土地担保物权;其二,这些权利的预告登记、异议登记、变更和消灭;其三,所记载之土地担保物权的扣押或者质押的标志。部分三由十个栏目构成:栏目一为登记的现时标号(Laufende Nummer der Eintragungen);栏目二为土地在财产状况中的现时标号(Laufende Nummer der belasteten Grundstücke im Bestandsverzeichnis);栏目三为金额(Betrag);栏目四为抵押权、土地债务、定期金债务状况(Hypotheken, Grundschulden, Rentenschulden);栏目五、六、七为变更状况(Veränderungen);栏目八、九、十为涂销状况(Löschungen)。其原状如下:

(正面)

Amtsgericht	Grundbuch von	Blatt	Dritte Abteilung	
Laufende Nummer der Eintragungen	Laufende Nummer der belasteten Grundstücke im Bestandsverzeichnis	Betrag	Hypotheken, Grundschulden, Rentenschulden	
1	2	3	4	

(反面)

Veränderungen			Löschungen		
Laufende Nummer der Spalte 1	Betrag		Laufende Nummer der Spalte 1	Betrag	
5	6	7	8	9	10

(二) 日本的不动产登记簿

德国法采用土地吸收建筑物的策略,建筑物被视为土地的组成部分,故土地登记涵盖了建筑物登记,而日本区分了土地与建筑物,这样,日本的登记簿分为土地登记簿和建筑物登记簿两种。根据日本《不动产登记法》第15条的规定,登记采用物的编成标准,即登记簿中就一宗土地或者一个建筑物备一用纸,但对于区分一栋建筑物的建筑物,就属于该建筑物的全部建筑物备一用纸。登记簿三个部分构成:标示部、甲部和乙部。

1. 标示部

标示部用以记载土地或者建筑物标示的事项,这些标示事项在土地登记簿上为土地所在地、面积、地号、土地类型(宅地、农地等的区分)等,在房屋登记簿上为所在地、房屋结构、占地面积等。其原状如下:

第十三章 土地登记簿与登记电子化

所有者	标示部（土地的标示）					页数
	号	号	号	① 地号	地址	
				② 地类		
				ha 镇	土地面积	
				匹		
				a 亩		
				m 步		
				（坪）		
				原因及日期		
				登记日期		

2. 甲部

甲部的事项栏记载有关该不动产所有权的事项（如因买卖发生的所有权的转移、所有权转移请求权保全的假登记等），在顺位号码栏中记载所记载事项的顺序。其原状如下：

地号区域	
土地号码 房屋号码	

甲部（所有权）		
贰付记	壹	顺位号码
		事项栏
贰付记壹号		顺位号码
		事项栏
	叁	顺位号码
		事项栏

3. 乙部

乙部事项栏中记载所有权以外的权利事项（例如抵押权、地上权的设定等），顺位号码栏记载事项栏中记载事项的顺序。其原状如下：

地号区域	
土地号码 房屋号码	
乙部（所有权以外的权利）	
壹	顺位号码
	事项栏
	顺位号码
	事项栏
	顺序号码
	事项栏

二、土地登记簿的公开和查阅

德国《土地登记簿法》第 12 条第 1 款规定：任何说明正当利益之人，都有权查阅土地登记簿；这同样适用于土地登记簿中用于补充登记所涉及到的文本以及尚未完成的登记申请。德国学者认为，"正当利益（berechtigtes Interesse）"比"法律利益（rechtliches Interesse）"的要求宽松，查阅登记簿者只要不是出于单纯的好奇心，只要说明有经济、家庭、科学或者公共利益，比如，查阅者将与不动产登记簿记载的所有权人进行信用交易，即可获得查阅的机会；而且，查阅者无需对这些利益负担严格的举证责任，也无需支付任何费用。这被称为"形式公示原则"，是物权法实体规则中公示原则的基础。①

根据德国的经验规则，查阅登记簿的程序参与属性有以下几点值得注意：首先，查阅者为有正当利益者，这种限定使得登记机关摆脱了不当的查阅纠缠，而且也能妥当保护登记权利人的秘密利益，这符合宪法精神；其次，此种查阅权与登记权利人的数据保护权没有矛盾，因为《土地登记簿法》第 12 条规定的适用顺序优先于《联邦数据保护法》；再次，登记机关允许他人查阅登记簿，登记权利人不得以此为由提起申诉（die Beschwerde），因为查阅并不影响该登记权利；但是，登记机关不许查阅者查阅的，此人可以提起

---

① Weirich, aaO, S. 108f.

申诉。最后,基于公共利益的查阅以及媒体的查阅,应当与登记权利人的利益进行衡量,权利人为此有权要求听证。①

正当利益之人对登记簿的查阅,是其参与登记程序的权利,据此,法律推断登记簿记载的权利事项能够为世人所公知,从而产生实体公示(die materielle Publizität)原则,可以说,没有形式公示原则的保障,实体公示原则将失去意义和价值,成为看上去很美但不实用的摆设。《瑞士民法典》第970条就明确体现了这一点:"任何人均有权获悉,在不动产登记簿上登记为不动产所有权人为何人。经初步证据证明为有利益关系者,有权请求查阅不动产登记簿或请求就此制作内容摘要。任何人不得提出其不知不动产登记簿上登记的抗辩。"《俄罗斯民法典》第131条第4款也规定:"对不动产权利和与不动产有关的法律行为进行国家登记的机关,有义务向任何人提供关于所进行登记和所登记权利的信息。信息可由任何进行不动产登记的机关提供,而不论进行登记的地点何在。"

就我国登记簿和登记资料的查阅问题,《土地登记规则》第62条规定:"土地登记文件资料的查阅,按照土地管理部门规定办理,未经允许不得向第三者提供或者公布。"这使得我国目前的登记簿的公开查阅难度较大、费用较高,使得民众不能行使查阅权,不能落实"形式公示原则",从而减损了登记所具有的实质性公示效力。为了弥补这个缺陷,2002年12月4日国土资源部公布了《土地登记资料公开查询办法》。该办法所称的土地登记资料包括:(一) 土地登记结果,包括土地登记卡和宗地图;(二) 原始登记资料,包括土地权属来源文件、土地登记申请书、地籍调查表和地籍图(第2条第1款)。

对前述第(一)项规定的土地登记结果,任何单位和个人都可以依法查询(第2条第2款)。对原始登记资料,仅下列关系人可以查阅:(一) 土地权利人、取得土地权利人同意的单位和个人有权查询其土地权利范围内的原始登记资料;(二) 土地登记代理机构有权查询与其代理业务直接相关的原始登记资料;(三) 国家安全机关、公安机关、检察机关、审判机关和纪检监察部门有权查询与调查、处理案件有关的原始登记资料(第3条)。

三、土地登记簿的重造和补造

在我国台湾地区的土地登记法规中规定了土地登记簿的补造、重造程

---

① Wolf, aaO, S. 187f.

序(台湾《土地法施行法》第 17 条之一和《土地登记规则》第 22 条、第 23 条)。所谓土地登记簿的补造发生在登记总簿灭失时,此时,登记机关应依有关资料补造土地登记簿,并应保持原有之次序。对补造的登记总簿,应公告、公开提供阅览 30 日,并通知登记名义人,及将补造经过情形层报中央地政机关备查。土地登记簿的重造包括两种情形:一为,一宗土地之登记簿用纸部分损坏时,登记机关应依原有记载全部予以重造;另一为,登记簿用纸全部损坏、灭失或其样式变更时,登记机关应依原有记载有效部分予以重造。在土地登记簿重造或补造的情形下,无需登记权利人(名义人)进行申请,而是由登记机关依职权进行。

就土地登记簿的重造和补造的区别,有学者总结为三点:一是发生原因不同,补造发生于登记簿因某种原因灭失的情况下,二是补造一般并不涉及格式更新问题,三是补造依据的是登记簿以外的其他辅助资料而不是登记簿本身。① 实则土地登记簿的补造针对的是土地总簿灭失的情形,而重造针对的是一宗土地的登记用纸损坏或变更格式的情形。

日本将土地登记簿的重造和补造规定为灭失回复登记,体现为其《不动产登记法》的第 23 条。其中在登记簿用纸样式变更情形下所为的土地登记簿重造应不属于灭失回复登记的情形。而灭失回复登记的程序规定为日本《不动产登记法》的第 19 条、第 23 条、第 69 条至第 77 条。前已述及,不再赘述。

德国《土地登记簿法》于第 141 条也规定了土地登记簿的重建:州政府或者由其所确定的州最高行政机关可以通过法规命令,一般地规定或就确定的土地登记簿规定有以下目的的程序,即重新建立一个完全或部分毁损或丢失的土地登记簿,以及重新设立毁损或丢失的、该法第 10 条第 1 款规定方式中的文书。州政府还可以规定,以何种方式取代权利变更所必要的登记,直至重新制作土地登记簿。

我国内地的《城市房屋产权产籍管理暂行办法》第 16 条第 2 款规定:"城市房屋产权档案必须长期保存。如果发生丢失或者损毁时,应当及时采取补救措施。"有学者认为这里的补救措施应当包括不动产登记簿的补造、重造程序。②

---

① 参见许明月、胡光志等:《财产权登记法律制度研究》,中国社会科学出版社 2002 年版,第 111 页。
② 同上书,第 110 页。

第二节 登记电子化

一、概述

随着科技尤其是电子技术的迅猛发展,在不动产登记领域也出现了电子化的趋势,我国现在很多地方在登记的处理上都已采用了计算机技术,将登记过程电子化了,但立法却少有对之作出明确的规定的。就我国内地而言,仅上海市的《房地产登记条例》于第 5 条涉及了登记电子化的问题:

> "市房地资源局应当建立全市统一的房地产登记册和登记信息系统,制作统一的房地产权证书和登记证明,并制定房地产登记技术规范。
> 　房地产登记机构应当按照房地产登记技术规范和登记信息系统的要求,对房地产登记册进行记载、公示……"

而台湾地区的"土地登记规则"也仅于第 10 条第二项对登记完毕进行规定时涉及登记的电子作业问题:"土地登记以电子处理者,经依系统规范登录、校对,并异动地籍主档完竣后,为登记完毕。"

日本的《不动产登记法》虽专门就电子登记的问题规定了一章,即第四章依计算机信息处理系统进行登记的特例,共计 7 条,但其中真正涉及登记电子化的条文只有一条,即第 151 条之一。该条规定:"在法务大臣指定的登记所,可以依法务省令之所定,用电子情报系统处理登记事务的全部或一部,予此情形,登记簿以磁盘制作之。前项指定以告示为之。"

相较之下,英美在登记电子化上迈出了实质性的进步,德国的《土地登记簿条例》也于第七章专门规定了机器编制的土地登记簿,本节即以德国、英国和美国的相关立法和理论为代表对登记电子化问题作一简介和评述。

二、德国《土地登记簿法》的第七章

德国的《土地登记簿法》于第七章专门规定了机器编制的土地登记簿(das maschinell gefuehrte Grundbuch),共计 10 条(第 126 条至第 135 条)。[①]

1. 编制。对机器编制土地登记簿的决定权属于州政府,而州政府可以

[①] 德国《土地登记簿法》的译文由常鹏翱博士提供,另可参见朱岩的译文,载蔡耀忠主编:《中国房地产法研究》第 2 卷,法律出版社 2003 年版。

通过法规命令将授权移交给州司法行政机关。对此应当考虑的问题是,必须确保:(1) 遵守符合规定的数据处理原则,尤其要预防数据丢失,至少每天保存必要的存储数据备份,并妥善保管原始存储数据及其备份;(2) 能够立即将应为的登记事项录入数据存储器,并能够不改变其内容地以可读方式长期再现该登记事项;(3) 制定《土地登记簿条例》附件所规定的必要措施。

以机器形式编制土地登记簿的,也应包含设置和编制所有权人和土地的目录,以及其他的以机器形式编制土地登记簿所必需的目录。为编制土地登记簿,土地登记局可以使用前述所规定方式的目录,该目录由负责编制不动产登记册的机关建立;编制不动产登记册要使用前述目录的,该机关可以使用该目录(第126条)。由机器编制的土地登记簿如已公开使用,则就土地登记簿页而言取代现有的土地登记簿。如土地登记簿页中的记载事项被纳入到为土地登记簿的登记而指定的数据存储器中,则由机器编制的土地登记簿即为公开使用(第128条)。

2. 生效。登记到被纳入为土地登记簿的登记所确定的数据存储器中,并在内容上以可读方式、无任何改变地长期再现的,该登记生效。应通过确认指示或以其他适当方式,检查是否具备该前提。登记应标示登记生效的期日(第129条)。

3. 查阅。非土地登记局的编制土地登记簿的其他部门,也可以查阅机器编制的土地登记簿。由许可查阅的土地登记局决定是否允许查阅(第132条)。

4. 自动化程序下的下载。在以下事项得以确保时,准许设置通过下载而从机器编制的土地登记簿中传送数据的自动化程序:(1) 数据的下载不超过条例所准许的查阅范围;(2) 可以在记录的基础上控制该下载的合法性。设置自动化程序需得到州司法行政机关的许可。此种许可只能颁发给法院、行政机关、公证员、公开设立的测量工程师、对土地享有物权的人、物权人委托的人或者机关、柏林国家银行,而且其目的在于用机器形式处理有关的获取信息的申请,但不颁发给其他的公法上的信贷机构。此种许可的前提为:(1) 由于数据发送的多次性或特殊紧迫性,考虑到涉及到的物权人应保护的利益,以此种形式发送数据是适当的;(2) 接收人将遵守符合规定的处理数据的基本原则;(3) 就编制土地登记簿的部门而言,存在设置和展开程序的技术上的可能性,而且土地登记局的运营按其预期不应存在障碍。在前提条件之一落空的,许可要被撤销。设备被滥用的,许可可以撤销。

接收人并非公共部门的,在没有充分理由而违反数据保护的规定的情况下,监督部门监控此种规定的执行情况的,适用《德国联邦数据保护法》第38条的规定。独立于上述规定,应将下载所编制的记录的内容,随时告知土地所有权人或与土地类似之物的权利享有人;1年之后可以销毁该记录。在自动下载程序中传送有关个人数据的,接收人只能基于送达该数据给该接收人之目的而使用该数据(第133条)。

三、英国的《土地登记法 2002》(LAND REGISTRATION ACT 2002)

英国采用的是托伦斯登记制,长期以来,它适用的是 1925 年的《土地登记法》,但该法在实践中为了适应新的情况而不断地被修正。随着土地登记的迅速发展,登记电子化的问题逐渐提上日程。电子转让的最初尝试是从通过电子手段来登记抵押之解除开始的,《电子通讯法 2000》(Eletronic Communication Act 2000)也进一步推动了登记制度的改革。1998 年 9 月英国的法律委员会(Law Commission)和土地登记署(Land Registry)联合公布了它们提出的咨询文件——《21 世纪的土地登记》("Land Registration for the Twenty-First Century", Law Commission No. 254),该报告对现行法的运作进行了总结并提出了批评,同时对登记转让提出了激进的改革建议,该建议提议通过电子转让来立即实现地产权和土地上利益的创设和转移。① 对此我们不妨看一下该建议的第 1.2 部分——"向电子转让的推进"(The move to electronic conveyancing):

"1.2 制定新法的最重要的单个理由实际上在准备本报告的过程中就出现了,即是朝向电子转让的进步性发展。这可能是现已发生的对英格兰和威尔士的转让制度而言最重要的革命性改革了。大量的根本性变化已经在过去几年内发生了——

(1) 从 1990 年 12 月起,整个英格兰和威尔士就已经采用了强制性的权利登记制。这意味着大多数未登记土地的转让现在必须通过登记来完成了;

(2) 现在登记簿已经公开而且可以未经登记权利人的授权就进行搜索了;

(3) 登记簿已经电子化了而且大多数权利已经在计算机上进行了

---

① 参见〔英〕凯特·格林,乔·克斯雷:《土地法》,第四版,法律出版社 2003 年版,第 152—153 页。

登记;以及

(4) 1995 年引入的直接接触计算机化之登记簿的系统使得那些连接到该系统的人几乎能够立即检查登记簿。

不过,最重要的转变是在未来十年内可能会引入土地的电子移转和财产权利的电子创设。事实上,本报告的公布正好赶上了电子转让的起步。土地登记局已经开始一项和某出借机构通过电子方式提交解除抵押请求的试验了。这些发展的可能结果就是产生一种制度,在这种制度下,登记将变成创设和移转地产权、土地上的权利和利益的必要条件。这种制度将发挥着与现行法下形式要件相类似的功能,并会取代现行法下的形式要件。这些变化的牵涉面是相当广泛的而且是这个报告中的许多想法的基础。立法结构必须如此以便能够促使它们以一种有序的方式发生,而且该结构也必须反映它们的前景。"

7 月 10 日,联合委员会又根据反馈意见对该建议案作了修订,以"21 世纪的土地登记:转让的解决方案"(Land Registration for the Twenty-First Century: A Conveyancing Revolution)为名将修正后的建议案进行了公布。

2002 年 2 月 26 日新的《土地登记法》(Land Registration Act 2002 Ch.9)①得到了皇室的批准(Royal Assent),并于 2003 年 1 月 6 日施行。该法律对其前的各土地登记法进行了修订和完善,包括 1925 年、1936 年、1986 年、1988 年和 1997 年的各项《土地登记法》及 1971 年的《土地登记和土地负担法》。② 新的《土地登记法》共有 12 部分 136 条,它最突出的一个特点就是将电子转让和电子登记成文化,规定为该法的第 8 部分,具体体现为第 91 条—第 95 条。而这也是该立法的主要目的。

下面是第 8 部分的译文:

第 91 条 电子处理:手续(Electronic dispositions: formalities)

(1) 本条适用于下列情况下的电子形式的文件——

(a) 该文件旨在使(2)下规定的处分生效,以及

(b) 满足第 3 项规定的条件。

(2) 一项处分属于本项的范围,如果该处分是——

(a) 对一项已登记的地产权或负担(a registered estate or charge)的

---

① 该法不适用于苏格兰地区。
② 立法背景可以参见"Explanatory Notes to Land Registration Act 2002"。

第十三章 土地登记簿与登记电子化

处分,

(b) 对属于登记簿上通知的客体的利益(an interest which is the subject of a notice in the register)进行的处分,或者

(c) 该处分引发了为细则所规定的某种登记要求的。

(3) 上面提到的条件是——

(a) 文件规定了它生效的时间和日期,

(b) 文件上有每一方当事人的电子签名来证明文件的真实性,

(c) 每个电子签名都已得到鉴定,并且

(d) 由规则规定的这样的其他条件也已得到满足。

(4) 本条适用于的文件被视为——

(a) 以书面方式存在,而且

(b) 由每个自然人签了字,由每个公司盖了章。

(5) 为了能够被执行,本条所适用于的文件被认为是一份契据。

(6) 如果本条所适用于的文件是由代理人鉴证(authenticated)的,为了能够被执行,它就被认为是代理人根据本人的书面授权进行了鉴证。

(7) 如果通过本条所适用于的文件作出的转让通知是以符合细则的电子形式作出的话,为了能够被执行,它就被认为是以书面的方式作出的。

(8)《财产法》(the Law of Property Act 1925 (c 20))第75条所授予的权利(购买人执行无瑕疵转让的权利)(purchaser's right to have the execution of a conveyance attested)不适用于本条所适用于的文件。

(9) 如果《1985年公司法》(the Companies Act 1985 (c 6))第36A条的(4)(文件的执行)因为(本条)上述(4)的规定而适用于一份文件的话,该条的(6)(推定执行)就在和以"认证"代替"签署"的文件相关的方面发生效力。

(10) 在本条中,对电子签章和该签章的证书的提及应当和《2000年电子通讯法》(the Electronic Communications Act 2000 (c 7))第7条的第(2)项和第(3)项的规定一致。

第92条 土地登记网络(Land registry network)

(1) 登记官可以为了他认为和登记或交易的履行相适应的目的就可供使用的电子通讯网络作出规定,或安排规定,这些交易需——

(a) 涉及登记,并且

(b) 能够通过电子方式实施。

(2) 表 5(Schedule 5)(该表作出了和(1)下规定的网络及通过这样的网络进行的交易相关的规定)有效。

第 93 条 要求同时登记的权力(Power to require simultaneous registration)

(1) 本条适用于下列处分——

(a) 对已登记的地产权或负担的处分,或

(b) 属于登记簿中通知对象的利益,此时处分符合规则所特定的描述。

(2) 本条适用于的处分,或作出这样处分的合同,仅在它是通过以电子形式存在的文件作出时才有效以及在该文件声称开始生效时该文件——

(a) 是以电子方式传递给登记官的,并且

(b) 相关的登记要件已经得到满足。

(3) 为了(2)的目的,相关的登记要件是——

(a) 在可登记的处分的情形下,是表 2 规定的要件,并且

(b) 在其他处分或合同的情形下,是细则可能规定的要件。

(4) 第 27 条(1)不适用于本条所适用于的处分。

(5) 在制定本条规定的细则时,大法官必须咨询他认为合适的人。

(6) 在本条下,和登记负担相关的"处分"包括延期(postponement)。

第 94 条 电子处理(Electronic settlement)

登记官为了保证涉及登记之交易的电子处理制度之规定的目的可以采取他认为适宜的措施。

第 95 条 增补(Supplementary)

细则(Rules)可以——

对以电子方式与登记官进行联系的问题作出规定;

对以电子方式向登记官提交的文件的电子存储问题作出规定。

和登记法第 92 条正文相配套的还有表 5(Schedule 5):

表 5 土地登记网络(Land Registry Network)

1. 接触网络的途径(Access to network)

(1) 不是土地登记机关的人只有通过和登记官达成协议获得授权才能接触土地登记网络。

第十三章 土地登记簿与登记电子化

(2)针对(1)之目的的协议("网络接触协议","network access agreement")可以就下列事项进行接触授权——

(a)信息的传递、张贴或重获,

(b)对权利登记簿(the register of title)或预警登记簿(cautions register)的变更,

(c)官方检索证书(official search certificates)的发给,

(d)官方复件的发给,或者

(e)其他登记官认为合适的移转目的。

(3)细则可以就授予执行登记官功能之权力的对网络接触的使用进行规制。

(4)登记官必须在申请的情况下和申请人达成网络接触协议,如果申请人符合细则可能规定的标准的话。

2. 接触的条件(Terms of access)

(1)授权接触土地登记网络的条款应当是登记官认为合适的,而且,特别的,可以包括接触费用。

(2)授予的权力可以不仅是为了调整网络使用的目的而被运用,而且可以为了下列目的而被运用——

(a)确保被授权接触的人可以使用网络来进行为协议所确定的合格的交易,

(b)其他由细则规定的和合格交易的进行相关的目的,或者

(c)促使网络交易可以被监控。

(3)接触人必须遵守第5项规定的现在有效的任何细则,这是授权他人接触网络来进行合格交易的网络接触协议的一项条件。

(4)细则可以规定一些条款授权可以接触土地登记网络。

3. 接触的终止(Termination of access)

(1)由网络接触协议授权接触网络的人可以在任何时间以通知登记官的方式终止协议。

(2)细则可以就登记官对网络接触协议的终止作出规定,而且,特别的是,它可以规定——

(a)终止的根据,

(b)就终止所需要遵循的程序及

(c)在申诉期间的终止的暂停(the suspension of termination pending appeal)。

(3)在不损害(2)(a)的一般性的前提下,该规定下的规则可以授权登记官终止网络接触协议,如果被授权接触的人——

(a)不符合协议规定的条款的,

(b)不再是登记官被要求需与之达成网络接触协议的人,或者

(c)没有满足细则可能规定的条件的话。

4. 申诉(Appeals)

(1)任何人在达成或终止网络接触协议时受到登记官决定的侵害时,都可以向裁定官(adjudicator)提出申诉。

(2)在决定本款下的申诉时,裁定官可以给出他认为合适的使他的决定生效的说明。

(3)细则可以规定本款下的申诉问题。

5. 网络交易规则(Network transaction rules)

(1)细则可以对如何进行网络交易作出规定。

(2)特别的,(1)下的细则可以规定通过土地登记簿进行的交易,包括对下列条款的规定——

(a)应当遵循的程序,及

(b)信息的提供(包括未登记利益的信息)。

6. 网络接触债务的优越性(Overriding nature of network access obligations)

在被授权接触的人所承担的不属于网络接触协议的义务和属于该协议下的义务发生冲突时,不属于本协议的义务就得到了解除。

7. 自为的转让(Do-it-yourself conveyancing)

(1)如果存在土地登记网络的,登记官有义务提供下面的帮助,即为了使希望通过自己的转让从事合格交易的人能够通过网络进行转让的目的,他认为是适当的帮助。

(2)(1)下的义务不扩展至对法律意见的规定。

8. 授权的推定(Presumption of authority)

如果——

(a)得到网络接触协议授权的人利用网络进行处分或起草合同的,而且

(b)声称要使处分生效的或声称是一份合同的文件 ——

(i)表明是由他作为代理人予以鉴证的,并且

(ii)包括一项声明,该声明的内容是他按其被代理人的授权而行

第十三章 土地登记簿与登记电子化

为的,

他将被认为是为了其他任何的当事人为这样的行为。

9. 网络交易的管理(Management of network transactions)

(1) 登记官可以为了管理网络交易的目的而使用监控信息,特别的,他可以向被授权的人揭示这样的信息,并授权进一步揭示已被揭示的信息,如果他认为有必要或这样做是合适的话。

(2) 登记官可以根据他认为合适的条件授权他人执行他在(1)下的功能。

(3) 在(1)下,"监控信息"意味着在执行包括在第2项(2)(c)中的网络接触协议时提供的信息。

10. 增补(Supplementary)

登记官可以就和土地登记网络相关的教育和培训作出规定,或安排规定。

11.

(1) 根据第1、2、3项制定细则的权力由大法官行使。

(2) 在制定细则前,大法官必须咨询他认为合适的人。

(3) 在制定第1项或第3项(2)(a)规定的细则时,大法官必须特别地注意到确保下列事项的需要——

(a) 在网络上保留的私人信息的私密性,

(b) 使用网络的能力(特别是为了作出变更的目的),并且

(c) 对和网络使用相关的潜在能力的充分保证。

12.

在本表中——

"土地登记网络"是指第92条(1)款所规定的网络;

"网络接触协议(network access agreement)"的含义由第1项的(2)作出了规定;

"网络交易(network transaction)"是指通过土地登记网络进行的交易;

"合格的交易(qualifying transaction)"意味着下列的交易,该交易——

(a) 涉及登记,以及

(b) 能够以电子方式生效。

三、美国的登记电子化问题[①]

（一）背景

美国公共土地记录的发展和维持可追溯到早期的殖民地时期。美国建立于一个作为地位和财富象征的土地在历史上的旧世界的重要性开始崩溃的时期。土地开始展现其作为商品的一面。它可以被拥有和使用。尽管它可能被传递给继承人或受遗赠人，但大多数时候它都会被卖给受让人，而后者依次也会以同样的方式来使用和处分该土地。

如果在商流中这个新商品要得到信任的话，可追溯到一个安全来源的卖方权利的证明就是必需的。现在的所有人拥有来自所有在先的出让人的契据的可能性是很渺茫的。而且，随着时间的流逝，其他利益，如抵押权（mortgage liens）和商业资质证明（the hallmark of commerce），也应被审查。买方无法指望或甚至信赖买方提出这些文件——它们实际上减损了买方试图转让的权利的价值。因此必须设计出一些规范的程序将这些对土地的不同请求权（the various claims to the land）进行分类。

因此，殖民地和后来的各州立法就建立了土地记录制度，通过这种制度，就能够对土地的所有权或请求权的证据进行记录了。因为在那个较早的时期发生的交易还比较少，一个简单的纸面制度就足够了。购买人或请求权人可以将文件提交给记录官，后者将文件录入镇或县的记录中去。后来的购买人就可以在署进行询问，在那个地方根据影响卖方权利的文件复本就可以确定土地的位置。

针对那个历史时期，纸面的技术就很充分了。但随着时间的展开，文件记录开始累积起来。起初，它们只是作为时间的累积及其导致的转让的累积的简单后果在增加。在一百年或更多的时间里，伴随着不同的留置权和地产权的遗嘱检验（probates of estates），许多不动产的转让得到了记录。由于转让变得更为经常，融资变得更为平常，地块也被划分并导致更多的转让等这些事实，这个发展开始增长。因而，对记录制度的第一次创新——索引开始变得必要。索引只不过是不动产检查人开始他或她的权利检查的一个始点。一些索引制度是按照出让人和受让人的名字来编排的，这就是最早的索引。按照地块的描述编排的索引随着历史的发展也变得更为普通。

[①] 本部分主要参考了 Dean Arthur R. Gaudio: "The Emergence of Electronic Conveyancing"，该文为 Patton & Palomar on Title 一书的第 15 章。

第十三章　土地登记簿与登记电子化

不过,土地记录仍然持续以一种渐增的速度在增长。在二十世纪中期,县记录官就开始使用其他的手段来简化土地记录的过程了。他们不再使用普通的手写或使用打字机来复制文件了,而是引入了影印系统,后面又出现了微缩胶卷和其他微缩系统。在近几年,一些记录官已开始扫描纸面文件并创造了电子计算机图形文件,记录不再是用纸面来维持了。

索引也得到了简化。今天在纸面上或索引卡片上去寻找索引已不再常见了。相反,信息被维持在一个自动化的系统中,通常是一个计算机数据库,因而使得地块和/或出让人和受让人信息能够更容易为人所用,尽管通常只是在署。

尽管这些改进很好,但不动产转让与记录和权利搜索的速度却没有跟上经济发展的速度及其带来的复杂性和多样性。不动产交易不再仅仅是地方性的了。尽管土地可能位于特定的县,出卖人却可能处于另一个州,买方则可能在第三个州,融资者会在第四个州。① 不动产买卖也不再仅仅限于与居住相关的买卖了。它们经常是复杂的取得行为和融资交易的组成部分。仅仅追索大量的相关文件就很令人畏缩了。

在努力简化和加速商业交易的过程中,许多州都采用了《统一电子交易法》(the Uniform Electronic Transactions Act (UETA)),联邦政府也颁布了《联邦电子签名法》(the Federal E-Sign Act)。特别是,这些制定法授权可以通过电子方式而无需任何纸面文件来转让不动产和为不动产提供融资。不过,目前,这些法律并不要求记录官接受电子记录文件。尽管这种要求很令人满意,但如果没有记录制度的电子化,没有接受和加工不动产文件之制度的发展,这一目标的完成是不可能的。

现有的记录体制的设计和配备是用来接收纸面文件的。既然电子文件,根据其定义,并不是纸面的,那么,这样的文件如何被创设,如何被递交给记录官?尽管人们可以想像这样的电子文件可以通过电子邮件或通过磁盘提交给记录官,但电子文件自身的性质又会提出几个难题。什么是可以接受的文件的软件格式?是文字处理格式吗?如果是,又是哪一种呢?可以是图表文件吗?如果是,又是哪一种呢?

除了文件的格式这一简单的问题外,还存在其他显著的问题。例如,尽管《统一电子交易法》(UETA)和《联邦电子签名法》授权使用电子文件,但所使用的电子签名的种类仍留由当事人决定。许多不同类型的电子签名可

---

① 确实,卖方、买方或融资者可能位于美国之外。

能会被使用。不过,记录官得能够读出这些签名并在基本的层次上决定签名是有效的。就各种可以使用的电子签名类型而言,它们都是私人性的,需要专门的软件和硬件,记录官将会不堪重负,也不能提供所必需的技术。

此外,各种可能的不同的电子签名会有多安全?并不是所有的这些电子签名都能提供相同的安全性。有什么样的方式可以用来保证转让人实际在文件上附署了她或他的电子签名?在多大程度上可以确保该文件不被在提交给记录官署时被拦截和更改?

这些问题绝不是有意设计来妨碍不动产的电子交易的。恰恰相反,它们只是提出了在采用电子体系的立法和协议时必须予以考虑的问题,这种电子体系可以接受电子文件、对之进行加工并使得信息可以为公众所利用。如果这能够实现,最终产品将是一个作为土地权利之记录证明的更迅捷、更简单和更统一的程序。

(二) 电子土地记录系统的结构

就现有的书面记录系统而言,有两个基本的过程——记录过程(the recording process)和搜索过程(the searching process)。电子土地记录系统必须能包括同样的两个基本过程。

简单地说,记录过程包括向记录官署递交文件,并证明文件包括了记录所需的基本的形式要素。然后,文件被备份并保存在了土地记录中。记录官从文件中摘取出索引信息(或由记录的当事人单独提供),并把它放入合适的土地记录索引中去。搜索过程包括检查索引以便确定在土地记录中存在怎样的文件会影响所涉及的土地。然后,索引信息就被用于确定和找回这些文件。在电子程序中,这两个过程中更复杂的是记录过程。一旦记录过程确定了,依据其结果,搜索过程就会很顺畅地进行下来了。

(三) 记录过程

电子文件的类型

为了建立一个电子记录程序,首先必须确立需要记录的文件及其内容的格式标准。这就和在纸面记录的情况下须确定纸张的尺寸和种类以及墨水的颜色是一样的。在电子模式中,依现有技术存在着几种可能的文件格式,每种格式都为电子记录带来了略为不同的问题。

1. 第一种类型的电子文件非常简单,它只是对现行的实践进行了很小的改动,至少在那些现在使用电子图形文件(computer graphics files)来复制和保存文件的记录署中是如此。事实上,文件本身并不是电子的,只是最终的复本是电子的。

第十三章 土地登记簿与登记电子化

在这种体制下,文件在公证人处是以纸面文件出现的。在文件被起草好、由必要的当事人签署并经公证后,它就被以纸面形式提交到记录官署。在那里,通过扫描,文件被复制为电子图形文件,并以电子方式存储在电子土地记录档案中。索引信息也是从纸面文件中提取出的,或是单独由提交文件的当事人提供。索引信息存储在电子索引中,电子索引是一个包括所有土地记录存档文件之索引信息的数据库。索引中的信息被超连接(hyperlinked)或交叉连接到电子土地记录文档中的文件上。

如果想搜索土地记录系统的话,可以通过该系统允许地点的终端进行。不动产权利检查人可以接触索引来获得所有影响一块土地的文件的参考信息。一旦这样的参考信息被找到,检查人就可以超链接到实际文件上去。她/他也可以在终端上下载文件的复本。

尽管这种类型的文件按其来源很难适合作为一种真正的电子文件,但在它被记录官转化为图形文件后就符合这种资格了。确实,这种类型的文件在从纸面文件转化为电子文件的过程(可能会很长)中还是必要的。①

不过,它的缺点很明显也很多。原始文件必须以有形的方式交给记录官,无论是亲自交付还是通过电子邮件。然后必须把它转换为计算机图形,在这个过程中内含着很多错误。进而言之,既然这种文件不是"智能化"的,信息就无法通过一个自动的计算机程序来摘取。因此,为文件创设索引就包括了对索引信息的手动录入,因此也导致了进一步的错误。最后,记录过程将和现在一样费时甚至更为昂贵,因为需要制作和操作纸面和电子两种形式的文件。

2. 第二种电子文件的类型,在很多方面,都很类似前面描述的类型。它开始于在公证人办公室的纸面文件。它由当事人起草、签署并被公证,就像其他纸面文件一样。不过,和前面描述的文件不一样,它在公证人办公室里被转化为电子文件。在那里它被扫描和复制成计算机图形文件,该复本就成为了电子文件。该复本,和必要的索引信息一起,以电子方式被送往记录官署。

有几种可能的方法以电子方式向记录官署交付电子文件,可能就像把文件附着于包括任何记录官所要求的额外信息的电子邮件的讯息上一样简

---

① 人们不应该期望所有的律师、商行和个人在允许电子转让的成文法被通过后会在感情上或经济上能够作出向全电子化的转让形式转变。更可能的是,在所有的转让以电子格式进行时已经经过了很多年。

单。一旦电子文件由记录官收到,它就会被在尽可能的程度上核实①,并被存储在电子土地记录中。在电子索引中也会作出一项条目,这和前面描述的很类似。搜索电子土地记录系统也会很类似于前面描述的。

这种类型的电子文件的明显好处就是它在被送往记录官署前就被由纸面格式转换为了电子格式,因此大大地减少了将文件传递给记录官的时间和费用。不过,它也存在着明显的不足。尽管在记录官处减少了费用并节省了时间,在公证人处的费用和加工时间却因为文件的转换过程而被增加了。转换过程,和前面所描述过的过程一样,也提高了错误的可能性。② 而且,因为每个公证人可能使用私人的软件和硬件,记录官需要拥有这些设备,记录官的费用也因此而增加了。这样的私人软件和硬件也为获得系统之统一性的努力带来了麻烦。

最后,被送到记录官署的文件不是原始文件,它以纸面文件的形式还保留在公证人的办公室。这就提出了电子复本的法律地位的问题及该复本之准确性的安全问题——例如复本在到达记录官署前是否被巧妙地处理或变更而脱离了原本。

3. 第三种电子文件的类型在出现时就是真正的电子格式而没有在先的纸面版本。既然没有纸面的版本和书面的签字,它的有效性就依赖于《联邦电子交易法》(UETA)和《联邦电子签名法》了。正如前面所描述的,这些法律授权可以创设可执行的电子协议,只要它们是以可接受的电子签名签署的。

开始时,这种类型的文件的格式是一个图形文件。它在律师或抵押权人的办公室通过使用合适的硬件和软件而被创设出来。文件的实质内容,以及当事人的不同协议,被简化为形成协议的文字的图形或图片,电子签名然后被添加到图形的电子文件上去。签字可以是签字者实际书写的全息图像。③ 在完成后,图形文件就显示为所期望的同一文件的纸面版本内容的显示图片,并包括一个手写的签字和公证。

这份电子文件被以电子方式送到记录官署。在文件到达记录官署时,

---

① 就确证签字和公证的真实性的能力存在严重的问题。确保文件在离开签字的当事人后在记录官收到前未被中途截取和擅自篡改的额外问题也存在着。

② 相比之下,初始即以电子形式存在的文件将是当事人事实上的协议,在转换过程中不会遭受潜在的错误。

③ 这个签字过程很像人们所经历的在不同的商店进行的某种信用购买,在该过程中购买者签字的图形被如实地创设。

第十三章 土地登记簿与登记电子化

它就被存储在了电子土地记录存储文档中。因为文件是图形的,索引信息无法轻易地从中摘取出来,记录官在准备索引时可能会要求提供额外的信息。记录官获得的那些信息,或者源于公证人提供的额外信息,或者他需要通过阅读或扫描图形文件来获得。对电子土地记录的搜索将会类似于以前所描述过的。

这种形式的电子文件较之前面描述过的文件的主要优点是,它是一种真正的电子文件。无需再创设纸面的原件然后再把它转换为图形的电子文件了。这通过减少创设文件的时间和费用推动了生产率。和前一个例子相比,它也减少了需要用来转换和记录的时间和努力。

不过,主要的缺点就是它是一种"非智能"的文件。它仅仅是一份图形文件,针对电子索引或其他电子搜索目的的信息很难从中摘取出来。这样,追加的信息必须由律师或抵押权人传递到记录官处。作为另一种选择,记录官将被要求通过人为介入来摘取信息。这些选择方法的任何一种都会增加时间和费用并由于人为的错误提高错误的可能性。由于许多不同的为创设电子文件所必需之技术的私人版本的潜在性会产生进一步的无效率。

4. 在现有技术下可以使用的第四种电子文件的类型是 HTML 和 XML (XHTML)协议。这些协议是一个开放的软件体系的一部分,它们可为程序员和最终用户使用。文件因此可为交易所涉的各方当事人及记录员阅读,而无需昂贵的私人性的软件和硬件。

通过这些协议创设的文件通常使用内含的"标签"来指定不同的数据条目,例如"出让人"、"受让人"、"PIN(个人身份号码)"或其他的文件内容。每一个这样的条目都是一套私人的数据,它可以以电子方式阅读和摘取。和前面描述的文件不同,这种类型的电子文件不是图形文件,而是一个包含了不连续的可读信息数据系列的文件。文件由公证人直接以电子格式起草,并没有在先的纸面文件。不过,它可以在屏幕上读取,尽管传统的纸面文件也可以。然后文件通过使用数字签名得到签署。

在文件被一方当事人创设并签署后,就被以电子方式送到记录官署。一到达记录官署,它就被核实并被存储到电子土地记录中去。索引信息能够被直接从文件中摘取出来并无需单独地被送到记录官处。根据已建立的标准,通过"标签"划定的信息能够被常规地摘取出来并被录入电子索引中去。

搜索过程和前面描述的一样。不过,因为文件包括了单个"词汇",它们能够被搜索和摘录,因此,权利检查人不仅能够通过搜索索引来查询信息,而且可以搜索真实的电子文件,如果系统是这样建立的话。这样,将可以使用信息来服务于多种目的。非标准的信息能够跨越文件来进行搜索,即使电子索引不包括那个数据。

确认——电子签名(Electronic Signatures)

安全的担忧伴随着电子文件而存在,这些担忧源于对文件的原始伪造的可能性或在文件离开签字者后到达记录官署前的传递过程中对文件的擅自篡改。在防止这样的伪造和/擅自篡改行为的努力中,记录官应当核实文件和它的签名。

就纸面文件,记录官已经在两个方面寻求防止伪造和擅自篡改了。一个是,记录官尝试确定文件为意图执行它的一方当事人所实际签署。这通常通过公证程序来实现。执行文件的人会亲自出现在公证人或其他经权威认可的人面前并签署文件或证明他/她是签署文件的人。如果公证人对文件被合适地签署感到满意,他/她就会签署公证书并包含入一定的确证信息。记录官将非常信赖公证人赋予文件的真实性。尽管不是一种完美的方法,但它一般会除去几乎所有最复杂形式的欺诈和伪造。

记录官也尝试确定文件在离开签字者后未被改变。这通过一套多少有点宽松的标准来完成,如果信息已被破坏或被插入的话,这些标准会注意由签字者插入的一些词首大写字母(initials)这样的事物。记录官也会去寻找试图消除或变更文件的尝试。如果她对原始的签字中或后来的传递过程中没有出现欺诈感到满意的话,文件就被核实予以接受了。

任何接受和记录电子文件的系统应当履行和现有的针对纸面文件的程序本质上同样的验证程序。这样,电子记录系统应当确保文件实际上是由旨在签署文件的一方当事人创设和"签署"的。它也应当确保文件在离开签字者后没有被中途截获并以某种方式被改变。

存在几种电子签署文件的方式,一些要比另一些更安全。在安全的方法中,一些能比另一些提供更大的安全性,而且一些比另一些更容易使用。明显不安全的方法有带有附件的简单打印信息,就像现在在一般的电子邮件通讯中使用的。任何人都可以通过打字来"签署"某人的名字,甚至不是自己的名字。即使由拟意中的签字者(the purported signator)签署,电子邮件文件也可能在传递中被中途截获并被改变了其内容。这样,简单的电子

第十三章 土地登记簿与登记电子化

邮件文件对电子记录而言并不令人满意。①

另一种文件的安全措施涉及生物测定学(biometrics)。通过这些过程,一定的独特的身体特征能够被用来确认签字的当事人。这些包括指纹扫描(fingerprint scans)、视网膜扫描(retina scans),甚至包括独特的血液特征(unique blood characteristics)。不过,这些过程还并不令人满意。所需的技术昂贵而且不能广泛的被利用。在记录官如何能够验证生物测定扫描(the biometric scan)的问题上也存在困难。② 最后,在这些验证方法能够被广泛使用之前还存在一些严肃的隐私问题必须得到解决。

现在有两种类型的电子签字存在,它们现在已有了一些用途或被接受了,但提供的安全程度不同。一种涉及实际签字的"全息"图像,它由当事人做出并置入文件中。另一种形式的技术,有时被称为数码签字(a digital signature),包括一套独特的字符,它们通过一种非常安全的运算法则(algorithm)被置入文件中。

1. "全息"签名是签字者实际签名的图形。它经常被使用在上面 C 所描述的图形的原始文件中。它通常和前面 C 所描述的图形的原始文件一起使用。该签字的图形以及必要时的公证是通过书写用的铁笔(a handwriting stylus)来获得的。该签字的图形然后被附着于图形的电子文件,并可以在计算机屏幕上显示出来。一旦签字被附着于文件,它就表现为人们通常在纸面文件上看到的签字的相似物。

"全息"签名("holographic" signature)可以通过公证得到证明,就像今天对纸面文件做的那样。公证人可以见证签字或进行公证并因此附上他或她自己的签字和证明。两个签字都是文件的一部分并被递交到记录官署。

不过,无需更多的,签字或公证都可能被篡改或者文件后来被改变。因此,就自身而言,这种形式的电子签名并不十分安全。不同的所有权的出让人可以通过使用密码来提供安全的程序,但它们仍然受制于同一问题。这些程序的私人性也提出了记录官在实际上没有私人软件和硬件的拷贝来证明签名的能力的问题。

2. 数字签名技术包括了对私钥(a private key)和公钥(PKI)的使用。

---

① 就这种签字方式被使用的程度而言,授权法或记录观的实践已经将对这样签署的文件的接受限于"受信赖的签字者"——可被假定值得信赖的自然人或实体。参见 如 Ariz. Rev. Stat. § 11-461 (C) (2001); Cal. Gov't Code § 27279.2 (2002)。当然,这并没有确保它们未被伪造,也没有确保在传递过程中不存在对文件的中途截取。

② 将必须存在一个视网膜扫描、指纹扫描和/或血液特征的数据库。

私钥允许对文件进行签署（execution）和阅读，而公钥只允许阅读文件而不能改变文件。一个验证的权威机构（a certification authority）发给签字方（a subscribing party）一个数字签名。该签字由一系列分派给签字方的独特字母组成。签字方被发给了一个包括该签字的私钥。文件只能使用私钥来签署。公钥的制作通常可为公众所用，并允许另一方，如记录官或权利检查人，来确证签字是由签字方做出的。

公钥技术也可能被纳入"智能卡"（"smart card"）中，那是一种允许签字者通过使用卡片"签署"文件的"信用"卡。这种卡类似于信用卡，也植入了一块包括了公钥信息的计算机芯片。通过这种方式，文件就可以通过追溯到向签字人发行的"智能卡"来得到验证。

在文件是通过这种技术被"签署"时，一种运算法则就被应用于整个文件，它将电子文件和数字签名以这样一种方式结合并使得在文件离开签字者的途中截获文件的行为变得很难，即使不是不可能的话。如果文件被中途截获，在文件通过公钥被读出来时，截获的事实将被揭示出来。这种安全签字的形式通常和前述 D 所描述的 XHTML 文件联系在一起。它也可以被用于"包裹"对文件本身的图形签字和公证，如前面 C 所描述的。

（四）记录过程的统一和标准化

不动产转让在历史上就是一个地方性的过程。律师、出借人和贷方建立了格式化和证明文件的记录标准。在一些情况下，它们是由州法建立的，但在很多其他的情况下，它们建立在地方的习惯和传统上。尽管相当程度的统一性已经跨越全美付诸实践，但仍有许多差异继续在记录辖区存在，如可接受的文件的有形的尺寸、文件首页抬头空间的必要性及其使用、公证的合适措辞及可接受的打印尺寸。这些不同使得在一个辖区创设的文件很难在另一个辖区记录，除非公证人对合适的协议已有知悉。这使得不动产实践在实质上仍保持为地方性的。

近年来，不动产交易的性质已经改变了。购买者通常从州外的地方购买，至少是搬迁。不动产买卖的融资，特别是二级市场的主流，不再是一个地方性的交易了。尽管在二级市场被出售的抵押的创始人仍倾向是地方性的，但这随着全国抵押贷款人和网络抵押贷款的出现已经不再常见了。尽管不动产交易的性质在近些年来已经从纯粹的当地性的交易变为包括许多和不动产所在地有一定距离的参与者的交易，记录协议仍倾向于保持地方性的。

近些年来在融资市场上的一个主要有影响力的事物就是联邦全国抵押

协会(the Federal National Mortgage Association (Fannie Mae))。Fannie Mae 是二级抵押市场不动产抵押的主要购买者。这样它就有能力来坚持要求一定的内容被包括在它购买的抵押中。最终,它创设了标准的 FNMA 不动产抵押格式,以及可允许的地方性的不统一的协议。FNMA 的地位如此显著以致今天大多数的住宅抵押都按照标准的 FNMA 格式来执行。

随着 Fannie Mae 在抵押市场上的位置变得强大,期望它对电子文件的创设和记录所涉及的标准和协议享有显著的利益就是合理的。在 2000 年 10 月 25 日,《联邦电子签名法》生效日后不久,Fannie Mae 就发布了 LL0900:电子抵押(Electronic Mortgages)。该信提出了 Fannie Mae 以电子格式进行购买的文件的类型。它不是一个确定的指定,在之后也一定会被修订。不过,它确实表明了 Fannie Mae 对公开的标准 XHTML 中的 HTML 和 XML 技术的关注。在 2002 年 6 月 28 日,Fannie Mae 发布了声明 02—08 (Announcement 02-08),在声明中,它准备接受符合一定标准的电子本票 (e-Notes)和电子抵押(e-Mortgages)。

Fannie Mae 在二级抵押市场上的存在表明对任何电子土地记录系统来说都很重要的几个事实。首先,作为一种实际需要,即使不是作为法律事项,抵押通常也是以 Fannie Mae 可接受的电子格式来执行的。既然多数当地的抵押创始人希望这些抵押为 Fannie Mae 所购买,他们将按 Fannie Mae 可接受的格式来设计电子抵押。

除此之外,记录系统必须足够统一以便能够允许这些抵押在全国各地进行记录。如果系统的任何方面允许当地的记录官因为不理解或不希望使用由 Fannie Mae 指定的格式而否定电子文件记录,都将引起问题。

最后,在任何辖区发展的电子记录系统都应有足够的适应性以便包容新的电子技术的发展。例如,人们可能很容易预见新的在律师、抵押权人和记录官之间传递电子文件的方法将会得到发展。作为一种法律结构,电子记录法应当是一个"壳",它允许合适的管理人员采用新的协议来适应这样的变化。不过,它必须建立一个系统,该系统能创设足够的确定性来记录和确证文件以便合理的需求得到满足。

财产记录业联合任务组(The Property Records Industry Joint Task Force) 是一个由县记录官组成的组织,它源自两个有选举权的群体——全国县记录官、选举官和职员协会(The National Association of County Recorders,

Election Officials and Clerks（NACRC））①和国际职员、记录官、选举官和司库协会（The International Association of Clerks, Recorders, Election Officials, and Treasurers（IACREOT））。② 特别的，通过抵押业标准维护协会（Mortgage Industry Standards Maintenance Organization, MISMO）③和 Fannie Mae 及 Freddie Mac,出借业（lending industry）也加入进来。它们的主要努力被导向为电子记录发展一个统一的技术基础。尽管它们现在还没有公布任何将被适用于县记录官、出租业、Fannie Mae 和 Freddie Mac 的建立电子格式的协议,但它正朝着那个方向努力。

（五）电子记录系统的早期经验

在 2002 年,创设和记录电子文件的法律框架正处于转变过程中,但并不统一,还存在着许多问题,例如,何种电子文件才符合各州对记录的要求？何种电子签章能够被接受？对记录系统的设计是仍继续保持各县或各司法辖区有独立的记录系统呢,还是形成一个统一的记录系统,或者是介于二者之间？

从 2002 年起,有七个州的县在某种程度上采用了电子记录系统——这七个州是:亚利桑那州、加利福尼亚州、佛罗里达州、密歇根州、犹他州、弗吉尼亚州和华盛顿州。这些州的记录法对电子记录过程在这些辖区如何运作提供了很少的指引。就大多数州而言,这些既存的法律只是简单地被予以了修正,规定了"电子的"或"数位的"文件或文件的复本也可以被记录。

在加利福尼亚州,在 San Bernardino 县和 Orange 县的记录官可以接受"可记录文件的电子化的图形"。同样的,在亚利桑那州法下,记录官可以"接受可记录文件的电子化的图像"。因为两部法律都将记录官限制在接受可记录文件（documents or instruments）的电子化的"图像"上,看起来,它们暗示这文件开始时必须以纸面形式存在。因此,该文件的"数字图像"就可以以电子方式被创造和传递给记录官。在这些成文法下,加利福尼亚州的 Orange 县和亚利桑那州的 Maricopa 县占有了所有的电子记录中的绝大多数。

佛罗里达州的 Broward 县④已经创造了一个系统来记录电子的不动产

---

① 参见 NACRC 的网址：http://www.nacrc.org/startingpt.html/.
② 参见 IACREOT 的网址：http://www.iacreot.com/.
③ 参见 MISMO 的网址：http://www.mismo.org/.
④ 佛罗里达州的成文法最初的修订是为了允许电子文件的创设和记录,Fla. Stat. ****。不过,那个修订已经被废止,佛罗里达的法律现在对记录电子文件的特定授权保持沉默。

文件。在该系统下,传统文件的图形表示是以电子方式创造和签署的。因为原始的文件是电子化的,它在法律上的有效性也依赖于《联邦电子交易法》(UETA)和《联邦电子签名法》。因为这样的文件是图形文件,它并不容易被搜索,索引信息也将被在文件自身之外提供给 Broward 县的记录官以实现合适的索引和记录。

在盐湖城、瑟斯顿县和华盛顿,县记录官可以接受由 XML/HTML 协议创制的电子不动产文件。在这些县,文件可以被检索,索引的内容也可以直接从文件本身登录到电子记录系统中去。这些也是真正的电子文件,它们的法律有效性依赖于《联邦电子交易法》(UETA)和《联邦电子签名法》。

近来在其他几个州进行的成文法修订也规定了电子文件的记录。① 这些成文法批准的电子文件的类型并不清楚。

上列的成文法通常并没有指定一个证明协议来确保电子文件没有在传递中被伪造或被篡改。对协议的决定通常留给了执行电子程序的县记录官。不过,它们规定了一些指南或限制。例如,在亚利桑那州,县记录官只能接受"数字化"的文件,如果它们是由"不动产权利保险人或不动产权利保险代理人……或州特许或联邦特许的银行……或联邦政府的代理机构、分支机构或媒介、或联邦政府实体提交的话"。在加利福尼亚州,记录官可以接受数字化的文件,如果提交方是"一个联邦政府或州所设立的实体、代理机构、分支机构或媒介"的话。② 在弗吉尼亚州,被授权电子提交文件的实体是"联邦、州和地方政府,或它们的政治分支机构,和准政府代理机构、公司或权威机构,包括但不限于 Fannie Mae,Freddie Mac,and VHDA ……"这样,在这些州,通过限制有权记录文件的实体的类型,希望欺诈和伪造可以得到防止。这是否真实并不清楚,但这样的限制一定会限制欺诈的频率。然而,这一限制也会限制电子记录系统使用的频率和有用性。就大部分来说,这些限制只允许政府机构来记录文件。而在一些规定中,出借人或不动产权利公司也可以记录。并没有给予个人以记录文件的一般授权。因为部分人口不能记录电子文件,两套独立的记录文件和两种独立的记录方法就被维持以容纳电子的和纸面两种形式的文档了。希望通过电子记录达到的

---

① 参见 Rev. Stat. Mo. § 59.563 (2002); Tex. Gov't Code § 845.116 (2002); Va. Code Ann. §§ 17.1-256 & 258 (2001).

② Cal. Gov't Code § 27279.2 (2002). 作为另一选择,记录官可以接受文件,如果按照他的判断,提交方"有着有效的安全预防措施来对付在电子记录的过程中潜在着的欺诈和伪造的文件的话。" § 27279.1 &.3.

效率无法达到。事实上，整个费用会更高，因为涉及双倍的文件和记录过程。

从上面列举的几个施行州可以看出，采用电子文件至多只是一种补充。在这些授权使用电子记录的州，仅有一到三个县实际上采用了这样的方式。其他县仍然和通常一样采用纸质文件进行。即是在采用了电子记录的州，记录的要求仍然是不统一的。在加利弗尼亚州 Orange 县可以记录的文件，在佛罗里达州的 Broward 县就不能被记录，而两个县的文件都不能在犹他州的盐湖县（Salt Lake County）记录。为了促进效率和经济的发展，有必要采用某种全州统一的系统通过使用在全州任何地方都可接受的电子签名允许电子文件被所有的当事人记录。而且，该系统必须在各州间必须相对统一，以便允许在一个系统下创设的文件在其他地方可以被记录。

爱荷华的经验

在 1998 年，爱荷华州律师协会的理事会（the Iowa State Bar Association Board of Governors）建立了不动产现代化项目委员会。该委员会的产品就是爱荷华州的电子记录系统（the Iowa Electronic Recording System, IRERS）。① 它建议建立一个统一的全州范围内的电子土地记录系统。

文件，无论是电子的还是传统的纸面形式的，都将被送到受影响的不动产所在的县的记录官处。在那里，文件收到后将被转化为电子格式。记录官将检查文件以确保文件中的信息是正确和充分的，所有的要求都得到了满足，所有的费用和税款都已缴清。文件然后被录入到存在于终端的中央化的数据库中，这些终端位于各个县的记录官署里，但它们和州务卿的办公室通过电子方式连在了一起。

州务卿将为了爱荷华州所有的不动产利益而建立和维持该中央化的土地记录系统。该系统有两个部分——电子土地记录索引和电子文件记录（an Electronic Land Records Index and an Electronic Document Record）。电子土地记录索引将包括被用于确定电子文件记录中的文件的索引信息。索引将连接到电子文件索引中的相关文件上。电子文件记录将包括和提交到记录官处的实际电子文件一样的复本。一旦权利信息被录入到了电子土地记录索引和电子文件中，它就构成了对其中所有被揭示出的利益之当事人的通知。

---

① 由于财政上的原因，在 2001 年该建议未被爱荷华州采纳。委员会将继续修订和改进它的建议，希望它能够在 2003 年重新被提交给爱荷华的立法机关。

第十三章 土地登记簿与登记电子化

爱荷华州的电子记录系统的结构提供了一个和该州的土地相关的所有文件的中央化的电子数据库,但是维持了传统的县记录官的地位和功用。委员会认为单一的统一的土地记录系统在今天多样化的、世界范围内的经济中是必要的。同时,委员会还认为承认不动产交易的地方性也是重要的。[1] 两种利益将被包容在爱荷华州的电子记录系统中。原始的申请文件,无论是电子的还是纸面的,都将向不动产所在地的县的记录官处提交。记录官仍将持续在审查文件以确保正确性和符合记录要求方面提供有价值的功用。尽管重要的信息被保留在了当地的县,但官员和控制性的复本将以统一的方式保留在中央化的系统中。

支持中央化的系统的一个主要理由就是在全州维持文件记录的统一性。在归档、接触和维持上的统一性仅在一个中央化的系统被采用时才可能。统一的记录政策可以得到确保而无需审查各县的记录官是否依从。公证人将能够在州里的每个县使用同样的文件格式、协议和程序来申请文件。也不再必须获得关于在各个县存在的不同的协议和过程的信息了。[2]

权利检查也将得到简化,因为对中央化系统的接触将允许通过一个协议检查贯穿全州的所有的公共土地记录。实际上,不动产权利检查人将能够通过接触中央化的数据库同时在多个县搜查多个财产的权利信息。申请文件的时间和费用将保持在最小值;速度和效率将得到提高。相比之下,在各县建立和维持一个中央化的电子土地记录系统的费用就要比建立和维持一个单一的实质中央化的爱荷华州的电子记录系统所需的费用高得多。[3]

对计算机现实的承认意味着人们必须预计到在计算机化的过程中将会存在一定的"失灵"和错误。如果独立的非中央化的以县为基础的系统被使用的话,预计到错误的机会将会得到相当地增加。为了提高对非中央化的系统的信赖,额外的用来确保可信性的硬件和软件的费用将会按照分别独立的系统的数目增加。进而言之,在每个县(特别是那些人口很少的县)雇用熟练的和有能力的人员将使得统一性和系统的可信性很难获得。

一个针对电子土地记录的潜在的严重问题是安全性。"黑客"可能会销

---

[1] 确实,据预料,当地提出的文件的记录将会持续一段时间,在这段时间里,电子文件将变得更为经常。
[2] 这对电子文件特别重要,因为在不同的国家存在不同的协议,其中的一些是私人性的。
[3] 在爱荷华州,有99个县,其中一个有两个记录区。这样,在一个全部非中央化的系统下,在爱荷华州就会有100个独立的电子土地记录系统。对一个非中央化的系统而言,据初步估计,初始的开发费用将比中央化的系统高出三倍,而年度的维持和网络费用将相应地更高。

去一个维护薄弱的系统中的所有信息。人们也可以想像一个不高兴的电脑老手会试图窃入一个县的系统,在所有他/她的对手所拥有的土地上加上一个留置权。确保免受这样的攻击是很昂贵的,而且也许不可能为所有的县维持,特别是较小的县和在财政窘迫的时期。一个中央集中的系统可以提供更大的安全机制而整体上只需花费更少的费用。

（六）电子文件的适用所提出的问题

采用电子记录系统无疑会带来一些在书面记录制度下并不存在的新问题或者是并不经常发生的问题。同时除了能够加快记录速度、提高效益并节省费用外,电子记录系统也会带来一些其他的附带的好处。

1. 如前所述,构建一个电子土地记录系统的方法是在一个中央化的州范围的基础上建立一个系统。在这样的解决方案下,整个州的所有记录都可以在中央得到利用。一个单独的搜查将会揭示针对特定县的一块土地的请求权而不管该请求权产生的州的场所。在大多数情况下,这样一个在中央化的系统下的电子搜查将不会发现那些在当地的县依传统的对纸面文件进行搜查的方法也无法发现的利益。那是因为传统上大多数利益,如转让或抵押,已经在土地所在的县进行了记录,即使它们源于其他地方。

不过,那并非适用于所有的请求权。例如,一些针对地块的请求权可能在另一个县被申请或记录。尽管它们不是针对所涉地块的留置权,它们也仍然存在。一个常见的例子是裁判留置权(a judgment lien)。一个债务人,如"John Smith",可能在 A 县受到一个判决,尽管他是在 B 县拥有土地。那个判决可能没有在 B 县记录,尽管它已在 A 县被放入了诉讼事件表(docketed)。在传统的县的系统下,对 B 县的土地记录的搜查不会发现那个判决,它在 B 县也不会是对抗"John Smith"的留置权。不过,在一个完全中央化的电子系统下,这样的留置权将会被揭示出来,而不论它们最初被放入诉讼事件表和被记录的县。

这个新的判决信息的可用性可以被认为有积极和消极两方面的效应。在积极方面,裁判债务人将会有更小的可能性通过出卖其在 B 县的土地而不必向其裁判债权人进行支付来逃避债务了。其债务的全部履行将会得到增强,一般的经济利益也会得到提高。

在消极方面,获得这样的留置权的信息的能力,特别是在这种信息在数量上很大时,将会导致混乱。多数的姓和名并不是惟一的,特别是常见的,如上面所举的例子"John Smith"。因而,在对中央化的电子记录进行搜索后揭示出的叫"John Smith"的判决债务人的数目将随着被包容进中央化系统

第十三章 土地登记簿与登记电子化

的传统记录地区的比例而增长。权利检查人可能就不得不花费相当多的时间、努力以及费用来确定在 A 县存在一个对抗判决的"John Smith"是 B 县拥有土地的"John Smith",或者,是另一个人。权利检查人将不得不发展出更有效的方法来审查和处理针对其他的"John Smith"的请求了。

围绕该问题的一定的"解决办法"已经被提出来了,但还存在一定的不利方面。例如,所有的公民都可以被发给一个惟一的个人标识号,如已存在的社会保障号。成文法可以要求这个个人标识号被纳入为所有利益(包括裁判留置权)的记录信息的一部分。这样,在裁判被录入对抗 A 县的"John Smith"时,他的个人标识号也会被录入了。在一个在后的搜查发现存在一项对抗由"John Smith"拥有的土地的未到期的裁判留置权时,对个人标识号的审查就会揭示出他是否和转让位于 B 县的土地的"John Smith"是同一个人了。使用这样一个强制性的个人识别号的主要担心就是对个人隐私的潜在的或实际的侵犯。要求一个自由开放社会的所有的人都例行地获得这样一个号码是否合理和合法?由于在一些情形中留置权被归档或被列入诉讼时间表时裁判债权人的个人识别号尚不可用就会产生额外的问题。

另一个可能的"解决方法"是在施行法中规定,只有事实上在土地所处的县进行了记录的留置权才可以被认为附着到了所涉的土地上。在这样一种解决方法下,即使不动产权利检查人应当发现在另一个县的判决,但除非它也在土地所在县进行了实际记录否则它不会被认为是土地上的留置权。这种解决办法中的一个问题是,是否它至少部分地,击败了中央化的电子系统的目标。中央化的电子系统应当揭示和巩固所有在州里的记录,因此避免了重复记录和在与商业已无关系的管辖地进行检查的需要。另一个关注是这样一种制定法是否有效。如果,正如可能的,对中央化的土地记录的检查实际上揭示出了针对"John Smith"的判决的存在,买方将会对此受到通知。

2. 与前一个问题相关的是下面一个问题,即不动产权利检查人是否有义务向他的客户报告所有会在电子检查中发现的额外的信息。例如,电子系统可能包括关于适用于财产的税金或税率、财产的评估价值和它的面积或四角面积。传统的,这些信息已不再被认为是权利检查人有义务搜索和揭示的权利事项了。在这种情形下缺乏义务在以前的系统中通常是正当的,因为这样的信息在进行搜索的土地记录系统中并未有形地体现出来。它通常位于一个外观独立的政府办公室里。对现在而言,既然这样的信息相对容易获得和摘录,就应当承认权利检查人有义务发现和汇报它。

这种义务如何和是否存在可能最终取决于当地习惯、司法裁决和成文法的发展。然而,如果检查人明了他有这样的义务来报告信息的话,遵守就不是一件困难的事了。标准化的信息和报告方法很容易得到发展,就像今天存在的针对现时的不动产权利事项的一样。

相关的问题是,购买人及其律师将会而且能够处理这些信息。是否在每个买卖合同都应存在一项这样的默示条件,即税率、评估价值或四角长度是当事人在订立合同时所理解的那样?如果是这样的话,这种理解应如何被客观地确定?是否有必要让这种理解在合同中提出来?是否这会导致和买卖合同中通常出现的条件不同的新的条件?什么是合适的救济方式呢?

3. 在现行的大多数州的法律下,文件被认为就在当地的县记录官处的实际记录情况给出了推定通知。然而,许多州都要求对文件进行实际的索引,以便可以认为文件被记录了。直到此时才会认为文件对任何未来的购买人给予了推定通知。

采用电子土地记录对这样一个规则会产生什么样的影响?对此的解答存在于制定成文法时的认真的起草中。尽管制定法可能建议任何一种方法,但看起来要求文件被合适地索引以便它能给予推定通知是符合逻辑的。就大多数情况来说,权利检查人对记录系统的接触并不是直接接触土地记录,而是接触索引。除非系统提供这样的方法来检查文件本身,并没有可以想像的方法可以让检查人能够确定一个未被索引和可能被错误索引的文件。① 对公众而言,土地记录应当向谁提供推定通知是无法看到的。这样,看起来规定一个被记录的但实际上无法发现的、未被索引的或被错误索引的文件会给予通知是不明智的。②

4. 电子记录制度也会提供一些额外的好处。在采用早期的记录法时,人们预计土地权利检查人只是简单地搜索那时还相对较少的文件卷宗并确定和所涉地块相关的文件。由于多年来发生的大量交易,很快就有必要为记录制度制定关于索引的规定了。第一个被采用的索引制度是字母索引或出让人—受让人索引。只是在后来,在土地描述和测量变得更确实时,地块索引才被采用。不过,在许多辖区,出让人—受让人索引仍是官方索引。

就出让人—受让人索引本身会出现很多类型的问题。这可能源于脱离

---

① 因为许多形式的电子文件仅仅是图形的再现而不是文本,因此使得无法发现未被索引或错误索引的文件被加剧了(参见上述文件类型 A、B 和 C)。因此,它们是无法搜索的。

② 就上述文件类型 D,搜索实际的土地记录的系统是可能的,因为电子文件由文本而不是图形组成。

其他不动产权利锁链序列的野生契据(wild deeds)和早期记录的或后来记录的文件(early-recorded or late-recorded documents)。后一种情况的例子就是,出让人将土地转让给了第一个购买人,第一个购买人其后又将同一土地上的利益转让给了立即进行了记录的第三人,在这之前第一个购买人并未记录其契据,仅在其后他才记录了其契据。如在该交易中第二个购买人获得了对在先转让的实际通知,他就不是一个善意的买受人了,因此也就不能击败在先的受让人的请求了。不过,在第二个购买人向第三人转让时,该第三人无法确定向最初的受让人进行的转让,因为他是在向第二个购买人进行的转让被记录后才被记录的,未出现在第二个购买人的权利链中。最终的买受人是否受有起先那些顺序凌乱的文件的通知取决于州法。多年后这样的难题会给权利检查人提出很多的问题。

在电子记录系统下,索引系统就是一个"超级"的地块索引系统。任何涉及特定地块(PIN)的转让或其他交易将会被连接到该地块,而且可为所有后来的对该地块进行交易的当事人利用,而无论记录的顺序。在后来的购买人于上述情况下检索不动产权利时,她/他就会发现向最初的购买人进行的初始转让而且会注意到该最初的转让。

这样,电子记录制度将会解决这样的问题,它们也不会再影响土地权利的分析了。

(七)结论

使用和记录电子文件的历史还很短。只是随着网络的出现,万维网拥有了在当事人之间及向记录官传递文件的能力。这一段历史还不到十年。在这段时期,电子文件和电子记录发展的可能性已有了相当大的努力和成功。接下来的几年里将会看到这种可能性变为现实。

但需要多长的时间使电子记录得到普遍的采用还并不清楚。实现电子记录的制度已经存在。然而,在广泛建立电子记录前需要出现几项进一步的发展。首先就是需要建立一个单一的得到普遍接受的电子文件和电子签名的协议(protocol)。

在不久的将来,Fannie Mae(The Property Records Joint Industry Task Force and the Mortgage Industry Standards Maintenance Organization)应该会提出这样的一份协议,这会推动在全美的范围内建立一个统一的电子记录体系。统一电子记录法也会大大促进全美的统一。它将会提供一个框架由各州实施从而确保一个单一的全国性的记录结构得以建立。

另一个主要的限制因素是在每个记录辖区购买和安装必要的设备以及将每个记录辖区和不动产市场连接起来所需的必要的软件所需要的时间和费用。州和/或地方政府的财政现状可能使得最终目标的实现受到迟延,但这样一个系统对不动产市场的经济上的好处必定会将这一目标推向最终的成功。

最后一个无法说清的会影响电子记录系统被普遍采用的因素是人性本身。大多数人都经历过了纸面形式,而人们的经验经常是很难改变的。这样,记录制度就需要容许一个过渡期和过渡程序来允许继续使用纸面文件。这种转变需要持续多长时间难以预计。由于人类的惯常经验,一般需要一代人的时间才能适应一种新的方式,或许这种转变也需要一代人的时间。如果这一记录制度必须首先容许记录那些难以用电子方式书写的"附带的"纸面文件("incidental" paper documents)时,或许需要更长的时间。不过,正如在过去十年里发生了难以置信的向数字时代进行的迅速转变一样,也可以预计一个全电子化的土地记录制度会更快地出现。

第十四章 登记费用

登记费用是登记机关日常运行所需经费的主要来源之一,在以行政机关为登记机关模式下,登记费用的实质为一种行政规费,因此不属于严格意义上的私法研究的范畴,而属于行政管理和行政法的研究范畴,但合理的登记费用配合严格的登记制度设计能够鼓励登记当事人积极申请登记,从而达成登记的目的,完成登记公示公信的效力。而且在托伦斯登记制下,登记费用中的一部分还用来设立登记赔偿基金,用于补偿登记权利人因不实登记而遭受的损失。

一、我国台湾地区的土地登记费用制度

我国台湾地区对土地登记费用的规定主要体现为《土地法》第65条至第67条、第76条至第78条和第79条之二、《土地法施行法》第18条、《土地登记规则》的第四章和"内政部"发布的《土地登记规费及其罚锾计征补充规定》、《〈土地法〉第67条及第79条之二规定之书状费、工本费及阅览费收费标准》等。

(一) 登记费用的种类和数额

依据这些法律,登记规费包括土地法所规定之登记费、书状费、工本费、阅览费和邮电费(台湾《土地登记规则》第136条、第137条)。

1. 对土地登记费,台湾的土地登记法律分总登记和变更登记两种分别作了规定:

(1) 土地总登记应由权利人按申报地价或土地他项权利价值的2‰缴纳(《土地法》第65条)。其中的土地所有权总登记应由所有权人按申报地价缴纳。[①] 对他项权利总登记,应由他项权利人按照他项权利的价值予以缴纳,其权利价值为实物或外国通用货币者,应由申请人按照申请时之价值折算为新台币,填入契约书权利价值栏内,再依法计征登记费(台湾《土地登记规则》第140条第1款)。若他项权利为典权和抵押权,可以支付之典价额

---

① 参见李鸿毅:《土地法论》,台湾1999年自版,第278页。

或提供担保的债权金额为其价值①,而对地上权、永佃权、地役权或耕作权其权利价值不明者,应请申请人于契约书上自行加注(台湾《土地登记规则》第140条第2款)。

建物价值应由市县地政机关估定(《土地法》第161条)。申请建物所有权第一次登记时,其权利价值以该管直辖市、县(市)政府依土地法公布之改良物法定价值为准。其尚未公布者,得依下列规定认定之:(1)建物在依法实施建筑管理地区者,应以使用执照所列工程造价为准;(2)建物在未实施建筑管理地区地,应以当地不动产评价委员会评定之当期不动产标准价格评定表所列标准价格为准(台湾《土地登记规则》第139条)。

就区分建物,《土地登记规费及其罚锾计征补充规定》规定:申办区分所有建物第一次登记所附使用执照列有工程造价者,其需就各区分所有建物分别计征规费时,应以工程造价之总价除以使用执照所列建物总面积,所得之单位工程造价,乘以建物勘测面积计算之。但建物使用执照附表已载有各区分所有建物之面积及造价者,得径依其所列造价计征登记费。申办建物所有权第一次登记,如系使用执照上各区分所有建物全部一次申请登记者,依其使用执照所列工程造价之总价计征登记费。至于各区分所有建物应分担之登记费,由申请人或代理人自行分算,其分算标准得以使用执照所列建物面积或勘测面积计算之(第2条之一)。区分所有建物未能依第二之一点规定全部一次申请登记者,除申请人得检附全体起造人协议分算之各区分所有建物工程造价分算表依法计征登记费外,仍应依第二点规定计征登记费(第2条之二)。

土地上有建物的应按二者的价值分别计算登记费进行缴纳。②

(2)土地权利变更登记应由权利人按申请地价或权利价值1‰缴纳登记费,申请他项权利内容变更登记,如有权利价值增加部分,也应缴纳1‰的登记费(《土地法》第76条)。申请为他项权利登记,其权利价值为实物或外国通用货币者,应由申请人按照申请时之价值折算为新台币,填入契约书权利价值栏内,再依法计征登记费。申请为地上权、永佃权、地役权或耕作权之设定或移转登记,其权利价值不明者,应请申请人于契约书上自行加注(台湾《土地登记规则》第140条第2款)。

对土地登记费的缴纳另有"内政部"发布的《土地登记规费及其罚锾计

---

① 参见李鸿毅:《土地法论》,台湾1999年自版,第278页。
② 同上。

征补充规定》可参照。其中对土地权利变更登记的登记费另作了如下的规定:土地权利变更登记之登记费核计标准,除法令另有规定外,依下列规定办理:(一)所有权移转登记,以申报地价、税捐机关核定缴(免)纳契税之价值为准。(二)典权设定登记,以权利价值、税捐机关核定之缴(免)纳契税之价值为准。(三)继承登记,土地以申报地价;建物以税捐机关核定缴(免)纳遗产税之价值为准,无核定价值者,依房屋税核课价值为准。(四)无核定价值或免申报者,以土地权利变更之日当期申报地价或房屋现值为准;无当期申报地价者,以土地权利变更之日最近一期之申报地价为准。但因驳回重新申请登记时,以前次申请登记时计征登记费之价值为准。(五)共有物分割登记,以分割后各自取得部分之申报地价计征。(六)经法院拍卖之土地,以权利移转证明书上之日期当期申报地价为准。但经当事人举证拍定日非权利移转证明书上之日期者,以拍定日当期申报地价为准。其拍定价额低于申报地价者,以拍定价额为准。至于法院拍卖之建物,依其向税捐单位申报之契税价计征登记费。(七)信托移转登记,以当事人自行于申请书填写之信托契约或信托遗嘱权利价值为准(第3条)。

2. 书状费为发给权利书状所征收的费用,应属工本费性质[①],可分为两种,一为总登记时所发土地所有权状及他项权利证明书的书状费(《土地法》第67条),一为土地权利变更登记所发给之土地权利书状(《土地法》第77条)。台湾地区原来的《土地法》对书状费以申报地价或权利价值之多寡为标准按分级定额方式征收,现行法仿澳大利亚的规定,采用了费用填补原则,现为每张书状80元。

土地因径为分割,所有权人就新编地号请领权利书状者,免纳书状工本费(《土地登记规费及其罚锾计征补充规定》第5条)。

3. 下列情况下应缴纳工本费和阅览费:(1)声请换给或补给权利书状者;(2)声请发给登记簿或地籍图誊本或节本者;(3)声请抄录或影印登记声请书及其附件者;(4)声请分割登记,就新编地号另发权利书状者;(5)声请阅览地籍图之蓝晒图或复制图者;(6)声请电子处理之地籍资料者(《土地法》第79条之二第1款)。不过第(4)项与《土地法》第77条重复,而且未规定土地分割时原有地号的权利书状和土地合并时新发权利书状的费用。[②]

---

① 参见李鸿毅:《土地法论》,台湾1999年自版,第278页。
② 参见陈铭福:《土地法导论》,台湾五南图书出版公司2000年版,第179页。

对这些工本费和阅览费,台湾地区"内政司"另制定有《〈土地法〉第六十七条及第七十九条之二规定之书状费、工本费及阅览费收费标准》。其中的计征方式有按时计征和按证计征两种。实行按件计征的有登记簿誊本或节本工本费、地籍图誊工本费、登记声请书及其附件抄录或影印工本费、地籍图之蓝晒图或复制图阅览费和电子处理之地籍资料阅览费,对后两者还有时间的限制。对电传资讯阅览费实行按时计征。

4. 以邮电申请发给登记簿或地籍图誊本或节本者,应另缴纳邮电费(台湾《土地登记规则》第137条第4款)。

(二) 登记费用的缴纳、免缴、退费和罚锾

1. 登记费用的缴纳和罚锾:

(1) 登记费用缴纳

从前面的规定来看,登记规费是由权利人依法缴纳的。登记费未满新台币一元者,不予计征(台湾《土地登记规则》第137条)。登记规费应于申请登记收件时缴纳之(台湾《土地登记规则》第141条)。登记规费之收支应依预算程序办理(台湾《土地登记规则》第137条第4款)。

针对总登记,逾登记期限无人声请登记之土地或经声请而逾限未补缴证明文件的,其土地视为无主土地,由该管直辖市或县(市)地政机关公告之,原权利人在公告期内提出异议,并呈验证件,声请为土地登记者,如经审查证明无误,应依规定程序,予以公告并登记,但应加缴登记费的二分之一(《土地法》第57条、第66条)。

(2) 罚锾

逾期申请登记之罚锾,应依土地法之规定计征(台湾《土地登记规则》第138条)。就土地权利变更登记和继承登记而言,应于土地权利变更后1个月内为之。其系继承登记者,得自继承开始之日起,6个月内为之。声请逾期者,每逾1个月得处应纳登记费额1倍之罚锾。但最高不得超过20倍(《土地法》第73条)。

逾期申请土地权利变更登记者,其罚锾计算方式如下:(一) 法定登记期限之计算:土地权利变更登记之申请登记期限,自登记原因发生之次日起算,并依《民法》第121条及第123条第一项规定计算其终止日……(三) 罚锾之起算:逾越法定登记期限未超过1个月者,虽属逾期范围,仍免予罚锾,超过1个月者,始计征登记费罚锾(《土地登记规费及其罚锾计征补充规定》第6条)。

登记罚锾应于申请登记收件时缴纳之。土地权利变更登记逾期申请,

于计算登记费罚锾时,对于不能归责于申请人之期间,应予扣除(台湾《土地登记规则》第141条)。可扣除期间之计算:申请人自向税捐稽征机关申报应缴税款之当日起算,至限缴日期止及查欠税费期间,得视为不可归责于申请人之期间,予以全数扣除;其他情事除得依有关机关核发文件之收件及发件日期核计外,应由申请人提出具体证明,方予扣除。但如为一般公文书及遗产、赠与税缴(免)纳证明等项文件,申请人未能举证邮戳日期时,得依其申请,准予扣除邮递时间四天(《土地登记规费及其罚锾计征补充规定》第6条第(二)项)。

经驳回之案件重新申请登记,其罚锾应重新核算,如前次申请已核计罚锾之款项者应予扣除,且前后数次罚锾合计不得超过应纳登记费之20倍(台湾《土地登记规则》第142条)。登记案件经驳回后3个月内重新申请者,已缴之登记费及权利书状费准予援用;若系係多次被驳回,均在前次驳回后3个月内重新申请登记者,其已缴之登记费及权利书状费亦准予援用(《土地登记规费及其罚锾计征补充规定》第8条)。

2. 土地登记费用的免缴:

(1)申请他项权利内容变更登记,除权利价值增加部分外,免缴纳登记费(《土地法》第76条)。

(2)下列登记免缴登记费:(一)因土地重划之变更登记;(二)更正登记;(三)消灭登记;(四)涂销登记;(五)更名登记;(六)住址变更登记;(七)标示变更登记;(八)限制登记(《土地法》第78条)。

(3)抵押权设定登记后,另增加一宗或数宗土地权利为共同担保时,就增加部分办理设定登记者,免纳登记费。申请抵押权次序让与登记,免纳登记费(台湾《土地登记规则》第137条)。

(4)有下列各款情形之一者亦免缴纳登记费:(一)权利书状补(换)发登记;(二)国有财产局嘱托办理管理人登记及其变更登记;(三)法院检察署办理罚金执行案件就受刑人遗产执行嘱办继承登记(《土地登记规费及其罚锾计征补充规定》第4条)。

(5)土地因径为分割,所有权人就新编地号请领权利书状者,免纳书状工本费(《土地登记规费及其罚锾计征补充规定》第5条)。

3. 土地登记费用的退还

已缴之登记费及书状费,有下列情形之一的,得由申请人于3个月内请求退还之:(1)登记申请撤回者;(2)登记依法驳回者;(3)其他依法令应予退还者。申请人于3个月内重新申请登记者,得予援用未申请退还之登记费及书状费(台湾《土地登记规则》第 142 条)。

申请退费,应于最后一次驳回后 3 个月内为之(《土地登记规费及其罚锾计征补充规定》第 8 条)。

已缴之登记费罚锾,除法令另有规定外,不得申请退还(台湾《土地登记规则》第 142 条第 1 款)。

二、我国大陆现行法规定的登记费用

就登记费用,我国大陆相关的立法文件有建设部制定的《城市房屋权属登记管理办法》、国家土地管理局等制定颁布的《国家土地管理局、国家测绘局、国家物价局、财政部关于土地登记收费及其管理办法》和《土地登记规则》、广东省的《城镇房地产权登记条例》和深圳、珠海经济特区的《房地产登记条例》等。

(一) 房屋登记的登记费用

1. 依《城市房屋权属登记管理办法》,房屋权属登记,权利人(申请人)应当交纳的费用有登记费和权属证书工本费,其中的登记费的收取办法和标准由国家统一制定。不过在国家统一制定的办法和标准颁布之前,按照各省、自治区、直辖市的办法和标准执行(第 28 条)。

若权利人(申请人)逾期申请房屋权属登记的,登记机关可以按照规定登记费的 3 倍以下收取登记费(第 29 条)。

2. 2002 年 4 月 24 日国家发展计划委员会和财政部联合发布文件《关于规范房屋所有权登记费计费方式和收费标准等有关文件的通知》(计价格[2002]595 号)。依该通知,房屋所有权登记费等收费属于行政性收费,包括登记费、工本费等。

(1) 登记费的收取。依该通知,住房所有权登记费统一规范为按套收取,每套收费标准为 80 元。住房以外的其他房屋所有权登记费统一为按宗定额收取,具体标准由省、自治区、直辖市价格、财政部门核定。农民建房收费则按照《国家计委、财政部、农业部、国土资源部、建设部、国务院纠风办关于开展农民建房收费专项治理工作的通知》(计价格[2001]1531 号)来执行,主要有对农民建房依法颁发证照收取的工本费和对农民建房提供经营服务性的收费,前者由省、自治区、直辖市价格、财政部门重新核定收费标准,报同级人民政府批准后向农民公布,并报国家计委、财政部备案,对后者要坚持农民自愿接受服务的原则,凡强制或变相强制服务收费的,一律按乱收费予以查处。注销登记则不收费。房屋他项权利的登记费则比照上述规定执行。

（2）工本费。行使房产行政管理职能的部门按规定核发一本房屋所有权证书免于收取工本费；向一个以上房屋所有权人核发房屋所（共）有权证书时，每增加一本证书可按每本 10 元收取工本费。权利人因丢失、损坏等原因申请补办证书，以及按规定需要更换证书且权属状况没有发生变化的，收取证书工本费每本 10 元。

（3）不准收取其他收费项目。房屋所有权登记费项目由财政部会同国家计委负责审批，收费标准由国家计委会同财政部负责核定。除该通知规定的收费项目和收费标准外，房产行政主管部门在房屋所有权登记过程中不得收取房屋勘丈费等其他任何费用。

从这些规定来看，登记收费有轻化的倾向，这也表明了政府鼓励房地产开发和转让的政策倾向。

（二）土地登记的登记费用

《土地登记规则》仅于第 74 条规定："土地使用者、所有者和土地他项权利者应当按照国家规定缴纳土地登记费用。"这些土地登记费用包括什么，费率如何，都没有明确规定。

国土资源部 2002 年颁布的《土地登记资料公开查询办法》中另规定了查询土地登记资料所发生的费用，应由查询人承担（第 13 条）。但费率多少也无明确规定。

1990 年制定颁布的《国家土地管理局、国家测绘局、国家物价局、财政部关于土地登记收费及其管理办法》对土地登记的收费作了详尽的规定。

1. 收费原则

土地登记费的收取本着"收费适度，负担合理，保证工作需要"的原则，既考虑用地单位和个人的经济承受能力，又能保证土地登记工作的需要。

2. 收费范围

凡国有土地使用者、集体土地所有者、集体土地建设用地使用者，均按规定交纳土地登记费。而对集体土地上的农业用地未规定收取登记费用。军用土地登记收费标准，另行规定。

同时该办法原则上适用于变更土地登记。因土地出让、转让引起土地使用权转移，需要进行变更土地登记，其收费标准另行制定。

3. 收费项目及标准

土地登记的收费项目包括两类：土地权属调查、地籍测绘和土地注册登记、发证。对土地权属调查、地籍测绘，该办法采用区分权属主体累计定额缴纳的方法,并有最高额的限制,同时对一些特殊权利人还规定了免费的制度。

(1) 土地权属调查、地籍测绘

A. 党政机关、团体土地使用面积在 2000 平方米(含 2000 平方米)以下每宗地收 200 元,每超过 500 平方米以内加收 25 元,最高不超过 700 元。

B. 企业土地使用面积在 1000 平方米(含 1000 平方米)以下每宗地收 100 元,每超过 500 平方米以内加收 40 元,最高不超过 4 万元。

C. 全额预算管理事业单位用地执行党政机关、团体收费标准;差额预算管理事业单位土地使用面积在 5000 平方米(含 5000 平方米)以下每宗地收 300 元,每超过 500 平方米以内加收 25 元,最高不超过 1 万元;自收自支预算管理事业单位用地执行企业收费标准。

D. 城镇居民住房用地面积在 100 平方米(含 100 平方米)以下每宗地收 13 元,每超过 50 平方米以内加收 5 元,最高不超过 30 元。

E. 农村居民生活用地面积在 200 平方米(含 200 平方米)以下每宗地收 5 元,200 平方米以上每宗地收 10 元。

F. 凡有土地利用详查成果资料的村农民集体所有土地,国营农、林、牧、园艺、养殖、茶场等用地(不包括内部非农业建设用地),水利工程、矿山、铁路线路、国家储备仓库、国家电台、邮电通信等用地(不包括这些用地内部的管理、生活等建筑用地),必须使用土地利用详查成果资料进行登记发证(指城镇外),每宗地以图幅为单位每幅收 10 元图件编绘资料复制费,免收土地权属调查、地籍测绘费。

G. 学校、福利院、敬老院、孤儿院、免税残疾人企业,无收入的教堂、寺庙、监狱等用地,免收土地权属调查、地籍测绘费。

H. 农村贫困地区及其他因特殊困难需要申请减免土地权属调查、地籍测绘费的,经县、市土地管理部门签署意见,报省、自治区、直辖市土地管理、测绘、物价、财政部门批准。一般仅总登记、初始登记会涉及地籍测量的问题。

(2) 土地注册登记、发证

个人每证 5 元,单位每证 10 元。"三资"企业和其他用国家特制证书的,每证 20 元。

4. 土地登记费的收取、使用和管理

(1) 土地登记费由县、市人民政府土地管理部门收取

在收取前,必须向当地物价部门领取收费许可证,并使用财政部门统一

印制的收费票据。用地单位交纳的土地登记费在有关科目中列支。

(2) 土地登记费原则上按宗地收取

对一个地块内有几个土地使用者共同使用难以划清权属界线进行地籍测绘的,按各自独立使用和分摊面积收取;自成系统的单位,按具有法人资格的土地使用者收取。

(3) 使用范围

收取的土地登记费,主要用于以下几个方面:A. 人员培训;B. 作业人员从事内、外业的补贴,支付交通、住宿费,雇用临时人员工资;C. 技术指导、检查验收费用;D. 购置图件、资料、材料、专用仪器、设备及劳保用品;E. 印制表、册、土地证书及支付奖励、建立档案信息等费用。

(4) 使用比例与管理

A. 按收费项目及标准(1)中1、2、3、4款收取的经费,50%用于地籍测绘;50%用于土地权属调查。

B. 用于土地权属调查和注册登记、发证工作的经费,94%留给县(市)土地管理部门使用;3%交省级土地管理部门;3%上交国家土地管理局(由省级土地管理部门代收代交)。上交部分主要用于省级和全国性的业务指导、人员培训、新技术开发、建立档案信息等为下级服务的费用。

C. 收取的土地登记费,按预算外资金管理,实行财政专户存储,专款专用,严格按规定比例使用。认真执行财政制度,严格审批手续,接受同级财政、审计部门的检查、监督。各级土地管理部门在每年年度终了后,编制年度财务收支决算表,报同级财政部门审核,同时抄报上级土地管理部门,并抄送同级物价部门。由各省、自治区、直辖市土地(国土)管理局(厅)汇编县、市和本级土地登记费决算,于二月底以前报国家土地管理局、国家测绘局、国家物价局、财政部一式二份。并抄送本省、自治区、直辖市测绘主管部门。

(三) 房地产登记费用

1. 广东省《城镇房地产权登记条例》规定:房地产管理部门应当按照省物价行政管理部门核定的收费标准收取房地产权登记费用。房地产开发经营企业接受委托代办产权登记的,不得以代收房地产权登记费为名超出前款规定的标准收取房地产权登记费用(第18条)。

2. 珠海市《房地产登记条例》仅规定了登记公告的费用,它由有关权利人承担(第50条)。依该法,应予公告的情形有初始登记(第28条)、注销登记(第41条),对此,是否合适由权利人承担?公告在这些情况下应是登记机关确立登记公示力的职责所在,特别是初始登记的情况下,公告是保护第三人的一道必经程序,并非是仅仅为申请人(权利人)的利益而为,不应由权利人缴纳。

3. 深圳市《房地产登记条例》专章对房地产登记费用作了较详细的规定。依该法,对不同的登记程序权利人应交纳不同的登记费:(一)初始登记的,按登记价值的千分之一交纳。但登记价值超过3000万元的,超过部分按万分之五交纳;(二)转移登记的,按登记价值的千分之一交纳。但登记价值超过1000万元的,超过部分按万分之五交纳;(三)抵押登记的,按抵押价值的万分之一交纳。但每项最低不低于100元;(四)变更及其他登记的,每项交纳20元。(一)、(二)项所称的登记价值,是指经登记机关核准登记的房地产价值(第53条)。从该规定看,它采用了利益报偿原则,并按登记价值的不同采用了不同的费率和最低额。

同时,登记费的收入列作登记机关的业务经费和赔偿基金,不得挪作他用(第54条)。

当事人不按规定的时间申请登记的,每逾期一日,按登记费的千分之三加收逾期登记费(第55条)。

4. 上海市于其《房地产登记条例实施若干规定》中对登记费用进行了简单的规定。依据该规章的第22条,房地产登记费用包括房地产登记费和房地产登记信息查阅费两项,但具体收费标准由市房地资源局提出方案,经市价格管理部门会同市财政部门批准后执行。

5. 北京市目前已经取消了房地产的登记收费,由财政全额拨款。[①] 从目前来说,房屋登记收费并不昂贵,而对购房人来说,比较重的负担是过户时的契税(目前北京是3%,但对普通购房者按1.5%征收)[②],以及物业费和从银行按揭贷款时的律师费等费用,仅仅减免少额的登记费用,对普通的购房者而言无疑是杯水车薪,而且这也不符合受益者付费的原则,对登记赔偿基金的设立也造成很大影响。

[①] 这一消息由北京市国土资源和房屋管理局的丁世华处长于2004年4月13日的讨论会上提供。这一做法对天津等地的房地产登记收费造成很大的影响。特此感谢。

[②] 契税将来能否统一成物业税值得考虑。十六届三中全会公布的《中共中央关于完善市场经济体制若干问题的决定》中明确提到:"实施城镇建设税费改革,条件具备时对不动产开征统一规范的物业税,相应取消有关收费。"现在物业税的征收已经引起很大的关注。

三、对我国登记费用制度的完善和改进建议

从上面的介绍可以看出,我国的登记法律对登记费用的规定很不完善,首先体现为登记费用的不统一,对土地登记和房屋登记分别规定了不同的登记费用制度;其次是缺乏具体可操作的规定,特别是对房屋登记,实际上还缺乏明确的缴纳办法,即使有规定的地方,也还缺乏可操作性,如登记费用包括哪些种类、登记标的的价值特别是区分建筑物的价值如何计算、何时缴纳登记费用、登记费用有无免缴、退还的情形、逾期登记的罚款等问题尚缺乏明确的答案。这是将来立法应考虑完善的地方。这里,仅就其中几个比较突出的问题提供管窥之见:

1. 登记费用的种类

依现行法仅规定了房屋登记费、房屋权属证书工本费、土地权属调查、地籍测绘费、土地图件编绘资料复制费、土地权利证书费和查询土地登记资料所发生的费用。其中的房屋登记费、土地权属调查、地籍测绘费和土地图件编绘资料复制费可统一规定为房地产登记费,房屋权属证书工本费和土地权利证书费可统一为房地产权属证书费,查询土地登记资料所发生的费用可归为阅览费,并应补充规定其他工本费、公告费类别。

2. 如何合理地收取登记费用及土地登记费的用途

(1) 对此,《国家土地管理局、国家测绘局、国家物价局、财政部关于土地登记收费及其管理办法》规定:土地登记费的收取本着"收费适度,负担合理,保证工作需要"的原则,既考虑用地单位和个人的经济承受能力,又能保证土地登记工作的需要。

在实际操作中,对登记费,我国内地现行登记法律采用了两种不同的制度,对土地登记采用了区分权属主体累计定额缴纳的方法,并有最高额的限制,对房屋登记则区分房屋的性质采用了定额收费的方法,而深圳市对房地产登记中的变更登记也采用了定额登记的方法,对初始登记、移转登记和抵押登记则采用了和我国台湾地区一样的方法,即利益报偿制度,它依权利价值规定了不同的累退费率,不过,对他项权利登记,澳大利亚则采用了费用填补原则,按件收取定额之登记费。[①]

究竟采取哪种登记费用制度,是采费用填补原则,还是采利益报偿制度,需要结合整个登记的模式来考虑,特别是要和登记机关的赔偿制度的设

---

① 参见李鸿毅:《土地法论》,台湾 1999 年自版,第 278 页。

计相结合。

如果采用形式审查的话,自然采费用填补原则比较合适;如果采用实质审查的话,由于登记机关付出了比较多的辛劳,采利益报偿制度就比较合适。如果将来在登记机关的赔偿责任上采用的是托伦斯登记制下的赔偿基金模式的话,可以采用深圳市的累退费率制,将登记费中的一定比例拿出来作为专门的基金来赔偿因登记机关为不正确登记而受害的权利人的损失,而这种赔偿基金也具有了类似保险基金的功能,如我国台湾地区就将登记费的10%作为登记储金以备登记机关在更正登记情况下发生的赔偿责任之用(台湾《土地法》第70条第1款),我国深圳市的《房地产登记条例》也作了类似规定(第54条);如果采国家赔偿制度,因为赔偿金是由国库支出,无需设立赔偿基金,此时无论采取累退费率制还是定额费用制对赔偿问题都无太大的影响。但这会影响当事人交易的积极性,如果费率过高,房地产所有人和受让人进行房地产交易的积极性就可能会受到影响。对此梁慧星教授负责的物权法草案专家建议稿中有学者提出:"鉴于抵押登记机关办理抵押登记的服务性质,及鼓励当事人办理抵押登记的考虑,抵押登记费用应当尽量降低并一律按照设定抵押权的个数收取。目前一些地方规定的按照抵押物评估价值收取抵押登记费用的做法应当坚决废止。"[①]这也是现在对房屋登记采费用填补原则的一个原因。同时对一些公共和公益事业,可采取定额收费制,并建立免减费用制度。

从物权法的立法趋势看,采用费用填补原则成为了主导模式。2005年7月公布的《物权法(草案)》之前的第三次审议稿于第25条明定:"不动产登记按件收取费用,最高不得超过200元。"而在公布的草案中该条被修订为:"不动产登记费不得按照不动产的面积、体积或者价额的比例收取,具体收费标准由国务院规定。"删去了最高额的限定。

对登记费用的用途,深圳市的《房地产登记条例》还规定了登记费可作为业务经费使用,并应专款专用,而《国家土地管理局、国家测绘局、国家物价局、财政部关于土地登记收费及其管理办法》只是将登记费用作为了业务经费予以使用,未规定登记费用作为登记赔偿基金的用途。国家发展计划委员会和财政部联合发布的文件《关于规范房屋所有权登记费计费方式和收费标准等有关文件的通知》则规定房屋所有权登记费等收费应当纳入同级地方财政预算,支出则按批准的预算安排使用。

---

① 参见梁慧星主编:《中国物权法草案建议稿》,社会科学文献出版社2000年版,第621页。

（2）而对书状费，我国内地和台湾地区的法律都将之定性为工本费，采用了费用填补原则，这和澳大利亚的规定是一致的。

对其他登记费用，如工本费，依实际成本计征，对阅览费可采按件和按时定额计征的方法处理。

3. 登记费的计算

（1）登记权利价值的确定

在登记费采利益报偿制度的情况下，一般是以登记权利的价值作为登记费的计征标准，这便涉及这些权利价值的计算问题。

我国现行房地产登记所适用的土地和房屋的权利种类有：国有土地使用权、集体土地所有权和使用权（作为建设用地）①、房屋所有权、土地使用权和房屋抵押权、承租权、典权等。在现有的物权法草案中还规定有建筑区分所有权、地役权（邻地利用权）、空间地上权、地役权、让与担保权等。

对国有土地使用权，如为出让，我国《土地管理法》规定了出让金制度，可以此为准计征；若为划拨的土地，一般其使用局限于国家机关用地、军事用地、城市基础设施用地、公益事业用地、重点建设项目用地等方面②，对此可予以免缴登记费。

集体土地所有权和用于公益事业的集体土地使用权也可免缴登记费，对非公益事业的集体土地使用权（建设用地），应予以评估，按评估价值收取登记费。③

对房屋，若为新建商品房或二手房（含经济适用房），在进行转让登记时，可以其购房价为准，由于我国《城市房地产管理法》于第44条规定了房地产成交价格申报制度，这就使登记费的计征有了保障，此外的权利变更登记情形，如继承，可依评估价进行计征；若为自建房屋，可以对其价值进行评估并依评估价值缴纳登记费。④ 除广州市外，对农村房屋现行法尚未纳入登记的范围⑤，但对经济较为发达地区的农村房屋可以依评估价值缴纳登记费。

对区分建筑物，一般是作为商品房出售的，可依售房价计征登记费，另可参照台湾地区的法律规定作下列处理：若区分建筑物分别进行登记，得径依售价计征登记费，若为各区分所有建物全部一次申请登记的，依各区分建

---

① 参见《土地管理法》第二章。
② 参见《土地管理法》第23条。
③ 对集体土地使用权的规定可参见《土地管理法》第43条。
④ 中国内地的《城市房地产管理法》于第33条规定了房地产价格评估制度。
⑤ 《广州市农村房地产权登记规定》（2001年6月13日）作出了明确规定。

物的总售价计征登记费。至于各区分所有建筑物应分担之登记费，由申请人或代理人自行分算，其分算标准得以各建筑物的售价或勘测面积计算之。

在将来实行统一的房地产登记的情况下，如土地上有建筑物的话，可以统一计算权利价值予以计征。特别是区分所有建筑，其房价一般已纳入土地使用权的价值，而且区分所有权和其土地使用权不能分割转让，若强行将土地使用权予以份额分割计算其价值来计算登记费未免增加繁琐，在计征登记费时可以作为统一体计征登记费。

典权可依典价、抵押权或其他不动产担保物权可依所担保的债权额（最高额抵押分别依每次担保的债权额计征）、承租权可依租金计征，对地役权等价值不明的，可仿台湾地区的规定，可由登记申请人自行申报。

此外，若房地产权利价值不清楚的，可以进行评估，依评估价计征登记费。

（2）登记费率的规定

对登记费的费率应区分不同的登记类型予以规定，对此可以参考深圳市的规定予以完善。可作出如下的规定：

"（一）不动产总登记，应按登记权利价值的万分之五以计征，但登记价值超过1000万元的，超过部分按万分之二交纳；

（二）不动产初始登记，应按登记权利价值的万分之五交纳。但登记价值超过1000万元的，超过部分按万分之二交纳；

（二）不动产变更登记，应按登记价值的万分之二交纳，但登记价值超过1000万元的，超过部分按万分之一交纳。申请不动产他项权利内容变更登记，除权利价值增加部分外，免缴纳登记费。共有物分割登记，以分割后各自取得部分的登记价值计征。

前述所称的登记价值，是指登记机关核准登记的房地产价值。"

4. 登记费用的缴纳时间和逾期登记的罚款

对登记费用的缴纳可参照台湾地区的法律予以规定：

"不动产登记费用应于申请登记收件时缴纳。登记费未满一元的，不予计征。

除总登记之外的不动产权利登记的申请登记期限，自登记原因发生的次日起算，并依《民法通则》第153条及第155条的规定计算其终止日。"

对抵押登记费用的缴纳，梁慧星教授负责的物权法草案专家建议稿于第314条第4款专门作出了规定，"除非当事人另有约定，抵押登记的费用由抵押人承担。但抵押登记的费用应当由抵押登记的申请人预先缴纳。"但抵押登记应共同申请,那么应由谁来承担呢?而且一般来说登记费是在核准登记时才缴纳的,而该专家建议稿的起草人认为,若申请人拒绝预附抵押登记费用的,抵押登记机关可以驳回其抵押登记申请,这也不符合该学者认为的登记具有服务性质的论述。① 而且登记费用一般应由受益人(权利人)承担,是否在抵押权设定的情形即需由抵押人承担呢?尚需考虑。

对逾期罚款,仅《城镇房屋权属登记管理办法》和深圳市《房地产登记条例》作了规定。前者规定,若权利人(申请人)逾期申请房屋权属登记的,登记机关可以按照规定登记费的 3 倍以下收取登记费(第 29 条)。后者规定,当事人不按规定的时间申请登记的,每逾期一日,按登记费的千分之三加收逾期登记费(第 55 条)。这体现了登记的强行法的性质,具有比较强的公法色彩,在未来的立法中应予以淡化。

对此,还应补充规定:

"逾越法定登记期限未超过 1 个月的,虽属逾期范围,仍免予罚款,超过 1 个月的,始计征登记费罚款。登记罚款应于申请登记收件时缴纳。房地产权利变更登记逾期申请,于计算登记费罚款时,对于不能归责于申请人的期间,应予扣除。

经驳回的案件重新申请登记的,其罚款应重新核算,前次申请已核计罚款的款项应予扣除,且前后数次罚款合计不得超过应纳登记费的 20 倍。

登记案件经驳回后 3 个月内重新申请的,已缴纳的登记费及权利书状费可以援用;若属于多次被驳回,均在前次驳回后 3 个月内重新申请登记的,已缴纳的登记费及权利书状费可以援用。"

5. 登记费的减免缴

前述土地登记收费办法规定了三种减免土地权属调查、地籍测绘费情形:一是有土地利用详查成果资料的村农民集体所有土地,国营农、林、牧、园艺、养殖、茶场等用地(不包括内部非农业建设用地),水利工程、矿山、铁路线路、国家储备仓库、国家电台、邮电通信等用地(不包括这些用地内部的管理、生活等建筑用地),必须使用土地利用详查成果资料进行登记发证(指

---

① 参见梁慧星主编:《中国物权法草案建议稿》,社会科学文献出版社 2000 年版,第 620—621 页。

城镇外)的,免收土地权属调查、地籍测绘费;二是学校、福利院、敬老院、孤儿院、免税残疾人企业,无收入的教堂、寺庙、监狱等用地,免收土地权属调查、地籍测绘费;三是农村贫困地区及其他因特殊困难需要申请减免土地权属调查、地籍测绘费的,可以经县、市土地管理部门签署意见,报省、自治区、直辖市土地管理、测绘、物价、财政部门批准。国家发展计划委员会和财政部联合发布的文件《关于规范房屋所有权登记费计费方式和收费标准等有关文件的通知》则规定注销登记不得收费。另北京市规定,对经济适用住房减半收取房屋产权登记费,即按每建筑平方米0.15元收费[①],并减半收取土地权属调查、地籍测绘费。[②] 对此可在今后的立法中予以保留。

但对哪些登记类型应减免收费则现行法未有规定。对此可仿我国台湾地区的立法作出规定:

"下列情形的房地产登记免缴登记费:

(1) 申请不动产他项权利内容变更登记,除权利价值增加部分外,免缴纳登记费。

(2) 更正登记、消灭登记、涂销登记、更名登记、住址变更登记、标示变更登记、限制登记、权利书状补(换)发登记免纳登记费。

(3) 抵押权设定登记后,另增加一宗或数宗土地权利为共同担保时,就增加部分办理设定登记者,免纳登记费。申请抵押权次序让与登记,免纳登记费。"

6. 登记费用的退还

对此我国现行法未有规定,可仿我国台湾地区的立法作出规定:

"已缴的登记费及书状费,有下列情形之一的,申请人可于3个月内请求退还:(1) 登记申请撤回的;(2) 登记依法驳回的;(3) 其他依法应予退还的。

申请人于3个月内重新申请登记者,可以援用未申请退还之登记费及书状费。

申请退费,应于最后一次驳回后3个月内为之。

已缴纳的登记费罚款,除法律法规另有规定外,不得申请退还。"

[①] 《北京市物价局北京市财政局关于经济适用住房减半收取房屋产权登记费的通知》(1998年11月4日)。

[②] 《北京市物价局财政局关于经济适用住房减半收取土地权属调查、地籍测绘费的通知》(1998年11月4日)。

第十五章　中国不动产登记法草案建议稿

中国不动产登记法(草案建议稿)

一、总　则

第一条　【立法依据】

为了规范不动产登记行为,保障不动产交易的安全,维护不动产权利人的合法权益,根据《中华人民共和国物权法》(《中华人民共和国民法典》)、《中华人民共和国土地管理法》、《中华人民共和国城市房地产管理法》和其他有关的法律,制定本法。

第二条　【适用范围】

本法所称的不动产是指土地及土地上的房屋。土地上的房屋包括土地上的建筑物和构筑物。对林木及其他地上定着物的登记准用本法的规定。

本法所称不动产权利人,是指依法享有土地使用权、房屋所有权、不动产他项权利等不动产权利的自然人、法人和其他组织。

本法所称不动产权利,是指权利人所享有的土地使用权和房屋所有权,以及由上述权利产生的不动产他项权利,包括地役权、典权、抵押权和【租赁权】①等。

第三条　【登记机关】

省、自治区、直辖市人民政府的不动产行政主管部门主管本行政区内的不动产登记管理工作。

省、自治区、直辖市人民政府不动产行政主管部门应专门设立不动产登记处(以下简称登记处),负责本行政区内的不动产登记日常工作。市、县人民政府不动产行政主管部门受登记处委托,具体办理不动产登记事务。

第四条　【宗地登记】

不动产登记以一宗土地为单位进行登记。

---

① 对此存在争议。

拥有或者使用两宗以上土地的土地所有或者土地使用者,应当分宗申请登记。

第1款所称一宗土地,是指以权属界线组成的封闭地块。

第五条 【不动产登记的内容】

不动产登记应当对不动产权利人、权属来源、权利性质、取得时间、土地使用期限、变化情况和不动产的坐落、面积、四至、等级、用途、价值、层数、结构等进行记载。

第六条 【登记的效力】

依法律行为设立、移转、变更和废止不动产物权的,不经登记不生物权变动的效力。

因法律的规定、法院的判决、政府的指令发生的物权变动,自法律生效时、法院判决确定时或者政府的指令下达时生效。

因继承或遗赠发生的物权变动,自继承或遗赠开始时生效。

因事实行为发生的物权变动,自事实行为成就时生效。

依第2、3、4款发生的不动产物权变动,如未进行不动产登记的,权利取得人不得处分该不动产。

第七条 【登记簿的确定性及登记簿的补造和重造】

非经法定程序,任何人不得擅自改变登记簿记载事项的内容,任何人不得擅自改变权利证书记载事项的内容。

登记簿和权利证书的相应记载事项应当保持一致,否则,以登记簿记载事项的内容为准。

第八条 【登记簿的公开】

任何人均有权基于正当原因而查阅、抄录或复制不动产登记簿的记载事项。

不动产登记机关应当妥善保存不动产登记簿,并为他人的查阅、抄录或复制提供便利。

第九条 【登记簿的补造和重造】

登记总簿灭失时,登记机关应依有关资料补造,并应保持原有的次序。补造登记总簿时,应公告、公开提供阅览30日,并通知登记名义人,及将补造经过情形层报国家不动产登记局备查。

一宗不动产的登记簿用纸部分损坏时,登记机关应依原有记载全部予以重造。登记簿用纸全部损坏、灭失或其样式变更时,登记机关应依原有记载有效部分予以重造。

第十条 【登记的推定力和公信力】

不动产登记簿上记载某人享有某项物权的,推定该人享有该项物权。不动产登记簿上已涂销某项物权的,推定该项权利已经消灭。

善意信赖不动产登记簿的记载,而有偿取得所有权或其他物权的人,即使登记簿记载错误,也不受不利影响。但取得人知道或因重大过失而不知道登记簿错误的,以及登记簿记载有异议登记的除外。

第十一条 【土地登记和建筑物登记的关系】

土地上已有房屋的,土地及房屋应同时登记。土地使用权未经核准登记的,房屋的所有权或他项权不予登记。

第十二条 【土地使用权和土地、房屋所有权登记与他项权利、限制登记的关系】

未经登记土地使用权、所有权和房屋所有权的土地和房屋,除本法另有规定外,不得为他项权利登记或限制登记。

第十三条 【主登记和附记登记】

主登记的次序,应依登记的先后确定。附记登记的次序,应依主登记的次序确定,但同一主登记的附记登记,依其先后次序确定。

第十四条 【电子登记的适用】

国家不动产登记局应当建立全国统一的登记信息系统,并制定不动产电子登记的系统规范。

二、登记程序的一般规定

第十五条 【登记种类】

不动产登记包括下列登记类型:

(一)总登记;

(二)初始登记;

(三)变更登记;

(四)涂销登记;

(五)消灭登记;

(六)更正登记;

(七)异议登记;

(八)预告登记;

(九)信托登记;

（十）其他限制登记。

第十六条 【申请原则】

不动产登记依据当事人的申请或者有关国家机关的嘱托进行，但法律另有规定的除外。

因嘱托而进行的登记，除法律另有规定的情形外，准用因申请而启动的物权程序。

第十七条 【程序性质原则】

登记申请权是当事人享有的程序性权利，不受非法限制和剥夺。

登记申请是程序性行为，不适用《民法通则》对民事法律行为的规定，但法律另有规定的除外。

第十八条 【径为登记】

在下列情形下，登记机关可以径为登记：

（一）依第八十四条的规定进行的更正登记；

（二）依法由登记机关代管或被人民法院裁定为无主不动产的；

（三）因建筑物基地依法径为分割或合并时，基地号的变更登记；

（四）土地他项权利消灭时，当事人未按期申请涂销登记的；

（五）土地灭失时，当事人未按规定申请消灭登记的；

（六）其他依法律、行政法规得径为登记的。

登记机关径为登记完毕后，应将登记结果通知登记权利人，无法通知或不存在登记权利人的，应当予以公告。

第十九条 【共同申请原则】

除法律另有规定外，登记权利人和登记义务人应当共同申请登记。按份共有也应由共有人共同申请。

第二十条 【单独申请】

有下列情形之一的，可以由登记权利人或登记名义人单方申请登记：

（一）不动产总登记；

（二）不动产初始登记；

（三）因继承或遗赠取得不动产权利的登记；

（四）更正登记；

（五）因时效完成所为的登记；

（六）标示变更登记；

（七）更名或住址变更登记；

（八）不动产权利证书的补发、换发；

(九) 涂销登记和消灭登记;
(十) 预告登记或其涂销登记;
(十一) 第八十六条规定的异议登记的涂销登记;
(十二) 照人民法院作出的生效判决、裁定、调解申请登记的;
(十三) 依照仲裁机构的生效裁决、调解申请登记的;
(十四) 其他依法可以单独申请登记的。

不动产物权受让人履行了约定的义务,但在登记前出让人死亡且无继承人的,也可由受让人单方申请。

第二十一条 【代理申请】
申请人可以委托他人代理申请不动产登记。由代理人办理申请登记的,应向登记机关提交申请人的授权委托书、身份证明和代理人的身份证明。境外申请人的委托书应按规定经过公证或认证。

申请人为无行为能力或者限制行为能力的,由其法定代理人申请登记。

第二十二条 【代位申请】
债权人依《合同法》第73条(民法典第××条)的规定,代位债务人申请登记时,应当在申请书中记载债权人及债务人的姓名或者名称、住所及代位原因,并附具证明代位原因的文件。

申请事项的直接参与人形成共同关系的(如共同共有),其中一人或者数人为了全体参与人的利益,可申请共同关系的登记。

第二十三条 【一般规定】
除法律另有规定外,申请不动产登记时,申请人应当按本法规定的时间申请登记并应提交下列文件:
(一) 登记申请书;
(二) 申请人的身份证明;
(三) 登记原因证明文件;
(四) 登记义务人的权利证书;
(五) 法律、行政法规规定的其他文件。

有下列情形之一的,可以免予提出前述第四项文件:
(一) 登记原因证明文件为法院的生效判决、裁定或调解书的;
(二) 依法代位申请登记的;
(三) 法院嘱托办理他项权利涂销登记的;
(四) 其他依法律、行政法规免予提出的。

不动产登记未能提出前述第四项文件的,应于登记完毕时公告作废。

申请人因不可抗力或者其他正当理由不能在规定的期限内申请登记的,在障碍消除后的 5 日内,顺延登记期限。

第二十四条　【效力保证】

登记申请书必须符合法定格式,应有申请人的真实签名或盖章。

申请登记提交的文件应当为原件;无法提供原件的,应当提交经有关机关确认内容真实的复印件。

法律、行政法规规定以及当事人约定应经公证机关公证的,申请不动产登记时,申请人应提供公证文书。

第二十五条　【登记申请的生效标准和撤回】

符合法定条件的登记申请在到达登记机关之日起发生法律效力。

在登记完毕之前,申请人有权撤回登记申请,自登记机关核准撤回之日起,登记申请不再具有法律效力。

第二十六条　【决定登记机关权限】

登记机关在审查登记申请和办理登记时,应当依据登记申请的内容范围进行操作。

登记机关在解释登记申请时,应当依申请书的文字表述为原则。

第二十七条　【决定登记完成的顺序】

针对同一权利或者同一不动产有数个登记申请的,时间在先且符合法定条件的申请应优先办理登记。

第二十八条　【保护期待利益】

自登记申请发生法律效力之日起,申请人对于申请事项享有的期待利益受法律保护。

第二十九条　【收件程序】

申请人提交的登记申请文件符合法定要求的,登记机关应当接受申请人提交的申请文件,在收件簿上载明名称、页数、件数,并给申请者开具收据。前项收件簿,应按接收申请的先后编列收件号数。

登记机关收到申请人的登记文件之日为申请日。

第三十条　【审查方式】

登记机关对于登记申请事项的审查范围包括:

(一)本机关对登记申请事项有无管辖权;

(二)申请人或其代理人是否具有完全行为能力、资格是否适当;

(三)登记申请以及相关文件是否符合法律规定的形式要件;

(四)登记申请的内容是否与原因证书等证明文件的内容吻合;

（五）登记义务人的权利是否与登记簿上的权利吻合；
（六）证明文件的真实性；
（七）法律规定的其他事项。

第三十一条 【核准登记的程序】

登记申请事项完全符合法律规定的，登记机关应当在本法规定的时间内予以核准登记，将申请事项记载于登记簿中，并向权利人颁发相关的不动产权利证书，但得就原证书加注的，于加注后发还给权利人。登记申请日为登记日。

第三十二条 【登记的办理与登记完毕】

登记应依收件号数的次序进行。除法律、行政法规另有规定外，收件号数在后申请，不得提前登记。

登记程序开始后，除法律另有规定外，不得停止登记的进行。

不动产权利经登记机关依本法登记于登记簿，并校对完毕，加盖登簿及校对人员名章后，为登记完毕。不动产登记以电子方式处理的，经依系统规范登录、校对，并变更地籍资料完毕后，为登记完毕。

登记案件办理完毕后，登记申请文件，除登记申请书、登记原因证明文件或其副本及应予注销的原权利书状外，其余文件，应加盖登记完毕的印章，发还给申请人。

第三十三条 【暂缓登记的程序】

有下列情形之一的，登记机关应当暂缓登记：
（一）申请人资格不符或者代理人的代理权存在欠缺的；
（二）登记申请文书不符法律要求的；
（三）登记申请事项与证明文件不符的；
（四）未依法缴纳相应费用的；
（五）法律、行政法规规定的其他情形。

在暂缓登记时，登记机关应当以书面形式写明理由或法律根据，通知申请人在接到通知书之日起 15 日内予以补正。

第三十四条 【暂缓登记的结果】

暂缓登记不影响收件的序号，但申请人逾期不补正或者没有完全补正的除外。

第三十五条 【不予登记（驳回申请）的程序】

有下列情形之一的，登记机关应当不予登记（驳回申请）：
（一）登记申请事项不属收件登记机关管辖范围的；

（二）登记申请事项没有登记能力的；

（三）登记申请事项违背法律强行性规定或者社会公共利益的；

（四）登记申请事项涉及的权属争议尚未解决的；

（五）申请人逾期不补正或者没有完全补正暂缓登记决定要求的；

（六）法律、行政法规规定的其他情形。

在不予登记（驳回申请）时，登记机关应当以书面形式发给申请人不予登记（驳回申请）的决定，其中写明理由、法律依据以及申请人的救济途径。

申请人不服登记机关不予登记（驳回申请）决定的，有权在收到决定之日起的15日内，请求登记机关复审，或者向法院提起诉讼。

第三十六条　【不予（驳回）登记的结果】

自不予（驳回）登记决定作出之日起，登记申请丧失法律效力，登记机关应在登记申请书上注明不予（驳回）登记，连同其他申请文书全部发还申请人。

已驳回的登记案件，重新申请登记时，应另行办理收件。

第三十七条　【公告】

公告仅适用于不动产总登记、初始登记、主张时效完成申请地上权登记、申请不动产权利书状的补给登记及其他法律、法规规定的情形。

第三十八条　【登记决定顺位原则】

同一不动产上负担两个以上限制物权的，按照它们各自登记的先后次序决定权利实现的顺序，但法律另有规定或者当事人另有约定的除外。

第三十九条　【顺位移动原则】

同一不动产上负担的顺位在前的限制物权基于合法原因消灭，相关登记被涂销的，顺位在后的限制物权依次升进顺位，但当事人有相反约定并经过登记的除外。

第四十条　【法定顺位】

同一不动产负担的两个以上的限制物权被登记在登记簿同一栏目内的，按照它们在登记簿中占用的空间先后次序确定顺位。该空间先后次序与登记申请时间先后次序不符的，按照登记申请时间先后次序确定顺位。

同一不动产负担的两个以上的限制物权被登记在登记簿的不同栏目内，按照登记申请时间的先后次序确定顺位；登记申请日期相同的，则顺位相等。

同一不动产负担的两个以上的限制物权被登记在登记簿的不同栏目内，均没有记载登记日期以及登记申请日期的，则顺位相等；没有记载登记日期以及登记申请日期的顺位,位于其他栏目中有记载日期的顺位之后。

第四十一条 【意定顺位】
同一不动产负担的两个以上的限制物权的权利人约定顺位的排列,并在登记簿中记载据此产生的顺位的,应当受法律保护。

第四十二条 【顺位交换】
同一不动产负担的两个以上的限制物权的权利人,约定顺位在前的权利与顺位在后的权利交换各自顺位,经过利害关系人的同意,在交换的结果记载于登记簿时,顺位前移的权利能够排斥顺位后移的权利而优先得以实现,但不能影响同一不动产上其他物权的原有顺位利益状况。

顺位前移或者后移的权利消灭的,顺位交换丧失法律效力,但顺位前移的权利人不知顺位后移的权利消灭,以及权利人自愿放弃顺位后移权利的,顺位前移的权利不受影响。

第四十三条 【顺位变更】
同一不动产负担的两个以上的限制物权的权利人,约定交换各自顺位的,在交换的结果记载于登记簿时,产生法律效力。

第四十四条 【顺位抛弃】
不动产限制物权权利人抛弃该物权的,该物权登记一经涂销,其顺位就消灭。

不动产限制物权权利人为了所有顺位在后的权利人的利益,抛弃自己权利的顺位并在登记簿中登记的,其顺位位于抛弃发生时所有在后顺位之后。

不动产限制物权权利人为了特定的顺位在后的权利人的利益,抛弃自己权利的顺位并在登记簿中登记的,其顺位与接受抛弃利益的权利顺位相同,但不能影响同一不动产上负担的其他限制物权的原有顺位利益。

第四十五条 【预告登记的顺位】
预告登记的顺位准用上述规定。

三、总　登　记

第四十六条 【不动产总登记的程序】
不动产总登记包括土地总登记和房屋总登记。
不动产总登记的程序为:
(一)通告;

（二）申请；
（三）地籍调查；
（四）公告；
（五）核准登记并颁发证书。

第四十七条 【通告】

土地总登记，由不动产登记机关发布通告。通告的主要内容包括：

（一）土地登记区的划分；
（二）土地登记的期限；
（三）土地登记收件地点；
（四）土地登记申请者应当提交的有关证件；
（五）其他事项。

第四十八条 【申请人】

土地总登记的申请主体包括国有土地使用权人、集体土地所有权人、集体土地使用权人和其他土地他项权利人。

国有土地使用权由使用国有土地的单位及法定代表人或者使用国有土地的个人申请登记。集体土地所有权由村民委员会或者农业集体经济组织及法定代表人申请登记。集体土地使用权由使用集体土地的单位及法定代表人或者使用集体土地的个人申请登记。其他土地他项权利需要单独申请的，由有关权利人申请登记。

第四十九条 【申请应提交的文件】

土地登记申请者申请土地使用权、所有权和其他土地他项权利登记，必须向不动产登记机关提交下列文件资料：

（一）《不动产总登记申请书》。
（二）单位、法定代表人证明，个人身份证明或者户籍证明。
（三）土地权属来源证明。
（四）地上附着物权属证明。委托代理人申请土地登记的，还应当提交授权委托书和代理人资格身份证明。

不动产登记机关接收土地登记申请者提交的申请书及权属来源证明，应当在收件簿上载明名称、页数、件数，并给申请者开具收据。

第五十条 【地籍调查】

不动产登记机关负责组织辖区内的地籍调查，并应当根据地籍调查和土地定级估价成果，对土地权属面积、用途、等级、价格等逐宗进行全面审核，填写土地登记审批表。土地登记审批表以宗地为单位填写。两个以上土地使用者共同使用一宗土地的,应当分别填写土地登记审批表。

第五十一条 【公告】

经不动产登记机关审核,对认为符合登记要求的宗地予以公告。公告期限不少于30日。

公告的主要内容包括:

(一)土地使用权人、所有权人和土地他项权利人的名称、地址;

(二)准予登记的土地权属性质、面积、坐落;

(三)土地使用权人、所有权人和土地他项权利人及其他土地权益利害关系人提出异议的期限、方式和受理机关;

(四)其他事项。

土地登记申请人及其他土地权益利害关系人在公告规定的期限内,可以向不动产登记机关申请复查,并按规定缴纳复查费。经复查无误的,复查费不予退还;经复查确有差错的,复查费由造成差错者承担。

土地登记过程中的土地权属争议,在进行处理后,再行登记。

第五十二条 【核准登记并颁发证书】

公告期满,土地使用权人、所有权人和其他土地他项权利人及其他土地权益利害关系人对土地登记审核结果未提出异议的,不动产登记机关按照以下规定办理登记:

(一)根据对土地登记申请的调查审核结果,以宗地为单位逐项填写土地登记卡,并由登记人员和不动产登记机关主管领导在土地登记卡的经办人、审核人栏签字;

(二)根据土地登记卡的有关内容填写土地归户卡,并由登记人员在土地归户卡的经办人栏签字。土地归户卡以权利人为单位填写,凡在一个县级行政区范围内对两宗以上土地拥有权利的,应当填写在同一土地归户卡上;

(三)根据土地登记卡的相关内容填写土地证书。土地证书以宗地为单位填写。两个以上土地使用者共同使用一宗土地的,应当分别填写土地证书。

由县级以上地方人民政府向国有土地使用权人、集体土地所有权人、集体土地使用权人分别颁发《国有土地使用证》、《集体土地所有证》和《集体土地使用证》。县级以上地方人民政府不动产管理部门向土地他项权利人颁发土地他项权利证书。

尚未确定土地使用权、所有权的土地,由不动产登记机关进行登记造册,不发土地证书。

第五十三条 【房屋总登记】

房屋总登记由建筑物、构筑物的所有权人单独申请登记。

房屋总登记准用土地总登记的程序。

四、不动产初始登记

第五十四条 【初始登记的情形】

有下列情形的,不动产权利人应当申请不动产初始登记:

(一)以出让、划拨方式取得国有土地使用权的;

(二)新建房屋竣工验收合格的。

第五十五条 【地籍调查和建筑物第一次测量】

申请国有土地使用权或建筑物所有权初始登记前,土地使用权人、建筑物所有权人或开发商应向应先向登记机关认可的测量机构申请地籍调查或建筑物第一次测量。区分所有权人就其区分所有部分的权利,可以单独申请测量。

第五十六条 【申请日期】①

不动产权利人应当在下列期限内,申请初始登记:

(一)以出让或者划拨方式取得国有土地使用权的,土地使用权人应自按合同约定付清地价款或者补偿、安置等费用之日起3个月内申请初始登记;

(二)新建非商品房屋的,建筑物所有权人或起造人应自房屋竣工验收交付使用之日起3个月内申请初始登记;

(三)新建商品房的,建筑物的开发商应自房屋竣工验收后交付给购买人之前的期限内申请初始登记,就预售商品房的区分所有部分也可由区分建筑物的区分所有人在房屋交付后3个月内单独申请。

第五十七条 【申请国有土地使用权初始登记应提交的文件】

申请国有土地使用权初始登记的,土地使用权人应提交下列文件:

(一)《不动产初始登记申请书》;

---

① 如果要淡化不动产登记法的公法色彩,视申请为当事人的权利的话,可以删去本条。以下的第六十五条、第七十七条、第七十八条、第一百二十一条前三款和第一百二十三条第三款也可以删去(已用【】号标出)。

（二）身份证明,包括:个人身份证明,或企业法人营业执照和法定代表人证明,或国家机关负责人证明,或市政府批准设立组织的文件和该组织负责人证明。境外企业、组织提供的身份证明应按规定经过公证或认证;

（三）土地权属证明,包括:
1. 土地使用权出让合同或者土地使用权划拨合同;
2. 付清地价款或者补偿、安置等费用证明书;
3. 批准用地文件;
4. 建设用地规划许可证及附图、附件(包括用地红线图);
5. 建设用地批准书或者建设用地许可证;
6. 以其他合法方式取得土地使用权的有关证明文件;

（四）登记机关认可的测量机构出具的实地测绘结果报告书。

第五十八条 【申请房屋所有权初始登记应提交的文件】

申请房屋所有权初始登记的,除应提交前条规定的(一)、(二)项文件外,房屋所有权人应提交下列文件:

（一）土地使用权属证明;
（二）建设用地规划许可证;
（三）施工许可证;
（四）建筑物竣工验收证;
（五）建筑设计总平面图、建筑物竣工图(包括单体建筑平面、立面、剖面图);
（六）登记机关认可的测量机构出具的实地测绘结果报告书。

第五十九条 【公告和异议处理】

登记机关应当自受理申请之日起15日内作出初步审定,并予以公告,公告期为30日。

对初始登记公告的初步审定提出异议的,登记机关应自接到书面异议之日起15日内将书面异议的副本送达登记申请人。登记申请人应自接到书面异议副本之日起15日内向登记机关作出书面答复。逾期不答复的,予以撤销初步审定,驳回登记申请。

登记机关对异议和登记申请人的答复进行调查核实,认为异议成立或不成立的,登记机关应作出决定,并书面通知当事人。当事人对登记机关的决定不服的,可自接到决定通知书之日起15日内向市政府行政复议机构申请复议,或向人民法院起诉。

第六十条 【核准登记并发证】

对初步审定无异议的,公告期满后,登记机关应于 15 日内予以核准登记,并向申请人颁发不动产权利证书。

第六十一条 【初始登记的效力】

土地所有权或土地使用权未经初始登记的,该土地范围内的其他不动产权利不予登记。房屋所有权未经初始登记的,与该房屋有关的其他不动产权利不予登记,但申请预告登记的情形除外。

第六十二条 【区分建筑物初始登记的特殊规定】

区分建筑物的开发商或区分所有权人应依下列测绘规定,办理建筑物所有权第一次登记:

(一)独立建筑物所有权的墙壁,以墙的外缘为界;

(二)建筑物共享的墙壁,以墙壁的中心为界;

(三)附属建筑物以其外缘为界;

(四)有隔墙的共享墙壁,依第(二)项的规定,无隔墙设置的,以使用执照竣工平面图区分范围为界,其面积应包括四周墙壁的厚度。

区分所有建筑物的共同使用部分,应另编建号,单独登记,并依下列规定办理:

(一)同一建筑物所属各种共同使用部分,除法律、行政法规另有规定外,应视各区分所有权人实际使用情形,分别合并,另编建号,单独登记为各相关区分所有权人共有。但部分区分所有权人不需使用该共同使用部分者,可以除外。

(二)区分所有建筑物共同使用部分仅建立标示部,并加附区分所有建筑物共同使用部分附表,其建号,应于各区分所有建筑物之所有权状中记明,不另发给所有权状。

区分所有建筑物的地下层(包括停车库或停车位)或屋顶突出物等,如非属共同使用部分,并已由户政机关编列门牌或核发其所在地址证明的,可以视为一般区分所有建筑物,申请单独编列建号,办理建筑物的初始登记。

第六十三条 【土地使用权及其他土地他项权利和区分建筑物所有权不可分离】

建筑物专有部分不得与其所属建筑物共用部分的应有部分及其土地使用权或其他土地他项权利的应有部分相分离而为移转或设定负担。

区分建筑物的登记簿应当编制整幢区分建筑物的标示部,包括建筑物的层数、单元数、各层的面积、基地号数和面积等。区分建筑物的专有部分登记簿应当标明土地使用权的种类和范围等。

第六十四条 【违章建筑的处理】

对违章建筑,登记机关应当作出不予登记的决定。

五、不动产变更登记

第六十五条 【不动产权利变更登记的情形】

经初始登记的不动产,有下列情形之一的,应由当事人【自合同或其他法律文件生效之日或相关法律事实发生之日起 30 日内(在签订转让合同或者取得与转让有关的法律文件生效后 90 日内)】申请办理不动产权利变更登记:

(一)买卖;

(二)赠与;

(三)交换;

(四)继承、遗赠;

(五)共有不动产的分割;

(六)不动产合并;

(七)不动产他项权利,如地役权、抵押权、典权、租赁权等的设定、变更;

(八)依照人民法院的生效判决、裁定、调解作出的不动产权利变更;

(九)依照仲裁机构的生效裁决、调解作出的不动产权利变更;

(十)法律、法规规定的其他情形。

其中的买卖、分割、合并、交换、赠与和不动产他项权利的设定,应由登记名义人和权利人共同申请。在因遗赠取得不动产权利,因人民法院已经发生法律效力的判决、裁定或者调解取得不动产权利,因仲裁机构已经发生法律效力的裁决、调解取得不动产权利等情形下,权利人可以单独申请。

在继承的情形,任何继承人都可为全体继承人的利益申请继承登记,但其申请不影响其他继承人抛弃继承的权利。

胎儿为继承人时,应由其母以胎儿名义申请登记,等胎儿出生办理户籍登记后,再行办理更名登记。如胎儿将来为死产者,其经登记之权利,溯及继承开始时消灭,由其他继承人共同申请更正登记。

因征收或征用取得不动产权利的,征收或征用机关应于补偿完毕后 30 日内,嘱托登记机关为不动产权利变更登记,或他项权利的涂销或变更登记。

第六十六条 【申请不动产权利变更登记应提交的文件】

申请不动产权利变更登记,应提交下列文件:

(一)《不动产权利登记申请书》;

(二)不动产权利证书;

(三)身份证明;

(四)证明不动产权利发生变更的文件,包括买卖合同书,或赠与书,或继承证明文件,或交换协议书,或人民法院依法作出的已经生效的判决书、裁定书、调解书,或有关行政机关的行政决定书,或分割的协议书等。

(五)不动产登记机关要求提交的其他有关文件(法律、法规和规章规定的其他文件)。

第六十七条 【不动产登记事项变更登记】

有下列情形时,不动产权利人应申请不动产登记事项变更登记:

(一)不动产权利人(登记名义人)姓名或名称及住址变更的;

(二)不动产地址变更的;

(三)不动产使用用途变更的;

(四)不动产名称变更的;

(五)不动产权利证书的换领和补发。

第六十八条 【不动产登记事项变更登记应提交的文件】

不动产权利人申请不动产登记事项变更登记,应提交下列文件:

(一)《不动产变更登记申请书》;

(二)不动产权利证书;

(三)身份证明;

(四)与不动产登记事项变更有关的证明文件、有关部门的批准文件、行政决定等。

第六十九条 【核准登记并发证】

登记机关对权利人的申请进行审查,符合规定的,应自受理申请之日起30日内(20个工作日内)予以核准变更登记,并换发不动产权利证书。

第七十条 【不动产权属证书的换领、补发】

不动产权利证书或登记证明破损的,不动产登记名义人可以向不动产登记机构申请换领,并应提出破损之原不动产所有权证或原不动产他项权利证书。不动产登记机关换发不动产权证书、登记证明前,应当查验并收回原不动产权证书、登记证明。

不动产权利证书或登记证明灭失的,不动产登记名义人可以向不动产登记机构申请补发。申请补发时,登记名义人应说明不动产权利证书或登记证明灭失的原因,并应提供相应的证明文件。登记机关应作出补发公告,经1个月无异议的,予以补发,并在新颁发的不动产权利证书上注明"补发"字样。自补发之日起,原不动产权利证书或登记证明作废。

第七十一条 【法院嘱托登记优先办理】

在不动产权利变更登记尚未完毕前,登记机关接获法院查封、财产保全或破产登记的嘱托时,应立即改办查封、财产保全或破产登记并通知登记申请人。

第七十二条 【时效取得登记的程序】

不动产总登记后,权利人因主张时效完成申请不动产权利登记时,应提出占有的不动产四邻证明或其他足以证明开始占有至申请登记时继续占有事实的文件。该登记申请,经登记机关审查证明无误应即公告。公告期间为30日,并同时通知土地使用权人或所有权人及建筑物所有权人。

土地使用权人或所有权人及建筑物所有权人在公告期间内,如有异议,应由不动产登记机关予以处理,不服处理的,应于接到处理通知后15日内,向法院起诉,逾期不起诉的,依原处理结果办理。

第七十三条 【分割登记】

一宗土地的部分已设定地上权、地役权或典权的,于办理分割登记时,应由土地使用权人或所有权人会同地上权人、地役权人或典权人先申请勘测确定权利范围及位置后进行。

依据法院判决申请共有物分割登记的,部分共有人可以提出法院确定判决书及其他应附文件,单独为全体共有人申请分割登记,登记机关于登记完毕后,应通知其他共有人。

共有物分割涉及原有标示变更的,应申请标示变更登记及所有权分割登记。

分别共有土地,部分共有人就应有部分设定抵押权的,于办理共有物分割登记时,该抵押权按原应有部分转载于分割后各宗土地之上。但经先征得抵押权人的同意,该抵押权仅转存于原设定人分割后取得的土地上。

第七十四条 【合并登记】

土地的一部分合并于他土地时,应先行申请办理分割。

二宗以上所有权人不同的土地办理合并时,各所有权人的权利范围依他们之间的协议确定。设定有地上权、地役权、典权的土地合并时,应先由土地使用权人或所有权人会同他项权利人申请他项权利位置图勘测。于合并后,其权利范围仍存在于合并前原位置之上,不因合并而受影响。设有抵押权的土地合并时,该抵押权之权利范围依土地使用权人或所有权人与抵押权人的协议定之。

设定有他项权利的土地申请分割或合并登记,于登记完毕后,应通知他项权利人换发或加注他项权利证书。

申请建筑物基地分割或合并登记,涉及基地号变更的,应同时申请基地号变更登记。如建物与基地所有权人不同时,可以由基地所有权人代为申请。于登记完毕后,应通知建物所有权人换发或加注建筑物所有权证。

区分所有建筑物共同使用部分不得分割,除法律、行政法规另有规定外,应随同各相关区分所有建筑物移转、设定或为限制登记。

第七十五条 【设立中的法人取得所有权或他项权利的登记】

法人在未完成法人设立登记前取得不动产所有权或他项权利的,可以提出协议书,以其发起人公推的代表人名义申请登记。该代表人应表明身份及承受原因。登记机关为登记时,应于登记簿所有权部其他登记事项栏记载取得权利的法人的名称。

前述协议书应记明,于登记完毕后,法人未核准设立或登记的,其不动产权利依下列方式之一处理:(一)申请更名登记为已登记的代表人所有;(二)申请更名登记为发起人全体共有。

法人在未完成法人设立登记前,代表人变更的,已依前述办法办理登记的不动产权利,应由该法人发起人的全体出具新协议书,办理更名登记。

第七十六条 【抵押权登记】

申请为抵押权设定登记时,抵押人非债务人的,抵押合同及登记申请书应经债务人签名或盖章。

依法限制分割的一宗耕地,不得以其所有权的一部分设定抵押权。

同一土地所有权人设定典权后再设定抵押权的,应经典权人同意。

以不属同一登记机关管辖的数宗土地权利为共同担保设定抵押权时,应分别订立抵押合同向土地所在地的登记机关申请登记。

抵押权设定登记后,另增加一宗或数宗土地权利共同为担保时,应就增加部分办理抵押权设定登记,并就原设定部分办理抵押权内容变更登记。

以数宗土地权利为共同担保,经设定抵押权登记后,就其中一宗或数宗土地权利,为抵押权的涂销或变更时,应办理抵押权部分涂销及抵押权内容变更登记。

同一土地设定数个抵押权登记后,其中一抵押权因债权让与为变更登记时,原登记的权利的先后顺序不得变更。抵押权因增加担保债权金额申请登记时,如有后顺位抵押权存在者,除经后顺位抵押权人同意办理抵押权内容变更登记外,应就其增加金额部分另行办理设定登记。

同一标的的抵押权因次序让与而申请权利变更登记的,应经抵押人同意,并由受让人会同让与人申请。如有中间次序的抵押权存在,并应经该中间次序的抵押权人同意。

房屋抵押权登记准用上述规定。

六、不动产涂销登记和消灭登记

第七十七条 【涂销登记的概念和申请登记】

不动产他项权利因抛弃、混同、存续期间届满、债务清偿、法院判决等原因而消灭时,不动产他项权利人、原设定人或其他利害关系人应【于消灭事实发生后 15 日内】申请涂销登记,并提交下列文件:

(一) 登记申请书;

(二) 申请人的身份证明;

(三) 证明不动产他项权利消灭的文件;

(四) 土地和房屋灭失的证明;

(五) 其他必要的证明文件。

第七十八条 【消灭登记的概念和申请登记】

土地或房屋因自然灾害、拆除、坍塌等灭失时,国有土地使用权人、集体土地所有权人和房屋所有人应【于灭失事实发生后 30 日内】申请消灭登记,并提交以下文件:(一) 登记申请书;(二) 申请人的身份证明;(三) 不动产所有权和他项权利证书;(四) 土地和房屋灭失的证明;(五) 其他必要的证明文件。

第七十九条 【消灭登记申请的代位】

房屋灭失时,若该房屋的所有权人未于规定期限内申请消灭登记,土地使用权人或其他权利人得代位申请。

第八十条 【涂销登记和消灭登记的审查和核准】

不动产登记机关应当在受理涂销土地登记申请之日起 15 日内,对登记申请进行审查,凡权属清楚、产权来源资料齐全的,应当在受理登记后的 15 日内核准登记,并将消灭登记的结果书面通知当事人,并注销不动产权属证书。不符合规定条件的,不予登记,并书面告知申请人。

第八十一条 【涂销登记和消灭登记的径为登记】

不动产他项权利人未按照规定申请注销登记的,土地使用权人、集体土地和房屋所有权人未按照规定申请消灭登记的,土地管理部门可以依照本规定直接办理涂销登记或消灭登记,并在10日内书面通知登记名义人,限期缴回不动产权证书,当事人未在规定期限内缴回不动产权证书的,登记机关可以公告原不动产权证书作废。

第八十二条 【消灭登记的通知】

设定有他项权利之土地和建筑物因灭失而为消灭登记时,登记机关应于登记完毕后通知他项权利人。土地和建筑物已办理限制登记者,并应通知嘱托机关或预告登记名义人。

七、不动产更正登记和异议登记

第八十三条 【申请更正登记】

权利人发现登记簿记载的权利与真实的权利不一致时,可以申请登记机关进行更正。申请更正的事项涉及第三人利益的,应当共同申请。第三人不同意申请的,权利人可以请求人民法院裁定更正登记。

第八十四条 【径为更正登记】

登记机关发现登记簿记载的权利与真正的权利有明显不一致时,应当及时书面通知有关权利人在规定期限内办理更正登记手续;当事人无正当理由逾期不办理更正手续的,可以依职权更正登记的内容并书面通知有关当事人,但更正的事项涉及第三人利益的除外。

第八十五条 【异议登记的概念】

在第八十三条和第八十四条规定(指对更正登记的规定)的情况下,可以在不动产登记簿上登记一项目的在于对抗现行登记的权利的正确性的异议。

第八十六条 【异议登记的程序】

异议登记得根据财产保全裁定或者对不动产登记簿为更正登记而涉其权利的人(登记名义人)的书面同意进行。为了作出财产保全裁定,无须证明异议登记申请人的权利已受到危害并且该裁定不得因登记名义人提供担保而撤销。根据登记名义人的书面同意而为的异议登记自登记之日起3个月内有效。此3个月内异议登记申请人未请求登记名义人同意为更正登记并向登记机关提供证明的,登记名义人得申请登记机关涂销异议登记,必要时,登记机关亦得依职权为之。被涂销的异议登记,自涂销时失其效力。

除依前款规定外,异议登记尚得因下列事由而为涂销:

（1）因保全权利之需要的消灭;

（2）因所保全的物的请求权的消灭;

（3）异议登记申请人的同意;

（4）因财产保全而为异议登记的,因财产保全的撤销。

（1）、（2）可由异议登记申请人或登记名义人申请,但应附具必要的证明文件,（3）则由登记名义人申请进行,对（4）应由法院为嘱托登记。

第八十七条 【异议登记申请人的赔偿责任】

因异议登记不成立而给登记权利人（登记名义人）造成损害的,申请人应负赔偿责任,但经为异议登记3个月后,登记名义人无正当理由不为涂销登记申请的,异议登记申请人免负赔偿责任。

第八十八条 【径为登记】

在当事人申请更正登记时,如果申请有轻微的瑕疵,则登记机关可以命令申请人于一定期间内予以弥补,于所定期间内尚未弥补的,如又有他人提出关于同一权利的申请,登记机关则应依职权,对最先的申请为异议登记,其后才可对后面的申请进行登记。

八、预告登记

第八十九条 【预告登记的定义】

预告登记是指旨在保全以发生不动产物权变动为内容的请求权所设定的登记。

第九十条 【预告登记保全的请求权】

预告登记保全的请求权是引起具有登记能力的不动产物权变动的债权请求权,包括:

（1）设定或者消灭不动产物权的请求权;

（2）变更不动产物权主体、内容或者顺位的请求权;

（3）附条件或附期限的请求权。

第九十一条 【预告登记的当事人】

预告登记所涉及的当事人必须是所保全的请求权关系的当事人:

（1）请求权标的物是特定不动产的,登记义务人是登记簿记载的该不动产物权人,另一方是有权请求登记义务人协助进行不动产物权变动之人。

（2）以预购商品房为请求权内容的，登记义务人是商品房预售许可证记载的不动产开发企业，另一方是商品房预售合同载明的预购人。

（3）以设定预购商品房抵押权为请求权内容的，当事人是设定预购商品房抵押权的当事人，且抵押人是登记簿记载的商品房预购人。

（4）以设定房屋建设工程抵押权为请求权内容的，当事人是设定房屋建设工程抵押权的当事人，且抵押人是登记簿记载的土地使用权人。

第九十二条 【预告登记的申请】

当事人申请预告登记时，应当共同向登记机关提交申请书、身份证明、请求权有效存续的证明书等符合法律规定的文书。

在出具另一方当事人同意预告登记证明的情况下，当事人一方也可单独申请预告登记，并向登记机关提交共同申请时应当提交的文书。

第九十三条 【预告登记申请的审查】

登记机关应当自受理预告登记申请之日起7日内完成审查。

除了符合办理登记的一般条件外，预告登记所保全的请求权还必须合法有效。符合法定条件的，登记机关应当将有关事项记载于登记簿，并书面通知当事人。不符合法定条件的，适用暂缓登记或者不予登记的一般规定。

第九十四条 【预告登记的生效】

预告登记自登记日起生效。

第九十五条 【违背预告登记的处分相对无效】

登记义务人实施的违背预告登记内容的处分不动产物权的行为，对预告登记权利人无效。基于预告登记人所为的实现预告登记保全的请求权的请求，因无效处分而取得不动产物权之人应当同意协力办理相关的登记。

以法院裁决、裁定、调解、仲裁机关裁决或者行政指令形式所为的处分，以及由破产管理人所为的处分，在违背预告登记内容的限度内对预告登记权利人无效，但法律另有规定的除外。

第九十六条 【顺位保证】

预告登记保全的请求权实现时，由此产生的不动产物权依据预告登记的生效时间确立其顺位。

第九十七条 【登记公信力的准用】

预告登记得准用登记公信力的规则。

第九十八条 【预告登记义务人的抗辩权】

预告登记义务人可依法对预告登记保全的请求权主张抗辩权，该抗辩权不因预告登记而受到限制或者消灭。

第九十九条 【预告登记转让的条件】

预告登记保全的请求权转让的,预告登记随之转让。预告登记不得单独转让。

预告登记转让时,由登记权利人和请求权受让人共同向登记机关申请,并提交身份证明、请求权有效转让文书等法律规定的文书。

第一百条 【预告登记转让的生效】

预告登记转让的审查和处理期限和方式,适用预告登记产生的相应规定。

预告登记转让自记载于登记簿之日起生效。

第一百零一条 【预告登记权利人自愿放弃】

预告登记权利人自愿放弃预告登记的,可单独向登记机关提出涂销预告登记的申请,其审查和处理期限和方式适用预告登记产生的规定。

第一百零二条 【预告登记保全的请求权消灭】

预告登记保全的请求权因履行、不存在、无效、被撤销、被解除、混同、罹于消灭时效等原因而消灭时,由当事人或者利害关系人向登记机关提出涂销预告登记的申请,并提交身份证明、债权消灭证明等法律规定的文书,其审查和处理期限和方式适用预告登记产生的规定。

第一百零三条 【预告登记消灭的时间】

预告登记自在登记簿中被涂销之日起丧失法律效力。

第一百零四条 【预告登记的推进】

在预告登记保全的请求权可以实际履行时,预告登记当事人双方应当申请不动产物权变动登记,并申请涂销预告登记。

第一百零五条 【预购商品房预告登记的转化】

新建商品房所有权初始登记后,预购当事人应当申请不动产转移登记。预购商品房设定抵押的,不动产转移登记后,其预购商品房抵押权预告登记转化为不动产抵押权登记。

第一百零六条 【房屋建设工程抵押权预告登记的转化】

新建房屋所有权初始登记后,其房屋建设工程抵押权预告登记转为不动产抵押权登记。房屋建设工程抵押权预告登记转为不动产抵押权登记时,其抵押物范围不包括已经办理预告登记的预购商品房。

九、其他限制登记

第一百零七条 【查封登记的情形】

有下列情形之一的,有关国家机关可以根据已经发生法律效力的文件嘱托不动产登记机构办理登记:

(一)人民法院对不动产依法采取查封、财产保全、破产保全[①]等措施的;

(二)其他机关依法采取限制不动产权利处分的措施的。

第一百零八条 【嘱托登记】

法院嘱托登记机关办理查封、财产保全或破产登记时,应于嘱托书内记明登记之标的物的标示及事由。登记机关接获法院的嘱托时,应立即办理,不受收件先后顺序的限制。

登记标的物如已由登记名义人申请移转或设定登记而尚未登记完毕的,应改办查封、财产保全或破产保全登记,并通知登记申请人。

登记标的物如已由登记名义人申请移转于第三人并已登记完毕的,登记机关应即将无从办理之事实通知法院。但法院因债权人实行抵押权拍卖抵押物而嘱托办理查封登记的,纵其登记标的物已移转登记于第三人,仍应办理查封登记,并通知该第三人及将移转登记之事实函复法院。

前三款的规定,于其他机关依法律规定嘱托登记机关为限制处分的登记时,准用之。

第一百零九条 【未登记建筑物的查封】

法院嘱托登记机关,就已登记土地上的未登记建筑物办理查封、财产保全或破产保全登记时,由法院派员定期会同登记机关人员勘测。勘测费,由法院命债权人于勘测前向登记机关清缴。

登记机关勘测建筑物完毕后,应即编列建号,编造建筑物登记簿,于所有权部办理查封、财产保全或破产登记,并通知法院。

第一百一十条 【不受理重复登记】

同一不动产经办理查封、财产保全登记后,法院再嘱托为查封、财产保全登记时,登记机关应不予受理,并告知法院已于某年某月某日某案号办理

[①] 破产保全可能需要今后的立法完善。

了登记。①

第一百一十一条 【停止新登记及例外】

不动产经法院嘱托办理查封、财产保全或破产登记后,未为涂销前,登记机关应停止与相关权利有关的新登记。但有下列情形之一的,不在此限:

(一)征收;

(二)依法院确定判决申请移转或设定登记之权利人为原财产保全登记的债权人;

(三)继承;

(四)其他无碍禁止处分的登记。

第一百一十二条 【查封登记与其他限制登记】

有下列情形之一者,登记机关应予登记,并将该项登记的事由分别通知有关机关:

(一)不动产经法院嘱托查封、财产保全或破产登记后,其他机关再依法律嘱托禁止处分之登记的;

(二)不动产经其他机关依法律嘱托禁止处分登记后,法院再嘱托查封、财产保全或破产登记的。

十、信 托 登 记

第一百一十三条 【信托登记的申请】

以不动产设定信托,需要移转不动产权利的,当事人可以申请信托登记。受托人为登记权利人,委托人为登记义务人。

申请信托登记应提交以下文件:

(1)申请书;

(2)申请人身份证明;

(3)房地产权属证书;

(4)设立信托的文件。

第一百一十四条 【信托登记的记载】

信托登记在作不动产权利移转记载的同时,应当在登记簿中记载以下事项:

(1)信托目的;

---

① 参见我国《民事诉讼法》第95条第3款:"财产已经被查封、冻结的,不得重复查封、冻结。"

(2) 委托人、受托人、受益人的姓名或者名称、住所；
(3) 信托期限；
(3) 信托财产的管理方法；
(4) 信托终止事由；
(5) 其他信托条款。

第一百一十五条 【信托登记的变更】

信托登记办理之后，受托人、信托财产管理方法等发生变更的，当事人可以申请变更登记。

第一百一十六条 【信托登记的涂销】

信托财产因权利移转、信托终止等原因，而致使该财产不再属于信托财产时，当事人应当申请信托登记的涂销登记。

十一、登 记 费 用

第一百一十七条 【登记费用的种类和登记费的用途】

本法规定的登记费用包括登记费、书状费、工本费、阅览费等。

登记费的收入列作登记机关的业务经费和赔偿基金，不得挪作他用。

第一百一十八条 【登记费和工本费的计算】

方案一：

（一）不动产总登记的登记费，应按登记权利价值的万分之五缴纳，但登记价值超过 1000 万元的，超过部分按万分之二交纳；

（二）不动产初始登记的登记费，应按登记权利价值的万分之五缴纳。但登记价值超过 1000 万元的，超过部分按万分之二交纳；

（三）不动产变更登记的登记费，应按登记价值的万分之二缴纳，但登记价值超过 1000 万元的，超过部分按万分之一交纳。申请不动产他项权利内容变更登记，除权利价值增加部分外，免缴纳登记费。共有物分割登记，以分割后各自取得部分之登记价值计征。

前述所称的登记价值，是指登记机关核准登记的不动产价值。

如土地上有建筑物的，可统一计算登记权利价值予以计征。

按规定核发的一本土地使用权证书和房屋所有权证书免于收取工本费；向一个以上土地使用权人或房屋所有权人核发土地使用权或房屋所（共）有权证书时，每增加一本证书可按每本 10 元收取工本费。

权利人因丢失、损坏等原因申请补办证书，以及按规定需要更换证书且权属状况没有发生变化的,收取证书工本费每本 10 元。

方案二:

土地使用权和他项权利的登记费按宗定额收费。

住房权利的登记费按套定额计收,每套收费标准为 80 元。住房以外的其他房屋权利的登记费,按宗定额收取。

按规定核发的一本土地使用权证书和房屋所有权证书免于收取工本费;向一个以上土地使用权人或房屋所有权人核发土地使用权或房屋所(共)有权证书时,每增加一本证书可按每本 10 元收取工本费。

权利人因丢失、损坏等原因申请补办证书,以及按规定需要更换证书且权属状况没有发生变化的,收取证书工本费每本 10 元。

第一百一十九条 【区分建筑物的登记费的计算和缴纳】

若区分建筑物分别进行登记,可以按照售价计征登记费,若为各区分所有建筑物全部一次申请登记的,依各区分建筑物的总售价计征登记费。至于各区分所有建筑物应分担的登记费,由申请人或代理人自行分算,其分算标准可以按各建筑物的售价或勘测面积计算。

方案三:

若区分建筑物分别进行登记,按每套分别计征登记费,若为各区分所有建筑物全部一次申请登记的,依各区分建筑物的总套数计征登记费。

第一百二十条 【登记费的缴纳】

不动产登记费用应于申请登记收件时缴纳。(采方案一时)登记费未满一元的,不予计征。

除总登记之外的不动产权利登记的申请登记期限,自登记原因发生的次日起算,并依《民法通则》第 153 条及第 155 条的规定计算其终止日。

第一百二十一条 【逾期登记的罚款】

【若权利人(申请人)逾期申请不动产登记的,每逾期一日,按登记费的千分之三加收逾期登记费,但不得超过登记费的三倍。

逾越法定登记期限未超过 1 个月的,虽属逾期范围,仍免予罚款,超过 1 个月的,始计征登记费罚款。登记罚款应于申请登记收件时缴纳。不动产权利变更登记逾期申请,于计算登记费罚款时,对于不能归责于申请人的期间,应予扣除。

经驳回之案件重新申请登记,其罚款应重新核算,前次申请已核计罚款的款项应予扣除,且前后数次罚款合计不得超过应纳登记费的 20 倍。】

登记案件经驳回后 3 个月内重新申请的,已缴纳的登记费及权利书状费准予援用;若系多次被驳回,均在前次驳回后3个月内重新申请登记的,其已缴纳的登记费及权利书状费亦准予援用。

第一百二十二条 【减免缴登记费】

下列情形的不动产登记免缴登记费:

(1) 村农民集体所有土地和用于公共事业和公益事业的国有和集体所有土地使用权免纳登记费。

(2) 村农民集体所有土地和用于公共事业和公益事业的国有和集体所有土地使用权免纳登记费。

(3) 更正登记、消灭登记、涂销登记、更名登记、住址变更登记、标示变更登记、限制登记、权利书状补(换)发登记免纳登记费。

(4) 抵押权设定登记后,另增加一宗或数宗土地权利为共同担保时,就增加部分办理设定登记者,免纳登记费。申请抵押权次序让与登记,免纳登记费。

对经济适用房减半缴纳登记费。

第一百二十三条 【登记费的退回】

已缴纳的登记费及书状费,有下列情形之一的,申请人可于3个月内请求退还:

(1) 登记申请撤回的;

(2) 登记依法驳回的;

(3) 其他依法应予退还的。

申请人于3个月内重新申请登记的,可以援用未申请退还的登记费及书状费。

申请退费,应于最后一次驳回后3个月内进行。

【已缴纳的登记费罚款,除法律法规另有规定外,不得申请退还。】

十二、法 律 责 任

第一百二十四条 【登记义务人的责任】

按规定应由当事人共同申请登记的,一方申请,另一方不申请或虽申请但不提供登记文件的,登记机关可责成不申请登记或不提供登记文件的一方限期办理登记手续。逾期仍不办理的,处以_____元以上_____元以下的罚款。登记机关经审查认为符合登记条件的,可径为登记。

第一百二十五条 【登记申请人的责任】

登记申请人提交错误、虚假的申请登记文件或者申请登记异议不当,给权利人造成损失的,应负赔偿责任。

第一百二十六条 【不当核准登记的责任】

登记机关及其工作人员因不当核准登记,造成权利人损失的,登记机关应负赔偿责任,赔偿费从赔偿基金中列支,赔偿费的最高额不超过_____元。

第一百二十七条 【登记机关的追偿权】

登记机关赔偿损失后,应当责令有故意或者重大过失的工作人员承担部分或者全部赔偿费用。对有故意或者重大过失的责任人员,登记机关应当依法给予行政处分;构成犯罪的,应当依法追究刑事责任。

第一百二十八条 【对当事人的行政救济】

当事人对登记机关的具体行政行为不服的,可以依法申请行政复议或者提起行政诉讼。

十三、附　　则

第一百二十九条 【补行登记】

本法施行前,不动产总登记时应当登记而未登记的不动产,当事人应当在1年之内凭不动产权属来源证明,向不动产登记机关申请登记。受理登记申请后,应当向有关部门核查,并将有关情况在本地地主要报纸或者其他媒体上公告;公告6个月期满无异议的,应当核准当事人的登记申请。

第一百三十条 【公告】

按照本法应当公告的事项,应当在不动产登记机关指定的报纸和其他媒体上公告,公告费用由有关权利人承担。

第一百三十一条 【施行前颁发的不动产权利证书和登记证明的效力】

本法施行前依法颁发的不动产权属证书和登记证明继续有效,并可以更换。

第一百三十二条 【实施细则的制定】

国务院可以根据本法制订实施细则。

第一百三十三条 【施行日期】

本法自____年____月____日起施行。

附录一　德国土地登记簿法（中德文对照）

Grundbuchordnung[*]
德国土地登记簿法

Erster Abschnitt. Allgemeine Vorschriften
第一章　总　　则

1.［Amtsgericht als Grundbuchamt；Zuständigkeit］

（1）Die Grundbücher, die auch als Loseblattgrundbuch geführt werden können, werden von den Amtsgerichten geführt (Grundbuchämter). Diese sind für die in ihrem Bezirk liegenden Grundstücke zuständig. Die abweichenden Vorschriften der §§ 143 und 144 für Baden-Württemberg und das in Artikel 3 des Einigungsvertrages genannte Gebiet bleiben unberührt.

（2）Liegt ein Grundstück in dem Bezirk mehrerer Grundbuchämter, so ist das zuständige Grundbuchamt nach § 5 des Gesetzes über die Angelegenheiten der freiwilligen Gerichtsbarkeit zu bestimmen.

（3）Die Landesregierungen werden ermächtigt, durch Rechtsverordnung die Führung des Grundbuchs einem Amtsgericht für die Bezirke mehrerer Amtsgerichte zuzuweisen, wenn dies einer schnelleren und rationelleren Grundbuchführung dient. Sie können die Ermächtigung

---

[*]《德国土地登记簿法》堪称大陆法系近现代不动产登记法的鼻祖，它与《德国民法典》中的物权编相得益彰，共同打造了经典的德国不动产物权法规则，它的重要性是不言而喻的，但其全貌尚未为我国民法学界所知悉。译者曾于 2002 年通过我的同门兄弟赵冀韬博士，邀请德国不来梅大学法学博士朱岩先生翻译了该法（其译名为《联邦德国土地登记条例》），发表在蔡耀忠先生主编的《中国房地产法研究》第 2 卷（法律出版社 2003 年出版）之中，接受邀请后，朱岩先生以其惯有的热情、高效率地完成了译作，后来，这篇译作在中国社会科学院法学所以及研究生院、北京大学法学院、清华大学法学院的有关研习民法的人士手中流传，从而填补了我国学界相关的知识空白。译者在写作博士毕业论文的过程中，参照朱岩先生的译本，详细阅读了该法的德文原本，并翻译了有关条文。在博士论文成稿后，译者接受了若干朋友的建议，又将该法全文迻译过来。必须说明的是，没有朱岩先生的译作基础，译者无论如何不会干这种被公认为"费力不讨好、为他人做嫁衣"的事情，而且拙译也参考了朱岩先生的译作。必须提及的是，我的同门兄弟、中国社会科学院研究生院的金可可先生校对了部分译文，这在很大程度上保证了拙译的正确性。在此，谨对他们表示衷心的感谢，但译文中的任何错误，均由译者承担责任。由于译者的德语水平以及德国法知识有限，译文必定存有不足，尚乞方家不吝指正和赐教。

附录一 德国土地登记簿法(中德文对照)

durch Rechtsverordnung auf die Landesjustizverwaltungen übertragen.

(4) Das Bundesministerium der Justiz wird ermächtigt, durch Rechtsverordnung, die der Zustimmung des Bundesrates bedarf, die näheren Vorschriften über die Einrichtung und die Führung der Grundbücher, die Hypotheken-, Grundschuld-und Rentenschuldbriefe und die Abschriften aus dem Grundbuch und den Grundakten sowie die Einsicht hierin zu erlassen sowie das Verfahren zur Beseitigung einer Doppelbuchung zu bestimmen. Es kann hierbei auch regeln, inwieweit Änderungen bei einem Grundbuch, die sich auf Grund von Vorschriften der Rechtsverordnung ergeben, den Beteiligten und der Behörde, die das in § 2 Abs. 2 bezeichnete amtliche Verzeichnis führt, bekanntzugeben sind.

第1条 【地方法院作为土地登记局;管辖权】

(1) 地方法院(土地登记局)编制土地登记簿,该登记簿也能以活页的方式编制。土地登记局对位于本区域内的土地享有管辖权。本法第143条和第144条对巴登—符腾堡州和《德国统一条约》第3条规定的地区所作的例外规定,不受本款上述规定的影响。

(2) 如果一宗土地位于数个土地登记局管辖的区域,则依据《德国非诉事件管辖事务法》第5条的规定来确定具有管辖权的土地登记局。

(3) 州政府有权通过法规命令指定某一地方法院负责管理数个地方法院辖区内的土地登记簿相关事务,以使土地登记更为迅捷、合理地运作。州政府可以通过法规命令将此种授权移交给州司法行政机关。

(4) 通过需经德国联邦参议院批准的法规命令,德国联邦司法部有权对以下事项作出具体规定:土地登记簿的设置和掌管,抵押证书、土地债务证书和定期金债务证书,土地登记簿和土地卷宗的副本,准许查阅上述文书,以及确定排除双重登记的程序。德国联邦司法部还有权规定,在土地登记簿基于法规命令的规定而改变时,如何将此事宜告知本法第2条第2款规定的官方目录所涉及的当事人和行政机关。

2. [Grundbüchbezirke; Liegenschaftskataster; Abschreibung von Grundstücksteilen]

(1) Die Grundbücher sind für Bezirke einzurichten.

(2) Die Grundstücke werden im Grundbuch nach den in den Ländern eingerichteten amtlichen Verzeichnissen benannt (Liegenschaftskataster).

(3) Ein Teil eines Grundstücks soll von diesem nur abgeschrieben werden, wenn ein von der zuständigen Behörde erteilter beglaubigter Auszug aus dem beschreibenden Teil des amtlichen Verzeichnisses vorgelegt wird, aus dem sich die Bezeichnung des Teils und die sonstigen aus dem amtlichen Verzeichnis in das Grundbuch zu übernehmenden Angaben sowie die Änderungen ergeben, die insoweit bei dem Rest des Grundstücks eintreten. Der Teil muß im amtlichen Verzeichnis unter einer besonderen Nummer verzeichnet sein, es sei denn, daß die zur Führung des amtlichen Verzeichnisses zuständige Behörde hiervon absieht, weil er mit einem benachbarten Grundstück oder einem Teil davon zusammengefaßt wird, und dies dem

Grundbuchamt bescheinigt. Durch Rechtsverordnung der Landesregierungen, die zu deren Erlaß auch die Landesjustizverwaltungen ermächtigen können, kann neben dem Auszug aus dem beschreibenden Teil auch die Vorlage eines Auszugs aus der amtlichen Karte vorgeschrieben werden, aus dem sich die Größe und Lage des Grundstücks ergeben, es sei denn, daß der Grundstücksteil bisher im Liegenschaftskataster unter einer besonderen Nummer geführt wird.

(4) Ein Auszug aus dem amtlichen Verzeichnis braucht nicht vorgelegt zu werden, wenn der abzuschreibende Grundstücksteil bereits nach dem amtlichen Verzeichnis im Grundbuch benannt ist oder war.

(5) Die Landesregierungen werden ermächtigt, durch Rechtsverordnung zu bestimmen, daß der nach den vorstehenden Absätzen vorzulegende Auszug aus dem amtlichen Verzeichnis der Beglaubigung nicht bedarf, wenn der Auszug maschinell hergestellt wird und ein ausreichender Schutz gegen die Vorlage von nicht von der zuständigen Behörde hergestellten oder von verfälschten Auszügen besteht. Satz 1 gilt entsprechend für andere Fälle, in denen dem Grundbuchamt Angaben aus dem amtlichen Verzeichnis zu übermitteln sind. Die Landesregierungen können die Ermächtigung durch Rechtsverordnung auf die Landesjustizverwaltungen übertragen.

第2条 【土地登记簿辖区；不动产登记册；土地部分的删除】

（1）土地登记簿基于辖区而设置。

（2）在土地登记簿中，依据各州设立的官方目录来命名土地（不动产登记册）。

（3）只有出示了主管机关出具的对官方目录所说明的部分土地的认证摘录，由此可知此部分土地的标志，以及必须从官方目录记载到土地登记簿中的其他说明和改变，并且其（此种标志、说明和改变等）足以确定土地的其余部分，才能从整宗土地中删除此部分土地。

此部分土地在官方目录中必须用特殊号码予以标记，但是，此部分土地与相邻的整宗土地或相邻土地之一部分衔接起来，并就此向土地登记局出具证明，负责官方目录的主管机关因此不考虑用特殊号码标记此部分土地的除外。通过州政府——其也可以授权州司法行政机关颁布——颁布的法规命令，除官方目录所说明部分土地的摘录之外，还可规定能确定土地的面积和位置的官方卡片摘录的出具，但是，业已在不动产登记册中以特殊号码标出的土地部分除外。

（4）如果按照官方目录，将被删除的土地部分已经在土地登记簿中得以标明的，就无须再出具官方目录中的摘录。

（5）州政府有权通过法规命令作出规定：如果按照上述诸款而提供的官方目录摘录系由机器制作的，而且针对非由主管机关出具的或虚假的摘录存在充分保护时，就无须进行认证。在应向土地登记局转告该官方目录的说明时，本款第1句亦得以适用。州政府可以通过法规命令将这种授权移交给州司法行政机关。

3. [Grundbuchblatt; Grundbuchsfreie Grundstück; Buchung von Miteigentumsanteilen]

(1) Jedes Grundstück erhält im Grundbuch eine besondere Stelle (Grundbuchblatt). Das Grundbuchblatt ist für das Grundstück als das Grundbuch im Sinne des Bürgerlichen Gesetzbuchs anzusehen.

(2) Die Grundstücke des Bundes, der Länder, der Gemeinden und anderer Kommunalverbände, der Kirchen, Klöster und Schulen, die Wasserläufe, die öffentlichen Wege, sowie die Grundstücke, welche einem dem öffentlichen Verkehr dienenden Bahnunternehmen gewidmet sind, erhalten ein Grundbuchblatt nur auf Antrag des Eigentümers oder eines Berechtigten.

(3) Ein Grundstück ist auf Antrag des Eigentümers aus dem Grundbuch auszuscheiden, wenn der Eigentümer nach Absatz 2 von der Verpflichtung zur Eintragung befreit und eine Eintragung, von der das Recht des Eigentümers betroffen wird, nicht vorhanden ist.

(4) Das Grundbuchamt kann, sofern hiervon nicht Verwirrung oder eine wesentliche Erschwerung des Rechtsverkehrs oder der Grundbuchführung zu besorgen ist, von der Führung eines Grundbuchblatts für ein Grundstück absehen, wenn das Grundstück den wirtschaftlichen Zwecken mehrerer anderer Grundstücke zu dienen bestimmt ist, zu diesen in einem dieser Bestimmung entsprechenden räumlichen Verhältnis und im Miteigentum der Eigentümer dieser Grundstücke steht (dienendes Grundstück).

(5) In diesem Fall müssen an Stelle des ganzen Grundstücks die den Eigentümern zustehenden einzelnen Miteigentumsanteile an dem dienenden Grundstück auf dem Grundbuchblatt des dem einzelnen Eigentümer gehörenden Grundstücks eingetragen werden. Diese Eintragung gilt als Grundbuch für den einzelnen Miteigentumsanteil.

(6) Die Buchung nach den Absätzen 4 und 5 ist auch dann zulässig, wenn die beteiligten Grundstücke noch einem Eigentümer gehören, dieser aber die Teilung des Eigentums am dienenden Grundstück in Miteigentumsanteile und deren Zuordnung zu den herrschenden Grundstücken gegenüber dem Grundbuchamt erklärt hat; die Teilung wird mit der Buchung nach Absatz 5 wirksam.

(7) Werden die Miteigentumsanteile an dem dienenden Grundstück neu gebildet, so soll, wenn die Voraussetzungen des Absatzes 4 vorliegen, das Grundbuchamt in der Regel nach den vorstehenden Vorschriften verfahren.

(8) Stehen die Anteile an dem dienenden Grundstück nicht mehr den Eigentümern der herrschenden Grundstücke zu, so ist ein Grundbuchblatt anzulegen.

(9) Wird das dienende Grundstück als Ganzes belastet, so ist, sofern nicht ein besonderes Grundbuchblatt angelegt wird oder § 48 anwendbar ist, in allen beteiligten Grundbuchblättern kenntlich zu machen, daß das dienende Grundstück als Ganzes belastet ist; hierbei ist jeweils auf die übrigen.

第 3 条 【土地登记簿页;无需登记的土地;共同所有权份额的登记】

(1) 每宗土地在土地登记簿中都有特定的位置(土地登记簿页)。就该宗土地而言,土地登记簿页被视为《德国民法典》意义上的土地登记簿。

(2) 只有基于所有权人或其他权利人的申请,联邦、州、社区和其他乡镇团体、教堂、修道院和学校的土地、水道、公路以及以公共交通为业的铁路企业所用的土地才能够占据土地登记簿页。

(3) 免除所有权人在本条第 2 款中负担的登记义务,而且不存在涉及所有权人权利的登记的,基于所有权人的申请,可以在土地登记簿中排除该土地。

(4) 如果一宗土地被确定为服务于数宗其他土地的经济目的,且其与这些土地处于符合该目的之空间关系之中,又与这些土地(用役地)的所有权人之间是共有关系,则在无需担心造成混乱或给法律交易或土地登记工作制造重大麻烦的情况下,土地登记局可以不为该宗土地设置土地登记簿页。

(5) 在此种情况下,所有权人对该用役地所享有的单个共同所有权份额,必须被登记在属于各单个所有权人的土地登记簿页上,以取代整宗土地的登记工作。该登记作为土地登记簿适用于单个的共同所有权份额。

(6) 所涉及到的各宗土地仍属于一个所有权人,但其通知土地登记局该用役地所有权被划分为共同所有权份额,以及该用役地隶属于主土地的,本条第 4 款和第 5 款规定的登记仍可得到准许;该划分基于本条第 5 款规定的登记而生效。

(7) 用役地的共同所有权份额被重新划分时,如果具备本条第 4 款规定的要件,土地登记局通常应遵循该条款的规定。

(8) 主土地的所有权人不再享有用役地上的共同所有权份额的,应建立一个土地登记簿页。

(9) 用役地作为整体而被设定负担的,就此未设置特定土地登记簿页或不适用本法第 48 条之规定的,在所有涉及到的土地登记簿页中,应清晰表明该用役地系作为整体而被设定负担;在此应分别参照各土地登记簿页。

4. [Gemeinschaftliches Grundbuchblatt]

(1) Über mehrere Grundstücke desselben Eigentümers, deren Grundbücher von demselben Grundbuchamt geführt werden, kann ein gemeinschaftliches Grundbuchblatt geführt werden, solange hiervon Verwirrung nicht zu besorgen ist.

(2) Dasselbe gilt, wenn die Grundstücke zu einem Hof im Sinne der Höfeordnung gehören oder in ähnlicher Weise bundes-oder landesrechtlich miteinander verbunden sind, auch wenn ihre Grundbücher von verschiedenen Grundbuchämtern geführt werden. In diesen Fällen ist, wenn es sich um einen Hof handelt, das Grundbuchamt zuständig, welches das Grundbuch über die Hofstelle führt; im übrigen ist das zuständige Grundbuchamt nach § 5 des Gesetzes über die Angelegenheiten der freiwilligen Gerichtsbarkeit zu bestimmen.

第 4 条 【共同的土地登记簿页】

（1）为同一人所有的数宗土地的登记簿由同一土地登记局编制的，在无需担心造成混乱的情况下，可以为这些土地设置共同的土地登记簿页。

（2）如果数宗土地基于《德国农场条例》的规定属于同一农场，或者数宗土地依据联邦或州法律系以类似方式而相互联系，即使这些土地的登记簿由不同的土地登记局分别编制，亦适用本条第 1 款的规定。在涉及到同一农场的情况，由农场所在位置的编制土地登记簿的土地登记局管辖；对于其他情况，则依据《德国非诉事件管辖事务法》第 5 条的规定来确定享有管辖权的土地登记局。

5. ［Vereinigung von Grundstücken］

（1）Ein Grundstück soll nur dann mit einem anderen Grundstück vereinigt werden, wenn hiervon Verwirrung nicht zu besorgen ist. Werden die Grundbücher von verschiedenen Grundbuchämtern geführt, so ist das zuständige Grundbuchamt nach § 5 des Gesetzes über die Angelegenheiten der freiwilligen Gerichtsbarkeit zu bestimmen.

（2）Die an der Vereinigung beteiligten Grundstücke sollen im Bezirk desselben Grundbuchamts und derselben für die Führung des amtlichen Verzeichnisses nach § 2 Abs. 2 zuständigen Stelle liegen und unmittelbar aneinandergrenzen. Von diesen Erfordernissen soll nur abgewichen werden, wenn hierfür, insbesondere wegen der Zusammengehörigkeit baulicher Anlagen und Nebenanlagen, ein erhebliches Bedürfnis entsteht. Die Lage der Grundstücke zueinander ist durch Vorlage einer von der zuständigen Behörde beglaubigten Karte nachzuweisen. Das erhebliche Bedürfnis ist glaubhaft zu machen; § 29 gilt hierfür nicht.

第 5 条 【土地的合并】

（1）只有在无需担心造成混乱的前提下，一宗土地才可以与另外一宗土地合并。土地登记簿由不同的土地登记局掌管的，依据《德国非诉事件管辖事务法》第 5 条的规定来确定享有管辖权的土地登记局。

（2）合并的土地应位于同一土地登记局的辖区内，并位于负责编制本法第 2 条第 2 款规定的官方目录的同一机关辖区之内，并且这些土地直接地相互毗邻。只有在存在重大需求——特别是因建筑设施和附属设施而产生的重大需求——的情形，才可不作上述要求。这些土地的位置，通过出示由主管机关认证的图片得以证明。重大需求之主张应足以令人信服；对此不适用本法第 29 条的规定。

6. ［Zuschriebung］

（1）Ein Grundstück soll nur dann einem anderen Grundstück als Bestandteil zugeschrieben werden, wenn hiervon Verwirrung nicht zu besorgen ist. Werden die Grundbücher von verschiedenen Grundbuchämtern geführt, so ist für die Entscheidung über den Antrag auf Zuschriebung und, wenn dem Antrag stattgegeben wird, für die Führung des Grundbuchs über das ganze Grundstück das Grundbuchamt zuständig, das das Grundbuch über das Hauptgrundstück führt.

(2) § 5 Abs. 2 findet entsprechende Anwendung.

第6条　【增添】

(1) 无需担心造成混乱的,一宗土地才可以作为组成部分被增添到另外一宗土地中。这些土地的登记簿由不同土地登记局掌管的,掌管主土地登记簿的土地登记局有权决定是否同意增添的申请,同意此种申请的,该土地登记局有权掌管整宗土地的登记簿。

(2) 可准用本法第5条第2款的规定。

6a. [Erforderniesse für Eintragung eines Erbbaurechts]

(1) Dem Antrag auf Eintragung eines Erbbaurechts an mehreren Grundstücken oder Erbbaurechten soll unbeschadet des Satzes 2 nur entsprochen werden, wenn hinsichtlich der zu belastenden Grundstücke die Voraussetzungen des § 5 Abs. 2 Satz 1 vorliegen. Von diesen Erfordernissen soll nur abgewichen werden, wenn die zu belastenden Grundstücke nahe beieinander liegen und entweder das Erbbaurecht in Wohnungs-oder Teilerbbaurechte aufgeteilt werden soll oder Gegenstand des Erbbaurechts ein einheitliches Bauwerk oder ein Bauwerk mit dazugehörenden Nebenanlagen auf den zu belastenden Grundstücken ist; § 5 Abs. 2 Satz 3 findet entsprechende Anwendung. Im übrigen sind die Voraussetzungen des Satzes 2 glaubhaft zu machen; § 29 gilt hierfür nicht.

(2) Dem Antrag auf Eintragung eines Erbbaurechts soll nicht entsprochen werden, wenn das Erbbaurecht sowohl an einem Grundstück als auch an einem anderen Erbbaurecht bestellt werden soll.

第6a条　【地上权登记的前提条件】

(1) 只有在将要被设定负担的土地具备本法第5条第2款第1句规定的前提条件的情况下,在数宗土地上或数个地上权上登记一个地上权的申请才符合要求,而不受本条第2款规定的影响。将要被设定负担的土地相互毗邻,而且该地上权应被划分为建筑物区分所有权或部分地上权的,或者该地上权的标的物是一个建筑物整体、或是一个在将要被设定负担的土地之上的有附属设施的建筑物的,才可不作上述要求;可准用本法第5条第2款第3句的规定。对于其他情况,本条第2款规定的要件之主张应足以令人信服;对此不适用本法第29条的规定。

(2) 一个地上权既在一宗土地上设定,又在另外一个地上权上设定的,此地上权的登记申请即不符合要求。

7. [Abschreibung eins Grundstücksteils]

(1) Soll ein Grundstücksteil mit einem Recht belastet werden, so ist er von dem Grundstück abzuschreiben und als selbständiges Grundstück einzutragen.

(2) Ist das Recht eine Dienstbarkeit oder eine Reallast, so kann die Abschreibung unterbleiben, wenn hiervon Verwirrung nicht zu besorgen ist. Jedoch sind auch in diesem Fall die Vorschriften des § 2 Abs. 3 über die Vorlegung einer Karte entsprechend anzuwenden.

第 7 条 【土地部分的删除】

（1）土地的一部分负担一个权利的，应从该土地中删除该部分并将其作为独立的土地予以登记。

（2）该权利为役权或者实物负担的，如果无需担心造成混乱，可不为此种删除。但在此种情况下，仍适用本法第 2 条第 3 款关于出示卡片的规定。

8. (*weggefallen*)

第 8 条 （现被删除）

9. [Subjektiv-dingliche Rechte]

（1）Rechte, die dem jeweiligen Eigentümer eines Grundstücks zustehen, sind auf Antrag auch auf dem Blatt dieses Grundstücks zu vermerken. Antragsberechtigt ist der Eigentümer des Grundstücks sowie jeder, dessen Zustimmung nach § 876 Satz 2 des Bürgerlichen Gesetzbuchs zur Aufhebung des Rechtes erforderlich ist.

（2）Der Vermerk ist von Amts wegen zu berichtigen, wenn das Recht geändert oder aufgehoben wird.

（3）Die Eintragung des Vermerks (Absatz 1) ist auf dem Blatt des belasteten Grundstücks von Amts wegen ersichtlich zu machen.

第 9 条 【主观物权】

（1）基于申请，土地登记局可在土地的登记簿页上标注土地的当时所有权人享有的各种权利。有权提出申请的人，为土地所有权人以及《德国民法典》第 876 条第 2 句规定的权利废止需要得到其同意的所有的人。

（2）在权利变更或废止的情形，土地登记局可依据职权对标注予以更正登记。

（3）土地登记局依据职权在负担权利的土地的登记簿页上清晰地进行标注登记（本条第 1 款）。

10. [Aufbewahrung von Urkunden]

（1）Urkunden, auf die eine Eintragung sich gründet oder Bezug nimmt, hat das Grundbuchamt aufzubewahren. Eine solche Urkunde darf nur herausgegeben werden, wenn statt der Urkunde eine beglaubigte Abschrift bei dem Grundbuchamt bleibt.

（2）Das Bundesministerium der Justiz wird ermächtigt, durch Rechtsverordnung, die der Zustimmung des Bundesrates bedarf, zu bestimmen, daß statt einer beglaubigten Abschrift der Urkunde eine Verweisung auf die anderen Akten genügt, wenn eine der in Absatz 1 bezeichneten Urkunden in anderen Akten des das Grundbuch führenden Amtsgerichts enthalten ist.

（3）(*Aufgehoben*)

（4）(*weggefallen*)

第 10 条 【文书的保存】

（1）土地登记局应保存申请得以成立或涉及到的文书。土地登记局保有替代该文书的认证副本的,才可交还该文书。

(2)通过需经德国联邦参议院批准的法规命令,德国联邦司法部有权确定,本条第1款所指的文书之一被存放在掌管土地登记簿的地方法院的其他文档中的,援引这些文档就足以替代该文书的认证副本。

(3)(现已废止)

(4)(现被删除)

10a. [Aufbewahrung auf Datenträgern; Nachweis der Übereinstimmtung]

(1) Die nach § 10 oder nach sonstigen bundesrechtlichen Vorschriften vom Grundbuchamt aufzubewahrenden Urkunden und geschlossenen Grundbücher können als Wiedergabe auf einem Bildträger oder auf anderen Datenträgern aufbewahrt werden, wenn sichergestellt ist, daß die Wiedergabe oder die Daten innerhalb angemessener Zeit lesbar gemacht werden können. Die Landesjustizverwaltungen bestimmen durch allgemeine Verwaltungsanordnung Zeitpunkt und Umfang dieser Art der Aufbewahrung und die Einzelheiten der Durchführung.

(2) Bei der Herstellung der Bild-oder Datenträger ist ein schriftlicher Nachweis anzufertigen, daß die Wiedergabe mit der Urkunde übereinstimmt. Die Originale der Urkunden sind den dafür zuständigen Stellen zu übergeben und von diesen aufzubewahren. Weist die Urkunde farbliche Eintragungen auf, so ist in dem schriftlichen Nachweis anzugeben, daß das Original farbliche Eintragungen aufweist, die in der Wiedergabe nicht farblich erkennbar sind.

(3) Durch Rechtsverordnung des Bundesministeriums der Justiz mit Zustimmung des Bundesrates kann vorgesehen werden, daß für die Führung des Grundbuchs nicht mehr benötigte, bei den Grundakten befindliche Schriftstücke ausgesondert werden können. Welche Schriftstücke dies sind und unter welchen Voraussetzungen sie ausgesondert werden können, ist in der Rechtsverordnung nach Satz 1 zu bestimmen.

第10a条 【数据载体的保存;相互一致的证明】

(1)依据本法第10条或者其他联邦法律关于土地登记局的规定而须得以保存的文书或被封存的土地登记簿,可以通过图像载体或其他数据载体予以复制保存,其条件是要确保此种复制品或者数据在适当时间内是可读的。州司法行政机关通过一般行政命令,来确定此种保存方式的时间、范围以及执行的细节。

(2)在制作图像载体或数据载体时,应出具一个表明复制品与文书相互一致的书面证明。文书的原件应交由主管部门保存。文书显示彩色登记事项的,在书面证明中应注明原件显示的彩色登记事项在复制品中无法辨认。

(3)德国联邦司法部通过其经德国联邦参议院批准后颁布的法规命令,可以规定,土地卷宗中的书面文件能被区分开的,无需编制土地登记簿。在该法规命令中,要依据本款第1句的规定来确定,何者为书面文件以及在何种前提下可以区分出此种书面文件。

11. [Ausgeschlosser Grundbuchbeamter]

Eine Eintragung in das Grundbuch ist nicht aus dem Grunde unwirksam, weil derjenige, der sie bewirkt hat, von der Mitwirkung kraft Gesetzes ausgeschlossen ist.

第 11 条 【被排除的土地登记局】

如果业已引起土地登记簿中的登记的原因,其关联作用被依法排除,土地登记簿中的登记不因此而无效。

12. [Grundbucheinsicht; Abschriften]

(1) Die Einsicht des Grundbuchs ist jedem gestattet, der ein berechtigtes Interesse darlegt. Das gleiche gilt von Urkunden, auf die im Grundbuch zur Ergänzung einer Eintragung Bezug genommen ist, sowie von den noch nicht erledigten Eintragungsanträgen.

(2) Soweit die Einsicht des Grundbuchs, der im Absatz 1 bezeichneten Urkunden und der noch nicht erledigten Eintragungsanträge gestattet ist, kann eine Abschrift gefordert werden; die Abschrift ist auf Verlangen zu beglaubigen.

(3) Der *Reichsminister der Justiz* kann jedoch die Einsicht des Grundbuchs und der im Absatz 1 Satz 2 genannten Schriftstücke sowie die Erteilung von Abschriften auch darüber hinaus für zulässig erklären.

第 12 条 【土地登记簿的查阅;副本】

(1) 任何证明具有正当利益的人都有权查阅土地登记簿。这同样适用于在土地登记簿中用于补充登记所涉及到的文书以及尚未运行终结的登记申请。

(2) 对于被允许查阅的土地登记簿、本条第 1 款规定的文书和尚未运行终结的登记申请,可以请求颁发副本;基于请求,可以认证该副本。

(3) 帝国司法部有权准许查阅土地登记簿和本条第 1 款第 2 句所规定的文件,并且有权准许颁发除此之外的其他副本。

12a. [Einrichtung von Verzeichnissen; keine Haftung bei Ausküften]

(1) Die Grundbuchämter dürfen auch ein Verzeichnis der Eigentümer und der Grundstücke sowie mit Genehmigung der Landesjustizverwaltung weitere, für die Führung des Grundbuchs erforderliche Verzeichnisse einrichten und, auch in maschineller Form, führen. Eine Verpflichtung, diese Verzeichnisse auf dem neuesten Stand zu halten, besteht nicht; eine Haftung bei nicht richtiger Auskunft besteht nicht. Aus öffentlich zugänglich gemachten Verzeichnissen dieser Art sind Auskünfte zu erteilen, soweit ein solches Verzeichnis der Auffindung der Grundbuchblätter dient, zur Einsicht in das Grundbuch oder für den Antrag auf Erteilung von Abschriften erforderlich ist und die Voraussetzungen für die Einsicht in das Grundbuch gegeben sind. Unter den Voraussetzungen des § 12 kann Auskunft aus Verzeichnissen nach Satz 1 auch gewährt werden, wenn damit die Einsicht in das Grundbuch entbehrlich wird. Inländischen Gerichten, Behörden und Notaren kann auch die Einsicht in

den entsprechenden Teil des Verzeichnisses gewährt werden. Ein Anspruch auf Erteilung von Abschriften aus dem Verzeichnis besteht nicht. Für maschinell geführte Verzeichnisse gelten § 126 Abs. 2 und § 133 entsprechend.

(2) Als Verzeichnis im Sinne des Absatzes 1 kann mit Genehmigung der Landesjustizverwaltung auch das Liegenschaftskataster verwendet werden.

第 12a 条 【目录的设置；答复不引发责任】

(1) 土地登记局可以设置所有权人目录和土地目录,而且,在州司法行政机关批准后,土地登记局还可设置编制——包括通过机器的形式编制——土地登记簿所必需的目录。保持此种目录处于最新状态不是义务；答复有误也不引发责任。用此种可公开获得的目录查找土地登记簿页,该目录对于查阅土地登记簿或者对于申请颁发副本是必要的,并且查阅土地登记簿的前提条件具备的,可依据此种目录作出答复。无需查阅土地登记簿的,在本法第 12 条规定的前提下,可以提供本款第 1 句规定的目录中的答复。内国的法院、行政机关和公证员也有权查阅该目录的相应部分。颁发目录副本的请求不是请求权。机器编制的目录准用本法第 126 条第 2 款和第 133 条的规定。

(2) 经过州司法行政机关的批准,不动产登记册亦可作为本条第 1 款规定的目录而得以使用。

12b. [Vorschriften für Aufbewahrung]

(1) Soweit in dem in Artikel 3 des Einigungsvertrages vom 31. August 1990 genannten Gebiet frühere Grundbücher von anderen als den grundbuchführenden Stellen aufbewahrt werden, gilt § 12 entsprechend.

(2) Absatz 1 gilt außer in den Fällen des § 10a entsprechend für Grundakten, die bei den dort bezeichneten Stellen aufbewahrt werden.

(3) Für Grundakten, die gemäß § 10a durch eine andere Stelle als das Grundbuchamt aufbewahrt werden, gilt § 12 mit der Maßgabe, daß abweichend von § 12 auch dargelegt werden muß, daß ein berechtigtes Interesse an der Einsicht in das Original der Akten besteht.

第 12b 条 【保存的规定】

(1) 在 1990 年 8 月 31 日的《德国统一条约》第 3 条所指的地区中,非编制土地登记簿的部门保存以前的土地登记簿的,准用本法第 12 条的规定。

(2) 除本法第 10a 条规定情形外,本条第 1 款的规定亦相应地适用于在其指定部门保存的土地卷宗。

(3) 本法第 10a 条规定的非由土地登记局保存的土地卷宗,以不同于本法第 12 条的规定的、还必须证明存在查阅文档原件的正当利益的方式,适用本法第 12 条的规定。

12c. [Zuständigkeit des Urkundsbeamten]

(1) Der Urkundsbeamte der Geschäftsstelle entscheidet über:

1. die Gestattung der Einsicht in das Grundbuch oder die in § 12 bezeichneten Akten und Anträge sowie die Erteilung von Abschriften hieraus, soweit nicht Einsicht zu

wissenschaftlichen oder Forschungszwecken begehrt wird;

2. die Erteilung von Auskünften nach § 12a oder die Gewährung der Einsicht in ein dort bezeichnetes Verzeichnis;

3. die Erteilung von Auskünften in den sonstigen gesetzlich vorgesehenen Fällen;

4. die Anträge auf Rückgabe von Urkunden und Versendung von Grundakten an inländische Gerichte oder Behörden.

(2) Der Urkundsbeamte der Geschäftsstelle ist ferner zuständig für

1. die Beglaubigung von Abschriften (Absatz 1 Nr. 1), auch soweit ihm die Entscheidung über die Erteilung nicht zusteht; jedoch kann statt des Urkundsbeamten ein von der Leitung des Amtsgerichts ermächtigter Justizangestellter die Beglaubigung vornehmen;

2. die Verfügungen und Eintragungen zur Erhaltung der Übereinstimmung zwischen dem Grundbuch und dem amtlichen Verzeichnis nach § 2 Abs. 2 oder einem sonstigen, hiermit in Verbindung stehenden Verzeichnis, mit Ausnahme der Verfügungen und Eintragungen, die zugleich eine Berichtigung rechtlicher Art oder eine Berichtigung eines Irrtums über das Eigentum betreffen;

3. die Entscheidungen über Ersuchen des Gerichts um Eintragung oder Löchung des Vermerks über die Eröffnung des Insolvenzverfahrens und über die Verfügungsbeschränkungen nach der Insolvenzordnung oder des Vermerks über die Einleitung eines Zwangsversteigerungs- und und Zwangsverwaltungsverfahrens;

4. die Berichtigung der Eintragung des Namens, des Berufs oder des Wohnortes natürlicher Personen im Grundbuch;

5. die Anfertigung der Nachweise nach § 10a Abs. 2.

(3) Die Vorschriften der §§ 6, 7 des Gesetzes über die Angelegenheiten der freiwilligen Gerichtsbarkeit sind auf den Urkundsbeamten der Geschäftsstelle entsprechend anzuwenden.

(4) Wird die Änderung einer Entscheidung des Urkundsbeamten der Geschäftsstelle verlangt, so entscheidet, wenn dieser dem Verlangen nicht entspricht, der Grundbuchrichter. Die Beschwerde findet erst gegen seine Entscheidung statt.

(5) In den Fällen des § 12b entscheidet über die Gewährung von Einsicht oder die Erteilung von Abschriften die Leitung der Stelle oder ein von ihm hierzu ermächtigter Bediensteter. Gegen die Entscheidung ist die Beschwerde nach dem Vierten Abschnitt gegeben. Örtlich zuständig ist das Gericht, in dessen Bezirk die Stelle ihren Sitz hat.

第 12c 条 【书记官的主管】

（1）法院书记科的书记官决定以下事项：

1. 准许查阅土地登记簿或本法第 12 条列举的文档和申请以及颁发副本，但查阅目的不能是进行科学研究；

2. 作出本法第 12a 条规定的答复,或者准许查阅此处列举的目录;

3. 作出其他法律规定情况下的答复;

4. 申请归还文书或向内国法院或行政机关寄出土地卷宗。

(2) 法院书记科的书记官还主管以下事项:

1. 副本的认证(本条第 1 款第 1 项),即使颁发与否的决定权不在于他;但是,一个经地方法院的负责人授权的司法工作人员可以替代该书记官进行认证;

2. 进行处分和登记,以使土地登记簿和本法第 2 条第 2 款规定的官方目录或其他与此有关的目录保持一致,但处分和登记同时涉及以法定方式进行的更正或更正有关所有权错误的除外;

3. 决定法院提出的登入或涂销请求:与启动破产程序和依据《德国破产法》作出处分限制相关的登记记载的登入或涂销请求,或者关于启动强制拍卖和强制行政程序的登记记载的登入或涂销请求;

4. 更正土地登记簿中的自然人的姓名、职业或者居住地的登记;

5. 出具本法第 10a 条第 2 款所规定的证明。

(3) 法院书记科的书记官应适用《德国非诉事件管辖事务法》第 6 条和第 7 条的规定。

(4) 如果法院书记科的书记官的决定被要求进行变更,而该书记官不履行此种要求的,则由土地登记官决定之。对此决定首先只能提出抗告。

(5) 在本法第 12b 条规定的情况中,部门的领导机构或由其授权的工作人员决定是否同意查阅或颁发副本。针对该决定的抗告,可依据本法第 4 章的规定提出。该部门位于某法院辖区内的,该法院享有属地管辖权。

Zweiter Abschnitt. Eintragungen in das Grundbuch
第 2 章 在土地登记簿中的登记

13. [Antragsgrundsatz]

(1) Eine Eintragung soll, soweit nicht das Gesetz etwas anderes vorschreibt, nur auf Antrag erfolgen. Antragsberechtigt ist jeder, dessen Recht von der Eintragung betroffen wird oder zu dessen Gunsten die Eintragung erfolgen soll.

(2) Der genaue Zeitpunkt, in dem ein Antrag beim Grundbuchamt eingeht, soll auf dem Antrag vermerkt werden. Der Antrag ist beim Grundbuchamt eingegangen, wenn er einer zur Entgegennahme zuständigen Person vorgelegt ist. Wird er zur Niederschrift einer solchen Person gestellt, so ist er mit Abschluß der Niederschrift eingegangen.

(3) Für die Entgegennahme eines auf eine Eintragung gerichteten Antrags oder Ersuchens und die Beurkundung des Zeitpunkts, in welchem der Antrag oder das Ersuchen beim Grundbuchamt eingeht, sind nur die für die Führung des Grundbuchs über das betroffene

Grundstück zuständige Person und der von der Leitung des Amtsgerichts für das ganze Grundbuchamt oder einzelne Abteilungen zuständige Beamte (Angestellte) der Geschäftsstelle zuständig. Bezieht sich der Antrag oder das Ersuchen auf mehrere Grundstücke in verschiedenen Geschäftsbereichen desselben Grundbuchamts, so ist jeder zuständig, der nach Satz 1 in Betracht kommt.

第 13 条 【申请原则】

(1) 只有基于申请才可办理登记,法律另有规定的除外。申请权利人是登记涉及到其权利之人,或者是因登记而受益之人。

(2) 应在申请上注明申请到达土地登记局的准确时间。申请提交给负责接受之人就表明申请到达土地登记局。如申请以该接受人作笔录的形式提出,则其于记录结束时到达。

(3) 只有主管所涉不动产之土地登记簿事务之人,以及由地方法院领导的、主管整个土地登记局或单个部门的法院书记科官员(雇员),才有权接受旨在登记的申请或请求,并对该申请和请求到达土地登记局的时间做文书记录。申请或请求如系针对属于同一土地登记局之不同业务范围的数宗土地,本款第 1 句提及的任何人都享有主管权。

14. [Antragsrecht bei Berichtigung]

Die Berichtigung des Grundbuchs durch Eintragung eines Berechtigten darf auch von demjenigen beantragt werden, welcher auf Grund eines gegen den Berechtigten vollstreckbaren Titels eine Eintragung in das Grundbuch verlangen kann, sofern die Zulässigkeit dieser Eintragung von der vorgängigen Berichtigung des Grundbuchs abhängt.

第 14 条 【更正时的申请权】

登记的许可依赖于土地登记簿之事先更正的,对权利人具有执行名义而要求在土地登记簿中登记的人,亦可以申请通过权利人的登记来更正土地登记簿。

15. [Vollmachtsvermutung]

Ist die zu einer Eintragung erforderliche Erklärung von einem Notar beurkundet oder beglaubigt, so gilt dieser als ermächtigt, im Namen eines Antragsberechtigten die Eintragung zu beantragen.

第 15 条 【公证员的代理权推定】

如果为登记所必需的意思表示系由某公证员进行公证或认证,则该公证员被视为享有以申请权利人的名义申请登记的权利。

16. [Antrag unter Vorbehalt]

(1) Einem Eintragungsantrag, dessen Erledigung an einen Vorbehalt geknüpft wird, soll nicht stattgegeben werden.

(2) Werden mehrere Eintragungen beantragt, so kann von dem Antragsteller bestimmt werden, daß die eine Eintragung nicht ohne die andere erfolgen soll.

第 16 条 【附有保留的申请】

（1）一个取决于保留条件才可完成的登记申请，不应得到许可。

（2）提出数个登记申请的，得由申请人确定，如没有其他登记，其中某一登记就不能办理。

17. [Behandlung mehrer Antrag]

Werden mehrere Eintragungen beantragt, durch die dasselbe Recht betroffen wird, so darf die später beantragte Eintragung nicht vor der Erledigung des früher gestellten Antrags erfolgen.

第 17 条 【数个申请的处理】

对同一个权利申请数个登记的，在先提出的申请运行终结之前，不得为提出时间在后的申请办理登记。

18. [Eintragungshindernis; Zurückweisung oder Ywischenfügung]

（1）Steht einer beantragten Eintragung ein Hindernis entgegen, so hat das Grundbuchamt entweder den Antrag unter Angabe der Gründe zurückzuweisen oder dem Antragsteller eine angemessene Frist zur Hebung des Hindernisses zu bestimmen. Im letzteren Fall ist der Antrag nach dem Ablauf der Frist zurückzuweisen, wenn nicht inzwischen die Hebung des Hindernisses nachgewiesen ist.

（2）Wird vor der Erledigung des Antrags eine andere Eintragung beantragt, durch die dasselbe Recht betroffen wird, so ist zugunsten des früher gestellten Antrags von Amts wegen eine Vormerkung oder ein Widerspruch einzutragen; die Eintragung gilt im Sinne des § 17 als Erledigung dieses Antrags. Die Vormerkung oder der Widerspruch wird von Amts wegen gelöscht, wenn der früher gestellte Antrag zurückgewiesen wird.

第 18 条 【登记障碍；驳回或者中间处分】

（1）申请登记遇到障碍的，土地登记局要么说明理由以驳回申请，要么为申请人确定一个适当的期限以排除该障碍。对于后一种情形，如果无法证明障碍在此期限内已被排除的，则申请在期间届满之后即被驳回。

（2）在申请运行终结之前，对同一权利又申请另一个登记的，为了有利于先提出的申请，土地登记局根据职权办理预告登记或异议登记；该登记在本法第 17 条意义上视为申请运行终结。先提出的申请被驳回的，土地登记局依据职权涂销预告登记或异议登记。

19. [Bewilligungsgrundsatz]

Eine Eintragung erfolgt, wenn derjenige sie bewilligt, dessen Recht von ihr betroffen wird.

第 19 条 【同意原则】

登记涉及到其权利的人同意登记的，登记得以办理。

20. [Einigungsgrundsatz]

Im Falle der Auflassung eines Grundstücks sowie im Falle der Bestellung, Änderung des

Inhalts oder Übertragung eines Erbbaurechts darf die Eintragung nur erfolgen, wenn die erforderliche Einigung des Berechtigten und des anderen Teils erklärt ist.

第 20 条 【合意原则】

在土地出让以及设定地上权、变更地上权内容或转移地上权的情形,只有权利人和另外一方表示必需的合意,才能办理登记。

21. [Einigung bei subjektiv-dinglichen Rechten]

Steht ein Recht, das durch die Eintragung betroffen wird, dem jeweiligen Eigentümer eines Grundstücks zu, so bedarf es der Bewilligung der Personen, deren Zustimmung nach § 876 Satz 2 des Bürgerlichen Gesetzbuchs zur Aufhebung des Rechtes erforderlich ist, nur dann, wenn das Recht auf dem Blatt des Grundstücks vermerkt ist.

第 21 条 【对主观物权的同意】

当时的土地所有权人享有登记涉及到的权利的,只有当土地登记簿页上注明该权利时,才需要得到《德国民法典》第 876 条第 2 句规定的废除权利须得到其同意之人的同意。

22. [Berichtigung des Grundbuches]

(1) Zur Berichtigung des Grundbuchs bedarf es der Bewilligung nach § 19 nicht, wenn die Unrichtigkeit nachgewiesen wird. Dies gilt insbesondere für die Eintragung oder Löschung einer Verfügungsbeschränkung.

(2) Die Berichtigung des Grundbuchs durch Eintragung eines Eigentümers oder eines Erbbauberechtigten darf, sofern nicht der Fall des § 14 vorliegt oder die Unrichtigkeit nachgewiesen wird, nur mit Zustimmung des Eigentümers oder des Erbbauberechtigten erfolgen.

第 22 条 【土地登记簿的更正】

(1) 错误得到证明的,更正土地登记簿无需本法第 19 条规定的同意。这尤其适用于处分限制的登记或涂销。

(2) 不存在本法第 14 条规定的情况或者无法证明错误的,只有获得所有权人或地上权人的同意,才可以通过所有权人或地上权人的登记来更正土地登记簿。

23. [Löschung von Rechten auf Lebenszeit]

(1) Ein Recht, das auf die Lebenszeit des Berechtigten beschränkt ist, darf nach dessen Tod, falls Rückstände von Leistungen nicht ausgeschlossen sind, nur mit Bewilligung des Rechtsnachfolgers gelöscht werden, wenn die Löschung vor dem Ablauf eines Jahres nach dem Tod des Berechtigten erfolgen soll oder wenn der Rechtsnachfolger der Löschung bei dem Grundbuchamt widersprochen hat; der Widerspruch ist von Amts wegen in das Grundbuch einzutragen. Ist der Berechtigte für tot erklärt, so beginnt die einjährige Frist mit dem Erlaß des die Todeserklärung aussprechenden Urteils.

(2) Der im Absatz 1 vorgesehenen Bewilligung des Rechtsnachfolgers bedarf es nicht,

wenn im Grundbuch eingetragen ist, daß zur Löschung des Rechtes der Nachweis des Todes des Berechtigten genügen soll.

第 23 条 【涂销受权利人生存期限限制的权利】

（1）受权利人生存期限限制的权利,应在权利人死亡后1年内涂销的,或权利继承人在土地登记局对涂销提出异议的,如果无法排除给付迟延,在权利人死亡之后,只有获得权利继承人的同意,才可以涂销此权利;土地登记局依据职权将该异议登记在土地登记簿中。权利人被宣布死亡的,该1年期间从宣布死亡判决做出之时起计算。

（2）土地登记簿载明的权利人死亡的证明足以涂销权利的,无需本条第1款规定的权利继承人的同意。

24.［Löschung zeitlich beschraenkter Rechte］

Die Vorschriften des § 23 sind entsprechend anzuwenden, wenn das Recht mit der Erreichung eines bestimmten Lebensalters des Berechtigten oder mit dem Eintritt eines sonstigen bestimmten Zeitpunkts oder Ereignisses erlischt.

第 24 条 【涂销受时间限制的权利】

因权利人到达确定年龄或其他确定时间点到来或事件发生而导致权利灭失的,准用本法第 23 条的规定。

25.［Loesung von Vormerkungen und Widerspruechen］

Ist eine Vormerkung oder ein Widerspruch auf Grund einer einstweiligen Verfügung eingetragen, so bedarf es zur Löschung nicht der Bewilligung des Berechtigten, wenn die einstweilige Verfügung durch eine vollstreckbare Entscheidung aufgehoben ist. Diese Vorschrift ist entsprechend anzuwenden, wenn auf Grund eines vorläufig vollstreckbaren Urteils nach den Vorschriften der Zivilprozeßordnung oder auf Grund eines Bescheides nach dem Vermögensgesetz eine Vormerkung oder ein Widerspruch eingetragen ist.

第 25 条 【涂销预告登记和异议抗辩】

基于假处分而为预告登记或异议登记的,如果该假处分被可执行的判决废止,则无需权利人的同意即可涂销这些登记。基于《德国民事诉讼法》规定的临时执行判决或基于《德国财产法》规定的裁判为预告登记或异议登记的,准用上述规定。

26.［Uebertragung und Belastung von Briefrechten］

（1）Soll die Übertragung einer Hypothek, Grundschuld oder Rentenschuld, über die ein Brief erteilt ist, eingetragen werden, so genügt es, wenn an Stelle der Eintragungsbewilligung die Abtretungserklärung des bisherigen Gläubigers vorgelegt wird.

（2）Diese Vorschrift ist entsprechend anzuwenden, wenn eine Belastung der Hypothek, Grundschuld oder Rentenschuld oder die Übertragung oder Belastung einer Forderung, für die ein eingetragenes Recht als Pfand haftet, eingetragen werden soll.

第 26 条 【颁发证书权利的转让和负担】

（1）经颁发证书的抵押权、土地债务或定期金债务的转让应当登记的,只需提供现有债权人替代登记同意的权利转让之表示即可。

（2）抵押权、土地债务或定期金债务的负担应登记，或者债权的转让或负担应登记的、而一个登记权利作为质物对该债权负担责任的，准用本条第1款的规定。

27. [Loesung von Grundpfandrechten]

Eine Hypothek, eine Grundschuld oder eine Rentenschuld darf nur mit Zustimmung des Eigentümers des Grundstücks gelöscht werden. Für eine Löschung zur Berichtigung des Grundbuchs ist die Zustimmung nicht erforderlich, wenn die Unrichtigkeit nachgewiesen wird.

第27条　【涂销土地质押权】

只有经过土地所有权人的同意，才能涂销抵押权、土地债务或者定期金债务。错误得到证明的，为更正土地登记簿而为的涂销无需所有权人的同意。

28. [Bezeichnung des Grundstuechs und der Geldbetraege]

In der Eintragungsbewilligung oder, wenn eine solche nicht erforderlich ist, in dem Eintragungsantrag ist das Grundstück übereinstimmend mit dem Grundbuch oder durch Hinweis auf das Grundbuchblatt zu bezeichnen. Einzutragende Geldbeträge sind in inländischer Währung anzugeben; durch Rechtsverordnung des Bundesministeriums der Justiz im Einvernehmen mit dem Bundesministerium der Finanzen kann die Angabe in einer einheitlichen europäischen Währung, in der Währung eines Mitgliedstaats der Europäischen Union oder des Europäischen Wirtschaftsraums oder einer anderen Währung, gegen die währungspolitische Bedenken nicht zu erheben sind, zugelassen und, wenn gegen die Fortdauer dieser Zulassung währungspolitische Bedenken bestehen, wieder eingeschränkt werden.

第28条　【土地登记簿的标注和金额】

在同意登记或无需同意而申请登记的情形，应标注出该宗土地与土地登记簿相吻合，或者通过指示土地登记簿页而标注出该宗土地。以内货币标示应登记的金额；在货币政策方面不会导致疑虑的，可通过德国联邦司法部的法规命令并在与德国财政部达成一致意见后，以欧洲统一货币、欧盟成员国货币或欧洲经济区货币或其他货币标示金额，继续此种许可而存在货币政策方面疑虑的，此种标示方式将受到限制。

29. [Nachweis der Eintragungsunterlagen]

(1) Eine Eintragung soll nur vorgenommen werden, wenn die Eintragungsbewilligung oder die sonstigen zu der Eintragung erforderlichen Erklärungen durch öffentliche oder öffentlich beglaubigte Urkunden nachgewiesen werden. Andere Voraussetzungen der Eintragung bedürfen, soweit sie nicht bei dem Grundbuchamt offenkundig sind, des Nachweises durch öffentliche Urkunden.

(2) (*weggefallen*)

(3) Erklärungen oder Ersuchen einer Behörde, auf Grund deren eine Eintragung vorgenommen werden soll, sind zu unterschreiben und mit Siegel oder Stempel zu versehen.

第 29 条 【登记文书的证明】

（1）只有当登记同意或其他为登记所必需的表示业经官方文书或公证文书证明时，才能办理登记。其他登记要件事项如果在土地登记局看来并非显而易见，则需通过官方文书证明之。

（2）（现被删除）

（3）如果基于行政机关所作的表示或请求，即应为某项登记，则此种表示或请求应经签名并加盖封印或印章。

29a. [Glaubhaftmachung bei Loesungsvormerkung]

Die Voraussetzungen des § 1179 Nr. 2 des Bürgerlichen Gesetzbuchs sind glaubhaft zu machen; § 29 gilt hierfür nicht.

第 29a 条 【令人信服地主张涂销预告登记】

《德国民法典》第1179条之2规定的前提要件要以令人信服的方式主张；对此不适用本法第29条的规定。

30. [Form des Eintragungsantragen und der Vollmack]

Für den Eintragungsantrag sowie für die Vollmacht zur Stellung eines solchen gelten die Vorschriften des § 29 nur, wenn durch den Antrag zugleich eine zu der Eintragung erforderliche Erklärung ersetzt werden soll.

第 30 条 【登记申请的形式以及代理】

只有通过申请、并同时取代登记所必需的表示，登记申请以及提出登记申请的代理才适用本法第29条的规定。

31. [Form der Antragsruecknahme und des Widerrufs der Vollmacht]

Eine Erklärung, durch die ein Eintragungsantrag zurückgenommen wird, bedarf der in § 29 Abs. 1 Satz 1 und Abs. 3 vorgeschriebenen Form. Dies gilt nicht, sofern der Antrag auf eine Berichtigung des Grundbuchs gerichtet ist. Satz 1 gilt für eine Erklärung, durch die eine zur Stellung des Eintragungsantrags erteilte Vollmacht widerrufen wird, entsprechend.

第 31 条 【申请撤销的形式以及代理的撤销】

撤销登记申请的表示，需有本法第29条第1款第1句和第3款规定的形式。这不适用于更正土地登记簿的申请。撤销针对提出登记申请而授予的代理的表示，适用本条第1句的规定。

32. [Nachwis der Vertretungsberechtigung bei Handelsgesellschaften]

（1）Der Nachweis, daß der Vorstand einer Aktiengesellschaft aus den im Handelsregister eingetragenen Personen besteht, wird durch ein Zeugnis des Gerichts über die Eintragung geführt.

（2）Das gleiche gilt von dem Nachweis der Befugnis zur Vertretung einer offenen Handelsgesellschaft, einer Partnerschaftsgesellschaft, einer Kommanditgesellschaft, einer Kommanditgesellschaft auf Aktien oder einer Gesellschaft mit beschränkter Haftung.

第32条 【商事公司之代理权的证明】

（1）通过有关登记的法庭证书，编制由在商事登记所中登记的人员组成股份公司董事会的证明。

（2）这同样适用于无限商事公司、合伙、两合公司、股份两合公司或有限责任公司代理权的证明。

33. [Nachweis des Gueterstandes]

Der Nachweis, daß zwischen Ehegatten Gütertrennung oder ein vertragsmäßiges Güterrecht besteht oder daß ein Gegenstand zum Vorbehaltsgut eines Ehegatten gehört, wird durch ein Zeugnis des Gerichts über die Eintragung des güterrechtlichen Verhältnisses im Güterrechtsregister geführt.

第33条 【夫妻财产的证明】

通过有关在夫妻财产权登记中记载的财产权比例的法庭证书，编制夫妻间存在财产划分、或合同方式的财产权、或标的属于配偶一方之保留财产的证明。

34. [Bezugnahme auf Register]

Ist in den Fällen der §§ 32, 33 das Grundbuchamt zugleich das Registergericht, so genügt statt des Zeugnisses die Bezugnahme auf das Register.

第34条 【援引法庭登记】

在本法第32条和第33条规定的情形，土地登记局同时为登记法院的，援引法院登记替代证书即可。

35. [Nachweis der Erbfolge u. a.]

（1）Der Nachweis der Erbfolge kann nur durch einen Erbschein geführt werden. Beruht jedoch die Erbfolge auf einer Verfügung von Todes wegen, die in einer öffentlichen Urkunde enthalten ist, so genügt es, wenn an Stelle des Erbscheins die Verfügung und die Niederschrift über die Eröffnung der Verfügung vorgelegt werden; erachtet das Grundbuchamt die Erbfolge durch diese Urkunden nicht für nachgewiesen, so kann es die Vorlegung eines Erbscheins verlangen.

（2）Das Bestehen der fortgesetzten Gütergemeinschaft sowie die Befugnis eines Testamentsvollstreckers zur Verfügung über einen Nachlaßgegenstand ist nur auf Grund der in den §§ 1507, 2368 des Bürgerlichen Gesetzbuchs vorgesehenen Zeugnisse als nachgewiesen anzunehmen; auf den Nachweis der Befugnis des Testamentsvollstreckers sind jedoch die Vorschriften des Absatzes 1 Satz 2 entsprechend anzuwenden.

（3）Zur Eintragung des Eigentümers oder Miteigentümers eines Grundstücks kann das Grundbuchamt von den in den Absätzen 1 und 2 genannten Beweismitteln absehen und sich mit anderen Beweismitteln, für welche die Form des § 29 nicht erforderlich ist, begnügen, wenn das Grundstück oder der Anteil am Grundstück weniger als 3.000 Euro wert ist und die Beschaffung des Erbscheins oder des Zeugnisses nach § 1507 des Bürgerlichen Gesetzbuchs nur mit unverhältnismäßigem Aufwand an Kosten oder Mühe möglich ist. Der Antragsteller kann auch zur Versicherung an Eides Statt zugelassen werden.

第 35 条　【继承的证明以及其他】

（1）只有遗产继承证书才可以证明继承顺序。如果继承顺序涉及到以死者名义所为的、记载于官方文书中的某种处分，则只需出具该处分以及关于处分开始的笔录即可，而无需提供遗产继承证书；土地登记局认为该文书不能证明该继承顺序的，可以要求出具遗产继承证书。

（2）只有基于《德国民法典》第1507条和第2368条规定的证书，才能证明存在继续共同财产关系以及遗嘱执行人处分遗产标的的权限；但遗嘱执行人权限的证明，准用本条第1款第2句的规定。

（3）只有土地或土地份额的价值低于3000欧元，并且为取得《德国民法典》第1507条规定的遗产继承文书或证书而支出过分的费用和精力的，土地登记局才可以就土地所有权人或共同所有权人的登记，不采用本条第1款和第2款规定的证明方式，而采取其他无需本法第29条规定之形式的证明方式。可以允许申请人用提供担保的方式替代宣誓。

36. [Auseinandersetzung eines Nachlasses oder Gesamtgutes]

（1）Soll bei einem zum Nachlaß oder zu dem Gesamtgut einer ehelichen oder fortgesetzten Gütergemeinschaft gehörenden Grundstück oder Erbbaurecht einer der Beteiligten als Eigentümer oder Erbbauberechtigter eingetragen werden, so genügt zum Nachweis der Rechtsnachfolge und der zur Eintragung des Eigentumsübergangs erforderlichen Erklärungen der Beteiligten ein Zeugnis des Nachlaßgerichts oder des nach § 99 Abs. 2 des Gesetzes über die Angelegenheiten der freiwilligen Gerichtsbarkeit zuständigen Amtsgerichts.

（2）Das Zeugnis darf nur ausgestellt werden, wenn：

a) die Voraussetzungen für die Erteilung eines Erbscheins vorliegen oder der Nachweis der ehelichen Gütergemeinschaft durch öffentliche Urkunden erbracht ist und

b) die Abgabe der Erklärungen der Beteiligten in einer den Vorschriften der Grundbuchordnung entsprechenden Weise dem Nachlaßgericht oder dem nach § 99 Abs. 2 des Gesetzes über die Angelegenheiten der freiwilligen Gerichtsbarkeit zuständigen Amtsgericht nachgewiesen ist.

（3）Die Vorschriften über die Zuständigkeit zur Entgegennahme der Auflassung bleiben unberührt.

第 36 条　【遗产或共有财产的分割】

（1）在属于遗产、或属于夫妻共同所有的财产、或属于继续共同财产所有的土地或地上权中，应将一方当事人作为所有权人或地上权人予以登记的，只要有遗产法院或依据《德国非诉事件管辖事务法》第99条第2款的规定而享有管辖权的地方法院的证书，即可证明权利继受和所有权移转登记所必需的表示。

(2) 只有具备以下条件,才能出具证书:

a) 具备颁发遗产继承证书的前提条件,或者通过官方文书提供了夫妻共同财产关系的证明,以及

b) 以符合本法规定的方式,向遗产法院或者依据《德国非诉事件管辖事务法》第99条第2款的规定而享有管辖权的地方法院证明当事人作出了表示。

(3) 关于接受土地所有权出让的管辖规定不受影响。

37. [Auseinandersetzung bei Grundpfandrechten]

Die Vorschriften des § 36 sind entsprechend anzuwenden, wenn bei einer Hypothek, Grundschuld oder Rentenschuld, die zu einem Nachlaß oder zu dem Gesamtgut einer ehelichen oder fortgesetzten Gütergemeinschaft gehört, einer der Beteiligten als neuer Gläubiger eingetragen werden soll.

第37条 【土地质押权的分割】

抵押权、土地债务或定期金债务属于遗产、或属于夫妻共同所有的财产、或属于继续共同财产,应将一方当事人作为新债权人予以登记的,准用本法第36条的规定。

38. [Eintragung auf Ersuchen einer Behoerde]

In den Fällen, in denen nach gesetzlicher Vorschrift eine Behörde befugt ist, das Grundbuchamt um eine Eintragung zu ersuchen, erfolgt die Eintragung auf Grund des Ersuchens der Behörde.

第38条 【基于行政机关请求的登记】

在行政机关依据法律规定有权请求土地登记局办理登记的情况下,登记基于行政机关的请求而得以办理。

39. [Voreintragung des Betroffenen]

(1) Eine Eintragung soll nur erfolgen, wenn die Person, deren Recht durch sie betroffen wird, als der Berechtigte eingetragen ist.

(2) Bei einer Hypothek, Grundschuld oder Rentenschuld, über die ein Brief erteilt ist, steht es der Eintragung des Gläubigers gleich, wenn dieser sich im Besitz des Briefes befindet und sein Gläubigerrecht nach § 1155 des Bürgerlichen Gesetzbuchs nachweist.

第39条 【利害关系人的先登记】

(1) 只有将登记涉及其权利的人登记为权利人,才能够办理登记。

(2) 对于颁发证书的抵押权、土地债务或定期金债务,债权人持有该证书并依据《德国民法典》第1155条的规定证明其债权的,等同于债权人登记。

40. [Ausnahmen von der Voreintragung]

(1) Ist die Person, deren Recht durch eine Eintragung betroffen wird, Erbe des eingetragenen Berechtigten, so ist die Vorschrift des § 39 Abs. 1 nicht anzuwenden, wenn die Übertragung oder die Aufhebung des Rechts eingetragen werden soll oder wenn der Eintragungsantrag durch die Bewilligung des Erblassers oder eines Nachlaßpflegers oder durch

einen gegen den Erblasser oder den Nachlaßpfleger vollstreckbaren Titel begründet wird.

(2) Das gleiche gilt für eine Eintragung auf Grund der Bewilligung eines Testamentsvollstreckers oder auf Grund eines gegen diesen vollstreckbaren Titels, sofern die Bewilligung oder der Titel gegen den Erben wirksam ist.

第40条 【先登记的例外】

(1) 登记涉及其权利之人是登记权利人之继承人的,如果权利转移或废除应被登记,或者通过被继承人或遗产保佐人的同意、或通过针对被继承人或遗产保佐人的执行名义而设立登记申请,不适用本法第39条第1款的规定。

(2) 遗产执行人的同意、或针对该遗产执行人的执行名义对继承人具有效力的,本条第1款的规定同样适用于基于该同意或该执行名义而办理的登记。

41. [Vorlegung des Hypothekenbriefes]

(1) Bei einer Hypothek, über die ein Brief erteilt ist, soll eine Eintragung nur erfolgen, wenn der Brief vorgelegt wird. Für die Eintragung eines Widerspruchs bedarf es der Vorlegung nicht, wenn die Eintragung durch eine einstweilige Verfügung angeordnet ist und der Widerspruch sich darauf gründet, daß die Hypothek oder die Forderung, für welche sie bestellt ist, nicht bestehe oder einer Einrede unterliege oder daß die Hypothek unrichtig eingetragen sei. Der Vorlegung des Briefes bedarf es nicht für die Eintragung einer Löschungsvormerkung nach § 1179 des Bürgerlichen Gesetzbuchs.

(2) Der Vorlegung des Hypothekenbriefs steht es gleich, wenn in den Fällen der §§ 1162, 1170, 1171 des Bürgerlichen Gesetzbuchs auf Grund des Ausschlußurteils die Erteilung eines neuen Briefes beantragt wird. Soll die Erteilung des Briefes nachträglich ausgeschlossen oder die Hypothek gelöscht werden, so genügt die Vorlegung des Ausschlußurteils.

第41条 【抵押证书的出示】

(1) 对于颁发证书的抵押权,只有在出示该证书时,才能办理登记。通过假处分命令办理登记,并且因为抵押权或设定该抵押权的债权不存在、或对其存有抗辩权、或抵押权错误登记的,而成立异议抗辩的,办理异议登记无需出示该证书。依据《德国民法典》第1179条的规定办理涂销预告登记的,无需出示该证书。

(2) 在《德国民法典》第1162条、第1170条和第1171条规定的情形中,基于除权判决而申请颁发一个新的证书的,等同于出示抵押证书。事后应排除颁发该证书或涂销该抵押权的,出示该除权判决即可。

42. [Vorlegung des Grundschuld-oder Rentenschuldbriefes]

Die Vorschriften des § 41 sind auf die Grundschuld und die Rentenschuld entsprechend anzuwenden. Ist jedoch das Recht für den Inhaber des Briefes eingetragen, so bedarf es der Vorlegung des Briefes nur dann nicht, wenn der Eintragungsantrag durch die Bewilligung eines nach § 1189 des Bürgerlichen Gesetzbuchs bestellten Vertreters oder durch eine gegen ihn erlassene gerichtliche Entscheidung begründet wird.

附录一 德国土地登记簿法(中德文对照)

第 42 条 【土地债务证书和定期金债务证书的出示】

土地债务和定期金债务准用本法第 41 条的规定。但对证书持有者的权利进行登记的,只有当通过依据《德国民法典》第 1189 条的规定而设定的代理人的同意、或通过一个针对该代理人所颁发的法院判决而设立登记申请时,才无需出示该证书。

43. [Vorlegung von Inhaber-oder Orderpapieren]

(1) Bei einer Hypothek für die Forderung aus einer Schuldverschreibung auf den Inhaber, aus einem Wechsel oder einem anderen Papier, das durch Indossament übertragen werden kann, soll eine Eintragung nur erfolgen, wenn die Urkunde vorgelegt wird; die Eintragung ist auf der Urkunde zu vermerken.

(2) Diese Vorschrift ist nicht anzuwenden, wenn eine Eintragung auf Grund der Bewilligung eines nach § 1189 des Bürgerlichen Gesetzbuchs bestellten Vertreters oder auf Grund einer gegen diesen erlassenen gerichtlichen Entscheidung bewirkt werden soll.

第 43 条 【出示无记名证券或指示证券】

(1) 对因无记名债券、票据或其他通过背书转让的证券产生的债权设定抵押权的,只有出示文书才能办理登记;应在文书上标注登记。

(2) 基于依据《德国民法典》第 1189 条的规定而设定的代理人的同意、或基于一个针对该代理人所颁发的法院判决而应为登记的,不适用上述规定。

44. [Datun: Unterzeichnung der Eintragung; Bezug auf Eintragungsbewilligung]

(1) Jede Eintragung soll den Tag, an welchem sie erfolgt ist, angeben. Die Eintragung soll, sofern nicht nach § 12c Abs. 2 Nr. 2 bis 4 der Urkundsbeamte der Geschäftsstelle zuständig ist, die für die Führung des Grundbuchs zuständige Person, regelmäßig unter Angabe des Wortlauts, verfügen und der Urkundsbeamte der Geschäftsstelle veranlassen; sie ist von beiden zu unterschreiben, jedoch kann statt des Urkundsbeamten ein von der Leitung des Amtsgerichts ermächtigter Justizangestellter unterschreiben. In den Fällen des § 12c Abs. 2 Nr. 2 bis 4 haben die Urkundsbeamte der Geschäftsstelle und zusätzlich entweder ein zweiter Beamter der Geschäftsstelle oder ein von der Leitung des Amtsgerichts ermächtigter Justizangestellter die Eintragung zu unterschreiben.

(2) Soweit nicht gesetzlich etwas anderes bestimmt ist und der Umfang der Belastung aus dem Grundbuch erkennbar bleibt, soll bei der Eintragung eines Rechts, mit dem ein Grundstück belastet wird, auf die Eintragungsbewilligung Bezug genommen werden. Hierbei sollen in der Bezugnahme der Name des Notars, der Notarin oder die Bezeichnung des Notariats und jeweils die Nummer der Urkundenrolle, bei Eintragungen auf Grund eines Ersuchens (§ 38) die Bezeichnung der ersuchenden Stelle und deren Aktenzeichen angegeben werden.

(3) Bei der Umschreibung eines Grundbuchblatts, der Neufassung eines Teils eines Grundbuchblatts und in sonstigen Fällen der Übernahme von Eintragungen auf ein anderes,

bereits angelegtes oder neu anzulegendes Grundbuchblatt soll, sofern hierdurch der Inhalt der Eintragung nicht verändert wird, die Bezugnahme auf die Eintragungsbewilligung oder andere Unterlagen bis zu dem Umfange nachgeholt oder erweitert werden, wie sie nach Absatz 2 zulässig wäre. Sofern hierdurch der Inhalt der Eintragung nicht verändert wird, kann auch von dem ursprünglichen Text der Eintragung abgewichen werden.

第44条 【日期；登记的签署；援引登记同意】

（1）每个登记都应标注完成该登记的日期。依据本法第12c条第2款之2-4的规定，法院书记科的书记官无主管权的，负责掌管土地登记簿的人员通常应说明原文以处分该登记，并且由法院书记科的书记官促成该登记；上述二者应在该登记上签名，但经地方法院的负责人授权的司法工作人员可以替代书记官签名。在本法第12c条第2款之2-4规定的情形，法院书记科的书记官还要与该法院书记科的另一名书记官或经地方法院负责人授权的一名司法工作人员共同在登记上签名。

（2）法律无另外规定并且可以辨认土地登记簿中的负担范围的，土地负担之权利的登记，系于登记同意。在此应标注所涉及的公证员姓名或公证处的名称并分别标注文书卷册号，在登记基于请求（本法第38条）而作出时，则应标注请求机关的名称及其文档标记。

（3）在改写土地登记簿页、重新编制土地登记簿页的部分的情形，以及在已经设置或新的将设置的土地登记簿页上承受登记等其他情形，登记内容据此并未改变的，应增补或拓展所涉及到的登记同意或其他文件，以达到本条第2款所准许的范围。登记内容据此未改变的，还可以偏离登记的原文。

45. [Reihenfolge der Eintragungen; Rangvermerk]

（1）Sind in einer Abteilung des Grundbuchs mehrere Eintragungen zu bewirken, so erhalten sie die Reihenfolge, welche der Zeitfolge der Anträge entspricht; sind die Anträge gleichzeitig gestellt, so ist im Grundbuch zu vermerken, daß die Eintragungen gleichen Rang haben.

（2）Werden mehrere Eintragungen, die nicht gleichzeitig beantragt sind, in verschiedenen Abteilungen unter Angabe desselben Tages bewirkt, so ist im Grundbuch zu vermerken, daß die später beantragte Eintragung der früher beantragten im Rang nachsteht.

（3）Diese Vorschriften sind insoweit nicht anzuwenden, als ein Rangverhältnis nicht besteht oder das Rangverhältnis von den Antragstellern abweichend bestimmt ist.

第45条 【登记的顺位；顺位标注】

（1）在土地登记簿的一个部分中有数个登记的，依据申请的时间顺序确定它们的顺位；同时提出申请的，在土地登记簿中应注明，各登记具有相同的顺位。

（2）在土地登记簿的不同部分中，非同时提出申请的数个登记标注为同一日期的，在土地登记簿中应注明，申请时间在后的登记顺位位于申请时间在前的登记顺位之后。

（3）顺位关系不存在或申请人另行确定顺位关系的情况，不适用本条的上述规定。

46. [Loesung von Rechten und Verfuegungsbeschraenkungen]

(1) Die Löschung eines Rechtes oder einer Verfügungsbeschränkung erfolgt durch Eintragung eines Löschungsvermerks.

(2) Wird bei der Übertragung eines Grundstücks oder eines Grundstücksteils auf ein anderes Blatt ein eingetragenes Recht nicht mitübertragen, so gilt es in Ansehung des Grundstücks oder des Teils als gelöscht.

第46条 【涂销权利和处分限制】

(1)通过记载涂销注明的登记来涂销权利或处分限制。

(2)一宗土地或一宗土地的部分被移转到另一张土地登记簿页,而所登记的权利并不同时移转的,则就该宗土地或该土地部分而言,该权利视为被涂销。

47. [Eintragung gemeinschaftlicher Rechte]

Soll ein Recht für mehrere gemeinschaftlich eingetragen werden, so soll die Eintragung in der Weise erfolgen, daß entweder die Anteile der Berechtigten in Bruchteilen angegeben werden oder das für die Gemeinschaft maßgebende Rechtsverhältnis bezeichnet wird.

第47条 【共有权利的登记】

数人共有的权利应登记的,要么应以标注共有权利人之份额的方式登记,要么应以标注共有中重要的权利关系的方式登记。

48. [Mitbelastung]

(1) Werden mehrere Grundstücke mit einem Recht belastet, so ist auf dem Blatt jedes Grundstücks die Mitbelastung der übrigen von Amts wegen erkennbar zu machen. Das gleiche gilt, wenn mit einem an einem Grundstück bestehenden Recht nachträglich noch ein anderes Grundstück belastet oder wenn im Falle der Übertragung eines Grundstücksteils auf ein anderes Grundbuchblatt ein eingetragenes Recht mitübertragen wird.

(2) Soweit eine Mitbelastung erlischt, ist dies von Amts wegen zu vermerken.

第48条 【共同负担】

(1)数宗土地负担一个权利的,土地登记局依据职权在每宗土地的登记簿页上明确记载其他土地的共同负担。一宗土地事后负担另外一宗土地上存在的权利的,或者在将一宗土地的部分移转到另外一张土地簿页上时同时移转登记权利的,亦是如此。

(2)对于已经涂销的共同负担,土地登记局应依据职权作出标注。

49. [Altenteil]

Werden Dienstbarkeiten und Reallasten als Leibgedinge, Leibzucht, Altenteil oder Auszug eingetragen, so bedarf es nicht der Bezeichnung der einzelnen Rechte, wenn auf die Eintragungsbewilligung Bezug genommen wird.

第49条 【终老财产】

役权和实物负担登记为终身赡养、终身养老、养老份额或终老财产,涉及到登记同意的,无需标注单个权利。

50. [Teilschuldverschreibungen auf den Inhaber]

(1) Bei der Eintragung einer Hypothek für Teilschuldverschreibungen auf den Inhaber genügt es, wenn der Gesamtbetrag der Hypothek unter Angabe der Anzahl, des Betrags und der Bezeichnung der Teile eingetragen wird.

(2) Diese Vorschrift ist entsprechend anzuwenden, wenn eine Grundschuld oder eine Rentenschuld für den Inhaber des Briefes eingetragen und das Recht in Teile zerlegt werden soll.

第 50 条　【无记名的分为小额的债券】

(1) 为无记名的分为小额的债券设定的抵押权登记的，只要在标明数目、金额和份额的标记的情况下，登记抵押权的全部金额即可。

(2) 应为证书持有人登记土地债务或定期金债务，并且应将该权利分割成份额的，应适用本条的上述规定。

51. [Vor-und Nacherbenvermerk]

Bei der Eintragung eines Vorerben ist zugleich das Recht des Nacherben und, soweit der Vorerbe von den Beschränkungen seines Verfügungsrechts befreit ist, auch die Befreiung von Amts wegen einzutragen.

第 51 条　【先位继承人和后位继承人的标注】

在登记先位继承人时，应同时登记后位继承人的权利，先位继承人之处分权限制被取消的，土地登记局也应依据职权登记该取消。

52. [Testamentsvollstreckervermerk]

Ist ein Testamentsvollstrecker ernannt, so ist dies bei der Eintragung des Erben von Amts wegen miteinzutragen, es sei denn, daß der Nachlaßgegenstand der Verwaltung des Testamentsvollstreckers nicht unterliegt.

第 52 条　【遗嘱执行人的标注】

指定遗嘱执行人的，在登记继承人时，土地登记局应依据职权同时登记该指定情况，但遗产标的不由遗嘱执行人管理的除外。

53. [Widerspruch und Loesung von Amts wegen]

(1) Ergibt sich, daß das Grundbuchamt unter Verletzung gesetzlicher Vorschriften eine Eintragung vorgenommen hat, durch die das Grundbuch unrichtig geworden ist, so ist von Amts wegen ein Widerspruch einzutragen. Erweist sich eine Eintragung nach ihrem Inhalt als unzulässig, so ist sie von Amts wegen zu löschen.

(2) Bei einer Hypothek, einer Grundschuld oder einer Rentenschuld bedarf es zur Eintragung eines Widerspruchs der Vorlegung des Briefes nicht, wenn der Widerspruch den im § 41 Abs. 1 Satz 2 bezeichneten Inhalt hat. Diese Vorschrift ist nicht anzuwenden, wenn der Grundschuld-oder Rentenschuldbrief auf den Inhaber ausgestellt ist.

第 53 条　【据职权的异议登记和涂销】

（1）土地登记局违反法律规定而为登记，土地登记簿因此出现错误的，土地登记局应依据职权为异议登记。依据其内容，登记被证明为不法的，土地登记局依据职权涂销该登记。

（2）对于抵押权、土地债务或定期金债务而言，异议含有本法第41条第1款第2句规定的内容的，办理异议登记无需出示证书。出具无记名土地债务证书或定期金债务证书的，不适用本款上述规定。

54. [Oeffentliche Lasten]

Die auf einem Grundstück ruhenden öffentlichen Lasten als solche sind von der Eintragung in das Grundbuch ausgeschlossen, es sei denn, daß ihre Eintragung gesetzlich besonders zugelassen oder angeordnet ist.

第 54 条 【公共负担】

土地登记簿不记载土地之上的公共负担，但法律特别准许或命令为此种登记的除外。

55. [Bekanntmachung der Eintragungen]

（1）Jede Eintragung soll dem den Antrag einreichenden Notar, dem Antragsteller und dem eingetragenen Eigentümer sowie allen aus dem Grundbuch ersichtlichen Personen bekanntgemacht werden, zu deren Gunsten die Eintragung erfolgt ist oder deren Recht durch sie betroffen wird, die Eintragung eines Eigentümers auch denen, für die eine Hypothek, Grundschuld, Rentenschuld, Reallast oder ein Recht an einem solchen Recht im Grundbuch eingetragen ist.

（2）Steht ein Grundstück in Miteigentum, so ist die in Absatz 1 vorgeschriebene Bekanntmachung an den Eigentümer nur gegenüber den Miteigentümern vorzunehmen, auf deren Anteil sich die Eintragung bezieht. Entsprechendes gilt bei Miteigentum für die in Absatz 1 vorgeschriebene Bekanntmachung an einen Hypothekengläubiger oder sonstigen Berechtigten von der Eintragung eines Eigentümers.

（3）Veränderungen der grundbuchmäßigen Bezeichnung des Grundstücks und die Eintragung eines Eigentümers sind außerdem der Behörde bekanntzumachen, welche das in § 2 Abs. 2 bezeichnete amtliche Verzeichnis führt.

（4）Die Eintragung des Verzichts auf das Eigentum ist der für die Abgabe der Aneignungserklärung und der für die Führung des Liegenschaftskatasters zuständigen Behörde bekanntzumachen. In den Fällen des Artikels 233 § 15 Abs. 3 des Einführungsgesetzes zum Bürgerlichen Gesetzbuche erfolgt die Bekanntmachung nur gegenüber dem Landesfiskus und der Gemeinde, in deren Gebiet das Grundstück liegt; die Gemeinde unterrichtet ihr bekannte Berechtigte oder Gläubiger.

（5）Wird der in § 9 Abs. 1 vorgesehene Vermerk eingetragen, so hat das Grundbuchamt dies dem Grundbuchamt, welches das Blatt des belasteten Grundstücks führt, bekanntzumachen. Ist der Vermerk eingetragen, so hat das Grundbuchamt, welches das Grundbuchblatt des belasteten Grundstücks führt, jede Änderung oder Aufhebung des Rechts dem Grundbuchamt des herrschenden Grundstücks bekanntzumachen.

(6) Die Bekanntmachung hat die Eintragung wörtlich wiederzugeben. Sie soll auch die Stelle der Eintragung im Grundbuch und den Namen des Grundstückseigentümers, bei einem Eigentumswechsel auch den Namen des bisherigen Eigentümers angeben. In die Bekanntmachung können auch die Bezeichnung des betroffenen Grundstücks in dem in § 2 Abs. 2 genannten amtlichen Verzeichnis sowie bei einem Eigentumswechsel die Anschrift des neuen Eigentümers aufgenommen werden.

(7) Auf die Bekanntmachung kann ganz oder teilweise verzichtet werden.

(8) Sonstige Vorschriften über die Bekanntmachung von Eintragungen in das Grundbuch bleiben unberührt.

第55条 【登记的公布】

(1) 应向提出申请的公证员、申请提出人、登记的所有权人以及向登记对其有利或登记涉及其权利的、从土地登记簿中明晰可见的所有的人,公布每一项登记;一项所有权人的登记也应向下列人公布:一项抵押权、土地债务、定期金债务、实物负担登记或此等权利之上的权利在土地登记簿上登记的权利人。

(2) 一宗土地处于共有状态的,则本条第1款所规定的对所有权人的公布,仅针对登记涉及到其份额的共同所有权人。本条第1款规定的所有权人登记对抵押权人或其他权利人的公布,亦相应适用于共有的情形。

(3) 此外,应向编制本法第2条第2款规定的官方目录的行政机关,公布土地登记簿上的土地标示变动和所有权人登记。

(4) 应向负责发出取得所有权的表示和负责编制不动产登记册的行政机关公布放弃所有权的登记。在《德国民法典实施法》第233款项第15条第3款规定的情形,仅针对州财政部门和土地所在的社区为此种公布;社区告知其所了解的权利人或债权人的有关情况。

(5) 登记本法第9条第1款规定的标注的,土地登记局应向编制设定负担的土地登记簿页的土地登记局公布此标注。该标注已经登记的,编制设定负担的土地登记簿页的土地登记局,也因此应向主土地的土地登记局公布每一项权利变更或废止的情况。

(6) 公布应精确再现登记事项。公布也应标注在土地登记簿中为登记的机构和土地所有权人的姓名,对于所有权变动的,还要标注现有所有权人的姓名。公布也可以包括本法第2条第2款所指的官方目录所涉及的土地的标记,在所有权变动时,还要包括新的所有权人的通信地址。

(7) 可以全部或部分放弃公布。

(8) 其他有关公布土地登记簿中的登记事项的规定不受影响。

55a. [Austausch von Abschriften zwischen Grundbuchaemter]

(1) Enthält ein beim Grundbuchamt eingegangenes Schriftstück Anträge oder Ersuchen, für deren Erledigung neben dem angegangenen Grundbuchamt auch noch ein anderes Grundbuchamt zuständig ist oder mehrere andere Grundbuchämter zuständig sind, so kann jedes der beteiligten Grundbuchämter den anderen beteiligten Grundbuchämtern Abschriften seiner Verfügungen mitteilen.

(2) Werden bei Gesamtrechten (§ 48) die Grundbücher bei verschiedenen Grundbuchämtern geführt, so sind die Eintragungen sowie die Verfügungen, durch die ein Antrag oder Ersuchen auf Eintragung zurückgewiesen wird, den anderen beteiligten Grundbuchämtern bekanntzugeben.

第55a条 【土地登记局之间的副本交换】

(1) 送达土地登记局的文件包含申请或请求的,除了涉及到的土地登记局以外,还由另外一个土地登记局负责办理该申请或请求的,或者其他数个土地登记局也有权办理的,这些土地登记局中的任何一个,都可以向其他土地登记局送交有关其做出的处分的副本。

(2) 如果在整体权利(本法第48条)情形,土地登记簿是由不同的土地登记局编制的,则应将据以驳回登记之申请或请求的登记和处分,向其他相关土地登记局公布。

55b. [Keine Informationspflicht des Betroffenen]

Soweit das Grundbuchamt auf Grund von Rechtsvorschriften im Zusammenhang mit Grundbucheintragungen Mitteilungen an Gerichte oder Behörden oder sonstige Stellen zu machen hat, muß der Betroffene nicht unterrichtet werden. Das gleiche gilt im Falle des § 55a.

第55b条 【利害关系人无信息义务】

如果土地登记局基于土地登记相关法律规定,必须向法院和行政部门及其他部门进行通知,则其就此无须告知利害关系人。这同样适用于本法第55a条规定的情形。

Dritter Abschnitt. Hypotheken-, Grundschuld-, Rentenschuldbrief
第3章 抵押证书、土地债务证书和定期金债务证书

56. [Erteilung und Inhaber des Briefes]

(1) Der Hypothekenbrief wird von dem Grundbuchamt erteilt. Er muß die Bezeichnung als Hypothekenbrief enthalten, den Geldbetrag der Hypothek und das belastete Grundstück bezeichnen sowie mit Unterschrift und Siegel oder Stempel versehen sein.

(2) Der Hypothekenbrief ist von der für die Führung des Grundbuchs zuständigen Person und dem Urkundsbeamten der Geschäftsstelle zu unterschreiben. Jedoch kann statt des Urkundsbeamten der Geschäftsstelle ein von der Leitung des Amtsgerichts ermächtigter

Justizangestellter unterschreiben.

第 56 条 【证书的颁发和内容】

（1）由土地登记局颁发抵押证书。抵押证书必须标注作为抵押证书的标记、抵押金额及所负担的土地并附上签名、封印或印章。

（2）由负责编制土地登记簿的人员和法院书记科的书记官共同在抵押证书上签名。但是，由地方法院的领导机构授权的司法工作人员可以替代该书记官签名。

57. [Sonstiger Inhalt des Briefes]

（1）Der Hypothekenbrief soll die Nummer des Grundbuchblatts und den Inhalt der die Hypothek betreffenden Eintragungen enthalten. Das belastete Grundstück soll mit der laufenden Nummer bezeichnet werden, unter der es im Bestandsverzeichnis des Grundbuchs verzeichnet ist. Bei der Hypothek eingetragene Löschungsvormerkungen nach § 1179 des Bürgerlichen Gesetzbuchs sollen in den Hypothekenbrief nicht aufgenommen werden.

（2）Ändern sich die in Absatz 1 Satz 1 und 2 bezeichneten Angaben, so ist der Hypothekenbrief auf Antrag zu ergänzen, soweit nicht die Ergänzung schon nach anderen Vorschriften vorzunehmen ist.

第 57 条 【证书的其他内容】

（1）抵押证书的内容应包括土地登记簿页的号码和与该抵押有关的登记。设定负担的土地应以在土地登记簿之既有财产目录中标明的连续号码标示之。在抵押的情形，《德国民法典》第 1179 条规定的涂销预告登记不应在抵押证书中进行记载。

（2）本条第 1 款第 1 句和第 2 句规定的内容发生变化的，如果尚未依据其他法律规定进行补充，应基于申请补充抵押证书的记载。

58. [Verbindung der Schuldurkunde mit dem Brief]

（1）Ist eine Urkunde über die Forderung, für welche eine Hypothek besteht, ausgestellt, so soll die Urkunde mit dem Hypothekenbrief verbunden werden. Erstreckt sich der Inhalt der Urkunde auch auf andere Angelegenheiten, so genügt es, wenn ein öffentlich beglaubigter Auszug aus der Urkunde mit dem Hypothekenbrief verbunden wird.

（2）(*aufgehoben*)

（3）Zum Nachweis, daß eine Schuldurkunde nicht ausgestellt ist, genügt eine darauf gerichtete Erklärung des Eigentümers.

第 58 条 【债权文书与证书的合并】

（1）出具附随抵押权的债权文书的，应合并该债权文书和抵押证书。债权文书的内容延及到其他事务的，只要将文书的公证摘录与抵押证书予以合并即可。

（2）（现已废止）

（3）为证明未作出债权证书，所有权人作出相应的表示即可。

59. [Gesamthypothekenbrief]

（1）Über eine Gesamthypothek soll nur ein Hypothekenbrief erteilt werden. Er ist nur von einer für die Führung des Grundbuchs zuständigen Person und von einem Urkundsbeamten der Geschäftsstelle oder ermächtigten Justizangestellten (§ 56 Abs. 2) zu unterschreiben, auch wenn bezüglich der belasteten Grundstücke insoweit verschiedene Personen zuständig sind.

(2) Werden die Grundbücher der belasteten Grundstücke von verschiedenen Grundbuchämtern geführt, so soll jedes Amt für die Grundstücke, deren Grundbuchblätter es führt, einen besonderen Brief erteilen; die Briefe sind miteinander zu verbinden.

第59条 【共同抵押证书】

(1) 对一个共同抵押权只能颁发一个抵押证书。即使不同的人员主管设定负担的数宗土地,也只能由负责编制土地登记簿的人员和法院书记科的书记官或获得授权的司法工作人员(本法第56条第2款)在抵押证书上签名。

(2) 不同的土地登记局编制设定负担的数宗土地的登记簿,每个土地登记局都应就其编制土地登记簿页的每宗土地,颁发一个特别证书;这些证书应被合并。

60. [Aushaendigung des Hypothekenbriefes]

(1) Der Hypothekenbrief ist dem Eigentümer des Grundstücks, im Falle der nachträglichen Erteilung dem Gläubiger auszuhändigen.

(2) Auf eine abweichende Bestimmung des Eigentümers oder des Gläubigers ist die Vorschrift des § 29 Abs. 1 Satz 1 entsprechend anzuwenden.

第60条 【抵押证书的交付】

(1) 应将抵押证书给交付给土地所有权人,在事后颁发证书的情形,则应交付给债权人。

(2) 本法第29条第1款第1句的规定也适用于关于所有权人或债权人的不同规定。

61. [Teilhypothekenbrief]

(1) Ein Teilhypothekenbrief kann von dem Grundbuchamt oder einem Notar hergestellt werden.

(2) Der Teilhypothekenbrief muß die Bezeichnung als Teilhypothekenbrief sowie eine beglaubigte Abschrift der im § 56 Abs. 1 Satz 2 vorgesehenen Angaben des bisherigen Briefes enthalten, den Teilbetrag der Hypothek, auf den er sich bezieht, bezeichnen sowie mit Unterschrift und Siegel oder Stempel versehen sein. Er soll außerdem eine beglaubigte Abschrift der sonstigen Angaben des bisherigen Briefes und der auf diesem befindlichen Vermerke enthalten. Eine mit dem bisherigen Brief verbundene Schuldurkunde soll in beglaubigter Abschrift mit dem Teilhypothekenbrief verbunden werden.

(3) Wird der Teilhypothekenbrief vom Grundbuchamt hergestellt, so ist auf die Unterschrift § 56 Abs. 2 anzuwenden.

(4) Die Herstellung des Teilhypothekenbriefes soll auf dem bisherigen Brief vermerkt

werden.

第 61 条　【部分抵押证书】

（1）土地登记局或公证员可以出具部分抵押证书。

（2）部分抵押证书必须包含部分抵押证书的标记，以及包含本法第 56 条第 1 款第 2 句规定的现有证书内容的认证副本，还标注与之有关的部分抵押金额并附上签名、封印或印章。另外，该部分抵押证书还应包含现有证书中其他内容的认证副本和该证书上现有标注的认证副本。应在认证副本中，将与现有证书合并的债权证书同部分抵押证书予以合并。

（3）土地登记局出具部分抵押证书的，签名要适用本法第 56 条第 2 款的规定。

（4）应在现有证书上注明出具部分抵押证书的情况。

62. [Eintragungsvermerke auf dem Brief]

（1）Eintragungen, die bei der Hypothek erfolgen, sind von dem Grundbuchamt auf dem Hypothekenbrief zu vermerken; der Vermerk ist mit Unterschrift und Siegel oder Stempel zu versehen. Satz 1 gilt nicht für die Eintragung einer Löschungsvormerkung nach § 1179 des Bürgerlichen Gesetzbuchs.

（2）Auf die Unterschrift ist § 56 Abs. 2 anzuwenden.

（3）In den Fällen des § 53 Abs. 1 hat das Grundbuchamt den Besitzer des Briefes zur Vorlegung anzuhalten. In gleicher Weise hat es, wenn in den Fällen des § 41 Abs. 1 Satz 2 und des § 53 Abs. 2 der Brief nicht vorgelegt ist, zu verfahren, um nachträglich den Widerspruch auf dem Brief zu vermerken.

第 62 条　【在证书上标注登记】

（1）由土地登记局在抵押证书上标注抵押权登记事项；该标注应附上签名、封印或印章。《德国民法典》第 1179 条规定的涂销预告登记的登记，不适用本款第 1 句的规定。

（2）签名要适用本法第 56 条第 2 款的规定。

（3）在本法第 53 条第 1 款所规定的情形，土地登记局应督促证书持有人出示证书。在本法第 41 条第 1 款第 2 句和第 53 条第 2 款规定的情形下未出示证书的，为了事后在证书上标注异议抗辩，土地登记局应以同样方式行事。

63. [Nachtraegliche Mitbelastung]

Wird nach der Erteilung eines Hypothekenbriefs mit der Hypothek noch ein anderes, bei demselben Grundbuchamt gebuchtes Grundstück belastet, so ist, sofern nicht die Erteilung eines neuen Briefes über die Gesamthypothek beantragt wird, die Mitbelastung auf dem bisherigen Brief zu vermerken und zugleich der Inhalt des Briefes in Ansehung des anderen Grundstücks nach § 57 zu ergänzen.

第 63 条　【嗣后的共同负担】

在就某抵押颁发抵押证书之后，在同一个土地登记局登记的另一宗土地上也被设定同一负担的,如果没有申请颁发一个关于共同抵押的新证书,应在现有证书上标注该共同负担,并同时应依据本法第57条的规定就该宗土地补充证书的内容。

64. [Verteilung einer Gesamthypothek]

Im Falle der Verteilung einer Gesamthypothek auf die einzelnen Grundstücke ist für jedes Grundstück ein neuer Brief zu erteilen.

第64条 【共同抵押的划分】

在将共同抵押划分到单宗土地的情形,应就每宗土地颁发一个新的证书。

65. [Unwandlung der Hypothek; Fordungsauswechslung]

(1) Tritt nach § 1177 Abs. 1 oder nach § 1198 des Bürgerlichen Gesetzbuchs eine Grundschuld oder eine Rentenschuld an die Stelle der Hypothek, so ist, sofern nicht die Erteilung eines neuen Briefes beantragt wird, die Eintragung der Rechtsänderung auf dem bisherigen Brief zu vermerken und eine mit dem Brief verbundene Schuldurkunde abzutrennen.

(2) Das gleiche gilt, wenn nach § 1180 des Bürgerlichen Gesetzbuchs an die Stelle der Forderung, für welche eine Hypothek besteht, eine andere Forderung gesetzt wird.

第65条 【抵押权的转化;债权更替】

(1) 依据《德国民法典》第1177条第1款或第1198条的规定,土地债务或定期金债务替代抵押权的,如果没有申请颁发新证书,应在现有证书上标注权利变动的登记,并且拆分与该证书合并的债权证书。

(2)《德国民法典》第1180条规定的其他债权替代附随有抵押权的债权的情形,同样适用本条上述规定。

66. [Gemeinschaftlicher Brief]

Stehen einem Gläubiger mehrere Hypotheken zu, die gleichen Rang haben oder im Rang unmittelbar aufeinanderfolgen, so ist ihm auf seinen Antrag mit Zustimmung des Eigentümers über die mehreren Hypotheken ein Hypothekenbrief in der Weise zu erteilen, daß der Brief die sämtlichen Hypotheken umfaßt.

第66条 【共同的证书】

一个债权人享有数个顺位相同或顺位依次排列的抵押权的,应其申请并经所有权人的同意,以证书涵括所有抵押权的形式向其颁发有关该数个抵押权的抵押证书。

67. [Erteilung eines neues Briefes]

Einem Antrag des Berechtigten auf Erteilung eines neuen Briefes ist stattzugeben, wenn der bisherige Brief oder in den Fällen der §§ 1162, 1170, 1171 des Bürgerlichen Gesetzbuchs das Ausschlußurteil vorgelegt wird.

第67条 【新证书的颁发】

出示现有证书或在《德国民法典》第1162条、第1170条和第1171条规定的情形下出示除权判决的,应准许权利人请求颁发新证书的申请。

68. [Unhalt des neues Briefes]

(1) Wird ein neuer Brief erteilt, so hat er die Angabe zu enthalten, daß er an die Stelle des bisherigen Briefes tritt.

(2) Vermerke, die nach den §§ 1140, 1145, 1157 des Bürgerlichen Gesetzbuchs für das Rechtsverhältnis zwischen dem Eigentümer und dem Gläubiger in Betracht kommen, sind auf den neuen Brief zu übertragen.

(3) Die Erteilung des Briefes ist im Grundbuch zu vermerken.

第68条 【新证书的内容】

(1) 颁发的新证书要包含其替代现有证书的内容。

(2) 应在该新证书上写入以下标注,即依据《德国民法典》第1140条、第1145条和第1157条对所有权人和债权人之间的法律关系的规定所考虑到的标注。

(3) 应在土地登记簿中标注新证书的颁发情况。

69. [Unbrauchbarmachung des Briefes]

Wird eine Hypothek gelöscht, so ist der Brief unbrauchbar zu machen; das gleiche gilt, wenn die Erteilung des Briefes über eine Hypothek nachträglich ausgeschlossen oder an Stelle des bisherigen Briefes ein neuer Hypothekenbrief, ein Grundschuldbrief oder ein Rentenschuldbrief erteilt wird. Eine mit dem bisherigen Brief verbundene Schuldurkunde ist abzutrennen und, sofern sie nicht mit dem neuen Hypothekenbrief zu verbinden ist, zurückzugeben.

第69条 【证书的作废】

抵押权消灭的,其证书作废;这亦同样适用于事后排除颁发抵押证书的情形,或者颁发新抵押证书、土地债务证书或定期金债务证书以替代现有证书的情形。应拆分与现有证书合并的债权证书,如果该债权证书不应与新抵押证书合并的,应退还该债权证书。

70. [Grundschuld-und Rentschuldbrief]

(1) Die Vorschriften der §§ 56 bis 69 sind auf den Grundschuldbrief und den Rentenschuldbrief entsprechend anzuwenden. Der Rentenschuldbrief muß auch die Ablösungssumme angeben.

(2) Ist eine für den Inhaber des Briefes eingetragene Grundschuld oder Rentenschuld in Teile zerlegt, so ist über jeden Teil ein besonderer Brief herzustellen.

第70条 【土地债务证书和定期金债务证书】

(1) 土地债务证书和定期金债务证书准用本法第56条至第69条的规定。在定期金债务证书中,必须标出赎回金额。

(2) 为证书持有人登记的土地债务或定期金债务被按份分割的,应就每一个份额出具一个特别证书。

Vierter Abschnitt Beschwerde
第 4 章 抗 告

71. [Zulaessingkeit der Beschweide]

(1) Gegen die Entscheidungen des Grundbuchamts findet das Rechtsmittel der Beschwerde statt.

(2) Die Beschwerde gegen eine Eintragung ist unzulässig. Im Wege der Beschwerde kann jedoch verlangt werden, daß das Grundbuchamt angewiesen wird, nach § 53 einen Widerspruch einzutragen oder eine Löschung vorzunehmen.

第 71 条 【准许抗告】

(1) 针对土地登记局的决定，存在抗告的法律救济途径。

(2) 禁止针对登记提出抗告。但在抗告过程中可以提出要求，以命令土地登记局依据本法第 53 条的规定而登记异议抗辩或进行涂销。

72. [Beschwerdegericht]

Über die Beschwerde entscheidet das Landgericht, in dessen Bezirk das Grundbuchamt seinen Sitz hat.

第 72 条 【抗告法院】

由土地登记局所在地位于其辖区的州法院，对抗告进行裁判。

73. [Einlegung der Beschwerde]

(1) Die Beschwerde kann bei dem Grundbuchamt oder bei dem Beschwerdegericht eingelegt werden.

(2) Die Beschwerde ist durch Einreichung einer Beschwerdeschrift oder durch Erklärung zur Niederschrift des Grundbuchamts oder der Geschäftsstelle des Beschwerdegerichts einzulegen. Die Beschwerde kann auch entsprechend den Regelungen der Zivilprozessordnung betreffend die Übermittlung von Anträgen und Erklärungen als elektronisches Dokument eingelegt werden.

第 73 条 【抗告的提出】

(1) 可以向土地登记局或抗告法院提出抗告。

(2) 通过送达抗告状、或通过土地登记局笔录或抗告法院书记科笔录的表示，提出抗告。抗告也可以遵循《德国民事诉讼法》有关以电子文件形式提交申请和表示的规则来提交。

74. [Neues Vorbringen]

Die Beschwerde kann auf neue Tatsachen und Beweise gestützt werden.

第 74 条 【重新提出】

可用新的事实和证据支持抗告。

75. [Abhilfe durch das Grundbuchamt]

Erachtet das Grundbuchamt die Beschwerde für begründet, so hat es ihr abzuhelfen.

第 75 条 【通过土地登记局的补救】

土地登记局认为抗告成立的,应予以补救。

76. [Einstweilige Anordung des Beschwerdegerichts; aufschiebende Wikung]

(1) Das Beschwerdegericht kann vor der Entscheidung eine einstweilige Anordnung erlassen, insbesondere dem Grundbuchamt aufgeben, eine Vormerkung oder einen Widerspruch einzutragen, oder anordnen, daß die Vollziehung der angefochtenen Entscheidung auszusetzen ist.

(2) Die Vormerkung oder der Widerspruch (Absatz 1) wird von Amts wegen gelöscht, wenn die Beschwerde zurückgenommen oder zurückgewiesen ist.

(3) Die Beschwerde hat nur dann aufschiebende Wirkung, wenn sie gegen eine Verfügung gerichtet ist, durch die ein Zwangsgeld festgesetzt wird.

第 76 条 【抗告法院的暂时命令;延期效力】

(1) 在作出裁判之前,抗告法院可以颁发一个暂时命令,尤其可以要求土地登记局登记一个预告登记或异议抗辩,或者命令中止执行被抗辩的决定。

(2) 撤回抗告或驳回抗告的,土地登记局依据职权涂销预告登记或异议登记(本条第 1 款)。

(3) 只有旨在对抗据以确定罚款的处分的抗告,才具有延期的效力。

77. [Beguendung der Beschwerdeentscheidung]

Die Entscheidung des Beschwerdegerichts ist mit Gründen zu versehen und dem Beschwerdeführer mitzuteilen.

第 77 条 【抗告判决的成立】

抗告法院的裁判应说明理由并通知抗告人。

78. [Weitere Beschwerde]

Gegen die Entscheidung des Beschwerdegerichts ist das Rechtsmittel der weiteren Beschwerde zulässig, wenn die Entscheidung auf einer Verletzung des Rechts beruht. Die Vorschriften der §§ 550, 551, 561, 563 der Zivilprozeßordnung sind entsprechend anzuwenden.

第 78 条 【继续抗告】

抗告法院的裁判违反法律的,准许以继续抗告的法律救济途径以对抗该裁判。准用《德国民事诉讼法》第 550 条、第 551 条、第 561 条和第 563 条的规定。

79. [Gericht der weiteren Beschwerde]

(1) Über die weitere Beschwerde entscheidet das Oberlandesgericht.

(2) Will das Oberlandesgericht bei der Auslegung einer das Grundbuchrecht betreffenden bundesrechtlichen Vorschrift von der auf weitere Beschwerde ergangenen Entscheidung eines

anderen Oberlandesgerichts, falls aber über die Rechtsfrage bereits eine Entscheidung des Reichsgerichts, des Obersten Gerichtshofs für die britische Zone oder des Bundesgerichtshofs ergangen ist, von dieser abweichen, so hat es die weitere Beschwerde unter Begründung seiner Rechtsauffassung dem Bundesgerichtshof vorzulegen. Der Beschluß über die Vorlegung ist dem Beschwerdeführer mitzuteilen.

(3) In den Fällen des Absatzes 2 entscheidet über die weitere Beschwerde der Bundesgerichtshof.

第79条 【继续抗告的法院】

(1) 州高等法院对继续抗告进行裁判。

(2) 在解释与土地登记簿法律有关的联邦法律规定时,州高等法院不欲采用其他州高等法院对继续抗告作出的裁判,如果对此法律问题,已经有帝国法院、英属区的最高法院或联邦最高法院的裁判,州高等法院也不欲采用的,其必须在论证其法律意见前提下,将该继续抗告提交给联邦最高法院。关于提交的裁定要通知抗告提出人。

(3) 联邦最高法院对本条第2款中的继续抗告进行裁判。

80. [Einlegung der weiteren Beschwerde]

(1) Die weitere Beschwerde kann bei dem Grundbuchamt, dem Landgericht oder bei dem Oberlandesgericht eingelegt werden. Wird sie durch Einreichung einer Beschwerdeschrift eingelegt, so muß diese von einem Rechtsanwalt unterzeichnet sein. Der Zuziehung eines Rechtsanwalts bedarf es nicht, wenn die Beschwerde von einer Behörde oder von dem Notar eingelegt wird, der nach § 15 den Eintragungsantrag gestellt hat.

(2) Das Grundbuchamt und das Landgericht sind nicht befugt, der weiteren Beschwerde abzuhelfen.

(3) Im übrigen sind die Vorschriften über die Beschwerde entsprechend anzuwenden.

第80条 【继续抗告的提出】

(1) 可以在土地登记局、州法院或州高等法院提出继续抗告。通过送达抗告状提出继续申诉的,该抗告状必须有律师的签名。由行政机关或本法第15条规定的提出登记申请的公证员提出抗告的,无需延请律师。

(2) 土地登记局和州法院无权补救该继续抗告。

(3) 此外可准用有关抗告的规定。

81. [Ergaezende Vorschriften]

(1) Über Beschwerden entscheidet bei den Landgerichten eine Zivilkammer, bei den Oberlandesgerichten und dem Bundesgerichtshof ein Zivilsenat.

(2) Die Vorschriften der Zivilprozeßordnung über die Ausschließung und Ablehnung der Gerichtspersonen sowie die Vorschriften der §§ 132 und 138 des Gerichtsverfassungsgesetzes sind entsprechend anzuwenden.

第81条 【补充规定】

(1)在州法院,由民事法庭对抗告进行裁判;在州高等法院和联邦最高法院,由民事法庭对抗告进行裁判。

(2)准用《德国民事诉讼法》关于法院职员依法回避和申请回避的规定以及《德国法院组织法》第 132 条和第 138 条的规定。

Fünfter Abschnitt. Verfahren des Grundbuchamts in besonderen Fällen
第 5 章　特殊情形下土地登记局的程序

I. Grundbuchberichtigungszwang
第 1 节　强制更正土地登记簿

82. [Verpflichtung zur Antragstellung]

Ist das Grundbuch hinsichtlich der Eintragung des Eigentümers durch Rechtsübergang außerhalb des Grundbuchs unrichtig geworden, so soll das Grundbuchamt dem Eigentümer oder dem Testamentsvollstrecker, dem die Verwaltung des Grundstücks zusteht, die Verpflichtung auferlegen, den Antrag auf Berichtigung des Grundbuchs zu stellen und die zur Berichtigung des Grundbuchs notwendigen Unterlagen zu beschaffen. Das Grundbuchamt soll diese Maßnahme zurückstellen, solange berechtigte Gründe vorliegen.

第 82 条　【提出申请的义务】

就所有权人登记,因土地登记簿之外的权利变动而致使土地登记簿错误的,土地登记局应令所有权人或管理土地的遗产执行人负担以下义务,即提出更正土地登记簿的申请和交付用于更正土地登记簿所必需的文件。存在合法理由的,土地登记局应撤回该措施。

82a. [Berichtigung von Amts wegen]

Liegen die Voraussetzungen des § 82 vor, ist jedoch das Berichtigungszwangsverfahren nicht durchführbar oder bietet es keine Aussicht auf Erfolg, so kann das Grundbuchamt das Grundbuch von Amts wegen berichtigen. Das Grundbuchamt kann in diesem Fall das Nachlaßgericht um Ermittlung des Erben des Eigentümers ersuchen.

第 82a 条　【依据职权的更正】

具备本法第 82 条规定的前提条件,但不能执行强制更正程序或没有成功之希望的,土地登记局可以依据职权更正土地登记簿。在此种情形,土地登记局可以请求遗产法院调查所有权人的继承人。

83. [Mitteilungpflichten des Nachlaßgerichts]

Das Nachlaßgericht, das einen Erbschein erteilt oder sonst die Erben ermittelt hat, soll, wenn ihm bekannt ist, daß zu dem Nachlaß ein Grundstück gehört, dem zuständigen

Grundbuchamt von dem Erbfall und den Erben Mitteilung machen. Wird ein Testament oder ein Erbvertrag eröffnet, so soll das Gericht, wenn ihm bekannt ist, daß zu dem Nachlaß ein Grundstück gehört, dem zuständigen Grundbuchamt von dem Erbfall Mitteilung machen und die als Erben eingesetzten Personen, soweit ihm ihr Aufenthalt bekannt ist, darauf hinweisen, daß durch den Erbfall das Grundbuch unrichtig geworden ist und welche gebührenrechtlichen Vergünstigungen für eine Grundbuchberichtigung bestehen.

第 83 条 【遗产法院的通知义务】

颁发继承证书或调查继承人的遗产法院知悉一宗土地属于遗产的,其应将开始继承和继承人的情况通知享有管辖权的土地登记局。遗嘱或继承合同将公开的,该法院如果知悉一宗土地属于遗产的,其应将开始继承的情况通知享有管辖权的土地登记局,并且在其知悉被确定为继承人者之住所的情况下,应告知该人如下内容,即土地登记簿因继承开始而出现错误以及更正土地登记簿存在哪些收费法律方面的优惠。

II. Löschung gegenstandsloser Eintragungen
第二节 涂销无标的的登记

84. [Begriff der gengenstandenslosen Eintragung]

(1) Das Grundbuchamt kann eine Eintragung über ein Recht nach Maßgabe der folgenden Vorschriften von Amts wegen als gegenstandslos löschen. Für die auf der Grundlage des Gesetzes vom 1. Juni 1933 zur Regelung der landwirtschaftlichen Schuldverhältnisse eingetragenen Entschuldungsvermerke gilt Satz 1 entsprechend.

(2) Eine Eintragung ist gegenstandslos:

a) soweit das Recht, auf das sie sich bezieht, nicht besteht und seine Entstehung ausgeschlossen ist;

b) soweit das Recht, auf das sie sich bezieht, aus tatsächlichen Gründen dauernd nicht ausgeübt werden kann.

(3) Zu den Rechten im Sinne der Absätze 1 und 2 gehören auch Vormerkungen, Widersprüche, Verfügungsbeschränkungen, Enteignungsvermerke und ähnliches.

第 84 条 【无标的登记的概念】

(1) 土地登记局可以按下述规定内容,依据职权将一项权利登记因无标的而予以涂销。按照 1933 年 6 月 1 日的调整农业债务关系法而登记的债务免除记载相应地适用本条第 1 句的规定。

(2) 登记没有标的的情形为:

a) 登记涉及的权利不存在并且排除其产生的;

b) 登记涉及的权利基于事实原因而长期不能行使的。

(3) 预告登记、异议抗辩、处分限制、征收标注以及类似事项也属于本条第 1 款和第 2 款规定的权利。

85. [Einleitung des Verfahrens]

(1) Das Grundbuchamt soll das Verfahren zur Löschung gegenstandsloser Eintragungen grundsätzlich nur einleiten, wenn besondere äußere Umstände (z. B. Umschreibung des Grundbuchblatts wegen Unübersichtlichkeit, Teilveräußerung oder Neubelastung des Grundstücks, Anregung seitens eines Beteiligten) hinreichenden Anlaß dazu geben und Grund zu der Annahme besteht, daß die Eintragung gegenstandslos ist.

(2) Das Grundbuchamt entscheidet nach freiem Ermessen, ob das Löschungsverfahren einzuleiten und durchzuführen ist; diese Entscheidung ist unanfechtbar.

第85条 【程序的启动】

(1) 只有当特殊的外在情况(如因混乱、部分转让土地或重新给土地设定负担而改编土地登记簿页、当事人提议)产生充分理由并且存在认定登记无标的的理由时,土地登记局原则上才能启动涂销无标的的登记的程序。

(2) 土地登记局基于自由裁量权来决定是否启动和执行涂销程序;该决定是不得声明不服的。

86. [Anregung des Verfahrens durch einen Beteiligten]

Hat ein Beteiligter die Einleitung des Löschungsverfahrens angeregt, so soll das Grundbuchamt die Entscheidung, durch die es die Einleitung des Verfahrens ablehnt oder das eingeleitete Verfahren einstellt, mit Gründen versehen.

第86条 【当事人提议启动涂销程序】

当事人提议启动涂销程序的,如果土地登记局欲作出拒绝启动该程序或中止已启动程序的决定,则必须说明理由。

87. [Voraussetzung der Loesung]

Die Eintragung ist zu löschen:

a) wenn sich aus Tatsachen oder Rechtsverhältnissen, die in einer den Anforderungen dieses Gesetzes entsprechenden Weise festgestellt sind, ergibt, daß die Eintragung gegenstandslos ist;

b) wenn dem Betroffenen eine Löschungsankündigung zugestellt ist und er nicht binnen einer vom Grundbuchamt zugleich zu bestimmenden Frist Widerspruch erhoben hat;

c) wenn durch einen mit Gründen zu versehenden Beschluß rechtskräftig festgestellt ist, daß die Eintragung gegenstandslos ist.

第87条 【涂销的前提要件】

在以下情形,应涂销登记:

a) 当从事实或从以符合本法要求的方式所确定的权利关系中得知,登记无标的的;

b) 已将涂销通知送达给当事人,而且该当事人在土地登记局同时确定的一个期间内未提出异议的;

c) 通过说明理由的裁定确定地认定该登记无标的的。

88. [Verfahren]

(1) Das Grundbuchamt kann den Besitzer von Hypotheken-, Grundschuld-oder Rentenschuldbriefen sowie von Urkunden der in den §§ 1154, 1155 des Bürgerlichen Gesetzbuchs bezeichneten Art zur Vorlegung dieser Urkunden anhalten.

(2) § 16 des Gesetzes über die Angelegenheiten der freiwilligen Gerichtsbarkeit ist auf die Löschungsankündigung (§ 87 Buchstabe b) und den Feststellungsbeschluß (§ 87 Buchstabe c) mit folgenden Maßgaben anzuwenden:

a) §§ 174, 175 der Zivilprozeßordnung ist nicht anzuwenden;

b) die Löschungsankündigung (§ 87 Buchstabe b) kann nicht öffentlich zugestellt werden;

c) der Feststellungsbeschluß (§ 87 Buchstabe c) kann auch dann, wenn die Person des Beteiligten, dem zugestellt werden soll, unbekannt ist, öffentlich zugestellt werden.

第88条 【程序】

(1) 土地登记局可以督促抵押证书持有人、土地债务证书持有人或定期金债务证书持有人以及《德国民法典》第1154条和第1155条规定方式中的文书持有人出示其文书。

(2) 涂销通知(本法第87条b)和确认裁定(本法第87条c)以如下方式适用《德国非诉事件管辖事务法》第16条的规定：

a) 不适用《德国民事诉讼法》第174和第175条的；

b) 涂销通知(本法第87条b)不能公开送达的；

c) 无法知悉应送达的当事人，但确认裁定(本法第87条c)仍能公开送达的。

89. [Beschwerde gegen Feststellungsbeschluß]

(1) Die Beschwerde (§ 71) gegen den Feststellungsbeschluß ist binnen einer Frist von zwei Wochen seit Zustellung des angefochtenen Beschlusses an den Beschwerdeführer einzulegen. Das Grundbuchamt und das Beschwerdegericht können in besonderen Fällen in ihrer Entscheidung eine längere Frist bestimmen.

(2) Auf den zur Zustellung bestimmten Ausfertigungen der Beschlüsse soll vermerkt werden, ob gegen die Entscheidung ein Rechtsmittel zulässig und bei welcher Behörde, in welcher Form und binnen welcher Frist es einzulegen ist.

第89条 【针对确认裁定的抗告】

(1) 自被抗辩的裁定送达到提出抗告人之日起的两个星期内，应针对确认裁定提出抗告(本法第71条)。在特殊情况下，土地登记局和抗告法院可以在其裁判中确定一个较长的期间。

(2) 在签发被确定用于送达的裁定中，应标注是否准许对裁判提出上诉，以及在哪个国家机关、以何种形式、在何期间内提出上诉。

III. Klarstellung der Rangverhältnisse
第三节　阐明顺位关系

90. ［Voraussetzung］

Das Grundbuchamt kann aus besonderem Anlaß, insbesondere bei Umschreibung unübersichtlicher Grundbücher, Unklarheiten und Unübersichtlichkeiten in den Rangverhältnissen von Amts wegen oder auf Antrag eines Beteiligten beseitigen.

第 90 条　【前提要件】

土地登记局可以基于特殊事由，特别是在改编混乱的土地登记簿的情况下，依据职权或基于当事人的申请，排除顺位关系中的模糊和混乱。

91. ［Einleitung des Verfahrens］

（1）Vor der Umschreibung eines unübersichtlichen Grundbuchblatts hat das Grundbuchamt zu prüfen, ob die Rangverhältnisse unklar oder unübersichtlich sind und ihre Klarstellung nach den Umständen angezeigt erscheint. Das Grundbuchamt entscheidet hierüber nach freiem Ermessen. Die Entscheidung ist unanfechtbar.

（2）Der Beschluß, durch den das Verfahren eingeleitet wird, ist allen Beteiligten zuzustellen.

（3）Die Einleitung des Verfahrens ist im Grundbuch zu vermerken.

（4）Der Beschluß, durch den ein Antrag auf Einleitung des Verfahrens abgelehnt wird, ist nur dem Antragsteller bekanntzumachen.

第 91 条　【程序的启动】

（1）在改编混乱的土地登记簿页之前，土地登记局应审查顺位关系是否模糊或者混乱，并且审查依据情况该顺位显示得是否清晰。土地登记局依据自由裁量权进行决定。该决定是不得声明不服的。

（2）启动该程序的裁定应送达给每一个当事人。

（3）该程序的启动应标注在土地登记簿中。

（4）驳回启动该程序申请的裁定只应通告申请提出人。

92. ［Beteiligte］

（1）In dem Verfahren gelten als Beteiligte：

a）der zur Zeit der Eintragung des Vermerks（§ 91 Abs. 3）im Grundbuch eingetragene Eigentümer und, wenn das Grundstück mit einer Gesamthypothek,（-grundschuld, -rentenschuld）belastet ist, die im Grundbuch eingetragenen Eigentümer der anderen mit diesem Recht belasteten Grundstücke；

b）Personen, für die in dem unter Buchstabe a bestimmten Zeitpunkt ein Recht am Grundstück oder ein Recht an einem das Grundstück belastenden Recht im Grundbuch eingetragen oder durch Eintragung gesichert ist；

c) Personen, die ein Recht am Grundstück oder an einem das Grundstück belastenden Recht im Verfahren anmelden und auf Verlangen des Grundbuchamts oder eines Beteiligten glaubhaft machen.

(2) Beteiligter ist nicht, wessen Recht von der Rangbereinigung nicht berührt wird.

第 92 条 【当事人】

(1) 在程序中被视为当事人的有：

a) 标注登记（本法第 91 条第 3 款）时在登记簿中登记的所有权人，以及在土地负担共同抵押（共同土地债务、共同定期金债务）时，土地登记簿中登记的负担此权利的其他土地的所有权人；

b) 在上述 a)确定的时间点，土地上的权利或土地负担的权利上的权利为其而在土地登记簿中登记的人，或者由登记予以确保的人；

c) 在程序中申报对土地享有权利或对土地负担的权利享有权利、并且基于土地登记局或一方当事人的要求而能令人信服的人。

(2) 其权利与理清顺位无关之人不是当事人。

93. [Anzeigepflicht des Buchberechtigten]

Ist der im Grundbuch als Eigentümer oder Berechtigter Eingetragene nicht der Berechtigte, so hat er dies unverzüglich nach Zustellung des Einleitungsbeschlusses dem Grundbuchamt anzuzeigen und anzugeben, was ihm über die Person des Berechtigten bekannt ist. Ein schriftlicher Hinweis auf diese Pflicht ist ihm zugleich mit dem Einleitungsbeschluß zuzustellen.

第 93 条 【登记权利人的告知义务】

在土地登记簿中被登记为所有权人或权利人的人并非权利人的，其应在启动程序的裁定送达之后，立即将此情况告知土地登记局，并告知其了解的权利人情况。在送达启动程序的裁定的同时，还要送达说明上述告知义务的书面通知。

94. [Eimittlung des Berechtigten]

(1) Das Grundbuchamt kann von Amts wegen Ermittlungen darüber anstellen, ob das Eigentum oder ein eingetragenes Recht dem als Berechtigten Eingetragenen oder einem anderen zusteht, und die hierzu geeigneten Beweise erheben. Inwieweit § 35 anzuwenden ist, entscheidet das Grundbuchamt nach freiem Ermessen.

(2) Der ermittelte Berechtigte gilt vom Zeitpunkt seiner Feststellung an auch als Beteiligter.

(3) Bestehen Zweifel darüber, wer von mehreren Personen der Berechtigte ist, so gelten sämtliche Personen als Berechtigte.

第 94 条 【调查权利人】

(1) 土地登记局可以依据职权，对作为权利人登记的人或者其他人是否享有所有权或登记权利进行调查，并就此提供合适的证据。土地登记局依据自由裁量权决定在多大范围内适用本法第 35 条的规定。

（2）被调查的权利人从其确认之时起仍被视为权利人。

（3）对数人中何者为权利人存有疑问的，所有的人都被视为权利人。

95. ［Wechsel der Berechtigten］

（1）Wechselt im Laufe des Verfahrens die Person eines Berechtigten, so gilt der neue Berechtigte von dem Zeitpunkt ab, zu dem seine Person dem Grundbuchamt bekannt wird, als Beteiligter.

（2）Das gleiche gilt, wenn im Laufe des Verfahrens ein neues Recht am Grundstück oder an einem das Grundstück belastenden Recht begründet wird, das von dem Verfahren berührt wird.

第 95 条 【权利人的更换】

（1）在程序运行过程中，权利人发生更换的，自土地登记局知悉该权利人之时起，新权利人被视为权利人。

（2）在程序运行过程中，程序涉及到的、在土地上或土地负担的权利上设定一个新权利，同样适用本条上述规定。

96. ［Bestellung eines Pflegers］

Ist die Person oder der Aufenthalt eines Beteiligten oder seines Vertreters unbekannt, so kann das Grundbuchamt dem Beteiligten für das Rangbereinigungsverfahren einen Pfleger bestellen. Für die Pflegschaft tritt an die Stelle des Vormundschaftsgerichts das Grundbuchamt.

第 96 条 【保佐人的指定】

当事人或其代理人本身或其居所不明的，土地登记局为了顺位整理程序，可以为当事人指定一个保佐人。土地登记局在保佐方面替代了监护法院。

97. ［Zustellungsbevollmaechtigter］

（1）Wohnt ein Beteiligter nicht im Inland und hat er einen hier wohnenden Bevollmächtigten nicht bestellt, so kann das Grundbuchamt anordnen, daß er einen im Inland wohnenden Bevollmächtigten zum Empfang der für ihn bestimmten Sendungen oder für das Verfahren bestellt.

（2）Hat das Grundbuchamt dies angeordnet, so können, solange der Beteiligte den Bevollmächtigten nicht bestellt hat, nach der Ladung zum ersten Verhandlungstermin alle weiteren Zustellungen in der Art bewirkt werden, daß das zuzustellende Schriftstück unter der Anschrift des Beteiligten nach seinem Wohnort zur Post gegeben wird; die Postsendungen sind mit der Bezeichnung "Einschreiben" zu versehen. Die Zustellung gilt mit der Aufgabe zur Post als bewirkt, selbst wenn die Sendung als unbestellbar zurückkommt.

第 97 条 【送达代理人】

（1）当事人未居住在内国，而且也没有居住在当地的代理人的，土地登记局可以命令当事人,要求其为了接受为其确定的送达或就此程序,而指定一个在内国居住的代理人。

(2) 土地登记局已经发出上述命令,而当事人没有指定代理人的,则可以在关于审理日期的首次传唤发出之后,以下述方式继续送达,即依据当事人的通信地址,把应送达的文书邮寄到其居住地;发送的邮件上应附上"挂号"的标记。即使该邮件因无法投递而被退回,但将其交给邮局就视为已经送达。

98. ［Keine oeffentliche Zustellung］

Die öffentliche Zustellung ist unzulässig.

第98条 【禁止公开送达】

禁止公开送达。

99. ［Vorlegung von Urkunden］

Das Grundbuchamt kann den Besitzer von Hypotheken-, Grundschuld-oder Rentenschuldbriefen sowie von Urkunden der in den §§ 1154, 1155 des Bürgerlichen Gesetzbuchs bezeichneten Art zur Vorlegung dieser Urkunden anhalten.

第99条 【文书的出示】

土地登记局可以要求抵押证书持有人、土地债务证书持有人或定期金债务证书持有人以及《德国民法典》第1154条和第1155条规定方式中的文书持有人出示其文书。

100. ［Ladung zum Verhandlungstermin］

Das Grundbuchamt hat die Beteiligten zu einem Verhandlungstermin über die Klarstellung der Rangverhältnisse zu laden. Die Ladung soll den Hinweis enthalten, daß ungeachtet des Ausbleibens eines Beteiligten über die Klarstellung der Rangverhältnisse verhandelt werden würde.

第100条 【为审理期日的传唤】

土地登记局应就顺位关系之阐明传唤当事人在审理期日到庭。传唤应说明,即使当事人不到庭,仍要审理阐明顺位关系的事项。

101. ［Ladungsfrist］

(1) Die Frist zwischen der Ladung und dem Termin soll mindestens zwei Wochen betragen.

(2) Diese Vorschrift ist auf eine Vertagung sowie auf einen Termin zur Fortsetzung der Verhandlung nicht anzuwenden. Die zu dem früheren Termin Geladenen brauchen zu dem neuen Termin nicht nochmals geladen zu werden, wenn dieser verkündet ist.

第101条 【传唤期间】

(1) 传唤与审理期日之间的期间至少应有两个星期。

(2) 延期和用于继续审理的期日不适用本条上述规定。确定先前审理期日的传唤已经宣示新的审理期日的,无须再次传唤。

102. ［Verhandlungstermin］

(1) In dem Termin hat das Grundbuchamt zu versuchen, eine Einigung der Beteiligten auf eine klare Rangordnung herbeizuführen. Einigen sich die erschienenen Beteiligten, so hat das Grundbuchamt die Vereinbarung zu beurkunden. Ein nicht erschienener Beteiligter kann seine Zustimmung zu der Vereinbarung in einer öffentlichen oder öffentlich beglaubigten Urkunde erteilen.

(2) Einigen sich die Beteiligten, so ist das Grundbuch der Vereinbarung gemäß umzuschreiben.

第102条 【审理期日】

(1) 在期日当天,土地登记局应试着促使当事人就一个清晰的顺位达成合意。到庭的当事人达成合意的,土地登记局应把该约定制成文书。未到庭的当事人可以在一个官方文书或公证文书中同意该约定。

(2) 当事人达成合意的,应依据约定改编土地登记簿。

103. [Vorschlag des Grundbuchamts]

Einigen sich die Beteiligten nicht, so macht das Grundbuchamt ihnen einen Vorschlag für eine neue Rangordnung. Es kann hierbei eine Änderung der bestehenden Rangverhältnisse, soweit sie zur Herbeiführung einer klaren Rangordnung erforderlich ist, vorschlagen.

第103条 【土地登记局的建议】

当事人没有达成合意的,土地登记局为其建议一个新的顺位。改变现有的顺位关系对促成一个清晰的顺位是必要的,土地登记局可以建议改变现有的顺位关系。

104. [Widerspruch gegen den Vorschlag]

(1) Der Vorschlag ist den Beteiligten mit dem Hinweis zuzustellen, daß sie gegen ihn binnen einer Frist von einem Monat von der Zustellung ab bei dem Grundbuchamt Widerspruch erheben können. In besonderen Fällen kann eine längere Frist bestimmt werden.

(2) Der Widerspruch ist schriftlich oder durch Erklärung zur Niederschrift des Urkundsbeamten der Geschäftsstelle eines Amtsgerichts einzulegen; in letzterem Fall ist die Widerspruchsfrist gewahrt, wenn die Erklärung innerhalb der Frist abgegeben ist.

第104条 【对建议的异议抗辩】

(1) 送达给当事人的合意建议应说明,即当事人自送达之时起的1个月内,可以就此建议而向土地登记局提出异议。在特殊情况下,可以确定一个较长的异议期间。

(2) 用书面形式、或由地方法院书记科的书记官笔录的表示来提出该异议;在后一情形,只要表示在异议期间作出,则该期间即已得到遵守。

105. [Wiedereinsetzung in den vorigen Stand]

(1) Einem Beteiligten, der ohne sein Verschulden verhindert war, die Frist (§ 104) einzuhalten, hat das Grundbuchamt auf seinen Antrag Wiedereinsetzung in den vorigen Stand zu gewähren, wenn er binnen zwei Wochen nach der Beseitigung des Hindernisses den Widerspruch einlegt und die Tatsachen, die die Wiedereinsetzung begründen, glaubhaft

macht.

（2）Die Entscheidung, durch die Wiedereinsetzung erteilt wird, ist unanfechtbar; gegen die Entscheidung, durch die der Antrag auf Wiedereinsetzung als unzulässig verworfen oder zurückgewiesen wird, ist die sofortige Beschwerde nach den Vorschriften des Gesetzes über die Angelegenheiten der freiwilligen Gerichtsbarkeit zulässig.

（3）Die Wiedereinsetzung kann nicht mehr beantragt werden, nachdem die neue Rangordnung eingetragen oder wenn seit dem Ende der versäumten Frist ein Jahr verstrichen ist.

第 105 条 【回复原状】

（1）非因其过错而延误期间（本法第 104 条）的当事人，在排除障碍后的两个星期内提出异议，并且能令人信服地主张回复原状得以成立的事实的，土地登记局可以基于当事人的申请同意回复原状。

（2）关于回复原状之授予的裁判不可撤销；准许依据《德国非诉事件管辖事务法》的规定，立即针对不予受理或驳回回复原状之申请的裁判提出抗告。

（3）在新顺位登记之后，或自所延误的期间届满之日起一年后，不得再提出回复原状的申请。

106. [Voraussetzung des Verfahren]

（1）Ist ein Rechtsstreit anhängig, der die Rangverhältnisse des Grundstücks zum Gegenstand hat, so ist das Verfahren auf Antrag eines Beteiligten bis zur Erledigung des Rechtsstreits auszusetzen.

（2）Das Grundbuchamt kann auch von Amts wegen das Verfahren aussetzen und den Beteiligten oder einzelnen von ihnen unter Bestimmung einer Frist aufgeben, die Entscheidung des Prozeßgerichts herbeizuführen, wenn die Aufstellung einer neuen klaren Rangordnung von der Entscheidung eines Streites über die bestehenden Rangverhältnisse abhängt.

第 106 条 【程序的中止】

（1）以土地顺位关系为标的的法律争议悬置未决的，基于当事人的申请，可以在法律争议解决之前中止该程序。

（2）新的明晰的顺位的提出，取决于对现有顺位关系争议所作的裁判的，土地登记局可以依据职权中止该程序，并且为所有或其中一方当事人确定一个取得受诉法院之判决的期间。

107. [Fortsetzung des Verfahren]

Ist der Rechtsstreit erledigt, so setzt das Grundbuchamt das Verfahren insoweit fort, als es noch erforderlich ist, um eine klare Rangordnung herbeizuführen.

第 107 条 【程序的继续】

法律争议已被解决，为了设置明晰的顺位而必须继续进行程序的，土地登记局有权继续进行该程序。

108. [Feststellung der neuen Rangordnung]

(1) Nach dem Ablauf der Widerspruchsfrist stellt das Grundbuchamt durch Beschluß die neue Rangordnung fest, sofern nicht Anlaß besteht, einen neuen Vorschlag zu machen. Es entscheidet hierbei zugleich über die nicht erledigten Widersprüche; insoweit ist die Entscheidung mit Gründen zu versehen.

(2) Ist über einen Widerspruch entschieden, so ist der Beschluß allen Beteiligten zuzustellen.

第108条 【新顺位的确定】

(1) 要求提出新建议的理由不存在的,土地登记局可在异议期间届满之后通过裁定确认新顺位关系。土地登记局同时要对尚未解决的异议作出决定;并要对此决定说明理由。

(2) 要向每一个当事人送达已经作出的对异议的决定。

109. [Einstellung des Verfahren]

Das Grundbuchamt kann jederzeit das Verfahren einstellen, wenn es sich von seiner Fortsetzung keinen Erfolg verspricht. Der Einstellungsbeschluß ist unanfechtbar.

第109条 【程序的终止】

土地登记局认为继续进行该程序不会有结果的,可以随时终止程序。终止程序的裁定是不得声明不服的。

110. [Sofortige Beschwerde]

(1) Hat das Grundbuchamt in dem Beschluß, durch den die neue Rangordnung festgestellt wird, über einen Widerspruch entschieden, so ist gegen den Beschluß die sofortige Beschwerde nach den Vorschriften des Gesetzes über die Angelegenheiten der freiwilligen Gerichtsbarkeit zulässig.

(2) Die weitere Beschwerde ist unzulässig.

第110条 【立即抗告】

(1) 土地登记局在确认新顺位的裁定中,对异议作出决定的,准许依据《德国非诉事件管辖事务法》的规定立即针对该裁定提出抗告。

(2) 禁止继续抗告。

111. [Umschreibunn des Grundbuch]

Ist die neue Rangordnung rechtskräftig festgestellt, so hat das Grundbuchamt das Grundbuch nach Maßgabe dieser Rangordnung umzuschreiben.

第111条 【土地登记簿的改编】

新顺位的确认具有法律确定力,土地登记局应依据该顺位改编土地登记簿。

112. [Neue Rangordnung]

Ist die neue Rangordnung (§ 102 Abs. 2, § 111) eingetragen, so tritt sie an die Stelle der bisherigen Rangordnung.

第 112 条 【新顺位】

已经登记的新顺位(本法第 102 条第 2 款、第 111 条)替代现有的顺位。

113. [Löschung des Einleitungsvermerks]

Wird die neue Rangordnung eingetragen (§ 102 Abs. 2, § 111) oder wird das Verfahren eingestellt (§ 109), so ist der Einleitungsvermerk zu löschen.

第 113 条 【启动标注的涂销】

新顺位(本法第 102 条第 2 款、第 111 条)将要登记,或者程序(本法第 109 条)将要终止的,应涂销启动标注。

114. [Kosten des Verfahrens]

Die Kosten des Verfahrens erster Instanz verteilt das Grundbuchamt auf die Beteiligten nach billigem Ermessen.

第 114 条 【程序的费用】

土地登记局依据自由裁量权在当事人中间分配一审程序费用。

115. [Kosten eines Rechtsstreits]

Wird durch das Verfahren ein anhängiger Rechtsstreit erledigt, so trägt jede Partei die ihr entstandenen außergerichtlichen Kosten. Die Gerichtskosten werden niedergeschlagen.

第 115 条 【审结法律争议的费用】

通过该程序解决悬而未决的法律争议的,每一方承担由其产生的裁判费以外的诉讼费用。裁判费用将被取消。

Sechster Abschnitt. Anlegung von Grundbuchblättern
第 6 章 土地登记簿页的设置

116. [Anlegung von Amts wegen]

(1) Für ein Grundstück, das ein Grundbuchblatt bei der Anlegung des Grundbuchs nicht erhalten hat, wird das Blatt unbeschadet des § 3 Abs. 2 bis 9 von Amts wegen angelegt.

(2) Das Verfahren bei der Anlegung des Grundbuchblatts richtet sich nach den Vorschriften der § § 117 bis 125.

第 116 条 【依据职权的设置】

(1) 在设置土地登记簿时,对一宗土地没有建立土地登记簿页的,并不受本法第 3 条第 2 款至第 9 款规定的影响,而由土地登记局依据职权设置土地登记簿页。

(2) 设置土地登记簿页的程序以本法第 117 条至第 125 条的规定为准。

117. [Auszug aus dem Veizeichnis]

Das Grundbuchamt hat die zuständige Behörde um Übersendung eines beglaubigten Auszugs aus dem für die Bezeichnung der Grundstücke im Grundbuch maßgebenden amtlichen Verzeichnis zu ersuchen.

第 117 条 【官方目录中的摘录】

土地登记局可以对主管部门提出请求,要求其递交对标记土地登记簿中的土地起关键作用的官方目录的认证摘录。

118. [Ermittlung zur Feststellung des Eigentums]

Zur Feststellung des Eigentums an dem Grundstück hat das Grundbuchamt von Amts wegen die erforderlichen Ermittlungen anzustellen und die geeigneten Beweise zu erheben.

第 118 条 【为确认所有权而调查】

为确认土地之上的所有权,土地登记局应依据职权进行必要的调查并提出适当的证据。

119. [Aufgebot]

Das Grundbuchamt kann zur Ermittlung des Berechtigten ein Aufgebot nach Maßgabe der §§ 120 und 121 erlassen.

第 119 条 【公示催告】

为调查权利人,土地登记局可以依据本法第 120 条和第 121 条的规定发出公示催告。

120. [Inhalt]

In das Aufgebot sind aufzunehmen:

1. die Ankündigung der bevorstehenden Anlegung des Grundbuchblatts;

2. die Bezeichnung des Grundstücks, seine Lage, Beschaffenheit und Größe nach dem für die Bezeichnung der Grundstücke im Grundbuch maßgebenden amtlichen Verzeichnis;

3. die Bezeichnung des Eigenbesitzers, sofern sie dem Grundbuchamt bekannt oder zu ermitteln ist;

4. die Aufforderung an die Personen, welche das Eigentum in Anspruch nehmen, ihr Recht binnen einer vom Grundbuchamt zu bestimmenden Frist von mindestens sechs Wochen anzumelden und glaubhaft zu machen, widrigenfalls ihr Recht bei der Anlegung des Grundbuchs nicht berücksichtigt wird.

第 120 条 【内容】

公示催告中应包含以下内容:

1. 通报所要设置的土地登记簿页;

2. 依据对标记土地登记簿中的土地起关键作用的官方目录所确定的该宗土地的标记,其地理位置、状态和面积;

3. 土地登记局知悉的或应予以确定的自主占有人的标记;

4. 要求主张所有权的人,在土地登记局确定的至少 6 个星期的期间内,申报其权利并能令人信服地予以证明,否则,在设置土地登记簿时将不再考虑其权利。

121. [Veroeffentlichung des Aufgebot]

(1) Das Aufgebot ist an die für den Aushang von Bekanntmachungen des Grundbuchamts

bestimmte Stelle anzuheften und einmal in dem für die amtlichen Bekanntmachungen des Grundbuchamts bestimmten Blatte zu veröffentlichen. Das Grundbuchamt kann anordnen, daß die Veröffentlichung mehrere Male und noch in anderen Blättern zu erfolgen habe oder, falls das Grundstück einen Wert von weniger als 3.000 Euro hat, daß sie ganz unterbleibe.

(2) Das Aufgebot ist in der Gemeinde, in deren Bezirk das Grundstück liegt, an der für amtliche Bekanntmachungen bestimmten Stelle anzuheften oder in sonstiger ortsüblicher Weise bekanntzumachen. Dies gilt nicht, wenn in der Gemeinde eine Anheftung von amtlichen Bekanntmachungen nicht vorgesehen ist und eine sonstige ortsübliche Bekanntmachung lediglich zu einer zusätzlichen Veröffentlichung in einem der in Absatz 1 bezeichneten Blätter führen würde.

(3) Das Aufgebot soll den Personen, die das Eigentum in Anspruch nehmen und dem Grundbuchamt bekannt sind, von Amts wegen zugestellt werden.

第121条 【公示催告的发布】

(1) 应在专门张贴土地登记局的公告的场所,张贴公示催告,并在为土地登记局的官方公告而设的刊物中,发布一次公示催告。土地登记局可以命令发布多次,并在其他刊物中发布,或者在土地价值低于3000欧元的情形,完全不发出。

(2) 公示催告应在土地位于其辖区的社区中,在为官方公告所确定的位置张贴,或者以其他在当地通行的方式发布。在该社区中,未规定张贴官方公告,并且其他在当地通行的公告将仅仅导致在本条第1款规定的簿页中的附加公告的,不适用本款的上述规定。

(3) 土地登记局应依据职权,向主张所有权的人和土地登记局知悉的人送达公示催告。

122. [Anlegung ohne Aufgebotsverfahren]

Das Grundbuchblatt darf, wenn ein Aufgebotsverfahren (§§ 120, 121) nicht stattgefunden hat, erst angelegt werden, nachdem in der Gemeinde, in deren Bezirk das Grundstück liegt, das Bevorstehen der Anlegung und der Name des als Eigentümer Einzutragenden öffentlich bekanntgemacht und seit der Bekanntmachung ein Monat verstrichen ist; die Art der Bekanntmachung bestimmt das Grundbuchamt.

第122条 【无公示催告之程序的设置】

没有进行公示催告程序(本法120条和第121条)的,在土地位于其辖区的社区内,公开地公告将要设置的土地登记簿页和将作为所有权人而登记的人的姓名,并且在公告之时起的1个月之后,才可以设置土地登记簿页;土地登记局确定公告的方式。

123. [Eintragung als Eigentümer]

Als Eigentümer ist in das Grundbuch einzutragen:

1. der ermittelte Eigentümer;
2. sonst der Eigenbesitzer, dessen Eigentum dem Grundbuchamt glaubhaft gemacht ist;

3. sonst derjenige, dessen Eigentum nach Lage der Sache dem Grundbuchamt am wahrscheinlichsten erscheint.

第 123 条 【作为所有权人的登记】

以下人员应作为所有权人在土地登记簿中登记:

1. 所调查的所有权人;
2. 此外,其所有权为土地登记局所信服的自主占有人;
3. 此外,依据事实情况最令土地登记局相信其所有权之真实性的人。

124. [Eintragung von Eigentümerbeschränkungen]

(1) Beschränkte dingliche Rechte am Grundstück oder sonstige Eigentumsbeschränkungen werden bei der Anlegung des Grundbuchblatts nur eingetragen, wenn sie bei dem Grundbuchamt angemeldet und entweder durch öffentliche oder öffentlich beglaubigte Urkunden, deren erklärter Inhalt vom Eigentümer stammt, nachgewiesen oder von dem Eigentümer anerkannt sind.

(2) Der Eigentümer ist über die Anerkennung anzuhören. Bestreitet er das angemeldete Recht, so wird es, falls es glaubhaft gemacht ist, durch Eintragung eines Widerspruchs gesichert.

(3) Der Rang der Rechte ist gemäß den für sie zur Zeit ihrer Entstehung maßgebenden Gesetzen und, wenn er hiernach nicht bestimmt werden kann, nach der Reihenfolge ihrer Anmeldung einzutragen.

第 124 条 【登记所有权限制】

(1) 只有已经向土地登记局申报土地上的限制物权或其他的所有权限制,并且由记载所有权人表示内容的官方文书或公证文书证明该限定物权和其他的所有权限制,或者所有权人承认该限定物权和其他所有权限制时,才能够在设置土地登记簿页时,登记该限定物权和其他的所有权限制。

(2) 对于承认限定物权和其他的所有权限制的情形,应对所有权人进行听证。所有权人对所申报的权利有异议的,在该权利令人信服的情形,通过异议登记来保障该权利。

(3) 应依据权利产生时适用的法律登记权利的顺位,而且,如果依据该法律无法确定权利顺位的,则依据申报的顺序登记权利的顺位。

125. [Eintragung eines Widerspruchs; Loesung]

Die Beschwerde gegen die Anlegung des Grundbuchblatts ist unzulässig. Im Wege der Beschwerde kann jedoch verlangt werden, daß das Grundbuchamt angewiesen wird, nach § 53 einen Widerspruch einzutragen oder eine Löschung vorzunehmen.

第 125 条 【异议抗辩的登记;涂销】

禁止针对土地登记簿页的设置提出抗告。但可以通过抗告,请求土地登记局依据本法第 53 条的规定办理异议登记或进行涂消。

Siebenter Abschnitt. Das maschinell geführte Grundbuch
第7章 机器编制的土地登记簿

126. [Führung als automatisierte Datei]

(1) Die Landesregierungen können durch Rechtsverordnung bestimmen, daß und in welchem Umfang das Grundbuch in maschineller Form als automatisierte Datei geführt wird. Hierbei muß gewährleistet sein, daß

1. die Grundsätze einer ordnungsgemäßen Datenverarbeitung eingehalten, insbesondere Vorkehrungen gegen einen Datenverlust getroffen sowie die erforderlichen Kopien der Datenbestände mindestens tagesaktuell gehalten und die originären Datenbestände sowie deren Kopien sicher aufbewahrt werden;

2. die vorzunehmenden Eintragungen alsbald in einen Datenspeicher aufgenommen und auf Dauer inhaltlich unverändert in lesbarer Form wiedergegeben werden können;

3. die nach der Anlage zu diesem Gesetz erforderlichen Maßnahmen getroffen werden.

Die Landesregierungen können durch Rechtsverordnung die Ermächtigung nach Satz 1 auf die Landesjustizverwaltungen übertragen.

(2) Die Führung des Grundbuchs in maschineller Form umfaßt auch die Einrichtung und Führung eines Verzeichnisses der Eigentümer und der Grundstücke sowie weitere, für die Führung des Grundbuchs in maschineller Form erforderliche Verzeichnisse. Das Grundbuchamt kann für die Führung des Grundbuchs auch Verzeichnisse der in Satz 1 bezeichneten Art nutzen, die bei den für die Führung des Liegenschaftskatasters zuständigen Stellen eingerichtet sind; diese dürfen die in Satz 1 bezeichneten Verzeichnisse insoweit nutzen, als dies für die Führung des Liegenschaftskatasters erforderlich ist.

(3) Die Datenverarbeitung kann im Auftrag des nach § 1 zuständigen Grundbuchamts auf den Anlagen einer anderen staatlichen Stelle oder auf den Anlagen einer juristischen Person des öffentlichen Rechts vorgenommen werden, wenn die ordnungsgemäße Erledigung der Grundbuchsachen sichergestellt ist.

第126条 【作为自动化数据的编制】

(1) 州政府通过法规命令可以确定，是否以及在多大范围内以作为自动化数据的机器方式编制土地登记簿。就此必须确保：

1. 遵守符合规定的数据处理原则，尤其要预防数据丢失，至少每天保存必要的存储数据备份，并妥善保管原始存储数据及其备份。

2. 能够立即将应为的登记事项录入数据存储器，并能够不改变其内容地以可读方式长期再现该登记事项；

3. 制定本法附件所规定的必要措施。

州政府可以通过法规命令将本款第1句所规定的授权移交给州司法行政机关。

(2) 以机器形式编制土地登记簿的,也应包含设置和编制所有权人和土地的目录,以及其他的以机器形式编制土地登记簿所必需的目录。为编制土地登记簿,土地登记局可以使用本款第1句所规定方式的目录,该目录由负责编制不动产登记册的机关建立;编制不动产登记册要使用本款第1句规定的目录的,该机关可以使用该目录。

(3) 当符合规定地办理土地登记事务的行为得以确保时,基于本法第1条规定的享有管辖权的土地登记局的委托,可以在其他国家机关或公法法人的设备中进行数据处理。

127. [Ermächtigung der Landesregierungen]

(1) Die Landesregierungen können durch Rechtsverordnung, zu deren Erlaß auch die Landesjustizverwaltungen ermächtigt werden können, bestimmen, daß das Grundbuchamt

1. Änderungen der Nummer, unter der das Grundstück im Liegenschaftskataster geführt wird, die nicht auf einer Änderung der Umfangsgrenzen des Grundstücks beruhen, sowie im Liegenschaftskataster enthaltene Angaben über die tatsächliche Beschreibung des Grundstücks aus dem Liegenschaftskataster maschinell in das Grundbuch und in Verzeichnisse nach § 126 Abs. 2 einspeichern darf;

2. der für die Führung des Liegenschaftskatasters zuständigen Stelle die Grundbuchstelle sowie Daten des Bestandsverzeichnisses und der ersten Abteilung maschinell übermittelt.

(2) Soweit das Grundbuchamt nach bundesrechtlicher Vorschrift verpflichtet ist, einem Gericht oder einer Behörde über eine Eintragung Mitteilung zu machen, besteht diese Verpflichtung bezüglich der nach Maßgabe des Absatzes 1 aus dem Liegenschaftskataster in das Grundbuch übernommenen Angaben nicht.

第 127 条 【州政府的授权】

(1) 州政府可以通过法规命令——州司法行政机关经过授权也可能颁发此种法规命令——规定土地登记局具有以下职责:

1. 改变在不动产登记册中编制的土地号码,且不以土地周界的改变为基础,以及将不动产登记册中记载的有关土地的事实描述,从不动产登记册以机器形式录入到土地登记簿和本法第126条第2款规定的目录中;

2. 以机器形式,将土地登记簿位置以及土地登记簿的财产状况记载部分和第一部分的数据,转交给编制不动产登记册的主管部门。

(2) 土地登记局依据联邦法律的规定,有义务将登记事项通知法院或行政部门,而对本条第1款规定的从不动产登记册记载到土地登记簿的内容,不存在此种义务。

128. [Freigabe]

(1) Das maschinell geführte Grundbuch tritt für ein Grundbuchblatt an die Stelle des bisherigen Grundbuchs, sobald es freigegeben worden ist. Die Freigabe soll erfolgen, sobald

die Eintragungen dieses Grundbuchblattes in den für die Grundbucheintragungen bestimmten Datenspeicher aufgenommen worden sind.

(2) Der Schließungsvermerk im bisherigen Grundbuch ist lediglich von einer der nach § 44 Abs. 1 Satz 2 zur Unterschrift zuständigen Personen zu unterschreiben.

第 128 条 【交付使用】

(1) 由机器编制的土地登记簿如已公开使用,则就土地登记簿页而言取代现有的土地登记簿。如土地登记簿页中的记载事项被纳入到为土地登记簿的登记而指定的数据存储器中,则由机器编制的土地登记簿即为公开使用。

(2) 仅仅由本法第 44 条第 1 款第 2 句规定的负责签字的人员,在现有的土地登记簿中的最终标注上签字。

129. [Wirksamwerden der Eintragung]

(1) Eine Eintragung wird wirksam, sobald sie in den für die Grundbucheintragungen bestimmten Datenspeicher aufgenommen ist und auf Dauer inhaltlich unverändert in lesbarer Form wiedergegeben werden kann. Durch eine Bestätigungsanzeige oder in anderer geeigneter Weise ist zu überprüfen, ob diese Voraussetzungen eingetreten sind.

(2) Jede Eintragung soll den Tag angeben, an dem sie wirksam geworden ist. Bei Eintragungen, die gemäß § 127 Abs. 1 Inhalt des Grundbuchs werden, bedarf es abweichend von Satz 1 der Angabe des Tages der Eintragung im Grundbuch nicht.

第 129 条 【登记的生效】

(1) 登记到被纳入为土地登记簿的登记所确定的数据存储器中,并在内容上以可读方式、无任何改变地长期再现的,该登记生效。应通过确认指示或以其他适当方式,检查是否具备该前提。

(2) 任何登记都应标示登记生效的期日。依据本法第 127 条第 1 款的规定而成为土地登记簿内容的登记,有别于本款第 1 句的规定,无须在土地登记簿中标示登记的期日。

130. [Abweichende Vorschriften fuer automatisiertes Verfahren]

§ 44 Abs. 1 Satz 1, 2 Halbsatz 2 und Satz 3 ist für die maschinelle Grundbuchführung nicht anzuwenden; § 44 Abs. 1 Satz 2 erster Halbsatz gilt mit der Maßgabe, daß die für die Führung des Grundbuchs zuständige Person auch die Eintragung veranlassen kann. Wird die Eintragung nicht besonders verfügt, so ist in geeigneter Weise der Veranlasser der Speicherung aktenkundig oder sonst feststellbar zu machen.

第 130 条 【自动化程序的例外规定】

机器编制的土地登记簿,不适用本法第 44 条第 1 款第 1 句、第 2 句的后半句以及第 3 句的规定;负责编制土地登记簿的人员也促成登记的,适用本法第 44 条第 1 款第 2 句的前半句的规定。如登记未经特殊处理,发起人应以适当方式熟练掌握存储或使之成为可固定的。

131. [Amtlicher Ausdruck]

Wird das Grundbuch in maschineller Form als automatisierte Datei geführt, so tritt an die Stelle der Abschrift der Ausdruck und an die Stelle der beglaubigten Abschrift der amtliche Ausdruck. Die Ausdrucke werden nicht unterschrieben. Der amtliche Ausdruck ist als solcher zu bezeichnen und mit einem Dienstsiegel oder -stempel zu versehen; er steht einer beglaubigten Abschrift gleich.

第131条 【官方打印件】

以机器形式编制的土地登记簿作为自动化的数据的,以打印件替代副本,并以官方打印件代替认证副本。打印件上无需签名。官方打印件也应如此标注,并应盖具职务封印或印章;官方打印件等同于认证副本。

132. [Einsicht]

Die Einsicht in das maschinell geführte Grundbuch kann auch bei einem anderen als dem Grundbuchamt genommen werden, das dieses Grundbuch führt. Das einsichtgewährende Grundbuchamt entscheidet über die Zulässigkeit der Einsicht.

第132条 【查阅】

非土地登记局的编制土地登记簿的其他部门,也可以查阅机器编制的土地登记簿。许可查阅的土地登记局决定是否允许查阅。

133. [Erfordenisse fuer Einrichtung des automatisierten Verfahrens; Genehmigung]

(1) Die Einrichtung eines automatisierten Verfahrens, das die Übermittlung der Daten aus dem maschinell geführten Grundbuch durch Abruf ermöglicht, ist zulässig, sofern sichergestellt ist, daß

1. der Abruf von Daten die nach den oder auf Grund der §§ 12 und 12a zulässige Einsicht nicht überschreitet und

2. die Zulässigkeit der Abrufe auf der Grundlage einer Protokollierung kontrolliert werden kann.

(2) Die Einrichtung eines automatisierten Abrufverfahrens nach Absatz 1 bedarf der Genehmigung durch die Landesjustizverwaltung. Die Genehmigung darf nur Gerichten, Behörden, Notaren, öffentlich bestellten Vermessungsingenieuren, an dem Grundstück dinglich Berechtigten, einer von dinglich Berechtigten beauftragten Person oder Stelle, der Staatsbank Berlin sowie für Zwecke der maschinellen Bearbeitung von Auskunftsanträgen (Absatz 4), nicht jedoch anderen öffentlich-rechtlichen Kreditinstituten erteilt werden. Sie setzt voraus, daß

1. diese Form der Datenübermittlung unter Berücksichtigung der schutzwürdigen Interessen der betroffenen dinglich Berechtigten wegen der Vielzahl der Übermittlungen oder wegen ihrer besonderen Eilbedürftigkeit angemessen ist,

2. auf seiten des Empfängers die Grundsätze einer ordnungsgemäßen Datenverarbeitung

eingehalten werden und

3. auf seiten der grundbuchführenden Stelle die technischen Möglichkeiten der Einrichtung und Abwicklung des Verfahrens gegeben sind und eine Störung des Geschäftsbetriebs des Grundbuchamts nicht zu erwarten ist.

(3) Die Genehmigung ist zu widerrufen, wenn eine der in Absatz 2 genannten Voraussetzungen weggefallen ist. Sie kann widerrufen werden, wenn die Anlage mißbräuchlich benutzt worden ist. Ein öffentlich-rechtlicher Vertrag oder eine Verwaltungsvereinbarung kann in den Fällen der Sätze 1 und 2 gekündigt werden. In den Fällen des Satzes 1 ist die Kündigung zu erklären.

(4) Im automatisierten Abrufverfahren nach Absatz 1 können auch Anträge auf Auskunft aus dem Grundbuch (Einsichtnahme und Erteilung von Abschriften) nach § 12 und den diese Vorschriften ausführenden Bestimmungen maschinell bearbeitet werden. Absatz 2 Satz 1 und 3 gilt entsprechend. Die maschinelle Bearbeitung ist nur zulässig, wenn der Eigentümer des Grundstücks, bei Erbbau-und Gebäudegrundbüchern der Inhaber des Erbbaurechts oder Gebäudeeigentums, zustimmt oder die Zwangsvollstreckung in das Grundstück, Erbbaurecht oder Gebäudeeigentum betrieben werden soll und die abrufende Person oder Stelle das Vorliegen dieser Umstände durch Verwendung entsprechender elektronischer Zeichen versichert.

(5) Ist der Empfänger eine nicht öffentliche Stelle, gilt § 38 des Bundesdatenschutzgesetzes mit der Maßgabe, daß die Aufsichtsbehörde die Ausführung der Vorschriften über den Datenschutz auch dann überwacht, wenn keine hinreichenden Anhaltspunkte für eine Verletzung dieser Vorschriften vorliegen. Unabhängig hiervon ist dem Eigentümer des Grundstücks oder dem Inhaber eines grundstücksgleichen Rechts jederzeit Auskunft aus einem über die Abrufe zu führenden Protokoll zu geben; dieses Protokoll kann nach Ablauf eines Jahres vernichtet werden.

(6) Soweit in dem automatisierten Abrufverfahren personenbezogene Daten übermittelt werden, darf der Empfänger diese nur für den Zweck verwenden, zu dessen Erfüllung sie ihm übermittelt worden sind.

(7) Genehmigungen nach Absatz 2 gelten in Ansehung der Voraussetzungen nach den Absätzen 1 und 2 Satz 3 Nr. 1 und 2 im gesamten Land, dessen Behörden sie erteilt haben. Sobald die technischen Voraussetzungen dafür gegeben sind, gelten sie auch im übrigen Bundesgebiet. Das Bundesministerium der Justiz stellt durch Rechtsverordnung mit Zustimmung des Bundesrates fest, wann und in welchen Teilen des Bundesgebiets diese Voraussetzungen gegeben sind. Anstelle der Genehmigungen können auch öffentlich-rechtliche Verträge oder Verwaltungsvereinbarungen geschlossen werden. Die Sätze 1 und 2 gelten entsprechend.

(8) Das Bundesministerium der Justiz wird ermächtigt, durch Rechtsverordnung mit Zustimmung des Bundesrates Gebühren für die Einrichtung und die Nutzung eines Verfahrens für den automatisierten Abruf von Daten aus dem Grundbuch zu bestimmen. Die Gebührensätze sind so zu bemessen, daß der mit der Einrichtung und Nutzung des Verfahrens verbundene Personal-und Sachaufwand gedeckt wird; hierbei kann daneben die Bedeutung, der wirtschaftliche Wert oder der sonstige Nutzen für den Begünstigten angemessen berücksichtigt werden. Ansprüche auf Zahlung von Gebühren können auch für die Zukunft abgetreten werden; die Festsetzung der Gebühren kann im gesetzlich vorgesehenen Umfang auch nach einer Abtretung in dem allgemeinen Verfahren angefochten werden. Die Staatskasse vertritt den Empfänger der Abtretung.

第133条 【自动化程序之下载的要件;许可】

(1) 在以下事项得以确保时,准许设置通过下载而从机器编制的土地登记簿中传送数据的自动化程序:

1. 数据的下载不超过本法第12条和第12a条规定的或基于这两条规定所准许的查阅范围,并且

2. 可以在记录的基础上控制该下载的合法性。

(2) 设置本条第1款规定的自动化程序,需得到州司法行政机关的许可。此种许可只能颁发给法院、行政机关、公证员、公开设立的测量工程师、对土地享有物权的人、物权人委托的人或者机关、柏林国家银行,而且其目的在于用机器形式处理有关的获取信息的申请(本条第4款),但不颁发给其他的公法上的信贷机构。此种许可的前提为:

1. 由于数据发送的多次性或特殊紧迫性,考虑到涉及到的物权人应保护的利益,以此种形式发送数据是适当的,

2. 接收人将遵守符合规定的处理数据的基本原则,而且

3. 就编制土地登记簿的部门而言,存在设置和展开程序的技术上的可能性,而且土地登记局的运营按其预期不应存在障碍。

(3) 本条第2款规定的前提条件之一落空的,许可要被撤销。设备被滥用的,许可可以撤销。在本款第1句和第2句规定的情况下,可以解除公法上的合同或行政约定。在本款第1句规定的情况下,应作出解除的表示。

(4) 在本条第1款规定的自动化下载程序中,可以用机器形式处理本法第12条及其实施细则规定的查询土地登记簿信息(查阅和颁发副本)的申请。准用本条第2款第1句和第3句的规定。只有经土地所有权人同意,在地上权土地登记簿和建筑物土地登记簿的情形,只有经地上权人和或建筑物所有权人同意,或者以土地、地上权或建筑物所有权为对象而强制执行,并且下载的人或部门确保通过使用相应的电子标记而存在此种情况的,才准许机器处理。

(5) 接收人并非公共部门的,在没有充分理由而违反数据保护的规定的情况下,监督部门监控此种规定的执行情况的,适用《德国联邦数据保护法》第38条的规定。独立

附录一　德国土地登记簿法（中德文对照）

于上述规定，应将下载所编制的记录的内容，随时告知土地所有权人或与土地类似之物的权利享有人；1年之后可以销毁该记录。

（6）在自动下载程序中传送有关个人数据的，接收人只能基于送达该数据给该接收人之目的而使用该数据。

（7）鉴于本条第1款和第2款第3句之1和2规定的前提条件，本条第2款规定的许可，适用于颁发该许可的行政部门所在的整个州。对此存在技术前提的，该许可也适用于其他联邦地区。报请德国联邦参议院批准后，德国联邦司法部通过法规命令确定此种前提于何时、在联邦地区的哪些区域存在。缔结公法上的合同或行政约定，可以替代此种许可。准用本款第1句和第2句的规定。

（8）德国联邦司法部有权通过经德国联邦参议院批准的法规命令，以确定设立和使用从土地登记簿中自动下载数据的程序的费用。通过抵偿与设立和使用该程序有关的人员开销和物品开支的方式，确定该费用标准；此外，也可适当考虑到对受益者的意义、经济价值或其他用途。将来的费用支付请求权也可以进行转让；在一般程序中，即使在请求权转让之后，亦可在法律规定的范围内抗辩所确认的费用。国库替代请求权转让的受让人。

134. ［Ermächtigung des Bundesministeriums der Justiz］

Das Bundesministerium der Justiz wird ermächtigt, durch Rechtsverordnung mit Zustimmung des Bundesrates nähere Vorschriften zu erlassen über

1. die Einzelheiten der Anforderungen an die Einrichtung und das Nähere zur Gestaltung und Wiederherstellung des maschinell geführten Grundbuchs sowie die Abweichungen von den Vorschriften des Ersten bis Sechsten Abschnitts der Grundbuchordnung, die für die maschinelle Führung des Grundbuchs erforderlich sind;

2. die Einzelheiten der Gewährung von Einsicht in maschinell geführte Grundbücher;

3. die Einzelheiten der Einrichtung automatisierter Verfahren zur Übermittlung von Daten aus dem Grundbuch auch durch Abruf und der Genehmigung hierfür.

Das Bundesministerium der Justiz kann im Rahmen seiner Ermächtigung nach Satz 1 technische Einzelheiten durch allgemeine Verwaltungsvorschriften、mit Zustimmung des Bundesrates regeln oder die Regelung weiterer Einzelheiten durch Rechtsverordnung den Landesregierungen übertragen und hierbei auch vorsehen, daß diese ihre Ermächtigung durch Rechtsverordnung auf die Landesjustizverwaltungen übertragen können.

第134条　【德国联邦司法部的授权】

德国联邦司法部有权通过经德国联邦参议院批准的法规命令，就以下事项颁布更具体的规定：

1. 就机器编制的土地登记簿的形成和重新制作而言，对其设置和详细规定所作的要求的具体情况，以及不同于本法第一章至第六章、但对机器编制的土地登记簿是必要

的规定;

2. 同意查阅由机器编制的土地登记簿的细节;

3. 同样通过下载来发送土地登记簿中的数据的自动化程序的设立的具体情况,以及与此相关的许可的具体情况。

德国联邦司法部在其权限范围内,可以依据本条第 1 句的规定,通过经德国联邦参议院批准的一般行政规定规范技术细节,或者通过法规命令将进一步规整其他细节的权限移交给州政府,并且还可就此规定,州政府可以通过法规命令将其获得的授权移交给州司法行政机关。

Achter Abschnitt. Übergangs-und Schlußbestimmungen
第 8 章 过渡规定和结束规定

135.

(1)(Inkrafttreten)

(2) Die Artikel 1 Abs. 2, Artikel 2, 50, 55 des Einführungsgesetzes zum Bürgerlichen Gesetzbuche sind entsprechend anzuwenden.

第 135 条

(1)(生效)

(2)准用《德国民法典实施法》第 1 条第 2 款、第 2 条、第 50 条和第 55 条的规定。

136. [Landesrechtliche Vorbehalte]

(1) Soweit im Einführungsgesetz zum Bürgerlichen Gesetzbuche zugunsten der Landesgesetze Vorbehalte gemacht sind, gelten sie auch für die Vorschriften der Landesgesetze über das Grundbuchwesen; jedoch sind die §§ 12a und 13 Abs. 3, § 44 Abs. 1 Satz 2 und 3, § 56 Abs. 2, § 59 Abs. 1 Satz 2, § 61 Abs. 3 und § 62 Abs. 2 auch in diesen Fällen anzuwenden.

(2) Absatz 1 zweiter Halbsatz gilt auch für die grundbuchmäßige Behandlung von Bergbauberechtigungen.

(3) Vereinigungen und Zuschreibungen zwischen Grundstücken und Rechten, für die nach Landesrecht die Vorschriften über Grundstücke gelten, sollen nicht vorgenommen werden.

第 136 条 【州法律上的保留】

(1)《德国民法典实施法》有利于州法律而作保留的,该保留适用于有关土地登记簿事项的州法律的规定;但是,此种情况下,仍适用本法第 12a 条、第 13 条第 3 款、第 44 条第 1 款第 2 句和第 3 句、第 56 条第 2 款、第 59 条第 1 款第 2 句、第 61 条第 3 款以及第 62 条第 2 款的规定。

（2）本条第1款后半句的规定也适用于以土地登记簿的方式对采矿权所作的处理。

（3）依据州法，权利适用有关土地的规定的，不应在土地与该权利之间进行合并和添加。

137. [Vorbehalt fuer grundstuecksgleiche Rechte]

(1) Die Vorschriften des § 20 und des § 22 Abs. 2 über das Erbbaurecht sowie die Vorschrift des § 49 sind auf die in den Artikeln / * 63 * /, 68 des Einführungsgesetzes zum Bürgerlichen Gesetzbuche bezeichneten Rechte entsprechend anzuwenden.

(2) Ist auf dem Blatt eines Grundstücks ein Recht der in den Artikeln 63 und 68 des Einführungsgesetzes zum Bürgerlichen Gesetzbuche bezeichneten Art eingetragen, so ist auf Antrag für dieses Recht ein besonderes Grundbuchblatt anzulegen. Dies geschieht von Amts wegen, wenn das Recht veräußert oder belastet werden soll. Die Anlegung wird auf dem Blatt des Grundstücks vermerkt.

(3) Die Landesgesetze können bestimmen, daß statt der Vorschriften des Absatzes 2 die Vorschriften der §§ 14 bis 17 der Verordnung über das Erbbaurecht entsprechend anzuwenden sind.

第137条 【为类似土地权利的保留】

（1）《德国民法典实施法》第63条、第68条规定的权利，准用本法第20条、第22条第2款关于地上权的规定以及第49条的规定。

（2）在土地的簿页上登记《德国民法典实施法》第63条和第68条规定方式中的权利的，基于申请，对该权利应设置一个特殊的土地登记簿页。权利应被转移或设定负担的，土地登记局依据职权进行设置。在土地的簿页上标注设置情况。

（3）各州法律可以确定，《德国地上权条例》第14条至第17条的规定替代本条第2款的规定而得以准用。

138. [Bisherige Bücher]

Die Bücher, die nach den bisherigen Bestimmungen als Grundbücher geführt wurden, gelten als Grundbücher im Sinne dieses Gesetzes.

第138条 【过去的登记簿】

依据过去规定作为土地登记簿所编制的登记簿，在本法规定的意义上被视为土地登记簿。

139. [Mehrere alte Bücher fuer ein Grundstück]

Werden nach § 138 mehrere Bücher geführt, so muß jedes Grundstück in einem der Bücher eine besondere Stelle haben. An dieser Stelle ist auf die in den anderen Büchern befindlichen Eintragungen zu verweisen. Die Stelle des Hauptbuchs und die Stellen, auf welche verwiesen wird, gelten zusammen als das Grundbuchblatt.

第139条 【一宗土地的数个老登记簿】

依据本法第138条的规定编制数个登记簿的，每宗土地在该数个登记簿中之一必须有一个特殊的位置。在该位置应援引位于其他登记簿中的登记。主登记簿位置和所援引的位置一并被视为土地登记簿页。

140. [Bezeichnung der Grundstücke in bisherige Bücher]

Sind in einem Buch, das nach § 138 als Grundbuch gilt, die Grundstücke nicht nach Maßgabe des § 2 Abs. 2 bezeichnet, so ist diese Bezeichnung von Amts wegen zu bewirken.

第 140 条 【过去的登记簿中的土地标记】

在依据本法第 138 条被视为土地登记簿的登记簿中，没有依据本法第 2 条第 2 款标记土地的，土地登记局应依据职权进行标记。

141. [Wiederherstellung von Grundbuechern]

(1) Die Landesregierungen oder die von ihnen bestimmten obersten Landesbehörden können durch Rechtsverordnung allgemein oder für bestimmte Grundbücher das Verfahren zum Zwecke der Wiederherstellung eines ganz oder teilweise zerstörten oder abhanden gekommenen Grundbuchs sowie zum Zwecke der Wiederbeschaffung zerstörter oder abhanden gekommener Urkunden der in § 10 Abs. 1 bezeichneten Art bestimmen. Sie können dabei auch darüber bestimmen, in welcher Weise bis zur Wiederherstellung des Grundbuchs die zu einer Rechtsänderung erforderliche Eintragung ersetzt werden soll.

(2) Ist die Vornahme von Eintragungen in das maschinell geführte Grundbuch (§ 126) vorübergehend nicht möglich, so können auf Anordnung der Leitung des Grundbuchamts Eintragungen in einem Ersatzgrundbuch in Papierform vorgenommen werden, sofern hiervon Verwirrung nicht zu besorgen ist. Sie sollen in das maschinell geführte Grundbuch übernommen werden, sobald dies wieder möglich ist. Für die Eintragungen nach Satz 1 gilt § 44; in den Fällen des Satzes 2 gilt § 128 entsprechend. Die Landesregierungen werden ermächtigt, die Einzelheiten des Verfahrens durch Rechtsverordnung zu regeln; sie können diese Ermächtigung auf die Landesjustizverwaltungen durch Rechtsverordnung übertragen.

(3) Die Landesregierungen können durch Rechtsverordnung bestimmen, daß das nach Maßgabe des Siebenten Abschnitts maschinell geführte Grundbuch wieder in Papierform geführt wird. Die Rechtsverordnung soll nur erlassen werden, wenn die Voraussetzungen des § 126 nicht nur vorübergehend entfallen sind und in absehbarer Zeit nicht wiederhergestellt werden können. § 44 gilt sinngemäß. Die Wiederanordnung der maschinellen Führung nach dem Siebenten Abschnitt bleibt unberührt.

第 141 条 【土地登记簿的重建】

(1) 州政府或者由其所确定的州最高行政机关可以通过法规命令，一般地规定或就确定的土地登记簿规定有以下目的的程序，即重新建立一个完全或部分毁损或丢失的土地登记簿，以及重新设立毁损或丢失的、本法第 10 条第 1 款规定方式中的文书。州政府还可以规定，以何种方式取代权利变更所必要的登记，直至重新制作土地登记簿。

(2) 在机器编制的土地登记簿（本法第 126 条）中暂时无法登记的，如果无须担心造成混乱,基于土地登记局领导部门的命令,可以在有纸化的替代性的土地登记簿中登记。又可以在机器编制的土地登记簿中登记的,应立即在该登记簿中登记。本款第 1 句规定的登记适用本法第 44 条的规定;本款第 2 句规定的情形准用本法第 128 条的规定。州政府有权通过法规命令规定程序的细节;其可以通过法规命令将该授权移交给州司法行政机关。

(3)州政府可以通过法规命令,规定以书面形式重新编制本法第 7 章规定的由机器编制的土地登记簿。只有当本法第 126 条规定的前提条件并非仅仅暂时不具备,而且在可预见的时间内也无法重新建立的,才应发布该法规命令。本法第 44 条依其意义也适用于此。对本法第 7 章规定的机器编制做出重新命令,并不受影响。

142. [Einsicht der Grundakten]

Der *Reichsminister der Justiz* kann, unbeschadet der Vorschriften des § 12, Anordnungen über die Einsicht der Grundakten und die Erteilung von Abschriften treffen.

第 142 条 【查阅土地卷宗】

不妨碍本法第 12 条规定的,帝国司法部可以就查阅土地卷宗和颁发副本发出命令。

143. [Landesrechtliche Besonderheiten]

(1) Die in Baden-Württemberg bestehenden landesrechtlichen Vorschriften über die Grundbuchämter und die Zuständigkeit der dort tätigen Personen sowie über die sich hieraus ergebenden Besonderheiten bleiben unberührt; dies gilt auch für die Vorschriften über die Zahl der erforderlichen Unterschriften unter den Grundbucheintragungen und auf den Hypotheken-, Grundschuld-und Rentenschuldbriefen sowie für Regelungen, die von den § § 12c, 13 Abs. 3 und § 44 Abs. 1 Satz 2 und 3 abweichen. Unberührt bleiben auch Artikel 1 Abs. 1 des Gesetzes über die Ermächtigung des Landes Baden-Württemberg zur Rechtsbereinigung vom 17. Dezember 1974 (BGBl. I S. 3602) sowie die § § 35 und 36 des Rechtspflegergesetzes.

(2) § 29 Abs. 1 und 3 der Grundbuchordnung gilt auch im Lande Baden-Württemberg in der Fassung, die für das übrige Bundesgebiet maßgebend ist.

第 143 条 【州法律的特殊规定】

(1)巴登—符腾堡州有关土地登记局、此处工作人员的管辖权以及从中产生的特殊性的州法规定,不受影响;这同样适用于有关在土地登记簿登记中以及在抵押证书、土地债务证书和定期金债务证书上必要的签名数目的规定,还同样适用于不同于本法第 12c 条、第 13 条第 3 款和第 44 条第 1 款第 2 句和第 3 句的规则。不受影响的还有 1974 年 12 月 17 日《授权巴登—符腾堡州法律整理法》(BGB1. I S. 3602)第 1 条第 1 款的规定以及《德国司法官法》第 35 条和第 36 条的规定。

(2)本法第 29 条第 1 款和第 3 款的规定,亦在其对于其他联邦地区具有决定性的意义上,适用于巴登—符腾堡州。

144. [Maßgaben]

(1) In dem in Artikel 3 des Einigungsvertrages genannten Gebiet gilt dieses Gesetz mit folgenden Maßgaben:

1. Die Grundbücher können abweichend von § 1 bis zum Ablauf des 31. Dezember 1994 von den bis zum 2. Oktober 1990 zuständigen oder später durch Landesrecht bestimmten Stellen (Grundbuchämter) geführt werden. Die Zuständigkeit der Bediensteten des Grundbuchamts richtet sich nach den für diese Stellen am Tag vor dem Wirksamwerden des Beitritts bestehenden oder in dem jeweiligen Lande erlassenen späteren Bestimmungen. Diese sind auch für die Zahl der erforderlichen Unterschriften und dafür maßgebend, inwieweit Eintragungen beim Grundstücksbestand zu unterschreiben sind. Vorschriften nach den Sätzen 2 und 3 können auch dann beibehalten, geändert oder ergänzt werden, wenn die Grundbücher wieder von den Amtsgerichten geführt werden. Sind vor dem 19. Oktober 1994 in Grundbüchern, die in dem in Artikel 3 des Einigungsvertrages genannten Gebiet geführt werden, Eintragungen vorgenommen worden, die nicht den Vorschriften des § 44 Abs. 1 entsprechen, so sind diese Eintragungen dennoch wirksam, wenn sie den Anforderungen der für die Führung des Grundbuchs von dem jeweiligen Land erlassenen Vorschriften genügen.

2. Amtliches Verzeichnis der Grundstücke im Sinne des § 2 ist das am Tag vor dem Wirksamwerden des Beitritts zur Bezeichnung der Grundstücke maßgebende oder das an seine Stelle tretende Verzeichnis.

3. Die Grundbücher, die nach den am Tag vor dem Wirksamwerden des Beitritts bestehenden Bestimmungen geführt werden, gelten als Grundbücher im Sinne der Grundbuchordnung.

4. Soweit nach den am Tag vor dem Wirksamwerden des Beitritts geltenden Vorschriften Gebäudegrundbuchblätter anzulegen und zu führen sind, sind diese Vorschriften weiter anzuwenden. Dies gilt auch für die Kenntlichmachung der Anlegung des Gebäudegrundbuchblatts im Grundbuch des Grundstücks. Den Antrag auf Anlegung des Gebäudegrundbuchblatts kann auch der Gebäudeeigentümer stellen. Dies gilt entsprechend für nach später erlassenen Vorschriften anzulegende Gebäudegrundbuchblätter. Bei Eintragungen oder Berichtigungen im Gebäudegrundbuch ist in den Fällen des Artikels 233 § 4 des Einführungsgesetzes zum Bürgerlichen Gesetzbuche das Vorhandensein des Gebäudes nicht zu prüfen.

5. Neben diesem Gesetz sind die Vorschriften der §§ 2 bis 34 des Gesetzes über die Angelegenheiten der freiwilligen Gerichtsbarkeit entsprechend anwendbar, soweit sich nicht etwas anderes aus Rechtsvorschriften, insbesondere aus den Vorschriften des Grundbuchrechts, oder daraus ergibt, daß die Grundbücher nicht von Gerichten geführt werden.

6. Anträge auf Eintragung in das Grundbuch, die vor dem Wirksamwerden des Beitritts beim Grundbuchamt eingegangen sind, sind von diesem nach den am Tag vor dem Wirksamwerden des Beitritts geltenden Verfahrensvorschriften zu erledigen.

7. Im übrigen gelten die in Anlage I Kapitel III Sachgebiet A Abschnitt III unter Nr. 28 des Einigungsvertrages aufgeführten allgemeinen Maßgaben entsprechend. Am Tag des Wirksamwerdens des Beitritts anhängige Beschwerdeverfahren sind an das zur Entscheidung über die Beschwerde nunmehr zuständige Gericht abzugeben.

(2) Am 1. Januar 1995 treten nach Absatz 1 Nr. 1 Satz 1 fortgeltende oder von den Ländern erlassene Vorschriften, nach denen die Grundbücher von anderen als den in § 1 bezeichneten Stellen geführt werden, außer Kraft. Die in § 1 bezeichneten Stellen bleiben auch nach diesem Zeitpunkt verpflichtet, allgemeine Anweisungen für die beschleunigte Behandlung von Grundbuchsachen anzuwenden. Die Landesregierungen werden ermächtigt, durch Rechtsverordnung einen früheren Tag für das Außerkrafttreten dieser Vorschriften zu bestimmen. In den Fällen der Sätze 1 und 3 kann durch Rechtsverordnung der Landesregierung auch bestimmt werden, daß Grundbuchsachen in einem Teil des Grundbuchbezirks von einer hierfür eingerichteten Zweigstelle des Amtsgerichts (§ 1) bearbeitet werden, wenn dies nach den örtlichen Verhältnissen zur sachdienlichen Erledigung zweckmäßig erscheint, und, unbeschadet des § 176 Abs. 2 des Bundesberggesetzes im übrigen, welche Stelle nach Aufhebung der in Satz 1 bezeichneten Vorschriften die Berggrundbücher führt. Die Landesregierung kann ihre Ermächtigung nach dieser Vorschrift durch Rechtsverordnung auf die Landesjustizverwaltung übertragen.

(3) Soweit die Grundbücher von Behörden der Verwaltung oder Justizverwaltung geführt werden, ist gegen eine Entscheidung des Grundbuchamts (Absatz 1 Nr. 1 Satz 1), auch soweit sie nicht ausdrücklich im Auftrag des Leiters des Grundbuchamts ergangen ist oder ergeht, die Beschwerde nach § 71 der Grundbuchordnung gegeben. Diese Regelung gilt mit Wirkung vom 3. Oktober 1990, soweit Verfahren noch nicht rechtskräftig abgeschlossen sind. Anderweitig anhängige Verfahren über Rechtsmittel gegen Entscheidungen der Grundbuchämter gehen in dem Stand, in dem sie sich bei Inkrafttreten dieser Vorschrift befinden, auf das Beschwerdegericht über. Satz 1 tritt mit dem in Absatz 2 Satz 1 oder Satz 3 bezeichneten Zeitpunkt außer Kraft.

(4) In den Grundbuchämtern in dem in Artikel 3 des Einigungsvertrages genannten Gebiet können bis zum Ablauf des 31. Dezember 1999 auch Personen mit der Vornahme von Amtshandlungen betraut werden, die diesen Ämtern auf Grund von Dienstleistungsverträgen auf Dauer oder vorübergehend zugeteilt werden. Der Zeitpunkt kann durch Rechtsverordnung des Bundesministeriums der Justiz mit Zustimmung des Bundesrates verlängert werden.

第 144 条 【标准】

(1) 本法以下述方式适用于《德国统一条约》第 3 款规定的地区：

1. 在 1994 年 12 月 31 日之前，可以由 1990 年 10 月 2 日之前的负责机构或在此之后经州法律确定的机构（土地登记局），以不同于本法第 1 条规定的方式编制土地登记簿。依据加入生效之前已有的或各州在此后颁发的规定，确定土地登记局工作人员的管辖权。这同样适用于必要的签字的数目，并且重要地适用于，在何种程度上应在土地组成成分的登记上签名。地方法院重新编制土地登记簿的，可以保留、更改或补充本款第 2 句和第 3 句规定的内容。与本法第 44 条第 1 款的规定不符的、于 1994 年 10 月 19 日之前在《德国统一条约》第 3 条规定的地区所编制的土地登记簿中办理的登记，如果能满足各州颁发的有关编制土地登记簿的规定要求的，其仍然有效。

2. 在本法第 2 条规定意义上的土地的官方目录，即为加入生效前标记土地的关键目录或替代该目录的目录。

3. 依据加入生效之前已有的规定所编制的土地登记簿，视为本法意义上的土地登记簿。

4. 依据加入生效之前的有效规定，应设置和编制建筑物土地簿页的，应继续适用该规定。这还适用于在土地登记簿中标明设置建筑物土地登记簿页的情形。建筑物所有人也可以提出设置建筑物土地登记簿页的申请。依据后来颁布的规定所设置的建筑物土地登记簿页，准用此规定。在建筑物土地登记簿中进行登记或更正时，在《德国民法典实施法》第 233 款项第 4 条规定的情况中，无需检查建筑物是否存在。

5. 从法律规定中，尤其从土地登记簿法律规定中没有得出其他规定的，或者从中得出土地登记簿并非由法院编制的，除本法之外，准用《德国非诉事件管辖事务法》第 2 条至第 34 条的规定。

6. 在土地登记簿中办理登记的申请于加入生效之前到达土地登记局的，应依据加入生效之前的有效的程序规定，由该土地登记局审查处理该申请。

7. 另外，准用《德国统一条约》附件 I 第 2 章专科 A 第 3 部分之 28 中规定的一般标准。尚未审结的抗告程序，于加入生效之日转移给此后享有管辖权的法院进行审理。

(2) 根据本条第 1 款之 1 第 1 句的规定而继续有效的规定，或者由各州颁布的规定——按照其规定，土地登记簿页的编制并非由本法第 1 条规定的部门进行——于 1995 年 1 月 1 日失效。本法第 1 条所规定的部门，在此之后仍有义务就加快处理土地登记事务适用总的指示。经过授权，州政府有权通过法规命令为上述规定的失效确定一个较早的期日。在本款第 1 句和第 3 句规定的情况下，通过州政府的法规命令也可以作出如下规定，即依据当地有关办理的情况显得符合目的的，由就土地登记辖区所设立的地方法院的分支机构（本法第 1 条）处理该辖区部分内的土地登记事务，而且，此外还不受《德国联邦矿山法》第 176 条第 2 款规定的影响，可以规定在本款第 1 句提及的规定失效后，由何种机构编制矿山土地登记簿。州政府可以通过法规命令，将其依据本款规定所享有的授权移交给州司法行政机关。

(3) 由行政部门或司法行政部门编制土地登记簿的,针对土地登记局的决定(本条第1款之1第1句),即使该决定并非明确地基于土地登记局领导部门的委托而被作出或将被作出,亦可提出本法第71条规定的抗告。程序尚未确定地终结的,本款上述规定从1990年10月3日起生效。其他针对土地登记局的决定所提出的上诉程序尚未终结的,该程序从其在该规定生效时所处的状态移转到抗告法院。本款第1句自本条第2款第1句或第3句规定的时间起失效。

(4) 在《德国统一条约》第3条规定的地区内的土地登记局,可以直至1999年12月31日委托其工作人员为职务行为,该职务行为基于职务工作合同长期或暂时地分配给行政工作人员。通过报请德国联邦参议院批准的德国联邦司法部的法规命令,上述期日可以得以延长。

Anlage (zu § 126 Abs. 1 Satz 2 Nr. 3)
附件(之于本法第126条第1款第2句之3)

Werden personenbezogene Daten automatisiert verarbeitet, sind Maßnahmen zu treffen, die je nach Art der zu schützenden personenbezogenen Daten geeignet sind,

1. Unbefugten den Zugang zu Datenverarbeitungsanlagen, mit denen personenbezogene Daten verarbeitet werden, zu verwehren (Zugangskontrolle),

2. zu verhindern, daß Datenträger unbefugt gelesen, kopiert, verändert oder entfernt werden können (Datenträgerkontrolle),

3. die unbefugte Eingabe in den Speicher sowie die unbefugte Kenntnisnahme, Veränderung oder Löschung gespeicherter personenbezogener Daten zu verhindern (Speicherkontrolle),

4. zu verhindern, daß Datenverarbeitungssysteme mit Hilfe von Einrichtungen zur Datenübertragung von Unbefugten genutzt werden können (Benutzerkontrolle),

5. zu gewährleisten, daß die zur Benutzung eines Datenverarbeitungssystems Berechtigten ausschließlich auf die ihrer Zugriffsberechtigung unterliegenden Daten zugreifen können (Zugriffskontrolle),

6. zu gewährleisten, daß überprüft und festgestellt werden kann, an welche Stellen personenbezogene Daten durch Einrichtungen zur Datenübertragung übermittelt werden können (Übermittlungskontrolle),

7. zu gewährleisten, daß nachträglich überprüft und festgestellt werden kann, welche personenbezogenen Daten zu welcher Zeit von wem in Datenverarbeitungssysteme eingegeben worden sind (Eingabekontrolle),

8. zu gewährleisten, daß personenbezogene Daten, die im Auftrag verarbeitet werden, nur entsprechend den Weisungen des Auftraggebers verarbeitet werden können

(Auftragskontrolle) ,

9. zu verhindern, daß bei der Übertragung personenbezogener Daten sowie beim Transport von Datenträgern die Daten unbefugt gelesen, kopiert, verändert oder gelöscht werden können (Transportkontrolle) ,

10. die innerbehördliche oder innerbetriebliche Organisation so zu gestalten, daß sie den besonderen Anforderungen des Datenschutzes gerecht wird (Organisationskontrolle) .

处理个人相关数据的,依据所要保护的个人相关数据的种类,采取适当的措施:

1. 禁止无权利人取得处理个人相关数据的数据处理设备(入口控制);

2. 防止数据载体被无权阅读、复制、更改或删除(数据载体控制);

3. 防止未经许可而输入存储器以及未经许可而获知、更改或删除所存储的有关个人的数据(存储器控制);

4. 防止无权利人借助数据移转设备使用数据处理系统(使用者控制);

5. 确保使用数据处理系统的权利人只能读取其有权读取的数据(读取控制);

6. 确保能够检查和确定在何处可以通过用于数据传输的设备传输个人相关数据(传输控制);

7. 确保能够事后检查和确定何人于何时可以将哪些个人相关数据输入数据处理系统(输入控制);

8. 确保只有在符合委托人指示的情况下,才能够处理基于委托而处理的个人相关数据(委托控制);

9. 防止在移转个人相关数据以及在运输数据载体时,该数据被无权阅读、复制、更改或删除(运输控制);

10. 以符合数据保护特殊要求的方式设立行政部门内部机构或企业内部机构(机构控制)。

附录二　英国土地登记法(2002年)(英文)

LAND REGISTRATION ACT 2002
2002 CHAPTER 9

Royal Assent [26 February 2002]
Land Registration Act 2002, Ch. 9, Enactment Clause (Eng.)

Enactment Clause

BE IT ENACTED by the Queen's most Excellent Majesty, by and with the advice and consent of the Lords Spiritual and Temporal, and Commons, in this present Parliament assembled, and by the authority of the same, as follows:—

Land Registration Act 2002, Ch. 9, Long Title (Eng.)

Long Title

An Act to make provision about land registration; and for connected purposes.

PART 1　PRELIMINARY

1. Register of title

(1) There is to continue to be a register of title kept by the registrar.

(2) Rules may make provision about how the register is to be kept and may, in particular, make provision about—

(a) the information to be included in the register,

(b) the form in which information included in the register is to be kept, and

(c) the arrangement of that information.

2. Scope of title registration

This Act makes provision about the registration of title to—

(a) unregistered legal estates which are interests of any of the following kinds—

(ⅰ) an estate in land,

(ⅱ) a rentcharge,

(ⅲ) a franchise,

(ⅳ) a profit a prendre in gross, and

(ⅴ) any other interest or charge which subsists for the benefit of, or is a charge on, an interest the title to which is registered; and

(b) interests capable of subsisting at law which are created by a disposition of an interest the title to which is registered.

3. When title may be registered

(1) This section applies to any unregistered legal estate which is an interest of any of the following kinds—

(a) an estate in land,

(b) a rentcharge,

(c) a franchise, and

(d) a profit a prendre in gross.

(2) Subject to the following provisions, a person may apply to the registrar to be registered as the proprietor of an unregistered legal estate to which this section applies if—

(a) the estate is vested in him, or

(b) he is entitled to require the estate to be vested in him.

(3) Subject to subsection (4), an application under subsection (2) in respect of a leasehold estate may only be made if the estate was granted for a term of which more than seven years are unexpired.

(4) In the case of an estate in land, subsection (3) does not apply if the right to possession under the lease is discontinuous.

(5) A person may not make an application under subsection (2)(a) in respect of a leasehold estate vested in him as a mortgagee where there is a subsisting right of redemption.

(6) A person may not make an application under subsection (2)(b) if his entitlement is as a person who has contracted to buy under a contract.

(7) If a person holds in the same right both—

(a) a lease in possession, and

(b) a lease to take effect in possession on, or within a month of, the end of the lease in possession,

then, to the extent that they relate to the same land, they are to be treated for the purposes of this section as creating one continuous term.

4. When title must be registered

(1) The requirement of registration applies on the occurrence of any of the following

events—

(a) the transfer of a qualifying estate—

(i) for valuable or other consideration, by way of gift or in pursuance of an order of any court, or

(ii) by means of an assent (including a vesting assent);

(b) the transfer of an unregistered legal estate in land in circumstances where section 171A of the Housing Act 1985 (c 68) applies (disposal by landlord which leads to a person no longer being a secure tenant);

(c) the grant out of a qualifying estate of an estate in land—

(i) for a term of years absolute of more than seven years from the date of the grant, and

(ii) for valuable or other consideration, by way of gift or in pursuance of an order of any court;

(d) the grant out of a qualifying estate of an estate in land for a term of years absolute to take effect in possession after the end of the period of three months beginning with the date of the grant;

(e) the grant of a lease in pursuance of Part 5 of the Housing Act 1985 (the right to buy) out of an unregistered legal estate in land;

(f) the grant of a lease out of an unregistered legal estate in land in such circumstances as are mentioned in paragraph (b);

(g) the creation of a protected first legal mortgage of a qualifying estate.

(2) For the purposes of subsection (1), a qualifying estate is an unregistered legal estate which is—

(a) a freehold estate in land, or

(b) a leasehold estate in land for a term which, at the time of the transfer, grant or creation, has more than seven years to run.

(3) In subsection (1)(a), the reference to transfer does not include transfer by operation of law.

(4) Subsection (1)(a) does not apply to—

(a) the assignment of a mortgage term, or

(b) the assignment or surrender of a lease to the owner of the immediate reversion where the term is to merge in that reversion.

(5) Subsection (1)(c) does not apply to the grant of an estate to a person as a mortgagee.

(6) For the purposes of subsection (1)(a) and (c), if the estate transferred or granted has a negative value, it is to be regarded as transferred or granted for valuable or other consideration.

(7) In subsection (1)(a) and (c), references to transfer or grant by way of gift include transfer or grant for the purpose of—

(a) constituting a trust under which the settlor does not retain the whole of the beneficial interest, or

(b) uniting the bare legal title and the beneficial interest in property held under a trust under which the settlor did not, on constitution, retain the whole of the beneficial interest.

(8) For the purposes of subsection (1)(g)—

(a) a legal mortgage is protected if it takes effect on its creation as a mortgage to be protected by the deposit of documents relating to the mortgaged estate, and

(b) a first legal mortgage is one which, on its creation, ranks in priority ahead of any other mortgages then affecting the mortgaged estate.

(9) In this section—

"land" does not include mines and minerals held apart from the surface;

"vesting assent" has the same meaning as in the Settled Land Act 1925 (c 18).

PART 2   FIRST REGISTRATION OF TITLE

Compulsory registration

5. Power to extend section 4

(1) The Lord Chancellor may by order—

(a) amend section 4 so as to add to the events on the occurrence of which the requirement of registration applies such relevant event as he may specify in the order, and

(b) make such consequential amendments of any provision of, or having effect under, any Act as he thinks appropriate.

(2) For the purposes of subsection (1)(a), a relevant event is an event relating to an unregistered legal estate which is an interest of any of the following kinds—

(a) an estate in land,

(b) a rentcharge,

(c) a franchise, and

(d) a profit a prendre in gross.

(3) The power conferred by subsection (1) may not be exercised so as to require the title to an estate granted to a person as a mortgagee to be registered.

(4) Before making an order under this section the Lord Chancellor must consult such persons as he considers appropriate.

6. Duty to apply for registration of title

(1) If the requirement of registration applies, the responsible estate owner, or his successor in title, must, before the end of the period for registration, apply to the registrar to be registered as the proprietor of the registrable estate.

(2) If the requirement of registration applies because of section 4(1)(g)—

(a) the registrable estate is the estate charged by the mortgage, and

(b) the responsible estate owner is the owner of that estate.

(3) If the requirement of registration applies otherwise than because of section 4(1)(g)—

(a) the registrable estate is the estate which is transferred or granted, and

(b) the responsible estate owner is the transferee or grantee of that estate.

(4) The period for registration is 2 months beginning with the date on which the relevant event occurs, or such longer period as the registrar may provide under subsection (5).

(5) If on the application of any interested person the registrar is satisfied that there is good reason for doing so, he may by order provide that the period for registration ends on such later date as he may specify in the order.

(6) Rules may make provision enabling the mortgagee under any mortgage falling within section 4(1)(g) to require the estate charged by the mortgage to be registered whether or not the mortgagor consents.

7. Effect of non-compliance with section 6

(1) If the requirement of registration is not complied with, the transfer, grant or creation becomes void as regards the transfer, grant or creation of a legal estate.

(2) On the application of subsection (1)—

(a) in a case falling within section 4(1)(a) or (b), the title to the legal estate reverts to the transferor who holds it on a bare trust for the transferee, and

(b) in a case falling within section 4(1)(c) to (g), the grant or creation has effect as a contract made for valuable consideration to grant or create the legal estate concerned.

(3) If an order under section 6(5) is made in a case where subsection (1) has already applied, that application of the subsection is to be treated as not having occurred.

(4) The possibility of reverter under subsection (1) is to be disregarded for the purposes of determining whether a fee simple is a fee simple absolute.

8. Liability for making good void transfers etc

If a legal estate is retransferred, regranted or recreated because of a failure to comply with the requirement of registration, the transferee, grantee or, as the case may be, the mortgagor—

(a) is liable to the other party for all the proper costs of and incidental to the retransfer, regrant or recreation of the legal estate, and

(b) is liable to indemnify the other party in respect of any other liability reasonably incurred by him because of the failure to comply with the requirement of registration.

9. Titles to freehold estates

(1) In the case of an application for registration under this Chapter of a freehold estate, the classes of title with which the applicant may be registered as proprietor are—

(a) absolute title,

(b) qualified title, and

(c) possessory title;

and the following provisions deal with when each of the classes of title is available.

(2) A person may be registered with absolute title if the registrar is of the opinion that the person's title to the estate is such as a willing buyer could properly beadvised by a competent professional adviser to accept.

(3) In applying subsection (2), the registrar may disregard the fact that a person's title appears to him to be open to objection if he is of the opinion that the defect will not cause the holding under the title to be disturbed.

(4) A person may be registered with qualified title if the registrar is of the opinion that the person's title to the estate has been established only for a limited period or subject to certain reservations which cannot be disregarded under subsection (3).

(5) A person may be registered with possessory title if the registrar is of the opinion—

(a) that the person is in actual possession of the land, or in receipt of the rents and profits of the land, by virtue of the estate, and

(b) that there is no other class of title with which he may be registered.

10. Titles to leasehold estates

(1) In the case of an application for registration under this Chapter of a leasehold estate, the classes of title with which the applicant may be registered as proprietor are—

(a) absolute title,

(b) good leasehold title,

(c) qualified title, and

(d) possessory title;

and the following provisions deal with when each of the classes of title is available.

(2) A person may be registered with absolute title if—

(a) the registrar is of the opinion that the person's title to the estate is such as a willing buyer could properly be advised by a competent professional adviser to accept, and

(b) the registrar approves the lessor's title to grant the lease.

(3) A person may be registered with good leasehold title if the registrar is of the opinion that the person's title to the estate is such as a willing buyer could properly be advised by a competent professional adviser to accept.

(4) In applying subsection (2) or (3), the registrar may disregard the fact that a person's title appears to him to be open to objection if he is of the opinion that the defect will not cause the holding under the title to be disturbed.

(5) A person may be registered with qualified title if the registrar is of the opinion that the person's title to the estate, or the lessor's title to the reversion, hasbeen established only for a limited period or subject to certain reservations which cannot be disregarded under subsection (4).

(6) A person may be registered with possessory title if the registrar is of the opinion—

(a) that the person is in actual possession of the land, or in receipt of the rents and profits of the land, by virtue of the estate, and

(b) that there is no other class of title with which he may be registered.

11. Freehold estates

(1) This section is concerned with the registration of a person under this Chapter as the proprietor of a freehold estate.

(2) Registration with absolute title has the effect described in subsections (3) to (5).

(3) The estate is vested in the proprietor together with all interests subsisting for the benefit of the estate.

(4) The estate is vested in the proprietor subject only to the following interests affecting the estate at the time of registration—

(a) interests which are the subject of an entry in the register in relation to the estate,

(b) unregistered interests which fall within any of the paragraphs of Schedule 1, and

(c) interests acquired under the Limitation Act 1980 (c 58) of which the proprietor has notice.

(5) If the proprietor is not entitled to the estate for his own benefit, or not entitled solely for his own benefit, then, as between himself and the persons beneficially entitled to the estate, the estate is vested in him subject to such of their interests as he has notice of.

(6) Registration with qualified title has the same effect as registration with absolute title, except that it does not affect the enforcement of any estate, right or interest which appears from the register to be excepted from the effect of registration.

(7) Registration with possessory title has the same effect as registration with absolute title, except that it does not affect the enforcement of any estate, right or interest adverse to, or in derogation of, the proprietor's title subsisting at the time of registration or then capable of arising.

12. Leasehold estates

(1) This section is concerned with the registration of a person under this Chapter as the proprietor of a leasehold estate.

(2) Registration with absolute title has the effect described in subsections (3) to (5).

(3) The estate is vested in the proprietor together with all interests subsisting for the benefit of the estate.

(4) The estate is vested subject only to the following interests affecting the estate at the time of registration—

(a) implied and express covenants, obligations and liabilities incident to the estate,

(b) interests which are the subject of an entry in the register in relation to the estate,

(c) unregistered interests which fall within any of the paragraphs of Schedule 1, and

(d) interests acquired under the Limitation Act 1980 (c 58) of which the proprietor has notice.

(5) If the proprietor is not entitled to the estate for his own benefit, or not entitled solely for his own benefit, then, as between himself and the persons beneficially entitled to the estate, the estate is vested in him subject to such of their interests as he has notice of.

(6) Registration with good leasehold title has the same effect as registration with absolute title, except that it does not affect the enforcement of any estate, right or interest affecting, or in derogation of, the title of the lessor to grant the lease.

(7) Registration with qualified title has the same effect as registration with absolute title except that it does not affect the enforcement of any estate, right or interest which appears from the register to be excepted from the effect of registration.

(8) Registration with possessory title has the same effect as registration with absolute title, except that it does not affect the enforcement of any estate, right or interest adverse to, or in derogation of, the proprietor's title subsisting at the time of registration or then capable of arising.

Dependent estates

13. Appurtenant rights and charges

Rules may—

(a) make provision for the registration of the proprietor of a registered estate as the proprietor of an unregistered legal estate which subsists for the benefit of the registered estate;

(b) make provision for the registration of a person as the proprietor of an unregistered legal estate which is a charge on a registered estate.

Supplementary

14. Rules about first registration

Rules may—

(a) make provision about the making of applications for registration under this Chapter;

(b) make provision about the functions of the registrar following the making of such an application, including provision about—

(i) the examination of title, and

(ii) the entries to be made in the register where such an application is approved;

(c) make provision about the effect of any entry made in the register in pursuance of such an application.

CHAPTER 2 CAUTIONS AGAINST FIRST REGISTRATION

15. Right to lodge

(1) Subject to subsection (3), a person may lodge a caution against the registration of title to an unregistered legal estate if he claims to be—

(a) the owner of a qualifying estate, or

(b) entitled to an interest affecting a qualifying estate.

(2) For the purposes of subsection (1), a qualifying estate is a legal estate which—

(a) relates to land to which the caution relates, and

(b) is an interest of any of the following kinds—

(i) an estate in land,

(ii) a rentcharge,

(iii) a franchise, and

(iv) a profit a prendre in gross.

(3) No caution may be lodged under subsection (1)—

(a) in the case of paragraph (a), by virtue of ownership of—

(i) a freehold estate in land, or (ii) a leasehold estate in land granted for a term of which more than seven years are unexpired;

(b) in the case of paragraph (b), by virtue of entitlement to such a leasehold estate as is mentioned in paragraph (a)(ii) of this subsection.

(4) The right under subsection (1) is exercisable by application to the registrar.

16. Effect

(1) Where an application for registration under this Part relates to a legal estate which is

the subject of a caution against first registration, the registrar must give the cautioner notice of the application and of his right to object to it.

(2) The registrar may not determine an application to which subsection (1) applies before the end of such period as rules may provide, unless the cautioner has exercised his right to object to the application or given the registrar notice that he does not intend to do so.

(3) Except as provided by this section, a caution against first registration has no effect and, in particular, has no effect on the validity or priority of any interest of the cautioner in the legal estate to which the caution relates.

(4) For the purposes of subsection (1), notice given by a person acting on behalf of an applicant for registration under this Part is to be treated as given by the registrar if—

(a) the person is of a description provided by rules, and

(b) notice is given in such circumstances as rules may provide.

17. Withdrawal

The cautioner may withdraw a caution against first registration by application to the registrar.

18. Cancellation

(1) A person may apply to the registrar for cancellation of a caution against first registration if he is—

(a) the owner of the legal estate to which the caution relates, or

(b) a person of such other description as rules may provide.

(2) Subject to rules, no application under subsection (1)(a) may be made by a person who—

(a) consented in such manner as rules may provide to the lodging of the caution, or

(b) derives title to the legal estate by operation of law from a person who did so.

(3) Where an application is made under subsection (1), the registrar must give the cautioner notice of the application and of the effect of subsection (4).

(4) If the cautioner does not exercise his right to object to the application before the end of such period as rules may provide, the registrar must cancel the caution.

19. Cautions register

(1) The registrar must keep a register of cautions against first registration.

(2) Rules may make provision about how the cautions register is to be kept and may, in particular, make provision about—

(a) the information to be included in the register,

(b) the form in which information included in the register is to be kept, and

(c) the arrangement of that information.

20. Alteration of register by court

(1) The court may make an order for alteration of the cautions register for the purpose of—

(a) correcting a mistake, or

(b) bringing the register up to date.

(2) An order under subsection (1) has effect when served on the registrar to impose a duty on him to give effect to it.

(3) Rules may make provision about—

(a) the circumstances in which there is a duty to exercise the power under subsection (1),

(b) the form of an order under that subsection, and

(c) service of such an order.

21. Alteration of register by registrar

(1) The registrar may alter the cautions register for the purpose of—

(a) correcting a mistake, or

(b) bringing the register up to date.

(2) Rules may make provision about—

(a) the circumstances in which there is a duty to exercise the power under subsection (1),

(b) how the cautions register is to be altered in exercise of that power,

(c) applications for the exercise of that power, and

(d) procedure in relation to the exercise of that power, whether on application or otherwise.

(3) Where an alteration is made under this section, the registrar may pay such amount as he thinks fit in respect of any costs reasonably incurred by a person in connection with the alteration.

22. Supplementary

In this Chapter, "the cautioner", in relation to a caution against first registration, means the person who lodged the caution, or such other person as rules may provide.

23. Owner's powers

(1) Owner's powers in relation to a registered estate consist of—

(a) power to make a disposition of any kind permitted by the general law in relation to an interest of that description, other than a mortgage by demise or sub-demise, and

(b) power to charge the estate at law with the payment of money.

(2) Owner's powers in relation to a registered charge consist of—

(a) power to make a disposition of any kind permitted by the general law in relation to an interest of that description, other than a legal sub-mortgage, and

(b) power to charge at law with the payment of money indebtedness secured by the registered charge.

(3) In subsection (2)(a), "legal sub-mortgage" means—

(a) a transfer by way of mortgage,

(b) a sub-mortgage by sub-demise, and

(c) a charge by way of legal mortgage.

PART 3　DISPOSITIONS OF REGISTERED LAND

Powers of disposition

24. Right to exercise owner's powers

A person is entitled to exercise owner's powers in relation to a registered estate or charge if he is—

(a) the registered proprietor, or

(b) entitled to be registered as the proprietor.

25. Mode of exercise

(1) A registrable disposition of a registered estate or charge only has effect if it complies with such requirements as to form and content as rules may provide.

(2) Rules may apply subsection (1) to any other kind of disposition which depends for its effect on registration.

26. Protection of disponees

(1) Subject to subsection (2), a person's right to exercise owner's powers in relation to a registered estate or charge is to be takento be free from any limitation affecting the validity of a disposition.

(2) Subsection (1) does not apply to a limitation—

(a) reflected by an entry in the register, or

(b) imposed by, or under, this Act.

(3) This section has effect only for the purpose of preventing the title of a disponee being questioned (and so does not affect the lawfulness of a disposition).

Registrable dispositions

27. Dispositions required to be registered

(1) If a disposition of a registered estate or registered charge is required to be completed

by registration, it does not operate at law until the relevant registration requirements are met.

(2) In the case of a registered estate, the following are the dispositions which are required to be completed by registration—

(a) a transfer,

(b) where the registered estate is an estate in land, the grant of a term of years absolute—

(i) for a term of more than seven years from the date of the grant,

(ii) to take effect in possession after the end of the period of three months beginning with the date of the grant,

(iii) under which the right to possession is discontinuous,

(iv) in pursuance of Part 5 of the Housing Act 1985 (c 68) (the right to buy), or

(v) in circumstances where section 171A of that Act applies (disposal by landlord which leads to a person no longer being a secure tenant),

(c) where the registered estate is a franchise or manor, the grant of a lease,

(d) the express grant or reservation of an interest of a kind falling within section 1(2)(a) of the Law of Property Act 1925 (c 20), other than one which is capable of being registered under the Commons Registration Act 1965 (c 64),

(e) the express grant or reservation of an interest of a kind falling within section 1(2)(b) or (e) of the Law of Property Act 1925, and

(f) the grant of a legal charge.

(3) In the case of a registered charge, the following are the dispositions which are required to be completed by registration—

(a) a transfer, and

(b) the grant of a sub-charge.

(4) Schedule 2 to this Act (which deals with the relevant registration requirements) has effect.

(5) This section applies to dispositions by operation of law as it applies to other dispositions, but with the exception of the following—

(a) a transfer on the death or bankruptcy of an individual proprietor,

(b) a transfer on the dissolution of a corporate proprietor, and

(c) the creation of a legal charge which is a local land charge.

(6) Rules may make provision about applications to the registrar for the purpose of meeting registration requirements under this section.

(7) In subsection (2)(d), the reference to express grant does not include grant as a result of the operation of section 62 of the Law of Property Act 1925 (c 20).

Effect of dispositions on priority

28. Basic rule

(1) Except as provided by sections 29 and 30, the priority of an interest affecting a registered estate or charge is not affected by a disposition of the estate or charge.

(2) It makes no difference for the purposes of this section whether the interest or disposition is registered.

29. Effect of registered dispositions: estates

(1) If a registrable disposition of a registered estate is made for valuable consideration, completion of the disposition by registration has the effect of postponing to the interest under the disposition any interest affecting the estate immediately before the disposition whose priority is not protected at the time of registration.

(2) For the purposes of subsection (1), the priority of an interest is protected—

(a) in any case, if the interest—

(i) is a registered charge or the subject of a notice in the register,

(ii) falls within any of the paragraphs of Schedule 3, or

(iii) appears from the register to be excepted from the effect of registration, and

(b) in the case of a disposition of a leasehold estate, if the burden of the interest is incident to the estate.

(3) Subsection (2)(a)(ii) does not apply to an interest which has been the subject of a notice in the register at any time since the coming into force of this section.

(4) Where the grant of a leasehold estate in land out of a registered estate does not involve a registrable disposition, this section has effect as if—

(a) the grant involved such a disposition, and

(b) the disposition were registered at the time of the grant.

30. Effect of registered dispositions: charges

(1) If a registrable disposition of a registered charge is made for valuable consideration, completion of the disposition by registration has the effect of postponing to the interest under the disposition any interest affecting the charge immediately before the disposition whose priority is not protected at the time of registration.

(2) For the purposes of subsection (1), the priority of an interest is protected—

(a) in any case, if the interest—

(i) is a registered charge or the subject of a notice in the register,

(ii) falls within any of the paragraphs of Schedule 3, or

(iii) appears from the register to be excepted from the effect of registration, and

(b) in the case of a disposition of a charge which relates to a leasehold estate, if the burden of the interest is incident to the estate.

(3) Subsection (2)(a)(ii) does not apply to an interest which has been the subject of a notice in the register at any time since the coming into force of this section.

31. Inland Revenue charges

The effect of a disposition of a registered estate or charge on a charge under section 237 of the Inheritance Tax Act 1984 (c 51) (charge for unpaid tax) is to be determined, not in accordance with sections 28 to 30 above, but in accordance with sections 237(6) and 238 of that Act (under which a purchaser in good faith for money or money's worth takes free from the charge in the absence of registration).

PART 4　NOTICES AND RESTRICTIONS

Notices

32. Nature and effect

(1) A notice is an entry in the register in respect of the burden of an interest affecting a registered estate or charge.

(2) The entry of a notice is to be made in relation to the registered estate or charge affected by the interest concerned.

(3) The fact that an interest is the subject of a notice does not necessarily mean that the interest is valid, but does mean that the priority of the interest, if valid, is protected for the purposes of sections 29 and 30.

33. Excluded interests

No notice may be entered in the register in respect of any of the following—

(a) an interest under—

(i) a trust of land, or

(ii) a settlement under the Settled Land Act 1925 (c 18),

(b) a leasehold estate in land which—

(i) is granted for a term of years of three years or less from the date of the grant, and

(ii) is not required to be registered,

(c) a restrictive covenant made between a lessor and lessee, so far as relating to the demised premises,

(d) an interest which is capable of being registered under the Commons Registration Act 1965 (c 64), and

(e) an interest in any coal or coal mine, the rights attached to any such interest and the rights of any person under section 38, 49 or 51 of the Coal Industry Act 1994 (c 21).

34. Entry on application

(1) A person who claims to be entitled to the benefit of an interest affecting a registered estate or charge may, if the interest is not excluded by section 33, apply to the registrar for the entry in the register of a notice in respect of the interest.

(2) Subject to rules, an application under this section may be for—

(a) an agreed notice, or

(b) a unilateral notice.

(3) The registrar may only approve an application for an agreed notice if—

(a) the applicant is the relevant registered proprietor, or a person entitled to be registered as such proprietor,

(b) the relevant registered proprietor, or a person entitled to be registered as such proprietor, consents to the entry of the notice, or

(c) the registrar is satisfied as to the validity of the applicant's claim.

(4) In subsection (3), references to the relevant registered proprietor are to the proprietor of the registered estate or charge affected by the interest to which the application relates.

35. Unilateral notices

(1) If the registrar enters a notice in the register in pursuance of an application under section 34(2)(b) ("a unilateral notice"), he must give notice of the entry to—

(a) the proprietor of the registered estate or charge to which it relates, and

(b) such other persons as rules may provide.

(2) A unilateral notice must—

(a) indicate that it is such a notice, and

(b) identify who is the beneficiary of the notice.

(3) The person shown in the register as the beneficiary of a unilateral notice, or such other person as rules may provide, may apply to the registrar for the removal of the notice from the register.

36. Cancellation of unilateral notices

(1) A person may apply to the registrar for the cancellation of a unilateral notice if he is—

(a) the registered proprietor of the estate or charge to which the notice relates, or

(b) a person entitled to be registered as the proprietor of that estate or charge.

(2) Where an application is made under subsection (1), the registrar must give the beneficiary of the notice notice of the application and of the effect of subsection (3).

(3) If the beneficiary of the notice does not exercise his right to object to the application

before the end of such period as rules may provide, the registrar must cancel the notice.

(4) In this section—

"beneficiary", in relation to a unilateral notice, means the person shown in the register as the beneficiary of the notice, or such other person as rules may provide;

"unilateral notice" means a notice entered in the register in pursuance of an application under section 34(2)(b).

37. Unregistered interests

(1) If it appears to the registrar that a registered estate is subject to an unregistered interest which—

(a) falls within any of the paragraphs of Schedule 1, and

(b) is not excluded by section 33,

he may enter a notice in the register in respect of the interest.

(2) The registrar must give notice of an entry under this section to such persons as rules may provide.

38. Registrable dispositions

Where a person is entered in the register as the proprietor of an interest under a disposition falling within section 27(2)(b) to (e), the registrar must also enter a notice in the register in respect of that interest.

39. Supplementary

Rules may make provision about the form and content of notices in the register.

Restrictions

40. Nature

(1) A restriction is an entry in the register regulating the circumstances in which a disposition of a registered estate or charge may be the subject of an entry in the register.

(2) A restriction may, in particular—

(a) prohibit the making of an entry in respect of any disposition, or a disposition of a kind specified in the restriction;

(b) prohibit the making of an entry—

(i) indefinitely,

(ii) for a period specified in the restriction, or

(iii) until the occurrence of an event so specified.

(3) Without prejudice to the generality of subsection (2)(b)(iii), the events which may be specified include—

(a) the giving of notice,

(b) the obtaining of consent, and

(c) the making of an order by the court or registrar.

(4) The entry of a restriction is to be made in relation to the registered estate or charge to which it relates.

41. Effect

(1) Where a restriction is entered in the register, no entry in respect of a disposition to which the restriction applies may be made in the register otherwise than in accordance with the terms of the restriction, subject to any order under subsection (2).

(2) The registrar may by order—

(a) disapply a restriction in relation to a disposition specified in the order or dispositions of a kind so specified, or

(b) provide that a restriction has effect, in relation to a disposition specified in the order or dispositions of a kind so specified, with modifications so specified.

(3) The power under subsection (2) is exercisable only on the application of a person who appears to the registrar to have a sufficient interest in the restriction.

42. Power of registrar to enter

(1) The registrar may enter a restriction in the register if it appears to him that it is necessary or desirable to do so for the purpose of—

(a) preventing invalidity or unlawfulness in relation to dispositions of a registered estate or charge,

(b) securing that interests which are capable of being overreached on a disposition of a registered estate or charge are overreached, or

(c) protecting a right or claim in relation to a registered estate or charge.

(2) No restriction may be entered under subsection (1)(c) for the purpose of protecting the priority of an interest which is, or could be, the subject of a notice.

(3) The registrar must give notice of any entry made under this section to the proprietor of the registered estate or charge concerned, except where the entry is made in pursuance of an application under section 43.

(4) For the purposes of subsection (1)(c), a person entitled to the benefit of a charging order relating to an interest under a trust shall be treated as having a right or claim in relation to the trust property.

43. Applications

(1) A person may apply to the registrar for the entry of a restriction under section 42(1) if—

(a) he is the relevant registered proprietor, or a person entitled to be registered as such proprietor,

(b) the relevant registered proprietor, or a person entitled to be registered as such proprietor, consents to the application, or

(c) he otherwise has a sufficient interest in the making of the entry.

(2) Rules may—

(a) require the making of an application under subsection (1) in such circumstances, and by such person, as the rules may provide;

(b) make provision about the form of consent for the purposes of subsection (1)(b);

(c) provide for classes of person to be regarded as included in subsection (1)(c);

(d) specify standard forms of restriction.

(3) If an application under subsection (1) is made for the entry of a restriction which is not in a form specified under subsection (2)(d), the registrar may only approve the application if it appears to him—

(a) that the terms of the proposed restriction are reasonable, and

(b) that applying the proposed restriction would—

(i) be straightforward, and

(ii) not place an unreasonable burden on him.

(4) In subsection (1), references to the relevant registered proprietor are to the proprietor of the registered estate or charge to which the application relates.

44. Obligatory restrictions

(1) If the registrar enters two or more persons in the register as the proprietor of a registered estate in land, he must also enter in the register such restrictions as rules may provide for the purpose of securing that interests whichare capable of being overreached on a disposition of the estate are overreached.

(2) Where under any enactment the registrar is required to enter a restriction without application, the form of the restriction shall be such as rules may provide.

45. Notifiable applications

(1) Where an application under section 43(1) is notifiable, the registrar must give notice of the application, and of the right to object to it, to—

(a) the proprietor of the registered estate or charge to which it relates, and

(b) such other persons as rules may provide.

(2) The registrar may not determine an application to which subsection (1) applies before the end of such period as rules may provide, unless the person, or each of the persons, notified under that subsection has exercised his right to object to the application or given the registrar notice that he does not intend to do so.

(3) For the purposes of this section, an application under section 43(1) is notifiable unless it is—

(a) made by or with the consent of the proprietor of the registered estate or charge to which the application relates, or a person entitled to be registered as such proprietor,

(b) made in pursuance of rules under section 43(2)(a), or

(c) an application for the entry of a restriction reflecting a limitation under an order of the court or registrar, or an undertaking given in place of such an order.

46. Power of court to order entry

(1) If it appears to the court that it is necessary or desirable to do so for the purpose of protecting aright or claim in relation to a registered estate or charge, it may make an order requiring the registrar to enter a restriction in the register.

(2) No order under this section may be made for the purpose of protecting the priority of an interest which is, or could be, the subject of a notice.

(3) The court may include in an order under this section a direction that an entry made in pursuance of the order is to have overriding priority.

(4) If an order under this section includes a direction under subsection (3), the registrar must make such entry in the register as rules may provide.

(5) The court may make the exercise of its power under subsection (3) subject to such terms and conditions as it thinks fit.

47. Withdrawal

A person may apply to the registrar for the withdrawal of a restriction if—

(a) the restriction was entered in such circumstances as rules may provide, and

(b) he is of such a description as rules may provide.

48. Registered charges

(1) Registered charges on the same registered estate, or on the same registered charge, are to be taken to rank as between themselves in the order shown in the register.

(2) Rules may make provision about—

(a) how the priority of registered charges as between themselves is to be shown in the register, and

(b) applications for registration of the priority of registered charges as between themselves.

PART 5 CHARGES

Relative priority

49. Tacking and further advances

(1) The proprietor of a registered charge may make a further advance on the security of

the charge ranking in priority to a subsequent charge if he has not received from the subsequent chargee notice of the creation of the subsequent charge.

(2) Notice given for the purposes of subsection (1) shall be treated as received at the time when, in accordance with rules, it ought to have been received.

(3) The proprietor of a registered charge may also make a further advance on the security of the charge ranking in priority to a subsequent charge if—

(a) the advance is made in pursuance of an obligation, and

(b) at the time of the creation of the subsequent charge the obligation was entered in the register in accordance with rules.

(4) The proprietor of a registered charge may also make a further advance on the security of the charge ranking in priority to a subsequent charge if—

(a) the parties to the prior charge have agreed a maximum amount for which the charge is security, and

(b) at the time of the creation of the subsequent charge the agreement was entered in the register in accordance with rules.

(5) Rules may—

(a) disapply subsection (4) in relation to charges of a description specified in the rules, or

(b) provide for the application of that subsection to be subject, in the case of charges of a description so specified, to compliance with such conditions as may be so specified.

(6) Except as provided by this section, tacking in relation to a charge over registered land is only possible with the agreement of the subsequent chargee.

50. Overriding statutory charges: duty of notification

If the registrar enters a person in the register as the proprietor of a charge which—

(a) is created by or under an enactment, and

(b) has effect to postpone a charge which at the time of registration of the statutory charge is—

(i) entered in the register, or

(ii) the basis for an entry in the register,

he must in accordance with rules give notice of the creation of the statutory charge to such person as rules may provide.

Powers as chargee

51. Effect of completion by registration

On completion of the relevant registration requirements, a charge created by means of aregistrable disposition of a registered estate has effect, if it would not otherwise do so, as a charge by deed by way of legal mortgage.

52. Protection of disponees

(1) Subject to any entry in the register to the contrary, the proprietor of a registered charge is to be taken to have, in relation to the property subject to the charge, the powers of disposition conferred by law on the owner of a legal mortgage.

(2) Subsection (1) has effect only for the purpose of preventing the title of a disponee being questioned (and so does not affect the lawfulness of a disposition).

53. Powers as sub-chargee

The registered proprietor of a sub-charge has, in relation to the property subject to the principal charge or any intermediate charge, the same powers as the sub-chargor.

Realisation of security

54. Proceeds of sale: chargee's duty

For the purposes of section 105 of the Law of Property Act 1925 (c 20) (mortgagee's duties in relation to application of proceeds of sale), in its application to the proceeds of sale of registered land, a person shall be taken to have notice of anything in the register immediately before the disposition on sale.

55. Local land charges

A charge over registered land which is a local land charge may only be realised if the title to the charge is registered.

Miscellaneous

56. Receipt in case of joint proprietors

Where a charge is registered in the name of two or more proprietors, a valid receipt for the money secured by the charge may be given by—

(a) the registered proprietors,

(b) the survivors or survivor of the registered proprietors, or

(c) the personal representative of the last survivor of the registered proprietors.

57. Entry of right of consolidation

Rules may make provision about entry in the register of a right of consolidation in relation to a registered charge.

PART 6   REGISTRATION: GENERAL

Registration as proprietor

58. Conclusiveness

(1) If, on the entry of a person in the register as the proprietor of a legal estate, the legal estate would not otherwise be vested in him, it shall be deemed to be vested in him as a result of the registration.

(2) Subsection (1) does not apply where the entry is made in pursuance of a registrable disposition in relation to which some other registration requirement remains to be met.

59. Dependent estates

(1) The entry of a person in the register as the proprietor of a legal estate which subsists for the benefit of a registered estate must be made in relation to the registered estate.

(2) The entry of a person in the register as the proprietor of a charge on a registered estate must be made in relation to that estate.

(3) The entry of a person in the register as the proprietor of a sub-charge on a registered charge must be made in relation to that charge.

Boundaries

60. Boundaries

(1) The boundary of a registered estate as shown for the purposes of the register is a general boundary, unless shown as determined under this section.

(2) A general boundary does not determine the exact line of the boundary.

(3) Rules may make provision enabling or requiring the exact line of the boundary of a registered estate to be determined and may, in particular, make provision about—

(a) the circumstances in which the exact line of a boundary may or must be determined,

(b) how the exact line of a boundary may be determined,

(c) procedure in relation to applications for determination, and

(d) the recording of the fact of determination in the register or the index maintained under section 68.

(4) Rules under this section must provide for applications for determination to be made to the registrar.

61. Accretion and diluvion

(1) The fact that a registered estate in land is shown in the register as having a particular

boundary does not affect the operation of accretion or diluvion.

(2) An agreement about the operation of accretion or diluvion in relation to a registered estate in land has effect only if registered in accordance with rules.

Quality of title

62. Power to upgrade title

(1) Where the title to a freehold estate is entered in the register as possessory or qualified, the registrar may enter it as absolute if he is satisfied as to the title to the estate.

(2) Where the title to a leasehold estate is entered in the register as good leasehold, the registrar may enter it as absolute if he is satisfied as to the superior title.

(3) Where the title to a leasehold estate is entered in the register as possessory or qualified the registrar may—

(a) enter it as good leasehold if he is satisfied as to the title to the estate, and

(b) enter it as absolute if he is satisfied both as to the title to the estate and as to the superior title.

(4) Where the title to a freehold estate in land has been entered in the register as possessory for at least twelve years, the registrar may enter it as absolute if he is satisfied that the proprietor is in possession of the land.

(5) Where the title to a leasehold estate in land has been entered in the register as possessory for at least twelve years, the registrar may enter it as good leasehold if he is satisfied that the proprietor is in possession of the land.

(6) None of the powers under subsections (1) to (5) is exercisable if there is outstanding any claim adverse to the title of the registered proprietor which is made by virtue of an estate, right or interest whose enforceability is preserved by virtue of the existing entry about the class of title.

(7) The only persons who may apply to the registrar for the exercise of any of the powers under subsections (1) to (5) are—

(a) the proprietor of the estate to which the application relates,

(b) a person entitled to be registered as the proprietor of that estate,

(c) the proprietor of a registered charge affecting that estate, and

(d) a person interested in a registered estate which derives from that estate.

(8) In determining for the purposes of this section whether he is satisfied as to any title, the registrar is to apply the same standards as those which apply under section 9 or 10 to first registration of title.

(9) The Lord Chancellor may by order amend subsection (4) or (5) by substituting for the number of years for the time being specified in that subsection such number of years as the

order may provide.

63. Effect of upgrading title

(1) On the title to a registered freehold or leasehold estate being entered under section 62 as absolute, the proprietor ceases to hold the estate subject to any estate, right or interest whose enforceability was preserved by virtue of the previous entry about the class of title.

(2) Subsection (1) also applies on the title to a registered leasehold estate being entered under section 62 as good leasehold, except that the entry does not affect or prejudice the enforcement of any estate, right or interest affecting, or in derogation of, the title of the lessor to grant the lease.

64. Use of register to record defects in title

(1) If it appears to the registrar that a right to determine a registered estate in land is exercisable, he may enter the fact in the register.

(2) Rules may make provision about entries under subsection (1) and may, in particular, make provision about—

(a) the circumstances in which there is a duty to exercise the power conferred by that subsection,

(b) how entries under that subsection are to be made, and

(c) the removal of such entries.

Alteration of register

65. Alteration of register

Schedule 4 (which makes provision about alteration of the register) has effect.

Information etc

66. Inspection of the registers etc

(1) Any person may inspect and make copies of, or of any part of—

(a) the register of title,

(b) any document kept by the registrar which is referred to in the register of title,

(c) any other document kept by the registrar which relates to an application to him, or

(d) the register of cautions against first registration.

(2) The right under subsection (1) is subject to rules which may, in particular—

(a) provide for exceptions to the right, and

(b) impose conditions on its exercise, including conditions requiring the payment of fees.

67. Official copies of the registers etc

(1) An official copy of, or of a part of—

(a) the register of title,

(b) any document which is referred to in the register of title and kept by the registrar,

(c) any other document kept by the registrar which relates to an application to him, or

(d) the register of cautions against first registration,

is admissible in evidence to the same extent as the original.

(2) A person who relies on an official copy in which there is a mistake is not liable for loss suffered by another by reason of the mistake.

(3) Rules may make provision for the issue of official copies and may, in particular, make provision about—

(a) the form of official copies,

(b) who may issue official copies,

(c) applications for official copies, and

(d) the conditions to be met by applicants for official copies, including conditions requiring the payment of fees.

68. Index

(1) The registrar must keep an index for the purpose of enabling the following matters to be ascertained in relation to any parcel of land—

(a) whether any registered estate relates to the land,

(b) how any registered estate which relates to the land is identified for the purposes of the register,

(c) whether the land is affected by any, and, if so what, caution against first registration, and

(d) such other matters as rules may provide.

(2) Rules may—

(a) make provision about how the index is to be kept and may, in particular, make provision about—

(i) the information to be included in the index,

(ii) the form in which information included in the index is to be kept, and

(iii) the arrangement of that information;

(b) make provision about official searches of the index.

69. Historical information

(1) The registrar may on application provide information about the history of a registered title.

(2) Rules may make provision about applications for the exercise of the power conferred by subsection (1).

(3) The registrar may—

(a) arrange for the provision of information about the history of registered titles, and

(b) authorise anyone who has the function of providing information under paragraph (a) to have access on such terms as the registrar thinks fit to any relevant information kept by him.

70. Official searches

Rules may make provision for official searches of the register, including searches of pending applications for first registration, and may, in particular, make provision about—

(a) the form of applications for searches,

(b) the manner in which such applications may be made,

(c) the form of official search certificates, and

(d) the manner in which such certificates may be issued.

Applications

71. Duty to disclose unregistered interests

Where rules so provide—

(a) a person applying for registration under Chapter 1 of Part 2 must provide to the registrar such information as the rules may provide about any interest affecting the estate to which the application relates which—

(i) falls within any of the paragraphs of Schedule 1, and

(ii) is of a description specified by the rules;

(b) a person applying to register a registrable disposition of a registered estate must provide to the registrar such information as the rules may provide about any unregistered interest affecting the estate which—

(i) falls within any of the paragraphs of Schedule 3, and

(ii) is of description specified by the rules.

72. Priority protection

(1) For the purposes of this section, an application for an entry in the register is protected if—

(a) it is one to which a priority period relates, and

(b) it is made before the end of that period.

(2) Where an application for an entry in the register is protected, any entry made in the register during the priority period relating to the application is postponed to any entry made in pursuance of it.

(3) Subsection (2) does not apply if—

(a) the earlier entry was made in pursuance of a protected application, and

(b) the priority period relating to that application ranks ahead of the one relating to the application for the other entry.

(4) Subsection (2) does not apply if the earlier entry is one to which a direction under section 46(3) applies.

(5) The registrar may defer dealing with an application for an entry in the register if it appears to him that subsection (2) might apply to the entry were he to make it.

(6) Rules may—

(a) make provision for priority periods in connection with—

(i) official searches of the register, including searches of pending applications for first registration, or

(ii) the noting in the register of a contract for the making of a registrable disposition of a registered estate or charge;

(b) make provision for the keeping of records in relation to priority periods and the inspection of such records.

(7) Rules under subsection (6)(a) may, in particular, make provision about—

(a) the commencement and length of a priority period,

(b) the applications for registration to which such a period relates,

(c) the order in which competing priority periods rank, and

(d) the application of subsections (2) and (3) in cases where more than one priority period relates to the same application.

73. Objections

(1) Subject to subsections (2) and (3), anyone may object to an application to the registrar.

(2) In the case of an application under section 18, only the person who lodged the caution to which the application relates, or such other person as rules may provide, may object.

(3) In the case of an application under section 36, only the person shown in the register as the beneficiary of the notice to which the application relates, or such other person as rules may provide, may object.

(4) The right to object under this section is subject to rules.

(5) Where an objection is made under this section, the registrar—

(a) must give notice of the objection to the applicant, and

(b) may not determine the application until the objection has been disposed of.

(6) Subsection (5) does not apply if the objection is one which the registrar is satisfied is groundless.

(7) If it is not possible to dispose by agreement of an objection to which subsection (5) applies, the registrar must refer the matter to the adjudicator.

(8) Rules may make provision about references under subsection (7).

74. Effective date of registration

An entry made in the register in pursuance of—

(a) an application for registration of an unregistered legal estate, or

(b) an application for registration in relation to a disposition required to be completed by registration,

has effect from the time of the making of the application.

Proceedings before the registrar

75. Production of documents

(1) The registrar may require a person to produce a document for the purposes of proceedings before him.

(2) The power under subsection (1) is subject to rules.

(3) A requirement under subsection (1) shall be enforceable as an order of the court.

(4) A person aggrieved by a requirement under subsection (1) may appeal to a county court, which may make any order which appears appropriate.

76. Costs

(1) The registrar may make orders about costs in relation to proceedings before him.

(2) The power under subsection (1) is subject to rules which may, in particular, make provision about—

(a) who may be required to pay costs,

(b) whose costs a person may be required to pay,

(c) the kind of costs which a person may be required to pay, and

(d) the assessment of costs.

(3) Without prejudice to the generality of subsection (2), rules under that subsection may include provision about—

(a) costs of the registrar, and

(b) liability for costs thrown away as the result of neglect or delay by a legal representative of a party to proceedings.

(4) An order under subsection (1) shall be enforceable as an order of the court.

(5) A person aggrieved by an order under subsection (1) may appeal to a county court, which may make any order which appears appropriate.

Miscellaneous

77. Duty to act reasonably

(1) A person must not exercise any of the following rights without reasonable cause—

(a) the right to lodge a caution under section 15,

(b) the right to apply for the entry of a notice or restriction, and

(c) the right to object to an application to the registrar.

(2) The duty under this section is owed to any person who suffers damage in consequence of its breach.

78. Notice of trust not to affect registrar

The registrar shall not be affected with notice of a trust.

PART 7 SPECIAL CASES

The Crown

79. Voluntary registration of demesne land

(1) Her Majesty may grant an estate in fee simple absolute in possession out of demesne land to Herself.

(2) The grant of an estate under subsection (1) is to be regarded as not having been made unless an application under section 3 is made in respect of the estate before the end of the period for registration.

(3) The period for registration is two months beginning with the date of the grant, or such longer period as the registrar may provide under subsection (4).

(4) If on the application of Her Majesty the registrar is satisfied that there is a good reason for doing so, he may by order provide that the period for registration ends on such later date as he may specify in the order.

(5) If an order under subsection (4) is made in a case where subsection (2) has already applied, that application of the subsection is to be treated as not having occurred.

80. Compulsory registration of grants out of demesne land

(1) Section 4(1) shall apply as if the following were included among the events listed—

(a) the grant by Her Majesty out of demesne land of an estate in fee simple absolute in possession, otherwise than under section 79;

(b) the grant by Her Majesty out of demesne land of an estate in land—

(i) for a term of years absolute of more than seven years from the date of the grant, and

(ii) for valuable or other consideration, by way of gift or in pursuance of an order of any court.

(2) In subsection (1)(b)(ii), the reference to grant by way of gift includes grant for the purpose of constituting a trust under which Her Majesty does not retain the whole of the beneficial interest.

(3) Subsection (1) does not apply to the grant of an estate in mines and minerals held apart from the surface.

(4) The Lord Chancellor may by order—

(a) amend this section so as to add to the events in subsection (1) such events relating to demesne land as he may specify in the order, and

(b) make such consequential amendments of any provision of, or having effect under, any Act as he thinks appropriate.

(5) In its application by virtue of subsection (1), section 7 has effect with the substitution for subsection (2) of—

"(2) On the application of subsection (1), the grant has effect as a contract made for valuable consideration to grant the legal estate concerned".

81. Demesne land: cautions against first registration

(1) Section 15 shall apply as if demesne land were held by Her Majesty for an unregistered estate in fee simple absolute in possession.

(2) The provisions of this Act relating to cautions against first registration shall, in relation to cautions lodged by virtue of subsection (1), have effect subject to such modifications as rules may provide.

82. Escheat etc

(1) Rules may make provision about—

(a) the determination of a registered freehold estate in land, and

(b) the registration of an unregistered freehold legal estate in land in respect of land to which a former registered freehold estate in land related.

(2) Rules under this section may, in particular—

(a) make provision for determination to be dependent on the meeting of such registration requirements as the rules may specify;

(b) make provision for entries relating to a freehold estate in land to continue in the register, notwithstanding determination, for such time as the rules may provide;

(c) make provision for the making in the register in relation to a former freehold estate in land of such entries as the rules may provide;

(d) make provision imposing requirements to be met in connection with an application for the registration of such an unregistered estate as is mentioned in subsection (1)(b).

83. Crown and Duchy land: representation

(1) With respect to a Crown or Duchy interest, the appropriate authority—

(a) may represent the owner of the interest for all purposes of this Act,

(b) is entitled to receive such notice as that person is entitled to receive under this Act, and

(c) may make such applications and do such other acts as that person is entitled to make or do under this Act.

(2) In this section—

"the appropriate authority" means—

(a) in relation to an interest belonging to Her Majesty in right of the Crown and forming part of the Crown Estate, the Crown Estate Commissioners;

(b) in relation to any other interest belonging to Her Majesty in right of the Crown, the government department having the management of the interest or, if there is no such department, such person as Her Majesty may appoint in writing under the Royal Sign Manual;

(c) in relation to an interest belonging to Her Majesty in right of the Duchy of Lancaster, the Chancellor of the Duchy;

(d) in relation to an interest belonging to the Duchy of Cornwall, such person as the Duke of Cornwall, or the possessor for the time being of the Duchy of Cornwall, appoints;

(e) in relation to an interest belonging to a government department, or held in trust for Her Majesty for the purposes of a government department, that department;

"Crown interest" means an interest belonging to Her Majesty in right of the Crown, or belonging to a government department, or held in trust for Her Majesty for the purposes of a government department;

"Duchy interest" means an interest belonging to Her Majesty in right of the Duchy of Lancaster, or belonging to the Duchy of Cornwall;

"interest" means any estate, interest or charge in or over land and any right or claim in relation to land.

84. Disapplication of requirements relating to Duchy land

Nothing in any enactment relating to the Duchy of Lancaster or the Duchy of Cornwall shall have effect to impose any requirement with respect to formalities or enrolment in relation to a disposition by a registered proprietor.

85. Bona vacantia

Rules may make provision about how the passing of a registered estate or charge as bona vacantia is to be dealt with for the purposes of this Act.

Pending actions etc

86. Bankruptcy

(1) In this Act, references to an interest affecting an estate or charge do not include a petition in bankruptcy or bankruptcy order.

(2) As soon as practicable after registration of a petition in bankruptcy as a pending action under the Land Charges Act 1972 (c 61), the registrar must enter in the register in

relation to any registered estate or charge which appears to him to be affected a notice in respect of the pending action.

(3) Unless cancelled by the registrar in such manner as rules may provide, a notice entered under subsection (2) continues in force until—

(a) a restriction is entered in the register under subsection (4), or

(b) the trustee in bankruptcy is registered as proprietor.

(4) As soon as practicable after registration of a bankruptcy order under the Land Charges Act 1972, the registrar must, in relation to any registered estate or charge which appears to him to be affected by the order, enter in the register a restriction reflecting the effect of the Insolvency Act 1986 (c 45).

(5) Where the proprietor of a registered estate or charge is adjudged bankrupt, the title of his trustee in bankruptcy is void as against a person to whom a registrable disposition of the estate or charge is made if—

(a) the disposition is made for valuable consideration,

(b) the person to whom the disposition is made acts in good faith, and

(c) at the time of the disposition—

(i) no notice or restriction is entered under this section in relation to the registered estate or charge, and

(ii) the person to whom the disposition is made has no notice of the bankruptcy petition or the adjudication.

(6) Subsection (5) only applies if the relevant registration requirements are met in relation to the disposition, but, when they are met, has effect as from the dateof the disposition.

(7) Nothing in this section requires a person to whom a registrable disposition is made to make any search under the Land Charges Act 1972.

87. Pending land actions, writs, orders and deeds of arrangement

(1) Subject to the following provisions, references in this Act to an interest affecting an estate or charge include—

(a) a pending land action within the meaning of the Land Charges Act 1972,

(b) a writ or order of the kind mentioned in section 6(1)(a) of that Act (writ or order affecting land issued or made by any court for the purposes of enforcing a judgment or recognisance),

(c) an order appointing a receiver or sequestrator, and

(d) a deed of arrangement.

(2) No notice may be entered in the register in respect of—

(a) an order appointing a receiver or sequestrator, or

(b) a deed of arrangement.

(3) None of the matters mentioned in subsection (1) shall be capable of falling within paragraph 2 of Schedule 1 or 3.

(4) In its application to any of the matters mentioned in subsection (1), this Act shall have effect subject to such modifications as rules may provide.

(5) In this section, "deed of arrangement" has the same meaning as in the Deeds of Arrangement Act 1914 (c 47).

Miscellaneous

88. Incorporeal hereditaments

In its application to—

(a) rentcharges,

(b) franchises,

(c) profits a prendre in gross, or

(d) manors,

this Act shall have effect subject to such modification as rules may provide.

89. Settlements

(1) Rules may make provision for the purposes of this Act in relation to the application to registered land of the enactments relating to settlements under the Settled Land Act 1925 (c 18).

(2) Rules under this section may include provision modifying any of those enactments in its application to registered land.

(3) In this section, "registered land" means an interest the title to which is, or is required to be, registered.

90. PPP leases relating to transport in London

(1) No application for registration under section 3 may be made in respect of a leasehold estate in land under a PPP lease.

(2) The requirement of registration does not apply on the grant or transfer of a leasehold estate in land under a PPP lease.

(3) For the purposes of section 27, the following are not dispositions requiring to be completed by registration—

(a) the grant of a term of years absolute under a PPP lease;

(b) the express grant of an interest falling within section 1(2) of the Law of Property Act 1925 (c 20), where the interest is created for the benefit of a leasehold estate in land under a PPP lease.

(4) No notice may be entered in the register in respect of an interest under a PPP lease.

(5) Schedules 1 and 3 have effect as if they included a paragraph referring to a PPP lease.

(6) In this section, "PPP lease" has the meaning given by section 218 of the Greater London Authority Act 1999 (c 29) (which makes provision about leases created for public-private partnerships relating to transport in London).

PART 8   ELECTRONIC CONVEYANCING

91. Electronic dispositions: formalities

(1) This section applies to a document in electronic form where—

(a) the document purports to effect a disposition which falls within subsection (2), and

(b) the conditions in subsection (3) are met.

(2) A disposition falls within this subsection if it is—

(a) a disposition of a registered estate or charge,

(b) a disposition of an interest which is the subject of a notice in the register, or

(c) a disposition which triggers the requirement of registration,

which is of a kind specified by rules.

(3) The conditions referred to above are that—

(a) the document makes provision for the time and date when it takes effect,

(b) the document has the electronic signature of each person by whom it purports to be authenticated,

(c) each electronic signature is certified, and

(d) such other conditions as rules may provide are met.

(4) A document to which this section applies is to be regarded as—

(a) in writing, and

(b) signed by each individual, and sealed by each corporation, whose electronic signature it has.

(5) A document to which this section applies is to be regarded for the purposes of any enactment as a deed.

(6) If a document to which this section applies is authenticated by a person as agent, it is to be regarded for the purposes of any enactment as authenticated by him under the written authority of his principal.

(7) If notice of an assignment made by means of a document to which this section applies is given in electronic form in accordance with rules, it is to be regarded for the purposes of any enactment as given in writing.

(8) The right conferred by section 75 of the Law of Property Act 1925 (c 20)

(purchaser's right to have the execution of a conveyance attested) does not apply to a document to which this section applies.

(9) If subsection (4) of section 36A of the Companies Act 1985 (c 6) (execution of documents) applies to a document because of subsection (4) above, subsection (6) of that section (presumption of due execution) shall have effect in relation to the document with the substitution of "authenticated" for "signed".

(10) In this section, references to an electronic signature and to the certification of such a signature are to be read in accordance with section 7(2) and (3) of the Electronic Communications Act 2000 (c 7).

92. Land registry network

(1) The registrar may provide, or arrange for the provision of, an electronic communications network for use for such purposes as he thinks fit relating to registration or the carrying on of transactions which—

(a) involve registration, and

(b) are capable of being effected electronically.

(2) Schedule 5 (which makes provision in connection with a network provided under subsection (1) and transactions carried on by means of such a network) has effect.

93. Power to require simultaneous registration

(1) This section applies to a disposition of—

(a) a registered estate or charge, or

(b) an interest which is the subject of a notice in the register,

where the disposition is of a description specified by rules.

(2) A disposition to which this section applies, or a contract to make such a disposition, only has effect if it is made by means of a document in electronic form and if, when the document purports to take effect—

(a) it is electronically communicated to the registrar, and

(b) the relevant registration requirements are met.

(3) For the purposes of subsection (2)(b), the relevant registration requirements are—

(a) in the case of a registrable disposition, the requirements under Schedule 2, and

(b) in the case of any other disposition, or a contract, such requirements as rules may provide.

(4) Section 27(1) does not apply to a disposition to which this section applies.

(5) Before making rules under this section the Lord Chancellor must consult such persons as he considers appropriate.

(6) In this section, "disposition", in relation to a registered charge, includes postponement.

94. Electronic settlement

The registrar may take such steps as he thinks fit for the purpose of securing the provision of a system of electronic settlement in relation to transactions involving registration.

95. Supplementary

Rules may—

(a) make provision about the communication of documents in electronic form to the registrar;

(b) make provision about the electronic storage of documents communicated to the registrar in electronic form.

PART 9　ADVERSE POSSESSION

96. Disapplication of periods of limitation

(1) No period of limitation under section 15 of the Limitation Act 1980 (c 58) (time limits in relation to recovery of land) shall run against any person, other than a chargee, in relation to an estate in land or rentcharge the title to which is registered.

(2) No period of limitation under section 16 of that Act (time limits in relation to redemption of land) shall run against any person in relation to such an estate in land or rentcharge.

(3) Accordingly, section 17 of that Act (extinction of title on expiry of time limit) does not operate to extinguish the title of any person where, by virtue of this section, a period of limitation does not run against him.

97. Registration of adverse possessor

Schedule 6 (which makes provision about the registration of an adverse possessor of an estate in land or rentcharge) has effect.

98. Defences

(1) A person has a defence to an action for possession of land if—

(a) on the day immediately preceding that on which the action was brought he was entitled to makean application under paragraph 1 of Schedule 6 to be registered as the proprietor of an estate in the land, and

(b) had he made such an application on that day, the condition in paragraph 5(4) of that Schedule would have been satisfied.

(2) A judgment forpossession of land ceases to be enforceable at the end of the period of two years beginning with the date of the judgment if the proceedings in which the judgment is given were commenced against a person who was at that time entitled to make an application under paragraph 1 of Schedule 6.

(3) A person has a defence to an action for possession of land if on the day immediately preceding that on which the action was brought he was entitled to make an application under paragraph 6 of Schedule 6 to be registered as the proprietor of an estate in the land.

(4) A judgment for possession of land ceases to be enforceable at the end of the period of two years beginning with the date of the judgment if, at the end of that period, the person against whom the judgment was given is entitled to make an application under paragraph 6 of Schedule 6 to be registered as the proprietor of an estate in the land.

(5) Where in any proceedings a court determines that—

(a) a person is entitled to a defence under this section, or

(b) a judgment for possession has ceased to be enforceable against a person by virtue of subsection (4),

the court must order the registrar to register him as the proprietor of the estate in relation to which he is entitled to make an application under Schedule 6.

(6) The defences under this section are additional to any other defences a person may have.

(7) Rules may make provision to prohibit the recovery of rent due under a rentcharge from a person who has been in adverse possession of the rentcharge.

PART 10 LAND REGISTRY

Administration

99. The land registry

(1) There is to continue to be an office called Her Majesty's Land Registry which is to deal with the business of registration under this Act.

(2) The land registry is to consist of—

(a) the Chief Land Registrar, who is its head, and

(b) the staff appointed by him;

and references in this Act to a member of the land registry are to be read accordingly.

(3) The Lord Chancellor shall appoint a person to be the Chief Land Registrar.

(4) Schedule 7 (which makes further provision about the land registry) has effect.

100. Conduct of business

(1) Any function of the registrar may be carried out by any member of the land registry who is authorised for the purpose by the registrar.

(2) The Lord Chancellor may by regulations make provision about the carrying out of

functions during any vacancy in the office of registrar.

(3) The Lord Chancellor may by order designate a particular office of the land registry as the proper office for the receipt of applications or a specified description of application.

(4) The registrar may prepare and publish such forms and directions as he considers necessary or desirable for facilitating the conduct of the business of registration under this Act.

101. Annual report

(1) The registrar must make an annual report on the business of the land registry to the Lord Chancellor.

(2) The registrar must publish every report under this section and may do so in such manner as he thinks fit.

(3) The Lord Chancellor must lay copies of every report under this section before Parliament.

Fees and indemnities

102. Fee orders

The Lord Chancellor may with the advice and assistance of the body referred to in section 127(2) (the Rule Committee), and the consent of the Treasury, by order—

(a) prescribe fees to be paid in respect of dealings with the land registry, except under section 69(3)(b) or 105;

(b) make provision about the payment of prescribed fees.

103. Indemnities

Schedule 8 (which makes provision for the payment of indemnities by the registrar) has effect.

Miscellaneous

104. General information about land

The registrar may publish information about land in England and Wales if it appears to him to be information in which there is legitimate public interest.

105. Consultancy and advisory services

(1) The registrar may provide, or arrange for the provision of, consultancy or advisory services about the registration of land in England and Wales or elsewhere.

(2) The terms on which services are provided under this section by the registrar, in particular terms as to payment, shall be such as he thinks fit.

106. Incidental powers: companies

(1) If the registrar considers it expedient to do so in connection with his functions under section 69(3)(a), 92(1), 94 or 105(1) or paragraph 10 of Schedule 5, he may—

(a) form, or participate in the formation of, a company, or

(b) purchase, or invest in, a company.

(2) In this section—

"company" means a company within the meaning of the Companies Act 1985 (c 6);

"invest" means invest in any way (whether by acquiring assets, securities or rights or otherwise).

(3) This section is without prejudice to any powers of the registrar exercisable otherwise than by virtue of this section.

PART 11   ADJUDICATION

107. The adjudicator

(1) The Lord Chancellor shall appoint a person to be the Adjudicator to Her Majesty's Land Registry.

(2) To be qualified for appointment under subsection (1), a person must have a 10 year general qualification (within the meaning of section 71 of the Courts and Legal Services Act 1990 (c 41)).

(3) Schedule 9 (which makes further provision about the adjudicator) has effect.

108. Jurisdiction

(1) The adjudicator has the following functions—

(a) determining matters referred to him under section 73(7), and

(b) determining appeals under paragraph 4 of Schedule 6.

(2) Also, the adjudicator may, on application, make any order which the High Court could make for the rectification or setting aside of a document which—

(a) effects a qualifying disposition of a registered estate or charge,

(b) is a contract to make such a disposition, or

(c) effects a transfer of an interest which is the subject of a notice in the register.

(3) For the purposes of subsection (2)(a), a qualifying disposition is—

(a) a registrable disposition, or

(b) a disposition which creates an interest which may be the subject of a notice in the register.

(4) The general law about the effect of an order of the High Court for the rectification or setting aside of a document shall apply to an order under this section.

109. Procedure

(1) Hearings before the adjudicator shall be held in public, except where he is satisfied that exclusion of the public is just and reasonable.

(2) Subject to that, rules may regulate the practice and procedure to be followed with respect to proceedings before the adjudicator and matters incidental to or consequential on such proceedings.

(3) Rules under subsection (2) may, in particular, make provision about—

(a) when hearings are to be held,

(b) requiring persons to attend hearings to give evidence or to produce documents,

(c) the form in which any decision of the adjudicator is to be given,

(d) payment of costs of a party to proceedings by another party to the proceedings, and

(e) liability for costs thrown away as the result of neglect or delay by a legal representative of a party to proceedings.

110. Functions in relation to disputes

(1) In proceedings on a reference under section 73(7), the adjudicator may, instead of deciding a matter himself, direct a party to the proceedings to commence proceedings within a specified time in the court for the purpose of obtaining the court's decision on the matter.

(2) Rules may make provision about the reference under subsection (1) of matters to the court and may, in particular, make provision about—

(a) adjournment of the proceedings before the adjudicator pending the outcome of the proceedings before the court, and

(b) the powers of the adjudicator in the event of failure to comply with a direction under subsection (1).

(3) Rules may make provision about the functions of the adjudicator in consequence of a decision on a reference under section 73(7) and may, in particular, make provision enabling the adjudicator to determine, or give directions about the determination of—

(a) the application to which the reference relates, or

(b) such other present or future application to the registrar as the rules may provide.

(4) If, in the case of a reference under section 73(7) relating to an application under paragraph 1 of Schedule 6, the adjudicator determines that it would be unconscionable because of an equity by estoppel for the registered proprietor to seek to dispossess the applicant, but that the circumstances are not such that the applicant ought to be registered as proprietor, the adjudicator—

(a) must determine how the equity due to the applicant is to be satisfied, and

(b) may for that purpose make any order that the High Court could make in the exercise of its equitable jurisdiction.

111. Appeals

(1) Subject to subsection (2), a person aggrieved by a decision of the adjudicator may appeal to the High Court.

(2) In the case of a decision on an appeal under paragraph 4 of Schedule 5, only appeal on a point of law is possible.

(3) If on an appeal under this section relating to an application under paragraph 1 of Schedule 6 the court determines that it would be unconscionable because of an equity by estoppel for the registered proprietor to seek to dispossess the applicant, but that the circumstances are not such that the applicant ought to be registered as proprietor, the court must determine how the equity due to the applicant is to be satisfied.

112. Enforcement of orders etc

A requirement of the adjudicator shall be enforceable as an order of the court.

113. Fees

The Lord Chancellor may by order—

(a) prescribe fees to be paid in respect of proceedings before the adjudicator;

(b) make provision about the payment of prescribed fees.

114. Supplementary

Power to make rules under this Part is exercisable by the Lord Chancellor.

PART 12   MISCELLANEOUS AND GENERAL

Miscellaneous

115. Rights of pre-emption

(1) A right of pre-emption in relation to registered land has effect from the time of creation as an interest capable of binding successors in title (subject to the rules about the effect of dispositions on priority).

(2) This section has effect in relation to rights of pre-emption created on or after the day on which this section comes into force.

116. Proprietary estoppel and mere equities

It is hereby declared for the avoidance of doubt that, in relation to registered land, each of the following—

(a) an equity by estoppel, and

(b) a mere equity,

has effect from the time the equity arises as an interest capable of binding successors in title (subject to the rules about the effect of dispositions on priority).

117. Reduction in unregistered interests with automatic protection

(1) Paragraphs 10 to 14 of Schedules 1 and 3 shall cease to have effect at the end of the

period of ten years beginning with the day on which those Schedules come into force.

(2) If made before the end of the period mentioned in subsection (1), no fee may be charged for—

(a) an application to lodge a caution against first registration by virtue of an interest falling within any of paragraphs 10 to 14 of Schedule 1, or

(b) an application for the entry in the register of a notice in respect of an interest falling within any of paragraphs 10 to 14 of Schedule 3.

118. Power to reduce qualifying term

(1) The Lord Chancellor may by order substitute for the term specified in any of the following provisions—

(a) section 3(3),

(b) section 4(1)(c)(i) and (2)(b),

(c) section 15(3)(a)(ii),

(d) section 27(2)(b)(i),

(e) section 80(1)(b)(i),

(f) paragraph 1 of Schedule 1,

(g) paragraphs 4(1), 5(1) and 6(1) of Schedule 2, and

(h) paragraph 1 of Schedule 3,

such shorter term as he thinks fit.

(2) An order under this section may contain such transitional provision as the Lord Chancellor thinks fit.

(3) Before making an order under this section, the Lord Chancellor must consult such persons as he considers appropriate.

119. Power to deregister manors

On the application of the proprietor of a registered manor, the registrar may remove the title to the manor from the register.

120. Conclusiveness of filed copies etc

(1) This section applies where—

(a) a disposition relates to land to which a registered estate relates, and

(b) an entry in the register relating to the registered estate refers to a document kept by the registrar which is not an original.

(2) As between the parties to the disposition, the document kept by the registrar is to be taken—

(a) to be correct, and

(b) to contain all the material parts of the original document.

(3) No party to the disposition may require production of the original document.

(4) No party to the disposition is to be affected by any provision of the original document which is not contained in the document kept by the registrar.

121. Forwarding of applications to registrar of companies

The Lord Chancellor may by rules make provision about the transmission by the registrar to the registrar of companies (within the meaning of the Companies Act 1985 (c 6)) of applications under—

(a) Part 12 of that Act (registration of charges), or

(b) Chapter 3 of Part 23 of that Act (corresponding provision for oversea companies).

122. Repeal of Land Registry Act 1862

(1) The Land Registry Act 1862 (c 53) shall cease to have effect.

(2) The registrar shall have custody of records of title made under that Act.

(3) The registrar may discharge his duty under subsection (2) by keeping the relevant information in electronic form.

(4) The registrar may on application provide a copy of any information included in a record of title made under that Act.

(5) Rules may make provision about applications for the exercise of the power conferred by subsection (4).

Offences etc

123. Suppression of information

(1) A person commits an offence if in the course of proceedings relating to registration under this Act he suppresses information with the intention of—

(a) concealing a person's right or claim, or

(b) substantiating a false claim.

(2) A person guilty of an offence under this section is liable—

(a) on conviction on indictment, to imprisonment for a term not exceeding two years or to a fine;

(b) on summary conviction, to imprisonment for a term not exceeding six months or to a fine not exceeding the statutory maximum, or to both.

124. Improper alteration of the registers

(1) A person commits an offence if he dishonestly induces another—

(a) to change the register of title or cautions register, or

(b) to authorise the making of such a change.

(2) A person commits an offence if he intentionally or recklessly makes an unauthorised change in the register of title or cautions register.

(3) A person guilty of an offence under this section is liable—

(a) on conviction on indictment, to imprisonment for a term not exceeding 2 years or to a fine;

(b) on summary conviction, to imprisonment for a term not exceeding six months or to a fine not exceeding the statutory maximum, or to both.

(4) In this section, references to changing the register of title include changing a document referred to in it.

125. Privilege against self-incrimination

(1) The privilege against self-incrimination, so far as relating to offences under this Act, shall not entitle a person to refuse to answer any question or produce any document or thing in any legal proceedings other than criminal proceedings.

(2) No evidence obtained under subsection (1) shall be admissible in any criminal proceedings under this Act against the person from whom it was obtained or that person's spouse.

Land registration rules

126. Miscellaneous and general powers

Schedule 10 (which contains miscellaneous and general land registration rule-making powers) has effect.

127. Exercise of powers

(1) Power to make land registration rules is exercisable by the Lord Chancellor with the advice and assistance of the Rule Committee.

(2) The Rule Committee is a body consisting of—

(a) a judge of the Chancery Division of the High Court nominated by the Lord Chancellor,

(b) the registrar,

(c) a person nominated by the General Council of the Bar,

(d) a person nominated by the Council of the Law Society,

(e) a person nominated by the Council of Mortgage Lenders,

(f) a person nominated by the Council of Licensed Conveyancers,

(g) a person nominated by the Royal Institution of Chartered Surveyors,

(h) a person with experience in, and knowledge of, consumer affairs, and

(i) any person nominated under subsection (3).

(3) The Lord Chancellor may nominate to be a member of the Rule Committee any person who appears to him to have qualifications or experience which would be of value to the committee in considering any matter with which it is concerned.

Supplementary

128. Rules, regulations and orders

(1) Any power of the Lord Chancellor to make rules, regulations or orders under this Act includes power to make different provision for different cases.

(2) Any power of the Lord Chancellor to make rules, regulations or orders under this Act is exercisable by statutory instrument.

(3) A statutory instrument containing—

(a) regulations under section 100(2), or

(b) an order under section 100(3), 102 or 113,

is to be laid before Parliament after being made.

(4) A statutory instrument containing—

(a) land registration rules,

(b) rules under Part 11 or section 121,

(c) regulations under paragraph 5 of Schedule 9, or

(d) an order under section 5(1), 62(9), 80(4), 118(1) or 130,

is subject to annulment in pursuance of a resolution of either House of Parliament.

(5) Rules under section 93 or paragraph 1, 2 or 3 of Schedule 5 shall not be made unless a draft of the rules has been laid before and approved by resolution of each House of Parliament.

129. Crown application

This Act binds the Crown.

130. Application to internal waters

This Act applies to land covered by internal waters of the United Kingdom which are—

(a) within England or Wales, or

(b) adjacent to England or Wales and specified for the purposes of this section by order made by the Lord Chancellor.

131. "Proprietor in possession"

(1) For the purposes of this Act, land is in the possession of the proprietor of a registered estate in land if it is physically in his possession, or in that of a person who is entitled to be registered as the proprietor of the registered estate.

(2) In the case of the following relationships, land which is (or is treated as being) in the possession of the second-mentioned person is to be treated for the purposes of subsection (1) as in the possession of the first-mentioned person—

(a) landlord and tenant;

(b) mortgagor and mortgagee;

(c) licensor and licensee;

(d) trustee and beneficiary.

(3) In subsection (1), the reference to entitlement does not include entitlement under Schedule 6.

132. General interpretation

(1) In this Act—

"adjudicator" means the Adjudicator to Her Majesty's Land Registry;

"caution against first registration" means a caution lodged under section 15;

"cautions register" means the register kept under section 19(1);

"charge" means any mortgage, charge or lien for securing money or money's worth;

"demesne land" means land belonging to Her Majesty in right of the Crown which is not held for an estate in fee simple absolute in possession;

"land" includes—

(a) buildings and other structures,

(b) land covered with water, and

(c) mines and minerals, whether or not held with the surface;

"land registration rules" means any rules under this Act, other than rules under section 93, Part 11, section 121 or paragraph 1, 2 or 3 of Schedule 5;

"legal estate" has the same meaning as in the Law of Property Act 1925 (c 20);

"legal mortgage" has the same meaning as in the Law of Property Act 1925;

"mines and minerals" includes any strata or seam of minerals or substances in or under any land, and powers of working and getting any such minerals or substances;

"registrar" means the Chief Land Registrar;

"register" means the register of title, except in the context of cautions against first registration;

"registered" means entered in the register;

"registered charge" means a charge the title to which is entered in the register;

"registered estate" means a legal estate the title to which is entered in the register, other than a registered charge;

"registered land" means a registered estate or registered charge;

"registrable disposition" means a disposition which is required to be completed by registration under section 27;

"requirement of registration" means the requirement of registration under section 4;

"sub-charge" means a charge under section 23(2)(b);

"term of years absolute" has the same meaning as in the Law of Property Act 1925 (c 20);

"valuable consideration" does not include marriage consideration or a nominal consideration in money.

(2) In subsection (1), in the definition of "demesne land", the reference to land belonging to Her Majesty does not include land in relation to which a freehold estate in land has determined, but in relation to which there has been no act of entry or management by the Crown.

(3) In this Act—

(a) references to the court are to the High Court or a county court,

(b) references to an interest affecting an estate or charge are to an adverse right affecting the title to the estate or charge, and

(c) references to the right to object to an application to the registrar are to the right under section 73.

133. Minor and consequential amendments

Schedule 11 (which makes minor and consequential amendments) has effect.

134. Transition

(1) The Lord Chancellor may by order make such transitional provisions and savings as he thinks fit in connection with the coming into force of any of the provisions of this Act.

(2) Schedule 12 (which makes transitional provisions and savings) has effect.

(3) Nothing in Schedule 12 affects the power to make transitional provisions and savings under subsection (1); and an order under that subsection may modify any provision made by that Schedule.

135. Repeals

The enactments specified in Schedule 13 (which include certain provisions which are already spent) are hereby repealed to the extent specified there.

136. Short title, commencement and extent

(1) This Act may be cited as the Land Registration Act 2002.

(2) This Act shall come into force on such day as the Lord Chancellor may by order appoint, and different days may be so appointed for different purposes.

(3) Subject to subsection (4), this Act extends to England and Wales only.

(4) Any amendment or repeal by this Act of an existing enactment, other than—

(a) section 37 of the Requisitioned Land and War Works Act 1945 (c 43), and

(b) Schedule 2A to the Building Societies Act 1986 (c 53),

has the same extent as the enactment amended or repealed.

附录三　上海市房地产登记条例

上海市房地产登记条例

(2002年10月31日上海市第十一届人民代表大会常务委员会第四十四次会议通过　根据2004年4月14日上海市第十二届人民代表大会常务委员会第十一次会议《关于修改〈上海市房地产登记条例〉的决定》修正)

第一章　总　　则

　　第一条　为了规范本市房地产登记行为,保障房地产交易安全,维护房地产权利人的合法权益,根据《中华人民共和国土地管理法》、《中华人民共和国城市房地产管理法》和其他有关法律、行政法规,结合本市实际情况,制定本条例。
　　第二条　本条例适用于本市行政区域内的房地产登记。
　　第三条　本条例所称房地产登记,是指房地产登记机构依当事人申请或者依职权,对土地使用权、房屋所有权、房地产他项权利和其他依法应当登记的房地产权利以及与此相关的事项进行记载、公示的行为。
　　本条例所称房地产权利人,是指依法享有土地使用权、房屋所有权、房地产他项权利等房地产权利的自然人、法人和其他组织。
　　第四条　上海市房屋土地资源管理局(以下简称市房地资源局)是本市房地产行政主管部门,负责房地产登记管理工作。
　　市房地资源局所属的上海市房地产登记处(以下简称市登记处)负责本市房地产登记的日常工作。区、县房地产登记处受市登记处委托,具体办理房地产登记事务。
　　区、县房地产管理部门协助市房地资源局对区、县房地产登记工作实施监督管理。
　　第五条　市房地资源局应当建立全市统一的房地产登记册和登记信息系统,制作统一的房地产权证书和登记证明,并制定房地产登记技术规范。
　　房地产登记机构应当按照房地产登记技术规范和登记信息系统的要求,对房地产登记册进行记载、公示。
　　房地产登记工作人员应当经统一考核合格后,持证上岗。

第二章　一般规定

　　第六条　因下列情形之一进行房地产登记,有关当事人双方应当共同申请:

（一）买卖；
（二）交换；
（三）赠与；
（四）抵押；
（五）设典；
（六）法律、法规规定的其他情形。

第七条 因下列情形之一进行房地产登记，由房地产权利人申请：
（一）以划拨或者出让、租赁等方式取得土地使用权；
（二）经批准取得集体所有的非农业建设用地使用权；
（三）新建房屋；
（四）继承、遗赠；
（五）行政机关已经发生法律效力的土地使用权争议处理决定；
（六）人民法院已经发生法律效力的判决、裁定、调解；
（七）仲裁机构已经发生法律效力的裁决、调解；
（八）本条例第三十二条所列情形；
（九）法律、法规规定的其他情形。

第八条 两人以上共有房地产的登记，应当由共有人共同申请。

第九条 当事人委托代理人申请房地产登记的，代理人应当提交当事人的委托书。

第十条 申请房地产登记的，应当提交规定的申请登记文件。申请人提交的申请登记文件齐备的，房地产登记机构应当即时出具收件收据，申请日为受理日。申请人提交的申请登记文件尚未齐备的，房地产登记机构应当书面告知补正要求，申请登记文件补齐日为受理日。

第十一条 房地产登记机构应当在规定的时限内完成对登记申请的审核。经审核符合规定的，房地产登记机构应当将有关事项记载于房地产登记册，登记申请的受理日为登记日。

第十二条 申请人可以在房地产登记机构将房地产登记内容公示前，撤回登记申请。

第十三条 依法登记的房地产权利受法律保护。

未经登记的房地产不得转让。

同一房地产上设定两个以上的房地产他项权利和其他依法应当登记的房地产权利的，依房地产登记册记载的登记日的先后确定其顺位。法律、行政法规另有规定的，从其规定。

第十四条 土地使用权未经初始登记的，该土地范围内的其他房地产权利不予登记。

房屋所有权未经初始登记的，与该房屋有关的其他房地产权利不予登记，但依据本条例规定申请预告登记的情形除外。

有下列情形之一的,房地产登记机构应当作出不予登记的决定:
（一）房地产权属争议尚未解决的;
（二）不能提供有效的房地产权属证明的;
（三）非法占用土地的;
（四）属违法建筑或者临时建筑的;
（五）法律、行政法规规定不予登记的,或者不符合本条例规定的其他登记条件的。

第十五条　有下列情形之一的,有关国家机关可以将已经发生法律效力的文件向房地产登记机构办理登记:
（一）人民法院、行政机关对土地使用权、房屋所有权依法实施财产保全等限制措施;
（二）行政机关依法作出征用集体所有土地、批准建设用地、房屋拆迁许可、商品房预售许可等与房地产权利有关的决定。

第十六条　房屋租赁合同等与房地产权利有关的文件,当事人可以向房地产登记机构办理登记备案。

第十七条　房地产登记机构应当按照当事人提交的申请登记文件或者行政机关、人民法院、仲裁机构已经发生法律效力的文件,对房地产登记册进行记载,并永久保存。

房地产登记册应当对房地产的坐落,房地产权利人姓名或者名称,房屋和土地的面积,土地使用权取得的方式、期限和用途,房地产他项权利,房地产权利的限制等进行记载。

房地产权证书、登记证明与房地产登记册的记载应当保持一致。房地产权证书、登记证明与房地产登记册的记载不一致的,以房地产登记册为准。

第十八条　房地产权利人发现房地产登记册的记载有误的,可以申请更正。申请更正的事项涉及第三人房地产权利的,有关的权利人应当共同申请。

房地产登记机构发现房地产登记册的记载有误的,应当书面通知有关的房地产权利人在规定期限内办理更正手续;当事人无正当理由逾期不办理更正手续的,房地产登记机构可以依据申请登记文件或者有效的法律文件对房地产登记册的记载予以更正,并书面通知当事人。

第十九条　房地产权利的利害关系人认为房地产登记册记载的土地使用权人、房屋所有权人与实际状况不一致的,可以持与房地产权利相关的文件,提出登记异议。房地产登记机构应当在受理登记异议申请的当日,将异议事项记载于房地产登记册以警示第三人,该登记满3个月失效。

第二十条　土地使用权、房屋所有权的房地产权证,由市房地资源局颁发。房地产他项权利和其他依法应当登记的房地产权利的登记证明,由市登记处颁发。

房地产权证书、登记证明是房地产登记的凭证,不得涂改。

房地产权证书、登记证明破损的,房地产权利人可以向房地产登记机构申请换发。房地产登记机构换发房地产权证书、登记证明前,应当查验并收回原房地产权证书、登记证明。

房地产权证书、登记证明灭失的,房地产权利人可以向房地产登记机构申请补发,补发的房地产权证书、登记证明上应当注明"补发"字样。自补发之日起,原房地产权证书、登记证明作废。

第二十一条　房地产登记册可以公开查阅、抄录和复印;申请登记文件可以供有关当事人查阅、抄录和复印。具体办法由市人民政府规定。

第三章　土地使用权和房屋所有权登记

第一节　初始登记

第二十二条　以出让、租赁方式取得土地使用权的,房地产权利人应当申请土地使用权初始登记,并提交下列文件:

(一)申请书;
(二)身份证明;
(三)土地使用权出让合同或者土地租赁合同;
(四)地籍图;
(五)土地勘测报告。

以出让方式取得土地使用权的,房地产权利人申请土地使用权初始登记时,除提交前款规定的文件外,还应当提交已付清土地使用权出让金的证明。

出让、租赁土地使用权年限届满后,经批准续期的,房地产权利人应当重新办理土地使用权初始登记。

第二十三条　以划拨方式取得土地使用权或者依法取得集体所有的非农业建设用地使用权的,房地产权利人应当申请土地使用权初始登记,并提交下列文件:

(一)申请书;
(二)身份证明;
(三)建设用地批准文件;
(四)地籍图;
(五)土地勘测报告。

第二十四条　符合下列条件的土地使用权初始登记申请,应当准予登记:

(一)申请人是土地使用权出让合同、土地租赁合同或者建设用地批准文件记载的土地使用人;
(二)申请登记的土地使用范围、位置、面积、用途与土地使用权出让合同、土地租赁合同或者建设用地批准文件、地籍图、土地勘测报告的记载一致;
(三)申请登记事项与房地产登记册的记载不冲突;
(四)不属于本条例第十四条第3款所列的情形。

第二十五条 新建房屋竣工验收合格后,房地产权利人应当申请房屋所有权初始登记,并提交下列文件:
(一)申请书;
(二)身份证明;
(三)记载土地使用权状况的房地产权证书;
(四)建设工程规划许可证;
(五)竣工验收证明;
(六)记载房屋状况的地籍图;
(七)房屋勘测报告;
(八)根据登记技术规范应当提交的其他有关文件。

第二十六条 符合下列条件的房屋所有权初始登记申请,应当准予登记:
(一)申请人是房地产登记册记载的土地使用权人;
(二)申请初始登记的房屋坐落、用途、幢数、层数、建筑面积符合建设工程规划许可证的规定并与记载房屋状况的地籍图、房屋勘测报告一致;
(三)申请登记事项与房地产登记册的记载不冲突;
(四)不属于本条例第十四条第3款所列的情形。

第二十七条 房地产登记机构应当自受理初始登记申请之日起20日内完成审核。符合规定条件的,应当将初始登记事项记载于房地产登记册,并通知房地产权利人领取房地产权证书;不符合规定条件的,不予登记,并书面告知申请人。

第二节 转移登记

第二十八条 经登记的房地产有下列情形之一的,当事人应当在有关法律文件生效或者事实发生后申请转移登记:
(一)买卖;
(二)交换;
(三)赠与;
(四)继承、遗赠;
(五)法律、法规规定的其他情形。

第二十九条 申请房地产转移登记,应当提交下列文件:
(一)申请书;
(二)身份证明;
(三)房地产权证书;
(四)证明房地产权属发生转移的文件;
(五)根据登记技术规范应当提交的其他有关文件。

第三十条 符合下列条件的房地产转移登记申请,应当准予登记:
(一)转让人是房地产登记册记载的权利人,受让人是有关证明文件中载明的受让人；

（二）申请转移登记的房地产在房地产登记册的记载范围内；

（三）申请登记事项与房地产登记册的记载不冲突。

第三十一条　房地产登记机构应当自受理房地产转移登记申请之日起20日内完成审核。符合规定条件的，应当将转移事项记载于房地产登记册，并通知房地产权利人领取房地产权证书；不符合规定条件的，不予登记，并书面告知申请人。

第三节　变更登记

第三十二条　经登记的房地产有下列情形之一的，房地产权利人应当在事实发生后申请变更登记：

（一）房地产用途发生变化的；

（二）房地产权利人姓名或者名称发生变化的；

（三）土地、房屋面积增加或者减少的；

（四）房地产分割、合并的；

（五）法律、法规规定的其他情形。

第三十三条　申请房地产变更登记应当提交下列文件：

（一）申请书；

（二）身份证明；

（三）房地产权证书；

（四）证明发生变更事实的文件；

（五）根据登记技术规范应当提交的其他有关文件。

第三十四条　符合下列条件的房地产变更登记申请，应当准予登记：

（一）申请人是房地产登记册记载的权利人；

（二）申请变更登记的房地产在房地产登记册的记载范围内；

（三）申请变更登记的内容与有关文件证明的变更事实一致；

（四）申请登记事项与房地产登记册的记载不冲突。

第三十五条　房地产登记机构应当自受理房地产变更登记申请之日起20日内完成审核。符合规定条件的，应当将变更事项记载于房地产登记册，并通知房地产权利人领取房地产权证书；不符合规定条件的，不予登记，并书面告知申请人。

第四节　注销登记

第三十六条　房屋因倒塌、拆除等原因灭失的，房地产权利人应当在灭失事实发生后申请注销房地产登记，并提交下列文件：

（一）申请书；

（二）身份证明；

（三）房地产权证书；

（四）房屋灭失的证明。

第三十七条 以出让、租赁等方式取得的土地使用权依法终止的,原土地使用权人应当申请注销房地产登记,并提交下列文件:
（一）申请书;
（二）身份证明;
（三）房地产权证书;
（四）证明土地使用权依法终止的文件。

第三十八条 土地使用权、房屋所有权因抛弃而终止的,房地产权利人应当申请注销房地产登记,并提交下列文件:
（一）申请书;
（二）身份证明;
（三）房地产权证书。

第三十九条 符合下列条件的注销房地产登记申请,应当准予登记:
（一）申请人是房地产登记册记载的房地产权利人;
（二）申请注销登记的房地产在房地产登记册的记载范围内;
（三）申请注销登记的事项与房地产登记册的记载不冲突。

第四十条 房地产登记机构应当自受理注销房地产登记申请之日起20日内完成审核。符合规定条件的,应当将注销事项记载于房地产登记册,并书面通知申请人,原房地产权证书作废;不符合规定条件的,不予注销登记,并书面告知申请人。

第四十一条 房屋灭失或者土地使用权依法终止后,当事人未申请注销登记的,房地产登记机构可以依据有关部门提供的证明文件,将注销事项记载于房地产登记册,原房地产权证书作废。

第四十二条 土地使用权、房屋所有权因行政机关、人民法院依法作出的征收、收回、没收等行为终止的,由有关行政机关、人民法院持已经发生法律效力的文件办理注销房地产登记。房地产登记机构应当将注销事项记载于房地产登记册,原房地产权证书作废。

第四章　房地产他项权利登记

第四十三条 有下列情形之一的,当事人应当申请房地产他项权利设定登记:
（一）抵押;
（二）设典;
（三）其他依照法律、行政法规设定的房地产他项权利。

第四十四条 申请房地产抵押权设定登记,应当提交下列文件:
（一）申请书;
（二）身份证明;

（三）房地产权证书；
（四）抵押担保的主债权合同；
（五）抵押合同。

第四十五条 申请房地产典权登记，应当提交下列文件：
（一）申请书；
（二）身份证明；
（三）房地产权证书；
（四）设典合同。

第四十六条 经登记的房地产他项权利发生转移、变更或者依法终止的，当事人应当申请转移登记、变更登记、注销登记，并提交下列文件：
（一）申请书；
（二）身份证明；
（三）房地产他项权利登记证明；
（四）证明房地产他项权利发生转移、变更或者终止的文件。

第四十七条 符合下列条件的房地产他项权利登记的申请，应当准予登记：
（一）申请人是设定房地产他项权利的当事人，且其中一方是房地产登记册记载的房地产权利人；
（二）申请登记的房地产在房地产登记册的记载范围内；
（三）申请登记事项与房地产登记册的记载不冲突。

第四十八条 房地产登记机构应当自受理房地产他项权利登记申请之日起7日内完成审核。符合规定条件的，应当将有关事项记载于房地产登记册，并通知房地产他项权利登记及其转移、变更登记的权利人领取登记证明，或者书面通知房地产他项权利注销登记的申请人原登记证明作废；不符合规定条件的，不予登记，并书面告知申请人。

第五章 预告登记

第四十九条 房屋尚未建成时，有下列情形之一的，当事人可以申请预告登记：
（一）预购商品房以及按照市人民政府有关规定进行预购商品房的转让；
（二）以预购商品房设定抵押及其抵押权的转让；
（三）以房屋建设工程设定抵押及其抵押权的转让；
（四）法律、法规规定的其他情形。

应当由当事人双方共同申请的登记，一方当事人未提出登记申请的，另一方当事人可以单方申请预告登记。

经预告登记后，当事人取得土地使用权、房屋所有权或者房地产他项权利的优先求权。

本条第1款所列情形的预告登记，自房屋所有权初始登记之日起满2年，当事人未申请土地使用权、房屋所有权或者房地产他项权利登记的,该预告登记失效;本条第2款规定的预告登记,自登记之日起满2年,当事人未申请土地使用权、房屋所有权或者房地产他项权利登记的,该预告登记失效。

第五十条 申请预购商品房预告登记,应当提交下列文件:
(一)申请书;
(二)身份证明;
(三)商品房预售合同。

预购商品房发生转让的,申请预告登记时,除提交前款规定的文件外,还应当提交转让合同。

第五十一条 预购商品房未经预告登记的,或者不符合市人民政府有关规定进行预购商品房转让的,不予办理预购商品房转让的预告登记。

已经预告登记的预购商品房不得重复办理预告登记。

第五十二条 申请预购商品房抵押权预告登记,应当提交下列文件:
(一)申请书;
(二)身份证明;
(三)商品房预售合同;
(四)抵押担保的主债权合同;
(五)抵押合同。

预购商品房抵押权发生转让的,申请预告登记时,除提交前款规定的文件外,还应当提交转让合同。

第五十三条 预购商品房未经预告登记的,不予办理预购商品房抵押权的预告登记。

第五十四条 申请房屋建设工程抵押权预告登记,应当提交下列文件:
(一)申请书;
(二)身份证明;
(三)记载土地使用权状况的房地产权证书;
(四)建设工程规划许可证;
(五)房屋建设工程总承包合同或者施工总承包合同;
(六)抵押担保的主债权合同;
(七)抵押合同。

房屋建设工程抵押权发生转让的,申请预告登记时,除提交前款规定的文件外,还应当提交转让合同。

第五十五条 单方申请预告登记,应当提交下列文件:
(一)申请书;
(二)身份证明;
(三)证明房地产权利变动的法律关系已经形成的文件。

不动产登记程序的制度建构

第五十六条 经预告登记的房地产权利依法终止的,当事人应当申请注销预告登记,并提交下列文件:

(一)申请书;

(二)身份证明;

(三)证明经预告登记的房地产权利终止的文件。

第五十七条 符合下列条件的预告登记及其注销登记的申请,应当准予登记:

(一)申请登记的房地产在房地产登记册的记载范围内;

(二)申请登记事项与房地产登记册的记载不冲突;

(三)申请人符合本条第2款的规定。

预告登记及其注销登记的申请人应当符合下列规定:

(一)申请预购商品房预告登记的,申请人一方应当是商品房预售许可证记载的房地产开发企业,另一方应当是商品房预售合同载明的预购人;

(二)申请预购商品房转让预告登记的,申请人一方应当是房地产登记册记载的商品房预购人,另一方应当是预购商品房转让合同载明的受让人;

(三)申请预购商品房抵押权预告登记的,申请人应当是设定预购商品房抵押权的当事人,且抵押人是房地产登记册记载的商品房预购人;

(四)申请房屋建设工程抵押权预告登记的,申请人应当是设定房屋建设工程抵押权的当事人,且抵押人是房地产登记册记载的土地使用权人;

(五)申请注销预告登记的,申请人应当是原预告登记的当事人;

(六)单方申请预告登记的,申请人应当是房地产权利变动法律文件记载的一方当事人。

第五十八条 房地产登记机构应当自受理预告登记及其注销登记申请之日起7日内完成审核。符合规定条件的,应当将有关事项记载于房地产登记册,并书面通知当事人;不符合规定条件的,不予登记,并书面告知申请人。

第五十九条 新建商品房所有权初始登记后,商品房预购人应当申请房地产转移登记。预购商品房设定抵押的,房地产转移登记后,其预购商品房抵押权预告登记转为房地产抵押权登记。

第六十条 新建房屋所有权初始登记后,其房屋建设工程抵押权预告登记转为房地产抵押权登记。

房屋建设工程抵押权预告登记转为房地产抵押权登记时,其抵押物范围不包括已经办理预告登记的预购商品房。

第六章 法律责任

第六十一条 房地产登记机构及其工作人员违反本条例规定,导致房地产登记错误,给房地产权利人造成损失的,由市房地资源局或者市登记处承担相应的法律责任。

第六十二条 房地产登记申请人提交错误、虚假的申请登记文件或者申请登记异议不当,给房地产权利人造成损失的,应当承担相应的法律责任。

第六十三条 当事人伪造房地产权证书的,由市房地资源局依法没收伪造的房地产权证书,并移送司法机关处理。

第六十四条 市房地资源局和市、区县房地产登记处的直接负责的主管人员和其他直接责任人员玩忽职守、滥用职权、徇私舞弊的,由其所在单位或者上级主管部门依法给予行政处分;构成犯罪的,依法追究其刑事责任。

第六十五条 当事人对市房地资源局、市登记处的具体行政行为不服的,可以依照《中华人民共和国行政复议法》或者《中华人民共和国行政诉讼法》的规定,申请行政复议或者提起行政诉讼。

第七章 附 则

第六十六条 对本市房地产总登记时应当登记而未登记的土地使用权和房屋所有权,当事人可以凭房地产权属来源证明,向房地产登记机构申请登记。

房地产登记机构受理登记申请后,应当向有关部门核查,并将有关情况在本市主要报纸或者其他媒体上公告;公告6个月期满无异议的,应当核准当事人的登记申请。

第六十七条 本条例施行前依法颁发的房地产权属证书和登记证明继续有效。

附录四 北京市城市房地产转让管理办法

北京市城市房地产转让管理办法

(2003年8月26日北京市人民政府第13次常务会议审议通过,2003年9月2日北京市人民政府令第135号公布)

第一章 总 则

第一条 为了规范城市房地产转让行为,保障当事人的合法权益,促进房地产市场健康发展,根据《中华人民共和国城市房地产管理法》和《城市房地产开发经营管理条例》等法律、法规,结合本市实际情况,制定本办法。

第二条 本市国有土地范围内的房地产转让,适用本办法。

本市城镇职工根据城镇住房制度改革政策购买公有住房、安居工程住房和集资合作建设的住房的,不适用本办法。

第三条 房地产转让,是指拥有房屋所有权、土地使用权的自然人、法人和其他组织,依法将房地产转移给他人的行为。

房地产转让人是指拥有房屋所有权、土地使用权的自然人、法人和其他组织。房地产受让人可以是中华人民共和国境内外的自然人、法人和其他组织,国家和市人民政府另有规定的从其规定。

第四条 房地产转让包括下列方式:

(一)买卖;

(二)赠与;

(三)交换;

(四)以房地产作价入股或者作为合作条件与他人成立法人或者其他组织,使房地产权属发生变更的;

(五)因法人或者其他组织合并、分立,使房地产权属发生变更的;

(六)以房地产清偿债务的;

(七)法律、法规和规章规定的其他方式。

第五条 市国土资源和房屋管理局(以下简称市国土房管局)主管本市房地产转让管理工作。区、县国土资源和房屋管理局(以下简称区、县国土房管局)负责本行政区域内房地产转让管理工作。

有关行政管理部门应当按照各自职责,依法对房地产转让实施监督和管理。

第六条　房地产转让应当遵循自愿、公平、诚实信用的原则。

第七条　本市逐步建立房地产交易信息披露制度。市国土房管局应当会同有关部门定期公布本市房地产交易指导信息。

第二章　一 般 规 定

第八条　转让房屋的,该房屋占用范围的国有土地使用权同时转让。

第九条　在依法取得使用权的国有土地上建成的房屋,必须在办理房屋所有权和相应的土地使用权登记并取得房地产权属证书后,方可转让。

第十条　出让土地上的房屋在建工程转让的,应当符合下列条件:

(一)按照出让合同约定已经支付全部土地使用权出让金,并取得土地使用权证书;

(二)按照出让合同约定进行投资开发,完成开发投资总额的25%以上。

以划拨方式取得土地使用权的房地产转让,按照国家和本市有关规定执行。

第十一条　下列房地产,不得转让:

(一)司法机关和行政机关依法裁定、决定查封或者以其他方式限制房地产权利的;

(二)依法收回土地使用权的;

(三)登记为共有的房地产,未经其他共有人书面同意的;

(四)权属有争议的;

(五)未经依法登记取得房地产权属证书的;

(六)法律、行政法规规定不得转让的其他情形。

第十二条　按照房屋建筑设计为独立成套(单元)的房屋,不得分割转让。

第十三条　房地产转让时,相应的共用部位、共用设备的权利份额一并转让;按照国家和本市规定可以单独转让的地下停车库等附属建筑物、构筑物不随同转让的,应当在房地产转让合同中载明;没有载明的,视为一并转让。

第十四条　共有房地产买卖,在同等条件下,共有人享有优先购买权。

出卖已出租的房地产的,出卖人应当提前3个月通知承租人。在同等条件下,承租人享有优先购买权。出卖人未履行通知义务的,应当承担相应的民事责任。

第十五条　转让已出租的房地产的,受让人应当继续履行原租赁合同。但房地产出租前已依法抵押,为实现该抵押权转让房地产的,受让人不承担继续履行原租赁合同的义务。

第十六条　已购公有住房转让时,可以不征得原售房单位同意。

已购公有住房转让后,原售房单位不再承担该房屋的供暖、物业管理等费用。

第十七条　房地产转让时,除本办法第四条第(四)项、第(五)项规定的情形外,当事人应当签订书面转让合同。房地产转让合同应当包括下列内容:

（一）转让人和受让人的名称或者姓名、住所；
（二）房地产的坐落位置、四至范围和面积；
（三）房地产用途；
（四）房地产权属证书编号；
（五）买卖的价格或者交换的差价金额、清偿债务的金额；
（六）房地产交付的条件和日期；
（七）违约责任；
（八）争议解决方式；
（九）转让人和受让人约定的其他内容。

第十八条　房地产转让时，转让人应当如实告知受让人转让房地产的抵押、租赁等有关情况。转让人不履行告知义务的，应当承担相应的民事责任。

第十九条　房地产转让价格由转让人和受让人协商议定，但实行政府指导价的除外。

第二十条　房地产转让时，房地产转让人和受让人应当依法纳税。

第二十一条　房地产转让人和受让人应当在签订转让合同或者取得与转让有关的法律文件生效后90日内，向市或者区、县国土房管局申请办理房地产权属转移登记，并提交下列文件：

（一）房地产权属证书；
（二）转让当事人的身份证明，转让当事人是法人或者其他组织的，还应当出具对具体承办人员的授权委托书；
（三）转让合同或者与转让有关的法律文件；
（四）法律、法规和规章规定的其他文件。

境外法人、组织办理房地产转让登记时提交的文件，应当按规定经公证、认证，并提交经公证的中文译本。

第二十二条　市或者区、县国土房管局应当审核转让当事人的房地产权属转移登记申请，对当事人提交的文件不齐备的，应当一次性告知当事人需补充提交的全部文件；对当事人提交的文件齐备的，应当即时受理。

对符合登记条件的，自受理之日起20个工作日内办理房地产权属转移登记；对不符合登记条件的，应当书面告知当事人不予登记的理由。

第二十三条　房地产权属转移的日期，以市或者区、县国土房管局登记的日期为准。

第二十四条　房地产灭失、损毁的风险责任自房地产转移占有之日起由受让人承担，但转让当事人另有约定的除外。

第二十五条　房地产开发企业应当对其出售的新建商品房承担质量保修责任。房地产开发企业应当与受让人在转让合同中约定保修范围、保修期限和保修责任。约定的保修期限不得低于国家规定的最低期限。保修期限自商品房交付之日起计算。

新建商品房在保修期限内再转让的,房地产开发企业应当继续承担对该商品房的保修责任。

第二十六条 房地产转让当事人可以委托律师和房地产经纪机构代理房地产转让或者提供中介服务。

受托人应当忠实、勤勉地履行职责。因受托人过错给房地产转让当事人造成损失的,房地产转让当事人可以要求受托人承担赔偿责任。

第二十七条 市国土房管局应当归集房地产开发企业在从事商品房销售经营活动中的有关信用信息,并按照规定公布。

第三章 商品房预售

第二十八条 房地产开发企业取得预售许可后,方可预售商品房。

预售商品房,应当符合下列条件:

(一)已交付全部土地使用权出让金并取得国有土地使用权证,属于预售经济适用住房的,应当取得城镇建设用地批准书;

(二)取得建设工程规划许可证件和施工许可证件;

(三)按提供预售的商品房计算,投入开发的建设资金达到工程建设总投资的25%以上;

(四)已确定竣工日期,且满足市国土房管局公布的预售最长期限。

第二十九条 房地产开发企业申请商品房预售许可的,应当向市国土房管局提交下列文件:

(一)本办法第二十八条第2款第(一)项至第(四)项规定的证明文件;

(二)工商营业执照和企业资质等级证书;

(三)工程施工合同;

(四)商品房预售方案和分层平面图。

房地产开发企业申请办理经济适用住房预售许可的,还应当提交经济适用住房销售价格的批准文件。

第三十条 市国土房管局应当审核商品房预售申请,对申请人提交的文件不齐备的,应当一次性告知需补充提交的全部文件;对提交文件齐备的,应当即时受理。

对符合本办法第二十八条规定的,市国土房管局应当自受理商品房预售申请之日起10个工作日内核发商品房预售许可证;对不符合预售条件的,应当作出不同意预售的决定并说明理由。

市国土房管局应当将核发预售许可证的情况予以公布。

第三十一条 商品房预售许可证应当载明下列内容:

(一)房地产开发企业名称;

(二)预售许可证编号;

（三）预售商品房的建设工程规划许可证编号；
（四）预售商品房的坐落位置、幢号或者楼层、面积；
（五）土地的用途和使用期限；
（六）发证机关和发证日期。

第三十二条 房地产开发企业应当按照商品房预售许可证核准的内容预售商品房。预售时，房地产开发企业应当向预购人出示商品房预售许可证。

任何单位和个人不得伪造、涂改、租借、转让、冒用商品房预售许可证。

第三十三条 房地产开发企业取得商品房预售许可证后，方可发布商品房预售广告、参加房地产交易展示活动。

房地产开发企业发布商品房预售广告，应当在广告中明示房地产开发企业的名称、商品房坐落位置、商品房预售许可证编号。

第三十四条 商品房预售可以按照套内建筑面积计价，也可以按照建筑面积计价或者按照套（单元）计价。但预售商品住宅的，应当按照套内建筑面积计价。

第三十五条 房地产开发企业在预售商品住宅之前，应当公示有资质的测绘单位出具的商品房预售面积测绘技术报告书和下列分摊情况：
（一）被分摊的共用部位的名称、用途、所在位置、面积；
（二）参与分摊共用建筑面积的商品房的名称、用途、所在位置、面积、分摊系数；
（三）不分摊的共用部位。

共用建筑面积的分摊情况经公示并与第一个预购人签订预售合同后，房地产开发企业不得更改。房地产开发企业与预购人签订的预售合同中应当附有上述经公示的共用建筑面积分摊的内容。

其他商品房预售时，房地产开发企业应当明示共用建筑面积分摊情况。

第三十六条 预售商品房的，当事人应当签订书面合同。商品房预售合同应当包括下列内容：
（一）房地产开发企业和预购人名称或者姓名、住所；
（二）商品房预售许可证编号；
（三）商品房的坐落位置、结构、层高、建筑层数、阳台封闭情况；
（四）商品房的用途；
（五）土地使用权取得方式和期限；
（六）预售的建筑面积、套内建筑面积和分摊的共用建筑面积；
（七）预售的面积和实测面积误差的处理方式；
（八）商品房附属设备和装修标准；
（九）交付条件和日期；
（十）供水、供电、供热、燃气、通讯、道路、绿化等配套设施的交付承诺；
（十一）申请办理商品房权属转移登记手续的约定；
（十二）违约责任；

(十三)争议解决方式;

(十四)当事人约定的其他内容。

第三十七条 房地产开发企业在签订合同前收取预付款性质的费用的,在签订预售合同时,所收费用应当抵作房价款;未能签订预售合同的,房地产开发企业应当向预购人返还所收费用。

第三十八条 房地产开发企业在与预购人依法解除预售合同之前,不得与他人签订同一商品房的预售合同。

第三十九条 预售已抵押的商品房,房地产开发企业应当通知抵押权人并将抵押情况告知预购人。

房地产开发企业不得将已预售的商品房进行抵押。

第四十条 房地产开发企业应当自商品房预售合同签订之日起30日内,向市或者区、县国土房管局申请商品房预售登记,并提交下列文件:

(一)房地产开发企业的营业执照和授权委托书;

(二)预购人身份证明复印件;

(三)商品房预售合同;

房地产开发企业在前款规定的期间内未申请预售登记的,预购人可以申请预售登记。

预售的商品房已抵押的,预售登记应当由房地产开发企业和预购人双方共同申请。

第四十一条 市或者区、县国土房管局应当审查预售登记申请,对符合下列条件的,在5个工作日内办理预售登记:

(一)房地产开发企业名称与核准预售许可的预售人名称一致;

(二)该商品房在预售许可核准的范围内;

(三)该商品房未经预售登记;

(四)该商品房未被司法机关和行政机关依法裁定、决定查封或者以其他方式限制房地产权利;

(五)商品房预售合同上有当事人的签字或者盖章,当事人是自然人的应当签字,当事人是法人或者其他组织的应当盖章。

第四十二条 商品房预售登记后,房地产开发企业与预购人变更预售标的物或者解除预售合同的,应当签订合同变更或者解除预售合同的协议,并依照本办法第四十条规定,由双方共同到原登记机关办理变更或者解除预售登记手续。

第四十三条 房地产开发企业应当按照规划行政主管部门核发的建设工程规划许可证的规定建设商品房,不得擅自变更。

房地产开发企业确需变更规划许可证规定内容的,应当书面征得受影响的预购人同意,并取得规划行政主管部门的批准。因规划变更给预购人的权益造成损失的,房地产开发企业应当给予相应的补偿。

第四十四条 预购人在预售登记后、商品房竣工前转让其预购的商品房的,按照下列规定办理：

（一）未付清预售商品房预售合同约定的总价款的，预购人应当取得房地产开发企业同意；

（二）已付清预售商品房预售合同约定的总价款的，预购人应当将其转让预购商品房的情况书面通知房地产开发企业。

转让预购的商品房的，预购人与受让人应当签订书面合同，并在合同签订后 15 日内依照本办法第四十条的规定到原登记机关申请变更预售登记。

第四十五条　房地产开发企业预售商品房时设置样板间的，在签订预售合同前没有告知预购人实际交付的商品房质量、设备、装修标准、布局结构及其附属设施等与样板间是否一致的，实际交付的商品房应当与样板间一致。

第四十六条　商品房竣工后，房地产开发企业应当委托有资质的测绘单位对每套房屋的建筑面积、套内建筑面积和分摊的共用建筑面积进行测绘，并提供下列文件：

（一）商品房预售面积测绘技术报告书；

（二）商品房共用建筑面积分摊情况的说明文件。属于商品住宅的，说明文件的内容应当与依照本办法第三十五条规定公示的内容一致；根据本办法第四十三条第 2 款规定变更建设工程规划许可证内容，致使分摊的共用建筑面积情况发生变更的，还应当提供相应的批准规划变更的文件。

受委托的测绘单位应当按照国家和本市有关技术规范进行实测，并出具商品房面积实测技术报告书和每套房屋的面积实测数据表。测绘单位对测绘成果质量承担责任。

房地产开发企业应当允许购房人查询商品房面积实测技术报告书。

第四十七条　预售商品房按照套内建筑面积计价的，预售合同中载明的预售的套内建筑面积与实测的套内建筑面积发生误差时，按照合同约定的方式处理。合同中未作约定或者约定不明的，按照下列规定处理：

（一）面积误差比绝对值在 3% 以内（含 3%）的，根据实测面积结算房价款。

（二）面积误差比绝对值超出 3% 的，预购人有权退房。预购人退房的，房地产开发企业应当在预购人提出书面退房要求之日起 30 日内退还预购人已付房价款及其利息。预购人不退房的，实测面积大于合同约定的，面积误差比在 3% 以内（含 3%）部分的房价款由预购人补足；超出 3% 部分的房价款由房地产开发企业承担，产权归预购人。实测面积小于合同约定的，面积误差比绝对值在 3% 以内（含 3%）部分的房价款由房地产开发企业返还预购人；超出 3% 部分的房价款由房地产开发企业双倍返还预购人。

本办法所称的面积误差比等于实测面积与合同约定面积之差除以合同约定面积乘以 100%。

第四十八条　预售商品房按照建筑面积计价的，预售合同中载明的预售建筑面积、套内建筑面积与实测面积发生误差时，按照合同约定的方式处理。合同未作约定或者约定不明的，按照下列规定处理：

（一）建筑面积、套内建筑面积误差比绝对值均在3%以内(含3%)的,根据实测面积结算房价款;

（二）建筑面积误差比绝对值超出3%的,依照本办法第四十七条第1款第2项的规定执行;

（三）建筑面积误差比绝对值在3%以内(含3%)、套内建筑面积误差比绝对值超出3%的,购房人有权退房。预购人退房的,房地产开发企业应当在预购人提出书面退房要求之日起30日内退还预购人已付房价款及其利息;购房人不退房的,根据实测面积结算房价款。

第四十九条 预售商品房按照套(单元)计价的,商品房预售合同中应当约定商品房的套型、详细尺寸和误差范围及处理方式并附平面图。

按照套(单元)计价的预售商品房实际交付时,房屋的套型与设计图纸一致,相关尺寸在预售合同约定的误差范围之内的,总价款不变。套型与设计图纸不一致或者相关尺寸超出约定的误差范围的,按照合同约定的方式处理;合同未作约定的,由当事人协商解决;协商不成的,可以依法申请仲裁或者提起民事诉讼。

第五十条 房地产开发企业交付预售商品房,应当符合下列条件:

（一）取得建筑工程竣工验收备案表;

（二）取得商品房面积实测技术报告书;

（三）预售合同约定的其他交付条件。

房地产开发企业应当在交付日的7日前书面通知预购人办理交付手续的时间、地点及预购人应当携带的证件、文件。交付时,房地产开发企业应当向预购人出具前款规定的文件;交付住宅的,还应当同时向预购人提供住宅质量保证书和住宅使用说明书。

第五十一条 已经取得商品房预售许可的项目依法转让的,项目受让人应当按照本办法第二十九条的规定申请预售许可。原房地产开发企业应当自项目转让合同签订之日起10日内书面通知预购人,预购人在收到书面通知之日起30日内有权解除预售合同。

预购人未解除预售合同的,预售合同中约定原房地产开发企业的权利和义务,由项目受让人承担。

第四章 法 律 责 任

第五十二条 违反本办法第十条第1款和第二十八条、第二十九条规定擅自转让房地产开发项目或者擅自预售商品房的,由市或者区、县国土房管局按照《城市房地产开发经营管理条例》的规定处罚。

房地产受让人知道或者应当知道转让人没有取得房地产权属证书或者相关批准文件仍然购买商品房的,应当承担相应不利的民事法律后果。

第五十三条 违反本办法第三十二条第2款规定,伪造、涂改、租借、转让、冒用商品房预售许可证的,由市国土房管局依法收缴伪造、涂改的预售许可证,并处 3 万元以下罚款,造成损失的,依法承担相应的民事责任;情节严重构成犯罪的,移送司法机关依法处理。

第五十四条 违反本办法,按照规划、广告、价格管理等法律、法规和规章的规定应当予以行政处罚的,由规划、工商行政和价格主管部门依法处理。

第五十五条 市和区、县国土房管局在房地产转让行政管理工作中不履行或者不适当履行法定职责的,由其所在单位或者上级主管部门对直接负责的主管人员和其他责任人员给予行政处分;构成犯罪的,依法追究刑事责任。

第五章 附 则

第五十六条 市国土房管局可以根据本办法第十七条、第三十六条的规定拟订房地产买卖和商品房预售的合同示范文本。

第五十七条 本办法自 2003 年 12 月 1 日起施行。1984 年 8 月 11 日市人民政府发布的《北京市贯彻实施〈城市私有房屋管理条例〉若干具体问题的规定》、1988 年 9 月 15 日市人民政府发布的《北京市房屋买卖管理暂行规定》同时废止。

主要参考文献

一、中文

1. 〔美〕埃尔曼:《比较法律文化》,贺卫方、高鸿钧译,三联书店 1990 年版。
2. 〔美〕贝勒斯,迈克尔·D:《法律的原则:一个规范的分析》,张文显等译,中国大百科全书出版社 1996 年版。
3. 〔德〕鲍尔,施蒂尔纳:《物权法》(上册),张双根译,法律出版社 2004 年版。
4. 〔法〕阿·布瓦斯泰尔:《法国民法典与法哲学》,钟继军译,载徐国栋主编:《罗马法与现代民法》第 2 卷,中国法制出版社 2001 年版。
5. 〔美〕E.博登海默:《法理学:法律哲学与法律方法》,邓正来译,中国政法大学出版社 1999 年版。
6. 〔美〕哈罗德·J.伯尔曼:《法律与革命——西方法律传统的形成》,贺卫方、高鸿钧、张志铭、夏勇译,中国大百科全书出版社 1993 年版。
7. 〔美〕理查德·A.波斯纳:《法理学问题》,苏力译,中国政法大学出版社 1994 年版。
8. 〔美〕理查德·A.波斯纳:《法律的经济分析》,蒋兆康译,中国大百科全书出版社 1997 年版。
9. 〔美〕理查德·A.波斯纳:《超越法律》,苏力译,中国政法大学出版社 2001 年版。
10. 蔡耀忠主编:《中国房地产法研究》(第一卷、第二卷),法律出版社版。
11. 〔德〕阿克塞尔·辰切尔:《程序正义在正义理论中的功能》,陈林林译,载《南京大学法律评论》2001 年春季号。
12. 陈瑞华:《程序价值理论的四个模式》,载《中外法学》1996 年第 2 期。
13. 陈瑞华:《通过法律实现程序正义:萨默斯"程序价值"理论评析》,载《北大法律评论》第 1 卷第 1 辑,法律出版社 1998 年版。
14. 陈华彬:《物权法研究》,金桥文化出版(香港)有限公司 2001 年版。
15. 陈铭福:《土地法导论》,台湾五南图书出版公司 2000 年版。
16. 〔日〕川岛武宜:《现代化与法》,王志安、渠涛、申政武、李旺译,中国政法大学出版社 1994 年版。
17. 〔德〕K.茨威格特,H.克茨:《比较法总论》,潘汉典、米健、高鸿钧、贺卫方译,贵州人民出版社 1992 年版。
18. 崔建远、孙佑海、王宛生:《中国房地产法研究》,中国法制出版社 1995 年版。
19. 〔日〕大木雅夫:《比较法》,范愉译,法律出版社 1999 年版。
20. 邓曾甲:《日本民法概论》,法律出版社 1995 年版。

21. 邓曾甲：《中日担保法律制度比较》，法律出版社1999年版。
22. 〔美〕弗朗西斯·福山：《信任：社会美德与创造经济繁荣》，彭志华译，海南出版社2001年版。
23. 〔日〕谷口安平：《程序的正义与诉讼》，王亚新、李荣军译，中国政法大学出版社1996年版。
24. 〔德〕黑格尔：《法哲学原理》，范扬等译，商务印书馆1961年版。
25. 黄茂荣：《法学方法与现代民法》，中国政法大学出版社2001年版。
26. 〔德〕亚图·考夫曼：《法律哲学》，刘幸义等译，台湾五南图书出版公司2000年版。
27. 〔美〕罗伯特·考特，托马斯·尤伦：《法和经济学》，张军等译，上海三联书店、上海人民出版社1994年版。
28. 〔德〕柯武刚、史漫飞：《制度经济学：社会秩序与公共政策》，韩朝华译，商务印书馆2000年版。
29. 〔德〕罗伯特·霍恩，海因·科茨，汉斯·G.莱塞：《德国民商法导论》，楚建译，中国大百科全书出版社1996年版。
30. 季卫东：《法治秩序的建构》，中国政法大学出版社1999年版。
31. 〔日〕近江幸治：《担保物权法》，祝娅、王为农、房兆融译，法律出版社2000年版。
32. 〔德〕阿图尔·考夫曼，温弗里德·哈斯默尔：《当代法哲学和法律理论导论》，郑永流译，法律出版社2002年版。
33. 〔美〕科斯、哈特、斯蒂格利茨等著，〔瑞〕拉斯·沃因，汉斯·韦坎德编：《契约经济学》，李风圣等译，经济科学出版社1999年版。
34. 焦祖涵：《土地法释论》，台湾三民书局1993年版。
35. 焦祖涵：《土地登记之理论与实务》，台湾三民书局1981年版。
36. 〔德〕拉德布鲁赫：《法学导论》，米健、朱林译，中国大百科全书出版社1997年版。
37. 〔德〕卡尔·拉伦茨：《法学方法论》，陈爱娥译，台湾五南图书出版公司1996年版。
38. 〔德〕卡尔·拉伦茨：《德国民法通论》，王晓晔、邵建东、程建英、徐国建、谢怀栻译，法律出版社2003年版。
39. 〔英〕F. H. 劳森，B. 拉登：《财产法》（第二版），施天涛、梅慎实、孔祥俊译，中国大百科全书出版社1998年版。
40. 〔德〕克劳斯·F. 勒尔：《程序正义：导论与纲要》，陈林林译，载郑永流主编：《法哲学与法社会学论丛》（四），中国政法大学出版社2001年版。
41. 李国光、奚晓明、金剑峰、曹士兵：《〈最高人民法院关于适用担保法若干问题的解释〉理解与适用》，吉林人民出版社2000年版。
42. 李鸿毅：《土地法论》，台湾1999年自版。
43. 李宜琛：《日尔曼法概论》，商务印书馆1943年版。
44. 梁慧星：《民法总论》，法律出版社1996年版。
45. 梁慧星、陈华彬编著：《物权法》，法律出版社1997年版。

46. 梁慧星主编:《中国物权法研究》,法律出版社1998年版。
47. 梁慧星主编:《民商法论丛》(共31卷),法律出版社、金桥文化出版(香港)有限公司出版。
48. 梁慧星主编:《中国物权法草案建议稿》,社会科学文献出版社2000年版。
49. 梁慧星主编:《中国民法典草案建议稿》,法律出版社2003年版。
50. 梁慧星:《民法总论》(2001年版),法律出版社2001年版。
51. 梁治平编:《法律的文化解释》,三联书店1994年版。
52. 林诚二:《民法理论与问题研究》,中国政法大学出版社2000年版。
53. 〔日〕铃木禄弥:《物权的变动与对抗》,渠涛译,社会科学文献出版社1999年版。
54. 刘得宽:《民法诸问题与新展望》,中国政法大学出版社2002年版。
55. 刘武元:《房地产交易法律问题研究》,法律出版社2002年版。
56. 卢佳香:《预告登记之研究》,台湾辅仁大学1995年硕士学位论文。
57. 〔美〕约翰·罗尔斯:《正义论》,何怀宏等译,中国社会科学出版社1988年版。
58. 〔德〕莱奥·罗森贝克:《证明责任论》,中国法制出版社2002年版。
59. 〔葡〕马光华:《物权法》,唐晓晴译,未刊稿。
60. 〔英〕马凌诺斯基:《文化论》,费孝通译,华夏出版社2002年版。
61. 〔英〕麦考密克,〔奥〕魏因贝格尔:《制度法论》,周叶谦译,中国政法大学出版社1994年版。
62. 〔英〕梅因:《古代法》,沈景一译,商务印书馆1959年版。
63. 〔德〕迪科尔·梅迪库斯:《德国民法总论》,邵建东译,法律出版社2000年版。
64. 《民法七十年之回顾与展望纪念论文集》(一)总则·债编、(三)物权·亲属编,中国政法大学出版社2002年版。
65. 〔英〕尼古拉斯·巴里:《罗马法概论》,黄风译,法律出版社2000年版。
66. 〔美〕道格拉斯·C.诺思:《经济史中的结构与变迁》,厉以平译,上海三联书店、上海人民出版社1991年版。
67. 〔美〕罗斯科·庞德:《普通法精神》,唐前宏、廖湘文、高雪原译,法律出版社2001年版。
68. 〔美〕罗斯科·庞德:《法律史解释》,邓正来译,中国法制出版社2002年版。
69. 〔意〕彼得罗·彭梵得:《罗马法教科书》,黄风译,中国政法大学出版社1992年版。
70. 〔德〕汉斯·普维庭:《现代证明责任问题》,吴越译,法律出版社2000年版。
71. 钱明星:《物权法原理》,北京大学出版社1994年版。
72. 渠涛:《不动产物权变动制度研究与中国的选择》,载《法学研究》1999年第5期。
73. 〔德〕弗里德里希·卡尔·冯·萨维尼:《论立法与法学的当代使命》,许章润译,中国法制出版社2001年版。
74. 沈达明编著:《法国、德国担保法》,中国法制出版社2000年版。
75. 史尚宽:《民法总论》,中国政法大学出版社2000年版。

76. 史尚宽:《物权法论》,中国政法大学出版社2000年版。
77. 舒国滢:《在法律的边缘》,中国法制出版社2000年版。
78. 〔意〕桑德罗·斯奇巴尼选编:《物与物权》,范怀俊译,中国政法大学出版社1999年版。
79. 宋冰编:《程序、正义与现代化》,中国政法大学出版社1998年版。
80. 苏力:《法治及其本土资源》,中国政法大学出版社1996年版。
81. 苏力:《制度是如何形成的》,中山大学出版社1999年版。
82. 苏永钦:《跨越自治与管制》,五南图书出版公司1999年版。
83. 苏永钦:《走入新世纪的私法自治》,中国政法大学出版社2002年版。
84. 〔日〕穗积陈重:《法律进化论》,黄尊三、萨孟武、陶汇曾、易家钺译,中国政法大学出版社1997年版。
85. 孙宪忠:《德国当代物权法》,法律出版社1997年版。
86. 孙宪忠:《论物权法》,法律出版社2001年版。
87. 孙宪忠:《中国物权法总论》,法律出版社2003年版。
88. 孙宪忠主编:《制定科学的民法典——中德民法典立法研讨会文集》,法律出版社2003年版。
89. 孙笑侠:《法的现象与观念》,山东人民出版社2001年版。
90. 〔日〕田山辉明:《物权法》增订本,陆庆胜译,法律出版社2001年版。
91. 〔葡〕Vicente João Monteiro:《澳门物业登记概论》,澳门司法事务局1998年版。
92. 汪晖、陈燕谷主编:《文化与公共性》,三联书店1998年版。
93. 王闯:《让与担保法律制度研究》,法律出版社2000年版。
94. 王利明主编:《中国物权法草案建议稿及说明》,中国法制出版社2001年版。
95. 王轶:《物权变动论》,中国人民大学出版社2001年版。
96. 王泽鉴:《民法学说与判例研究》1—8册,中国政法大学出版社1997年版。
97. 王泽鉴:《法律思维与民法实例:请求权基础理论体系》,中国政法大学出版社2001年版。
98. 王泽鉴:《民法总则》增订版,中国政法大学出版社2001年版。
99. 王泽鉴:《民法物权》第1册,中国政法大学出版社2001年版。
100. 王泽鉴:《民法物权》第2册,中国政法大学出版社2001年版。
101. 〔德〕马克斯·韦伯:《论经济与社会中的法律》,张乃根译,中国大百科全书出版社1998年版。
102. 温丰文:《土地法》,台湾1996年自版。
103. 〔美〕艾伦·沃森:《民法法系的演变与形成》,李静冰译,中国政法大学出版社1992年版。
104. 〔日〕我妻荣:《债权在近代法中的优越地位》,王书江、张雷译,中国大百科全书出版社1999年版。

105. 〔日〕我妻荣:《日本物权法》,有泉亨修订、李宜芬校订,五南图书出版公司 1999 年版。
106. 〔德〕西美尔(Georg Simmel)著:《货币哲学》,陈戎女等译,华夏出版社 2002 年版。
107. 谢怀栻著:《票据法概论》,法律出版社 1990 年版。
108. 谢在全:《民法物权论》,中国政法大学出版社 1999 年版。
109. 谢在全:《抵押权次序升进原则与次序固定原则》,载《台湾本土法学杂志》第 7 期。
110. 〔日〕星野英一:《法国不动产物权公示制度的沿革概观》,王茵译,未刊稿。
111. 〔日〕星野英一:《法国 1955 年以后的不动产物权公示制度》,王茵译,未刊稿。
112. 许明月著:《抵押权制度研究》,法律出版社 1998 年版。
113. 许明月、胡光志等:《财产权登记法律制度研究》,中国社会科学出版社 2002 年版。
114. 薛波主编:《元照英美法词典》,法律出版社 2003 年版。
115. 杨松龄:《实用土地法精义》,台湾五南图书出版公司 2000 年版。
116. 姚洋:《自由、公正与制度变迁》,河南人民出版社 2002 年版。
117. 尹田:《法国物权法》,法律出版社 1998 年版。
118. 尹章华、王惠光、林旺根、张德周等:《公寓大厦管理条例解读》,中国政法大学出版社 2002 年版。
119. 曾世雄:《民法总则之现在与未来》,中国政法大学出版社 2001 年版。
120. 张龙文:《民法物权实务研究》,台湾汉林出版社 1977 年版。
121. 张维迎著:《信息、信任与法律》,三联书店 2003 年版。
122. 张远著:《信息与信息经济学的基本问题》,清华大学出版社 1992 年版。
123. 郑玉波:《民法物权》,台湾三民书局 1995 年版。
124. 郑也夫著:《信任论》,中国广播电视出版社 2001 年版。
125. 郑也夫编:《信任:合作关系的建立与破坏》,中国城市出版社 2003 年版。
126. 郑也夫、彭泗清等著:《中国社会中的信任》,中国城市出版社 2003 年版。
127. 中国物权法研究课题组:《中国物权法草案建议稿》,社会科学文献出版社 2000 年版。
128. 周枏:《罗马法原论》,商务印书馆 1994 年版。

二、德文

1. Alpmann, Josef, *Sachenrecht Band 2-Grundstückrecht*, 9. Aufl., Verlag Alpmann und Schmidt Juristische Lehrgänge, Verlagsges. MbH & Co., 1994.
2. Aretz, Stephanie, *Das Abstraktionsprinzip-Das einzig wahre?*, JA 1998, Heft 3.
3. Baur-Stürner, *Sachenrecht*, 17. Aufl., Verlag C. H. Beck, 1999.
4. Buchholz, Stephen, *Abstraktionsprizip und Immobiliarrecht*, Klostermann, 1978.
5. Buchholz, Stephen, *Zur Rechtvereinheitlichung in Deutschland in der zweiten Hälfte des 19. Jahrhunderts*, RabelsZ 50, 1986.

6. Demharter, Johann, *Grundbuchordnung*, 21. Aufl., Verlag C. H. Beck, 1994.
7. Einsele, Dorothee, *Inhalt, Schranken und Bedeutung des Offenkungdigkeitsprinzips*, JZ 1990, Heft 21.
8. Flume, Werner, *Allgemeiner Teil des Bürgerlichen Rechts II das Rechtgeschäft*, 4. Aufl., Springer Verlag, 1992.
9. Gerhardt, Walter, *Immobiliarsachenrecht: Grundeigentum und Grundpfandrechte*, 2. Aufl., Verlag C. H. Beck, 1989.
10. Gierke, Otto von, *Deutsches Privatrecht, Bd. II, Sachenrecht*, Leipzig, 1905.
11. Gottwald, Peter, *BGB · Sachenrecht*, 10. Aufl., Verlag C. H. Beck, 1991,
12. Grigoleit, Hans, Christoph, *Abstraktion und Willensmängel-Die Anfechtbarkeit des Verfügungsgeschäfts*, AcP 199, 1999.
13. Gursky, Karl-Heinz, *Sachenrecht*, 9. Aufl., Verlag C. F. Müller, 1996.
14. Haegele-Schöner-Stöber, *Grundbuchrecht*, 10. Aufl., Verlag. C. H. Beck, 1993.
15. Hammen, Horst, *Die Bedeutung Friedrich Carl v. Savignys für die allgemeinen dogmatischen Grundlagen des Deutschen Bürgerlichen Gesetzbuches*, Schriften zur Rechtsgeschichte, Heft 29.
16. Holzer-Kramer, *Grundbuchrecht*, Verlag C. H. Beck, 1994.
17. Jahr, Günther, *Römanistische Beiträge zur modernen Zivilrechtswissenschaft*, AcP 168, 1968.
18. Kaufmann, Arthur, *Rechtsphilosophie*, 2. Aufl., Verlag C. H. Beck, 1997.
19. Kegel, Gerhard, *Verpflichtung und Verfügung*, Internationales Recht und Wirtschaftsordung Festschrift für F. A. Mann zum 70. Geburtstag, Verlag C. H. Beck, 1977.
20. Landwehr, Götz, *Abstrakte Rechtsgeschäfte in Wissenschaft und Gesetzgebung des 19. Jahrhuderts*, Rechtsdogmatik und Rechtspolitik, Verlag Dunker und Humblot, 1990.
21. Lange-Scheyhing, *Fäll zum Sachenrecht*, 2. Aufl., Verlag C. H. Beck, 1988.
22. Larenz-Wolf, *Allgemeiner Teil des Bürgerlichen Rechts*, 8. Aufl., Verlag C. H. Beck, 1997.
23. Meikel, *Grundbuchrecht Kommentar*, 7. Aufl., Verlag J. Schweitzer, 1986.
24. Müller, Klaus, *Sachenrecht*, 4. Aufl., Verlag Carl Heymanns, 1997.
25. *Münchener Kommentar zum Bürgerlichen Gesetzbuch, Band 6 Sachenrecht*, 3. Aufl., Verlag C. H. Beck, 1997.
26. Olzen, Diek, *Zur Geschichte des gutgläubigen Erwerbs*, JA 1990, Heft 10.
27. Peters, Frank, *Kauf und Übereingung-Zum sogenannten Abstraktionsprinzip*, JA 1986, Heft 9.
28. Walz, W. Rainer, *Sachenrechtliches Systemdenken im Wandel*, Kritische

Vierteiljahresschrift für Gesetzgebungung und Rechtswissenschaft, 1990, Heft 4.
29. Wieling, Hans Josef, *Sachenrecht*, 3. Aufl., Springer Verlag, 1997.
30. Weirich, Hans-Armin, *Grundstücksrecht: Systematik und Vertragsgestaltung*, Verlag C. H. Beck, 1985.
31. Westermann, Harm Peter, *BGB-Sachenrecht*, 9. Aufl. Verlag C. F. Müller, 1994.
32. Wieacker, Franz, *Privatrechtsgeschichte der Neuzeit*, Vandenhoek, 1967.
33. Wiegand, Wolfgang, *Die Entwicklung des Sachenrechts im Verhältnis zum Schuldrecht*, AcP 190, 1990.
34. Wolf, Manfred, *Sachenrecht*, 15. Aufl., Verlag C. H. Beck, 1999.
35. Schack-Ackmann, *Höchstrichterliche Rechtsprechung zum Bürgerlichen Recht*, 3. Aufl., Verlag C. H. Beck, 1993.
36. Schlechtriem, *Übertragung von Eigentumsrechten unter Lebenden*, Deutsche Zivil Kollisions-und Wirtschafts rechtliche Beiträge zum X Internationalen Konfress für Rechtvergleichung in Budapest, J. C. B. Mohr, 1978.
37. Schwab-Prütting, *Sachenrecht*, 27. Aufl., Verlag C. H. Beck, 1997.
38. Sohm, Rudolph, *Das Recht der Eheschließung*, Aalen, 1966.
39. Söllner, Alfred, *Der Erwerb vom Nichtberechtigten in romanistischner Sicht*, Europäisches Rechtsdenken im Geschichte und Dengenwart, Festschrift für helmut Coing zum 70. Geburtstag, 1982.
40. Stadler, Astrid, *Gestaltungsfreiheit und Verkehrsschutz durch Abstraktion*, J. C. B. Mohr (Paul Siebeck), 1996.
41. Stoll, Hans, *Grundriß des Sachenrechts*; Verlag C. F. Müller, 1983.

三、英文

1. Barbara A. Misztal, *Trust in Modern Societies*, Polity Press, 1996.
2. Bayles, Michael D., *Procedural Justice: Allocating to Individuals*, Kluwer Academic Publishers, 1990.
3. Burke, Barlow, *Real Estate Transactions*, Aspen Law & Business, 1999.
4. Burn, E. H., *Maudsley & Burn's Land Law: Cases and Materials*, Butterworths, 1992.
5. Dworkin, Ronald, *A Matter of Principle*, Harvard University Press, 1985.
6. Foster, Nigel, *German Law & Legal System*, Blackston Press Limited, 1993.
7. Foucault, Michel, *Power/Knowledge*, ed. Colin Gordon, Harvester Press, 1980.
8. Hewitt, D. J., *Natural Justice*, Butterworths, 1972.
9. Hirsch, Wemer Z., *Law and Economics*, Academic Press, 1979.
10. Niklas Luhmann, *Trust and Power*, John Wiley & Sons Ltd. 1979.
11. North, D. C., *Economic Performance through Time*, in American Economic Review, 1994

April.
12. Patton & Palomar on Title, Ch.14, 3rd. ed., 2002.
13. Sir Robert Meagarry & H. W. R. Wade, *The Law of Real Property*, London Steven&Sons, 15th. ed. 1984, P194.
14. Roger Bernhardt and Ann M. Burkhart, *Real Property*, 4th ed., West Group, 2000.
15. Simpson, A. W. B., *An Introduction to the History of the Land Law*, Oxford University Press, 1979.
16. Sparkes, Peter, *A New Land Law*, Hart Publishing, 1999.

四、法律文本

1. 《拿破仑法典》，李浩培、吴传颐、孙鸣岗译，商务印书馆1979年版。
2. 《法国民法典》，罗结珍译，中国法制出版社1999年版。
3. *Bürgerliches Gesetzbuch*, 43. Aufl., Verlag C. H. Beck, 1998.
4. *Grundbuchordnung*, 43. Aufl., Verlag C. H. Beck, 1998.
5. 《德国民法典》，杜景林、卢谌译，中国政法大学出版社1999年版。
6. 《瑞士民法典》，殷生根、王燕译，中国政法大学出版社1999年版。
7. 《日本民法典》，王书江译，中国法制出版社2000年版。
8. 《意大利民法典》，费安玲、丁玫译，中国政法大学出版社1997年版。
9. 《俄罗斯民法典》，黄道秀、李永军、鄢一美译，中国大百科全书出版社1999年版。
10. 台湾地区《民法典》、《土地法》、《土地登记规则》、《土地登记规费及其罚锾计征补充规定》。
11. 澳门《民法典》、《物业登记法》。
12. 中国内地《土地管理法》、《城市房地产管理法》、《民事诉讼法》、《担保法》。
13. 中国内地《土地管理法实施条例》、《城市房屋权属登记管理办法》、《土地登记规则》、《关于变更土地登记的若干规定》、《国家土地管理局、国家测绘局、国家物价局、财政部关于土地登记收费及其管理办法》、《关于规范房屋所有权登记费计费方式和收费标准等有关文件的通知》(计价格[2002]595号)、《国家计委、财政部、农业部、国土资源部、建设部、国务院纠风办关于开展农民建房收费专项治理工作的通知》(计价格[2001]1531号)、《土地登记资料公开查询办法》、《城市房屋产权产籍管理暂行办法》、《土地登记资料公开查询办法》。
14. 广东省《城镇房地产权登记条例》，广州市《农村房地产权登记规定》，上海市、深圳市、珠海市《房地产登记条例》，上海市《房地产登记条例实施若干规定》，北京市《房地产转让管理办法》。

后　　记

　　一年的辛劳结成了眼前这一摞厚厚的文稿。回想一年多的日日夜夜，既有欣慰，也有万般感触。不动产登记法的重要地位虽然在学术界和实务界已经得到了种种肯定，但在学术上仍然属于偏冷的行列，被认为过于专业化、技术化，缺乏太多的理论性，因而对这一领域的理论上的准备和阐述并不充分，无法满足我国日益发展的房地产市场和司法实践的需求，而反观国外，不动产登记法的理论和实践已经达致完备，英国更是于2002年颁布了新的土地登记法，纳入了电子登记这一新兴的课题。鉴于此，我们在参与北京市房地产登记条例的立法过程中，广泛借鉴了国外的理论和立法资料，并结合国内的物权立法和实践，对我国不动产登记法的理论基础进行了详尽的阐释，并在最后一章提出了对我国未来的不动产登记法的立法建议稿，以期能对国内的物权法和不动产登记法的理论和实践提供可资借鉴的资料。

　　本书是四人合作的结晶，各作者的具体分工如下：

　　李昊撰写了第一章第二节及第三节、第二章第三节、第五章、第六章、第七章、第八章、第九章、第十章第二节、第十二章第一节、第十三章第二节、第十四章并负责全书的统稿工作；

　　常鹏翱撰写了第一章第一节、第二章第一节和第四节、第三章第一节、第四章、第五章、第十一章第一节和第十三章第一节，并翻译了附录中的《德国土地登记簿法》；

　　叶金强撰写了第三章第二节和第十一章第二节；

　　高润恒撰写了第一章第四节、第二章第二节、第十章第一节及第三节和第十二章第二节。

　　本书的撰写得到了清华大学法学院崔建远教授的悉心指点，在资料收集和书稿写作过程中还得到了北京大学法学院的王轶副教授、王成博士、诸福宝先生，清华大学法学院的申卫星副教授、吕巧珍博士生，北京市高级人民法院的陈旻法官，建设部的王策先生、杨家燕处长、王瑞春处长，北京市、上海市、南京市等地的房地产登记部门的大力协助。我们提出的不动产登记法草案建议稿曾在北京大学法学院房地产法研究中心2004年3月举办的"春季论坛"上宣读，诸位专家提出了宝贵的意见，特此表示感谢。

还应感谢北京大学出版社在书稿几遭多家出版社婉拒的情况下于很短的时间内就通过了书稿的选题,并应感谢责任编辑周菲女士对书稿所作的大量的精细而辛劳的编辑工作,避免了书稿中出现大量的错误。

不动产登记是一项涉及范围非常广泛的制度,不但涉及物权法,还涉及程序法,不但具有私法的特点,还带有公法的色彩,它的制度架构和设计也非常精细,需要对理论和实务有着熟练的把握,鉴于我们在理论准备和实务经验上的不足,在书稿中定然存在着诸多的错讹之处,望广大专家和实务界人士多提宝贵意见,以便将这一课题的研究继续深入下去。

李 昊

二零零五年七月于清华园

民商法论丛已出书目

书　号	书　名	出版日期	编著者	定价
07548-0/D·0912	优先权制度研究	2004年版	郭明瑞等	26.00
07558-8/D·0916	公信力的法律构造	2005重印	叶金强	30.00
07506-5/D·0899	纯经济上损失赔偿制度研究	2004年版	李昊	23.00
07602-9/D·0922	英国民事司法改革	2004年版	齐树洁主编	56.00
08077-8/D·0991	比较担保法	2004年版	蔡永民	36.00
08383-1/D·1045	中国票据制度研究	2005年版	胡德胜等	30.00
08637-7/D·1090	中国民法典立法研究	2005年版	谢哲胜等	21.00
08680-6/D·1100	收养法比较研究	2005年版	蒋新苗	32.00
08722-5/D·1109	论知识产权法的体系化	2005年版	李琛	20.00
08723-3/D·1110	美国物业产权制度与物业管理	2005年版	周树基	25.00
09138-9/D·1203	知识产权请求权研究	2005年版	杨明	25.00
09347-0/D·1235	非营利组织治理结构研究	2005年版	金锦萍	21.00
09085-4/D·1196	民事法理与判决研究	2005年版	詹森林	46.00
09435-3/D·1253	不动产登记程序的制度建构	2005年版	李昊等	46.00